EU-Grundrechte und Umsatzsteuer

Bochumer Schriften zum Steuerrecht

Herausgegeben von Roman Seer

Band 41

PETER LANG

Markus Müller

EU-Grundrechte und Umsatzsteuer

Der Einfluss des unionsrechtlichen allgemeinen Gleichheitssatzes auf den Vorsteuerabzug

PETER LANG

Bibliografische Information der Deutschen Nationalbibliothek
Die Deutsche Nationalbibliothek verzeichnet diese Publikation in der Deutschen Nationalbibliografie; detaillierte bibliografische Daten sind im Internet über http://dnb.d-nb.de abrufbar.

Zugl. Bochum, Univ., Diss., 2021.

Abbildung auf dem Umschlag: Siegel der Universität Bochum.
Abdruck mit freundlicher Genehmigung der Universität Bochum.

Gedruckt auf alterungsbeständigem, säurefreiem Papier.
Druck und Bindung: CPI books GmbH, Leck

D 294
ISSN 1613-933X
ISBN 978-3-631-85015-2 (Print)
E-ISBN 978-3-631-86088-5 (E-PDF)
E-ISBN 978-3-631-86089-2 (EPUB)
E-ISBN 978-3-631-86090-8 (MOBI)
DOI 10.3726/b18610

Peter Lang – Berlin · Bern · Bruxelles · New York · Oxford · Warszawa · Wien

Diese Publikation wurde begutachtet.

www.peterlang.com

Vorwort

Die Arbeit wurde im Wintersemester 2020/2021 von der Juristischen Fakultät der Ruhr-Universität Bochum als Dissertation angenommen. Rechtsprechung und Literatur sind bis März 2020 berücksichtigt.

An erster Stelle danke ich ganz herzlich meinem Doktorvater und Erstgutachter Herrn Prof. Dr. Roman Seer. Er war von Beginn an offen für mein Dissertationsthema und hat die Arbeit geradlinig wie verständnisvoll betreut. Dass er mir nach Abschluss des Weiterbildenden Masterstudiengangs Wirtschafts- und Steuerrecht die Möglichkeit zu dieser Arbeit eröffnete, verpflichtet mich zu tiefem Dank. Es war eine Ehre, bei ihm promovieren zu dürfen.

Mein besonderer Dank gilt weiterhin dem Zweitgutachter, Herrn Prof. Dr. Sebastian Unger, für die schnelle Erstellung des Zweitgutachtens. Danken möchte ich ferner insbesondere Herrn Dr. Jochen Tillmanns für die wertvollen fachlichen Diskussionen und für seine hilfreichen organisatorischen Tipps rund um das Promotionsvorhaben. Mein Dank gilt auch der Kanzlei KMLZ für die Möglichkeit, diese Arbeit neben meiner beruflichen Tätigkeit verfassen zu können.

Mein größter Dank gebührt jedoch meiner Familie. Herzlich danken möchte ich meinen Eltern und Schwiegereltern für ihre vielfältige Hilfe und Förderung. Diese Arbeit hätte ohne die bedingungslose Unterstützung meiner geliebten Frau Nadine nicht entstehen können. Ihr und unserem kleinen Sohn Anton ist diese Arbeit gewidmet.

Düsseldorf, Mai 2021

Markus Müller

Inhaltsübersicht

Inhaltsverzeichnis

Abkürzungsverzeichnis

a.A.	anderer Ansicht
ABl. EG	Amtsblatt der Europäischen Gemeinschaft
ABl. EU	Amtsblatt der Europäischen Union
Abs.	Absatz
abw.	Abweichend
AEUV	Vertrag über die Arbeitsweise der Europäischen Union
AMRabG	Gesetzes über Rabatte für Arzneimittel
Anm.	Anmerkung
AO	Abgabenordnung
AöR	Archiv des öffentlichen Rechts (Zeitschrift)
AO-StB	Der-AO-Steuer-Berater (Zeitschrift)
Art.	Artikel
Aufl.	Auflage
BAG	Bundesarbeitsgericht
BAGE	Entscheidungen des Bundesarbeitsgerichts
BB	Betriebs-Berater (Zeitschrift)
Bd.	Band
bearb.	bearbeitet
Beschl.	Beschluss
BFH	Bundesfinanzhof
BFH/NV	Sammlung amtlich nicht veröffentlichter Entscheidungen des BFH (Zeitschrift)
BFHE	Sammlung der Entscheidungen des BFH
BGB	Bürgerliches Gesetzbuch
BGBl.	Bundesgesetzblatt
BGH	Bundesgerichtshof
BMF	Bundesministerium der Finanzen
Brem. GBl	Bremisches Gesetzblatt
BStBK	Bundessteuerberaterkammer
BStBl. I	Bundessteuerblatt Teil I
BStBl. II	Bundessteuerblatt Teil II
BT-Drs.	Bundestags-Drucksache
Buchst.	Buchstabe
BVerfG	Bundesverfassungsgericht
BVerfGE	Amtliche Sammlung von Entscheidungen des BVerfG

BVerfGK	Die Kammerentscheidungen des Bundesverfassungsgerichts
bzw.	beziehungsweise
Charta	Charta der Grundrechte der EU
d. h.	das heißt
DB	Der Betrieb (Zeitschrift)
ders.	derselbe
dies.	dieselbe
Diss.	Dissertation
DÖV	Die öffentliche Verwaltung (Zeitschrift)
Drucks.	Drucksache
DStJG	Deutsche Steuerjuristische Gesellschaft
DStR	Deutsches Steuerrecht (Zeitschrift)
DStRE	DStR-Entscheidungsdienst (Zeitschrift)
DStRK	Deutsches Steuerrecht kurzgefaßt (Zeitschrift)
DStZ	Deutsche Steuer-Zeitung (Zeitschrift)
EFG	Entscheidungen der Finanzgerichte (Zeitschrift)
EG	Europäische Gemeinschaft
EGMR	Europäischer Gerichtshof für Menschenrechte
Einf.	Einführung
Einl.	Einleitung
EMRK	Europäische Konvention zum Schutze der Menschenrechte und Grundfreiheiten
EU	Europäische Union
EUConst	European Constitutional Law Review (Zeitschrift)
EuG	Gericht der Europäischen Union
EuGH	Europäischer Gerichtshof
EuGRZ	Europäische Grundrechte-Zeitschrift
EUR	Euro
EuR	Europarecht (Zeitschrift)
EU-UStB	EU-Umsatz-Steuer-Berater (Zeitschrift)
EUV	Vertrag über die Europäische Union
EuZW	Europäische Zeitschrift für Wirtschaftsrecht
EWG	Europäische Wirtschaftsgemeinschaft
EWS	Europäisches Wirtschafts- und Steuerrecht (Zeitschrift)
f./ff.	folgende
FG	Finanzgericht
FGO	Finanzgerichtsordnung
FR	Finanzrundschau (Zeitschrift)
FS	Festschrift

GA	Generalanwalt/-anwältin
GG	Grundgesetz
ggf.	gegebenenfalls
GmbH	Gesellschaft mit beschränkter Haftung
GrCh	Charta der Grundrechte der EU
GrS	Großer Senat
HFR	Höchstrichterliche Finanzrechtsprechung (Zeitschrift)
hrsg.	herausgegeben
HS	Halbsatz
i. H. v.	in Höhe von
i. S. d.	im Sinne
i. V. m.	in Verbindung mit
IStR	Internationales Steuerrecht (Zeitschrift)
IVM	International VAT Monitor (Zeitschrift)
JA	Juristische Arbeitsblätter
JURA	Juristische Ausbildung (Zeitschrift)
JuS	Juristische Schulung
JZ	Juristenzeitung (Zeitschrift)
Kap.	Kapitel
KOM	Europäische Kommission
lit.	Littera (lateinisch: Buchstabe)
m. Anm.	mit Anmerkungen
m. w. N.	mit weiteren Nachweisen
MwSt-DVO	Durchführungsverordnung zur Mehrwertsteuersystemrichtlinie Nr. 282/2011 v. 15.3.2011, Abl. EU 2011, L 77/1
MwStR	Mehrwertsteuerrecht (Zeitschrift)
MwStSystRL	Mehrwertsteuersystemrichtlinie
NJW	Neue Juristische Wochenschrift (Zeitschrift)
Nr.	Nummer(n)
NStZ	Neue Zeitschrift für Strafrecht
NVwZ	Neue Zeitschrift für Verwaltungsrecht
NWB	Neue Wirtschafts-Briefe (Zeitschrift)
ÖStZ	Österreichische Steuerzeitung
öUStG	österreichisches Umsatzsteuergesetz
öVwGH	österreichischer Verwaltungsgerichtshof
Pkw	Personenkraftwagen
RGBl.	Reichsgesetzblatt
Rn.	Randnummer
Rs.	Rechtssache(n)

Rz.	Randziffer
S.	Seite(n) oder Satz/Sätze
Schlussantr.	Schlussanträge
SGB V	Fünftes Buch Sozialgesetzbuch
Slg.	Sammlung der Rechtsprechung des EuGH
sog.	so genannt (-e, -er, -es)
Stbg	Die Steuerberatung (Zeitschrift)
SteuK	Seuerrecht kurzgefasst
StGB	Strafgesetzbuch
StuW	Steuer und Wirtschaft (Zeitschrift)
Tz.	Textziffer
TzBfG	Teilzeit- und Befristungsgesetz
u. a.	unter anderem
UAbs.	Unterabsatz
Ubg	Die Unternehmensbesteuerung (Zeitschrift)
UR	Umsatzsteuerrundschau (Zeitschrift)
Urt.	Urteil
USD	US-Dollar
USt	Umsatzsteuer
UStB	Der Umsatz-Steuer-Berater (Zeitschrift)
UStG	Umsatzsteuergesetz
USt-IdNr.	Umsatzsteuer-Identifikationsnummer
UVR	Umsatzsteuer- und Verkehrsteuer-Recht (Zeitschrift)
v.	vom/von
VerStG	Versicherungsteuergesetz
vgl.	Vergleiche
VNLTO	Vereniging Noordelijke Land- en Tuinbouw Organisatie
z. B.	zum Beispiel
ZaöRV	Zeitschrift für ausländisches öffentliches Recht und Völkerrecht
ZESAR	Zentrale Stelle zur Abrechnung von Arzneimittelrabatten des Privaten Krankenversicherungsverbandes
ZEuS	Zeitschrift für europarechtliche Studien
ZfZ	Zeitschrift für Zölle und Verbrauchsteuern
ZIS	Zeitschrift für Interationale Strafrechtsdogmatik
zit.	zitiert
ZRP	Zeitschrift für Rechtspolitik
zzgl.	zuzüglich

Einleitung

A. Rechtfertigung des Themas

Die deutsche Umsatzsteuer feierte am 01.08.2018 ihren 100. Geburtstag.[1] In diesem Zeitraum konnte nicht nur ihr Aufstieg ausgehend von einem Steuersatz von gerade einmal 0,5 % hin zur gegenwärtig aufkommensstärksten Steuer in der Steuerspirale[2] beobachtet werden, sondern auch ihre fortschreitende Europäisierung. Die Umsatzsteuer ist mittlerweile eine „EU-Steuer". Wenngleich das deutsche UStG als Parlamentsgesetz in seinem Anwendungsbereich nach wie vor unmittelbare Gültigkeit besitzt,[3] wird es bereits seit über 50 Jahren[4] durch das Europarecht in Gestalt diverser Mehrwertsteuer-Systemrichtlinien[5] beeinflusst. Nationales Recht und Unionsrecht sind demnach eng miteinander verzahnt, was zu sensiblen Fragestellungen führt – jenseits der Kuriosität, dass das nationale Recht seit über einem Jahrhundert von der „Umsatzsteuer", das Unionsrecht jedoch seit jeher von der „Mehrwertsteuer" spricht[6]. Mit der Europäisierung geht eine Verkomplizierung des Umsatzsteuerrechts einher, wie die EuGH-Generalanwältin *Kokott* in der Einleitung ihrer Schlussanträge in der

---

1 Am 01.08.1918 trat das UStG 1918 v. 26.07.1918, RGBl. 1918, 775, in Kraft.

2 Das Steueraufkommen wird durch das BMF jährlich nach Steuerarten in der sog. Steuerspirale grafisch dargestellt. Eine Schätzung der Steuerspirale für 2018 ist abrufbar unter: http://www.bundesfinanzministerium.de/Content/DE/Bilderstrecken/Infografiken/Infografiken-Steuern-Allgemein/2018-05-07-Steuerspirale.html.

3 Die Gesetzgebungskompetenz für das UStG liegt gemäß Art. 105 Abs. 2 GG beim Bund.

4 Am 12.04.1967 traten zeitgleich die Erste Richtlinie 67/227/EWG v. 11.04.1967 zur Harmonisierung der Rechtsvorschriften der Mitgliedstaaten über die Umsatzsteuer, ABl. EG Nr. P 71/1967, 1301, und die Zweite Richtlinie 67/228/EWG v. 11.04.1967 zur Harmonisierung der Rechtsvorschriften der Mitgliedstaaten über die Umsatzsteuern - Struktur und Anwendungsmodalitäten des gemeinsamen Mehrwertsteuersystems, ABl. EG Nr. P 71/1967, 1303, in Kraft.

5 Gegenwärtig findet die Richtlinie des Rates v. 28.11.2006 über das gemeinsame Mehrwertsteuersystem (2006/112/EG), ABl. EU Nr. L 347/1, (Mehrwertsteuer-Systemrichtlinie) Anwendung.

6 Diese Arbeit verwendet beide Begriffe als Synonym. Zur Kritik an den Begrifflichkeiten vgl. *Walden*, Die Umsatzsteuer als indirekte Verbrauchsteuer, 40; den Begriff der „Umsatzsteuer" befürwortend *Zirkl*, Neutralität der USt, 26; *Stadie*, in: Rau/Dürrwächter, UStG, Einführung, Anm. 268 f.; für eine Vereinheitlichung der Begriffe *Lohse*, UR 2002, 393 (398).

Rechtssache *Fonderie 2A*[7] folgendermaßen anmerkte: „Die Lösung selbst überschaubarer Sachverhalte fällt angesichts schwer verständlicher Normen des Mehrwertsteuerrechts der Union nicht leicht."[8]

Ein komplexes Rechtsgebiet benötigt zu seiner Handhabbarkeit lückenlos prinzipientreu ausgestaltete Regelungen und Gerichte, die die Steuergerechtigkeit effektiv zu hüten verstehen. Im Mehrwertsteuerrecht fungiert wie im übrigen Steuerrecht der allgemeine Gleichheitssatz als überragendes Leitprinzip zur Verwirklichung von materieller Steuergerechtigkeit. Dementsprechend scheiterte die deutsche Allphasen-Brutto-Umsatzsteuer im Jahr 1966 an Art. 3 Abs. 1 GG.[9] Auf Ebene des Unionsrechts wurde ein entsprechendes Gleichheitsrecht neben weiteren Grundrechten durch den EuGH zunächst im Rahmen seiner Rechtsprechung entwickelt. Durch den *Vertrag von Lissabon*[10] wurden diese ungeschriebenen Grundrechte mit Wirkung zum 01.12.2009 in der Charta der Grundrechte der Europäischen Union[11] vertextlicht. Die Charta nimmt in der Normenhierarchie des Unionsrechts die Stellung von Primärrecht ein und enthält mit Art. 20 GrCh ein allgemeines Gleichheitsrecht. Die sekundärrechtliche Mehrwertsteuer-Systemrichtlinie muss sich folglich an den Unionsgrundrechten messen lassen. Aufgrund der Verpflichtung, Unionsrichtlinien in nationales Recht umzusetzen, stellen sich die Folgefragen, in welchen Konstellationen auch das nationale Recht den Charta-Grundrechten entsprechen muss und welches Gericht – der EuGH, ein nationales Gericht oder beide – letztendlich den Grundrechtsschutz gewährt.

Die EuGH-Entscheidung in der Rechtssache *Åkerberg Fransson*[12] führte zu einer lebendigen Diskussion über diese Fragestellungen. Den

---

7 EuGH, Schlussantr. GA *Kokott* v. 03.07.2014, Rs. C-446/13, *Fonderie 2A*, ECLI:EU:C:2014:2047.

8 EuGH, Schlussantr. GA *Kokott* v. 03.07.2014, Rs. C-446/13, *Fonderie 2A*, ECLI:EU:C:2014:2047, Rn. 1.

9 BVerfG, Urt. v. 20.12.1966, 1 BvR 320/57, 70/63, BVerfGE 21, 12, Leitsatz.

10 Vertrag von Lissabon zur Änderung des Vertrages über die Europäische Union und des Vertrages zur Gründung der Europäischen Gemeinschaft, ABl. EU 2007 Nr. C 306/1.

11 Charta der Grundrechte der Europäischen Union, aktuelle Fassung v. 30.03.2010, ABl. EU 2010 Nr. C 83/389 (391). Diese Fassung übernimmt mit Anpassungen die am 07.12.2000 proklamierte Charta der Grundrechte der Europäischen Union, ABl. EU 2000 Nr. C 364/1, und ersetzt sie ab dem Zeitpunkt des Inkrafttretens des Vertrags von Lissabon.

12 EuGH, Urt. v. 26.02.2013, Rs. C-617/10, *Åkerberg Fransson*, ECLI:EU:C:2013:105 = UR 2014, 27.

Diskussionsergebnissen zufolge unterliegen das gesamte Mehrwertsteuerrecht und damit einhergehend sämtliche nationalen Umsetzungsakte den Unionsgrundrechten. Diese Annahme steht konträr zu der im Wesentlichen durch das deutsche Bundesverfassungsgericht bevorzugten *Trennungsthese*, die sich über Jahrzehnte, beginnend mit den *Solange*-Grundsätzen[13], entwickelt hatte. Soweit die nationalen Grundrechte für anwendbar erklärt werden, besteht folglich eine Kompetenzerhebung von Bundesverfassungsgericht und EuGH parallel, die es aufzulösen gilt. Der Frage, welchem Gericht die Aufgabe des Hüters der Grundrechte obliegt, kommt eine große Bedeutung zu. Dies rechtfertigt es, sich mit der Prüfungskompetenz der Gerichte im Mehrebenensystem detailliert auseinanderzusetzen.

Der EuGH bezieht sich in mehreren hundert Entscheidungen als Gerechtigkeitspostulat nicht auf das allgemeine Gleichheitsrecht, sondern auf den „Grundsatz der Neutralität der Mehrwertsteuer“[14]. Dieses Prinzip stelle die bereichsspezifische Ausprägung des unionsrechtlichen Gleichbehandlungsgrundsatzes dar, sei jedoch gleichzeitig „keine Regel des Primärrechts, sondern ein Auslegungsgrundsatz“[15], der einer „gesetzgeberischen Ausarbeitung“[16] bedürfe. Im Ergebnis entwickelte der EuGH ein Grundprinzip, das dem Gleichheitssatz entsprechen soll, ohne dass Betroffene sich jedoch auf diesen berufen

---

13 BVerfG, Beschl. v. 29.05.1974, 2 BvL 52/71, BVerfGE 37, 271 (285) (*Solange I*); v. 22.10.1986, 2 BvR 197/83, BVerfGE 73, 339 (387) (*Solange II*).

14 EuGH, Urt. v. 05.10.2016, Rs. C-576/15, *Maya Marinova*, ECLI:EU:C:2016:740 = UR 2016, 925, Rn. 49; v. 05.03.2015, Rs. C-502/13, *KOM/Luxemburg*, ECLI:EU:C:2015:143 = UR 2015, 308, Rn. 50; v. 31.01.2013, Rs. C-643/11, *LVK-56*, ECLI:EU:C:2013:55 = UR 2013, 346, Rn. 55; v. 10.11.2011, Rs. 259/19, *The Rank Group*, Slg. 2011, I-10947, Rn. 32 ff.; v. 10.06.2010, Rs. C-262/08, *CopyGene*, Slg. 2010, I-5053, Rn. 64; v. 23.04.2009, Rs. C-460/07, *Puffer*, Slg. 2009, I-3251, Rn. 52 f.; v. 29.10.2009, Rs. C-174/08, *NCC Construction Danmark*, Slg. 2009, I-10567, Rn. 41 ff.; v. 10.04.2008, Rs. C-309/06, *Marks & Spencer*, Slg. 2008, I-2283, Rn. 49; v. 08.06.2006, Rs. C-106/05, *L.u.P.*, Slg. 2006, I-5123, Rn. 48; v. 27.04.2006, Rs. C-443/04 u. a., *Solleveld u. a.*, Slg. 2006, I-3617, Rn. 35; v. 04.05.2006, Rs. C-240/05, *Eurodental*, Slg. 2006, I-11479, Rn. 55; v. 26.05.2005, Rs. C-498/03, *Kingscrest Associates*, Slg. 2005, I-4427, Rn. 54 f.

15 EuGH, Urt. v. 08.02.2018, Rs. C-380/16, *KOM/Deutschland*, ECLI:EU:C:2018:76 = DStR 2018, 346, Rn. 58; v. 13.03.2014, Rs. C-204/13, *Malburg*, ECLI:EU:C:2014:147 = DStR 2014, 592, Rn. 43.

16 EuGH, Urt. v. 29.10.2009, Rs. C-174/08, *NCC Construction Danmark*, Slg. 2009, I-10567, Rn. 42.

können[17]. Unter dem Gesichtspunkt, dass dieser offensichtliche Widerspruch zur Normenhierarchie des Unionsrechts den Grundrechtsschutz aushöhlt, ist Untersuchungsgegenstand dieser Arbeit, welches primärrechtliche, bereichsspezifische Prinzip das allgemeine Gleichheitsrecht auf dem Gebiet der Mehrwertsteuer tatsächlich wahrt.

Nach der Konzeption der Umsatzsteuer soll ausschließlich der konsumtive Letztverbrauch besteuert werden. Eine Belastung mit Mehrwertsteuer tritt dann ein, wenn für die bezogenen Waren und Dienstleistungen kein Recht auf Vorsteuerabzug besteht. So trägt der private Konsument die Umsatzsteuerlast für seinen Einkauf an der Supermarktkasse, weil er die im Preis enthaltene Umsatzsteuer an den Händler mitentrichtet und in der Folge nicht erstattet bekommt. Der Unternehmer sammelt die Umsatzsteuer von seinen Kunden ein und führt sie an den Fiskus ab. Er fungiert somit lediglich als „Steuereinnehmer für Rechnung des Staates und im Interesse der Staatskasse"[18]. Ihm steht nach der systematischen Zielsetzung der Vorsteuerabzug aus seinen Eingangsleistungen zu. Kann der Unternehmer das Recht auf Vorsteuerabzug aufgrund von Bestimmungen der Mehrwertsteuer-Systemrichtlinie oder dazu ergangener EuGH-Rechtsprechung nicht ausüben, wird er dem Endverbraucher gleichgestellt. Das technische Vehikel des Vorsteuerabzuges ist demzufolge das „Herzstück"[19] des geltenden Mehrwertsteuersystems. Die vorliegende Arbeit geht der Frage nach, ob geltende Bestimmungen der Mehrwertsteuer-Systemrichtlinie zum Vorsteuerabzug das allgemeine Gleichheitsrecht des Unternehmers verletzen.

B. Gang der Darstellung

Diese Ausarbeitung verfolgt das Ziel, den unionsrechtlichen allgemeinen Gleichheitssatz im Mehrwertsteuersatz bezogen auf den Vorsteuerabzug des Unternehmers detailliert zu untersuchen.

Das erste Kapitel beschäftigt sich mit dem normativen Mehrebenensystem und der damit verbundenen Einwirkung des Unionsrechts auf das nationale Umsatzsteuerrecht. Das nationale Umsatzsteuerrecht ist in besonderem Maße durch das Europarecht geprägt. Es wirken verschiedene unionsrechtliche

17 EuGH, Urt. v. 13.03.2014, Rs. C-204/13, *Malburg*, ECLI:EU: C:2014:147 = DStR 2014, 592, Rn. 43.

18 EuGH, Urt. v. 21.02.2008, Rs. C-271/06, *Netto Supermarkt*, Slg. 2008, I-787, Rn. 21; v. 20.10.1993, Rs. C-10/92, *Balocchi*, Slg. 1993, I-5105, Rn. 25.

19 *Englisch*, in: Tipke/Lang[23], Steuerrecht, § 17 Rz. 307.

Rechtsquellen auf die Mehrwertsteuer in den Mitgliedstaaten ein. Diese Rechtsquellen sind innerhalb des Unionsrechts in eine Normenhierarchie eingebettet. Aus dieser Rangordnung erwachsen Konsequenzen sowohl für die einzelnen Unionsrechtsquellen in Bezug zueinander als auch für deren Einwirkung auf innerstaatliches Recht.

Das zweite Kapitel widmet sich der Wirkung der unionsrechtlichen Grundrechte: Auf die Darstellung der Grundlagen und der Systematik der Unionsgrundrechte folgt eine eingehende Beleuchtung des unionsrechtlichen allgemeinen Gleichheitssatzes und seiner Bedeutung im Umsatzsteuerrecht. Daran schließt sich eine Analyse der Auswirkungen des Leistungsfähigkeitsprinzips und weiterer primärrechtlicher Vorgaben auf die konkrete Ausgestaltung des gemeinsamen Mehrwertsteuersystems an.

Ausgehend von der vorangestellten Stellungnahme zur Anwendbarkeit von nationalen und unionsrechtlichen Grundrechten wird im dritten Kapitel analysiert, wie Rechtsschutz im Mehrebenensystem garantiert wird. Es erfolgt eine Unterscheidung zwischen Verstößen einerseits der Mehrwertsteuer-Systemrichtlinie und andererseits nationaler Normen gegen unionsrechtliches Primärrecht. Dabei gilt den Konsequenzen einer parallel erfolgenden Anwendung der Grundrechte des Grundgesetzes und unionaler Grundrechte ein besonderes Augenmerk.

Das vierte Kapitel betrachtet die konkrete Anwendung des unionsrechtlichen Gleichheitssatzes im Umsatzsteuerrecht. Hierzu wird zunächst das *Soll* der bereichsspezifischen Gleichheit definiert. Dieses wird anschließend im Rahmen einer ausführlichen Rechtsprechungsanalyse dem Neutralitätsgrundsatz im Sinne eines *Ist*-Zustandes gegenübergestellt. Schließlich wird der idealtypisch gebotene Umgang mit Einschränkungen des allgemeinen Gleichheitsrechts erörtert. Das Kapitel schließt mit einem Zwischenergebnis sowie einer Hypothese für die anschließende Analyse ab.

Im fünften Kapitel werden geltende Bestimmungen der Mehrwertsteuer-Systemrichtlinie an den Maßstäben des allgemeinen Gleichheitssatzes gemessen. Hierzu werden Sachverhalte, in denen dem Unternehmer kein Recht auf Vorsteuerabzug zusteht, auf ihre Grundrechtskonformität hin überprüft.

Diese Arbeit schließt mit einer Darstellung der Kernthesen.

Kapitel 1: Das normative Mehrebenensystem

A. Rechtsquellen des europäischen Steuerrechts

I. Systemische Einleitung

Im EUV haben die Mitgliedstaaten der EU einige vormals in nationaler Zuständigkeit liegende Rechte und Pflichten auf Organe der Union übertragen. Nach Art. 5 Abs. 1 S. 1 EUV gilt für die Abgrenzung der Zuständigkeiten der Grundsatz der *begrenzten Einzelermächtigung*.[20] Demzufolge ist auch nach Abschluss der Unionsverträge generell der jeweilige Mitgliedstaat zuständig, sofern die Kompetenz nicht explizit auf ein Organ der EU übertragen wurde.[21] Bürger sind daher parallel geltenden Rechtsakten der Union und den Mitgliedstaaten gegenübergestellt. Wie im nationalen Recht existieren auf europäischer Ebene unterschiedliche Rechtsakte, die verschiedenen Geltungsebenen zuzuordnen sind. Nach der Stellung eines Rechtsakts im *Rechtsquellensystem des Gemeinschaftsrechts*[22] richten sich unter anderem der Rechtsnormcharakter, seine Geltung für die EU-Organe sowie die unmittelbare Geltung in den einzelnen Mitgliedstaaten. Nach Art. 288 Abs. 1 AEUV können die Organe der Union im Rahmen ihrer Zuständigkeit Verordnungen, Richtlinien, Beschlüsse, Empfehlungen und Stellungnahmen erlassen. Die vorliegende Arbeit unterscheidet zwischen Primärrecht, Sekundärrecht, Tertiärrecht sowie sonstigen Rechtsquellen.

II. Primärrecht

Art. 1 Abs. 2 AEUV und Art. 1 Abs. 3 EUV benennen sich gegenseitig als rechtlich gleichrangige Verträge, „auf die sich die Union gründet“[23]. Beide Verträge beinhalten grundlegende Ziele der Union wie die in Art. 2 EUV genannte Achtung der Menschenwürde, Freiheit, Demokratie, Gleichheit, Rechtsstaatlichkeit und die Wahrung der Menschenrechte einschließlich des Minderheitenschutzes. Art. 3 EUV ergänzt diese elementaren ethischen Gründungsziele u. a. um

---

20 *Kokott*, Steuerrecht der EU § 1 Rn. 3.

21 Vgl. auch Art. 4 Abs. 1 EUV.

22 Bezeichnung des EuGH in Urt. v. 10.10.1973, Rs. C-34/73, *Variola*, Slg. 1973, 981, Rn. 8; *Schaumburg*, in: Schaumburg/Englisch, Europäisches Steuerrecht, Rz. 3.3.

23 Art. 1 Abs. 2 AEUV.

konkrete Vorgaben mit wirtschaftlichem Bezug. So errichtet die Union nach Art. 3 Abs. 3 EUV einen Binnenmarkt, dessen Ausrichtung nach dem Prinzip der sozialen Marktwirtschaft erfolgt. Neben den allgemeinen Verfassungsgrundsätzen existieren im Bereich der Steuern die primärrechtlichen Grundfreiheiten der Warenverkehrsfreiheit (Art. 28 ff. AEUV), Dienstleistungsfreiheit (Art. 49 ff. AEUV), Personenverkehrsfreiheit (Art. 39 ff. und 43 ff. AEUV) und Kapitalverkehrsfreiheit (Art. 56 ff. AEUV). Darüber hinaus wirken das Diskriminierungsverbot nach Art. 18 AEUV und das Beihilferecht (Art. 110 ff. AEUV) auf das Steuerrecht ein.

Auf dem Gebiet der Mehrwertsteuer ist das Harmonisierungsgebot des Art. 113 AEUV von besonderer Bedeutung. Demnach erlässt der Europäische Rat in einem besonderen Gesetzgebungsverfahren Bestimmungen zur Harmonisierung der Umsatzsteuervorschriften, „soweit diese Harmonisierung für die Errichtung und das Funktionieren des Binnenmarkts und die Vermeidung von Wettbewerbsverzerrungen notwendig ist."

Primärrechtsstatus genießen neben EUV und AEUV die diesen Verträgen beigefügten Protokolle und Anhänge sowie die Beitrittsverträge mit den in die EU aufgenommenen Staaten.[24]

Ferner sind die Organe der Europäischen Union nach Art. 6 Abs. 1 EUV[25] i. V. m. Art. 51 Abs. 1 S. 1 GrCh unmittelbar an die als Primärrecht definierten Bestimmungen der Grundrechtecharta der EU gebunden.[26] Die Charta begründet jedoch keine neuen Zuständigkeiten oder Aufgaben für die Union und ändert auch nicht die in den Verträgen festgelegten Zuständigkeiten und Aufgaben.[27] Die Wirkung der unionsrechtlichen Grundrechte beschränkt sich daher auch nach ständiger Rechtsprechung des EuGH auf den Geltungsbereich des Unionsrechts.[28] Nach Art. 6 Abs. 3 EUV sind die Grundrechte nach der EMRK[29]

---

24 *Schaumburg,* in: Schaumburg/Englisch, Europäisches Steuerrecht, Rz. 3.4.

25 Geändert durch den Vertrag von Lissabon, unterzeichnet am 13.12.2007, Abl. EU C 306/1.

26 Art. 6 Abs. 1 EU lautet: „Die Union erkennt die Rechte, Freiheiten und Grundsätze an, die in der Charta der Grundrechte der Europäischen Union vom 7. Dezember 2000 in der am 12. Dezember 2007 in Straßburg angepassten Fassung niedergelegt sind; die Charta der Grundrechte und die Verträge sind rechtlich gleichrangig."

27 Art. 51 Abs. 2 GrCh.

28 Vgl. EuGH, Urt. v. 26.02.2013, Rs. C-617/10, *Åkerberg Fransson,* ECLI:EU:C:2013:105 = UR 2014, 27, Rn 19 ff.; *Englisch,* in: W. Schön/K. Beck, Zukunftsfragen, 39 (43 f.) mit zahlreichen Verweisen.

29 Konvention zum Schutz der Menschenrechte und Grundfreiheiten v. 04.11.1950, BGBl. II 1952, 685.

sowie die den gemeinsamen Verfassungsüberlieferungen der Mitgliedstaaten zu entnehmenden Grundrechte als allgemeine Grundsätze Primärrecht der Union. Die Grundrechtecharta der EU ergänzt diese allgemeinen Verweise des Art. 6 Abs. 3 EUV um eine transparente Verschriftlichung des Grundrechtskonsenses der Mitgliedstaaten.

Als weitere Rechtsquelle des europäischen Steuerrechts können allgemeine Rechtsgrundsätze in Betracht kommen. In Art. 6 Abs. 3 EUV wird u. a. explizit auf die Verfassungsüberlieferungen der Mitgliedstaaten verwiesen. Somit sind die aus den nationalen Verfassungen abgeleiteten allgemeinen Rechtsgrundsätze gleichzeitig unionsrechtliches Primärrecht.[30] Hierzu zählen beispielsweise die aus dem Grundgesetz abgeleiteten Prinzipien der Rechtsstaatlichkeit[31] wie z. B. der gerichtliche Rechtsschutz.[32]

III. Sekundärrecht

„Für die Ausübung der Zuständigkeiten der Union" können die Organe der Union nach Art. 288 Abs. 1 AEUV u. a. Verordnungen, Richtlinien, Beschlüsse, Empfehlungen und Stellungnahmen erlassen. Diese Rechtsakte sind dem Sekundärrecht zuzuordnen. Voraussetzung für eine Zuständigkeit der Union ist die explizite Aufgabenzuweisung nach dem Grundsatz der begrenzten Einzelermächtigung.[33] Diesem Grundsatz folgend muss einem sekundärrechtlichen Rechtsakt eine ausdrückliche primärrechtliche Ermächtigungsgrundlage vorausgehen.[34] Wird die Art des zu erlassenden Rechtsakts nicht vorgegeben, steht den Organen der EU nach Art. 296 Abs. 1 AEUV jeder vorgesehene Sekundärrechtstyp zur Disposition.[35]

Verordnungen wirken gemäß Art. 288 Abs. 2 AEUV unmittelbar in den Mitgliedstaaten. Eine entsprechende Umsetzung der Verordnungen durch nationale Rechtsakte ist somit nicht nur entbehrlich, sondern verboten.[36] Zur Vermeidung von Normwidersprüchen auf unionaler und nationaler Ebene werden

30 *Schaumburg*, in: Schaumburg/Englisch, Europäisches Steuerrecht, Rz. 3.5.

31 Zur Rechtsstaatlichkeit der Besteuerung vgl. Kapitel 2. C. II. 2. dieser Arbeit.

32 EuGH, Urt. v. 25.05.1986, Rs. C-222/84, *Johnston*, Slg. 1986, 1156; *Schaumburg*, in: Schaumburg/Englisch, Europäisches Steuerrecht, Rz. 3.5.

33 *Englisch*, in: Tipke/Lang, Steuerrecht[24], § 4 Rz. 5.

34 *Schaumburg*, in: Schaumburg/Englisch, Europäisches Steuerrecht, Rz. 3.6.

35 *Kaufhold*, in: Dauses/Ludwigs, Handbuch des EU-Wirtschaftsrechts, A.II.1.d)cc), Rn. 68 f.

36 EuGH, Urt. v. 10.10.1973, Rs. C-34-73, *Variola*, Slg. 1973, 981, Rn. 9-11.

Verordnungen aufgrund dieser Unmittelbarkeit ihrer Wirkungen zumeist in Bereichen eingesetzt, in denen die ausschließliche Gesetzgebungskompetenz bei der EU liegt.[37] Im Bereich des Mehrwertsteuerrechts gilt seit 2010 die sekundärrechtliche Verordnung über die Zusammenarbeit der Verwaltungsbehörden und die Betrugsbekämpfung auf dem Gebiet der Mehrwertsteuer[38]. Auf Letztere geht u. a. das multilaterale Frühwarnsystem zur Bekämpfung des Mehrwertsteuerbetrugs *Eurofisc*[39] zurück.[40]

Richtlinien wirken in den Mitgliedstaaten nicht unmittelbar. Sie sind hinsichtlich des zu erreichenden Ziels verbindlich, überlassen den betroffenen Mitgliedstaaten jedoch gemäß Art. 288 Abs. 3 AEUV die Wahl der Form und der Mittel für die Umsetzung der Richtlinie im nationalen Recht.[41] Richtlinien sehen Umsetzungsfristen vor, bis zu denen die Mitgliedstaaten zu einer entsprechenden Umsetzung verpflichtet sind. Die Verpflichtung zur fristgemäßen und vollständigen Umsetzung der Richtlinie in nationales Recht ergibt sich bereits aus dem Grundsatz der Unionstreue nach Art. 4 Abs. 3 EUV.[42] Hinsichtlich der zu wählenden Form für eine Umsetzung wird die Wahlfreiheit der Mitgliedstaaten *de facto* durch den Grundsatz der Unionstreue eingeschränkt. Demnach besteht die Pflicht zur Umsetzung dergestalt, dass der nationale Umsetzungsakt uneingeschränkte Rechtswirksamkeit entfaltet. In Deutschland führt dies im Steuerrecht aufgrund des Legalitätsprinzips zu einer Umsetzungspflicht durch Gesetz.[43]

Im Recht der direkten Steuern findet bislang lediglich eine selektive Harmonisierung statt. Richtlinien wurden dementsprechend ausschließlich zur Regelung einzelner Bereiche mit europäischem Bezug erlassen. Hierzu zählen unter anderem die Mutter-Tochter-Richtlinie[44] sowie die Fusionsrichtlinie[45].

---

37 Dementsprechend ist der Typ der Verordnung der gängige Rechtsakt im Zollrecht, vgl. *Schaumburg,* in: Schaumburg/Englisch, Europäisches Steuerrecht, Rz. 3.6.

38 VO (EU) Nr. 904/2010 v. 07.10.2010, ABl. EU 2010 Nr. L 268/1.

39 Vgl. Kapitel X, Art. 33 ff. der VO (EU) Nr. 904/2010 v. 07.10.2010, ABl. EU 2010 Nr. L 268/1 (8 ff.).

40 Weitergehend *Lohse,* in: Rau/Dürrwächter, UStG, Zusammenarbeitsverordnung (EU) Nr. 904/2010, 1. Entstehungsgeschichte.

41 *Stadie,* in: Rau/Dürrwächter, UStG, Einführung, Anm. 568.

42 *Schaumburg,* in: Schaumburg/Englisch, Europäisches Steuerrecht, Rz. 3.9.

43 *Schaumburg,* in: Schaumburg/Englisch, Europäisches Steuerrecht, Rz. 3.10.

44 RL 2011/96/EU v. 30.11.2011 über das gemeinsame Steuersystem der Mutter- und Tochtergesellschaften verschiedener Mitgliedstaaten, ABl. EU 2011 Nr. L 345/8.

45 RL 2009/133/EG v. 19.10.2009 über das gemeinsame Steuersystem für Fusionen, Spaltungen, Abspaltungen, die Einbringung von Unternehmensteilen und den Austausch von Anteilen, die Gesellschaften verschiedener Mitgliedstaaten betreffen sowie die

Das Mehrwertsteuerrecht hingegen ist weitestgehend harmonisiert. Auf Grundlage des Art. 99 EGV 1957, der einen gemeinsamen Markt fordert, ergingen mehrere Richtlinien des Rates mit dem Ziel der Harmonisierung der Umsatzsteuer in den Mitgliedstaaten. Am bedeutsamsten waren die Erste[46] und Zweite Richtlinie von 1967[47] sowie die 6. EG-Richtlinie von 1977[48]. Zum 01.01.2007 wurde die 6. EG-Richtlinie durch die Mehrwertsteuer-Systemrichtlinie[49] ersetzt. Die Mehrwertsteuer-Systemrichtlinie umfasst mehr als 400 Artikel und soll der Vereinheitlichung der Rechtstexte dienen, ohne zu inhaltlichen Änderungen zu führen.[50] Sie enthält detaillierte Vorgaben zu den wesentlichen Punkten der Besteuerung mit Mehrwertsteuer, wie u. a. Steuerbarkeit, Steuerbefreiungen, Bemessungsgrundlagen und Vorsteuerabzug. Nicht harmonisiert wurden bislang die Steuersätze in den Mitgliedstaaten.[51] Der Standardsteuersatz muss jedoch nach Art. 97 MwStSystRL mindestens 15 % betragen, während der ermäßigte Steuersatz gemäß den Art. 98, 99 MwStSystRL 5 % nicht unterschreiten darf. Aktuell reichen die Mehrwertsteuer-Regelsätze von 17 % (in Luxemburg) bis 27 % (in Ungarn).

Beschlüsse sind unmittelbar verbindlich, sie können allgemein oder nur an explizite Adressaten gerichtet ergehen. In letztgenannten Fällen beschränkt sich

---

Verlegung des Sitzes einer Europäischen Gesellschaft oder einer Europäischen Genossenschaft von einem Mitgliedstaat in einen anderen Mitgliedstaat, Abl. EU 2009 Nr. L 310/34.

46 Erste Richtlinie 67/227/EWG v. 11.04.1967 zur Harmonisierung der Rechtsvorschriften der Mitgliedstaaten über die Umsatzsteuer, ABl. EG 1967 Nr. L 71/1301.

47 Zweite Richtlinie 67/228/EWG v. 11.04.1967 zur Harmonisierung der Rechtsvorschriften der Mitgliedstaaten über die Umsatzsteuern - Struktur und Anwendungsmodalitäten des gemeinsamen Mehrwertsteuersystems, ABl. EG 1967 Nr. L 71/1303.

48 Sechste Richtlinie 77/388/EWG v. 17.05.1977 zur Harmonisierung der Rechtsvorschriften der Mitgliedstaaten über die Umsatzsteuern - Gemeinsames Mehrwertsteuersystem: einheitliche steuerpflichtige Bemessungsgrundlage, ABl. EG 1977 Nr. L 145/1.

49 Richtlinie 2006/112/EG v. 28.11.2006, ABl. EU 2006 Nr. L 347/1.

50 In Erwägungsgrund 1 heißt es: „Die Richtlinie 77/388/EWG des Rates vom 17. Mai 1977 zur Harmonisierung der Rechtsvorschriften der Mitgliedstaaten über die Umsatzsteuern — Gemeinsames Mehrwertsteuersystem: einheitliche steuerpflichtige Bemessungsgrundlage wurde mehrfach erheblich geändert. Anlässlich neuerlicher Änderungen empfiehlt sich aus Gründen der Klarheit und Wirtschaftlichkeit eine Neufassung."

51 *Stadie*, in: Rau/Dürrwächter, UStG, Einführung, Anm. 560.

die Bindungswirkung auf diese Adressaten.[52] Beschlüsse haben im Steuerrecht bis dato kaum Bedeutung erlangt.[53]

IV. Tertiärrecht

Die wesentlichen Aspekte eines Bereichs sind nach Art. 290 Abs. 1 Uabs. 2 S. 2 AEUV dem Gesetzgebungsakt vorbehalten. In nicht wesentlichen Bereichen kann der Kommission in Gesetzgebungsakten gemäß Art. 290 Abs. 1 S. 1 AEUV die Befugnis übertragen werden, Rechtsakte ohne Gesetzescharakter mit allgemeiner Geltung zu erlassen – sog. delegierte Rechtsakte. Delegierte Rechtsakte des Tertiärrechts bedürfen somit keiner weiteren Umsetzung in den Mitgliedstaaten, sondern erlangen mit ihrem Erlass unmittelbare Wirkung. Das Sekundärrecht soll dadurch von Detailregelungen entlastet und z. B. an durch den technischen Fortschritt veränderte Gegebenheiten angepasst werden. Die Anpassungen können über den Gesetzgebungsakt hinausgehen.[54] Auf delegierte Rechtsakte hat die Union im Steuerrecht bislang nicht zurückgegriffen.[55]

Von den delegierten Rechtsakten sind die Durchführungsrechtsakte zu trennen. Sie unterscheiden sich in ihren Zielen und ihrer Reichweite. Durchführungsrechtsakte sollen kraft ihrer unmittelbaren Wirkung in den Mitgliedstaaten eine einheitliche Anwendung von Sekundärrecht in den Mitgliedstaaten sicherstellen; vgl. Art. 291 Abs. 2 AEUV. Da Richtlinien von den Mitgliedstaaten erst noch in innerstaatliches Recht übertragen werden müssen, eignen sich Durchführungsverordnungen in diesen Fällen besonders zur Sicherstellung einer einheitlichen Durchführung. Wird die Notwendigkeit hierfür festgestellt, sind die Durchführungsrechtsakte gemäß Art. 291 Abs. 4 AEUV explizit als solche durch den Zusatz „Durchführungs-“ zu kennzeichnen.

Der Erlass eines Durchführungsrechtsakts ist an die vorangehende, ausdrückliche Übertragung im Sekundärrechtsakt geknüpft. Der Durchführungsrechtsakt

---

52 Art. 288 Abs. 4 S. 2 AEUV lautet: „Sind Sie an bestimmte Adressaten gerichtet, so sind sie nur für diese verbindlich.“

53 *Schaumburg*, in: Schaumburg/Englisch, Europäisches Steuerrecht, Rz. 3.14 unter Verweis auf den Beschluss des Rates 90/640/EWG v. 03.12.1990, ABl. EG 1990 Nr. L 349/19. Nach dieser Entscheidung wurde Deutschland ermächtigt, über die Steuerbefreiungen der 6. EG-Richtlinie hinaus für Umsätze an die sowjetischen Truppen bis zu deren Abzug Steuerbefreiungen einzuführen.

54 *Schaumburg*, in: Schaumburg/Englisch, Europäisches Steuerrecht, Rz. 3.16.

55 *Schaumburg*, in: Schaumburg/Englisch, Europäisches Steuerrecht, Rz. 3.19; *Englisch*, in: Tipke/Lang, Steuerrecht[24], § 4 Rz. 7.

darf im Unterschied zu delegierten Rechtsakten inhaltlich nicht vom Gesetzgebungsakt abweichen und unterliegt nach Art. 291 Abs. 3 AEUV einer Kontrolle durch die Mitgliedstaaten.

Von besonderer Bedeutung im Steuerrecht ist die Mehrwertsteuer-Durchführungsverordnung[56]. Sie konkretisiert die Mehrwertsteuer-Systemrichtlinie. Ihre Ermächtigungsgrundlage im Basisrechtsakt bildet Art. 397 MwStSystRL, wonach der Rat auf Vorschlag der Kommission einstimmig die zur Durchführung der Mehrwertsteuer-Systemrichtlinie erforderlichen Maßnahmen beschließt. Die Mehrwertsteuer-Durchführungsverordnung enthält Regelungen mit großer Praxisrelevanz, darunter über 20 Bestimmungen zum Ort der Dienstleistung.[57] Mit ihrer Hilfe konnte die Kommission u. a. präzisieren, wann für Zwecke der Anwendung der Mehrwertsteuer-Systemrichtlinie der Begriff des *Grundstücks* erfüllt ist, und somit einer unterschiedlichen Rechtsanwendung in den einzelnen Mitgliedstaaten entgegenwirken.[58]

V. Sonstige Rechtsquellen

Weitere Rechtsquellen des europäischen Steuerrechts sind völkerrechtliche Verträge. Die EU ist nach Art. 216 Abs. 1 AEUV zum Abschluss völkerrechtlicher Verträge berechtigt, da sie gemäß Art. 47 EUV mit einer eigenen Rechtspersönlichkeit ausgestattet ist. Durch die EU abgeschlossene völkerrechtliche Verträge binden nach Art. 216 Abs. 2 AEUV die Organe der Union sowie die der Union angeschlossenen Mitgliedstaaten. Da es sich um eine unionsrechtliche Pflicht handelt, dürfen Mitgliedstaaten den völkerrechtlichen Vertrag nicht durch ein entgegenstehendes nationales Gesetz aushebeln; sog. *treaty override*. Eine dessen ungeachtet erlassene nationale Norm kann ein Vertragsverletzungsverfahren durch die Kommission nach Art. 258 AEUV nach sich ziehen.[59] Als völkerrechtliche Verträge mit steuerlichem Bezug sind insbesondere die mit Drittstaaten geschlossenen Freizügigkeitsabkommen relevant, die die primärrechtlichen

56 VO (EU) Nr. 282/2011 v. 15.03.2011 zur Festlegung von Durchführungsvorschriften zur Richtlinie 2006/112/EG über das gemeinsame Mehrwertsteuersystem, ABl. EU 2011 Nr. L 77/1.

57 *Lohse*, DStR 2011, 1740.

58 S. den durch VO (EU) Nr. 1042/2013 v. 07.10.2013, Abl. EU 2013 Nr. L 284/1, mit Wirkung zum 01.01.2017 eingefügten Art. 13b MwSt-DVO.

59 *Schaumburg*, in: Schaumburg/Englisch, Europäisches Steuerrecht, Rz. 3.20.

Grundfreiheiten auf Unionsbürger ausweiten, die in den entsprechenden Drittstaaten ansässig sind.[60]

Innerhalb der Union existieren weitere Erkenntnisquellen, die aufgrund ihrer reduzierten Geltungskraft als *Soft Law* bezeichnet werden. Art. 288 Abs. 5 AEUV sieht als offizielle, nicht bindende Verlautbarungen der Union die Empfehlungen und Stellungnahmen vor. Nicht bindende Verlautbarungen haben nicht den Charakter einer Rechtsnorm und sind daher weder unmittelbar anwendbar noch justiziabel.[61] Allerdings darf das Handeln eines Unionsorgans nicht in Widerspruch zu einer eigenen, offiziellen Verlautbarung stehen. Im Ergebnis bindet sich das Unionsorgan mit einer unverbindlichen, jedoch offiziellen Aussage in der Weise selbst, dass eine spätere Abkehr einen erhöhten Rechtfertigungsbedarf nach sich zieht.[62] Gerichte können sich von *Soft Law* bei ihrer Rechtsfindung anleiten lassen.[63]

Das Portfolio der inoffiziellen Verlautbarungen der Union ist nicht explizit begrenzt und besteht unter anderem aus Mitteilungen, Leitlinien, Bekanntmachungen, Weißbüchern und Grünbüchern. Inoffizielles *Soft Law* hat eine geringe rechtliche Bedeutung. Entschließungen deuten auf den künftigen Erlass ggf. geänderter sekundärrechtlicher Vorgaben hin. Mitteilungen und Leitlinien seitens der Kommission begründen ebenfalls eine Selbstbindung der Unionsorgane. Sie entsprechen von ihrem Rechtscharakter her Verwaltungsanweisungen und können Vertrauensschutztatbestände begründen.[64]

Im Mehrwertsteuerrecht hat vor allem das Grünbuch über die Zukunft der Mehrwertsteuer[65] Beachtung gefunden. Hierin hatte die Europäische Kommission einige Defizite des geltenden Mehrwertsteuersystems vorgestellt und die Überprüfung einiger Regelungen angekündigt. Die Nutzung von *Soft Law* durch die Union lässt sich am Beispiel der Mehrwertsteuerrechtsvorschriften für die öffentliche Hand darstellen. Bereits im Grünbuch über die Zukunft der Mehrwertsteuer hatte die Europäische Kommission angemerkt, dass die entsprechenden Vorgaben für den öffentlichen Sektor die Mehrwertsteuer zu

---

60 Vgl. EuGH, Urt. v. 28.02.2013, Rs. C-425/11, *Ettwein*, ECLI:EU: C:2013:121 = BStBl. II 2013, 896.

61 *Englisch,* in: Tipke/Lang, Steuerrecht[24], § 4 Rz. 11.

62 *Englisch,* in: Tipke/Lang, Steuerrecht[24], § 4 Rz. 13.

63 *Kokott,* Steuerrecht der EU § 1 Rn. 29.

64 *Schaumburg,* in: Schaumburg/Englisch, Europäisches Steuerrecht, Rz. 3.25.

65 Grünbuch über die Zukunft der Mehrwertsteuer - Wege zu einem einfacheren, robusteren und effizienteren MwSt-System v. 01.12.2010, KOM (2010), 695 endgültig.

einem Entscheidungsfaktor für Investitionen und Ausgaben werden lassen.[66] Aus diesen Feststellungen wurden daraufhin in der Mitteilung zur Zukunft der Mehrwertsteuer[67] konkretere Folgen abgeleitet, indem eine detaillierte Analyse der Besteuerung der öffentlichen Hand angekündigt wurde.[68] Die Europäische Kommission leitete daraufhin am 14.10.2013 eine Konsultation zur Überprüfung bestehender Mehrwertsteuerrechtsvorschriften zu öffentlichen Einrichtungen und Steuerbefreiungen für dem Gemeinwohl dienende Tätigkeiten ein, deren Ergebnisse Ende 2014 vorgestellt wurden.[69]

Als weitere Erkenntnisquellen auf dem Gebiet der Mehrwertsteuer dienen die unverbindlichen Leitlinien des Mehrwertsteuerausschusses, der gemäß Art. 398 Abs. 4 MwStSystRL die Aufgabe hat, mehrwertsteuerliche Fragestellungen zu überprüfen, sowie die Stellungnahmen der Mehrwertsteuer Experten-Gruppe[70] und der OECD.[71]

B. Normenhierarchie innerhalb des Unionsrechts

Die Normen des Unionsrechts sind in eine Hierarchie eingebettet. Im Grundsatz lassen sich alle geltenden Normen unabhängig von ihrer Einordnung in die Normenhierarchie parallel anwenden. Eine in der Normenhierarchie höherrangige Norm geht der niedriger platzierten Vorschrift nur im Fall des Widerspruchs beider Normen vor. Dadurch wird die für die Einheit der Rechtsordnung unabdingbare Widerspruchsfreiheit gewährleistet.[72]

---

66 Grünbuch über die Zukunft der Mehrwertsteuer - Wege zu einem einfacheren, robusteren und effizienteren MwSt-System v. 01.12.2010, KOM (2010), 695 endgültig, 11.

67 Mitteilung der Kommission an das Europäische Parlament, den Rat und den Europäischen Wirtschafts- und Sozialausschuss zur Zukunft der Mehrwertsteuer – Wege zu einem einfacheren, robusteren und effizienteren MwSt-System, das auf den Binnenmarkt zugeschnitten ist v. 06.12.2011, KOM (2011), 851 endgültig, 10 f.

68 Hierzu und zur weiteren Konsultation *Maunz/Grimm*, MwStR 2014, 47.

69 Die offizielle Verlautbarung der Ergebnisse ist nur in englischer Sprache verfügbar, vgl. Summary report of the outcome of the public consultation on the Review of existing VAT legislation on public bodies and tax exemptions in the public interest, abrufbar unter: http://ec.europa.eu/taxation_ customs/sites/taxation/files/resources/documents/common/consultations/tax/public_bodies/consultation_document_en.pdf.

70 Die Mehrwertsteuer Experten-Gruppe wurde in 2012 durch Beschluss der Kommission eingerichtet. Ihr gehören Fachexperten an, die im öffentlichen Interesse die Kommission bei der Umsetzung von Rechtsakten auf dem Gebiet der Mehrwertsteuer unterstützen; vgl. Beschluss v. 26.06.2012, ABl. EU 2012 Nr. C 188/02, dort Art. 2.

71 *Kokott*, Steuerrecht der EU § 1 Rn. 36 ff.

72 *Schaumburg*, in: Schaumburg/Englisch, Europäisches Steuerrecht, Rz. 4.1.

Die unionale Normenhierarchie sieht folgende absteigende Rangfolge vor: Primäres Unionsvertragsrecht, ungeschriebenes Primärrecht, völkerrechtliche Verträge der Union, Sekundärrecht, Tertiärrecht.[73]

Die Höchstrangigkeit des Primärrechts ergibt sich aus den Art. 13 Abs. 2 S. 1 EUV und Art. 288 Abs. 1 AEUV, wonach die Unionsorgane ihr Handeln nach den in den Unionsverträgen festgelegten Zuständigkeiten und Bedingungen auszurichten haben. Werden primärrechtliche Vorgaben durch ein Organ der EU beim Erlass von Sekundärrecht missachtet, kann der EuGH diese sekundärrechtlichen Bestimmungen für nichtig erklären. Der Nichtigkeit eines Rechtsakts geht jedoch nach ständiger Rechtsprechung des EuGH seine primärrechtskonforme Auslegung vor.[74] Neben der Nichtigkeitsklage nach Art. 263 AEUV steht den Mitgliedstaaten auch eine Normenkontrolle im Rahmen eines Vorabentscheidungsersuchens nach Art. 267 Abs. 1 Buchst. b AEUV offen.[75] Bei der Überprüfung der Primärrechtskonformität von Sekundärrecht sind sämtliche primärrechtliche Grundlagen zu berücksichtigen. Hierzu zählt neben EUV und AEUV u. a. auch die Grundrechtecharta der EU als integraler Bestandteil des Vertragsrechts. Verordnungen und Richtlinien können demzufolge durch den EuGH verworfen werden, soweit sie nicht den Vorgaben der Grundrechtecharta der EU entsprechen.[76]

Gleiches gilt für die durch die Union selbst abgeschlossenen völkerrechtlichen Verträge. Wenngleich diese nicht den Status von Primärrecht innehaben, binden völkerrechtliche Verträge die Organe der Union und die Mitgliedstaaten nach Art. 216 Abs. 2 AEUV. Daraus ergibt sich wiederum ein Vorrang gegenüber sekundärrechtlichen Bestimmungen.[77] Sekundärrechtsakte dürfen folglich nicht im Widerspruch zu völkerrechtlichen Verträgen stehen, die von der EU abgeschlossen worden sind.

Im Bereich des Steuerrechts bereits in Erscheinung getretene Durchführungsrechtsakte zählen zum Tertiärrecht, da sie einer Grundlage im jeweiligen Basisrechtsakt bedürfen. Tertiärrecht muss somit mit dem ihm übergeordneten Primärrecht und Sekundärrecht konform sein.[78]

---

73 *Schaumburg,* in: Schaumburg/Englisch, Europäisches Steuerrecht, Rz. 4.4.

74 Vgl. nur EuGH, Urt. v. 12.11.1969, Rs. C-29/69, *Stauder*, Slg. 1969, 419, Rz. 4 ff.; *Englisch,* in: Tipke/Lang, Steuerrecht[24], § 4 Rz. 26, 29.

75 *Schaumburg,* in: Schaumburg/Englisch, Europäisches Steuerrecht, Rz. 4.7.

76 *Schaumburg,* in: Schaumburg/Englisch, Europäisches Steuerrecht, Rz. 4.8 ff.

77 *Schaumburg,* in: Schaumburg/Englisch, Europäisches Steuerrecht, Rz. 4.12 ff.

78 *Schaumburg,* in: Schaumburg/Englisch, Europäisches Steuerrecht, Rz. 4.16.

C. Einwirkung des Unionsrechts auf innerstaatliches Steuerrecht

I. Unionales Primärrecht

Die Vorschriften über die Umsatzsteuer sind gemäß Art. 113 AEUV zwecks Errichtung und Verwirklichung des Binnenmarktes sowie zur Vermeidung von Wettbewerbsverzerrungen zu harmonisieren. Art. 113 AEUV enthält jedoch keine über dieses allgemeine Harmonisierungsgebot hinausgehenden Vorgaben. Dies mag erklären, wieso bisher kaum ein Einfluss von Primärrechtsakten auf nationales Steuerrecht im Mehrwertsteuerrecht als harmonisiertem Bereich des Steuerrechts festzustellen ist.

Die Union hat sich dazu entschieden, das Harmonisierungsgebot des Art. 113 AEUV im Wege der sekundärrechtlichen Mehrwertsteuer-Systemrichtlinie umzusetzen. Wird unionsrechtliches Richtlinienrecht im nationalen Steuerrecht richtlinienkonform umgesetzt, liegt die Vermutung nahe, dass die nationalen Vorschriften nicht gegen Primärrechtsakte der Union verstoßen. Dies ändert jedoch nichts an der Tatsache, dass die sekundärrechtliche Unionsrichtlinie aufgrund der Normenhierarchie selbst primärrechtskonform ausgestaltet sein muss. Hält die Richtlinie dieser Normenkontrolle nicht stand, ist auch der nationale Umsetzungsakt anhand der Primärrechtsvorgaben zu prüfen.

Der Einfluss von europäischem Primärrecht auf nationale Rechtsnormen ist ein besonders im Recht der direkten Steuern bekanntes Themenfeld. Im Ertragsteuerrecht hat die Union bislang nur vereinzelt harmonisierendes Sekundärrecht erlassen.[79] Daraus folgt, dass nationale Ertragsteuernormen zumeist einer unmittelbaren Normenkontrolle durch Primärrechtsakte der Union unterliegen. Der EuGH bemüht zur Normenkontrolle die Grundfreiheiten des Binnenmarkts im Sinne des Art. 26 Abs. 2 AEUV – Warenverkehrsfreiheit (Art. 28 ff.), Dienstleistungsfreiheit (Art. 49 ff.), Personenverkehrsfreiheit (Art. 39 ff. und 43 ff.) und Kapitalverkehrsfreiheit (Art. 56 ff.).[80] Dass der EuGH die Einhaltung der Grundfreiheiten mit Nachdruck einfordert, hat im deutschen Steuerrecht „tiefe Spuren“[81] hinterlassen. Es werden praktisch jährlich nationale Regelungen aufgrund ihrer Unionsrechtswidrigkeit außer Kraft gesetzt[82], so dass mittlerweile

---

79 Vgl. Kapitel 1. A. III. dieser Arbeit.

80 *Englisch,* in: Tipke/Lang, Steuerrecht[24], § 4 Rz. 24 f.

81 *Schaumburg,* in: Schaumburg/Englisch, Europäisches Steuerrecht, Rz. 4.24.

82 *Kokott/Dobratz,* in: Schön/Heber, Grundfragen, 25 (32), sprechen von einem Scheitern nationaler Steuerrechtsnormen an den Grundfreiheiten der Union „ein ums andere Mal“.

zahlreiche Leitentscheidungen aus dem Bereich der Grundfreiheiten bekannt sind, die entweder zu neuen Vorschriften oder aber zu einer Einschränkung von bereits bestehenden Normen geführt haben.[83] Den Grundfreiheiten wird dabei ein Vorrang vor dem allgemeinen Diskriminierungsverbot des Art. 18 AEUV sowie dem allgemeinen Freizügigkeitsrecht nach Art. 21 AEUV eingeräumt. Art. 18 und Art. 21 AEUV haben daher für das Steuerrecht bislang keine Bedeutung. Der Vorrang der Grundfreiheiten ergibt sich betreffend Art. 18 AEUV unmittelbar aus der in der Norm verankerten Subsidiaritätsklausel „unbeschadet besonderer Bestimmungen der Verträge".[84] Hinsichtlich Art. 21 AEUV geht das besondere Freizügigkeitsrecht nach Art. 45 ff. AEUV vor.[85]

Jenseits der zahlreichen bisher bereits ergangenen Entscheidungen zu den Grundfreiheiten existiert mit den Grundrechten noch ein weiterer beachtenswerter Anwendungsbereich des europäischen Primärrechts, der Einfluss auf das nationale Steuerrecht nehmen kann. Zu den Verfassungsgrundlagen der EU und damit zum Primärrecht zählen nach Art. 6 Abs. 1 EUV die in der Grundrechtecharta der EU genannten Grundrechte, ergänzt um die Unionsgrundrechte des Art. 6 Abs. 3 EUV. Hierzu gehören auch die sonstigen allgemeinen Rechtsgrundsätze des Unionsrechts wie der Grundsatz der Verhältnismäßigkeit, der Rechtssicherheit und des Vertrauensschutzes sowie das Verbot von Rechtsmissbrauch. Daher sind der Grundrechtsschutz der einzelnen Mitgliedstaaten und ebenso der mitgliedstaatliche Grundrechtsschutz in seiner Gesamtheit primärrechtliche Vorgaben. Mithin müssen die Grundrechte der Charta nicht nur durch die Union selbst beim Erlass ihrer Rechtsakte oder durch den EuGH, sondern auch auf nationaler Ebene gewahrt bleiben. Dies gilt jedoch nur, sofern eine zu beurteilende nationale Rechtsvorschrift im Geltungsbereich des Unionsrechts liegt.

Nach Art. 53 GrCh dürfen Bestimmungen der Charta nicht zu einer Einschränkung des Grundrechtsschutzes nach mitgliedstaatlichem Niveau führen. Das Bundesverfassungsgericht verzichtet daher gegenwärtig auf eine Normenkontrolle von auf Richtlinien fußenden Umsetzungsakten und überlässt stattdessen dem EuGH die Normenkontrolle seines Sekundärrechtsakts. Auf

83 Eine beispielhafte Aufzählung von durch prominente Entscheidungen des EuGH geänderte Vorschriften des deutschen Ertragsteuerrechts liefert *Schaumburg*, in: Schaumburg/Englisch, Europäisches Steuerrecht, Rz. 4.24.

84 Statt vieler nur EuGH, Urt. v. 10.09.2009, Rs. C-269/07, *KOM*/Deutschland, Slg. 2009, 7847, Rz. 98. Vgl. für eine detaillierte Begründung *Englisch*, Wettbewerbsgleichheit im grenzüberschreitenden Handel, 298 ff.

85 EuGH, Urt. v. 17.01.2008, Rs. C-152/05, *KOM/Deutschland*, Slg. 2008, 39, Rz. 18.

Unionsebene ist jedoch bisweilen kein konsistenter Prüfungswille des EuGH mit steuerlichem Bezug zu erkennen.[86]

Zu beachten ist, dass die Grundfreiheiten für die Frage der Subsidiarität von den Grundrechten zu trennen sind. Grundfreiheiten beschränken sich auf grenzüberschreitende Sachverhalte, Grundrechte der Union gelten jedoch für alle Unionsbürger, ohne dass der konkrete Anwendungsfall einen grenzüberschreitenden Bezug haben muss.[87]

Aus dem Vorrang des Unionsrechts resultiert nach ständiger Rechtsprechung des EuGH eine Pflicht zur primärrechtskonformen Auslegung.[88] Für das Steuerrecht existieren diesbezüglich keine besonderen Bestimmungen, so dass die allgemeinen Grundsätze der Methodenlehre Anwendung finden.

II. Unionales Sekundär- und Tertiärrecht

Sekundärrechtsakte der Union sind vor allem in harmonisierten Bereichen des Steuerrechts von großer Bedeutung. Das Zollrecht ist über den Zollkodex der Union[89], eine Verordnung des Europäischen Parlaments und des Rates, am stärksten harmonisiert. Die EU wird in diesem Bereich zumeist im Wege der Verordnung aktiv und kann auf diese Weise die gewünschte Rechtsvereinheitlichung gewährleisten.[90]

Im Bereich der Mehrwertsteuer ist die sog. Mehrwertsteuer-Systemrichtlinie von großer Bedeutung. Im Unterschied zu Verordnungen bedürfen Richtlinien der Union eines Umsetzungsaktes im nationalen Recht. Die Mehrwertsteuer-Systemrichtlinie gibt den Mitgliedstaaten ein Regelungsziel vor, für dessen Erreichung den Mitgliedstaaten in dem vorgegebenen Rahmen eigene Wege offengelassen werden.[91] Inhaltlich lässt die Mehrwertsteuer-Systemrichtlinie den

---

86 Dies wird ausführlich in Kapitel 4. B. V. dieser Arbeit analysiert.

87 *Schaumburg*, in: Schaumburg/Englisch, Europäisches Steuerrecht, Rz. 4.26. Vgl. hierzu die Ausführungen in Kapitel 2. E. II. dieser Arbeit.

88 EuGH, Urt. v. 10.02.2000, Rs. C-270/97, *Deutsche Post*, Slg. 2000, 929, Rz. 62, mit Verweis auf Urt. v. 04.02.1988, Rs. C-157/86, *Murphy*, Slg. 1988, 673, Rz. 11; Urt. v. 13.11.1990, Rs. C-106/89, *Marleasing*, Slg. 1990, 4135, Rz. 8; *Stadie*, in: Rau/Dürrwächter, UStG, Einführung, Anm. 573 ff.; *ders.*, UStG, Vorbemerkungen Rz. 62 ff.; *Klenk*, in: Sölch/Ringleb, UStG, Vor § 1 Rn. 16; Bunjes/*Robisch*, UStG Vor § 1 Rn. 10; *Weymüller*, in: Weymüller, UStG, Vor § 1 Rz. 76; *Englisch*, in: Tipke/Lang, Steuerrecht[24], § 4 Rz. 31.

89 VO (EU) Nr. 952/2013 v. 09.10.2013, Abl. EU 2013 Nr. L 269/1.

90 *Schaumburg*, in: Schaumburg/Englisch, Europäisches Steuerrecht, Rz. 4.52 f.

91 *Stadie*, UStG, Vorbemerkungen Rz. 69; *Birkenfeld*, in: Birkenfeld/Wäger, USt-Handbuch, § 22 Rn. 3; *Klenk*, in: Sölch/Ringleb, UStG, Vor § 1 Rn. 20.

Mitgliedstaaten jedoch vielfach keine Wahlrechte offen[92] und weist in Kernbereichen eine Detailfülle auf, die die Richtlinie in ihrem Ergebnis lediglich durch die Umsetzungsverpflichtung von einer Verordnung unterscheidet. Ebenfalls hinsichtlich Form und Mittel der Richtlinienumsetzung kann die grundsätzliche Wahlfreiheit der Mitgliedstaaten eingeschränkt sein. Nach dem für deutsches Recht geltenden Legalitätsprinzip muss die Richtlinie zwingend im Wege eines förmlichen Gesetzes umgesetzt werden. Dem Mitgliedstaat verbleibt sodann als tatsächliche Wahlfreiheit lediglich noch der Wortlaut. Diese Wahlfreiheit wird wiederum durch die rechtsstaatlichen Prinzipien der Normenklarheit und -bestimmtheit eingeschränkt und darf nicht so weit gehen, dass inhaltlich von den Zielen der Richtlinie abgewichen wird.

Die Mehrwertsteuer-Durchführungsverordnung als Tertiärrechtsakt der Union wirkt im Gegensatz zur sekundärrechtlichen Mehrwertsteuer-Systemrichtlinie unmittelbar in den Mitgliedstaaten.[93] Dies führt zu der „eigenartigen“[94] Situation, dass ein rangniedrigerer Rechtsakt keines nationalen Umsetzungsaktes bedarf. Wenngleich Durchführungsverordnungen unmittelbare Wirkung in den Mitgliedsaaten entfalten, genießen sie dennoch keinen Vorrang vor Sekundärrecht. Als Durchführungsverordnung konkretisiert die Mehrwertsteuer-Durchführungsverordnung lediglich den ranghöheren Sekundärrechtsakt, um ihn von Detailregelungen zu entlasten. Eine inhaltliche Abweichung von den Bestimmungen der Richtlinie ist somit bereits nach Sinn und Zweck der Durchführungsverordnung i. S. d. Art. 397 MwStSystRL ausgeschlossen.

III. Anwendungsvorrang unionsrechtlicher Bestimmungen

1. Überblick über den Vorrang des Unionsrechts

Das Unionsrecht geht dem nationalen Recht vor. Dieser Vorrang des Unionsrechts wird im Wesentlichen aus den in Art. 4 Abs. 3 EUV verankerten Loyalitätspflichten abgeleitet. Ein explizit in den Verträgen benannter Anwendungsvorrang ergibt sich aus Art. 288 Abs. 2 S. 2 AEUV, wonach Verordnungen in allen Teilen verbindlich sind und unmittelbar in jedem Mitgliedstaat Geltung beanspruchen.[95] Betreffend Richtlinienrecht basiert der Anwendungsvorrang auf der

---

92 Einzig hinsichtlich der Wahl des Steuersatzes verfügen die Mitgliedstaaten noch über einen gewissen Umsetzungsspielraum in einem Kernbereich der Steuer.

93 Vgl. Ausführungen in Kapitel 1. A. IV. dieser Arbeit.

94 *Stadie*, in: Rau/Dürrwächter, UStG, Einführung, Anm. 577.

95 *Schaumburg*, in: Schaumburg/Englisch, Europäisches Steuerrecht, Rz. 4.18 ff.

Verbindlichkeit der Richtlinienziele gemäß Art. 288 Abs. 3 AEUV. Wie bereits beschrieben, sind Mitgliedstaaten zur Umsetzung der Richtlinienvorgaben verpflichtet. Zugleich entfalten Richtlinien ihre Wirkung im nationalen Recht ungeachtet der Verbindlichkeit der Richtlinienziele grundsätzlich nur nach erfolgter Umsetzung. Dies könnte zu der Situation führen, dass Steuerpflichtige von einer unionsrechtlichen Regelung, die sich für sie besser als das nationale Recht darstellt, mangels Umsetzung durch den betreffenden Staat ausgeschlossen wären. Eine derartige Sperrwirkung aufgrund mangelnder Umsetzung durch den Mitgliedstaat würde indes der Verbindlichkeit der Richtlinienziele gemäß Art. 288 Abs. 3 AEUV zuwiderlaufen. Aus diesem Grund betont der EuGH in ständiger Rechtsprechung, dass Mitgliedstaaten kein von den Unionsrechtsvorgaben abweichendes nationales Recht erlassen dürfen.[96] Derartige nationale Bestimmungen sind nicht anzuwenden, soweit die Abweichung reicht.[97] Die Richtlinie entfaltet insoweit eine unmittelbare Wirkung. Diese gilt jedoch nur insoweit, als die Richtlinie hinreichend genau formuliert ist und inhaltlich von keinen weiteren Bedingungen abhängt.[98] Inhaltliche Unbedingtheit ist anzunehmen, wenn die Richtlinie eine Verpflichtung vorsieht, die an keine Bedingung geknüpft ist und es für ihre Geltung keiner weiteren Maßnahme durch die Organe der Union oder den nationalen Gesetzgeber bedarf.[99] Hinreichende Genauigkeit liegt vor, wenn die Richtlinienbestimmung „in unzweideutigen Worten eine Verpflichtung festlegt".[100] Im Ergebnis muss es sich um eine Richtlinienbestimmung handeln, die den Mitgliedstaaten kein Wahlrecht einräumt, das Regelungsziel mit verschiedenen Umsetzungsalternativen umzusetzen.[101] Der Rechtsgehalt der Richtlinienbestimmung muss sich im Ergebnis auch ohne Umsetzungsakt ermitteln lassen.

Die Einordnung einer unionsrechtlichen Bestimmung in die Normenhierarchie ist für den Grundsatz des Vorrangs des Unionsrechts irrelevant. Ebenso unbedeutend ist, welchen Rang die mit dem Unionsrecht nicht im Einklang stehende nationale Norm im nationalen Verfassungsrecht genießt. Daraus folgt,

96 EuGH, Urt. v. 15.07.1964, Rs. C-6/64, *Costa/E.N.E.L.*, Slg. 1964, 1253 (1269 f.).

97 EuGH, Urt. v. 09.03.1978, Rs. C-106/77, *Simmenthal*, Slg. 1978, 629, Rn. 21 ff.

98 EuGH, Urt. v. 15.05.2014, Rs. C 337/13, *Almos Agrárkülkereskedelmi kft*, Rz. 31; Urt. v. 05.10.2004, Rs. C-397/01, *Pfeiffer*, EU:C:2004:584, Rn. 103; *Stadie*, UStG, Vorbemerkungen Rz. 69.

99 EuGH, Urt. v. 26.10.2006, Rs. C-317/05, *Pohl-Boskamp*, ECLI:EU: C:2006:684, Rn. 41.

100 EuGH, Urt. v. 26.10.2006, Rs. C-317/05, *Pohl-Boskamp*, ECLI:EU: C:2006:684, Rn. 41 mit Verweis auf weitere Rechtsprechung.

101 *Englisch*, in: Tipke/Lang, Steuerrecht[24], § 4 Rz. 33.

dass beispielsweise auch eine sekundärrechtliche Unionsrichtlinie dem Grundgedanken nach einer nationalen Verfassung wie dem deutschen Grundgesetz vorgeht. Eine nationale steuerrechtliche Vorschrift, die auf einer Richtlinie der Union basiert, ist dementsprechend nicht nach nationalem Verfassungsrecht zu prüfen.[102] Sie unterliegt indes der Normenkontrolle durch die unionalen Primärrechtsakte.

Der EuGH stellt hierzu fest:

> *„Die einheitliche Geltung des Gemeinschaftsrechts würde beeinträchtigt, wenn bei der Entscheidung über die Gültigkeit von Handlungen der Gemeinschaftsorgane Normen oder Grundsätze des nationalen Rechts herangezogen würden. Die Gültigkeit solcher Handlungen kann nur nach dem Gemeinschaftsrecht beurteilt werden, denn dem vom Vertrag geschaffenen, somit aus einer autonomen Rechtsquelle fließenden Recht können wegen seiner Eigenständigkeit keine wie immer gearteten innerstaatlichen Rechtsvorschriften vorgehen, wenn ihm nicht sein Charakter als Gemeinschaftsrecht aberkannt und wenn nicht die Rechtsgrundlage der Gemeinschaft selbst infrage gestellt werden soll. Daher kann es die Gültigkeit einer Gemeinschaftshandlung oder deren Geltung in einem Mitgliedstaat nicht berühren, wenn geltend gemacht wird, die Grundrechte in der ihnen von der Verfassung dieses Staates gegebenen Gestalt oder die Strukturprinzipien der nationalen Verfassung seien verletzt."*[103]

Der Vorrang des Unionsrechts ist von allen drei Gewalten zu beachten.[104] Nachträglich im nationalen Recht eingeführte und mit Unionsrecht kollidierende Regelungen sind zwar nicht nichtig, jedoch in der Reichweite ihrer Kollision unanwendbar.[105] Ein wirksames *treaty override* nach dem Vorbild des Bruchs mit aus Sicht des Mitgliedstaates unliebsamen Regelungen eines Doppelbesteuerungsabkommens[106] ist somit in Bezug auf Unionsrecht ausgeschlossen.

---

102 Dieser Grundsatz und seine Einschränkungen werden in Kapitel 3. B. dieser Arbeit im Detail untersucht.

103 EuGH, Urt. v. 17.12.1970, Rs. C-11/70, *Internationale Handelsgesellschaft*, Slg. 1970, 1125, Rn. 3.

104 EuGH, Urt. v. 12.06.1990, Rs. C-8/88, *KOM/Deutschland*, Slg. 1990, 2321, Rn. 13.

105 EuGH, Urt. v. 09.03.1978, Rs. C-106/77, *Simmenthal*, Slg. 1978, 629, Rn. 21 ff.

106 Doppelbesteuerungsabkommen werden als völkerrechtliche Verträge über ein Zustimmungsgesetz nach Art. 59 Abs. 2 S. 1 GG Bundesrecht. Den dem Doppelbesteuerungsabkommen nach § 2 Abs. 1 AO eingeräumten Vorrang kann der Gesetzgeber durch nationales *lex posterior* überschreiben. Zur Verfassungsmäßigkeit siehe BVerfG, Beschl. v. 15.12.2015, 2 BvL 1/12, DStR 2016, 359 m. Anm. *Mitschke*.

2. *Wirkung des Anwendungsvorrangs unionsrechtlicher Bestimmungen im Einzelnen*

a) *Berufungsrecht des Steuerpflichtigen auf Richtlinienrecht*

Die unmittelbare Geltung der Richtlinie entfaltet ihre Wirkung nicht automatisch, Art. 288 Abs. 3 AEUV verpflichtet den Mitgliedstaat lediglich zur zielgenauen Umsetzung. Weitere Automatismen sind der Norm nicht zu entnehmen. Aus eben dieser Verpflichtung leitet der EuGH jedoch in ständiger Rechtsprechung ein Recht für den Betroffenen ab. Immer dann, wenn die mangelhafte Befolgung der Richtlinie den Einzelnen negativ betrifft, müsse dieser die Möglichkeit haben, sich auf die Richtlinienvorschriften zu berufen, um seine Rechte geltend machen zu können.[107] Dies setzt demzufolge zum einen die Betroffenheit desjenigen voraus, der für sich aus der Richtlinienregelung einen Vorteil ziehen möchte, und zum anderen, dass sich dieser Betroffene auf seine Situation beruft.[108] Im Ergebnis kann daher eine unmittelbare Geltung der Richtlinie nur dann beansprucht werden, wenn das Richtlinienrecht zu positiven Folgen für den Einzelnen führt.

Eine Betroffenheit des Einzelnen kann auch in der nicht fristgerechten Umsetzung von Richtlinien bestehen. Daher führt auch eine nicht fristgemäß erfolgte Umsetzung für die Bürger[109] des betreffenden Mitgliedstaats zu einem Wahlrecht, sich unmittelbar auf die Richtlinie berufen zu können.[110] Die Verpflichtung des Mitgliedstaates zur fristgerechten Umsetzung ergibt sich dabei aus dem Grundsatz der Unionstreue.[111]

Die fristwahrende bzw. inhaltlich korrekte Umsetzung der Richtlinie sowie deren inhaltliche Bestimmtheit und Genauigkeit sind an der Norm zu messen, die dem nationalen Recht gegenübersteht. Die Klärung der Fragen, ob die Richtlinienbestimmung unbedingt und hinreichend genau formuliert ist, obliegt dabei den nationalen Gerichten bzw. der Verwaltung.[112]

---

107 EuGH, Urt. v. 17.10.1991, Rs. C-58/89, *KOM/Deutschland*, Slg. 1991, 4983, Rn. 14.

108 *Heuermann*, StuW 2018, 123 (124).

109 Das Berufungsrecht steht ebenfalls den juristischen Personen des öffentlichen Rechts offen, vgl. EuGH, Urt. v. 17.10.1989, Rs. C-231/87, *Ufficio distrettuale delle imposte dirette di Fiorenzuola d'Arda*, Slg. 1989, 3233; *Stadie*, UStG, Vorbemerkungen Rz. 69.

110 *Schaumburg*, in: Schaumburg/Englisch, Europäisches Steuerrecht, Rz. 4.58; *Stadie*, in: Rau/Dürrwächter, UStG, Einführung, Anm. 618 ff.; *ders.*, UStG, Vorbemerkungen Rz. 69; *Klenk*, in: Sölch/Ringleb, UStG, Vor § 1 Rn. 21; *Weymüller*, in: Weymüller, UStG, Vor § 1 Rz. 82; *Englisch*, in: Tipke/Lang, Steuerrecht[24], § 4 Rz. 33.

111 Vgl. nur EuGH, Urt. v. 13.11.1990, Rs. C-106/89, *Marleasing*, Slg. 1990, 4135, Rn. 8.

112 *Weymüller*, in: Weymüller, UStG, Vor § 1 Rz. 83.

Die unmittelbare Wirkung findet ihre Grenze im Grundsatz der Verfahrensautonomie. Unionsbürger können sich nicht unmittelbar auf die Anwendung der Richtlinie berufen, soweit die zugrunde liegenden Bescheide bereits in Bestandskraft erwachsen sind.[113] Die Unionsverträge begründen insbesondere keine primärrechtliche Einwirkung auf das nationale Steuerverfahrensrecht, die zu einer Änderung von bestandskräftigen Steuerbescheiden führen kann. § 175a AO ist auf die unmittelbare Anwendung von Richtlinienrecht nicht sinngemäß übertragbar.[114] Des Weiteren stehen missbräuchliche Absichten der unmittelbaren Berufung auf das Richtlinienrecht entgegen.[115]

b) Kein Berufungsrecht der Mitgliedstaaten auf Richtlinienrecht

Art. 288 Abs. 3 AEUV wird hinsichtlich der Befolgung der Richtlinienziele ausschließlich an die Mitgliedstaaten adressiert. Daraus folgt, dass aus der Richtlinie keine Pflichten für den Einzelnen abgeleitet werden können. Nach ständiger Rechtsprechung des EuGH ist es daher nicht möglich, dass sich Mitgliedstaaten auf die Richtlinie berufen, um für sich selbst positive und dementsprechend für den Einzelnen negative Auswirkungen zur Folge zu haben.[116] Möchte der Mitgliedstaat die Richtlinie anwenden, hat er dies nicht durch eine Berufung, sondern entsprechend seiner originären Verpflichtung durch eine richtlinienkonforme Implementierung in sein nationales Recht zu vollziehen. Dies ergibt sich ferner bereits aus Art. 20 Abs. 3 GG. Wurde die Richtlinie nicht im Wege eines nationalen Umsetzungsgesetzes in das nationale Recht implementiert, müssen vollziehende Gewalt und Rechtsprechung ihre unionsrechtswidrigen Gesetze gegen sich gelten lassen.[117] Dies vorausgesetzt, ist es folgerichtig, dass sowohl die unmittelbare Wirkung einer Richtlinie immer nur zu Gunsten des Unionsbürgers erfolgen kann als auch steuerliche oder steuerstrafrechtliche

113 BFH, Urt. v. 16.09.2010, V R 57/09, BStBl. II 2011, 151; *Stadie*, UStG, Vorbemerkungen Rz. 74.

114 § 175a AO ist eine eigenständige Rechtsgrundlage für die Umsetzung von Verständigungsvereinbarungen aus völkerrechtlichen Verträgen. Der Hauptanwendungsfall sind die bilateralen Abkommen zur Vermeidung von Doppelbesteuerung; vgl. Ausführungen v. *Loose, M.*, in: Tipke/Kruse, § 175a AO.

115 Vgl. hierzu die Ausführungen in Kapitel 2. E. IV. dieser Arbeit.

116 EuGH, Urt. v. 19.04.2016, Rs. C-441/14, *DI*, ECLI:EU:C:2016:278 = EuZW 2016, 466, Rn. 30 m. w. N.

117 *Heuermann*, StuW 2018, 123 (124).

Nachteile aufgrund unmittelbarer Anwendung von Richtlinienrecht ausgeschlossen werden.[118]

c) *Richtlinienkonforme Auslegung*

Das über die Mehrwertsteuer-Systemrichtlinie harmonisierte Umsatzsteuerrecht bietet einen umfassenden Einblick in die Methodik der unionsrechtskonformen Auslegung nationaler Vorschriften. Die richtlinienkonforme Auslegung ist der am häufigsten praktizierte Anwendungsfall unionsrechtskonformer Auslegung.[119] Das nationale Umsatzsteuergesetz ist von allen Organen der Mitgliedstaaten richtlinienkonform auszulegen, um die uneingeschränkte Wirksamkeit der Richtlinie zu gewährleisten.[120] Der wesentliche Unterschied zwischen der richtlinienkonformen Auslegung und der unmittelbaren Richtliniengeltung besteht darin, dass im Fall der richtlinienkonformen Auslegung das nationale Recht fortbesteht und es keiner Berufung des Betroffenen bedarf. Die richtlinienkonforme Auslegung kann daher auch zu Lasten des Steuerpflichtigen wirken.[121] Grundsätzlich findet die richtlinienkonforme Auslegung Anwendung, ungeachtet der Frage, ob die Richtlinie unmittelbare Wirkung entfaltet.[122] Da bei der unmittelbaren Wirkung von Richtlinien mit Anwendungsvorrang jedoch nationales Recht außer Kraft gesetzt wird, tendiert der EuGH in seiner Rechtsprechung zu einem Vorrangverhältnis zugunsten der richtlinienkonformen Auslegung.[123] Diese Hierarchie geht auf das Gebot größtmöglicher Schonung der mitgliedstaatlichen Souveränität zurück.[124]

Die richtlinienkonforme Auslegung ist keine spezielle im Unionsrecht verankerte Auslegungsmethode. Sie ist Bestandteil der allgemeinen Methodenlehre

---

118 Vgl. nur EuGH, Urt. v. 08.10.1987, Rs. C-80/86, *Kolpinghuis*, Slg. 1987, 3969, Rz. 9 ff.; *Stadie*, in: Rau/Dürrwächter, UStG, Einführung, Anm. 621; *ders.*, UStG, Vorbemerkungen Rz. 71; *Weymüller*, in: Weymüller, UStG, Vor § 1 Rz. 82.

119 Nach *Kofler* ist die richtlinienkonforme Auslegung der „praktisch wichtigste Anwendungsfall“, womit wohl auf die Quantität abgestellt wird, in: Schaumburg/Englisch, Europäisches Steuerrecht, Rz. 13.14.

120 *Kofler*, in: Schaumburg/Englisch, Europäisches Steuerrecht, Rz. 13.15.

121 EuGH, Urt. v. 05.10.2004, Rs. C-397/01 u. a., *Pfeiffer u. a.*, Slg. 2004, I-8878, Rn. 110 ff.; *Englisch*, in: Tipke/Lang, Steuerrecht[24], § 4 Rz. 31; *Kokott/Henze*, in: FS Spindler, 2011, 279 (289).

122 *Kofler*, in: Schaumburg/Englisch, Europäisches Steuerrecht, Rz. 13.14.

123 EuGH, Urt. v. 19.01.1982, Rs. C-8/81, *Becker*, Slg. 1982, 53, Rn. 25; v. 04.06.2006, Rs. C-212/04, *Adeneler*, Slg. 2006, I-6057, Rn. 113.

124 *Englisch*, in: Tipke/Lang, Steuerrecht[24], § 4 Rz. 33

und findet ihre Grenze grundsätzlich im Wortsinn der nationalen Vorschrift. Eine über den Wortlaut hinausgehende Auslegung *contra legem* des nationalen Rechts ist somit nicht möglich.[125] Zur Ermittlung der Richtlinienziele ist das vollständige Unionsrecht in seinem Gesamtzusammenhang zu betrachten. Besondere Beachtung finden dabei die Auslegungsgrundsätze, die durch Rechtsprechung des EuGH entstanden sind.[126] Dies ist damit zu begründen, dass Richtlinienbestimmungen autonome Begriffe des Unionsrechts sind.[127] Daher verbietet sich eine Interpretation von Tatbestandsmerkmalen der Richtlinie nach nationalem Rechtsverständnis, das beispielsweise aus dem Zivilrecht oder aus allgemeinen Begriffsbestimmungen der Abgabenordnung abgeleitet wird.[128] Des Weiteren sind zu einigen Artikeln der 6. EG-Richtlinie Protokollerklärungen der Ratsmitglieder ergangen, die zu berücksichtigen sind.[129] Eine darüber hinausgehende Rechtsfortbildung durch teleologische Reduktion und Extension kann nur erfolgen, wenn der mutmaßliche Wille des Gesetzgebers hierzu aus der Gesetzessystematik und dem Sinn des Gesetzes hergeleitet werden kann und die Abweichung von der Richtlinie nicht gewollt war.[130] Hinweise zum Willen des Gesetzgebers finden sich insbesondere in den Gesetzesmaterialien.[131] Ergänzende, jedoch rechtlich unverbindliche[132] Auslegungshinweise zur Mehrwertsteuer-Systemrichtlinie können auch den Leitlinien des Mehrwertsteuerausschusses

125 EuGH, Urt. v. 05.09.2012, Rs. C-42/11, *Lopes Da Silva Jorge*; NJW 2013, 141, Rn. 55; *Stadie,* in: Rau/Dürrwächter, UStG, Einführung, Anm. 573 f.; *ders.*, UStG, Vorbemerkungen Rz. 63.

126 *Stadie,* UStG, Vorbemerkungen Rz. 64; *Englisch,* in: Tipke/Lang, Steuerrecht[24], § 4 Rz. 31 f.; *Kofler*, in: Schaumburg/Englisch, Europäisches Steuerrecht, Rz. 13.16.

127 Vgl. nur EuGH, Urt. v. 28.01.2010, Rs. C-473/08, *Eulitz*, Slg. 2010, 910, Rn. 25; *Stadie,* in: Rau/Dürrwächter, UStG, Einführung, Anm. 592; *ders.,* UStG, Vorbemerkungen Rz. 62; *Weymüller,* in: Weymüller, UStG, Vor § 1 Rz. 77; *Englisch,* in: Tipke/Lang, Steuerrecht[24], § 4 Rz. 30.

128 *Stadie,* in: Rau/Dürrwächter, UStG, Einführung, Anm. 711; *Englisch,* in: Tipke/Lang, Steuerrecht[24], § 4 Rz. 30.

129 BMF, Schreiben v. 11.01.2007, IV A 2 - S 7056 - 6/07, DStR 2007, 488; *Stadie,* in: Rau/Dürrwächter, UStG, Einführung, Anm. 564.

130 BFH, Urt. v. 18.04.2012, X R 7/10, BStBl. II 2013, 791, Rz. 64 (teleologische Extension); BFH, Urt. v. 08.03.2012, V R 14/11, BStBl. II 2012, 630, Rz. 20 (keine richtlinienkonforme Auslegung bei gewollter Abweichung); *Stadie,* UStG, Vorbemerkungen Rz. 63.

131 *Stadie,* in: Rau/Dürrwächter, UStG, Einführung, Anm. 725 ff.

132 Ausdrücklich klargestellt durch das BMF mit Schreiben v. 03.01.2014, BMF IV D 1 – S 7072/13/10005, BStBl. I 2014, 67= MwStR 2014, 71.

entnommen werden.[133] Die Einrichtung dieses Mehrwertsteuerausschusses fußt auf Art. 398 MwStSystRL und zielt explizit auf die Förderung der koordinierten Anwendung der Mehrwertsteuer-Systemrichtlinie. Der Mehrwertsteuerausschuss wird von der Europäischen Kommission geleitet und setzt sich aus Vertretern der Mitgliedstaaten zusammen.[134] Besteht unter Anwendung sämtlicher Auslegungsgrundsätze weiterhin Unsicherheit über die Auslegung der Richtlinie, sind letztinstanzliche nationale Gerichte nach Art. 267 AEUV zur Vorlage an den EuGH verpflichtet.[135]

Den bislang größten Einfluss auf die richtlinienkonforme Auslegung hat der durch den EuGH entwickelte Grundsatz der Neutralität genommen.[136] Er wird im Wesentlichen aus den Erwägungsgründen der Richtlinie abgeleitet.[137] Der EuGH orientiert sich in ständiger Rechtsprechung zur Auslegung der Mehrwertsteuer-Systemrichtlinie am Neutralitätsgrundsatz, der die Wettbewerbsneutralität des Mehrwertsteuersystems gewährleisten soll. In der Rechtsprechung wurde wiederholt betont, dass der Neutralitätsgrundsatz die bereichsspezifische Ausprägung des unionsrechtlichen Gleichbehandlungsgrundsatzes darstellt.[138] Aus diesem Neutralitätsgrundsatz folgt im Verhältnis zwischen Konkurrenten ein prinzipielles Gleichbehandlungsgebot.[139] Darauf aufbauend hat der EuGH umfassende Folgerungen u. a. für die steuerliche Bemessungsgrundlage, Steuerbefreiungen, den Vorsteuerabzug und für Steuersätze abgeleitet.[140] Der Rekurs der Gerichte auf den Neutralitätsgrundsatz wird im Rahmen dieser Arbeit noch im Detail analysiert.[141]

---

133 So die Beschreibung der Europäischen Kommission, abrufbar unter: http://ec.europa.eu/taxation_customs/business/vat/vat-committee_de; *Schaumburg* in: Schaumburg/Englisch, Europäisches Steuerrecht, Rz. 4.63.

134 Vgl. Art. 398 Abs. 2 S. 1 MwStSystRL.

135 Der Rechtsschutz im Mehrebenensystem wird in Kapitel 3. dieser Arbeit noch im Detail analysiert.

136 Vgl. *Englisch,* in: Tipke/Lang, Steuerrecht[24], § 17 Rz. 24.

137 Vgl. insbesondere Erwägungsgründe 4, 5 und 7 der MwStSystRL.

138 Siehe statt vieler nur: EuGH, Urt. v. 07.12.2006, Rs. C-240/05, *Eurodental,* Slg. 2006, 11493; *Englisch,* in: Tipke/Lang, Steuerrecht[24], § 17 Rz. 24.

139 EuGH, Urt. v. 12.6.1979, Rs. C-126/78, *Nederlandse Spoorwegen,* Slg. 1979, 2041, Rn. 12.

140 *Englisch,* in: W. Schön/K. Beck, Zukunftsfragen, 39 (56) mit Rechtsprechungsnachweisen.

141 Vgl. hierzu die Ausführungen in Kapitel 4. B. V. dieser Arbeit.

IV. Mittelbare und unmittelbare Einwirkung unionaler Grundrechte

Wie bereits dargestellt, wirken die Grundrechte der Grundrechtecharta der EU sowie die ungeschriebenen allgemeinen Rechtsgrundsätze als Primärrecht auf nationale Rechtsnormen ein.[142] Gleichzeitig ist jedoch auch die Union zur primärrechtskonformen Ausgestaltung ihrer Rechtsakte verpflichtet, wodurch die Primärrechtsgrundrechte auch durch die Richtlinien des Sekundärrechts zu wahren sind. Unter Berücksichtigung der Normenhierarchie befinden sich Richtlinien der Union in einem Mittelrang zwischen nationaler Rechtsordnung und Primärrecht der Union. Für das nationale Recht muss demzufolge unterschieden werden, ob die Richtlinie einen Umsetzungsspielraum gewährt oder nicht.[143] Soweit dies zu verneinen ist, wirken die Unionsgrundrechte nur mittelbar auf die nationale Rechtsordnung ein. Im Rahmen der richtlinienkonformen Auslegung im nationalen Recht ist zu beachten, dass auch die Richtlinie selbst die unionalen Grundrechte wahren muss. Vorrangig ist dann die Richtlinie primärrechtskonform auszulegen. Überlässt die Richtlinie den Mitgliedstaaten hingegen Umsetzungsspielräume, ist die nationale Norm selbst unmittelbar am Maßstab der Grundrechte des Unionsprimärrechts zu prüfen. Daneben können auch die nationalen Grundrechte Anwendung finden. Ungeachtet dessen unterliegt jedoch auch in diesen Fällen die Richtlinie selbst dem Primärrecht.[144]

V. Auslegungsmethodik im Mehrebenensystem der Umsatzsteuer

1. Überblick über den Kreis der anerkannten Auslegungsmethoden

Im Rahmen der Rechtsanwendung müssen konkrete Lebenssachverhalte abstrakten Gesetzesnormen zugeordnet werden. Bei der Subsumption ergeben sich häufig Auslegungsprobleme.[145] Auf dem Gebiet des Mehrwertsteuerrechts finden die im Steuerrecht allgemein anerkannten juristischen Auslegungsmethoden Anwendung. Die Auslegung richtet sich demzufolge nach dem Wortlaut, der Systematik sowie dem Sinn und Zweck.[146] Mitunter findet auch die Methode

---

142 Vgl. die Ausführungen in Kapitel 1. C. I. dieser Arbeit.

143 Hierzu sowie im Folgenden: *Englisch,* in: Tipke/Lang, Steuerrecht^{24}, § 4 Rz. 36; *Stadie,* in: Rau/Dürrwächter, UStG, Einführung, Anm. 722.

144 Für die daraus resultierende Problematik der Kompetenzkollision und deren Auflösung vgl. die Ausführungen in Kapitel 3. B. IV. dieser Arbeit.

145 *Lippross,* Umsatzsteuer, 63.

146 EuGH, Urt. v. 06.10.1982, Rs. C-283/81, *CILFIT,* Slg. 1982, 3415, Rn. 18 ff.

der historischen Auslegung Anwendung.[147] Im Rahmen der Auslegung sind jedoch einige Besonderheiten des Unionsrechts zu beachten.

Das Unionsrecht wird in allen Amtssprachen der Mitgliedstaaten der EU abgefasst. Die einzelnen Sprachfassungen sind gleichermaßen verbindlich.[148] Daher sind zunächst die einzelnen Sprachfassungen der gemeinschaftsrechtlichen Vorschrift miteinander zu vergleichen.[149] Selbst bei einer exakten Übereinstimmung des Wortlauts ist jedoch zu beachten, dass die Begriffe des Unionsrechts autonom europarechtlich sind und in den verschiedenen nationalen Rechten nicht zwangsläufig dieselbe Bedeutung haben müssen.[150] Daher kann die Auslegung eines im Unionsrecht verwendeten Begriffes nicht von der Auslegung abhängen, die etwa der zivilrechtlichen Interpretation in einem Mitgliedstaat entspricht. Ein solches Verständnis würde innerhalb der Union zu unterschiedlichen Auslegungsresultaten führen und die einheitliche Anwendung des Unionsrechts konterkarieren. Letztlich ist jede unionsrechtliche Vorschrift in ihrem Kontext zu betrachten und „im Lichte des gesamten Gemeinschaftsrechts, seiner Ziele und seines Entwicklungsstands zur Zeit der Anwendung der betreffenden Vorschrift auszulegen“[151].

Aus Gründen dieser Besonderheiten der Unionsrechtsnormen ist kraft Art. 267 Abs. 1 AEUV ausschließlich der EuGH zur Auslegung der unionsrechtlichen Vorgaben befugt. Von einer Vorlage an den EuGH dürfen Mitgliedstaaten nur absehen, wenn die Anwendung des Unionsrechts offenkundig ist.[152]

---

147 *Oldiges*, Vorsteuerabzug und Eigenverbrauch bei gemischter Verwendung, 21, 25 ff.

148 EuGH, Urt. v. 06.10.1982, Rs. C-283/81, *CILFIT*, Slg. 1982, 3415, Rn. 18; *Pieper*, in: Dauses/Ludwigs, Handbuch des EU-Wirtschaftsrechts, B. I. Rechtsquellen, Rn. 8.

149 EuGH, Urt. v. 06.10.1982, Rs. C-283/81, *CILFIT*, Slg. 1982, 3415, Rn. 18.

150 EuGH, Urt. v. 16.01.2003, Rs. C-315/00, *Maierhofer*, Slg. 2003, I-563, Rn. 26; EuGH, Urt. v. 06.10.1982, Rs. C-283/81, *CILFIT*, Slg. 1982, 3415, Rn. 19; *Stadie*, in: Rau/Dürrwächter, UStG, Einführung, Anm. 711; *Schön*, DStJG 19 (1996), 167 (171); *Everling*, DStJG 11 (1988), 51 (63).

151 EuGH, Urt. v. 06.10.1982, Rs. C-283/81, *CILFIT*, Slg. 1982, 3415, Rn. 20.

152 Vgl. hierzu die Ausführungen in Kapitel 3. B. III. dieser Arbeit.

2. Auslegungsmethoden im Einzelnen

a) Auslegung nach dem Wortlaut

Alle Amtssprachen der EU stehen sich gleichwertig gegenüber.[153] Weichen die einzelnen Sprachfassungen voneinander ab, bietet die Auslegung nach dem Wortlaut keine verlässlichen Ergebnisse mehr im Sinne einer einheitlichen Auslegung, weil sich die Anzahl der möglichen Auslegungsergebnisse erhöht.[154] Der reine Wortlaut muss in diesen Fällen bei der Auslegung des Unionsrechts außer Acht gelassen werden. Die wörtliche Auslegung kann nur zu anzuerkennenden Resultaten führen, wenn sie darauf abzielt, „einen ‚gesamteuropäischen' Wortlaut aus den divergierenden Sprachfassungen zu abstrahieren."[155]

Aufgrund der Unterschiedlichkeit der Sprachfassungen der Mehrwertsteuer-Systemrichtlinie ist die Wortlautauslegung auf dem Gebiet der Mehrwertsteuer *prima facie* von geringer Bedeutung. Es werden zwangsläufig andere Auslegungsmethoden benötigt. Ist der Wortlaut jedoch eindeutig, kann ungeachtet dessen dennoch nicht auf eine weitere Auslegung verzichtet werden, weil das Auslegungsresultat nicht im Widerspruch zur Systematik und dem Regelungszusammenhang stehen darf. Das im Wege der Analyse des Wortlauts gefundene Ergebnis sollte daher in jedem Fall durch eine Betrachtung der Systematik und des Kontextes der Regelung verprobt werden.[156]

b) Systematische Auslegung

Bietet die wörtliche Auslegung kein verlässliches Ergebnis, ist unter Zuhilfenahme der Systematik zu überprüfen, ob der Wortlaut entsprechend eingeschränkt werden kann, so dass schlussendlich ein einheitliches Auslegungsergebnis erreicht wird. Die systematische Auslegung ist somit an die wörtliche Auslegung angelehnt. Sie zielt darauf, den Norminhalt aus dem Zusammenhang einerseits mit

---

153 EuGH, Urt. v. 06.10.1982, Rs. C-283/81, *CILFIT*, Slg. 1982, 3415, Rn. 18; *Pieper*, in: Dauses/Ludwigs, Handbuch des EU-Wirtschaftsrechts, B. I. Rechtsquellen, Rn. 8; *Schön*, DStJG 19 (1996), 167 (171 f.).

154 Dies zeigt sich beispielsweise an der Diskussion um die in Art. 132 Abs. 1 Buchst. j MwStSystRL geregelte Umsatzsteuerbefreiung, die ausschließlich für „Privatlehrer" Anwendung findet. Siehe zur Diskussion um die Privatlehrer-Eigenschaft ferner *Müller*, MwStR 2017, 18 (21 f.).

155 *Schön*, DStJG 19 (1996), 167 (172).

156 *Oldiges*, Vorsteuerabzug und Eigenverbrauch bei gemischter Verwendung, 22 f.

anderen Normen und andererseits mit dem Gesamtkontext abzuleiten.[157] Der EuGH stellt dementsprechend nicht nur auf die Regelungen des einzelnen Unionsrechtsaktes ab, sondern zieht auch das übrige thematisch geeignete Unionsrecht heran.[158]

Zur systematischen Auslegung von Begriffen der Mehrwertsteuer-Systemrichtlinie werden sowohl der Kontext der Norm in den einzelnen Kapiteln sowie deren Überschriften,[159] die vormals gültigen Richtlinienbestimmungen[160], die aktuell geltenden Richtlinienvorgaben[161] sowie der „Gesamtzusammenhang des gemeinsamen Mehrwertsteuersystems"[162] herangezogen.

c) *Teleologische Auslegung*

Unter Zuhilfenahme der teleologischen Auslegung wird der Sinn und Zweck einer Norm bestimmt, um so ihre Bedeutung zu ermitteln. Diese Auslegungsmethode findet Anwendung, wenn durch die Auslegung des Wortlautes unter Vergleich aller verschiedenen Sprachfassungen sowie unter ergänzender Betrachtung des Regelungskontextes kein verlässliches Ergebnis erreicht werden kann. Häufig finden die systematische und die teleologische Auslegung gleichzeitig Anwendung.[163]

Um Sinn und Zweck einer Bestimmung der Mehrwertsteuer-Systemrichtlinie zu definieren, müssen nach der teleologischen Auslegungsmethode „die für diese Frage relevanten Besonderheiten des gemeinsamen Mehrwertsteuersystems unter Berücksichtigung der Zielsetzung dieses Systems ermittelt werden"[164]. Zu fordern ist daher eine Auslegung, die das Verbrauchsteuerprinzip[165] und damit den materiellen Charakter der Umsatzsteuer als Verbrauchsteuer wahrt.[166]

157 *Pieper*, in: Dauses/Ludwigs, Handbuch des EU-Wirtschaftsrechts, B. I. Rechtsquellen, Rn. 24.

158 *Lippross*, Umsatzsteuer, 63.

159 EuGH, Urt. v. 04.05.2017, Rs. C-699/15, *Brockenhurst College*, ECLI:EU:C:2017:344 = BFH/NV 2017, 1005, Rn. 22; v. 26.02.2015, Rs. C-144/13 u. a., *VDP Dental Laboratory*, ECLI:EU:C:2015:116 = UR 2015, 474, Rn. 45; v. 21.02.2013, Rs. C-18/12, *Město Žamberk*, ECLI:EU:C:2013:95 = DStR 2013, 407 mAmn *Küffner*, Rn. 18.

160 EuGH, Urt. v. 06.04.1995, Rs. C-4/94, *BLP Group*, Slg. 1995, I-983, Rn. 20 f., 28.

161 EuGH, Urt. v. 13.12.1989, Rs. C-342/87, *Genius Holding*, Slg. 1989, 4227, Rn. 14 ff.

162 EuGH, Urt. v. 08.03.2001, Rs. C-240/99, *Skandia*, Slg. 2001, I-1951, Rn. 23.

163 *Pieper*, in: Dauses/Ludwigs, Handbuch des EU-Wirtschaftsrechts, B. I. Rechtsquellen, Rn. 33.

164 EuGH, Urt. v. 01.04.1982, Rs. C-89/81, *Hong-Kong Trade*, Slg. 1982, 1277, Rn. 5.

165 Das Verbrauchsteuerprinzip wird in Kapitel 4. A. dieser Arbeit detailliert hergeleitet.

166 *Stadie*, in: Rau/Dürrwächter, UStG, Einführung, Anm. 681; *Lippross*, Umsatzsteuer, 58.

Neben dem Rückgriff auf die gesamte Richtlinie greift der EuGH zur Zielbestimmung auch auf die Präambeln der Rechtsakte zurück.[167] Auf dem Gebiet der Mehrwertsteuer bietet die Präambel zur Mehrwertsteuer-Systemrichtlinie mit insgesamt 67 Erwägungsgründen einen breiten Fundus an Hintergrundinformationen zur Zielsetzung der Richtlinie. Darüber hinaus werden zur Bestimmung der Sekundärrechtsziele die Verträge herangezogen, mitunter nach deren „Geist“[168] gefragt.[169]

Die Implementierung von Unionsrichtlinien nach dem dualistischen Modell, d. h. mit eigenen Mitteln der Mitgliedstaaten, verstärkt die Bedeutung der teleologischen Auslegung im Mehrwertsteuerrecht.[170] Bestandteil der teleologischen Auslegung ist daher auch das Gebot des EuGH, den unionsrechtlichen Bestimmungen im Wege des *effet utile* die größtmögliche Wirkung zu verschaffen.[171]

d) Historische Auslegung

Die historische Auslegung untersucht den Willen des Gesetzgebers und die historische Funktion der Regelung.[172] Auf dem Gebiet der Umsatzsteuer sind seit Begründung der Europäischen Gemeinschaft mehrere Richtlinien des unionalen Sekundärrechts ergangen. Von besonderer Bedeutung ist, dass sich die Richtlinienneufassungen nicht von ihrer jeweiligen Vorgängerin lösen, sondern diese ergänzen und ordnen.[173] Im Rahmen einer historischen Auslegung sind daher die Entstehungsgeschichte, die Auslegungsergebnisse zu vormaligen Richtlinien sowie die dazu ergangene EuGH-Rechtsprechung heranzuziehen. In der praktischen Anwendung bedient sich der EuGH der historischen Auslegung zumeist lediglich, um bereits durch andere Auslegungsmethoden gefundene Ergebnisse zu bestätigen.[174] Die historische Auslegung hat im Unionsrecht eine geringere

167 *Pieper*, in: Dauses/Ludwigs, Handbuch des EU-Wirtschaftsrechts, B. I. Rechtsquellen, Rn. 35.

168 EuGH, Urt. v. 05.02.1963, Rs. C-26/62, *Van Gend & Loos*, Slg. 1963, 3 (27); v. 15.07.1964, Rs. C-6/64, *Costa/E.N.E.L.*, Slg. 1964, 1253 (1269).

169 *Schön*, DStJG 19 (1996), 167 (173); *Everling*, DStJG 11 (1988), 51 (60).

170 *Schön*, DStJG 19 (1996), 167 (173 f.).

171 *Schön*, DStJG 19 (1996), 167 (174); *Pieper*, in: Dauses/Ludwigs, Handbuch des EU-Wirtschaftsrechts, B. I. Rechtsquellen, Rn. 37.

172 *Pieper*, in: Dauses/Ludwigs, Handbuch des EU-Wirtschaftsrechts, B. I. Rechtsquellen, Rn. 46.

173 Zur Historie der Richtlinien auf dem Gebiet der Mehrwertsteuer vgl. Kapitel 4. A. II. 1. c) dieser Arbeit.

174 EuGH, Urt. v. 18.06.1998, Rs. C-43/96, *KOM/Frankreich*, Slg. 1998, I-3903, Rn. 19.

Bedeutung als im nationalen Recht.[175] Dies ist der Tatsache geschuldet, dass die Protokollerklärungen der am Gesetzgebungsverfahren beteiligten Gemeinschaftsorgane nicht veröffentlicht werden.[176]

e) *Hierarchie der Auslegungsgrundsätze*

Es existieren keine expliziten Vorgaben für eine Rangfolge der Auslegungsmethoden. Nach der ständigen Rechtsprechung des EuGH ist vielmehr „bei verschiedenen möglichen Auslegungen einer Gemeinschaftsvorschrift derjenigen der Vorzug zu geben, die die praktische Wirksamkeit der Vorschrift zu wahren geeignet ist“[177].

Der Auslegung nach dem Wortlaut ist im Sinne einer Prüfungsreihenfolge ein gewisser Vorrang einzuräumen, da ein identischer Wortlaut keiner weitergehenden Interpretation bedarf.[178] Zudem bildet der Wortlaut die Grenze der auf andere Weise gefundenen Auslegungsergebnisse. Denn ein durch systematische, teleologische oder historische Auslegung erlangtes Resultat darf nicht dem eindeutigen Wortlaut entgegenstehen.[179] Die wörtliche Auslegung wird jedoch aufgrund der verschiedenen, in gleicher Weise verbindlichen Sprachfassungen des Unionsrechts in vielen Fällen ausscheiden.[180] Das letztendliche Auslegungsergebnis wird zumeist durch eine Auslegung nach der Systematik oder aber durch eine teleologische Auslegung erreicht.[181]

---

175 *Schön*, DStJG 19 (1996), 167 (174); *Everling*, DStJG 11 (1988), 51 (59).

176 *Everling*, DStJG 11 (1988), 51 (60); *Pieper*, in: Dauses/Ludwigs, Handbuch des EU-Wirtschaftsrechts, B. I. Rechtsquellen, Rn. 47 f.

177 EuGH, Urt. v. 09.03.2000, Rs. C-437/97, *Evangelischer Krankenhausverein Wien*, Slg. 2000, I-1157, Rn. 41; v. 22.09.1988, Rs. C-187/87, *Saarland u. a.*, Slg. 1988, 5013, Rn. 19.

178 *Pieper*, in: Dauses/Ludwigs, Handbuch des EU-Wirtschaftsrechts, B. I. Rechtsquellen, Rn. 12.

179 EuGH, Urt. v. 05.09.2012, Rs. C-42/11, *Lopes Da Silva Jorge*; NJW 2013, 141, Rn. 55; *Stadie*, in: Rau/Dürrwächter, UStG, Einführung, Anm. 573 f.; *ders.*, UStG, Vorbemerkungen Rz. 63.

180 *Pieper*, in: Dauses/Ludwigs, Handbuch des EU-Wirtschaftsrechts, B. I. Rechtsquellen, Rn. 10.

181 *Oldiges*, Vorsteuerabzug und Eigenverbrauch bei gemischter Verwendung, 26 f.; *Everling*, DStJG 11 (1988), 51 (59 f.).

Kapitel 2: Zur Wirkung der Unionsgrundrechte

A. Grundlagen der Unionsgrundrechte

I. Rechtsquellen

Rechtsquellen stellen den Geltungsgrund des Rechts dar und gelten unmittelbar. Ihr Text wirkt somit als geltendes Grundrecht, dessen Inhalt durch Auslegung zu ermitteln ist. Im Rahmen dieser Auslegung sind die Rechtserkenntnisquellen zu berücksichtigen. Art. 6 EUV nennt drei aktive Rechtsquellen: In Abs. 1 UAbs. 1 wird die GrCh genannt und durch den 2. HS „die Charta der Grundrechte und die Verträge sind rechtlich gleichrangig“ *expressis verbis* als Primärrecht qualifiziert. Art. 6 Abs. 3 EUV sieht als weitere Rechtsquellen die durch den EuGH entwickelten allgemeinen Grundsätze sowie die in den Verträgen enthaltenen Grundrechte vor.[182]

II. Rechtserkenntnisquellen

Rechtserkenntnisquellen dienen nach dem Statut des Internationalen Gerichtshofs als „Hilfsmittel zur Feststellung von Rechtsnormen“[183]. Sie stellen somit keine unmittelbar geltenden Grundrechte dar. Als Rechtserkenntnisquellen sind gemäß Art. 6 Abs. 3 EUV die Grundrechte der EMRK sowie die der gemeinsamen Verfassungsüberlieferungen der Mitgliedstaaten heranzuziehen. Die EMRK könnte sich in Zukunft durch den in Art. 6 Abs. 2 EUV vorgesehenen Beitritt der Union von einer Rechtserkenntnisquelle zu einer Rechtsquelle entwickeln.[184] Bei der Auslegung der Charta sind darüber hinaus insbesondere die explizit in Art. 52 Abs. 7 GrCh genannten Erläuterungen zur Charta sowie die Rechtsprechungen des EuGH und des EGMR zu berücksichtigen.[185]

182 *Jarass*, GrCh, Einl., Art. 6 EUV Rn. 2.

183 *Jarass*, GrCh, Einl., Art. 6 EUV Rn. 2 mit Verweis auf Art. 38 Abs. 1 lit. d der Statuten des Internationalen Gerichtshofs von 1945, BGBl. II 1973, 503.

184 Vgl. hierzu die Ausführungen in Kapitel 2. A. II. dieser Arbeit.

185 *Jarass*, GrCh, Einl., Art. 6 EUV Rn. 2.

III. Entwicklung der Gemeinschaftsgrundrechte

1. *Status nach Inkrafttreten der Verträge*

Die Gemeinschaftsgrundrechte konnten nicht bereits seit Inkrafttreten der Verträge aus ebendiesen abgeleitet werden. Nach der Urfassung der Gründungsverträge waren die Unionsorgane nicht an primärrechtliche Grundrechte gebunden. Die herrschende Meinung war, dass die für die Betroffenen anwendbaren nationalen Grundrechte einen ausreichenden Schutz vor den Maßnahmen der Union garantierten.[186] Dem EuGH war jedoch bereits in seiner Entscheidung in der Rechtssache *Costa*[187] aus dem Jahre 1964 bewusst, dass der Grundsatz des Vorrangs des Unionsrechts, der ein Jahr zuvor durch die Entscheidung *Van Gend & Loos*[188] begründet wurde, auch in Bezug auf innerstaatliche Verfassungen gelten könnte.[189] Die Richter urteilten in dieser Entscheidung noch ohne expliziten Grundrechtsbezug:

> *„Der Vorrang des Gemeinschaftsrechts wird auch durch Artikel 189[190] bestätigt; ihm zufolge ist die Verordnung „verbindlich" und „gilt unmittelbar in jedem Mitgliedstaat". Diese Bestimmung, die durch nichts eingeschränkt wird, wäre ohne Bedeutung, wenn die Mitgliedstaaten sie durch Gesetzgebungsakte, die den gemeinschaftsrechtlichen Normen vorgingen, einseitig ihrer Wirksamkeit berauben könnten. Aus alledem folgt, dass dem vom Vertrag geschaffenen, somit aus einer autonomen Rechtsquelle fließenden Recht wegen dieser seiner Eigenständigkeit keine wie immer gearteten innerstaatlichen Rechtsvorschriften vorgehen können, wenn ihm nicht sein Charakter als Gemeinschaftsrecht aberkannt und wenn nicht die Rechtsgrundlage der Gemeinschaft selbst infrage gestellt werden soll."*[191]

2. *Entwicklung ungeschriebenen Grundrechtsschutzes*

In Ermangelung unionsrechtlicher Grundrechte drohte in Bezug auf Sekundärunionsrecht ein Grundrechtsvakuum zu entstehen.[192] Dieses sich anbahnende Kontrolldefizit wurde in der Folgezeit jedoch im Wege richterlicher Rechtsfortbildung vermieden. Der EuGH erkannte in der Rechtssache *Stauder*[193]

---

186 *Englisch* in: Schaumburg/Englisch, Europäisches Steuerrecht, Rz. 12.1.

187 EuGH, Urt. v. 15.07.1964, Rs. C-6/64, *Costa*, Slg. 1964, 1253.

188 EuGH, Urt. v. 05.02.1963, Rs. C-26/62, *Van Gend & Loos*, Slg. 1963, 3.

189 So schlussfolgert *Englisch* aufgrund der weiten Formulierung „keine wie immer gearteten innerstaatlichen Rechtsvorschriften" in: Schaumburg/Englisch, Europäisches Steuerrecht, Rz. 12.1 – dort Fn. 1.

190 Die Entscheidung behandelt in diesem Punkt Art. 189 des EWG-Vertrags v. 25.03.1957.

191 EuGH, Urt. v. 15.07.1964, Rs. C-6/64, *Costa*, Slg. 1964, 1253 (1270).

192 *Englisch,* in: W. Schön/K. Beck, Zukunftsfragen, 39 (41).

193 EuGH, Urt. v. 12.11.1969, Rs. C-29/69, *Stauder*, Slg. 1969, 419.

im Jahr 1969 Grundrechte erstmals explizit als „allgemeine Grundsätze der Gemeinschaftsrechtsordnung“[194] an.

Dogmatisch von grundlegender Bedeutung ist insbesondere die Entscheidung in der EuGH-Rechtssache *Internationale Handelsgesellschaft*[195] aus dem Jahr 1970. Die Richter fügten der inhaltlichen Aussage aus der Rechtssache *Costa* hinzu, dass die Geltendmachung einer Verletzung nationaler Grundrechte die Gültigkeit einer unionsrechtlichen Bestimmung nicht berühren könne. Dies ergänzte das Gericht sodann wie folgt:

> *„Es ist jedoch zu prüfen, ob nicht eine entsprechende gemeinschaftsrechtliche Garantie verkannt worden ist; denn die Beachtung der Grundrechte gehört zu den allgemeinen Rechtsgrundsätzen, deren Wahrung der Gerichtshof zu sichern hat. Die Gewährleistung dieser Rechte muss zwar von den gemeinsamen Verfassungsüberlieferungen der Mitgliedstaaten getragen sein, sie muss sich aber auch in die Struktur und die Ziele der Gemeinschaft einfügen. Hiernach ist […] zu prüfen, ob die Kautionsregelung Grundrechte verletzt hat, deren Beachtung die Gemeinschaftsrechtsordnung gewährleisten muss.“*[196]

Seit der Entscheidung in der Rechtssache *Internationale Handelsgesellschaft* werden Grundrechte als allgemeine Grundsätze des Gemeinschaftsrechts in ständiger Rechtsprechung durch eine wertende Rechtsvergleichung aus den jeweiligen nationalen Verfassungen abgeleitet.[197] Ergänzend stützt sich der EuGH bei der Entwicklung von Grundrechtsstandards seit der *Nold*-Entscheidung[198] auf die gemeinsamen Verfassungsüberlieferungen der Mitgliedstaaten sowie auf die internationalen Menschenrechtsverträge – vor allem auf die EMRK – als Rechtserkenntnisquelle. Dies erscheint zweckdienlich, weil das dort Vereinbarte aufgrund der Beteiligung sämtlicher Mitgliedstaaten der Europäischen Union beim Abschluss der Konvention als Konsens gemeinsamer Verfassungsüberlieferungen gewertet werden kann.

Mit der Entscheidung in der Rechtssache *Ruckdeschel*[199] wurde erstmals explizit festgestellt, dass der Grundsatz der Gleichheit vor dem Gesetz als unionsrechtliches Grundrecht fundiert ist.[200] Eine entsprechende Feststellung

---

194 EuGH, Urt. v. 12.11.1969, Rs. C-29/69, *Stauder*, Slg. 1969, 419, Rn. 7.

195 EuGH, Urt. v. 17.12.1970, Rs. C-11/70, *Internationale Handelsgesellschaft*, Slg. 1970, 1125.

196 EuGH, Urt. v. 17.12.1970, Rs. C-11/70, *Internationale Handelsgesellschaft*, Slg. 1970, 1125, Rn. 4.

197 *Ohlendorf*, Grundrechte als Maßstab des Steuerrechts in der EU, 58; *Englisch*, in: Schaumburg/Englisch, Europäisches Steuerrecht, Rz. 12.2.

198 EuGH, Urt. v. 14.05.1974, Rs. C-4/73, *Nold*, Slg. 1974, 491, Rn. 13.

199 EuGH, Urt. v. 19.10.1977, Rs. C-117/76 u. a., *Ruckdeschel*, Slg. 1977, 1753.

200 EuGH, Urt. v. 19.10.1977, Rs. C-117/76 u. a., *Ruckdeschel*, Slg. 1977, 1753, Rn. 7.

der Grundrechtsqualität erfolgte für eine Vielzahl von Grundrechten, die aus den gemeinsamen Verfassungsüberlieferungen der Mitgliedstaaten abgeleitet wurden.[201]

3. *Der Grundrechtskonvent und die Charta 2000*

Der Ansatz entwickelte sich zu einer ständigen Rechtsprechung und fand durch den *Vertrag von Maastricht*[202] Eingang in das niedergeschriebene Primärrecht, heute in Art. 6 Abs. 3 EUV[203]. Das Richterrecht bot nunmehr eine primärrechtlich normierte Grundlage für die Gewährung von Grundrechtsschutz auf Unionsrechtsebene.[204] Da das Vertrauen der Unionsbürger in die Union mit einem unmittelbar aus dem Gesetz ablesbaren Grundrechtsschutz einhergeht, wurde das Fehlen einer expliziten Niederschrift eines verbindlichen Grundrechtstextes als Schwäche empfunden.[205] Der Europäische Rat beauftragte aus diesem Grund einen Grundrechtekonvent mit der Ausarbeitung einer Charta der Grundrechte der Europäischen Union. Diesem gehörten Beauftragte der Staats- und Regierungschefs, 16 Mitglieder des Europäischen Parlaments, ein Vertreter des Präsidenten der Kommission und 30 Mitglieder der nationalen Parlamente an.[206] Bereits nach weniger als einem Jahr Ausarbeitungszeit legte der Konvent am 02.10.2000 eine Grundrechtecharta vor. Zugleich erarbeitete das Präsidium

---

201 Zum Grundsatz der Verhältnismäßigkeit vgl. EuGH, Urt. v. 06.03.2014, Rs. C-206/13, *Siragusa*, ECLI:EU:C:2014:126 = NVwZ 2014, 575, Rn. 34; zur freien Meinungsäußerung vgl. EuGH, Urt. v. 25.07.1991, Rs. C-288/89, *Stichting Collectieve Antennevoorziening Gouda*, Slg. 1991, I-4007, Rn. 23; zum Grundsatz effektiven Rechtsschutzes vgl. EuGH, Urt. v. 15.10.1987, Rs. C-222/86, *Heylens*, Slg. 1987, 4097, Rn. 14; zum Recht auf Eigentum, vgl. EuGH, Urt. v. 13.12.1979, Rs. 44/79, *Hauer*, Slg. 1979, 3727, Rn. 17 ff.; zum Altersdiskriminierungsverbot vgl. EuGH, Urt. v. 19.01.2010, Rs. C-555/07, *Kücükdeveci*, Slg. 2010, I-365, Rn. 21; zu Rechtssicherheit und Vertrauensschutz vgl. EuGH, Urt. v. 15.12.1987, Rs. C-326/85, *Niederlande/Kommission*, Slg. 1987, 5091, Rn. 24. Für eine weitergehende Aufstellung und Darstellung der Entwicklung siehe *Kofler*, DStJG 41 (2018), 125 (128 f.).

202 Vertrag über die Europäische Union, ABl. EU 1992 Nr. C 191/1.

203 Vorher Art. F Abs. 2 des Maastrichter Vertrags. Ab dem Vertrag von Amsterdam zur Änderung des Vertrags über die Europäische Union, der Verträge zur Gründung der Europäischen Gemeinschaften sowie einiger damit zusammenhängender Rechtsakte, ABl. EU 1997 Nr. C 340/1.

204 *Ohlendorf*, Grundrechte als Maßstab des Steuerrechts in der EU, 58.

205 *Jarass*, GrCh, Präambel, Rn. 8; *Ohlendorf*, Grundrechte als Maßstab des Steuerrechts in der EU, 58.

206 *Jarass*, GrCh, Einl., Art. 6 EUV Rn. 4.

des Konvents Erläuterungen[207] zur Auslegung der einzelnen Bestimmungen der Charta der Grundrechte. Die Charta wurde noch am 07.12.2000 bei einem Treffen des Europäischen Rates in Nizza proklamiert, schließlich jedoch ohne Rechtsverbindlichkeit veröffentlicht.[208] Über den Grad der Verbindlichkeit der Charta sowie über deren Inhalt herrschte noch Uneinigkeit. Die Vorstellungen reichten dabei von einem bloßen Sichtbarmachen bereits geltender Rechte bis hin zu einer ergänzenden Aufnahme neu formulierter Sozialrechte.[209] Die Charta aus dem Jahr 2000 stellte somit einen Kompromiss dar, der vor allem das Ziel verfolgte, die durch den EuGH entwickelten allgemeinen Rechtsgrundsätze deutlich erkennbar zu machen.[210]

In diesem Sinne wurde die Charta in der Folgezeit durch den EuGH als Rechtserkenntnisquelle herangezogen.[211] In der Entscheidung in der Rechtssache C-540/03[212] – *Europäisches Parlament/Rat der Europäischen Union* – stellten die Richter fest:

> *„Was die Charta anbelangt, so wurde sie am 7.12.2000 in Nizza vom Parlament, dem Rat und der Kommission feierlich proklamiert. Auch wenn es sich dabei nicht um ein bindendes Rechtsinstrument handelt, wollte der Gemeinschaftsgesetzgeber doch ihre Bedeutung anerkennen, indem er in der zweiten Begründungserwägung der Richtlinie ausgeführt hat, dass diese nicht nur die in Art. 8 EMRK, sondern auch die in der Charta anerkannten Grundsätze beachtet. Im Übrigen wird mit der Charta, wie sich aus ihrer Präambel ergibt, in erster Linie das Ziel verfolgt, „die Rechte [zu bekräftigen], die sich vor allem aus den gemeinsamen Verfassungstraditionen und den gemeinsamen internationalen Verpflichtungen der Mitgliedstaaten, aus dem Vertrag über die Europäische Union und den Gemeinschaftsverträgen, aus der EMRK, aus den von der Gemeinschaft und dem Europarat beschlossenen Sozialchartas sowie aus der Rechtsprechung des Gerichtshofs … und des EGMR für Menschenrechte ergeben“*[213].

---

207 Erläuterungen zur Charta der Grundrechte v. 11.10.2000, Charte 4473/00, Convent 49.

208 Charta der Grundrechte der Europäischen Union, ABl. EU 2000 Nr. C 364/1.

209 Vgl. zur Entwicklung *Streinz,* in: Streinz/Ohler/Herrmann, Der Vertrag von Lissabon, § 2.

210 *Jarass*, GrCh, Einl., Art. 6 EUV Rn. 4.

211 EuGH, Urt. v. 13.03.2007, Rs. C-432/05, *Unibet*, Slg. 2007, I-2271, Rn. 37; v. 03.05.2007, Rs. C-303/05, *Advocaten voor de Wereld*, Slg. 2007, I-3633, Rn. 46; v. 18.12.2007, Rs. C-341/05, *Laval un Partneri*, Slg. 2007, I-11767, Rn. 90 f.; *Ohlendorf*, Grundrechte als Maßstab des Steuerrechts in der EU, 59; *Englisch,* in: Schaumburg/Englisch, Europäisches Steuerrecht, Rz. 12.2.

212 EuGH, Urt. v. 27.06.2006, Rs. C-540/03, *Europäisches Parlament/Rat der Europäischen Union*, Slg. 2006, I-5809.

213 EuGH, Urt. v. 27.06.2006, Rs. C-540/03, *Europäisches Parlament/Rat der Europäischen Union*, Slg. 2006, I-5809, Rn. 38.

4. *Von der gescheiterten EU-Verfassung zur Grundrechtecharta*

Mit der Erklärung zur Zukunft der Union in der Schlussakte der Konferenz von Nizza[214] dokumentierte der Europäische Rat seinen Willen, den Status der in Nizza verkündeten Charta der Grundrechte der Europäischen Union aufzuklären. Dieser Erklärung folgte die Einberufung des *Konvents zur Zukunft Europas* Ende 2001 auf der Tagung des Europäischen Rates in Laeken.[215] Der Konvent konnte auf dem Gipfel des Europäischen Rates von Thessaloniki am 20.06.2003 den *Entwurf eines Vertrags über eine Verfassung für Europa*[216] vorstellen. Dieser musste gemäß Art. 48 Abs. 2 EUV von den einzelnen Mitgliedstaaten beschlossen werden.[217] Obgleich sich die damals 25 Mitgliedstaaten am 29.10.2004 auf einen *Vertrag über eine Verfassung für Europa*[218] einigen konnten, bedurfte dieser zu seiner Wirksamkeit der Bestätigung durch die einzelnen Mitgliedstaaten im Rahmen ihrer jeweiligen Verfassungsvorgaben.[219] Nach einigen mitgliedstaatlichen Verfassungen musste das Volk im Wege des Referendums zustimmen. Die Abstimmungen in den Niederlanden sowie in Frankreich fielen aus unterschiedlichen, zumeist von dem Verfassungsvertrag unabhängigen Gründen[220] im Ergebnis negativ aus, was ein Inkrafttreten der Unionsverfassung verhinderte. In der Folge wurde unter Vermeidung des Verfassungsbegriffs im Frühsommer 2007 ein Mandat für eine Regierungskonferenz festgelegt.[221] Mit wenigen inhaltlichen Änderungen wurde schlussendlich am 13.12.2007 der „Vertrag von Lissabon zur Änderung des Vertrages über die Europäische Union und des Vertrages zur Gründung der Europäischen Gemeinschaft“[222] unterzeichnet, der am 01.01.2009 in Kraft trat. In diesem Rahmen wurde in Art. 6 Abs. 1 EUV ein Verweis auf die Charta aufgenommen. Sie ist damit ein eigenständiges Dokument

---

214 Erklärung Nr. 23, ABl. EU 2001 Nr. C 80/85.

215 *Streinz,* in: Streinz/Ohler/Herrmann, Der Vertrag von Lissabon, § 2 II. 2.

216 ABl. EU 2003 Nr. C 19/1.

217 *Streinz,* in: Streinz/Ohler/Herrmann, Der Vertrag von Lissabon, § 2 II. 3d).

218 ABl. EU 2004 Nr. C 310/1.

219 *Streinz,* in: Streinz/Ohler/Herrmann, Der Vertrag von Lissabon, § 2 II. 6.

220 *Streinz* sieht als „entscheidendes Motiv“ für die Ablehnung der Bürger die Wirkung der Bezeichnung des Vertrags als „Verfassung“ und die damit wohl verbundene Angst vor einem Verlust nationaler Souveränität, in: Streinz/Ohler/Herrmann, Der Vertrag von Lissabon, § 2 II. 8.

221 *Streinz,* in: Streinz/Ohler/Herrmann, Der Vertrag von Lissabon, § 2 IV.

222 ABl. EU 2007 Nr. C 306/1.

geblieben, das ausweislich Art. 6 Abs. 1 EUV gleichrangig neben den Verträgen steht und daher dem Primärrecht der Union zuzurechnen ist.[223]

5. *Beitritt der Union zur EMRK*

Zukünftig könnte der unionsrechtliche Grundrechtsschutz durch den in Art. 6 Abs. 2 EUV vorgesehenen Beitritt der Union zur EMRK vervollständigt werden. Zu beachten ist jedoch, dass der EuGH in einem Gutachten den Entwurf für ein Beitrittsabkommen als nicht mit dem Unionsrecht konform qualifiziert hat.[224] Mit einem Beitritt der Union im Sinne des Art. 6 Abs. 2 EUV dürfte daher in naher Zukunft nicht zu rechnen sein.[225]

IV. Die Bedeutung der Charta im System des europäischen Grundrechtsschutzes

1. *Mehrfachbezug in Art. 6 EUV*

Seit Inkrafttreten des *Vertrags von Lissabon* verweist Art. 6 EUV gleichzeitig auf Primärrechtsquellen, Rechtserkenntnisquellen und auf einen bisher nicht eingetretenen Beitritt der Union zur Europäischen Konvention zum Schutz der Menschenrechte und Grundfreiheiten. Wie zur Entwicklung der Unionsgrundrechte bereits dargestellt, hatte der EuGH schon vor Inkrafttreten des *Vertrags von Lissabon* Bezüge zur Charta hergestellt.[226] Fraglich ist, wie diese Rechtsprechung nach dem Inkrafttreten berücksichtigt werden muss. Des Weiteren ist zu klären, welchen Einfluss die in Art. 6 EUV als Rechtserkenntnisquellen genannten gemeinsamen Verfassungsüberlieferungen der Mitgliedstaaten sowie die EMRK auf die Grundrechtecharta nehmen.

---

223 *Englisch,* in: Schaumburg/Englisch, Europäisches Steuerrecht, Rz. 12.2.

224 EuGH, Gutachten v. 18.12.2014, Rs. C-2/13, *EMRK-Beitritt II*, ECLI:EU:C:2014:2454 = BeckRS 2015, 80256. Für eine Analyse des Gutachtens siehe *Streinz*, JuS 2015, 567; *Thym* (pro Gutachten) sowie darauffolgend *Grabenwarter* (kontra Gutachten), beide in EuZW 2015, 180.

225 In diesem Sinne auch *Krieger*, Unechte Umsatzsteuerbefreiung im Unionsrecht, 275; *Ohlendorf*, Grundrechte als Maßstab des Steuerrechts in der EU, 59; *Breuer, M.*, EuR 2015, 330 (349); *Streinz*, JuS 2015, 567 (570).

226 Vgl. hierzu die Ausführungen in Kapitel 2. A. III. dieser Arbeit.

2. *Das Verhältnis der Charta zu anderen Quellen im Einzelnen*

a) Die Charta im Verhältnis zum Europäischen Gerichtshof vor Lissabon

Bereits bevor die Charta den Rang von Primärrecht einnahm, wurde sie durch den EuGH als Rechtserkenntnisquelle herangezogen.[227] Das Schutzniveau der Charta ist grundsätzlich aus Art. 53 GrCh abzuleiten. Demnach sind die Bestimmungen der Charta u. a. nicht als Einschränkung des Rechts auszulegen, wie es durch das „Recht der Union" anerkannt wird. Zu diesem Recht der Union zählt insbesondere die Rechtsprechung des EuGH. Hieraus lässt sich schlussfolgern, dass der durch den EuGH entwickelte Grundrechtsschutz durch den *Vertrag von Lissabon* nicht beschnitten wird. Bekräftigt wird diese Ansicht sowohl durch die Präambel als auch durch die Erläuterungen zur Charta betreffend Art. 53 GrCh. Nach der Präambel zur Charta besteht die Notwendigkeit, „den Schutz der Grundrechte zu stärken, indem sie in einer Charta sichtbarer gemacht werden"[228]. Bereits aus der Formulierung „sichtbarer zu machen" kann abgeleitet werden, dass der bis zum Inkrafttreten der Charta durch EuGH-Rechtsprechung entwickelte Grundrechtsschutz auf Unionsebene nicht beschnitten, sondern höchstens kraft Niederschrift gefestigt werden soll.[229] Diesem Gedanken folgend heißt es in der Präambel zur Charta weiter: „Diese Charta bekräftigt [...] die Rechte, die sich [...] aus der Rechtsprechung des Gerichtshofs der Europäischen Gemeinschaften [...] ergeben."[230] Nach den Erläuterungen zur Charta der Grundrechte dient denn auch Art. 53 GrCh der „Aufrechterhaltung" des durch das Recht der Union – und damit einhergehend u. a. die entwickelten Rechtsprechungsgrundsätze – gewährleisteten Schutzniveaus.[231]

Im Ergebnis sollte der bis zum Inkrafttreten des *Vertrags von Lissabon* entwickelte ungeschriebene Grundrechtsschutz erhalten bleiben.[232] Dies gilt jedoch

---

227 EuGH, Urt. v. 13.03.2007, Rs. C-432/05, *Unibet*, Slg. 2007, I-2271, Rn. 37; v. 03.05.2007, Rs. C-303/05, *Advocaten voor de Wereld*, Slg. 2007, I-3633, Rn. 46; v. 18.12.2007, Rs. C-341/05, *Laval un Partneri*, Slg. 2007, I-11767, Rn. 90 f.; *Ohlendorf*, Grundrechte als Maßstab des Steuerrechts in der EU, 59; *Englisch*, in: Schaumburg/Englisch, Europäisches Steuerrecht, Rz. 12.2.

228 Charta der Grundrechte der Europäischen Union, ABl. EU 2010 Nr. C 83/389, 391.

229 *Kofler*, DStJG 41 (2018), 125 (137).

230 Charta der Grundrechte der Europäischen Union, ABl. EU 2010 Nr. C 83/389, 391.

231 Erläuterungen zur Charta der Grundrechte, ABl. EU 2007 Nr. C 303/17, 35.

232 *Kingreen*, in: Calliess/Ruffert, EUV/AEUV, Art. 6 EUV Rn. 18; *Schorkopf*, in: Grabitz/Hilf/Nettesheim, EU, Art. 6 EUV, Rn. 52 f.; *Jarass*, GrCh, Art. 53 Rn. 5; *Ohlendorf*, Grundrechte als Maßstab des Steuerrechts in der EU, 61 m. w. N.

nur für das Schutzniveau an sich. Die grundsätzliche Notwendigkeit dieser Rechtsfortbildung hingegen ist mit dem *Vertrag von Lissabon* entfallen. Diese Notwendigkeit der Anwendung ungeschriebenen Rechts besteht lediglich fort, sofern spezielle Protokollbestimmungen die Geltung der Charta in einzelnen Mitgliedstaaten[233] verhindern.[234]

b) Die Charta im Verhältnis zur EMRK

Die EMRK dient bei der Auslegung der Charta als Rechtserkenntnisquelle. Für diese Zwecke genießt sie im Vergleich zu den weiteren Rechtserkenntnisquellen die größte Bedeutung.[235] Bereits vor Inkrafttreten des *Vertrags von Lissabon* hatte der EuGH die EMRK zur Entwicklung der Rechtsgrundsatz-Grundrechte herangezogen.[236] Aus diesem Grund decken sich die Grundrechte der Charta vielfach mit den EMRK-Grundrechten,[237] wodurch die EMRK einer Rechtsquelle nahekommt.[238] Mit dem in Art. 6 Abs. 2 EUV vorgesehenen Beitritt der Union zur Konvention erwächst die EMRK zu einer (echten) Rechtsquelle.[239] Dieser Beitritt gilt jedoch aufgrund der durch den EuGH geäußerten Bedenken[240] als gescheitert.[241]

Der Bezug der Charta zur EMRK wird an mehreren Stellen verdeutlicht. Zunächst weist Art. 6 Abs. 3 EUV die EMRK-Grundrechte als allgemeine Rechtsgrundsätze aus. Nach der Präambel zur Charta der Grundrechte bekräftigt die Charta die Rechte, wie sie sich u. a. aus der EMRK ergeben.[242] Diese Präambel-Erläuterungen wurden unter der Leitung des Präsidiums des Konvents

---

233 Vgl. für Polen und das Vereinigte Königreich das „Protokoll über die Anwendung der Charta der Grundrechte der Europäischen Union auf Polen und das Vereinigte Königreich“, ABl. EU 2007 Nr. C 303/359.

234 *Kingreen,* in: Calliess/Ruffert, EUV/AEUV, Art. 6 EUV Rn. 18; *Ohlendorf,* Grundrechte als Maßstab des Steuerrechts in der EU, 62.

235 Siehe nur EuGH, Urt. v. 18.06.1991, Rs. C-260/89, *ERT*, Slg. 1991, I-2925 Rn. 42 ff.; *Jarass*, GrCh, Einl., Art. 6 EUV Rn. 32.

236 EuGH, Urt. v. 12.06.2003, Rs. C-112/00, *Schmidberger*, Slg. 2003, I-5659, Rn. 71.

237 *Jarass*, GrCh, Einl., Art. 6 EUV Rn. 32.

238 *Jarass*, GrCh, Einl., Art. 6 EUV Rn. 47.

239 *Jarass*, GrCh, Einl., Art. 6 EUV Rn. 51 ff.; *ders.*, EuR 2013, 29 (43).

240 EuGH, Gutachten 2/13 v. 18.12.2014, ECLI:EU:C:2014:2454 = EuGRZ 2015, 56.

241 *Krieger*, Unechte Umsatzsteuerbefreiung im Unionsrecht, 275; *Ohlendorf*, Grundrechte als Maßstab des Steuerrechts in der EU, 59; *Breuer, M.*, EuR 2015, 330 (349); *Streinz*, JuS 2015, 567 (570).

242 Charta der Grundrechte der Europäischen Union, ABl. EU 2010 Nr. C 83/389, 391.

zur Ausarbeitung der Charta formuliert und unter der Verantwortung des Präsidiums des Europäischen Konvents aktualisiert. Sofern sie Aussagen zum Verhältnis zwischen Charta und EMRK enthalten, sind diese bei der Auslegung der Charta ebenfalls zu berücksichtigen.[243] Art. 53 GrCh normiert, dass Bestimmungen der Charta nicht so ausgelegt werden dürfen, dass der Grundrechtsschutz, wie er sich in der EMRK darstellt, eingeschränkt oder verletzt wird.

Für den Fall der parallel laufenden Anwendung von EMRK und Charta sieht Art. 52 Abs. 3 S. 1 GrCh vor, dass Bedeutung und Tragweite der Charta-Grundrechte der EMRK entsprechen. Die Erläuterungen stellen diesbezüglich fest, dass der durch die Charta gewährleistete Schutz keinesfalls unter das Schutzniveau der EMRK absinken darf.[244] Die EMRK ist bei der Auslegung der Charta folglich als Mindeststandard zu interpretieren.[245] Nach Art. 52 Abs. 3 S. 2 GrCh führt dieser Gleichlauf jedoch nicht so weit, dass das Schutzniveau der EMRK zugleich auch die obere Grenze des Charta-Rechtsschutzes darstellen würde. Das Recht der Union kann auch einen über die EMRK hinausgehenden Schutz gewähren. Dies wird durch die Erläuterungen zur Charta explizit bestätigt, wonach der Union mit Art. 52 Abs. 3 S. 2 GrCh die Möglichkeit gegeben werden soll, „für einen weiter gehenden Schutz zu sorgen“[246]. Dieser kann auch die Folge von EuGH-Rechtsprechung zu Charta-Grundrechten sein. Da die EMRK nicht jedes Grundrecht der Charta enthält und beispielsweise keinen allgemeinen Gleichheitssatz beinhaltet, können die EU-Grundrechte insoweit eigenständig fortentwickelt werden und erheblich von der EMRK abweichen.[247]

Im Ergebnis ist festzuhalten, dass der Grundrechtsschutz der Charta nicht geringer sein darf als der durch die EMRK gewährte Grundrechtsschutz, das Schutzniveau der Charta jedoch nicht gleichzeitig durch die EMRK auf ein bestimmtes Maximum beschränkt wird.[248]

---

243 Charta der Grundrechte der Europäischen Union, ABl. EU 2010 Nr. C 83/389, 391.

244 Erläuterungen zur Charta der Grundrechte, ABl. EU 2007 Nr. C 303/17, 33.

245 *Engler*, Steuerverfassungsrecht im Mehrebenensystem, 121; Eine Gegenüberstellung von Mindeststandardthese und Identitätsthese findet sich bei *Ohlendorf*, Grundrechte als Maßstab des Steuerrechts in der EU, 63 f.

246 Erläuterungen zur Charta der Grundrechte, ABl. EU 2007 Nr. C 303/17, 33.

247 *Jarass*, GrCh, Art. 52 Rn. 62.

248 *Jarass*, GrCh, Art. 52 Rn. 62; So im Ergebnis auch *Ohlendorf*, Grundrechte als Maßstab des Steuerrechts in der EU, 64.

c) *Die Charta im Verhältnis zu den gemeinsamen Verfassungsüberlieferungen*

Gemäß Art. 6 Abs. 3 EUV zählen die gemeinsamen Verfassungsüberlieferungen der Mitgliedstaaten zu den Rechtserkenntnisquellen, die für die Auslegung der Charta heranzuziehen sind. Die Charta-Grundrechte sind gemäß Art. 52 Abs. 4 GrCh im Einklang mit diesen gemeinsamen Verfassungsüberlieferungen der Mitgliedstaaten auszulegen. Die Präambel zur Charta der Grundrechte stellt diesbezüglich fest, dass die Charta die Rechte, wie sie sich aus den „gemeinsamen Verfassungstraditionen […] der Mitgliedstaaten" ergeben, bekräftigt.[249]

Von entscheidender Bedeutung ist, dass die „gemeinsamen Verfassungsüberlieferungen" von den einzelnen mitgliedstaatlichen Verfassungsnormen zu unterscheiden sind. Die Regelung führt nicht dazu, dass die Union sämtliche Verfassungen der Mitgliedstaaten vergleichen und die den größtmöglichen Rechtsschutz bietende nationale Interpretation als Rechtserkenntnisquelle für ihre Wertung auf Unionsebene heranziehen müsste.[250] Ebenso wenig ist die Union gehalten, einen „kleinsten gemeinsamen Nenner"[251] aus den Verfassungsüberlieferungen zu filtern. Das Schutzniveau muss den Erläuterungen zur Charta der Grundrechte zufolge „dem Unionsrecht angemessen" sein und mit den gemeinsamen Verfassungsüberlieferungen im Einklang stehen.[252] Mit den gemeinsamen Verfassungsüberlieferungen steht im Einklang, was ihrem eigenen Schutz entspricht. Sie können demzufolge nur dann als Auslegungsmaßstab für die Charta-Grundrechte gelten, wenn sie zu einem höheren Schutzniveau auf Unionsebene führen.[253] Andernfalls stünden die Unionsgrundrechte nicht mit den mitgliedstaatlichen Verfassungen im Einklang. Die Verfassungsüberlieferungen müssen nicht in allen Mitgliedstaaten identifizierbar sein. Es muss jedoch von einer „Gemeinsamkeit" der Verfassungstraditionen ausgegangen werden können. Eine Verfassungstradition, die nur in einigen wenigen Mitgliedstaaten nachgewiesen werden kann, wird sich nicht als Rechtserkenntnisquelle für eine Interpretation auf Unionsebene, die sodann für alle Mitgliedstaaten Wirkung entfaltet, anbieten. Dem EuGH wurde durch diese recht offenen Formulierungen ein breiter Interpretationsspielraum belassen.[254]

---

249 Charta der Grundrechte der Europäischen Union, ABl. EU 2010 Nr. C 83/389 (391).

250 *Ohlendorf*, Grundrechte als Maßstab des Steuerrechts in der EU, 64.

251 Erläuterungen zur Charta der Grundrechte, ABl. EU 2007 Nr. C 303/17, 34.

252 Erläuterungen zur Charta der Grundrechte, ABl. EU 2007 Nr. C 303/17, 34.

253 *Kofler*, DStJG 41 (2018), 125 (137 f.).

254 *Jarass*, GrCh, Art. 52 Rn. 66.

Nach den Erläuterungen zur Charta der Grundrechte soll insbesondere dem Ansatz des Gerichtshofs unter explizitem Verweis auf die Rechtssachen *Hauer*[255] und *AM&S*[256] hinsichtlich der gemeinsamen Verfassungsüberlieferungen „gebührend Rechnung" getragen werden.[257] Demzufolge kann die Frage einer etwaigen Verletzung der Grundrechte durch die Union nur im Rahmen des Unionsrechts selbst beurteilt werden. Eine Anlehnung an von der Gesetzgebung oder der Verfassungsordnung eines bestimmten Mitgliedstaats entwickelten Beurteilungskriterien würde die materielle Einheit und die Wirksamkeit des Gemeinschaftsrechts beeinträchtigen, die Einheit des gemeinsamen Marktes zerstören und den Zusammenhalt der Gemeinschaft gefährden.[258]

Ob ein Rechtsschutzbegehren mit den gemeinsamen Verfassungsüberlieferungen im Einklang steht, ist anhand gemeinsamer in den Verfassungsordnungen verankerter Elemente zu prüfen. Zur Frage, ob die Vertraulichkeit des Schriftverkehrs zwischen Anwalt und Mandant unionsrechtlich geschützt sei, stellte der EuGH fest, es komme für die Prüfung der Gemeinsamkeit in den Überlieferungen nicht auf die konkreten Hintergründe an, auf die sich der Rechtschutzgrundsatz stützt. Bezogen auf die Vertraulichkeit des Schriftverkehrs zwischen Anwalt und Mandant wurde der Rechtsschutz in den Mitgliedstaaten teilweise mit der Bedeutung der mit dem Anwaltsberuf verbundenen Eigenschaft als Mitgestalter der Rechtspflege begründet. Andere Mitgliedstaaten leiteten die Schutzwürdigkeit der Vertraulichkeit hingegen aus dem Recht des Mandanten auf Verteidigung ab.[259] Entscheidend seien gemeinsame Kriterien, auf denen der Rechtsschutz fußt. Der EuGH ermittelte systematisch einen die einzelne Rechtsordnung übergreifenden Kontext.[260] Das Gericht stellte folglich unter wertendem Rechtsvergleich fest, es herrschten jedenfalls insoweit gemeinsame Kriterien vor, als die gemeinsamen Verfassungsüberlieferungen die Unabhängigkeit des Rechtsanwalts anerkennen und demgemäß die Vertraulichkeit seines Schriftverkehrs mit Mandanten schützen.[261]

---

255 EuGH, Urt. v. 13.12.1979, Rs. C-44/79, *Hauer*, Slg. 1979, 3727.
256 EuGH, Urt. v. 18.05.1982, Rs. C-155/79, *AM&S*, Slg. 1982, I-1575.
257 Erläuterungen zur Charta der Grundrechte, ABl. EU 2007 Nr. C 303/17, 34.
258 EuGH, Urt. v. 13.12.1979, Rs. C-44/79, *Hauer*, Slg. 1979, 3727, Rn. 3.
259 EuGH, Urt. v. 18.05.1982, Rs. C-155/79, *AM&S*, Slg. 1982, I-1575, Rn. 20 ff.
260 Vgl. *Kingreen*, in: Calliess/Ruffert, EUV/AEUV, Art. 52 GrCh Rn. 39.
261 EuGH, Urt. v. 18.05.1982, Rs. C-155/79, *AM&S*, Slg. 1982, I-1575, Rn. 24.

Art. 52 Abs. 3 und Abs. 4 GrCh sind unterschiedlich formuliert.[262] Nach Abs. 4 haben die Charta-Grundrechte nicht etwa in Anlehnung an Abs. 3 die „gleiche Bedeutung und Tragweite" wie die gemeinsamen Verfassungsüberlieferungen der Mitgliedstaaten. Sie sollen lediglich „im Einklang mit diesen Überlieferungen" ausgelegt werden,[263] was darin begründet ist, dass in der ursprünglichen Fassung von Art. 52 GrCh überhaupt kein Verweis auf die gemeinsamen Verfassungsüberlieferungen vorgesehen war, weil die Charta-Grundrechte gerade die Grundrechte dieser gemeinsamen Verfassungsüberlieferungen darstellen sollen. Die letztendlich doch realisierte Vertextlichung ist auf den Verfassungskonvent zurückzuführen, der das EMRK-Schutzniveau auch dort sicherstellen wollte, wo die EMRK nicht eingreift.[264] In Bereichen, die von der EMRK erfasst sind, geht Abs. 3 vor, so dass kein Rückgriff auf die gemeinsamen Verfassungsüberlieferungen erfolgt.[265] Da die EMRK keinen allgemeinen Gleichheitssatz enthält, erfolgt insoweit ein Rückgriff auf die gemeinsamen Verfassungsüberlieferungen.

B. Systematik der Unionsgrundrechte

I. Adressaten allgemein

Gemäß Art. 51 Abs. 1 S. 1 GrCh werden durch die Bestimmungen der Charta die „Organe, Einrichtungen und sonstigen Stellen der Union" verpflichtet. Die Bindung der Union an die Charta ist weitreichend und umfasst alle der Union zuzuordnenden Stellen, die Hoheitsgewalt ausüben.[266] Dementsprechend sind Rechtsetzung, Verwaltung und Rechtsprechung an die Charta-Grundrechte gebunden.[267] Die Union muss daher auch bei der Ausgestaltung von Sekundärrecht, wie der Mehrwertsteuer-Systemrichtlinie, die Charta-Grundrechte

---

262 Es wird auch davon gesprochen, dass Abs. 4 „vorsichtiger" als Abs. 3 formuliert sei, vgl. sowohl *Jarass*, GrCh, Art. 52 Rn. 66 als auch *Kingreen*, in: Calliess/Ruffert, EUV/AEUV, Art. 52 GrCh Rn. 40.

263 *Kingreen*, in: Calliess/Ruffert, EUV/AEUV, Art. 52 GrCh Rn. 40.

264 CONV 354/02 v. 22.10.2002, 7; Erläuterungen des Präsidiums des Europäischen Konvents, ABl. EU 2004 Nr. C 310/458; *Kingreen*, in: Calliess/Ruffert, EUV/AEUV, Art. 52 GrCh Rn. 40.

265 *Borowsky*, in: Meyer, GrCh, Art. 52 Rn. 44b; *Kingreen*, in: Calliess/Ruffert, EUV/AEUV, Art. 52 GrCh Rn. 40.

266 *Jarass*, in: GrCh, Art. 51 Rn. 15 ff.; *Kingreen*, in: Calliess/Ruffert, EUV/AEUV, Art. 51 GrCh Rn. 5.

267 *Jarass*, in: GrCh, Art. 51 Rn. 15; *Engler*, Steuerverfassungsrecht im Mehrebenensystem, 72.

berücksichtigen. Verstößt eine Richtlinie des Sekundärrechts gegen die EU-Grundrechte, führt dies zur Nichtigkeit der Unionsbestimmung.[268]

Innerhalb der Union existiert kein grundrechtsfreier Bereich. Die Grundrechtsbindung entfaltet ihre Wirkung für sämtliche Aktivitäten.[269] Die Grundrechte der Charta werden daher auch als metagesetzlicher Beurteilungsmaßstab für das eigene Handeln der Unionsorgane verstanden.[270]

Maßnahmen der Mitgliedstaaten sind grundsätzlich zunächst an den jeweiligen Grundrechten der nationalen Verfassungen zu messen. Sofern jedoch der Vorrang des Unionsrechts und die einheitliche Anwendung von Rechtsakten der Union gewahrt werden müssen, bedarf es ebenfalls einer Bindung an die Unionsgrundrechte. Die Bindung der Mitgliedstaaten an die Grundrechte der Union ist hingegen nicht allumfassend ausgestaltet, wie es etwa bei der Verpflichtung für die Union selbst der Fall ist. Nach Art. 51 Abs. 1 S. 1 GrCh gilt die Charta der Grundrechte „für die Mitgliedstaaten ausschließlich bei der Durchführung des Rechts der Union". Diese Einschränkung des Geltungsbereichs der Charta-Grundrechte führt insbesondere im Bereich der sekundärrechtlichen Richtlinien der Union zu der Frage, ob und inwiefern die Mitgliedstaaten hinsichtlich ihrer nationalen Umsetzungsrechtsakte Unionsrecht durchführen.

An die Frage der Durchführung von Unionsrecht ist die „föderale Justierung von Rechtsprechungskompetenzen im europäischen Grundrechtsverbund" geknüpft.[271] Je nach ihrer Beantwortung ist die zu beurteilende nationale Regelung entweder ausschließlich nach unionalen oder nationalen Grundrechten zu überprüfen oder aber ein „doppelter" Grundrechtsschutz sowohl durch die Charta als auch die Nationalverfassungen zu gewähren. Aus deutscher Sicht verdeutlicht die potenzielle Verdrängung einer Grundrechtskontrolle nach den Maßstäben von Art. 3 GG die Bedeutsamkeit der Thematik, hat sich doch das *Deutsche Volk* das Grundgesetz nach den Schrecken des Zweiten Weltkrieges „im Bewußtsein seiner Verantwortung vor Gott und den Menschen, von dem Willen beseelt, als gleichberechtigtes Glied in einem vereinten Europa dem Frieden der Welt zu dienen, […] kraft seiner verfassungsgebenden Gewalt"[272] gegeben.

---

268 Vgl. nur EuGH, Urt. v. 12.11.1969, Rs. C-29/69, *Stauder*, Slg. 1969, 419, Rn. 4 ff.; *Englisch,* in: Tipke/Lang, Steuerrecht[24], § 4 Rz. 29.

269 *Jarass,* GrCh, Art. 51 Rn. 16.

270 *Englisch,* in: W. Schön/K. Beck, Zukunftsfragen, 39 (43); *Engler*, Steuerverfassungsrecht im Mehrebenensystem, 72.

271 *Kingreen,* in: Calliess/Ruffert, EUV/AEUV, Art. 51 GrCh Rn. 7.

272 Präambel zum Grundgesetz; BGBl. 1949, 1.

II. Bindung der Mitgliedstaaten an die Unionsgrundrechte

1. Durchführung von Unionsrecht

Unter die Bindung der Mitgliedstaaten an die Unionsgrundrechte bei der Durchführung von Unionsrecht sind alle staatlichen Maßnahmen zu fassen, die in Umsetzung unionaler Vorgaben erlassen werden. Unter Unionsrecht sind grundsätzlich neben primärrechtlichen Vorgaben alle in Art. 288 AEUV definierten Rechtsakte der Union zu verstehen.[273] Für Zwecke dieser Arbeit wird ein Fokus auf das Richtlinienrecht gelegt.

Problematisch ist die Frage, wann Mitgliedstaaten sich in einem Bereich so betätigen, dass ihr Handeln als „Durchführung von Unionsrecht" zu qualifizieren ist. Wie bereits dargestellt[274], bedürfen Richtlinien der Union einer Ermächtigungsgrundlage im nationalen Recht, wodurch der nationale Umsetzungsakt, beispielsweise das Umsatzsteuergesetz, lediglich mittelbares Unionsrecht darstellt. Dies könnte dafür sprechen, dass der Gesetzgeber durch das nationale Gesetz kein Unionsrecht durchführt. Andererseits sind die Zielvorgaben z. B. der Mehrwertsteuer-Systemrichtlinie so konkret und lassen daher außer dem Wortlaut praktisch keine Wahlrechte offen, dass die Mitgliedstaaten mit dem nationalen Rechtsakt Unionsrecht durchführen könnten. Dies könnte insbesondere vor dem Hintergrund gelten, dass die Mitgliedstaaten durch den Grundsatz der Unionstreue nach Art. 4 Abs. 3 EUV zu einem entsprechenden unionsrechtskonformen nationalen Umsetzungsrechtsakt verpflichtet sind.[275]

2. Diskussionsgrundlagen

a) Keine Möglichkeit der Ableitung aus dem Chartatext

Art. 51 Abs. 1 Satz 1 GrCh gibt keine eindeutige Antwort auf die Frage, wann Mitgliedstaaten Unionsrecht durchführen. Der Anwendungsbereich der EU-Grundrechte bedarf daher einer Auslegung. Zu beachten ist in diesem Zusammenhang, dass die Rechtsprechung des EuGH zum Anwendungsbereich der EU-Grundrechte durch den *Vertrag von Lissabon* nicht verdrängt werden soll. Der Vertrag dient vielmehr gerade der Stärkung der bisherigen Rechtsprechung.[276] Aus diesem Grund ist es für die Auslegung der Charta hinsichtlich des

273 *Calliess*, Die neue Europäische Union nach dem Vertrag von Lissabon, 344.
274 Vgl. hierzu die Ausführungen in Kapitel 1. C. II. dieser Arbeit.
275 *Schaumburg*, in: Schaumburg/Englisch, Europäisches Steuerrecht, Rz. 3.9.
276 Charta der Grundrechte der Europäischen Union, ABl. EU 2010 Nr. C 83/389, 391.

Anwendungsbereichs der Unionsgrundrechte im nationalen Recht unabdingbar, auf die Rechtsprechung des EuGH „vor Lissabon" zurückzublicken.

b) Die wesentliche Rechtsprechung des EuGH im Einzelnen

aa) EuGH Wachauf

Die Entscheidung in der Rechtssache *Wachauf*[277] bildet das wesentliche Fundament der Rechtsprechung zu der Frage, wann Mitgliedstaaten im Fall von Umsetzungsverpflichtungen der unionsgrundrechtlichen Bindung unterliegen. Die vor Geltung der Charta noch als allgemeine Rechtsgrundsätze des Unionsrechts verstandenen Grundrechte gelten der Entscheidung zufolge für die Mitgliedstaaten ausschließlich „bei der Durchführung der gemeinschaftsrechtlichen Regelungen"[278]. Dies deutet zunächst auf einen engen Anwendungsbereich hin. Dem Urteilsfall lag eine EU-Verordnung zugrunde, die den nationalen Behörden Umsetzungsspielräume gewährte.[279] Der EuGH sah die lediglich im Wege mittelbaren Vollzugs der Verordnung ergehenden nationalen Rechtsakte jedoch ebenfalls als „Durchführung" gemeinschaftsrechtlicher Regelungen an.[280] Nach den *Wachauf*-Grundsätzen umfasst der Begriff der „Durchführung" im Ergebnis sowohl den unmittelbaren als auch den mittelbaren Vollzug von Unionsrecht.

bb) EuGH ERT

Den weiten Anwendungsbereich der EU-Grundrechte manifestierte der EuGH in der Folge mit seiner Entscheidung in der Rechtssache *ERT*.[281] Das Gericht stellte zunächst mit Verweis auf u. a. die *Wachauf*-Grundsätze klar, dass „in der Gemeinschaft keine Maßnahmen als Rechtens anerkannt werden können, die mit der Beachtung der […] Menschenrechte unvereinbar sind"[282]. Die Grundrechte der Union fänden jedoch keine Anwendung, wenn eine nationale Regelung „nicht im Rahmen des Gemeinschaftsrechts ergangen ist"[283]. Der EuGH habe einem vorlegenden nationalen Gericht jedoch alle Auslegungskriterien zur Verfügung zu stellen, um die Vereinbarkeit einer nationalen Regelung mit den Grundrechten der Union beurteilen zu können, sofern diese Regelung „in den

---

277 EuGH, Urt. v. 13.07.1989, Rs. C-5/88, *Wachauf*, Slg. 1989, 2609.
278 EuGH, Urt. v. 13.07.1989, Rs. C-5/88, *Wachauf*, Slg. 1989, 2609, Rn. 19.
279 EuGH, Urt. v. 13.07.1989, Rs. C-5/88, *Wachauf*, Slg. 1989, 2609, Rn. 20.
280 EuGH, Urt. v. 13.07.1989, Rs. C-5/88, *Wachauf*, Slg. 1989, 2609, Rn. 21 f.
281 EuGH, Urt. v. 18.06.1991, Rs. C-260/89, *ERT*, Slg. 1991, I-2925.
282 EuGH, Urt. v. 18.06.1991, Rs. C-260/89, *ERT*, Slg. 1991, I-2925, Rn. 41.
283 EuGH, Urt. v. 18.06.1991, Rs. C-260/89, *ERT*, Slg. 1991, I-2925, Rn. 42.

Anwendungsbereich des Gemeinschaftsrechts“ fällt.[284] Das Gericht misst somit neben dem unmittelbar vollzogenen Unionsrecht auch mittelbar kraft nationaler Umsetzungsrechtsakte vollzogene EG-Verordnungen an den Grundrechten der Union.[285]

Die verwendete Terminologie in der *ERT*-Entscheidung entspricht der inhaltlich weiten Auslegung des Anwendungsbereichs der EU-Grundrechte. Insbesondere bezogen auf den mittelbaren Unionsrechtsvollzug erscheint es terminologisch treffender, nationale Rechtsakte „im Anwendungsbereich“ des Gemeinschaftsrechts zu platzieren, als eine „Durchführung“ gemeinschaftsrechtlicher Regelungen herzuleiten.

cc) Schlussfolgerungen für das Handeln im Geltungsbereich des Unionsrechts

Die *Wachauf*- und *ERT*-Rechtsprechung haben gemein, dass sie keine umfassende Aussage zur Richtlinienumsetzung enthalten, weil sie andere Unionsrechtsakte betrafen. Weitestgehend unstrittig ist, dass der nationale Gesetzgeber auch für seine nationalen Umsetzungsrechtsakte an die Grundrechte der Union gebunden ist, sofern die inhaltliche Verpflichtung unmittelbar aus einer Richtlinie abgeleitet werden kann.[286] Unklarheit herrscht jedoch hinsichtlich der Bindung der Mitgliedstaaten an die EU-Grundrechte bei der Umsetzung von Richtlinienbestimmungen, die Öffnungsklauseln beinhalten.[287] Zwar entschied der EuGH in der Rechtssache *X*[288], es bestehe eine Bindung der Mitgliedstaaten bei der Auslegung und Anwendung von in Richtlinienumsetzung ergangener nationaler Rechtsakte. Daraus konnte jedoch keine umfassende Grundrechtsbindung abgeleitet werden, weil das Verfahren lediglich den administrativen Vollzug des nationalen Rechts betraf[289], nicht jedoch die Frage nach der normativen Umsetzung der Richtlinienbestimmung in nationales Recht.[290]

---

284 EuGH, Urt. v. 18.06.1991, Rs. C-260/89, *ERT*, Slg. 1991, I-2925, Rn. 42.

285 *Calliess*, Die neue Europäische Union nach dem Vertrag von Lissabon, 344.

286 *Kofler*, DStJG 41 (2018), 125 (146 f.); *Kokott/Dobratz*, in: Schön/Heber, Grundfragen, 25 (27).

287 Ausführlich *Ohlendorf*, Grundrechte als Maßstab des Steuerrechts in der EU, 67 m. w. N.

288 EuGH, Urt. v. 12.12.1996, Rs. 74/94 u. a., *X*, Slg. 1996, I-6609.

289 EuGH, Urt. v. 12.12.1996, Rs. 74/94 u. a., *X*, Slg. 1996, I-6609, Rn. 25 f.

290 *Calliess*, Die neue Europäische Union nach dem Vertrag von Lissabon, 345.

dd) Negativabgrenzung: Kein Handeln im Geltungsbereich der Union

In Abgrenzung hierzu dient die EuGH-Rechtssache *Annibaldi*[291] als Gegenbeispiel für ein Handeln außerhalb des Anwendungsbereichs des Unionrechts. Durch ein nationales Gesetz wurde Herrn Annibaldi aufgrund der Lage seines Grundstückes innerhalb eines Regionalparks verboten, Plantagen zu errichten. Er klagte daraufhin und berief sich auf das Grundrecht auf Eigentum.

Dem EuGH zufolge bestünden zwar Ziele im Bereich der Agrarwirtschaft, mit der den Plantagenanbau verbietenden nationalen Norm sei jedoch keine Durchführung von Gemeinschaftsrecht bezweckt worden,[292] da mit ihr „andere als die unter die gemeinsame Agrarpolitik fallenden Ziele verfolgt werden"[293]. Somit gehören nationale Maßnahmen, die nicht der Erfüllung unionsrechtlich determinierter Ziele dienen, nicht zum Anwendungsbereich des Unionsrechts und können daher nicht durch den EuGH an den Grundrechten der Union gemessen werden.

ee) Umsetzungsspielräume: EuGH Marks & Spencer

Mit konkretem Bezug zu in der Mehrwertsteuer-Systemrichtlinie verankerten Umsetzungswahlrechten zugunsten der Mitgliedstaaten bezog der EuGH in der Rechtssache *Marks & Spencer*[294] (sic)[295] Stellung.

Die Richtlinie gestattet es, dass in Großbritannien zum 31.12.1975 geltende Steuerbefreiungen, die in der Richtlinie nicht vorgesehen sind, beibehalten werden dürfen.[296] Großbritannien hielt daraufhin auch nach Einführung der 6. EG-Richtlinie von 1977[297] an der seit 1973 geltenden Steuerbefreiung in Gestalt des Nullsteuersatzes für Kuchen fest. Bei einem Nullsteuersatz ist

291 EuGH, Urt. v. 18.12.1997, Rs. C-309/96, *Annibaldi*, Slg. 1997, I-7493.

292 EuGH, Urt. v. 18.12.1997, Rs. C-309/96, *Annibaldi*, Slg. 1997, I-7493, Rn. 21.

293 EuGH, Urt. v. 18.12.1997, Rs. C-309/96, *Annibaldi*, Slg. 1997, I-7493, Rn. 22.

294 EuGH, Urt. v. 10.04.2008, Rs. C-309/06, *Marks & Spencer*, Slg. 2008, I-2283.

295 Die Rechtssache ist nicht zu verwechseln mit der deutlich bekannteren ertragsteuerlichen *Marks & Spencer*-Entscheidung des EuGH zur Verrechnung finaler Verluste von Tochtergesellschaften, vgl. EuGH, Urt. v. 13.12.2005, Rs. C-446/03, Slg. 2005, I-10866.

296 Grundlage war Art. 28 Abs. 2 der 6. EG-Richtlinie, vgl. EuGH, Urt. v. 10.04.2008, Rs. C-309/06, *Marks & Spencer*, Slg. 2008, I-2283, Rn. 4 f.

297 Sechste Richtlinie 77/388/EWG v. 17.05.1977 zur Harmonisierung der Rechtsvorschriften der Mitgliedstaaten über die Umsatzsteuern – Gemeinsames Mehrwertsteuersystem: einheitliche steuerpflichtige Bemessungsgrundlage, ABl. EG 1977 Nr. L 145/1.

der Ausgangsumsatz steuerbefreit, während gleichzeitig der Vorsteuerabzug gewährt wird.

Da die britischen Finanzbehörden die von *Marks & Spencer* mit Schokolade überzogenen „Teacakes" fälschlicherweise als Kekse und nicht als Kuchen qualifizierten, wurde über einen Zeitraum von mehr als 20 Jahren unrechtmäßig Mehrwertsteuer erhoben.[298] Streitgegenstand war die Rückzahlung dieser zu Unrecht erhobenen Umsatzsteuer, die die britischen Behörden nicht in voller Höhe akzeptieren wollten.[299] *Marks & Spencer* leiteten in ihrer Erklärung einen Rückzahlungsanspruch aus den allgemeinen Grundsätzen des Unionsrechts ab. Diese würden auch für eine unter Ausübung eines Ermessensspielraums beibehaltene Norm Geltung entfalten.[300] Die Regierung u. a. des Vereinigten Königreichs trug vor, dass die Erhebung der Umsatzsteuer bzw. die vorangestellte Frage des korrekten Steuersatzes auf einer rein nationalen Regelung basiere, für die keine Gemeinschaftsrechtsnorm mit unmittelbarer Wirkung existiere. Daher sei kein Raum für einen Rückgriff auf die allgemeinen Rechtsgrundsätze der Union.[301]

Der EuGH stellte schließlich fest, dass eine Bindung der Mitgliedstaaten an die allgemeinen Grundsätze des Gemeinschaftsrechts auch dann bestehe, wenn die nationale Regelung auf einer Unionsrechtsbestimmung basiere, die ein Wahlrecht zur Umsetzung beinhaltet.[302] Der EuGH sprach sich damit vor Inkrafttreten der Charta bereits für einen weiten Anwendungsbereich allgemeiner Rechtsgrundsätze der Union aus, den er zudem in nachfolgenden Entscheidungen zu Richtlinien mit Umsetzungsspielräumen außerhalb des Steuerrechts bekräftigte.[303]

---

298 EuGH, Urt. v. 10.04.2008, Rs. C-309/06, *Marks & Spencer*, Slg. 2008, I-2283, Rn. 6, 9.
299 EuGH, Urt. v. 10.04.2008, Rs. C-309/06, *Marks & Spencer*, Slg. 2008, I-2283, Rn. 10.
300 EuGH, Urt. v. 10.04.2008, Rs. C-309/06, *Marks & Spencer*, Slg. 2008, I-2283, Rn. 29.
301 EuGH, Urt. v. 10.04.2008, Rs. C-309/06, *Marks & Spencer*, Slg. 2008, I-2283, Rn. 30.
302 EuGH, Urt. v. 10.04.2008, Rs. C-309/06, *Marks & Spencer*, Slg. 2008, I-2283, Rn. 32 ff.
303 EuGH, Urt. v. 23.09.2008, Rs. C-427/06, *Bartsch*, Slg. 2008, I-7245, Rn. 19 ff.; v. 29.01.2008, Rs. C-275/06, *Promusicae*, Rn. 68; EuGH, v. 27.06.2006, Rs. C-540/03, *Parlament/Rat*, Slg. 2006, I-5809, Rn. 104 ff. (Familienrechtszusammenführungsrichtlinie); v. 06.11.2003, Rs. C-101/01, *Lindquist*, Slg. 2003, I-12971, Rn. 83 ff.; *Calliess*, Die neue Europäische Union nach dem Vertrag von Lissabon, 346; *Engler*, Steuerverfassungsrecht im Mehrebenensystem, 78 f.

3. *Diskussion nach Lissabon*

Mit Inkrafttreten des *Vertrags von Lissabon* kam die Frage auf, ob die bis zu diesem Zeitpunkt ergangene Rechtsprechung fortgelten solle. Die verwendete Terminologie des Konvents entfachte erneut die bereits bekannte Diskussion um den Anwendungsbereich der EU-Grundrechte.

Nach Art. 51 Abs. 1 S. 1 GrCh binden die EU-Grundrechte die Mitgliedstaaten seit Lissabon „ausschließlich bei der Durchführung des Rechts der Union". Bezogen auf Richtlinienumsetzungen ist die terminologische Schlussfolgerung möglich, dass der weite Anwendungsbereich nach der *ERT*-Rechtsprechung nicht fortgelten soll.[304] *Rabe* leitet dies aus der Entstehungsgeschichte des Wortlautes ab, in deren Abfolge die zunächst beschlossene Formulierung „ausschließlich bei der Umsetzung des Rechts der Union" durch den finalen Wortlaut „ausschließlich bei der Durchführung des Rechts der Union" ersetzt wurde.[305] Jenseits der Terminologie wird diese These inhaltlich mit der Argumentation gestützt, Mitgliedstaaten führten ihr Ermessen aus eigenem Recht und in einem nicht harmonisierten Bereich aus.[306]

Einer restriktiven Auslegung des Anwendungsbereichs können jedoch mehrere Argumente entgegengesetzt werden. Zunächst sollte durch den *Vertrag von Lissabon* der bereits geltende Grundrechtsschutz sichtbar gemacht werden, ohne dass ein Zurückfallen im Schutzniveau angestrebt wurde.[307] Darüber hinaus sind nach Art. 52 Abs. 7 GrCh die Charta-Erläuterungen von den Gerichten der Union und den Mitgliedstaaten zu berücksichtigen. Die für die Auslegung der Charta maßgeblichen Erläuterungen widersprechen einer restriktiven Auslegung. Ihnen zufolge ist nach der Rechtsprechung des EuGH eindeutig, dass Mitgliedstaaten an die EU-Grundrechte gebunden sind, „wenn sie im Anwendungsbereich des Unionsrechts handeln"[308]. Der Konvent untermauert die mit der Verwendung der Terminologie des „Anwendungsbereichs" assoziierte weite Auslegung schließlich durch den expliziten Verweis u. a. auf die Rechtssachen *Wachauf*, *ERT* und *Annibaldi*.[309]

---

304 *Borowksy*, in Meyer, GrCh, Art, 51 Rn. 29; *Rabe*, NJW 2013, 1407 (1408); *Thym*, NVwZ 2013, 889 (890).

305 *Rabe*, NJW 2013, 1407 (1408).

306 *Engler*, Steuerverfassungsrecht im Mehrebenensystem, 104 ff. m. w. N.

307 Charta der Grundrechte der Europäischen Union, ABl. EU 2010 Nr. C 83/389 (391).

308 Erläuterungen zur Charta der Grundrechte, ABl. EU 2007 Nr. C 303/17, 32.

309 Erläuterungen zur Charta der Grundrechte, ABl. EU 2007 Nr. C 303/17, 32. Dem zustimmend *Kofler*, DStJG 41 (2018), 125 (144).

Die Tendenz zur Fortgeltung der *ERT*-Rechtsprechung und dem damit verbundenen weiten Anwendungsbereich ist überdies der EuGH-Rechtsprechung zu entnehmen, die u. a. lediglich von einem „Anknüpfungspunkt an das Unionsrecht" spricht.[310]

Die aus der deutschen Formulierung „Durchführung" stammende Wertung zugunsten einer engen Auslegung deckt sich nur teilweise mit anderen Sprachfassungen[311], die auch als „Anwendungsbereich des Unionsrechts" verstanden werden können.[312] So überrascht es nicht, dass selbst Befürworter einer aus Terminologie und Entstehungsgeschichte der deutschen Sprachfassung abgeleiteten engen Auslegung konstatieren müssen, dass die terminologischen Änderungen während der Chartaentstehung „offenbar ohne weitere Diskussion" erfolgten.[313] Eine rein aus dem Wortlaut von Art. 51 Abs. 1 GrCh abgeleitete enge Auslegung ist im Ergebnis mit Verweis auf andere, divergierende Sprachfassungen abzulehnen.[314] Es darf auch nicht verkannt werden, dass es sich bei den Chartabestimmungen um europarechtliche Begriffe handelt, die als eigenständige Konzepte verstanden werden müssen, um nicht den *effet utile* des Europarechts zu gefährden.[315] Nationale Gerichte haben bei einer Auslegung von Europarecht stets sämtliche Sprachfassungen heranzuziehen.[316] Das Ziel der einheitlichen Auslegung von Europarecht verbietet daher Rückschlüsse aus einzelnen nationalen Fassungen, wenn die verschiedenen Sprachfassungen divergieren. Die nationalen Fassungen können lediglich Interpretationshinweise geben.[317]

Weniger konfliktreich erscheint die Diskussion schließlich, wenn man den Begriff der „Durchführung" in einen administrativen und einen normativen

---

310 Siehe nur EuGH, Beschl. v. 01.03.2011, Rs. C-457/09, *Chartry*, Slg. 2011, I-819, Rn. 23 ff.; v. 12.11.2010, Rs. C-339/10, *Krasimir Asparuhov Estov u. a.*, Slg. 2010, I-11465, Rn. 12 f.

311 Für eine enge Auslegung vgl. die englische Sprachfassung: „only when they are implementing Union law" sowie die französische Sprachfassung: „uniquement lorsqu'ils mettent en œuvre le droit de l'Union"; für eine weite Auslegung vgl. die spanische Sprachfassung: „cuando apliquen el Derecho de la Unión".

312 *Kokott/Sobotta*, EuGRZ 2010, 265 (268); *Thym*, NVwZ 2013, 889 (890).

313 *Rabe*, NJW 2013, 1407 (1408).

314 Im Ergebnis auch *Mall*, Die Bindung der Mitgliedstaaten an die Unionsgrundrechte, 89; *Englisch,* in: W. Schön/K. Beck, Zukunftsfragen, 39 (50); *Huber*, EuR 2008, 190 (197).

315 *Mayer*, Der Staat 44 (2005), 367 (371 f.).

316 Siehe nur EuGH, Urt. v. 06.10.1982, Rs. C-283/81, *CILFIT*, Slg. 1982, 3415.

317 *Mayer*, Der Staat 44 (2005), 367 (372).

Bereich unterteilt. Verordnungen dienen sodann als Beispiel administrativer Durchführung von Unionsrecht, während die Richtlinienumsetzung als Akt normativer Durchführung von Unionsrecht zu verstehen ist.[318]

4. *Die* Åkerberg-Fransson-*Entscheidung*

a) Bedeutsamkeit der Entscheidung

Die Entscheidung in der Rechtssache *Åkerberg Fransson*[319] führte zu einer „Neubelebung"[320] der Diskussion um den Anwendungsbereich der EU-Grundrechte. Sie wird daher nachfolgend ausführlich besprochen. Ein Augenmerk soll dabei auch auf die Schlussanträge des Generalanwalts gelegt werden.[321]

b) Sachverhalt

Hans Åkerberg Fransson ist ein schwedischer Fischer. Er unterhält ein Fischereigewerbe im nordschwedischen Kalix unweit der finnischen Grenze. Fischfang betreibt Herr Åkerberg Fransson auf dem Kalixälven, einem vom Skandinavischen Gebirge in den Bottnischen Meerbusen fließenden Fluss. So der Bottnische Meerbusen Schweden und Finnland trennt, verkauft er seinen Fang sowohl in Schweden als auch in Finnland und damit in zwei EU-Mitgliedstaaten.[322]

Herr Åkerberg Fransson gab für die Jahre 2004 und 2005 unvollständige Einkommensteuer- und Umsatzsteuererklärungen in Schweden ab, was den Behörden auffiel. Im Mai 2007 erließ die schwedische Finanzbehörde Bescheide über Steuerzuschläge, deren Anfechtungsfristen ausliefen und die somit in Bestandskraft erwuchsen. Bei dieser Festsetzung handelte es sich nicht um die Nachzahlungsbeträge der Verkürzungen, sondern um einen Strafzuschlag aufgrund der das Steueraufkommen gefährdenden falschen Angaben in den Steuererklärungen. Im Juni 2009 wurde Herr Åkerberg Fransson noch vor Ablauf der Anfechtungsfristen für die Bescheide über die Steuerzuschläge wegen Steuerhinterziehung in einem schweren Fall angeklagt. Die Anklage basierte auf derselben

---

318 *Jarass*, NVwZ 2012, 457 (459).

319 EuGH, Urt. v. 26.02.2013, Rs. C-617/10, *Åkerberg Fransson*, ECLI:EU:C:2013:105 = UR 2014, 27.

320 *Engler*, Steuerverfassungsrecht im Mehrebenensystem, 85.

321 EuGH, Schlussantr. GA *Cruz Villalón* v. 12.06.2012, Rs. C-617/10, *Åkerberg Fransson*, ECLI:EU:C:2012:340.

322 *Gstrein/Zeitzmann* halten es für möglich, dass dieses Verkaufsverhalten dem Sachverhalt „Vorschub" geleistet haben könnte, in: ZEuS 2013, 239 (247). Dies lässt sich weder den Schlussanträgen noch dem Urteil selbst entnehmen.

Begründung wie die Bescheide über die Steuerzuschläge. Das sowohl für das steuerliche Verfahren über die Steuerzuschläge als auch für das angestrebte Strafverfahren zuständige Gericht legte dem EuGH vorab u. a. zur Klärung die Frage vor, ob das Strafverfahren gegen Herrn Åkerberg Fransson zulässig sei. Unter Berücksichtigung des in Art. 50 GrCh verankerten Verbots der Doppelbestrafung[323] könnten die durch die schwedischen Finanzbehörden bereits erlassenen Steuerzuschläge eine zusätzliche Anklage in einem Strafverfahren untersagen.

c) Die Unzulässigkeit der Vorlage gemäß den Schlussanträgen

Der Frage nach der materiell-rechtlichen Bedeutung des Verbots der Doppelbestrafung, der hier nicht weiter nachgegangen werden soll, ist die Zulässigkeit des Vorabentscheidungsersuchens voranzustellen. Wenngleich der Angeklagte in zwei EU-Mitgliedstaaten gewerblich tätig ist, scheint es sich mangels Bezug auf eine konkrete unionsrechtliche Regelung für den Steuerzuschlag *prima facie* um einen rein nationalen Fall zu handeln. Dies würde der Anwendung der Charta der Grundrechte der Europäischen Union entgegenstehen. Generalanwalt *Cruz Villalón* bezeichnete die Bestimmung des Anwendungsbereichs in seinen Schlussanträgen sodann auch als „vexata quaestio“[324] und gestand bereits einleitend ein, das Vorabentscheidungsersuchen mache das Kabinett „relativ ratlos“[325].

Zunächst blickte der Generalanwalt in die Vergangenheit und trug vor, die *ERT*- und *Wachauf*-Entscheidungen würden nicht bestritten. Diese seien jedoch in ihren Konstellationen als Einzelfälle einzuordnen und in ihren Aussagen zu wenig abstrakt, als dass sich daraus Maßstäbe für eine Kontrolle des mitgliedstaatlichen Handelns ableiten ließen.[326] Nach *Cruz Villalón*, dessen Lösungsansätze nach eigener Betonung aus dem Rahmen der bisherigen EuGH-Rechtsprechung fallen[327], liegt der Anwendung der Grundrechte eine „Regel-Ausnahme-Beziehung“ zugrunde.[328] Regelmäßig soll die gerichtliche Kontrolle

323 Oftmals beschrieben als *ne bis in idem*-Grundsatz.

324 Dt.: Quälende Frage, s. EuGH, Schlussantr. GA *Cruz Villalón* v. 12.06.2012, Rs. C-617/10, *Åkerberg Fransson*, ECLI:EU:C:2012:340, Rn. 5.

325 EuGH, Schlussantr. GA *Cruz Villalón* v. 12.06.2012, Rs. C-617/10, *Åkerberg Fransson*, ECLI:EU:C:2012:340, Rn. 1.

326 EuGH, Schlussantr. GA *Cruz Villalón* v. 12.06.2012, Rs. C-617/10, *Åkerberg Fransson*, ECLI:EU:C:2012:340, Rn. 25 ff.

327 EuGH, Schlussantr. GA *Cruz Villalón* v. 12.06.2012, Rs. C-617/10, *Åkerberg Fransson*, ECLI:EU:C:2012:340, Rn. 5.

328 EuGH, Schlussantr. GA *Cruz Villalón* v. 12.06.2012, Rs. C-617/10, *Åkerberg Fransson*, ECLI:EU:C:2012:340, Rn. 35 ff.

von Handlungen der Mitgliedstaaten durch nationale Gerichte erfolgen. Damit die Grundrechte der Union zur Anwendung kommen, müsste das Handeln des Mitgliedstaats kausal der Union entspringen und somit das Handeln des Mitgliedstaats bestimmen oder beeinflussen. Daraus könne sodann eine Präsenz des Rechts der Union abgeleitet werden, die nachhaltig genug ist, um eine Prüfung durch den EuGH zu rechtfertigen.[329] Das Aufeinandertreffen von innerstaatlicher und unionaler Materie dürfe sich nicht lediglich im Sinne einer „occasio" darstellen. Es bedürfe vielmehr einer „causa", die im Einzelfall und in Abhängigkeit vom betroffenen Grundrecht der Union zu determinieren sei.[330] Nur eine „causa" würde sich als Durchführung von Unionsrecht im Sinne des Art. 51 Abs. 1 Satz 1 GrCh darstellen. Das Problem der gegen Herrn Åkerberg Fransson erhobenen Doppelsanktionen im schwedischen Recht stelle indes „ein allgemeines Problem der Architektur seines Sanktionsrechts, das als solches völlig unabhängig von der Mehrwertsteuererhebung besteht", dar. Die Materien seien somit lediglich im Sinne einer „occasio" miteinander verbunden. Eine Verlagerung der Verantwortlichkeit für die Gewährleistung der Grundrechte auf die Union erscheine daher „unverhältnismäßig"[331]. Im Ergebnis stufte der Generalanwalt den Fall nicht als Durchführung von Unionsrecht im Sinne des Art. 51 Abs. 1 Satz 1 GrCh ein und empfahl dem EuGH, sich für unzuständig zu erklären.[332]

d) Die Zulässigkeit der Vorlagefrage gemäß EuGH

Die Spannung dieses Vorabentscheidungsersuchens wurde dadurch gesteigert, dass schriftliche Erklärungen aus Schweden, den Niederlanden, Dänemark, Tschechien, Österreich und Irland sowie von der Europäischen Kommission abgegeben wurden. Zusätzlich hierzu hatten einige der zuvor Genannten sowie Vertreter aus Deutschland, Griechenland und Frankreich im Rahmen der mündlichen Verhandlung Ausführungen gemacht. Mit Ausnahme Österreichs und Griechenlands sahen alle weiteren schriftlichen und mündlichen

---

329 EuGH, Schlussantr. GA *Cruz Villalón* v. 12.06.2012, Rs. C-617/10, *Åkerberg Fransson*, ECLI:EU:C:2012:340, Rn. 27, 33.

330 EuGH, Schlussantr. GA *Cruz Villalón* v. 12.06.2012, Rs. C-617/10, *Åkerberg Fransson*, ECLI:EU:C:2012:340, Rn. 46, 57, 61.

331 EuGH, Schlussantr. GA *Cruz Villalón* v. 12.06.2012, Rs. C-617/10, *Åkerberg Fransson*, ECLI:EU:C:2012:340, Rn. 61. In Rn. 63 nennt GA *Cruz Villalón* die Verlagerung der Verantwortlichkeit gar „gefährlich", ohne dies jedoch näher zu begründen.

332 EuGH, Schlussantr. GA *Cruz Villalón* v. 12.06.2012, Rs. C-617/10, *Åkerberg Fransson*, ECLI:EU:C:2012:340, Rn. 64.

Stellungnahmen den EuGH als in der Sache nicht zuständig.[333] Zudem wurde die Rechtssache durch die Große Kammer des EuGH entschieden, was für eine allgemeine Geltung der getroffenen Aussagen spricht.

Die Große Kammer des EuGH erteilte dem Vorschlag der Regel-Ausnahme-Beziehung eine Absage. Die Klarheit dieser Absage wird dadurch verdeutlicht, dass das dargestellte Urteil die detaillierten Ausführungen des Generalanwalts an keiner Stelle erwähnt[334], obwohl einige Staaten und die Kommission ebenfalls eine Zuständigkeit des EuGH verneinten. Die ablehnenden Stellungnahmen einzelner Mitgliedstaaten führt das Gericht einleitend auf, um anschließend daran zu erinnern, dass die Chartagrundrechte für Mitgliedstaaten nur im Rahmen des Art. 51 Abs. 1 GrCh gelten[335] und nach ständiger Rechtsprechung zu überprüfen sei, ob die rechtliche Situation vom Unionsrecht erfasst werde. Diesbezüglich stellt das Gericht fest, sowohl die Zuschläge als auch das eingeleitete Strafverfahren stünden teilweise im Zusammenhang mit der Nichteinhaltung von Mitteilungspflichten auf dem Gebiet der Mehrwertsteuer.[336] Zur Begründung dessen greift das Gericht die die Mitgliedstaaten treffenden Verpflichtungen zum Erlass geeigneter Vorschriften zur Sicherstellung des Mehrwertsteuervollzugs und zur Betrugsbekämpfung gemäß Art. 2, 250 Abs. 1 und 273 MwStSystRL auf. Ergänzend wird auf die allgemeine Pflicht zur Unionstreue nach Art. 4 Abs. 3 EUV und ein darauf fußendes Vertragsverletzungsverfahren gegen Italien wegen zu nachgiebiger Kontrolle von Umsatzsteuererklärungen verwiesen.[337] Letztlich stützt sich das Gericht noch auf die allgemeine Pflicht des Art. 325 AEUV, wonach Mitgliedstaaten zur Bekämpfung von Betrug, der sich gegen finanzielle Interessen der Union richtet, verpflichtet sind. Bemerkenswert ist die anschließende

---

333 EuGH, Schlussantr. GA *Cruz Villalón* v. 12.06.2012, Rs. C-617/10, *Åkerberg Fransson*, ECLI:EU:C:2012:340, Rn. 20 ff.

334 Explizit auf das Fehlen einer Auseinandersetzung mit den Ausführungen des Generalanwalts verweisen allerdings ohne weitere Interpretation *Kingreen*, EuR 2013, 446 und *Weiß, W.*, EuZW 2013, 287 (288) sowie *Rabe*, NJW 2013, 1407. *Bucher* sieht die Entscheidung „in krassem Widerspruch“ zu den Schlussanträgen, in: ZEuS 2016, 203 (217).

335 EuGH, Urt. v. 26.02.2013, Rs. C-617/10, *Åkerberg Fransson*, ECLI:EU:C:2013:105 = UR 2014, 27, Rn. 16 ff.

336 EuGH, Urt. v. 26.02.2013, Rs. C-617/10, *Åkerberg Fransson*, ECLI:EU:C:2013:105 = UR 2014, 27, Rn. 24.

337 EuGH, Urt. v. 26.02.2013, Rs. C-617/10, *Åkerberg Fransson*, ECLI:EU:C:2013:105 = UR 2014, 27, Rn. 25 mit Verweis auf Urt. v. 17.07.2008, Rs. C-132/06, *KOM/Italien*, Slg. 2008, I-5427, Rn. 37, 46.

Verknüpfung des Gerichts von Betrugsvermeidungspflicht und Mehrwertsteuererhebung. Der EuGH stellt hierzu fest:

> *„Da die Eigenmittel der Union […] u. a. die Einnahmen umfassen, die sich aus der Anwendung eines einheitlichen Satzes auf die nach den Unionsvorschriften bestimmte einheitliche Mehrwertsteuer-Eigenmittel-bemessungsgrundlage ergeben, besteht ein unmittelbarer Zusammenhang zwischen der Erhebung der Mehrwertsteuereinnahmen unter Beachtung des einschlägigen Unionsrechts und der Zurverfügungstellung entsprechender Mehrwertsteuermittel für den Haushalt der Union, da jedes Versäumnis bei der Erhebung Ersterer potenziell zu einer Verringerung Letzterer führt […].“*[338]

Steuerliche Sanktionen und ein Strafverfahren wegen Steuerhinterziehung erfolgten nach Auffassung des Gerichts in Ausübung der Mehrwertsteuer-Systemrichtlinie sowie des AEUV und seien daher als Durchführung von Unionsrecht i. S. d. Art. 51 Abs. 1 GrCh anzusehen.[339] Dies mag auf den ersten Blick vor allem deswegen verwundern, weil die entsprechenden nationalen Vorschriften nicht explizit zur Umsetzung dieser Normen des Unionsrechts erlassen wurden. Im Hinblick darauf stellten die Richter klar, dass dies das Ergebnis nicht in Frage stellen könne, weil „durch ihre Anwendung ein Verstoß gegen die Bestimmungen dieser Richtlinie geahndet und damit die den Mitgliedstaaten durch den Vertrag auferlegte Verpflichtung […] erfüllt werden soll“[340].

Im Ergebnis ist nach Ansicht des EuGH keine Konstellation denkbar, in der Mitgliedstaaten im Umsatzsteuerrecht nicht Unionsrecht „durchführen“. Die mitgliedstaatliche Erhebung der Umsatzsteuer ist verpflichtend. Mitgliedstaaten können nicht auf die Erhebung von Umsatzsteuer verzichten.[341] Darüber hinaus dient die Umsatzsteuer auch dem Haushalt der Europäischen Union, der sich u. a. durch die Eigenmittel der Umsatzsteuer speist. Die Vorschiften zum Schutz des Mehrwertsteueraufkommens sind zudem europarechtlich geregelt. Zwischen den nationalen Umsatzsteuervorschriften und dem Europarecht besteht demnach stets eine Verknüpfung, die nach Auffassung des EuGH ausreicht, um die Mitgliedstaaten Unionsrecht „durchführen“ zu lassen.

---

338 EuGH, Urt. v. 26.02.2013, Rs. C-617/10, *Åkerberg Fransson*, ECLI:EU:C:2013:105 = UR 2014, 27, Rn. 26.

339 EuGH, Urt. v. 26.02.2013, Rs. C-617/10, *Åkerberg Fransson*, ECLI:EU:C:2013:105 = UR 2014, 27, Rn. 27.

340 EuGH, Urt. v. 26.02.2013, Rs. C-617/10, *Åkerberg Fransson*, ECLI:EU:C:2013:105 = UR 2014, 27, Rn. 28.

341 *Dobratz*, UR 2014, 425 (426).

e) Kritik

Die extensive Auslegung des Anwendungsbereichs des Unionsrechts durch den EuGH fand ein großes Echo und ist nicht zuletzt aufgrund der dogmatischen Herleitung kritisiert worden.[342]

Zunächst dient die Umsatzsteuer nur als eine von mehreren Stützen dem Haushalt der Europäischen Union. Der EU-Haushalt finanziert sich derzeit zu rund 15 %[343] aus Mehrwertsteuereinnahmen. Dieser Anteil erscheint vor dem Hintergrund eines weitreichenden Zuständigkeitsanspruchs des EuGH als „Hüter der Eigenmittel"[344] gering. Darüber hinaus verfügt die Union über keine autonome Steuerhoheit. Die Dogmatik der Entscheidung widerspricht somit der geltenden Auffassung der Mitgliedstaaten, der Union erst nach institutionellen Veränderungen eine Ertragshoheit beizumessen.[345]

Safferling sieht in der Argumentation des EuGH einen Vorstoß zur Vereinfachung und Vereinheitlichung. Die Dogmatik des Zusammenhangs zwischen nationalem Recht und Unionsrecht sei jedoch „eher konstruiert und beruht auf einer völligen Entformalisierung der Frage der ‚Durchführung von Unionsrecht'"[346]. Diese extensive Auslegung richte sich gegen das Subsidiaritätsprinzip des Art. 5 Abs. 3 EUV, wonach die Union nur in solchen nicht in ihre ausschließliche Zuständigkeit fallenden Bereichen tätig wird, wenn die Mitgliedstaaten die Ziele der in Betracht kommenden Maßnahmen nicht verwirklichen können.[347] Vor dem Hintergrund der zahlreichen weiteren Verordnungen und Richtlinien wie etwa im Bereich des Lebensmittel- und Umweltrechts, die ebenfalls Sanktionen durch die Mitgliedstaaten bei Rechtsverstößen vorsehen, handle es sich

342 Vgl. *Franzius*, ZaöRV 2015, 383; *Dobratz*, UR 2014, 425; *Widmann*, UR 2014, 5; *Hahn*, BB 2014, 23; *Safferling*, NStZ 2014, 545; *Thym*, NVwZ 2013, 889; *Winter, R.*, NZA 2013, 473; *Rabe*, NJW 2013, 1407; *Gstrein/Zeitzmann*, ZEuS 2013, 239; *Reich*, Plötzlich ein Zuviel an Grundrechtskontrolle, Frankfurter Allgemeine Zeitung v. 19.03.2013; *Cremer*, Europa-Richter müssen auch nationales Recht an EU-Grundrechten, Frankfurter Allgemeine Zeitung v. 06.03.2013, 19; *Kubicki*, Aktueller Begriff – Europa, Wissenschaftlicher Dienst des Deutschen Bundestags – Fachbereich Europa Nr. 02/2013 v. 19.03.2013, online abrufbar unter: http://www.bundestag.de/blob/194076/93a2329b98d1b1201c3f816565cdb870/bindung_der_mitgliedstaaten_an_eu-grundrechte_und_eugh-data.pdf.

343 *von Streit/Streit*, UStB 2017, 174 (182).

344 *von Streit/Streit*, UStB 2017, 174 (182).

345 *Engler*, Steuerverfassungsrecht im Mehrebenensystem, 32 ff., 87.

346 *Safferling*, NStZ 2014, 545 (548).

347 *Safferling*, NStZ 2014, 545 (548); *Eckstein*, ZIS 2013, 220 (224).

bei der dogmatischen Heranziehung von Art. 325 AEUV um eine „wohl eher schwache Begründung“[348].

Widmann hält dem EuGH entgegen, er vergröbere die Zusammenhänge, weil sich die in den EU-Haushalt einfließenden Eigenmittel der Umsatzsteuer nicht nach dem tatsächlichen Steueraufkommen richteten.[349] Mit Rücksicht auf die unterschiedlichen Steuersätze sei jedoch die harmonisierte steuerpflichtige Bemessungsgrundlage maßgeblich. Da es im Urteilsfall nicht final zu einem Steuerschaden für den Fiskus gekommen sei, handele es sich lediglich „beinahe“ um eine Gefährdung der Eigenmittel.

f) Schlussfolgerung

Bei aller Kritik an der Dogmatik der Entscheidung muss konstatiert werden, dass der EuGH verdeutlicht, er werde auch nach Inkrafttreten der Charta keinesfalls hinter die *ERT*-Grundsätze zurücktreten. Die Entscheidung steht somit in keinem Widerspruch zu vorherigen Äußerungen des Gerichts, der grundrechtlichen Entstehungsgeschichte oder zu Bestimmungen der Charta.[350] Träte der EuGH hinter die Grundsätze des ungeschriebenen Grundrechtsschutzes zurück, wäre dies vor dem Hintergrund verwunderlich, dass sich auch Art. 52 Abs. 4 GrCh gegen eine Einschränkung vorvertraglich entwickelten Grundrechtsschutzes ausspricht.[351]

Mit der Rechtssache *Åkerberg Fransson* nimmt der EuGH des Weiteren implizit Stellung zur Geltung der Grundrechtecharta im Bereich der Umsetzungswahlrechte und -spielräume, die den Mitgliedstaaten eingeräumt werden. Wenn bereits nicht harmonisierte Vorschriften des nationalen Straf- und Verfahrensrechts „Durchführung des Rechts der Union“ darstellen, kann für Vorschriften des nationalen Umsatzsteuerrechts nichts anderes gelten. Jegliche Vorschriften des nationalen Umsatzsteuergesetzes unterliegen nach Auffassung des EuGH mit Rücksicht auf die unionsrechtlich determinierte Pflicht zur Erhebung von Umsatzsteuer dem Grundrechtsschutz der Charta.[352]

---

348 *Rabe*, NJW 2013, 1407 (1408).

349 Hierzu sowie im Folgenden: *Widmann*, UR 2014, 5 (6).

350 *Ohlendorf*, Grundrechte als Maßstab des Steuerrechts in der EU, 73; *Latzel*, EuZW 2015, 658 (659); *Franzius*, ZaöRV 2015, 383 (391, 393); *Dobratz*, UR 2014, 425; *Bucher*, ZEuS 2016, 203 (220); *Kingreen*, EuR 2013, 446 (450); *Weiß, W.*, EuZW 2013, 287 (289); *Thym*, NVwZ 2013, 889 (891); *Rabe*, NJW 2013, 1407 (1408).

351 *Weiß, W.*, EuZW 2013, 287 (288 f.).

352 *Engler*, Steuerverfassungsrecht im Mehrebenensystem, 88; *Dobratz*, UR 2014, 425 (426).

5. *Die* Åkerberg-Fransson-*Entscheidung im Kontext der sonstigen EuGH-Rechtsprechung*

a) Notwendigkeit der Einordnung in den Rechtsprechungsbestand

Es ist bedeutsam, wie sich die *Åkerberg-Fransson*-Entscheidung in die weitere EuGH-Rechtsprechung einbettet. Nur wenn sich ihr Ergebnis widerspruchsfrei in den übrigen Rechtsprechungsfundus einreiht, kann die künftige Analyse auf den gewonnenen Erkenntnissen aufbauen. Um für den weiteren Gang der Untersuchung eine gesicherte Anwendbarkeit der Unionsgrundrechte für den gesamten Bereich der Mehrwertsteuer voraussetzen zu können, muss die EuGH-Rechtsprechung daher zunächst kategorisiert werden.[353] Anschließend ist die *Åkerberg-Fransson*-Entscheidung in diesem Kontext zu bewerten.

b) Kategorisierung der Rechtsprechung

Bei zwingend umzusetzenden Richtlinienbestimmungen kann die Eröffnung des Anwendungsbereichs der Charta unstreitig vorausgesetzt werden. Besonders eindringlich ist die Frage nach dem Zusammenhang zwischen nationalem und Unionsrecht jedoch bei Ermessensspielräumen. Aus der EuGH-Rechtsprechung sind diesbezüglich zwei unterschiedliche Kategorien abzuleiten. Zur Unterscheidung dieser beiden Kategorien sind zunächst die materiellen Hintergründe verschiedener Ermessensspielräume zu unterscheiden.

Zum einen existieren Unionsvorgaben etwa in Form von Richtlinien, deren Bestimmungen den Mitgliedstaaten weitergehende Schutzrechte zugestehen. Diese Richtlinien zielen darauf ab, einen Mindeststandard zu wahren, ohne eine Vollharmonisierung herbeizuführen.[354] Bei diesen Klauseln handelt es sich um den Mitgliedstaaten rein deklaratorisch zugewiesene, originär mitgliedstaatliche Rechte. Mangels angestrebter Vollharmonisierung führen die Mitgliedstaaten mit schutzverstärkenden nationalen Regelungen die Richtlinie nicht aus. Folglich ist der Anwendungsbereich der Unionsgrundrechte nicht eröffnet. Mitgliedstaaten bewegen sich dann nur auf benachbarten Gebieten, die den Vorrang, die Einheit und die Wirksamkeit des Unionsrechts nicht beeinträchtigen, weil lediglich auf einen Mindeststandard abgezielt wird.

In Abgrenzung hierzu sind Umsetzungsspielräume zu nennen, die in unionsrechtlich harmonisierten Rechtsgebieten eingeräumt werden.

353 Die Kategorisierung erfolgt in Anlehnung an *Bucher*, ZEuS 2016, 203 (227); *Thym*, DÖV 2014, 941.

354 *Bucher*, ZEuS 2016, 203 (229).

Handlungsspielräume in derartigen Konstellationen fügen sich in ein vollkommenes System ein, das mehr regelt als einen bloßen Mindeststandard. In diesen Bereichen sind Ermessensspielräume keine deklaratorische Anerkennung originär mitgliedstaatlicher Kompetenzen. Sie sind stattdessen als Ermächtigung auf unionsrechtlicher Grundlage zu verstehen.[355] Die Mitgliedstaaten sind bei der Wahrnehmung der Spielräume nicht gänzlich frei, weil das Unionsrecht Harmonisierungsziele und damit ein Ergebnis vorgibt, dem der nationale Umsetzungsrechtsakt entsprechen muss. Der Anwendungsbereich der Charta ist somit aus den primärrechtlichen oder sekundärrechtlichen Zielvorgaben abzuleiten. Mitgliedstaaten bewegen sich in diesen Fällen nicht nur auf benachbarten Gebieten, wodurch in diesen Bereichen divergierende nationale Schutzstandards den Vorrang, die Einheit und die Wirksamkeit des Unionsrechts beeinträchtigen können.

Eng mit der vorweg genannten Fallgruppe verwandt sind jene Fälle, in denen ein loser Zusammenhang mit Unionsrecht besteht, etwa weil die Union auf dem Gebiet gewisse Regelungen getroffen hat, hierzu jedoch konkrete im Unionsrecht verankerte Pflichten hinzukommen, die auf das nationale Recht ausstrahlen. Die fragliche nationale Norm ist in diesen Fällen nicht zwecks Umsetzung unionaler Vorgaben erlassen worden. Der Anwendungsbereich der Charta kann dennoch durch die unmittelbar aus dem Unionsrecht ableitbaren Rechte eröffnet werden. Derartige Ansprüche sind etwa der unionale Staatshaftungsanspruch[356] oder das in einer Richtlinie verankerte Recht auf Einholung eines Gegengutachtens[357]. Durch derartige primärrechtliche Vorgaben wird die Verfahrensautonomie der Mitgliedstaaten eingeschränkt.

In weiteren Konstellationen wird ein hinreichender Zusammenhang von einem gewissen Grad gefordert. Dieser wertende Vergleich ist wenig präzisiert und bedient sich eines Kriterienbündels.[358] Diese Kategorie erfasst jene Fälle, in denen eine nationale Norm einen Bereich regelt, in dem auch die Union über Zuständigkeiten verfügt und gewisse Regelungen getroffen hat, ohne dass die nationale Norm durch das Unionsrecht determiniert wäre. In diesen Konstellationen prüft der EuGH, ob eine Durchführung angestrebt wird, welchen Charakter die Norm besitzt, ob Zielkonformität mit Unionsrecht vorherrscht, selbst wenn Unionsrecht mittelbar beeinflusst wird, und ob eine bereichsspezifische

---

355 *Bucher*, ZEuS 2016, 203 (227, 229 f.).

356 EuGH, Urt. v. 10.04.2003, Rs. C-276/01, *Steffensen*, Slg. 2003, I-3735.

357 EuGH, Urt. v. 22.12.2010, Rs. C-279/09, *DEB*, Slg. 2010, I-13880.

358 *Bucher*, ZEuS 2016, 203 (230).

Unionsregelung besteht.[359] Eine Gewichtung innerhalb dieses Kriterienbündels gibt der EuGH bislang nicht vor.

Die dargestellte Rechtsprechung des EuGH zeigt im Ergebnis, dass unterschiedliche Kriterien für die Prüfung des Anwendungsbereichs der Charta herangezogen werden, je nachdem, welcher materielle Bezug zum Unionsrecht im konkreten Urteilsfall vorliegt. Die Rechtsprechungskategorisierung zur Abgrenzung des Anwendungsbereichs der Charta der Grundrechte ist vereinfacht folgendem Prüfungsschema zu entnehmen:

359 *Bucher*, ZEuS 2016, 203 (230) unter Hinweis auf die Prüfung des geforderten hinreichenden Zusammenhangs von gewissem Grad in der EuGH-Rechtssache *Siragusa*.

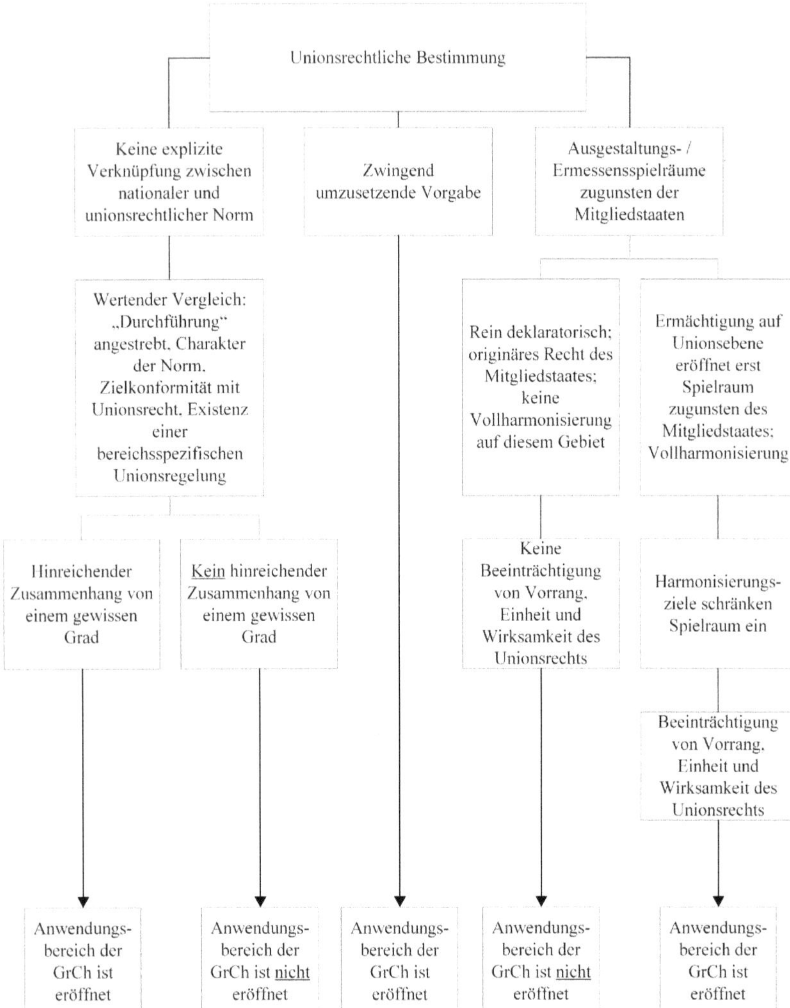

Abb. 1: *Übersicht zum Anwendungsbereich der Grundrechtecharta nach der EuGH-Rechtsprechung*

c) Einordnung der Åkerberg-Fransson-*Entscheidung*

Die Einordnung der *Åkerberg-Fransson*-Entscheidung in eine der Rechtsprechungskategorien kann durch eine Untersuchung der Prüfungskriterien erfolgen.

Zunächst wird auf generelle Mitteilungspflichten auf dem Gebiet der Mehrwertsteuer verwiesen.[360] Ferner zieht der EuGH die Verpflichtung zum Erlass geeigneter Vorschriften zur Sicherstellung des Mehrwertsteuervollzugs und zur Betrugsbekämpfung heran, um den Anwendungsbereich der Charta zu prüfen.[361] Das auf der im Raum stehenden Mehrwertsteuerhinterziehung basierende Strafverfahren sowie die steuerlichen Sanktionen werden folglich an der Charta gemessen.

Der Urteilsfall reiht sich somit in die bereits bestehenden Rechtsprechungsgrundsätze des EuGH ein:[362] Der Verweis auf die generellen Mitteilungspflichten begründet den im ersten Schritt geforderten losen Zusammenhang mit dem Unionsrecht. Anschließend werden im zweiten Schritt konkrete unionsrechtliche Normen herangezogen, aus denen mitgliedstaatliche Verpflichtungen resultieren. Ob die diesen unionsrechtlichen Verpflichtungen unterliegenden nationalen Normen verfahrensrechtlicher Natur sind, ist irrelevant und hinderte den EuGH bereits in vor der *Åkerberg-Fransson*-Entscheidung ergangenen Urteilen nicht daran, entsprechende Normen in den Anwendungsbereich des Unionsrechts zu fassen.

Die um die Entscheidung entstandene Diskussion[363] zeigt auf, wie bedeutsam eine Kategorisierung der Rechtsprechung des EuGH zur Prüfung der Durchführung von Unionsrecht ist. Freilich vermittelt der Verweis auf bloße Mitteilungspflichten auf dem Gebiet der Mehrwertsteuer in der *Åkerberg-Fransson*-Entscheidung lediglich einen losen Zusammenhang zwischen nationalem Recht und Unionsrecht, was wie dargestellt der Kritik im Schrifttum ausgesetzt war.[364] Dem Urteilsfall in der Rechtssache *Åkerberg Fransson* lag jedoch keine Konstellation zugrunde, die zu einer Prüfung anhand eben dieses Kriterienbündels geführt hätte. In Fallkonstellationen, die tatsächlich zur Anwendung des Kriterienbündels führen, hätte dieser lose Zusammenhang jedoch alleine auch nicht zu einem hinreichenden Zusammenhang von einem

---

360 EuGH, Urt. v. 26.02.2013, Rs. C-617/10, *Åkerberg Fransson*, ECLI:EU:C:2013:105 = UR 2014, 27, Rn. 24.

361 EuGH, Urt. v. 26.02.2013, Rs. C-617/10, *Åkerberg Fransson*, ECLI:EU:C:2013:105 = UR 2014, 27, Rn. 25 mit Verweis auf Urt. v. 17.07.2008, Rs. C-132/06, *KOM/Italien*, Slg. 2008, I-5427, Rn. 37, 46.

362 Vgl. nur EuGH, Urt. v. 22.12.2010, Rs. C-279/09, *DEB*, Slg. 2010, I-13880; v. 10.04.2003, Rs. C-276/01, *Steffensen*, Slg. 2003, I-3735; v. 19.11.1998, Rs. C-85/97, *SFI*, Slg. 1998, I-7447.

363 Vgl. hierzu die Ausführungen in Kapitel 3. B. IV. 4. a) dieser Arbeit.

364 Vgl. hierzu die Ausführungen in Kapitel 2. B. II. 4. e) dieser Arbeit.

gewissen Grad geführt. Die Begründung eines losen Zusammenhangs ist wie dargestellt lediglich der erste Prüfungsschritt. Es darf keinesfalls verkannt werden, dass der EuGH in einem zweiten Prüfungsschritt konkrete unionsrechtliche Normen heranzieht, aus denen mitgliedstaatliche Verpflichtungen resultieren müssen, um den Anwendungsbereich der Charta zu eröffnen.[365] In der *Åkerberg-Fransson*-Entscheidung wurde diesbezüglich Art. 325 AEUV herangezogen. Dies zeigt, dass die Kategorien keinesfalls vermischt werden dürfen, weil ansonsten die Gefahr besteht, die Kriterien zur Bestimmung des Anwendungsbereichs der Charta fehlzuinterpretieren.

Die Kategorisierung ist darüber hinaus notwendig, um die unterschiedliche Vorgehensweise des EuGH zu verstehen. Gleichzeitig zeigt sich in ihrer Notwendigkeit allerdings auch das gegenwärtige Problem: Bislang ist es dem EuGH noch nicht gelungen, eine allgemein gültige Formel zur Bestimmung des Anwendungsbereichs der Charta zu entwickeln. Infolgedessen torpediert die daraus entstandene Rechtsunsicherheit die Ziele der Grundrechtecharta, den bereits geltenden Grundrechtsschutz zu stärken.[366]

Zu beachten ist ferner, dass die *Åkerberg-Fransson*-Entscheidung lediglich explizit zu nicht harmonisierten Vorschriften des nationalen Straf- und Verfahrensrechts ergangen ist. Aus ihr kann nicht abgeleitet werden, dass das gesamte Mehrwertsteuerrecht aufgrund der Mitteilungspflichten dem Unionsrecht unterfällt. Hierfür ist wiederum eine Betrachtung der materiellen Grundlagen notwendig: Aufgrund der primärrechtlichen Vorgaben zur Mehrwertsteuererhebung, der Harmonisierungspflicht nach Art. 113 AEUV und der in den Erwägungsgründen zur Mehrwertsteuer-Systemrichtlinie explizit genannten Ziele haben sämtliche nationale Umsatzsteuervorschriften einen Bezug zum Unionsrecht. Durch die angestrebte Vollharmonisierung gilt dies ebenfalls für Bereiche, in denen den Mitgliedstaaten Umsetzungsspielräume gewährt werden.[367] Divergierende nationale Schutzstandards könnten den Vorrang, die Einheit und die Wirksamkeit des Unionsrechts beeinträchtigen. Die Vorgaben zum materiellen Mehrwertsteuerrecht führen demzufolge dazu, dass sich der Anwendungsbereich der Charta für materielle nationale Umsetzungsrechtsakte nach anderen Kriterien bemisst als für nationales Straf- und Verfahrensrecht mit Bezug zum

---

365 *Bucher*, ZEuS 2016, 203 (228).

366 Charta der Grundrechte der Europäischen Union, ABl. EU 2010 Nr. C 83/389 (391). Vgl. hierzu die Ausführungen in Kapitel 2. A. III. 4. dieser Arbeit.

367 *Kofler*, DStJG 41 (2018), 125 (159 f.); *Kokott/Dobratz*, in: Schön/Heber, Grundfragen, 25 (27).

Mehrwertsteuerrecht. Die zum Bereich des Vorsteuerabzugs – für den einige Umsetzungsspielräume existieren – ergangene Rechtsprechung des EuGH deckt sich insofern mit Entscheidungen zu anderen vollkommen unionsrechtlich determinierten Bereichen wie dem Gemeinsamen Europäischen Asylsystem[368].

Im Ergebnis ist keine Vorschrift mit Bezug zum Mehrwertsteuerrecht denkbar, bei der die Mitgliedstaaten nicht Unionsrecht „durchführen". Die „Durchführung" ist jedoch in verschiedenen Bereichen des Mehrwertsteuerrechts anhand unterschiedlicher Kriterien herzuleiten. Von einer Ausweitung des Anwendungsbereichs der Charta durch die *Åkerberg-Fransson*-Entscheidung kann daher im Ergebnis keine Rede sein.

6. *Abmilderungskurs des EuGH?*

a) *Überblick über die EuGH-Rechtsprechung nach* Åkerberg Fransson

Die extensive Auslegung des Anwendungsbereichs der Charta wurde teilweise als Ausweitung der Prüfungsbereitschaft des EuGH bzw. gar als gegen das Subsidiaritätsprinzip des Art. 5 Abs. 3 AEUV gerichtet verstanden.[369] Diese Ansichten mögen anderen Teilen der Literatur wiederum „überraschend" erscheinen.[370] Es ist jedoch nicht von der Hand zu weisen, dass der EuGH mit der Entscheidung in der Rechtssache *Åkerberg Fransson* einen dogmatischen Vorstoß gewagt hat, der die Fachliteratur zur Verwendung von teils „martialischem Vokabular"[371] wie „einer unverhohlenen Drohung"[372], „(potenzielle) Kriegserklärung"[373], „die „Keule" des Art. 4 Abs. 3 EUV"[374], „großes Tor aufgemacht"[375], „Richterkrieg"[376] oder „Unruhe verbreitet"[377] veranlasst hat. Ein sprachliches Echo dieser Art zeugt von der besonderen Bedeutung der Entscheidung.

---

368 EuGH, Beschl. v. 16.05.2011, Rs. C-411/10 u. a., *N.S u. a.*, Slg. 2011, I-13991.

369 *Widmann*, UR 2014, 5 (6); *Hahn*, BB 2014, 23 (25).

370 *Dobratz*, UR 2014, 425 mit Verweis auf das „Unbehagen" von *Widmann*, in: UR 2014, 5.

371 *Lenaerts*, EuR 2015, 3; *Voßkuhle*, Verfassungsgerichtsbarkeit und europäische Integration, Festvortrag anlässlich des Festaktes zum Österreichischen Verfassungstag am 1. Oktober 2012, Pkt. B. III. 1., im Internet abrufbar unter: http://www.vfgh.gv.at/downloads/verfassungs gerichtsbarkeit_und_europaeische_integration_(hup.pdf.

372 *Thym*, NVwZ 2013, 889 (890).

373 *Thym*, NVwZ 2013, 889 (891).

374 *Widmann*, UR 2014, 5 (6).

375 *Widmann*, UR 2014, 5 (8).

376 *Gstrein/Zeitzmann*, ZEuS 2013, 239 (254).

377 *Rabe*, NJW 2013, 1407.

Es mag diesem Echo zuzuschreiben sein, dass der EuGH in neueren Entscheidungen mehrfach die „Durchführung" von Unionsrecht dogmatisch präzisiert[378] hat, wenngleich sich diese Rechtssachen nicht auf dem Gebiet der Mehrwertsteuer abgespielt haben. Mitunter wird die Ansicht vertreten, der Anwendungsbereich der Grundrechtecharta sei nunmehr strenger definiert.[379]

Zuletzt wurde gar die Direktion Wissenschaftlicher Dienst und Dokumentation des EuGH bemüht, mit einer Thematischen Übersicht „zum Anwendungsbereich der Charta der Grundrechte der Europäischen Union"[380] Unklarheiten entgegenzuwirken. Im Folgenden wird daher untersucht, ob die nach der *Åkerberg-Fransson*-Entscheidung ergangene Rechtsprechung des EuGH zu einer abweichenden Beurteilung der Grundrechtsbindung im Bereich der Umsatzsteuer führt.

b) Die EuGH-Rechtsprechung im Einzelnen

aa) EuGH Siragusa

In der Rechtssache *Siragusa*[381] urteilte der EuGH über die Frage, inwiefern eine Abrissverfügung für ungenehmigte Bauten innerhalb eines Landschaftsschutzgebietes gegen das Eigentumsrecht nach Art. 17 GrCh und den Verhältnismäßigkeitsgrundsatz verstößt.

Der EuGH stellte zunächst hinsichtlich des Anwendungsbereichs fest, es sei „jedoch auch zu bedenken, dass der Begriff der „Durchführung des Rechts der Union" iSv Art. 51 der Charta einen hinreichenden Zusammenhang von einem gewissen Grad verlangt, der darüber hinausgeht, dass die fraglichen Sachbereiche benachbart sind oder der eine von ihnen mittelbare Auswirkungen auf den anderen haben kann"[382].

Zur Feststellung eines ausreichenden Zusammenhangs müsse geprüft werden, ob mit der nationalen Regelung die Durchführung einer Bestimmung des

---

378 *Gundel*, EuR 2016, 176 (177).

379 *Ohlendorf*, Grundrechte als Maßstab des Steuerrechts in der EU, 73.

380 EuGH, Direktion Wissenschaftlicher Dienst und Dokumentation des EuGH, Thematische Übersicht – Anwendungsbereich der Charta der Grundrechte der Europäischen Union, online abrufbar unter: http://curia.europa.eu/jcms/ upload/docs/application/pdf/2018-05/fiche_thematique_-_charte_-_de.pdf.

381 EuGH, Urt. v. 06.03.2014, Rs. C-206/13, *Siragusa*, ECLI:EU:C:2014:126 = NVwZ 201 4, 575.

382 EuGH, Urt. v. 06.03.2014, Rs. C-206/13, *Siragusa*, ECLI:EU: C:2014:126 = NVwZ 20 14, 575, Rn. 24.

Unionsrechts bezweckt werde, welchen Charakter die Norm habe und ob ihre Ziele mit denen des Unionsrechts übereinstimmten.[383] Keine Bindung an die Unionsgrundrechte bestehe, „wenn die unionsrechtlichen Vorschriften in dem betreffenden Sachbereich keine Verpflichtungen der Mitgliedstaaten im Hinblick auf den im Ausgangsverfahren fraglichen Sachverhalt schaffen“[384]. Da die Unionsrichtlinie den Mitgliedstaaten weder entsprechende Verpflichtungen auferlege noch die Maßnahmen den mit der Richtlinie verfolgten Zielen entsprachen, wurde eine Durchführung von Unionsrecht schließlich verneint.[385] Unter Verweis auf die Rechtssache *Annibaldi* reiche es nicht aus, „dass ein nationales Gesetz das Funktionieren einer gemeinsamen Agrarmarktorganisation mittelbar beeinflussen kann“[386].

In einem *obiter dictum* verdeutlichte der EuGH seine Auffassung hinsichtlich Sinn und Zweck der Charta-Anwendung.[387] Es besteht demnach keine Notwendigkeit für unionsrechtlichen Grundrechtsschutz, wenn durch unterschiedlichen nationalen Grundrechtsschutz Vorrang, Einheit und Wirksamkeit des Unionsrechts nicht gefährdet sind.[388] Eine solche Notwendigkeit erblickte der EuGH indes nicht. Zu demselben Schluss gelangte das Gericht für den Grundsatz der Verhältnismäßigkeit.[389]

bb) EuGH Hernández

In der Rechtssache *Hernández*[390] präzisiert der EuGH die Voraussetzungen einer sachbereichsspezifischen Verpflichtung der Mitgliedstaaten. Demnach „kann allein der Umstand, dass eine nationale Maßnahme in einen Bereich fällt, in

---

383 EuGH, Urt. v. 06.03.2014, Rs. C-206/13, *Siragusa*, ECLI:EU: C:2014:126 = NVwZ 2014, 575, Rn. 25.

384 EuGH, Urt. v. 06.03.2014, Rs. C-206/13, *Siragusa*, ECLI:EU: C:2014:126 = NVwZ 2014, 575, Rn. 26.

385 EuGH, Urt. v. 06.03.2014, Rs. C-206/13, *Siragusa*, ECLI:EU: C:2014:126 = NVwZ 2014, 575, Rn. 27 ff.

386 EuGH, Urt. v. 06.03.2014, Rs. C-206/13, *Siragusa*, ECLI:EU: C:2014:126 = NVwZ 2014, 575, Rn. 29.

387 *Bucher*, ZEuS 2016, 203 (222).

388 EuGH, Urt. v. 06.03.2014, Rs. C-206/13, *Siragusa*, ECLI:EU: C:2014:126 = NVwZ 2014, 575, Rn. 32 f.

389 EuGH, Urt. v. 06.03.2014, Rs. C-206/13, *Siragusa*, ECLI:EU:C:2014:126 = NVwZ 2014, 575, Rn. 34.

390 EuGH, Urt. v. 10.07.2014, Rs. C-198/13, *Hernández*, ECLI:EU:C:2014:2055 = EuZW 2014, 795 m. Anm. *Pötters*.

dem die Union über Zuständigkeiten verfügt, sie nicht in den Geltungsbereich des Unionsrechts bringen“[391]. Der EuGH verneint im Ergebnis seine Zuständigkeit nach einer zielvergleichenden Wertung von Unionsrecht und nationaler Vorschrift nach den Kriterien der *Siragusa*-Entscheidung.[392] Das Gericht ergänzt dabei den aus der *Annibaldi*-Rechtsprechung bekannten Zielvergleich erneut um den Hinweis, dass das Ziel des unionalen Grundrechtsschutzes in der Verhinderung einer Beeinträchtigung von Einheit, Vorrang und Wirksamkeit des Unionsrechts durch divergierenden nationalen Grundrechtsschutz liege. Ein solches Risiko bestehe hinsichtlich der dem Verfahren zugrunde liegenden Regelung jedoch nicht.[393]

Beachtenswert sind ferner die Aussagen des Gerichts zum Übersteigen der Unionsvorgaben durch mitgliedstaatlichen Schutz. Im Urteilsfall ermächtigte die Richtlinie die Mitgliedstaaten, in ihrem nationalen Recht für die Betroffenen günstigere Regelungen mit einem höheren Schutzniveau zu erlassen. Dies wertete das Gericht nicht als durch das Unionsrecht determinierte Befugnis, sondern als Anerkennung des Rechts der Mitgliedstaaten, „solche günstigeren Bestimmungen außerhalb der mit dieser Richtlinie festgelegten Regelung vorzusehen“[394]. Zu beachten ist dabei jedoch, dass der streitgegenständliche Art. 11 der Zahlungsunfähigkeitsrichtlinie[395] explizit betont, dass die Richtlinie zu keinem Rückschritt gegenüber der bestehenden Situation in den Mitgliedstaaten führen darf. Die Richtlinie setzt damit nur einen Mindeststandard fest. Die Erlassbefugnis weiterreichender Schutzmaßnahmen ist daher ein rein deklaratorischer Hinweis auf die originär mitgliedstaatliche Kompetenz.

c) Ergebnis

Die *Åkerberg-Fransson*-Entscheidung führt in der Zusammenschau mit ihrer Folgerechtsprechung zu der Erkenntnis, dass der EuGH verschiedene Kriterien

---

391 EuGH, Urt. v. 10.07.2014, Rs. C-198/13, *Hernández*, ECLI:EU:C:2014:2055 = EuZW 2014, 795 m. Anm. *Pötters*, Rn. 36.

392 EuGH, Urt. v. 10.07.2014, Rs. C-198/13, *Hernández*, ECLI:EU:C:2014:2055 = EuZW 2014, 795 m. Anm. *Pötters*, Rn. 38 ff.

393 EuGH, Urt. v. 10.07.2014, Rs. C-198/13, *Hernández*, ECLI:EU:C:2014:2055 = EuZW 2014, 795 m. Anm. *Pötters*, Rn. 47.

394 EuGH, Urt. v. 10.07.2014, Rs. C-198/13, *Hernández*, ECLI:EU:C:2014:2055 = EuZW 2014, 795 m. Anm. *Pötters*, Rn. 44.

395 Richtlinie 2008/94/EG des Europäischen Parlaments und des Rates vom 22. Oktober 2008 über den Schutz der Arbeitnehmer bei Zahlungsunfähigkeit des Arbeitgebers, ABl. EU Nr. L 283, 36.

für die Prüfung des Anwendungsbereichs des Unionsrechts heranzieht. Dies ist jedoch keine Folge einer etwa durch den EuGH angestrebten dogmatischen Präzisierung[396] oder einer strengeren Definition[397], sondern lässt sich schlichtweg darauf zurückführen, dass die entschiedenen Urteilsfälle einer anderen Rechtsprechungskategorie zuzuordnen sind. Den dargelegten Rechtssachen ist keine Lesart zu unterstellen, nach der der EuGH zukünftig gewillt wäre, von den in der *Åkerberg-Fransson*-Entscheidung für den Bereich der Mehrwertsteuer getroffenen Feststellungen zum Anwendungsbereich der Charta abzurücken. Im Gegenteil: In der Zwischenzeit hat der EuGH seine Auffassung in der Rs. *WebMindLicenses*[398] explizit unter Verweis auf die *Åkerberg-Fransson*-Entscheidung bestätigt.

Das in Teilen sehr kritische Echo in der Literatur[399] kann mit der Allgemeinheit der getätigten Ausführungen erklärt werden. Wenn allgemeine unionsrechtliche Pflichten zur Steuererhebung ausreichen, um eine vollumfassende Unionsgrundrechtsbindung zu begründen, besteht die theoretische Möglichkeit, diese simple Dogmatik auch auf andere Rechtsgebiete mit mehr oder minder starkem Bezug zum Europarecht zu übertragen. Die dargestellten Rechtssachen belegen jedoch, dass der EuGH sein extensives Verständnis des Anwendungsbereichs der Unionsgrundrechte jedenfalls nicht auf sämtliche Regelungsbereiche zu übertragen gewillt ist. In Bereichen außerhalb der Mehrwertsteuer wurde ein hinreichend enger Zusammenhang zwischen Unionsrecht und nationaler Regelung bisweilen verneint. Ein maßgebliches Augenmerk bei der Prüfung dieses Zusammenhanges der Regelungen wird auf den Vergleich der jeweiligen Regelungsziele gelegt.

III. Bindung der Mitgliedstaaten bei der Einschränkung von Grundfreiheiten

Fokussiert sich der Blick auf den Wortlaut des Art. 51 Abs. 1 Satz 1 GrCh, ist eine Bindung der Mitgliedstaaten an die Charta-Grundrechte hinsichtlich nationaler Beschränkungen von Grundfreiheiten abzulehnen. Beschränkungen im nationalen Recht in Bereichen ohne Bindung an die gemeinschaftsrechtlichen Grundrechte stellen rein sprachlich keine „Durchführung von Unionsrecht"

396 *Gundel*, EuR 2016, 176 (177).

397 *Ohlendorf*, Grundrechte als Maßstab des Steuerrechts in der EU, 73

398 EuGH, Urt. v. 17.12.2015, Rs. C-419/14, *WebMindLicenses*, ECLI:EU:C:2015:832 = UR 2016, 58, Rn. 66 f.

399 Vgl. hierzu die Ausführungen in Kapitel 2. B. II. 4. e) dieser Arbeit.

dar.[400] Der *ERT*-Rechtsprechung des EuGH vor Inkrafttreten des *Vertrages von Lissabon* ist jedoch zu entnehmen, dass die Mitgliedstaaten an die Unionsgrundrechte gebunden sind, wenn die nationale Maßnahme die Grundfreiheiten beschränkt.[401] Auch nach Inkrafttreten des *Vertrages von Lissabon* gilt der im Wege richterlicher Rechtsfortbildung entwickelte Rechtsschutz ausweislich der Charta-Erläuterungen[402] fort.[403] Der bei isolierter Betrachtung der mitgliedstaatlichen Maßnahme fehlende Zusammenhang mit dem Unionsrecht wird somit über die Beschränkung der Grundfreiheiten hergestellt. Andersherum formuliert können Mitgliedstaaten die Beschränkung von Grundfreiheiten jedoch mit der Anwendung von Grundrechten auch rechtfertigen.[404]

Infolgedessen wirken die Unionsgrundrechte gemeinsam mit den Grundfreiheiten in vielfältiger Weise auf die Mitgliedstaaten ein:[405] Die Grundrechte beeinflussen die Auslegung der Grundfreiheiten[406], konkretisieren deren Schranken[407] und stellen ihre Schranken-Schranken dar[408].[409] Dieser umfassenden Wirkung auf die nationalen Verfassungen ist durch die Forderung nach einem hinreichend ausgeprägten Zusammenhang mit den Pflichten der Mitgliedstaaten Einhalt

400 *Calliess*, Die neue Europäische Union nach dem Vertrag von Lissabon, 354 f.; *Cremer*, NVwZ 2013, 1452 (1453).

401 EuGH, Urt. v. 18.06.1991, Rs. C-260/89, *ERT*, Slg. 1991, I-2925, Rn. 42.

402 Erläuterungen zur Charta der Grundrechte, ABl. EU 2007 Nr. C 303/17, 32 mit Verweis auf u. a. EuGH, Urt. v. 18.06.1991, Rs. C-260/89, *ERT*, Slg. 1991, I-2925.

403 Vgl. hierzu die Ausführungen in Kapitel 2. A. IV. 2. a) dieser Arbeit.

404 EuGH, Urt. v. 14.10.2004, Rs. C-36/02, *Omega*, Slg. 2004, I-9606; v. 12.06.2003, Rs. C-112/00, *Schmidberger*, Slg. 2003, I-5659.

405 Zum Verhältnis von Grundfreiheiten und Grundrechten vgl. die Ausführungen in Kapitel 2. E. II. dieser Arbeit.

406 Vgl. nur EuGH, Urt. v. 24.11.2993, Rs. C-267/91 u. a., *Keck* u. a., Slg. 1993, I-6067; *Kahl/Schwind*, EuR 2014, 170 (182 ff.).

407 Vgl. nur EuGH, Urt. v. 14.10.2004, Rs. C-36/02, *Omega*, Slg. 2004, I-9606; v. 12.06.2003, Rs. C-112/00, *Schmidberger*, Slg. 2003, I-5659. Ausführlich hierzu *Brosius-Gersdorf*, Bindung der Mitgliedstaaten an die Gemeinschaftsgrundrechte, 27 ff.; *Kofler*, DStJG 41 (2018), 125 (157); *Kahl/Schwind*, EuR 2014, 170 (178 f.); *Frenz*, NVwZ 2011, 961.

408 Vgl. nur EuGH, Urt. v. 18.06.1991, Rs. C-260/89, *ERT*, Slg. 1991, I-2925; ausführlich hierzu *Brosius-Gersdorf*, Bindung der Mitgliedstaaten an die Gemeinschaftsgrundrechte, 24 ff.; *Kahl/Schwind*, EuR 2014, 170 (179 ff.); *Frenz*, NVwZ 2011, 961; *Elicker*, DStZ 2011, 162 (164); *Seer*, in: Tipke/Kruse, EuRS Tz. 68; *Kofler*, DStJG 41 (2018), 125 (156).

409 *Brosius-Gersdorf*, Bindung der Mitgliedstaaten an die Gemeinschaftsgrundrechte, 23; *Calliess*, Die neue Europäische Union nach dem Vertrag von Lissabon, 356.

zu gewähren, um einer Aushöhlung des nationalen Grundrechtsschutzes entgegenzuwirken.[410] Die bloße Eröffnung des Anwendungsbereichs der Grundfreiheiten sollte nicht genügen, um die Bindung an unionale Grundrechte zu bewirken.[411] Andernfalls würde die Ausweitung der Unionsgrundrechte bildlich im „Huckepackverfahren"[412] auf dem Rücken der Grundfreiheiten die „sorgfältig austarierte Verzahnung von unionalem und nationalem Grundrechtsschutz unterlaufen"[413].

Zur Begründung einer Durchführungs-Konstellation ist daher eine Beeinträchtigung der Grundfreiheiten durch mitgliedstaatliche Maßnahmen zu fordern.[414] In diesem Sinne wurde bereits geklärt, dass jedenfalls der bloße Status der Unionsbürgerschaft für eine Geltung der Grundrechtecharta nicht ausreicht.[415]

IV. Persönlicher Anwendungsbereich

Die Grundrechtsberechtigung in personeller Hinsicht wird durch die Charta nicht allgemeingültig geregelt. Die Abgrenzung des grundrechtsberechtigten Personenkreises ist von besonderer Bedeutung für die Bestimmung des persönlichen Schutzbereiches der Grundrechte und die daraus erwachsenden Rechtsschutzmöglichkeiten.[416]

Sofern die Grundrechte keine expliziten Einschränkungen des persönlichen Anwendungsbereichs etwa auf Unionsbürger, Behinderte oder Arbeitnehmer vorsehen, handelt es sich um Menschenrechte, die jedermann zustehen.[417] Es sind somit auch Drittstaatenangehörige, Staatenlose, Geschäftsunfähige und Minderjährige Träger dieser Charta-Grundrechte.[418]

---

410 *Calliess*, Die neue Europäische Union nach dem Vertrag von Lissabon, 357; *Kanitz/Steinberg*, EuR 2013, 1013 (1025 ff.); *Jarass*, GrCh, Art. 51 Rn. 32; *Englisch*, in: W. Schön/K. Beck, Zukunftsfragen, 39 (44 f.)

411 *Kokott*, Steuerrecht der EU, § 3 Rn. 7; *Jarass*, GrCh, Art. 51 Rn. 32.

412 *Englisch*, in: W. Schön/K. Beck, Zukunftsfragen, 39 (45).

413 *Calliess*, Die neue Europäische Union nach dem Vertrag von Lissabon, 357.

414 *Jarass*, GrCh, Art. 51 Rn. 25, 32.

415 EuGH, Urt. v. 09.09.2011, Rs. C-256/11, *Dereci*, Slg. 2011, I-11315, Rn. 70 ff.; weitergehend *Kofler*, DStJG 41 (2018), 125 (172 ff.).

416 *Jarass*, GrCh, Art. 51 Rn. 48.

417 *Ohlendorf*, Grundrechte als Maßstab des Steuerrechts in der EU, 85; *Kingreen*, in: Calliess/Ruffert, EUV/AEUV, Art. 52 GrCh Rn. 52; *Jarass*, GrCh, Art. 51 Rn. 49.

418 *Kingreen*, in: Calliess/Ruffert, EUV/AEUV, Art. 52 GrCh Rn. 52; *Jarass*, GrCh, Art. 51 Rn. 49 f.

Juristische Personen des Privatrechts und Personenvereinigungen können ebenfalls Grundrechtsträger sein.[419] Dies gilt aber nur insoweit, als die Anwendung des jeweiligen Grundrechts sachgerecht ist.[420] Hinsichtlich mancher Grundrechte aus dem Bereich der Menschenwürde wie dem Folterverbot des Art. 4 GrCh oder der Freiheitsrechte wie dem in Art. 9 GrCh verankerten Recht, eine Ehe einzugehen und eine Familie zu gründen, ist die Einschränkung des persönlichen Anwendungsbereichs wesensimmanent. Die Steuerpflicht erfasst neben natürlichen Personen und privatrechtlichen Wirtschaftsunternehmern jedweder Rechtsform auch die öffentliche Hand sowie privatrechtliche Einrichtungen, deren Anteile ganz oder teilweise in öffentlicher Hand liegen.[421] Die öffentliche Hand ist selbst Grundrechtsverpflichteter.[422] Zumeist wird dieses Argument zur Begründung angeführt, dass nicht zugleich auch eine Grundrechtsberechtigung bestehen kann.[423] Hintergrund ist eine mögliche Interessenskollision, wenn Berechtigter und Verpflichteter in Personenidentität aufgehen. Die Thematik ist umstritten[424] und daher einer weitergehenden Betrachtung zu unterziehen. Im Bereich der Wirtschaftsgrundrechte, wie der unternehmerischen Freiheit des Art. 16 GrCh, wird eine Grundrechtsberechtigung für öffentliche Einrichtungen auch durch den EuGH bejaht.[425] Diese hängt davon ab, ob die Einrichtung rechtlich und finanziell unabhängig ist, weder öffentliche Gewalt ausübt noch öffentliche Aufgaben wahrnimmt, die der staatlichen Kontrolle unterliegen.[426] Sind diese Voraussetzungen einer Grundrechtsberechtigung erfüllt, ist anzunehmen, dass sich diese Wirtschaftsteilnehmer am Markt in einer ähnlichen Lage wie privatwirtschaftlich organisierte Unternehmen befinden. Eine Interessenskollision zwischen Grundrechtsverpflichtung und -berechtigung liegt in diesen Fällen nicht nahe. Zumeist werden wirtschaftliche Betätigungen der

---

419 *Kingreen,* in: Calliess/Ruffert, EUV/AEUV, Art. 52 GrCh Rn. 53; *Jarass,* GrCh, Art. 51 Rn. 54 f.

420 *Jarass,* GrCh, Art. 51 Rn. 58.

421 Vgl. z. B. für den Bereich der Mehrwertsteuer Art. 9 MwStSystRL, worin nicht auf die Rechtsform abgestellt wird.

422 Vgl. die Ausführungen zur Bindungswirkung der Charta für die Mitgliedstaaten in Kapitel 2. B. II. dieser Arbeit.

423 *Ohlendorf,* Grundrechte als Maßstab des Steuerrechts in der EU, 86; *Borowsky,* in: Meyer, GrCh, Art. 51 Rn. 35.

424 *Ohlendorf,* Grundrechte als Maßstab des Steuerrechts in der EU, 85 ff. m. w. N.

425 EuGH, Urt. v. 26.04.2012, Rs. C-510/10, *DR u. a.,* ECLI:EU: C:2012:244 = EuZW 2012, 635, Rn. 57.

426 *Jarass,* GrCh, Art. 16 Rn. 12, Art. 51 Rn. 62.

öffentlichen Hand am Merkmal der rechtlichen und finanziellen Unabhängigkeit scheitern. Grundrechtsberechtigungen wurden daher bislang lediglich z. B. für öffentlich-rechtliche Funkanstalten bejaht.[427]

Auf eine Einschränkung für öffentliche Einrichtungen könnte vor dem Hintergrund verzichtet werden, dass die Konfusionsbedenken den persönlichen Anwendungsbereich der Grundfreiheiten für juristische Personen i. S. d. Art. 54 Abs. 2 AEUV nicht einschränken[428] und eine kombinierte Prüfung von Grundfreiheiten und Grundrechten zukünftig nicht auszuschließen ist. Eine Unterscheidung zwischen Grundfreiheiten und Grundrechten ist dennoch aufgrund der materiellen Unterschiede angebracht.[429] Des Weiteren herrscht Einigkeit darüber, dass Gleichheitsrechte für juristische Personen des öffentlichen Rechts keine Anwendung finden.[430] Es ist daher fraglich, wie die Grundrechtsberechtigung öffentlich-rechtlicher Einrichtungen im Fall einer pluralistischen Grundrechtsprüfung zu beurteilen wäre.[431] Die Grundrechtsberechtigung der öffentlichen Hand bei einigen Wirtschaftsgrundrechten darf nicht im „Huckepackverfahren"[432] zu einer umfassenden Berechtigung führen. Dies würde das Kompetenzgefüge zwischen Union und Mitgliedstaaten in unsachgemäßer Art und Weise verschieben.[433]

V. Eingriff

Der Schutzbereich eines Grundrechts ist berührt, wenn ein Grundrechtsverpflichteter das Recht eines Grundrechtsberechtigten einschränkt und diese Einschränkung dem Grundrechtsverpflichteten zuzurechnen ist.[434] Ein solcher

---

427 EuGH, Urt. v. 26.04.2012, Rs. C-510/10, *DR u. a.*, ECLI:EU: C:2012:244 = EuZW 2012, 635.

428 *Weiß, W.*, EuR 2003, 165 (173 ff.).

429 Vgl. die Ausführungen zum Verhältnis von Grundfreiheiten und Grundrechten in Kapitel 2. E. II. dieser Arbeit.

430 *Jarass*, GrCh, Art. 16 Rn. 12.

431 Für den Bereich der Mehrwertsteuer siehe EuGH, Schlussantr. GA *Kokott* v. 08.06.2017, Rs. C-246/16, *Enzo Di Maura*, ECLI:EU:C:2017:440, Rn. 46. Nach *Löhr* sind steuerliche Normen anhand eines kombinierten Prüfungsmodells aus Gleichheitssatz und Freiheitsgrundrechten zu überprüfen, in: Optionsrecht für Vermietungsumsätze, 132 ff.

432 *Englisch,* in: W. Schön/K. Beck, Zukunftsfragen, 39 (45) zur Geltung der Grundrechte bei der Rechtfertigung grundfreiheitlicher Beschränkungsverbote.

433 *Calliess,* in: Calliess/Ruffert, EUV/AEUV, Art. 16 GrCh Rn. 3.

434 *Jarass*, GrCh, Art. 52 Rn. 10, 13.

Eingriff kann jede belastende oder benachteiligende Maßnahme sein.[435] Je nach Funktion des Grundrechts kann der Eingriff in der Beeinträchtigung einer Förder- oder Schutzfunktion durch Einschränkung und Unterlassen oder in einer Ungleichbehandlung und der daraus entstehenden Benachteiligung bestehen.[436]

Mittelbare Beeinträchtigungen können ebenfalls zu einem Eingriff führen. Wirken beispielsweise Regelungen in einer Richtlinie grundrechtsbelastend, liegt auch dann ein Eingriff vor, wenn die Richtlinie zu ihrer Wirksamkeit im nationalen Recht erst noch eines Umsetzungsrechtsaktes bedarf. Es genügt in diesen Fällen, dass die Richtlinie den Grundrechtseingriff veranlasst.[437]

Für die Frage, ob ein Eingriff benachteiligend wirkt, sind kompensierende Vorteile zu berücksichtigen. Die Kompensation muss den Nachteil dabei jedoch vollständig ausgleichen.[438] Selbst kleine verbleibende Nachteile stellen eine Beeinträchtigung dar, deren Ausmaß erst im Rahmen der Rechtfertigungsprüfung zu beurteilen ist.[439]

VI. Rechtfertigung von Eingriffen

1. *Überblick über die mögliche Eingriffsrechtfertigung*

Nicht jeder Eingriff führt zu einer unzulässigen Beeinträchtigung der Rechte des Grundrechtsberechtigten. Unter bestimmten Voraussetzungen können Eingriffe zulässig sein.[440] Wann dies der Fall ist, regelt explizit Art. 52 Abs. 1 GrCh. Ausweislich der Erläuterungen zur Grundrechtecharta handelt es sich bei Art. 52 Abs. 1 GrCh in weiten Teilen um eine deklaratorische Vertextlichung der Rechtsgrundsätze, die als allgemeine Grundsätze des Unionsrechts von der Rechtsprechung des EuGH bereits vor Inkrafttreten der Charta anerkannt wurden.[441] Die als Primärrecht der Union anerkannten Grundrechte konnten

---

435 *Jarass*, GrCh, Art. 52 Rn. 11.

436 *Kingreen,* in: Calliess/Ruffert, EUV/AEUV, Art. 52 GrCh Rn. 55; *Jarass*, GrCh, Art. 52 Rn. 11, 16 f.

437 *Jarass*, GrCh, Art. 52 Rn. 12.

438 *Englisch,* in: W. Schön/K. Beck, Zukunftsfragen, 39 (66); EuGH, Urt. v. 07.09.2004, Rs. C-319/02, *Manninen*, Slg. 2004, I-7477, Rn. 54; v. 13.03.2007, Rs. C-524/04, *Thin Cap Group Litigation*, Slg. 2007, I-2107, Rn. 69; v. 14.11.1995, Rs. C-484/93, *Svensson und Gustavsson*, Slg. 1995, I-3955, Rn. 18.

439 *Jarass*, GrCh, Art. 20 Rn. 14.

440 *Jarass*, GrCh, Art. 52 Rn. 19.

441 Erläuterungen zur Charta der Grundrechte, ABl. EU 2007 Nr. C 303/17, 24 mit Verweis auf EuGH, Urt. v. 13.04.2000, Rs. C-292/97, *Karlsson*, Slg. 2000, I-2737; zuvor

demnach beschränkt werden, „sofern diese tatsächlich dem Gemeinwohl dienenden Zielen der Gemeinschaft entsprechen und nicht einen im Hinblick auf den verfolgten Zweck unverhältnismäßigen, nicht tragbaren Eingriff darstellen, der diese Rechte in ihrem Wesensgehalt antastet“[442].

Art. 51 Abs. 1 GrCh ergänzt die Voraussetzungen der Legitimität des Ziels, der Verhältnismäßigkeit und der Wahrung des Wesensgehaltes um einen Gesetzesvorbehalt. Diese allgemeine Schrankenregelung wird durch Art. 52 Abs. 2 und Abs. 3 GrCh vervollständigt. Nach Art. 52 Abs. 2 GrCh sind die Charta-Grundrechte „im Rahmen der in den Verträgen festgelegten Bedingungen und Grenzen“ einzuschränken, sofern das Chartarecht zugleich in den Verträgen geregelt ist. Die Charta ist somit in diesen Fällen vertragsgerecht auszulegen.[443]

Gemäß Art. 52 Abs. 3 GrCh darf der durch die Charta-Grundrechte gewährte Schutz nicht hinter die EMRK zurückfallen. Dies ist vor allem bedeutsam für in der EMRK verankerte, generelle Einschränkungsverbote.[444] In der Charta gleichfalls enthaltene Grundrechte dürfen sodann ebenfalls keiner Einschränkung zugänglich gemacht werden. Die Charta wirkt gegenüber der EMRK autonom und wird nicht in Gestalt einer *lex specialis* derogiert.[445] Demgemäß sieht Art. 52 Abs. 3 Satz 2 GrCh vor, dass die Grundrechte der Charta einen über die EMRK hinausgehenden Schutz gewähren können.

Daneben existieren Grundrechte, die besondere, eigene Schrankenregelungen unmittelbar in ihrem Text enthalten sowie solche, die einer Einschränkung gänzlich unzugänglich sind.[446]

2. *Die Rechtfertigungsvoraussetzungen nach Art. 52 Abs. 1 GrCh im Einzelnen*

a) *Gesetzesvorbehalt*

Der Gesetzesvorbehalt ist erfüllt, sofern die Beeinträchtigung in einem Gesetz selbst festgelegt ist sowie wenn das Gesetz Ermächtigungen für Einschränkungen

---

bereits EuGH, Urt. v. 13.07.1989, Rs. C-5/88, *Wachauf*, Slg. 1989, 2609; siehe ferner *Kingreen*, in: Calliess/Ruffert, EUV/AEUV, Art. 52 GrCh Rn. 58.

442 EuGH, Urt. v. 13.04.2000, Rs. C-292/97, *Karlsson*, Slg. 2000, I-2737, Rn. 45; zuvor bereits EuGH, Urt. v. 13.07.1989, Rs. C-5/88, *Wachauf*, Slg. 1989, 2609, Rn. 18.

443 *Jarass*, GrCh, Art. 52 Rn. 53.

444 *Jarass*, GrCh, Art. 52 Rn. 60.

445 *Jarass*, GrCh, Art. 52 Rn. 60.

446 *Jarass*, GrCh, Art. 52 Rn. 21; *Lenaerts*, EuR 2012, 3 (6 ff.).

enthält.[447] Die Terminologie „Gesetz" ist auslegungsbedürftig, weil sie nicht dem Sprachgebrauch des Unionsrechts entspricht.[448] Weder die Verträge noch die Charta selbst sind terminologisch „Gesetze". Ebenso wenig sind „Gesetze" als Rechtsakte der Union in Art. 288 AEUV vorgesehen. Zu fordern ist jedenfalls ein Gesetz im materiellen Sinne.[449] Die Anforderungen an den Gesetzesvorbehalt werden somit gewahrt, wenn die Einschränkungen in einer Richtlinie oder einer Verordnung enthalten sind,[450] nicht jedoch durch unionale Beschlüsse.[451]

Binden die Charta-Grundrechte die Mitgliedstaaten, kann die Einschränkung auch durch eine nationale Rechtsvorschrift erfolgen. Ob dem Gesetzesvorbehalt durch die nationale Regelung entsprochen wird, richtet sich nach dem jeweiligen nationalen Recht.[452]

Die vorgesehene Grundrechtsbeeinträchtigung muss hinreichend genau sein, so dass der Grundrechtsberechtigte vorab die Folgen bewerten kann.[453] Mit Rücksicht auf die Rechtsprechung zur EMRK[454] ist dieses Bestimmtheitsgebot nachteiliger Regelungen bereits vor Inkrafttreten der Charta als allgemeiner Grundsatz des Unionsrechts anerkannt worden.

Ob der weite Gesetzesvorbehalt des Art. 52 Abs. 1 GrCh für das allgemeine Gleichheitsrecht Gültigkeit entfaltet, ist umstritten.[455] Dem Wortlaut nach enthält Art. 52 Abs. 1 GrCh keine diesbezüglichen Einschränkungen. Im Bereich des allgemeinen Gleichheitssatzes stellt die ständige EuGH-Rechtsprechung jedoch nicht explizit auf den Gesetzesvorbehalt ab.[456] Eine Ungleichbehandlung ist

---

447 *Jarass*, GrCh, Art. 52 Rn. 23.

448 *Ohlendorf*, Grundrechte als Maßstab des Steuerrechts in der EU, 89.

449 *Borowsky*, in: Meyer, GrCh, Art. 52 Rn. 20a.

450 *Jarass*, GrCh, Art. 52 Rn. 24 mit Verweis auf EuGH, Urt. v. 15.02.2016, Rs. C-601/15, *J.N.*, ECLI:EU:C:2016:84 = NVwZ 2016, 1789, Rn. 51, sowie auf EuGH, Urt. v. 09.11.2010, Rs. C-92/09, *Schecke*, Slg. 2010, I-11063, Rn. 66; *Kingreen*, in: Calliess/Ruffert, EUV/AEUV, Art. 52 GrCh Rn. 62.

451 *Ohlendorf*, Grundrechte als Maßstab des Steuerrechts in der EU, 89; *Lenaerts*, EuR 2012, 3 (7 f.); a.A. *Kingreen*, in: Calliess/Ruffert, EUV/AEUV, Art. 52 GrCh Rn. 62.

452 *Kingreen*, in: Calliess/Ruffert, EUV/AEUV, Art. 52 GrCh Rn. 63; *Jarass*, GrCh, Art. 52 Rn. 26.

453 *Jarass*, GrCh, Art. 52 Rn. 27.

454 EGMR, Urt. v. 20.05.1999, Nr. 25390/94, *Rekvényi/Ungarn*, NVwZ 2000, 421, Rn. 34.

455 Gegen eine Geltung *Jarass*, GrCh, Art. 20 Rn. 15. Für eine Geltung *Hölscheidt*, in: Meyer, GrCh, Art. 20 Rn. 27.

456 Nach *Trstenjak/Beysen* hat der Gesetzesvorbehalt im Bereich der Grundrechte generell „keine große Bedeutung", in: EuR 2012, 265 (280).

demzufolge gerechtfertigt, sofern sie „objektiv gerechtfertigt“[457] ist, „auf einem objektiven und angemessenen Kriterium beruht, d. h., wenn sie im Zusammenhang mit einem rechtlich zulässigen Ziel steht“. Zudem muss die „unterschiedliche Behandlung in angemessenem Verhältnis zu dem […] verfolgten Ziel“ stehen“[458]. Die Rechtfertigungsprüfung des EuGH erscheint angesichts der „völligen tatbestandlichen Offenheit“ des allgemeinen Gleichheitsrechts nach Art. 20 GrCh sachgemäß, weil unter Beachtung des Gesetzesvorbehalts jedwede Ungleichbehandlung einer gesetzlichen Grundlage bedürfe.[459] Der Gesetzesvorbehalt findet daher im Bereich des unionalen allgemeinen Gleichheitsrechts aus systematischen Gründen keine Anwendung.[460]

b) Erhalt des Wesensgehaltes

Zunächst ist festzuhalten, dass entgegen älterer EuGH-Rechtsprechung[461] die Wesensgehaltsgarantie und die Verhältnismäßigkeitsprüfung eigenständig und kumulativ zu erfüllen sind.[462] Dies geht insbesondere aus der wörtlichen Selbstständigkeit der beiden Merkmale in Art. 52 Abs. 1 Sätze 1 und 2 GrCh hervor. Der EuGH neigt dementsprechend in seiner neueren Rechtsprechung zu einer getrennten Prüfung von Wesensgehaltsgarantie und Verhältnismäßigkeit.[463] Der Wesensgehalt ist individuell je nach betroffenem Grundrecht unterschiedlich. Ein Verstoß liegt jedenfalls immer dann vor, wenn eine wesentliche Beeinträchtigung ohne vorherige Prüfung hingenommen wird.[464] Die Gewährleistung des

---

457 EuGH, Urt. v. 16.12.2008, Rs. C-127/07, *Société Arcelor Atlantique et Lorraine u. a.*, Slg. 2008, I-9895, Rn. 47.

458 EuGH, Urt. v. 16.12.2008, Rs. C-127/07, *Société Arcelor Atlantique et Lorraine u. a.*, Slg. 2008, I-9895, Rn. 48.

459 *Jarass*, GrCh, Art. 20 Rn. 15.

460 *Ohlendorf*, Grundrechte als Maßstab des Steuerrechts in der EU, 255 f.; *Jarass*, GrCh, Art. 20 Rn. 15.

461 *Ohlendorf*, Grundrechte als Maßstab des Steuerrechts in der EU, 388 mit Verweis auf EuGH, Urt. v. 13.12.1979, Rs. C-44/79, *Hauer*, Slg. 1979, 3727, Rn. 30 zur Eigentumsgarantie sowie *Jarass*, GrCh, Art. 52 Rn. 28 mit Verweis auf u. a. EuGH, Urt. v. 03.09.2008, Rs. C-402/05, *Kadi*, Slg. 2008, I-6351, Rn. 183 zum Grundsatz des effektiven gerichtlichen Rechtsschutzes.

462 *Borowsky*, in: Meyer, GrCh, Art. 52 Rn. 23; *Jarass*, GrCh, Art. 52 Rn. 28.

463 *Jarass*, GrCh, Art. 52 Rn. 28 mit Verweis auf EuGH, Urt. v. 22.01.2013, Rs. C-283/11, *Sky Österreich*, ECLI:EU:C:2013:28 = EuGRZ 2013, 164, Rn. 48 ff.; *Kingreen*, in: Calliess/Ruffert, EUV/AEUV, Art. 52 GrCh Rn. 64; *Kahl/Schwind*, EuR 2014, 170 (186).

464 *Jarass*, GrCh, Art. 52 Rn. 29 mit Verweis auf EuGH, Urt. v. 23.03.2006, Rs. C-408/03, *KOM/Belgien*, Slg. 2006, I-2647, Rn. 68 ff.

Grundrechts darf durch die entsprechende Norm nicht in Frage gestellt werden. Für die Wahrung des Grundrechtsgehaltes spricht, dass die Einschränkung nur in Ausnahmefällen und aufgrund des individuellen Verhaltens des Grundrechtsberechtigten eingreift.[465] Der EuGH zieht auch die Erwägungsgründe einer Richtlinie heran, um die besonderen Gründe einer Grundrechtsbeschränkung festzustellen.[466]

c) Legitimität des Zieles

Für die Prüfung der Legitimität des Einschränkungszieles ist der konkrete Regelungsbereich maßgeblich. Im Grundsatz nimmt der EuGH die Legitimität einer Beschränkung an, wenn diese „durch dem Gemeinwohl dienende Ziele der Gemeinschaft gerechtfertigt“[467] ist. Die dem Gemeinwohl dienenden Ziele müssen ferner gemäß Art. 52 Abs. 1 Satz 2 GrCh von der Union anerkannt worden sein. Die Charta-Erläuterungen verweisen insoweit explizit auf die Ziele des Art. 3 EUV, darunter auch das Binnenmarktziel, ohne sich jedoch inhaltlich darauf zu beschränken.[468] Im konkreten Anwendungsgebiet stellt der EuGH auf die der strittigen Norm zugrunde liegende Begründung ab.[469] Hierfür wird beispielsweise auf die Präambel einer unionalen Verordnung verwiesen.[470]

d) Verhältnismäßigkeitsgrundsatz

Der Verhältnismäßigkeitsgrundsatz ist eine materielle Abwägung zwischen der Beeinträchtigung des Grundrechtsberechtigten und der durch die beeinträchtigende Maßnahme verfolgten Zielsetzung.[471] Der Grundsatz der Verhältnismäßigkeit einer Grundrechtsbeschränkung ist bereits vor Inkrafttreten der Charta

---

465 So begründet der EuGH die Achtung der Wesensgehaltsgarantie in seinem Urt. v. 15.02.2016, Rs. C-601/15, *J.N.*, ECLI:EU:C:2016:84 = NVwZ 2016, 1789, Rn. 52. *Jarass* leitet aus dieser Prüfung eine Allgemeingültigkeit ab, in: GrCh, Art. 52 Rn. 29. Es darf jedoch nicht übersehen werden, dass diese Prüfungskriterien auf den Gegebenheiten des entschiedenen Falles basieren können.

466 EuGH, Urt. v. 15.02.2016, Rs. C-601/15, *J.N.*, ECLI:EU: C:2016:84 = NVwZ 2016, 1789, Rn. 52.

467 EuGH, Urt. v. 30.07.1996, Rs. C-84/95, *Bosphorus*, Slg. 1996, I-3953, Rn. 21.

468 Erläuterungen zur Charta der Grundrechte, ABl. EU 2007 Nr. C 303/17, 32.

469 *Jarass*, GrCh, Art. 52 Rn. 30.

470 EuGH, Urt. v. 30.07.1996, Rs. C-84/95, *Bosphorus*, Slg. 1996, I-3953, Rn. 24 f.; Urt. v. 13.12.1979, Rs. C-44/79, *Hauer*, Slg. 1979, 3727, Rn. 8, 11, 27.

471 *Jarass*, GrCh, 3. Aufl. 2016, Art. 52 Rn. 44.

als allgemeiner Grundsatz des Unionsrechts anerkannt worden.[472] Die Grundrechtskonformität von beschränkenden Maßnahmen setzt demnach voraus, dass „sie zur Erreichung der zulässigerweise mit der fraglichen Regelung verfolgten Ziele geeignet und erforderlich sind. Dabei ist, wenn mehrere geeignete Maßnahmen zur Verfügung stehen, die am wenigsten belastende zu wählen; ferner müssen die auferlegten Belastungen in angemessenem Verhältnis zu den angestrebten Zielen stehen."[473] Maßnahmen dürfen demzufolge „nicht einen im Hinblick auf die verfolgten Ziele unverhältnismäßigen, nicht tragbaren Eingriff darstellen"[474].[475]

Aus den Formulierungen lässt sich der genaue Ablauf der Verhältnismäßigkeitsprüfung ableiten.[476] Demnach ist zunächst die Geeignetheit der Bestimmung zu untersuchen. Anschließend ist das mildeste unter mehreren geeigneten Mitteln zu definieren. Dieser Teil kann als Erforderlichkeitsprüfung bezeichnet werden. Schlussendlich müssen die beeinträchtigenden Maßnahmen mit den durch die Beeinträchtigung verfolgten Zielen in einem angemessenen Verhältnis stehen. Eine Analyse der bisherigen Verhältnismäßigkeitsprüfung inklusive ihrer Kontrolldichte erfolgt im Rahmen der bereichsspezifischen Kapitel dieser Arbeit.[477]

Hervorzuheben ist an dieser Stelle, dass die Kontrolldichte der Verhältnismäßigkeit heterogen ausfällt.[478] Sie reicht von einer vollständigen Suspendierung der Angemessenheitsprüfung[479] über eine bloße Willkürprüfung, bei der dem

---

472 *Kingreen,* in: Calliess/Ruffert, EUV/AEUV, Art. 52 GrCh Rn. 65; *Jarass*, GrCh, Art. 52 Rn. 34.

473 EuGH, Urt. v. 11.07.1989, Rs. C-265/87, *Schräder*, Slg. 1989, 2237, Rn. 21.

474 EuGH, Urt. v. 09.09.2008, Rs. C-120/06, *Montecchio*, Slg. 2008, I-6513 Rn. 183; v. 15.06.2006, Rs. C-28/05, *Dokter*, Slg. 2006, I-5431 Rn. 75; v. 06.12.2005, Rs. C-453/03, *Fratelli*, Slg. 2005, I-10423, Rn. 87; *Trstenjak/Beysen*, EuR 2012, 265 (272).

475 *Jarass*, GrCh, Art. 52 Rn. 34.

476 Hierzu sowie im Folgenden: *Kingreen,* in: Calliess/Ruffert, EUV/AEUV, Art. 52 GrCh Rn. 66; *Jarass*, GrCh, Art. 52 GrCh Rn. 36.

477 Vgl. hierzu die Ausführungen in Kapitel 4. B. V. dieser Arbeit. Für Zwecke dieser Dissertation ist hinsichtlich der einzelnen Merkmale der Verhältnismäßigkeitsprüfung auf die dazu ergangene, fundierte Literatur zu verweisen, vgl. steuerspezifisch *Kube*, in: Jestaedt/Lepsius, Verhältnismäßigkeit, 157 ff.; Europarecht: *Cordewener*, Grundfreiheiten, 70 ff.; nationales Recht: *Dumbs*, Grundsatz der Verhältnismäßigkeit, 217 ff.

478 *Kingreen,* in: Calliess/Ruffert, EUV/AEUV, Art. 52 GrCh Rn. 66; *Jarass*, GrCh, Art. 52 Rn. 65, 71. Kritisch hierzu sowie im Folgenden *Englisch,* in: W. Schön/K. Beck, Zukunftsfragen, 39 (52 f.).

479 *von Danwitz*, EWS 2003, 393 (396).

Gesetzgeber eine sehr große Einschätzungsprärogative eingeräumt wird[480], bis hin zu einer strengen Verhältnismäßigkeitsprüfung[481], bei der der EuGH als „kraftvolle Stimme im Konzert der Grundrechtsinterpreten“[482] agiert.

C. Der unionsrechtliche allgemeine Gleichheitssatz nach Art. 20 GrCh

I. Grundlagen

1. *Inhalt und Quellen*

„Alle Personen sind vor dem Gesetz gleich“, lautet Art. 20 GrCh. Entgegen dem Wortlaut „vor dem Gesetz“ bindet Art. 20 GrCh sowohl die Legislative als auch die Exekutive und die Judikative.[483] Die Charta vertextlicht damit den allgemeinen Grundsatz der Gleichbehandlung, der bereits vor Inkrafttreten der Charta Teil der ungeschriebenen Grundrechte war[484] und in den Verfassungen der Mitgliedstaaten der Europäischen Union verankert ist.[485] Dies wird durch die Erläuterungen zur Charta explizit bestätigt.[486]

2. *Bedeutung und Anwendungsbereich*

Der Funktion entsprechend handelt es sich nicht um ein allgemeines Gleichheitspostulat, sondern um ein Gleichbehandlungsrecht subjektiver Art, wodurch das Recht einklagbar ist.[487] Der allgemeine Gleichheitssatz fordert,

---

480 EuGH, Urt. v. 12.07.2005, Rs. C-155/04, *Alliance for Natural Health*, Slg. 2005, I-6451, Rn. 116 ff.; *Kingreen*, in: Calliess/Ruffert, EUV/AEUV, Art. 15 GrCh Rn. 17. Vgl. zur Berücksichtigung des Ermessens der Unionsorgane bei der Verhältnismäßigkeitsprüfung *Trstenjak/Beysen*, EuR 2012, 265 (273 f.).

481 EuGH, Urt. v. 08.04.2014, Rs. C-293/12 u. a., *Digital Rights Ireland u. a.*, ECLI:EU:C:2014:238 = NVwZ 2014, 709.

482 *Kühling*, NVwZ 2014, 681 (684).

483 *Rossi*, in: Calliess/Ruffert, EUV/AEUV, Art. 20 GrCh Rn. 7; *Jarass*, GrCh, Art. 20 Rn. 3 f.

484 EuGH, Urt. v. 19.10.1977, Rs. C-117/76 u. a., *Ruckdeschel*, Slg. 1977, 1753, Rn. 7.

485 *Jarass*, GrCh, Art. 20 Rn. 1. Einschränkend in Bezug auf die Gültigkeit in allen nationalen Verfassungen *Rossi*, in: Calliess/Ruffert, EUV/AEUV, Art. 20 GrCh Rn. 2.

486 Erläuterungen zur Charta der Grundrechte, ABl. EU 2007 Nr. C 303/17, 24 mit Verweis auf EuGH, Urt. v. 13.11.1984, Rs. C-283/83, *Racke*, Slg. 1984, 3791; v. 17.04.1997, Rs. C-15/95, *EARL*, Slg. 1997, I-1961; v. 13.04.2000, Rs. C-292/97, *Karlsson*, Slg. 2000, 2737.

487 *Jarass*, GrCh, Art. 20 Rn. 2.

dass vergleichbare Sachverhalte nicht unterschiedlich und dass unterschiedliche Sachverhalte nicht gleich behandelt werden, sofern eine solche Behandlung nicht objektiv gerechtfertigt ist.[488] Eine Beeinträchtigung kann sich folglich sowohl durch eine Ungleichbehandlung (Gleichbehandlungsgebot) als auch durch eine Gleichbehandlung (Differenzierungsgebot) ergeben.[489] Da Art. 20 GrCh offen formuliert ist, genügt jedwede Beeinträchtigung für eine Benachteiligung des Grundrechtsträgers.[490] Die Vergleichsbehandlung muss jedoch rechtmäßig sein. Der dem deutschen Rechtsanwender aus Art. 3 GG bekannte Grundsatz „keine Gleichheit im Unrecht" gilt auch für Art. 20 GrCh.[491]

3. Beeinträchtigung gleichen Ursprungs

Die Beeinträchtigung muss durch den gleichen Grundrechtsverpflichteten veranlasst worden sein.[492] Betrifft der Eingriff nicht die Normebene, sondern die Normanwendung, muss die Beeinträchtigung von derselben Verwaltungseinheit ausgehen.[493] Beim Erlass von Sekundärrecht ist die Union die gleiche Grundrechtsverpflichtete, sofern die Rechtswidrigkeit damit auf Normebene angelegt ist und in einem Mitgliedstaat die beeinträchtigende Ungleichbehandlung bewirkt. Gleichzeitig verstößt der entsprechende Mitgliedstaat gegen Art. 20 GrCh, sofern sein Handeln die Durchführung von Unionsrecht darstellt.

In Abgrenzung dazu ist in der unterschiedlichen Ausgestaltung von im Sekundärrecht verankerten Umsetzungsspielräumen durch verschiedene Mitgliedstaaten keine Beeinträchtigung durch denselben Mitgliedstaat zu sehen. Art. 20 GrCh kann ebenso wenig Anwendung finden, wenn Eingriffe von zwei unterschiedlichen Mitgliedstaaten erfolgen, die nicht auf einem Richtlinienwahlrecht fußen. Kommt es beispielsweise durch protektionistische Vorschriften im Ursprungsstaat zu einer Doppelbesteuerung mit Umsatzsteuer im Ursprungs- und im Bestimmungsland, liegt keine Beeinträchtigung i. S. d. Art. 20 GrCh vor.[494] Gleiches gilt z. B. auch für die offensichtlich ungleiche Behandlung

---

488 EuGH, Urt. v. 13.12.1994, Rs. C-306/93, *Winzersekt*, Slg. 1994, I-5555, Rn. 30.

489 Siehe ferner für diese Unterscheidung bei *Rossi,* in: Calliess/Ruffert, EUV/AEUV, Art. 20 GrCh Rn. 22 f.

490 *Jarass*, GrCh, Art. 20 Rn. 14.

491 *Rossi,* in: Calliess/Ruffert, EUV/AEUV, Art. 20 GrCh Rn. 15; *Jarass*, GrCh, Art. 20 Rn. 13.

492 *Rossi,* in: Calliess/Ruffert, EUV/AEUV, Art. 20 GrCh Rn. 15; *Jarass*, GrCh, Art. 20 Rn. 12.

493 *Jarass*, GrCh, Art. 23 Rn. 12, Art. 20 Rn. 12.

494 *Zirkl*, Neutralität der USt, 197.

vergleichbarer Steuerpflichtiger in verschiedenen Mitgliedstaaten aufgrund der unterschiedlichen Steuersätze innerhalb des Binnenmarktes. Aus dem Schutzbereich des allgemeinen Gleichheitssatzes ausgenommen sind darüber hinaus reine Inländerdiskriminierungen. Mitgliedstaaten können demnach Inländer gegenüber Ausländern schlechterstellen, wenn das Unionsrecht lediglich eine bestimmte Behandlung von Unionsbürgern fordert.[495] Regelmäßig wird es sich jedoch bei derartigen Maßnahmen bereits nicht um die Durchführung von Unionsrecht i. S. d. Art. 51 Abs. 1 Satz 1 GrCh handeln.

Davon abzugrenzen sind wiederum Diskriminierungen, die in sekundärrechtlichen Unionsakten wie der Mehrwertsteuer-Systemrichtlinie verankert sind und innerstaatliche Ungleichbehandlungen bzw. nicht gebotene Gleichbehandlungen nach sich ziehen. Derartige Diskriminierungen liegen im Anwendungsbereich von Art. 20 GrCh. Es handelt sich insofern sowohl um diskriminierende Maßnahmen der Mitgliedstaaten als auch der Union, die die Betroffenen durch die in der Richtlinie verankerte Beeinträchtigung benachteiligt.

Im Ergebnis ist eine Gleichheitsverletzung i. S. d. Art. 20 GrCh durch einen Mitgliedstaat nur begründbar, sofern die Diskriminierung des Vergleichspaars durchweg durch eben diesen Mitgliedstaat erfolgt, dessen Maßnahme gerügt werden soll. Werden Betroffene hingegen von verschiedenen Quellen durch eine Richtlinienbestimmung bzw. durch das Handeln von Mitgliedstaaten getroffen, findet Art. 20 GrCh keine Anwendung. Ungeachtet dessen können in diesen Fällen die Diskriminierungsverbote des AEUV einschlägig sein.

4. *Folgen eines Verstoßes*

Gesetzgebungsakte und Handlungen, die gegen Art. 20 GrCh verstoßen, sind nichtig und dürfen nicht angewandt werden.[496] Der Gesetzgeber hat die Ungleichbehandlung zu beseitigen, wobei ihm ein Gestaltungsspielraum zusteht.[497] Festgestellte Verstöße gegen das Gleichheitsrecht führen im Allgemeinen dazu, dass die Ungleichbehandlung in der Folge beseitigt wird.[498] Dies kann auf verschiedene Art und Weise erreicht werden. Besteht die Benachteiligung in der Anwendung einer negativ wirkenden Regelung für eine der Vergleichsgruppen, kann die Gleichbehandlung dadurch erreicht werden, dass diese

495 *Rossi,* in: Calliess/Ruffert, EUV/AEUV, Art. 20 GrCh Rn. 15.

496 *Hölscheidt,* in: Meyer, GrCh, Art. 20 Rn. 28.

497 *Jarass,* GrCh, Art. 20 Rn. 19; *Hölscheidt,* in: Meyer, GrCh, Art. 20 Rn. 32.

498 Hierzu sowie im Folgenden *Rossi,* in: Calliess/Ruffert, EUV/AEUV, Art. 20 GrCh Rn. 29 f. sowie *Hölscheidt,* in: Meyer, GrCh, Art. 20 Rn. 33 ff.

Regelung für die benachteiligte Gruppe keine Anwendung mehr findet. Kommt hingegen eine positiv wirkende Regelung nur für eine der Vergleichsgruppen zur Anwendung, kann die Ungleichbehandlung dadurch beseitigt werden, dass der Anwendungsbereich der Regelung auf die andere Vergleichsgruppe ausgeweitet wird. In beiden genannten Fällen wird der Gleichheitsverstoß durch eine Besserstellung des Benachteiligten beseitigt. Es ist jedoch auch möglich, dass die bislang bevorzugte Vergleichsgruppe ihren Vorteil einbüßt, um eine Gleichbehandlung beider Vergleichsgruppen zu erreichen. Aus der Rechtsprechung des EuGH ergibt sich jedoch bislang die Tendenz, bis zur Entscheidung des Gesetzgebers über die Beseitigung der Ungleichbehandlung die begünstigende Regelung auf die benachteiligte Vergleichsgruppe auszuweiten.[499]

II. Die Bedeutung des allgemeinen Gleichheitsatzes für das Steuerrecht

1. Steuerrecht als Steuerverfassungsrecht

Das Steuerrecht umfasst die Gesamtheit der Rechtsnormen, die das Steuerrechtsverhältnis regeln. Damit ist es Teil einer rechtsstaatlichen Ordnung des Rechts.[500] Diese Steuerrechtsordnung muss der Rechtsstaat gerecht ausgestalten, wenn er den Erwartungen der Bürger an ihn auf eine freiheitsschonende und gerechte Verteilung der Steuerlast entsprechen will.[501] Aus diesem Grunde wird die Steuerrechtswissenschaft auch als Steuergerechtigkeitswissenschaft verstanden.[502] Die rein formelle Existenz von Behörden als Rechtsanwender und Gerichten als Wächter der Gesetzmäßigkeit kann den Wunsch nach Gerechtigkeit nicht befriedigen. Der Staat als Gesetzgeber muss vielmehr bereits bei der Ausgestaltung der Rechtsordnung für eine materielle Gerechtigkeit sorgen.[503] Dies gilt umso mehr für die Union als Verordnungs- und Richtliniengeber. Dort, wo die Union über gesetzgeberische Kompetenzen verfügt, ist sie kein mit den Nationalstaaten vergleichbarer demokratisch legitimierter Gesetzgeber. So besteht der

499 EuGH, Urt. v. 29.06.1988, Rs. C-300/86, *van Landschoot*, Slg. 1988, 3443, Rn. 22; v. 11.07.1989, Rs. C-265/87, *Schräder*, Slg. 1989, 2237, Rn. 26.

500 *Seer*, in: Tipke/Lang, Steuerrecht[24], § 1 Rz. 2.

501 *Tipke* stellt hierzu in StRO I[1], 261 fest: „Die gerechte Verteilung der Gesamtsteuerlast auf die einzelnen Bürger ist ein Imperativ der Ethik“.

502 *Seer*, in: Tipke/Lang, Steuerrecht[24], § 1 Rz. 2 mit Verweis auf das grundlegende dreibändige Werk von *Tipke*, StRO I-III sowie dazu weitergehend: *Lang, J.*, in: FS Tipke, 3 ff. und *ders.*, in: StuW 2001, 71 ff.

503 *Seer*, in: Tipke/Lang, Steuerrecht[24], § 1 Rz. 2.

Rat der Europäischen Union, der die Mehrwertsteuer-Systemrichtlinie erlässt, nach Art. 16 EUV und Art. 237 ff. AEUV aus den nationalen Regierungen und damit aus Exekutivmitgliedern.

Das Erfordernis der materiell gerecht ausgestalteten Rechtsordnung beansprucht im Steuerrecht in besonderem Maße Gültigkeit, weil sich der Bürger der Konfrontation mit Steuern aufgrund der Vielzahl der Anknüpfungspunkte *de facto* nicht bzw. nicht vollumfänglich entziehen kann. Das Steuerrecht zieht somit eine permanente Begegnung von Rechtsstaat und Bürger nach sich.[504]

Durch das EU-Rechtsstaatsprinzip, welches aus den gemeinsamen Verfassungsüberlieferungen der Mitgliedstaaten abgeleitet wird und in Art. 2 EUV vertextlicht wurde, ist die Steuergerechtigkeit eine in den Verträgen verankerte Maxime der Besteuerung. Durch den EuGH wurden diverse Grundsätze bestimmt, die ihre Grundlage im Rechtsstaatsprinzip finden.[505] Zu diesen Grundsätzen gehören das Rechtmäßigkeitsprinzip, die Rechtssicherheit, das Willkürverbot, unabhängige und unparteiische Gerichte, eine wirksame richterliche Kontrolle, die Achtung der Grundrechte und die Gleichheit vor dem Gesetz.[506] EuGH und EGMR haben gleichlaufend bekannt, dass es sich bei den Rechtsstaatlichkeitsgrundsätzen um Verfassungsgrundsätze formeller und materieller Art handelt.[507] Daraus folgt ein verfassungsrechtlicher Einfluss auf die materielle Ausgestaltung des Steuerrechts. Steuerrechtswissenschaft ist daher Verfassungsrechtswissenschaft[508], die Aufgaben sowohl für den Gesetz- bzw.

---

504 Die Beziehung zwischen Bürger und Staat auf dem Gebiet des Steuerrechts beginnt bereits mit der Geburt. *Seer* führt als Beispiel hierfür die bereits nach Geburt erteilte Steueridentifikationsnummer i. S. d. § 139a-d AO an, in: Tipke/Lang, Steuerrecht^{24}, § 1 Rz. 1. *Hey* sieht ein Rechtsgebiet, „auf dem der Bürger dem Staat alltäglich begegnet", in: Tipke/Lang, Steuerrecht^{24}, § 3 Rz. 90.

505 Mitteilung der Kommission an das Europäische Parlament und den Rat, Ein neuer EU-Rahmen zur Stärkung des Rechtsstaatsprinzips, COM(2014) 158 final, Anhang I, abrufbar unter http://eur-lex.europa.eu/resource. html?uri=cellar:caa88841-aa1e-11e3-86f901aa75ed71a1.0017.01/DOC_ 2&format=PDF.

506 Hierzu und zum Folgenden vgl. Mitteilung der Kommission an das Europäische Parlament und den Rat, Ein neuer EU-Rahmen zur Stärkung des Rechtsstaatsprinzips, COM(2014) 158 final, 4, abrufbar unter http://eur-lex.europa.eu/resource.html?uri=cellar:caa88841-aa1e-11e3-86f9-01aa75ed71a1.0017.04/DOC_1&format=PDF.

507 Vgl. nur EuGH, Urt. v. 25.07.2002, Rs. C-50/00 P, *Unión de Pequeños Agricultores*, Slg. 2002, I-6677, Rn. 38 f.; EGMR, Urt. v. 28.05.2002, *Stafford/Vereinigtes Königreich*, 46295/99, Rn. 63.

508 *Seer*, in: Tipke/Lang, Steuerrecht^{24}, § 1 Rz. 3.

Unionsrechtsgeber als auch für die Wissenschaft selbst bereithält. Der Gesetz- bzw. Unionsrechtsgeber hat die Aufgabe, „für gerechte Regeln zu sorgen und sie durchzusetzen, seine Bürger vor Unrecht zu schützen."[509] Aufgabe der Steuerrechtswissenschaft ist bereits nach *Tipke*, dem Gesetzgeber eben diese Pflicht aufzuzeigen, Steuern rechtsstaatlich vertretbar und nicht etwa willkürlich auszugestalten.[510]

2. *Zur Rechtsstaatlichkeit der Besteuerung*

Die Rechtsstaatlichkeit der Besteuerung bedingt in formeller wie materieller Hinsicht eine Bindung der Gewalten an die Grundrechte.[511] Formale Rechtsstaatlichkeit bedeutet im Wesentlichen die Teilung der Gewalten in Legislative, Exekutive und Judikative.[512] Die Gewalten haben eine gegenseitige Kontrollpflicht und sollen dadurch ihre Kompetenzen beschränken. Insbesondere steht den Bürgern der Weg zu den Gerichten frei, um die Gesetzmäßigkeit des Handelns der Eingriffsverwaltung prüfen zu lassen. Die formale Seite der Rechtsstaatlichkeit dient somit der Rechtssicherheit.[513] Rechtsstaatlichkeit im rein formalen Sinne kann jedoch nicht zur Vollendung des Rechtsstaats führen. Selbst ein Staat oder ein Staatenverbund wie die Eurpäische Union, der die Gewaltenteilung nach dem Vorbild von *Montesquieu*[514] respektiert, wird den Bürgern nur dann gerecht erscheinen, wenn er auch materiell rechtsstaatlich agiert. Das EU-Rechtsstaatsprinzip verkörpert dieses Verständnis der materialen Rechtsstaatlichkeit. Gerechtigkeit wird durch die in den Grundrechten verankerten Prinzipien vermittelt.[515] Der konkrete Inhalt materieller Rechtsstaatlichkeit orientiert sich dabei maßgeblich an der Ausgestaltung der Verfassung. Diese

509 *Tipke*, in: StRO I^1, 261. Das von *Tipke* begründete Standardwerk Steuerrecht stellt dieses Zitat als Leitsatz allen Ausführungen voran; vgl. Tipke/Lang, Steuerrecht^{24}, V.

510 *Tipke*, in: StRO I^2, 282 ff.

511 *Tipke*, in: StRO I^2, 107 ff.; *Hey*, in: Tipke/Lang, Steuerrecht^{24}, § 3 Rz. 91.

512 *Grzeszick*, in: Maunz/Dürig, GG, Art. 20 Rn. 78 f.; *Sachs*, in: Sachs, Grundgesetz, GG Art. 20, Rz. 79 f.

513 *Hey*, in: Tipke/Lang, Steuerrecht^{24}, § 3 Rz. 91.

514 Charles-Louis de Secondat, Baron de La Brède de Montesquieu, bekannt als *Montesqieu*, (1689-1755) beschrieb eine Dreiteilung der Gewalten in Gesetzgebung, vollziehende Gewalt und Rechtsprechung in seinem Werk „De l'esprit des Lois", dt. Vom Geist der Gesetze, erschienen 1748 in Genf; vgl. zum neuzeitlichen Ursprung seiner Thesen für das Prinzip der Gewaltenteilung u. a.: *Hey*, in: Tipke/Lang, Steuerrecht^{24}, § 3 C. I. 1., dort in Fn. 140; *Weber-Fas*, JuS 2005, 882 (883).

515 Zur Bedeutung der Wertordnung für das Steuerrecht vgl. *Kirchhof, P.*, StuW 1996, 3 ff.

Prinzipien sind auf das Steuerrecht als Teil einer rechtsstaatlichen Ordnung des Rechts zu übertragen.

3. *Materiell prinzipiengerechtes Steuersystem*

Ein material prinzipiengerechtes Steuersystem folgt Leitsätzen, die die Bürger zu respektieren bereit sind. Herrscht ein rechtsethischer Konsens[516], können rechtliche Entscheidungen an einer oder mehrerer dieser Grundideen gemessen werden. Das Handeln des Gesetzgebers wird sodann als gerecht empfunden und respektiert. Es kann sich dabei nur um allgemein gültige Prinzipien handeln, die der Konkretisierung im Einzelfall bedürfen.[517] Sie wirken als systemtragende Prinzipien auf das gesamte Steuerrecht ein. *Tipke* stellt als allgemeingültigen Leitsatz im Steuerrecht fest: „Die gerechte Verteilung der Gesamtsteuerlast auf die einzelnen Bürger ist ein Imperativ der Ethik“[518], mit ihr „steht und fällt die Akzeptanz der Besteuerung“[519]. Über die gerechte Lastenausteilung besteht demzufolge ethischer Konsens,[520] aufgrund dessen sie als einer der Maßstäbe für die Rechtsstaatlichkeit der Besteuerung in der Rechtsprechung fungiert.[521] Diese Maßstabsfunktionen wirken in mehrerlei Hinsicht: Zum einen dienen sie als Optimierungsgebote, an denen sich Besteuerung bei ihrer Umsetzung orientieren kann. Zum anderen wirken sie prohibitiv und setzen der Besteuerung Schranken vor. Neben diesen systemtragenden Prinzipien des Steuerrechts, die für das System als Ganzes Anwendung finden können, existieren weitere, rangniedere Grundsätze. Lediglich für einzelne Bereiche des Steuerrechts geltende systemtragende Prinzipien werden auch als „verfassungskräftige Subprinzipien“ bezeichnet.[522] Sie sind bereits derart konkretisiert, dass sich

---

516 *Hey*, in: Tipke/Lang, Steuerrecht[24], § 3 Rz. 10.

517 *Mössner*, in: FS Lang, J., 83 ff.; *Birk*, in: FS Schaumburg, 3 ff.; *Hey*, in: Tipke/Lang, Steuerrecht[24], § 3 Rz. 11.

518 *Tipke*, in: StRO I[1], 261. Das von *Tipke* begründete Standardwerk *Steuerrecht* stellt dieses Zitat als Leitsatz allen Ausführungen voran; vgl. Tipke/Lang, Steuerrecht[24], V.

519 *Mellinghoff*, in: FS Spindler, 2011, 153 (160).

520 *Weber-Grellet*, DStR 2018, 1398 (1399 f.).

521 Vgl. nur BVerfG, Urt. v. 27.06.1991, 2 BvR 1493/89, BVerfGE 84, 239, insbesondere 1. Leitsatz: „Der Gleichheitssatz verlangt für das Steuerrecht, daß die Steuerpflichtigen durch ein Steuergesetz rechtlich und tatsächlich gleich belastet werden.“; *Wernsmann*, in: HHSp., § 4 AO Rz. 410.

522 *Hey*, in: Tipke/Lang, Steuerrecht[24], § 3 Rz. 14.

ihr Anwendungsbereich nicht mehr auf das Steuersystem in seiner Gesamtheit erstreckt.[523] Einfachgesetzliche Prinzipien schließlich definieren in verfassungsmäßiger Weise einzelne Teile des Steuerrechts bzw. Steuerarten, ohne das dies zugleich verfassungsrechtlich geboten wäre. Sie genießen damit keine verfassungsrechtliche Verbindlichkeit.[524]

4. *Status quo: Das fehlende Vertrauen in die Gerechtigkeit der Besteuerung*

In letzter Zeit haben insbesondere die medienwirksamen Affären um *Panama*[525] *und Paradise Papers*, der Ankauf von Kundensätzen ausländischer Banken (sog. Steuer-CDs)[526] sowie Umsatzsteuer-Karusselle beim Handel mit Emissionszertifikaten[527] in breiten Teilen der Bevölkerung das Vertrauen in die Rechtsstaatlichkeit der Besteuerung verletzt. Die Bürger erkennen im Steuerrecht kein System mehr, das ihnen Gerechtigkeit garantiert.[528] Das dadurch bei den

---

523 Als Beispiel können im Bereich der Einkommensteuer das objektive und subjektive Nettoprinzip genannt werden; vgl. *Hey*, in: Tipke/Lang, Steuerrecht[24], § 3 Rz. 12. Aufgrund der im Rahmen dieser Arbeit herauszuarbeitenden Differenz von unionsrechtlichem allgemeinen Gleichheitssatz und Neutralitätsprinzip werden Subprinzipien im Recht der Umsatzsteuer an dieser Stelle ausgeklammert.

524 *Hey*, in: Tipke/Lang, Steuerrecht[24], § 3 Rz. 15.

525 Zum Scheinfirmenskandal siehe ausführlich die Darstellung der *Süddeutsche Zeitung*, abrufbar unter: http://panamapapers.sueddeutsche.de/ articles/56ff9a28a1bb-8d3c3495ae13. Zur Betrachtung im Lichte des Besonderen Teils des StGB vgl. *Papathanasiou*, JA 2017, 88 ff.

526 Erstmals im Jahr 2006 erwarben deutsche Behörden eine CD mit relevanten Daten einer Liechtensteiner Bank, die dem Bundesnachrichtendienst angeboten wurde. Aufgrund der gewonnenen Erkenntnisse wurde eine medienwirksame Durchsuchung des Wohnhauses des damaligen Vorstandsvorsitzenden der Deutsche Post AG, *Klaus Zumwinkel*, durchgeführt und ein Steuerstrafverfahren eingeleitet. Zum Fall „Zumwinkel" siehe *Stahl/Demuth*, DStR 2008, 600; zur Chronologie der sog. Steuer-CDs siehe *Schöler*, DStR 2015, 503.

527 Bei sog. Umsatzsteuer-Karussellgeschäften im grenzüberschreitenden Emissionszertifikatshandel führen in der Lieferkette vorgeschaltete „Unternehmer" Umsatzsteuer nicht ab; allgemein zur Wirkungsweise von Umsatzsteuer-Karussellgeschäften vgl. *Gehm*, NJW 2012, 1257 ff.; zur organisierten Umsatzsteuerhinziehung im Emissionszertifikatshandel vgl. BGH, Beschl. v. 21.11.2012 - 1 StR 391/12, DStR 2013, 140 m. Anm. *Kaiser/Zugmaier*.

528 *Birk*, in: FS Spindler, 2011, 13 (17), sieht Steuerverdrossenheit durch ein unverständliches Steuerrecht verursacht.

Bürgern entstandene Ungerechtigkeitsgefühl führt mehr und mehr zu einem Verfall der Steuermoral.[529] Steuerhinterziehung gilt in vielen Kreisen noch als Kavaliersdelikt.[530]

Menschen empfinden weniger die individuelle Höhe der Steuerlast im Einzelfall als ungerecht, sondern vielmehr die ungleiche Verteilung der Gesamtsteuerlast im Allgemeinen.[531] Der Steuerzahler fühlt sich aufgefordert, „skrupellos nach mehr oder weniger legalen Steuertipps und Steuertricks zu fahnden“[532]. Es ist kaum anders zu erklären, dass z. B. die Sachbücher von *Konz*, darunter hervorzuheben *Konz. 1000 ganz legale Steuertricks*, dauerhaft in den Bestsellerlisten von *Spiegel*[533] und *Amazon*[534] gelistet werden. Die Zahl *1000* sowie die *Accumulatio* „ganz legal“ verdeutlichen den vorherrschenden Ansporn der Steuerpflichtigen zum Steuernsparen. Hinzu kommt, dass das Vertrauen in die Gerechtigkeit der Besteuerung durch unsystematische und von Lobbyisten gesteuerte Wahlkampfgeschenke und Klientelpolitik wie etwa der sog. *Hotelsteuer*[535] untergraben wird.[536]

---

529 Vgl. *Nieskens*, UR 2018, 261 (265 f.) zu Reihengeschäften im Mehrwertsteuerrecht; *Birk*, in: FS Spindler, 13 (19).

530 *Hey*, in: Tipke/Lang, Steuerrecht[24], § 3 Rz. 2.

531 *Birk*, in: FS Spindler, 13 (16); *Mellinghoff*, in: FS Spindler, 153 (160), beide jeweils unter Berufung auf *Hobbes*, Leviathan II, 287.

532 *Hey*, in: Tipke/Lang, Steuerrecht[24], § 3 Rz. 2.

533 Siehe Platzierungsliste in der *Spiegel*-Bestsellerliste in der Kategorie Sachbücher, abrufbar unter: http://www.buchreport.de/bestseller/buch/isbn/ 9783426788417.htm.

534 *Konz*, 1000 ganz legale Steuertricks, wird beim Online-Händler Amazon als Buch-Bestseller Nr. 4 in der Kategorie Lohn & Einkommensteuer geführt, vgl. http://www.amazon.de/Konz-1000-ganz-legale-Steuertricks/dp/34267 90726/ref=zg_bs_189090_4?_encoding=UTF8&psc=1&refRID=870KAF6N8B9CDDRY2YW4.

535 Ebenfalls auf das Beispiel der „Hotelsteuer“ verweisend *Birk*, in: FS Spindler, 2011, 13 (15 f.) sowie *Seer*, Ubg 2012, 376 (382). Die Anwendung des ermäßigten Mehrwertsteuersatzes für Hotelübernachtungen auf Bestreben der FDP zum Jahresbeginn 2010 im Rahmen des Wachstumsbeschleunigungsgesetzes (Gesetz zur Beschleunigung des Wirtschaftswachstums, erlassen am 22.12.2009, BGBl. I, 3950) wurde wiederholt kritisiert, nachdem Wahlkampfspenden einer Hotelkette an die Partei bekannt wurden. Die August von Finck, Miteigentümer der Hotelkette *Mövenpick*, zuzurechnende *Substantia AG* hatte mittels dreier Teilspenden in 2009 1,1 Millionen Euro an die FDP gespendet. Zum Medienecho vgl. nur die Online-Ausgabe des *Spiegel* vom 17.01.2010, abrufbar unter: http://www.spiegel.de/ politik/deutschland/hoteliers-und-parteien-grosse-geschenke-erhalten-die-freundschaft-a-672409.html.

536 In diesem Sinne *Vogel*, DStJG 12 (1989), 123 (128 ff.), der politische Machtkämpfe als Auslöser für „Abirrungen“ im Steuerrecht identifiziert.

Nur wenn der Gesetz- bzw. Unionsrechtsgeber sich selbst an Besteuerungsmoral hält, kann er die Steuermoral des Bürgers zurückgewinnen.[537] Wer hingegen Leitlinien vorgibt und dennoch diesen Prinzipien widersprechende Sonderregelungen schafft, kann für diese Widersprüchlichkeit keine Rechtstreue und Rechtsbefolgung erwarten.[538] Um diesen Zustand zu korrigieren, muss der Gesetz- bzw. Unionsrechtsgeber das Steuerrecht formell und materiell prinzipiengerecht ausgestalten[539] und den Begehren der Lobbygruppen widerstehen.[540]

5. *Ausprägungen des allgemeinen Gleichheitssatzes im Steuerrecht*

a) *Zur Übertragbarkeit des nationalen Gewährleistungsgehalts von Art. 3 GG*

An den allgemeinen Gleichheitssatz nach Art. 20 GrCh sind nach Art. 51 Abs. 1 Satz 1 GrCh sowohl die Union als auch die nationalen Gesetzgeber gebunden.[541] Der unionsrechtliche Gleichheitssatz verlangt, dass Vergleichbares gleich und Ungleiches ungleich zu behandeln ist, wenn nicht eine hiervon abweichende Behandlung objektiv gerechtfertigt ist.[542] Im deutschen Steuerrecht ist das nationale Pendandt des Art. 3 Abs. 1 GG als das überragende „Leitprinzip zur Verwirklichung von Steuergerechtigkeit“[543] anerkannt und wird dementsprechend als „magna Charta des Steuerrechts“[544] bezeichnet. Dieses Verständnis ist maßgeblich auf das aus dem allgemeinen Gleichheitsrecht abgeleitete Prinzip der Gleichmäßigkeit der Besteuerung zurückzuführen. Der Topos der

537 *Birk*, in: FS Spindler, 2011, 13; *Hey*, StuW 2005, 317 ff.

538 *Kirchhof, P.*, StuW 2017, 3 (8).

539 *Hey*, in: Tipke/Lang, Steuerrecht[24], § 3 Rz. 4, § 3 Rz. 13 mit Verweis auf *Tipke*, in: StRO I[2], 256 ff. betreffend das Erreichen von Gerechtigkeit durch systemtragende Prinzipien.

540 *Hey*, StuW 2005, 317 (318).

541 Vgl. die Ausführungen in Kapitel 2. B. I. dieser Arbeit. Für die Bedeutung im deutschen natioaneln Recht vgl. BVerfG, Urt. v. 17.01.1957, 1 BvL 4/54, BVerfGE 6, 55 (70 f.); *Wernsmann*, in: HHSp., § 4 AO Rz. 411; *Hey*, in: Tipke/Lang, Steuerrecht[24], § 3 Rz. 110; *Tipke*, in: StRO I[2], 282 ff.; *Kirchhof, F.*, StuW 2002, 185 (187); *Friauf*, DStJG 12 (1989), 3 (27).

542 Vgl. hierzu die Ausführungen in Kapitel 2. C. I. 1. dieser Arbeit.

543 *Schaumburg*, in: FS Reiß, 25.

544 *Herzog*, VI. Deutscher Steuerzahler-Kongress 1991, 10 (11); *Wernsmann*, in: HHSp., § 4 AO Rz. 411; *Mellinghoff*, in: FS Spindler, 2011, 153 (160).

Gleichmäßigkeit der Besteuerung findet seine Grenze in den durch andere Grundrechte vermittelten Schranken.[545]

Adressaten des unionsrechtlichen Gleichheitsrechts sind – wie bei Art. 3 GG – sowohl die Verwaltung[546] als auch der Gesetzgeber[547]. Damit folgen auch aus Art. 20 GrCh die Ausprägungen der Rechtsanwendungs- und der Rechtssetzungsgleichheit.[548] Der EuGH verwendet diese Begrifflichkeiten zwar nicht explizit, legt die Prinzipien jedoch seiner Rechtsprechung zugrunde, indem er sowohl Einzelakte,[549] d. h. die Anwendung von Normen, als auch den Norminhalt[550] am allgemeinen Gleichheitssatz misst.[551] Der EuGH erkennt das allgemeine Gleichheitsrecht als Grundprinzip des Gemeinschaftsrechts an, wie es den gemeinsamen Verfassungstraditionen der Mitgliedsstaaten entspricht.[552] Das nationale Verständnis von Rechtsanwendungs- und Rechtssetzungsgleichheit aus Art. 3 GG kann daher nur insoweit auf Art. 20 GrCh übertragen werden, als es den Verfassungen der Mitgliedstaaten entspricht. In diesem Zusammenhang ist jedoch zu beachten, dass der EuGH die Verfassungen der Mitgliedsstaaten als bloße Rechtserkenntnisquellen, nicht jedoch als Rechtsquellen ansieht.[553]

---

545 Einzelheiten zu den verfassungsmäßigen Schranken werden an dieser Stelle nicht erläutert. Bei Bedarf wird an geeigneter Stelle auf Steuereingriffsschranken eingegangen. Zu den Steuereingriffsschranken s. *Hey*, in: Tipke/Lang, Steuerrecht[24], § 3 Rz. 97; *Englisch*, Wettbewerbsgleichheit im grenzüberschreitenden Handel, 574; *Birk*, Das Leistungsfähigkeitsprinzip als Maßstab der Steuernormen, 136; *Wernsmann*, in: HHSp., § 4 AO Rz. 521 ff., 530 ff.; *Kirchhof, F.*, BB 2017, 662 (663); *Waldhoff*, in: W. Schön/K. Beck, Zukunftsfragen, 125 (130); *Wernsmann*, in: W. Schön/K. Beck, Zukunftsfragen, 161 (168); Speziell zur Eigentumsgarantie *Friauf*, DStJG 12 (1989), 3 (19 ff.); speziell zum Schutz und zur Förderung der Familie *Axer*, DStJG 29 (2006), 175 (176 ff.).

546 *Classen/Nettesheim*, in Oppermann/Classen/Nettesheim, Europarecht, § 17 Rn. 66

547 *Kokott*, Steuerrecht der EU § 3 Rn. 12.

548 *Kokott*, Steuerrecht der EU § 3 Rn. 12, 13, 18; *Ohlendorf*, Grundrechte als Maßstab des Steuerrechts in der EU, 218; *Hölscheidt*, in: Meyer/Hölscheidt, GrCh, Art. 20 Rn 18; *Lemke*, in: von der Groeben/Schwarze/Hatje, Europäisches Unionsrecht, Art. 20 GrCh Rn. 9; *von der Decken*, in: Heselhaus/Nowak, Handbuch der Europäischen Grundrechte, § 47 Rn. 19; *Rossi*, in: Calliess/Ruffert, EUV/AEUV, Art. 20 GrCh Rn. 8 ff.; *Jarass*, GrCh, Art. 20 Rn. 3 f., 21.

549 EuGH, Urt. v 27.02.1985, Rs. C-56/83, *Italien/KOM*, Rn. 31, 41.

550 EuGH, Urt. v. 19.10.1977, Rs. C-117/76 u. a., *Ruckdeschel*, Slg. 1977, 1753, Rn. 7.

551 *von der Decken*, in: Heselhaus/Nowak, Handbuch der Europäischen Grundrechte, § 47 Rn. 19.

552 Vgl. hierzu die Ausführungen in Kapiel 2. C. I. 1. dieser Arbeit.

553 Vgl. hierzu die Ausführungen in Kapiel 2. A. II. 2. C. I. 1. dieser Arbeit.

Die Verfassungstraditionen der Mitgliedsstaaten werden dabei durch den EuGH europarechtsautonom bestimmt und nicht etwa zwingend von den jeweiligen Interpretationen der mitgliedstaatlichen Judikative definiert. Der EuGH legt mithin ohne einen Rechsvergleich der mitgliedstaatlichen Verfassungen selbst fest, welcher Gewährleistungsgehalt auf europarechtlicher Ebene Anwendung findet.[554] Formell stimmt die Formulierung des Art. 3 GG mit der des Art. 20 GrCh nahezu überein. Daher ist das Verständnis des Art. 3 GG zumindest ein Fingerzeig für die Auslegung des Art. 20 GrCh. Mitunter wird davon ausgegangen, dass Art. 3 GG und Art. 20 GrCh auch materiell „in jeder Hinsicht" vergleichbar sind.[555] Wo Rechtsprechung und Rechtswissenschaft den europarechtlichen Gleichheitssatz noch nicht abschließend konkretisiert haben, kann daher indiziell auf das deutsche Rechtsverständnis zurückgegriffen werden.[556]

b) Rechtsanwendungsgleichheit

Inhalt des Gleichheitssatzes ist die Gleichheit vor dem Gesetz. Art. 20 GrCh fordert die gleichheitskonforme Anwendung steuerlicher Normen durch die Finanzbehörden und die Gerichte.[557] Diese sog. Rechtsanwendungsgleichheit bedeutet Gleichheit in der faktischen Belastung gleicher Sachverhalte.[558] Es ist daher sachgerecht, die durch das Bundesverfassungsgericht entwickelte Forderung nach einer „Gleichheit im Belastungserfolg"[559] insoweit für das Unionsrecht zu übernehmen.[560]

---

554 *Sachs*, in: Stern/Sachs, GrCh, Art. 20 Rn. 5. 2. C. I. 1.

555 *von der Decken*, in: Heselhaus/Nowak, Handbuch der Europäischen Grundrechte, § 47 Rn. 19.

556 So verweist z. B. *Kokott* zur Rechtsanwendungsgleichheit nach Art. 20 GrCh auf eine Entscheidung des BVerfG, in: Steuerrecht der EU § 3 Rn. 17; Für eine Übertragung der deutschen Verfassungsdogmatik auf Art. 20 GrCh ferner *Ohlendorf*, Grundrechte als Maßstab des Steuerrechts in der EU, 226.

557 *Kokott*, Steuerrecht der EU § 3 Rn. 17; *Jarass*, GrCh, Art. 20 Rn. 3 f. Zum deutschen nationalen Recht siehe nur BFH, Urt. v. 20.07.1956, III 195/54 U, BStBl. III 1956, 256; *Dürig*, in: Maunz/Dürig, GG, Art. 3 Rn. 185a ff.; *Wernsmann*, in: HHSp., § 4 AO Rz. 423; *Drüen*, in: Tipke/Kruse, § 3 AO Rz. 52.

558 *Kokott*, Steuerrecht der EU § 3 Rn. 17.

559 BVerfG, Urt. v. 27.06.1991, 2 BvR 1493/89, BVerfGE 84, 239 (271). Für weitere Rechtsprechungsnachweise siehe *Ohlendorf*, Grundrechte als Maßstab des Steuerrechts in der EU, 191.

560 *Kokott*, Steuerrecht der EU § 3 Rn. 17 zum strukturellen Vollzugsdefizit nach BVerfG, Urt. v. 27.06.1991, 2 BvR 1493/89, BVerfGE 84, 239; *von der Decken*, in: Heselhaus/Nowak, Handbuch der Europäischen Grundrechte, § 47 Rn. 19.

c) *Rechtssetzungsgleichheit*

Die Bindung des Gesetzgebers selbst an den Gleichheitssatz führt ferner zum Gebot der Rechtssetzungsgleichheit.[561] Der Gesetzgeber muss folglich abstrahiert von den individuellen Anwendungsfällen zunächst einmal die Gleichheit bereits bei der Rechtsetzung beachten.[562] Das Steuergesetz selbst muss sich daher an dem allgemeinen Gleichheitsrecht messen lassen.[563] Der EuGH fordert zur Wahrung des allgemeinen Gleichheitssatzes, dass vergleichbare Sachverhalte nicht unterschiedlich und dass unterschiedliche Sachverhalte nicht gleich behandelt werden, sofern eine solche Behandlung nicht objektiv gerechtfertigt ist.[564] Zur Vergeichbarkeitsprüfung sind Vergleichspaare zu bilden. Die zur Vergleichbarkeit durch den EuGH herangezogenen Krieterien sind bislang inkonsistent geblieben.[565] Ungeeignet als Vergleichsmaßstab erscheint jedenfalls die vollkommene Identität zweier Individuen oder Sachlagen, weil diese praktisch niemals vorherrscht.[566] Ebenso wenig zielführend ist die Ausrichtung der Verglichbarkeit an einem für den Regelungsbereich irrelevanten Parameter, da „zwei Sachverhalte stets unter irgendeinem Aspekt ‚vergleichbar' sind".[567] Entsprechend der deutschen Verfassungsrechtsdogmatik sowie der Lehre in einer Vielzahl von Mitgliedstaaten ist die Gleichheit indes auch auf Unionsebene nach bereichsspezifischen sowie sachgerechten Anknüpfungspunkten zu bestimmen, die den Vergleichsmaßstab definieren[568] – sog. *tertium comparationis*.[569] Hierfür

561 *Kokott*, Steuerrecht der EU § 3 Rn. 12, 13, 18; *Ohlendorf*, Grundrechte als Maßstab des Steuerrechts in der EU, 218; *Hölscheidt*, in: Meyer/Hölscheidt, GrCh, Art. 20 Rn 18; *Lemke*, in: von der Groeben/Schwarze/Hatje, Europäisches Unionsrecht, Art. 20 GrCh Rn. 9; *von der Decken*, in: Heselhaus/Nowak, Handbuch der Europäischen Grundrechte, § 47 Rn. 19; *Rossi*, in: Calliess/Ruffert, EUV/AEUV, Art. 20 GrCh Rn. 8 ff.; *Jarass*, GrCh, Art. 20 Rn. 3 f., 21.

562 *Hölscheidt*, in: Meyer/Hölscheidt, GrCh, Art. 20 Rn 18.

563 *Ohlendorf*, Grundrechte als Maßstab des Steuerrechts in der EU, 218.

564 EuGH, Urt. v. 13.12.1994, Rs. C-306/93, *Winzersekt*, Slg. 1994, I-5555, Rn. 30.

565 Mit einer ausführlichen Darstellung und Kritik *Ohlendorf*, Grundrechte als Maßstab des Steuerrechts in der EU, 221 ff.

566 *Hey*, in: Tipke/Lang, Steuerrecht[24], § 3 Rz. 117.

567 *Ohlendorf*, Grundrechte als Maßstab des Steuerrechts in der EU, 225 f.

568 Für eine detaillierte Begründung vgl. *Ohlendorf*, Grundrechte als Maßstab des Steuerrechts in der EU, 226 ff.

569 *Birk*, Das Leistungsfähigkeitsprinzip als Maßstab der Steuernormen, 155 ff.; *Löhr*, Optionsrecht für Vermietungsumsätze, 184 ff.; *Englisch*, Wettbewerbsgleichheit im grenzüberschreitenden Handel, 82 ff.; *Wernsmann*, in: HHSp., § 4 AO Rz. 410, 479 ff.; *Drüen*, in: Tipke/Kruse, § 3 AO Rz. 43; *Hey*, in: Tipke/Lang, Steuerrecht[24], § 3

ist zunächst ein Gerechtigkeitsmaßstab zu definieren, der für das gesamte Rechtsgebiet gilt. Dieser kann sodann bereichsspezifisch infolge der individuellen Besonderheiten dieses Teilbereichs fortentwickelt werden.[570]

d) Zur Existenz eines unionsrechtlichen Folgerichtigkeitsgebotes

aa) Folgerichtigkeit im gesamteuropäischen Kontext

Während betreffend die Rechtsanwendungs- und der Rechtssetzungsgleichheit Einigkeit über deren Existenz auf unionsrechtlicher Ebene herrscht,[571] stellt das Gebot der Folgerichtigkeit in seiner Geltung eine Besonderheit der deutschen Verfassungsdogmatik dar. Nachfolgend ist daher Gegenstand der Untersuchung, inwiefern aus Art. 20 GrCh eine Bindung der Unionsorgane und der nationalen Gesetzgeber an das Gebot der Folgerichtigkeit abgeleitet werden kann.

bb) Verständnis nach deutschem Recht

Das Gebot der Folgerichtigkeit wird nach deutschem Rechtsverständnis als die „bedeutsamste steuerliche Wirkung“[572] des Gleichheitssatzes verstanden.[573] Es handelt sich bei dem Folgerichtigkeitsgebot seiner Konzeption entsprechend um kein Aliud, das neben der Rechtsanwendungs- und Rechtssetungsgleichheit Anwendung findet, sondern um eine besondere Ausprägung der Rechtssetzungsgleichheit. Gleichsam hat es sich in der Rechtsprachung des Bundesverfassungsgerichts mittlerweile verselbständigt und wird als unmittelbarer Ausfluss des allgemeinen Gleihheitsrechts effektiviert.[574] Eine einmal durch den Gesetzgeber definierte Belastungsgrundentscheidung ist demzufolge im Anschluss

---

Rz. 121 ff.; *Kirchhof, P.*, StuW 2017, 3 (4 f.); *Michael*, JuS 2001, 148 (152); *Wendt*, DÖV 1988, 712 (713).

570 *Löhr*, Optionsrecht für Vermietungsumsätze, 203.

571 *Kokott*, Steuerrecht der EU § 3 Rn. 12, 13, 18; *Ohlendorf*, Grundrechte als Maßstab des Steuerrechts in der EU, 218; *Hölscheidt*, in: Meyer/Hölscheidt, GrCh, Art. 20 Rn 18; *Lemke*, in: von der Groeben/Schwarze/Hatje, Europäisches Unionsrecht, Art. 20 GrCh Rn. 9; *von der Decken*, in: Heselhaus/Nowak, Handbuch der Europäischen Grundrechte, § 47 Rn. 19; *Rossi*, in: Calliess/Ruffert, EUV/AEUV, Art. 20 GrCh Rn. 8 ff.; *Jarass*, GrCh, Art. 20 Rn. 3 f., 21.

572 *Kirchhof, P.*, StuW 2006, 3 (14).

573 *Tipke*, in: FS Reiß, 9 (11).

574 Vgl. nur BVerfG, Urt. v. 27.06.1991, 2 BvR 1493/89, BVerfGE 84, 239 (271); *Englisch*, Wettbewerbsgleichheit im grenzüberschreitenden Handel, 76; *Schuster*, Das Kohärenzprinzip in der Europäischen Union, 87 ff.

folgerichtig auszugestalten.[575] Der Gesetzgeber hat dabei die Bereichsspezifika des jeweiligen Lebensbereichs zu berücksichtigen.[576] Das Folgerichtigkeitsgebot schränkt den gesetzgeberischen Gestaltungsfreiraum bereits auf Ebene der Normausgestaltung ein. Ausnahmen von der getroffenen Belastungsgrundentscheidung bedürfen daher eines besonderen sachlichen Grundes.[577] Widersprüchliche Konzeptionen auf ein und demselben Rechtsgebiet sollen somit im Vorhinein ausgeschlossen werden. Dieses Prinzip folgt dem Gedanken, dass eine in sich widersprüchliche Gesamtkonzeption regelmäßig nicht auf einem vernünftigen Grund basieren kann und daher willkürlich ist.[578]

Die gesetzgeberische Bindung an das Gebot der Folgerichtigkeit führt nicht so weit, dass eine Abkehr von einer einmal getroffenen Entscheidung gänzlich verhindert wird. Identifizierte Gleichheitssatzverstöße würden sodann mit der Folgerichtigkeit als einem aus dem Gleichheitssatz abgeleiteten Gebot gerechtfertigt. Dieser Zirkelschluss zeigt auf, dass eine einmal getroffene Belastungsentscheidung auch verändert werden kann. Der Gesetzgeber kann neue, sachgerechte Besteuerungsprinzipien aufstellen und einen Systemwechsel vollziehen.[579] In diesem ist keine rechtfertigungsbedürftige „Durchbrechung" des bisherigen Systems zu sehen.[580] Der Gesetzgeber muss dabei jedoch konsequent vorgehen, weil sich andernfalls jede Ausnahme ohne Weiteres mit dem Beginn einer Neukonzeption rechtfertigen ließe.[581] Das Bundesverfassungsgericht stellt dazu in seiner Entscheidung zur Pendlerpauschale fest: „Einen zulässigen Systemwechsel kann es ohne ein Mindestmaß an neuer Systemorientierung nicht

---

575 *Tipke*, in: StRO I², 327 ff.; *Kokott*, Steuerrecht der EU § 3 Rn. 46; *Kirchhof, F.*, BB 2017, 662 (664); *Wernsmann,* in: HHSp., § 4 AO Rz. 516 mit zahlreichen Rechtsprechungsnachweisen des BVerfG; *ders.*, StuW 2018, 100 (104); *Drüen,* in: Tipke/Kruse, § 3 AO Rz. 46; *Birk*, DStR 2009, 877 (881 ff.); *Mellinghoff*, in: FS Spindler, 2011, 153 (164 ff.); *Kirchhof, P.*, StuW 2017, 3 (7 ff.).

576 *Löhr*, Optionsrecht für Vermietungsumsätze, 184 ff.; *Kirchhof, P.*, in: Maunz/Dürig, GG, Art. 3 Rn. 409.

577 *Kirchhof, P.*, in: Maunz/Dürig, GG, Art. 3 Rn. 422.

578 *Ohlendorf*, Grundrechte als Maßstab des Steuerrechts in der EU, 188 mit Verweis auf die Herleitung dieser Wertung von *Kirchhof, P.*, in: HStR³, Band VIII, § 181 Rn. 209 ff.

579 *Huster*, Rechte und Ziele, 391; *Kirchhof, F.*, BB 2017, 662 (664).

580 *Englisch,* in: FS J. Lang, 2010, 167 (192 f.).

581 BVerfG, Urt. v. 09.12.2008, 2 BvL 1/07, 2 BvL 2/07, 2 BvL 1/08, 2 BvL 2/08, BVerfGE 122, 210 (242 f); *Ohlendorf*, Grundrechte als Maßstab des Steuerrechts in der EU, 188; *Drüen*, StuW 2008, 3 (10).

geben."[582] Der Ermessensspielraum des Gesetzgebers bei Neukonzeptionen ist dessen ungeachtet erheblich, wie sich an der Einführung der Abgeltungsteuer im Bereich der einkommensteuerlichen Einkünfte aus Kapitalvermögen zeigt.[583]

cc) Folgerichtigkeit im Unionsrecht

Der EuGH hat bislang für das Unionsrecht keine dem deutschen Verständnis entsprechende Bindung der Grundrechtsverpflichteten an das Gebot der Folgerichtigkeit entwickelt.[584] Das allgemeine Gleichheitsrecht ist auf dem Gebiet der deutschen Einkommensteuer, wie etwa die Entscheidung zur Pendlerpauschale[585] zeigt, bei der der Verstoß gegen das Folgerichtigkeitsgebot die Feststellung der Verfassungswidrigkeit der Norm maßgeblich begründete,[586] in einen Folgerichtigkeitsduktus eingebettet, infolgedessen der nationale Gesetzgeber bereits auf der Ebene der Ausgestaltung von Rechtsnormen konsequent die folgerichtige Umsetzung seiner historischen Belastungsentscheidung wahren muss. Im Gegensatz dazu gestattet der EuGH etwa dem Richtliniengeber bei der Ausgestaltung von Sekundärrechtsakten einen weitreichenden Ermessensspielraum. Eine Darstellung im Rahmen dieser Arbeit zeigt auf, dass im Anwendungsbereich des unionsrechtlichen allgemeinen Gleichheitssatzes eine Rechtfertigungsprüfung zumeist unterbleibt, weil der EuGH die Sachverhalte bereits nicht als vergleichbar erachtet und dabei lediglich auf die Willensbildung des Richtliniengebers rekurriert.[587] Der EuGH hat damit in Abgrenzung zum Bundesverfassungsgericht keinen dem Folgerichtigkeitgebot entsprechenden

582 BVerfG, Urt. v. 09.12.2008, 2 BvL 1, 2/07, 1, 2/08, BVerfGE 122, 210 (242); vgl. *Drüen*, in: Tipke/Kruse, § 3 AO Rz. 46. Zum Gebot Folgerichtigkeit vor dem Hintergrund der Entscheidung des BVerfG zur Pendlerpauschale siehe *Birk*, DStR 2009, 877 (881 ff.).

583 Die Verfassungswidrigkeit unter Prüfung der Grundsätze eines Systemwechsels bejahend *Englisch*, Abgeltungsteuer, 7 f., 11 ff., 21 ff.; *Lehner*, DStJG 30 (2007), 61 (64); *Ohlendorf*, Grundrechte als Maßstab des Steuerrechts in der EU, 190 mit einer ausführlichen Darstellung der Kritik an der Abgeltungsteuer. Die Zulässigkeit befürwortend demnach u. a. *Lang, J.*, in: FS Schaumburg, 45 (62), *Wernsmann*, Beihefter zu DStR 34/2009, 101 (102 f.).

584 *Krieger*, Unechte Umsatzsteuerbefreiung im Unionsrecht, 299; *Ohlendorf*, Grundrechte als Maßstab des Steuerrechts in der EU, 228.

585 BVerfG, Urt. v. 09.12.2008, 2 BvL 1/07, 2 BvL 2/07, 2 BvL 1/08, 2 BvL 2/08, BVerfGE 122, 210 (235).

586 *Eichberger*, in: FS für den BFH 2018, 501 (511).

587 Vgl. hierzu die Ausführungen in Kapitel 4. B. V. 7. dieser Arbeit.

Behelfsanknüpfungspunkt im Verfassungsrecht geschaffen, mithilfe dessen ein Rechtsakt überprüft und, sofern notwendig, verworfen werden kann.

Der EuGH bemüht gegenwärtig einzig den mit dem Gebot der Folgerichtigkeit vergleichbaren Kohärenzgedanken als Schranken-Schranke im Rahmen der Verhältnismäßigkeitsprüfung.[588] Demnach ist eine beschränkende Regelung „nur dann geeignet […], die Erreichung des geltend gemachten Ziels zu gewährleisten, wenn sie tatsächlich dem Anliegen gerecht wird, es in kohärenter und systematischer Weise zu erreichen."[589] So wurde etwa eine überschießende Wegzugsbesteuerung vor dem Hintergrund der Missbrauchsvermeidung als unverhältnismäßig eingestuft und verworfen.[590] Abweichend von dem Gebot der Folgerichtigkeit nach Art. 3 GG handelt es sich bei dem Kohärenzprinzip jedoch weder um eine unmittelbare Ausprägung des unionsrechtlichen Gleichheitssatzes, noch ist der Prüfungsmaßstab des EuGH in seiner Kontrolldichte mit der Rechtsprechung des Bundesverfassungsgerichts vergleichbar.[591] In der gegenwärtig angewandten Kontrolldichte ist das Kohärenzerfordernis des EuGH „weniger als das Gleichheitsgebot. Letzteres verlangt eine Gleichbehandlung vergleichbarer Sachverhalte; die Kohärenz verlangt nur eine Widerspruchsfreiheit vergleichbarer Sachverhalte."[592]

Der Umgang des EuGH mit gleichheitsrechtlichen Bedenken wird im Rahmen dieser Arbeit noch detailliert analysiert und einer kritischen Reflexion unterzogen.[593] An dieser Stelle ist jedoch bereits festzuhalten, dass die Abstinenz eines unionsrechtlichen Folgerichtigkeitsgebots keinesfalls mit einer zu tolerierenden Aushöhlung des Grundrechtsschutzes auf Unionsebene gleichzusetzen ist. Denn zum einen ist auch ein Verstoß gegen das Gebot der Folgerichtigkeit nicht per se mit der Verfassungswidrigkeit einer Norm gleichzusetzen. Eine Verletzung der Belastungsentscheidung eröffnet vielmehr die Auseinanderserzung mit den gesetzgeberischen Argumenten auf der Rechtfertigungsebene.[594] Zum

---

588 *Englisch* sieht in der Kohärenz einer „Art Folgerichtigkeitsgebot", in: DStJG 41 (2018), 273 (347); *Staringer*, DStJG 41 (2018), 365 (367 ff.); *Kokott*, Steuerrecht der EU § 3 Rn. 47; *Ohlendorf*, Grundrechte als Maßstab des Steuerrechts in der EU, 228 ff.; *Payandeh*, AöR 2011, 579 (599).

589 EuGH, Urt. v. 19.05.2009, Rs. C-171/07 u. a., *Apothekerkammer des Saarlandes u. a.*, Slg. 2009, I-4171, Rn. 41 ff.

590 EuGH, Urt. v. 11.02.2004, Rs. C-9/02, *Lasteyrie du Saillant*, Slg. 2004, I-2409, Rn. 88.

591 *Ohlendorf*, Grundrechte als Maßstab des Steuerrechts in der EU, 229.

592 *Lippert*, EuR 2012, 90 (92).

593 Vgl. hierzu die Ausführungen in Kapitel 4. B. V. dieser Arbeit.

594 *Eichberger*, in: FS für den BFH 2018, 501 (511), sieht im Folgerichtigkeitsgebot „kein selbstständig tragendes verfassungsrechtliches Prinzip, gegen das zu verstoßen schon

anderen geht der Befund, „dass gesetzliche Belastungsentscheidungen folgerichtig umzusetzen sind, [...] nicht weiter als der Hinweis darauf, dass nach dem allgemeinen Gleichheissatz – sofern keine Rechtfertigung für eine Abweichung vorliegt – gleiche Sachverhalte gleich und ungleiche ungleich behandelt werden müssen."[595] Damit wohnt die an der Belastungsgrundentscheidung orientierte Ausgestaltung der Rechtsnormen dem allgemeinen Gleichheitsgrundrecht implizit als „Denkgesetz"[596] inne,[597] ohne dass dafür der explizite Rekurs auf das Folgerichtigkeitsgebot notwendig ist.

Eine in sich widersprüchliche Gesamtkonzeption basiert nicht auf einem vernünftigen Grund und ist daher willkürlich. Das Prinzip der konsistenten Ausgestaltung von Rechtsnormen liegt damit „jeder (Steuer-) Rechtsordnung zu Grunde, die diesen Namen verdient."[598] Eine inkohärent ausgestaltete Rechtsordnung wird losgelöst von der Bezeichnung der sie wahrenden Rechtsprinzipien und deren Anwendung auf Normausgestaltungs- oder Rechtfertigungsebene stets zu einer ungerechten, weil willkürlichen Lastenverteilung führen. Gerechtigkeit im gesamten Steuerrecht spiegelt sich hingegen in der gerechten Austeilung steuerlicher Lasten wider.[599] Als Vergleichsmaßstab gerechter Lastenausteilung dient weltweit das Leistungsfähigkeitsprinzip.[600] Inwiefern das Prinzip der Besteuerung nach der Leistungsfähigkeit ein europäisches Verfassungsprinzip darstellt, infolgedessen die Besteuerung an eben diesem Prinzip auszurichten ist, werde ich in den folgenden Kapiteln noch untersuchen.[601]

---

für sich genommen die Verfassungswidrigkeit einer Norm begründen könnte. Er ist vielmehr lediglich eine Auspragung des allgemeinen Gleichheitssatzes mit einer begrenzten Indizwirkung."

595 *Eichberger*, in: FS für den BFH 2018, 501 (511).

596 *Tipke*, in: FS Reiß, 9 (14).

597 *Krieger*, Unechte Umsatzsteuerbefreiung im Unionsrecht, 299, 301.

598 *Kokott*, Steuerrecht der EU § 3 Rn. 46.

599 Siehe für eine detaillierte Analyse der Anforderungen an einen sachgerechten Vergleichsmaßstab im gesamten Steuerrecht *Löhr*, Optionsrecht für Vermietungsumsätze, 203 ff.

600 International ist das Leistungsfähigkeitsprinzip auch unter den Begriffen „equality of taxation" oder „ability to pay" bekannt, vgl. *Kirchhof, F.*, BB 2017, 662 sowie *Hey*, in: Tipke/Lang, Steuerrecht[24], § 3 Rz. 41. Vgl. zur Bedeutung in der Bundesrepublik Deutschland nur BVerfG, Urt. v. 27.06.1991, 2 BvR 1493/89, BVerfGE 84, 239, insbesondere 1. Leitsatz: „Der Gleichheitssatz verlangt für das Steuerrecht, daß die Steuerpflichtigen durch ein Steuergesetz rechtlich und tatsächlich gleich belastet werden".

601 Vgl. hierzu die Ausführungen in Kapitel 2. D. II. dieser Arbeit.

dd) Fazit

Entgegen der Auffassung einiger Literaturstimmen[602] existiert gegenwärtig auf unionsrechtlicher Primärebene kein Pendant zum Folgerichtigkeitsgebot in der Lesart des Bundesverfassungsgerichts. Aus dem Hinweis, dass die am Belastunggrund gemessen folgerichtige Ausgestaltung von Rechtsnormen implizit im allgemeinen Gleichheitssatz enthalten ist, kann keine primärrechtliche Verankerung des Folgerichtigkeitsgebotes über Art. 20 GrCh abgeleitet werden. Im gesamteuropäischen Kontext nimmt die extensive Bindung des deutschen nationalen Gesetzgebers an das Gebot der Folgerichtigkeit eine Sonderstellung ein.[603] Das Folgerichtigkeitsgebot in seiner Effektivierung durch das Bundesverfassungsgericht kann daher nicht als *common sense* der gemeinsamen Verfassungsüberlieferungen in Art. 20 GrCh hineininterpretiert werden.

Im Ergebnis ist im Rahmen der Verhältnismäßigkeitsprüfung zu untersuchen, ob Abweichungen von der Belastungsgrundentscheidung nach den Maßstäben von Art. 20 GrCh gerechtfertigt werden können. Eine darüber hinausgehende legislative Beschränkung durch ein unionsrechtliches Folgerichtigkeitsgebot besteht indes nicht.

6. Verhältnis des allgemeinen Gleichheitssatzes zu anderen Unionsgrundrechten

a) Spezielle Gleichheitssätze

Der allgemeine Gleichheitssatz tritt hinter die speziellen Gleichheitsgrundrechte bzw. Diskriminierungsverbote des AEUV zurück.[604] So geht etwa das Verbot der Diskriminierung wegen personengebundener Merkmale in Art. 21 GrCh als *lex specialis* dem allgemeinen Gleichheitssatz des Art. 20 GrCh vor.[605] Dies gilt auch hinsichtlich der Gleichheit von Mann und Frau nach Art. 23 GrCh.[606]

---

602 *Krieger*, Unechte Umsatzsteuerbefreiung im Unionsrecht, 297 ff.; *Englisch*, in: de la Feria, VAT Exemptions, 37 (56); *Widmann*, UR 2013, 15 (21); *Tipke*, in: FS Reiß, 9 (14); *Söhn*, StuW 1976, 1 (4).

603 *Ohlendorf*, Grundrechte als Maßstab des Steuerrechts in der EU, 206, untersucht die Verfassungen einiger Mitgliedstaaten mit und ohne steuerliches Sondergleichheitsrecht hinsichtlich ihrer grundrechtlichen Gewährung von Belastungsgleichheit und kommt zu dem Schluss, dass das Folgerichtigkeitsgebot „außerhalb der deutschen Rechtsordnung […] weniger ausgeprägt" ist.

604 *Jarass*, GrCh, Art. 20 Rn. 5.

605 EuGH, Urt. v. 10.05.2011, Rs. C-147/08, *Römer*, Slg. 2011, I-3645, Rn. 59; Urt. v. 22.05.2014, Rs. C-356/12, *Glatzel*, EU:C:2014:350, Rn. 43; *Jarass*, GrCh, Art. 21 Rn. 6.

606 *Jarass*, GrCh, Art. 20 Rn. 5, Art. 23 Rn. 7.

Das allgemeine Verbot der Diskriminierung aus Gründen der Staatsangehörigkeit i. S. d. Art. 18 AEUV und das Gebot der Gleichstellung von Männern und Frauen im Arbeitsleben gemäß Art. 157 AEUV geht ebenfalls der Anwendung von Art. 20 GrCh vor.[607]

b) Freiheitsgrundrechte

Die Wirtschaftsgrundrechte der Berufsfreiheit, der unternehmerischen Freiheit sowie der Achtung und des Schutzes des Eigentums in Art. 15, 16 und 17 GrCh finden parallel zum allgemeinen Gleichheitssatz Anwendung.[608] Die Abgrenzung von Art. 15 und Art. 16 GrCh ist dabei unsicher.[609] Es liegt nahe, Art. 15 GrCh ausschließlich für Arbeitnehmer anzuwenden[610], weil Art. 16 GrCh jede selbstständige Tätigkeit umfasst.[611]

Im Verhältnis von Art. 15 und 16 GrCh zu Art. 17 GrCh ist eine zeitliche Unterscheidung zu treffen. Während die Eigentumsgarantie des Art. 17 GrCh Anwendung findet, soweit bereits etwas erworben wurde und es sich um eine Frage der Substanzpflicht handelt, sind Art. 15 und 16 GrCh einschlägig, sofern handlungsbezogene Pflichten vor dem Erwerb betroffen sind.[612] Diesbezüglich wird es in vielen Fällen zu Überschneidungen kommen, die eine strikte Trennung wenig sachgerecht erscheinen lassen. Nicht selten dürften die genannten Grundrechte daher parallel Anwendung finden.[613] Entsprechend dem Pluralismus in der Prüfung der Grundfreiheiten[614] ist daher auch zu konstatierten, dass der EuGH für die Anwendung der Wirtschaftsgrundrechte ebenfalls ohne eine exakte Abgrenzung der einzelnen Gewährleistungen eine pluralistische Prüfung von Wirtschaftsgrundrechten und allgemeinem Gleichheitssatz vollzieht.[615]

---

607 *Rossi,* in: Calliess/Ruffert, EUV/AEUV, Art. 20 GrCh Rn. 17.

608 *Kingreen,* in: Calliess/Ruffert, EUV/AEUV, Art. 15 GrCh Rn. 23; *Jarass*, GrCh, Art. 15 Rn. 5.

609 *Jarass*, GrCh, Art. 15 Rn. 4 mit Verweis auf die Beratungen im Januar 2000 zu der damaligen Fassung der Charta.

610 *Jarass*, GrCh, Art. 15 Rn. 4.

611 *Jarass*, GrCh, Art. 16 Rn. 9.

612 *Jarass*, GrCh, Art. 17 Rn. 4.

613 *Jarass*, GrCh, Art. 17 Rn. 4.

614 *Skouris*, DÖV 2006, 89 (94) m. w. N.

615 Für den Bereich der Mehrwertsteuer vgl. EuGH, Schlussantr. GA *Kokott* v. 08.06.2017, Rs. C-246/16, *Enzo Di Maura*, ECLI:EU:C:2017:440, Rn. 46. Nach *Löhr* sind steuerliche Normen anhand eines kombinierten Prüfungsmodells aus Gleichheitssatz und Freiheitsgrundrechten zu überprüfen, in: Optionsrecht für Vermietungsumsätze, 132 ff.

Art. 16 GrCh ist ausweislich der Charta-Erläuterungen eine Vertextlichung der ungeschriebenen Grundrechte zur Ausübung einer wirtschaftlichen Tätigkeit[616] sowie der unternehmerischen Vertragsfreiheit[617] und geht zudem auf Art. 119 Abs. 1 und Abs. 3 AEUV zurück, wonach die Union und die Mitgliedstaaten die Wettbewerbsfreiheit anerkennen.[618] Unter die geschützte Tätigkeit sind alle Aspekte der Durchführung der Betätigung einschließlich ihrer Aufnahme und Beendigung zu fassen, darunter insbesondere die Rechtsformwahl[619], die Art und Weise der Unternehmensführung einschließlich der Verfügung über wirtschaftliche, technische und finanzielle Ressourcen[620] sowie die Vertragsfreiheit[621].[622]

Mit Blick auf die Mehrwertsteuer stellt eine seiner Funktion im Steuersystem widersprechende Belastung des Unternehmers[623] mit Umsatzsteuer einen Eingriff in die unternehmerische Freiheit dar.[624] Der Unternehmer wird sodann in der Durchführung seiner Tätigkeit eingeschränkt und hat nicht die Möglichkeit, frei über seine finanziellen Ressourcen zu verfügen. Nicht jede unsystematische Belastung des Unternehmers mit Umsatzsteuer führt jedoch zu einem Verstoß gegen Art. 16 GrCh. Ein Eingriff in die durch Art. 16 GrCh gewährleisteten unternehmerischen Rechte ist nur dann anzunehmen, wenn eine Maßnahme sich als „hinreichend direkte und bedeutsame Auswirkung auf die freie Berufsausübung“[625] darstellt.[626] Wann eine Einschränkung die Schwelle einer bloß mittelbaren und unbedeutsamen Auswirkung auf die Freiheit der Berufsausübung

616 EuGH, Urt. v. 14.05.1974, Rs. C-4/73, *Nold*, Slg. 1974, 491, Rn. 14; v. 27.09.1979, Rs. C-230/78, *SpA Eridania u. a.*, Slg. 1979, 2749, Rn. 20, 31.

617 EuGH, Urt. v. 16.01.1979, Rs. C-151/78, *Sukkerfabriken Nykoebing*, Slg. 1979, 1, Rn. 19; v. 05.10.1999, Rs. C-240/97, *Spanien/KOM*, Slg. 1999, I-6571, Rn. 99.

618 Erläuterungen zur Charta der Grundrechte, ABl. EU 2007 Nr. C 303/17, 23.

619 *Zirkl*, Neutralität der USt, 209.

620 EuGH, Urt. v. 27.03.2014, Rs. C-314/12, *UPC*, ECLI:EU: C:2014:192 = EuZW 2014, 388, Rn. 49.

621 EuGH, Urt. v. 05.10.1999, Rs. C-240/97, *Spanien/KOM*, Slg. 1999, I-6571, Rn. 99.

622 *Jarass*, GrCh, Art. 16 Rn. 10 mit weiteren Beispielen und Nachweisen.

623 Vgl. hierzu die Ausführungen in Kapitel 4. A. III. 3. c) dieser Arbeit.

624 *Zirkl*, Neutralität der USt, 91, 211.

625 EuGH, Beschl. v. 23.09.2004, Rs. C-435/02 u. a., *Springer u. a.*, Slg. 2004, I-8663, Rn. 49.

626 *Jarass*, GrCh, Art. 16 Rn. 13.

überschreitet, ist unklar. Des Weiteren ist umstritten, ob sich aus Art. 16 GrCh ein subjektives, einklagbares Recht ableiten lässt.[627]

Aufgrund der den Anwendungsbereich einschränkenden Voraussetzungen für einen Verstoß gegen Art. 16 GrCh eignet sich die Vorschrift nicht als allgemeingültiges Neutralitätspostulat.[628] Jedoch kann ein Eingriff in den Schutzbereich des Art. 16 GrCh gegen eine Rechtfertigung einer Beeinträchtigung des allgemeinen Gleichheitssatzes sprechen und den Schutz nach Art. 20 GrCh verstärken.

Art. 17 GrCh ist ebenfalls eine Vertextlichung des mehrfach bekräftigten Grundrechts auf Eigentum[629] und „ein gemeinsames Grundrecht aller einzelstaatlichen Verfassungen"[630]. Das Unternehmen als Ganzes unterliegt nicht dem Schutz des Eigentums nach Art. 17 GrCh, sondern lediglich einzelne Positionen, die Ausfluss der wirtschaftlichen Aktivität sind.[631] Das Eigentumsrecht findet Anwendung, sofern bestehende Vermögenspositionen mit Abgabepflichten belegt werden und dies zu einer gravierenden Belastung führt.[632] Dementsprechend liegt es nahe, das Recht auf Rückzahlung von Steuern bzw. ein Vorsteuerabzugsrecht als nach Art. 17 GrCh geschützte Rechtsposition zu qualifizieren. Für eine derartige Interpretation ist nach Art. 52 Abs. 3 GrCh auf die Rechtsprechung zur EMRK zurückzugreifen. Zunächst verwundert, dass die EMRK selbst kein originäres Schutzrecht für Eigentum enthält, obwohl dieses Recht in den meisten Verfassungen der Konventionsstaaten wiederzufinden ist.[633] Die Garantie findet sich in Art. 1 des Ersten Zusatzprotokolls zur EMRK.[634] Nach der Rechtsprechung des EGMR liegen Steuererstattungsansprüche im Schutzbereich des Eigentumsrechts.[635] Insbesondere bei verweigerter bzw. verzögerter

---

627 Dafür: *Jarass*, GrCh, Art. 16 Rn. 2; dagegen: *Bernsdorff*, in: Meyer, GRCh, Art. 16 Rn. 14.

628 *Zirkl*, Neutralität der USt, 211.

629 EuGH, Urt. v. 13.12.1979, Rs. C-44/79, *Hauer*, Slg. 1979, 3727, Rn. 17.

630 Erläuterungen zur Charta der Grundrechte, ABl. EU 2007 Nr. C 303/17, 23.

631 *Calliess*, in: Calliess/Ruffert, EUV/AEUV, Art. 17 GrCh Rn. 9; *Jarass*, GrCh, Art. 17 Rn. 13.

632 *Jarass*, GrCh, Art. 17 Rn. 21.

633 *Meyer-Ladewig/von Raumer*, in: Meyer-Ladewig/Nettesheim/von Raumer, EMRK, Zusatzprotokoll zur EMRK, Art. 1 Rn. 1.

634 Zusatzprotokoll vom 20.03.1952 zur Konvention zum Schutz der Menschenrechte und Grundfreiheiten, BGBl. 1956 II, 1879, in Kraft getreten für die Bundesrepublik Deutschland am 13.02.1957, BGBl. 1957 II, 226.

635 EGMR, Urt. v. 16.04.2002, Nr. 36677/97, *Dangeville*, Slg. 2002, III-37, Rn. 43 ff.; EGMR, Urt. v. 09.01.2007, Nr. 803/02, *Intersplav*, NJW 2002, 3453.

Auszahlung eines Vorsteuererstattungsanspruchs wird eine Beeinträchtigung des Eigentumsrechts angenommen.[636] Der Anspruch an sich muss jedoch anerkannt worden sein.[637]

Insgesamt ist unter Kritik[638] zu konstatieren, dass entsprechende Verfahren vor EGMR und EuGH nur selten für den Unternehmer erfolgreich waren. Grund hierfür ist, dass sowohl EuGH als auch EGMR[639] im Rahmen der Verhältnismäßigkeitsprüfung „jede Überlegung zur politischen Opportunität einer Maßnahme [...] einen Grundrechtseingriff rechtfertigen" lassen.[640] Verfahren betreffend, in denen die Umsatzsteuer Streitgegenstand war, ist jedoch eine zunehmende Kontrolldichte zu verzeichnen.[641] Der EGMR hat diesbezüglich unter anderem in den Entscheidungen *Intersplav* und *Bulves AD* eine Verhältnismäßigkeitsprüfung vorgenommen, die die Einschätzungsprärogative der Konventionsstaaten erheblich beschränkt. Dadurch wird erreicht, dass die Grundrechtsverbürgungen der Charta effektiver durchgesetzt werden können.

Zumindest im Bereich der Mehrwertsteuer ist daher zukünftig mit einer höheren Kontrolldichte zu rechnen.[642] Ein gänzliches Neutralitätsgebot ist aus Art. 17 GrCh jedoch nicht ableitbar, weil ausschließlich entstandene Ansprüche geschützt werden. Nicht dem Schutz von Art. 17 GrCh unterliegen damit die Fälle, in denen aufgrund unsachgemäßer Richtlinien- bzw. Gesetzgebung ein solcher Anspruch nicht besteht. Ein Eingriff in den Schutzbereich des Art. 17 GrCh kann jedoch die Rechtfertigung einer Beeinträchtigung des allgemeinen Gleichheitssatzes erschweren. Der Schutz nach Art. 20 GrCh kann insbesondere durch einen Rückgriff auf die Äußerungen des EGMR zur materiellen Rechtmäßigkeit des Eingriffs in das Eigentumsrecht verstärkt werden.

---

636 EGMR, Urt. v. 22.01.2009, Nr. 3991/03, *Bulves AD*, ECLI:CE: ECHR:2009:0122JUD000399103, Rn. 57.

637 EGMR, Urt. v. 16.04.2002, Nr. 36677/97, *Dangeville*, Slg. 2002, III-37, Rn. 48.

638 *Calliess,* in: Calliess/Ruffert, EUV/AEUV, Art. 17 GrCh Rn. 35 m. w. N.

639 *Jarass*, GrCh, Art. 17 Rn. 40.

640 *Calliess,* in: Calliess/Ruffert, EUV/AEUV, Art. 17 GrCh Rn. 38.

641 Ausführlich begründet anhand mehrerer Beispiele *Engler*, Steuerverfassungsrecht im Mehrebenensystem, 199-212.

642 *Engler*, Steuerverfassungsrecht im Mehrebenensystem, 210.

D. Das Leistungsfähigkeitsprinzip als Fundamentalprinzip der Besteuerung

I. Die Bedeutung des Leistungsfähigkeitsprinzip in der nationalen Steuerrechtsordnung

1. Abstrahierte Bedeutung des Leistungsfähigkeitsprinzips

In der Weimarer Reichsverfassung von 1919 war das Gebot gleichmäßiger Besteuerung explizit genannt. Demnach galt gemäß Art. 134: „Alle Bürger ohne Unterschied tragen im Verhältnis ihrer Mittel zu allen öffentlichen Lasten nach Maßgabe der Gesetze bei." Das Leistungsfähigkeitsprinzip genoss demzufolge unmittelbaren Verfassungsrang, wenngleich jedoch die Grundrechte in der Weimarer Reichsverfassung nicht unmittelbar galten, keinen Individualrechsschutz boten und daher lediglich den Status von Programmsätzen innehatten.[643] Das heutige Grundgesetz enthält indessen keine explizite Aussage zu Maßstäben für Steuergerechtigkeit. Das Leistungsfähigkeitsprinzip wird daher durch das Bundesverfassungsgericht als Vergleichsmaßstab für gleichmäßige Besteuerung aus dem allgemeinen Gleichheitssatz des Art. 3 Abs. 1 GG abgeleitet.[644] Das Bundesverfassungsgericht stellt hierzu fest: „Der Gleichheitssatz hat im Steuerrecht seine besondere Ausprägung in Form des Grundsatzes der Steuergerechtigkeit gefunden, wobei die Besteuerung – insbesondere im Einkommensteuerrecht – grundsätzlich an der wirtschaftlichen Leistungsfähigkeit auszurichten ist."[645] Das Leistungsfähigkeitsprinzip verlangt eine Steuerbemessung nach Maßgabe der Fähigkeit, Geldzahlungen zu erbringen.[646] Aus diesem Grundsatz ergibt sich bereits, dass Steuern dort nicht belasten dürfen, wo überhaupt keine wirtschaftliche Leistungsfähigkeit vorhanden ist.[647] Wirtschaftlich gleich Leistungsfähigen muss eine gleich hohe Steuerlast auferlegt werden (horizontale Steuergerechtigkeit), während wirtschaftlich ungleich Leistungsfähige mit einer unterschiedlich

643 *Herdegen*, in: Maunz/Dürig, GG, Art. 1 Abs. 3 Rn. 7.

644 *Kirchhof, F.*, BB 2017, 662; *Waldhoff*, in: W. Schön/K. Beck, Zukunftsfragen, 125 (130); *Mellinghoff*, in: FS Spindler, 2011, 153 (160 ff.).

645 Siehe anstatt vieler nur BVerfG, Urt. v. 10.02.1987, 1 BvL 18/81, BStBl. II 1987, 240 (245); *Wernsmann*, in: HHSp., § 4 AO Rz. 485.

646 *Jachmann*, DStJG 23 (2000), 9 (11); *Waldhoff*, in: W. Schön/K. Beck, Zukunftsfragen, 125 (129).

647 BVerfG, Beschl. v. 10.11.1998, 2 BvR 1057, BVerfGE 1999, 216 (232); *Wernsmann*, in: HHSp., § 4 AO Rz. 485.

hohen Steuer zu belasten sind (vertikale Steuergerechtigkeit).[648] Insbesondere an dieser Stelle zeigt sich der Einfluss des Sozialstaatsprinzips als ergänzende Maxime der Gerechtigkeitsfindung, wonach sich die soziale Verantwortung proportional zur wirtschaftlichen Leistungsfähigkeit verhält.[649] Sowohl das Sozialstaatsprinzip als auch die in den Freiheitsgrundrechten verankerten Schranken dienen der Konkretisierung des Leistungsfähigkeitsprinzips und fördern das Gebot der vertikalen Steuergerechtigkeit.[650]

Der Gleichheitssatz gibt für die Definition der Leistungsfähigkeit des Steuerschuldners einen unbestimmten Prüfungsmaßstab vor, der in seiner spezifischen Ausprägung von einem Willkürverbot bis zu einer strengen Verhältnismäßigkeitsprüfung reicht.[651] Trotz ihrer wesentlichen Bedeutung für die tatsächliche Belastung des Steuerpflichtigen wird die Auswahl von Steuerobjekt und Steuersatz gegenwärtig lediglich einer Willkürkontrolle unterzogen. Die auf Basis dieser Grundentscheidungen ausgearbeiteten Steuernormen werden sodann jedoch unter Berücksichtigung des Folgerichtigkeitsgebots ungleich strenger geprüft, obwohl es sich im Kontrast zu den grundlegenden Belastungsentscheidungen lediglich um Detailregelungen handelt.[652]

Der Eignung des Leistungsfähigkeitsprinzips als oberstem Vergleichsmaßstab wird entgegengehalten, es sei zu allgemein, um aus ihm konkrete Gerechtigkeitsmaßstäbe abzuleiten.[653] Das Leistungsfähigkeitsprinzip ist jedoch als Primärgrundsatz zu verstehen, der einer Konkretisierung bedarf.[654] Wenn die gerechte Verteilung der Gesamtsteuerlast auf die einzelnen Bürger ein „Imperativ der Ethik“[655] ist, verbürgt das Leistungsfähigkeitsprinzip die ethischen Direktiven,

---

648 *Birk*, Das Leistungsfähigkeitsprinzip als Maßstab der Steuernormen, 165 ff.; *Wernsmann*, in: HHSp., § 4 AO Rz. 485 mit Verweis auf u. a. BVerfG, Beschl. v. 29.05.1990, BVerfGE 82, 60 (89).

649 *Jachmann*, DStJG 23 (2000), 9 (11 f.).

650 *Zirkl*, Neutralität der USt, 29.

651 *Kirchhof, F.*, BB 2017, 662 (663) mit Verweis auf zahlreiche Rechtsprechung des BVerfG; *Mellinghoff*, in: FS Spindler, 2011, 153 (161).

652 *Kirchhof, F.*, BB 2017, 662 (664).

653 *Kruse*, DStJG 5 (1982), 71 (80 f.); *Gassner/Lang, M.*, ÖStZ 2000, 643, die das Leistungsfähigkeitsprinzip als wertlos für die Steuerrechtsdogmatik beurteilen.

654 *Birk*, Das Leistungsfähigkeitsprinzip als Maßstab der Steuernormen, 162 ff.; *Waldhoff*, in: W. Schön/K. Beck, Zukunftsfragen, 125 (128 f.); *Friauf*, DStJG 12 (1989) 3 (28 f.); *Kirchhof, F.*, BB 2017, 662; *Drüen*, in Tipke/Kruse, § 3 AO Rz. 43.

655 *Tipke*, in: StRO I[1], 261. Das von *Tipke* begründete Standardwerk *Steuerrecht* stellt dieses Zitat als Leitsatz allen Ausführungen voran; vgl. Tipke/Lang, Steuerrecht[24], V.

die durch das Verständnis des aus Art. 3 Abs. 1 GG abgeleiteten Gebots der Gleichmäßigkeit der Besteuerung auch zu Rechtsgrundsätzen werden. Als Primärgrundsatz ist das Leistungsfähigkeitsprinzip somit in der Lage, auf einer einheitlichen ethischen Grundidee basierende Richtwerte für jedwede Steuern anzubieten. *Ferdinand Kirchhof* stellt daher zu Recht fest, das Leistungsfähigkeitsprinzip habe „nicht trotz, sondern wegen seiner Offenheit für steuerliche Gerechtigkeitsvorstellungen eine Zukunft im Steuerrecht“[656].

Wie die ethischen Vorstellungen von Gerechtigkeit der Bildung von gerechtigkeitswahrenden Rechtsvorschriften denklogisch vorausgehen,[657] sind auch die Entscheidungen für sachgerechte Vergleichsmaßstäbe der Konformitätsprüfung nach dem allgemeinen Gleichheitssatz voranzustellen. Diese Maßstäbe können selbst nicht Gegenstand einer Gleichheitssatzprüfung sein, wenn sich ihre Anwendung bereits aus ihrer Eigenschaft als den Gleichheitssatz für den Bereich des Steuerrechts konkretisierende Ausprägung ergibt.[658]

Zur rechtsdogmatischen Herleitung des Leistungsfähigkeitsprinzips werden mitunter auch abweichende Thesen vertreten. Namentlich *Paul Kirchhof* leitet die steuerliche Leistungsfähigkeit im Wesentlichen aus der Eigentumsgarantie des Art. 14 GG ab.[659] Nach *Birk* ist das Leistungsfähigkeitsprinzip eine von Art. 3 Abs. 1 GG losgelöste Grundentscheidung des Gesetzgebers, die jedoch nach dem Gebot der Folgerichtigkeit durch Art. 3 Abs. 1 GG geschützt sei.[660] Diese Herleitungen gestehen dem Leistungsfähigkeitsprinzip Verfassungsrang zu und weichen lediglich rechtsdogmatisch von der herrschenden Meinung ab. Darüber hinausgehende, die Eigenschaft eines Rechtsprinzips absprechende Fundamentalkritik[661] am Leistungsfähigkeitsprinzip konnte sich keine mehrheitliche Geltung verschaffen.

---

656 *Kirchhof, F.*, BB 2017, 662.

657 *Weber-Grellet*, DStR 2018, 1398 (1399 f.).

658 *Englisch*, in: FS Lang, J., 167 (176 f.); *Tipke*, StuW 2007, 201 (205); *Ohlendorf*, Grundrechte als Maßstab des Steuerrechts in der EU, 174.

659 *Kirchhof, P.*, in; Besteuerungsgewalt und Grundgesetz, 20; *Taboada*, in: FS Lang, J., 263 (270, 275 f.).

660 *Birk*, Das Leistungsfähigkeitsprinzip als Maßstab der Steuernormen, 158 ff.; für eine gesetzgeberische Grundentscheidung ebenfalls *Kirchhof, P.*, in: Maunz/Dürig, GG, Art. 3 Rn. 422.

661 *Ohlendorf*, Grundrechte als Maßstab des Steuerrechts in der EU, 179 mit Verweis auf *Kruse*, StuW 1980, 226 (232).

2. *Konkrete Anwendung des Leistungsfähigkeitsprinzips*

a) *Subjektive Leistungsfähigkeit*

In subjektiver Hinsicht können sowohl Menschen nach Art. 3 Abs. 1 GG als auch inländische juristische Personen des Privatrechts gemäß Art. 19 Abs. 3 i. V. m. Art. 3 Abs. 1 GG einen Anspruch auf Gleichmäßigkeit der Besteuerung beanspruchen. Gleiches gilt für nichtrechtsfähige Personenvereinigungen, insbesondere für Personengesellschaften.[662] Zwar sind die hinter den Unternehmen stehenden natürlichen Personen die eigentlichen Konsumenten, Einkommenerwirtschafter und Vermögensbilder, nichtsdestotrotz betreiben auch juristische Personen Wertschöpfung und erlangen so objektive wirtschaftliche Leistungsfähigkeit.[663] Sofern in früherer Zeit vorgebracht wurde, Leistungsfähigkeit verlange eine Einbuße der Bedürfnisbefriedigung, die nur natürliche Personen erleiden könnten,[664] ist dieser opfertheoretische Ansatz überholt.[665]

Wirtschaftliche Leistungsfähigkeit bedeutet allgemein, Steuerzahlungen aus dem Einkommen oder Gewinn leisten zu können.[666] Danach sind Körperschaften, die Gewinn erwirtschaften, objektiv leistungsfähig. Ein personenbezogener Ansatz wäre als systemtragender Vergleichsmaßstab ungeeignet, würde er nicht für sämtliche Anwendungsfälle beansprucht werden können. Mit *Joachim Lang* ist daher festzustellen: „Wer demgegenüber in dem Leistungsfähigkeitsprinzip einen das Steuerrecht umfassend beherrschenden Maßstab erkennt, der läßt diesen bei juristischen Personen nicht leerlaufen und fordert deren Gleichbehandlung nach Maßgabe des von ihnen erwirtschafteten Gewinns."[667]

Für einige Steuern wird das Leistungsfähigkeitsprinzip um Effizienzpostulate ergänzt. Nach dem sog. Äquivalenzprinzip[668] bemisst sich die Steuer nach dem individuellen Nutzen, der aus öffentlichen Leistungen gezogen wird. Somit wird die Gewerbesteuer historisch nach dem Äquivalenzprinzip gerechtfertigt.[669] Gewerbesteuerzahler leisten demzufolge einen Ausgleich für die Nutzung der öffentlichen Infrastruktur, mithilfe derer sie überhaupt in die Lage

---

662 *Seer*, DStJG 23 (2000), 87 (90 f.).
663 *Jachmann*, DStJG 23 (2000), 9 (17); *Lang, J.*, DStJG 24 (2001), 49 (58 ff.).
664 *Pezzer*, DStJG 20 (1997), 5 (12 f.) m. w. N.
665 *Lang, J.*, DStJG 24 (2001), 49 (58 ff.); *Pezzer*, DStJG 20 (1997), 5 (13) m. w. N.; *Wernsmann*, in: HHSp., § 4 AO Rz. 482.
666 *Pezzer*, DStJG 20 (1997), 5 (13); *Jachmann*, DStJG 23 (2000), 9 (17).
667 *Lang, J.*, DStJG 24 (2001), 49 (59).
668 Grundlegend zum Äquivalenzprinzip *Lang, J.*, in: FS Schaumburg, 45.
669 Zur Kritik vgl. *Hey*, in: Tipke/Lang, Steuerrecht[24], § 7 Rz. 37.

versetzt werden, ihr Gewerbe zu betreiben.[670] Da der Steuerbegriff eine konkrete Gegenleistung des Staates ausschließt[671], muss die Äquivalenz der Steuer in einen „Nutzen" umgedeutet werden.[672] Es steht im Ermessen des Staates, Steuern unter Nutzengesichtspunkten zu rechtfertigen, er muss dabei jedoch auch die reale wirtschaftliche Leistungsfähigkeit berücksichtigen.[673] Das Äquivalenzprinzip führt dann zu den gleichen Bemessungsgrundlagen wie das Leistungsfähigkeitsprinzip, weil der unter Beanspruchung der öffentlichen Infrastruktur erwirtschaftete Gewinn den einzigen sinnvollen Gradmesser wirtschaftlicher Leistungsfähigkeit darstellt.[674]

b) Sachliche Leistungsfähigkeit

Fraglich ist zunächst, welches Gut steuerliche Leistungsfähigkeit indiziert, d. h. zu einer steuerlichen Bemessungsgrundlage führt. Diese Betrachtung unterlag im Laufe der Zeit, insbesondere vorangetrieben durch die Industrialisierung und der damit einhergehenden Vermögensbildung und Konsumsteigerung, einer erheblichen Veränderung. Während zunächst der aus dem Grund und Boden erzielte Ertrag für Zwecke einer Alleinsteuer herangezogen wurde, werden heute zahlreiche Steuergüter mit unterschiedlichen Steuerarten belastet. Das heutige Vielsteuersystem bietet den Vorteil, dass sich niemand allen Steuern ausnahmslos entziehen kann, wodurch sich Vollzugsdefizite einzelner Steuern teilweise kompensieren lassen und die Gleichmäßigkeit der Austeilung steuerlicher Lasten steigt.[675] Als Indikatoren steuerlicher Leistungsfähigkeit gelten das Einkommen, das Vermögen und der Konsum.[676] In unterschiedlichem Ausmaß wird jeder Indikator mit Steuern belastet. Wie sich dies auf die Rechtfertigung von Steuern auswirkt, ist umstritten.

Betrachtet man den Zugriff der Besteuerung chronologisch, wird zunächst das Einkommen belastet. Das danach verbleibende Vermögen kann angespart oder aber für Konsum verwendet werden. Die durch diese Anknüpfungspunkte indizierte Leistungsfähigkeit zeigt sich in dem „Verdienen" (Einkommen), dem

---

670 *Montag*, in: Tipke/Lang, Steuerrecht[24], § 12 Rz. 1 ff.; *Wernsmann*, in: HHSp., § 4 AO Rz. 514.

671 § 3 Abs. 1 AO sieht gerade nicht eine Geldleistung für eine bestimmte Gegenleistung vor.

672 *Lang, J.*, in: FS Schaumburg, 45 (47).

673 *Wernsmann*, in: HHSp., § 4 AO Rz. 514.

674 *Hey*, in: Tipke/Lang, Steuerrecht[24], § 3 Rz. 46.

675 Hierzu und mit weiterem geschichtlichen Hintergrund *Hey*, in: Tipke/Lang, Steuerrecht[24], § 3 Rz. 52 ff.

676 *Hey*, in: Tipke/Lang, Steuerrecht[24], § 3 Rz. 56; *Wernsmann*, in: HHSp., § 4 AO Rz. 488.

„Innehaben“ (Vermögen) sowie dem „Verwenden“ (Konsum).[677] Nach der Steuerrechtfertigungslehre von *Tipke* existiert jedoch ausschließlich das Einkommen, das sich bei Vermögensbildung und Konsum als *gespeichertes Einkommen*[678] zeige. Diesbezüglich stellt *Tipke* fest: „Bürger mit gleich hohem disponiblen Einkommen müssen eine gleich hohe Steuerlast tragen. [...] Bürger mit unterschiedlich hohem Einkommen müssen unterschiedlich hoch mit Steuern belastet werden.“[679] Mit Verweis auf die Einkommensdefinition von *Tipke* kann seine Aussage sehr wohl Geltung für die Gesamtsteuerbelastung des Bürgers im gegenwärtigen Vielsteuersystem beanspruchen.

Weltweit ist ein Trend zur Konsumorientierung der Besteuerung zu beobachten.[680] Durch Steuerhinterziehung[681], den anhaltenden Steuerwettbewerb der Staaten[682] und die Steuervermeidungspolitik international agierender Unternehmen[683] wird dem Staat der Zugriff auf tatsächlich vorhandene Leistungsfähigkeit im Recht der direkten Steuern verwehrt. Neben Kooperations- und Missbrauchsvermeidungsmaßnahmen[684] versuchen Staaten u. a. durch eine

677 *Wernsmann,* in: HHSp., § 4 AO Rz. 488.

678 *Tipke*, in: StRO I^2, 321, 326; *Hey,* in: Tipke/Lang, Steuerrecht^{24}, § 3 Rz. 52 ff.

679 *Tipke*, in: StRO I^2, 481; *Schaumburg/Schaumburg* nehmen ebenfalls Bezug auf Tipke, um die Allgemeingültigkeit des Leistungsfähigkeitsprinzips zu begründen, in: StuW 2005, 306 (307).

680 In der Bundesrepublik Deutschland hat sich der Regelumsatzsteuersatz seit Einführung des UStG 1968 von 10 % auf 19 % fast verdoppelt. *Hey,* in: Tipke/Lang, Steuerrecht^{24}, § 3 Rz. 69 ff.; zum weltweiten Trend *Kokott,* Steuerrecht der EU § 12 Rn. 27.

681 Vgl. hierzu die Ausführungen in Kapiel 2. C. II. 4. dieser Arbeit.

682 *Lang, J.*, in: FS Schaumburg, 45 (49 ff.); zu den Einflussfaktoren des Steuerwettbewerbs auf die Reform der Besteuerung von Einkommen vgl. *Hey,* in: Tipke/Lang, Steuerrecht^{24}, § 7 Rz. 65 ff.

683 Eine einleuchtende Darstellung der Vorgehensweise zur Steuervermeidung von US-Konzernen am Beispiel von *Google* bietet *Pinkernell,* in: StuW 2012, 369; *Kokott*, Steuerrecht der EU § 1 Rn. 8 ff.

684 Die OECD hat nach zunehmenden Medienberichten über Steuervermeidungsstrategien (oftmals wird hierfür das Akronym *BEPS* - engl. Base Erosion and Profit Shifting – benutzt) auf Anfrage der G20-Staaten im Februar 2013 einen Sachstandsbericht veröffentlicht. Daraufhin benannte der Steuerausschuss der OECD 15 Maßnahmen im sog. BEPS-Aktionsplan, mit denen die Staaten diese Strategien eindämmen könnten. Die Aktionspunkte wurden daraufhin unter Beteiligen mehrerer Organisationen (darunter IWF, EU) sowie mehr als 60 Staaten ausgearbeitet und am 05.10.2015 vorgestellt. Derzeit prüfen Staaten die Möglichkeiten einer Implementierung dieser Grundsätze. Es ist mit einer Vielzahl größerer Anpassungen zu rechnen.

Verschiebung hin zur konsumorientierten Besteuerung mit indirekten Steuern mitunter einen größeren Teil der realen Leistungsfähigkeit abzuschöpfen.[685] Die Folge daraus ist der derzeit vorherrschende Dualismus von kapital- und konsumorientierter Besteuerung mit einem wachsenden Fokus auf die indirekte Besteuerung.

Innerhalb der verschiedenen Steuerarten werden die Indikatoren steuerlicher Leistungsfähigkeit schließlich zur Bildung von Vergleichsgruppen herangezogen. Anhand dieser Vergleichsgruppen kann Gleichheit definiert werden, die sich im Sinne der Gerechtigkeit als Gleichheit in der steuerlichen Belastung zeigt. Mit *Wendt* gilt insofern: „Was Lastengleichheit bei der Steuer bedeutet, ergibt sich aus ihrem spezifischen Lastencharakter."[686] Dementsprechend werden für die jeweiligen Steuern unterschiedliche Gradmesser bereichsspezifischer Leistungsfähigkeit gewählt[687], wie sich nachfolgend exemplarisch am Beispiel der Einkommensteuer zeigt: Dem Prinzip wirtschaftlicher Leistungsfähigkeit folgend fußt die Einkommensteuer auf dem Universalitätsprinzip, dem Totalitätsprinzip sowie auf dem objektiven und subjektiven Nettoprinzip.[688] Diese Prinzipien werden ergänzt durch einen progressiven Tarifverlauf. Das Universalitätsprinzip zieht eine Erfassung aller natürlichen Personen, die Einkünfte erzielen, in subjektiver Hinsicht in ihrem territorialen Geltungsbereich nach sich.[689] Nach dem Totalitätsprinzip erfasst die Einkommensteuer objektbezogen das gesamte Einkommen einer Person.[690] Die mit dem Einkommenserwerb

---

Zur Darstellung der Kerninhalte der Abschlussberichte und zu den Auswirkungen auf das deutsche (internationale) Steuerrecht vgl. *Oppel*, SteuK 2016, 53.

685 Zu dem Trend der Schwerpunktsetzung auf eine indirekte konsumorientierte Besteuerung siehe Europäische Kommission, Grünbuch über die Zukunft der Mehrwertsteuer – Wege zu einem einfacheren, robusteren und effizienteren MwSt-System, KOM (2010), 695, 3.

686 *Wendt*, DÖV 1988, 710 (713). Siehe ferner BVerfG, Beschl. v. 08.04.1987, 2 BvR 909/82 u. a., BVerfGE 75, 108 (157); *Birk*, Das Leistungsfähigkeitsprinzip als Maßstab der Steuernormen, 155 ff.; *Wernsmann*, in: HHSp., § 4 AO Rz. 410, 479 ff.; *Drüen*, in: Tipke/Kruse, § 3 AO Rz. 43; *Hey*, in: Tipke/Lang, Steuerrecht[24], § 3 Rz. 121 ff.

687 Vgl. nur BVerfG, Beschl. v. 08.04.1987, 2 BvR 909/82 u. a., BVerfGE 75, 108 (157); *Wernsmann*, in: HHSp., § 4 AO Rz. 410, 479 ff.; *Drüen*, in: Tipke/Kruse, § 3 AO Rz. 43; *Hey*, in: Tipke/Lang, Steuerrecht[24], § 3 Rz. 121 ff.; *Wendt*, DÖV 1988, 712 (713).

688 *Hey*, in: Tipke/Lang, Steuerrecht[24], § 3 Rz. 14; *Tillmanns*, Divergenz und Konvergenz von Einkommensteuer und Umsatzsteuer, 19 f.

689 *Seer*, in: Tipke/Lang, Steuerrecht[24], § 1 Rz. 88.

690 *Lang, J.*, DStJG 24 (2001), 49 (61); *Seer*, in: Tipke/Lang, Steuerrecht[24], § 1 Rz. 88; *Hey*, in: Tipke/Lang, Steuerrecht[24], § 8 Rz. 23.

unmittelbar zusammenhängenden Aufwendungen mindern die wirtschaftliche Leistungsfähigkeit und sind daher von den Einnahmen in Abzug zu bringen (objektives Nettoprinzip).[691] Von diesem im ersten Schritt ermittelten gesamten Erwerbseinkommen wird ausschließlich das disponible Einkommen berücksichtigt.[692] Aufwendungen, die aufgrund der subjektiven Lebensumstände existenziellen Charakter ohne unmittelbaren Bezug zur Einkunftsquelle haben, mindern in einem zweiten Schritt das Erwerbseinkommen (subjektives Nettoprinzip).[693] Derartige Aufwendungen können z. B. durch die Existenz einer Familie begründet sein. Der Ertrag einer Finanzquelle, die Vermögenshöhe oder das Konsumverhalten können die Leistungsfähigkeit nicht konsequent belegen. Messergebnis muss eine Größe sein, die indiziert, was der Einzelne zur Finanzierung des Gemeinwesens beitragen kann. Durch das subjektive Nettoprinzip wird der Tatsache Rechnung getragen, dass beispielsweise ein Alleinstehender und ein Alleinverdiener in einer Ehe bei gleichem Erwerbseinkommen tatsächlich unterschiedlich leistungsfähig sind. Anhand dieses *dualistischen Konzeptes* erhält die Leistungsfähigkeit neben objektiven auch subjektive Maßstäbe, wodurch die Genauigkeit der Messung steuerlicher Leistungsfähigkeit erhöht wird.[694] Hinsichtlich eines bestimmten Tarifverlaufs existieren nach der Rechtsprechung des Bundesverfassungsgerichts nur äußerste Grenzen, wonach im Ertragsteuerrecht wirtschaftlich Leistungsfähigere keinen geringeren Prozentsatz ihres Einkommens als Steuer zu zahlen haben dürfen als wirtschaftlich Schwächere. Dieses Prinzip gilt nur dann, sofern es nicht durch einen besonderen Sachgrund gerechtfertigt ist.[695] Mithin sind verschiedene gleichheitssatzkonforme Tarifverläufe denkbar.

---

691 Ausführlich zum objektiven Nettoprinzip: *Seiler*, DStJG 34 (2011), 61 ff.; *Birk*, DStJG 34 (2011), 11 (16 ff.); *Brandis*, DStJG 29 (2006), 93 (98 ff.) *Wernsmann*, in: HHSp., § 4 AO Rz. 501 ff.

692 *Birk*, DStJG 34 (2011), 11 (27) spricht von einer Orientierung der Einkommensteuer an der „Ist-Leistungsfähigkeit"; Ebenso *Wernsmann*, in: HHSp., § 4 AO Rz. 485; *Waldhoff*, in: W. Schön/K. Beck, Zukunftsfragen, 125 (129); *Brandis*, DStJG 29 (2006), 93 (97).

693 *Seiler*, DStJG 34 (2011), 61 (63); *Birk*, DStJG 34 (2011), 11 (16 ff.); *Brandis*, DStJG 29 (2006), 93 (100 f.); *Wernsmann*, in: HHSp., § 4 AO Rz. 504 ff.

694 *Birk*, DStJG 34 (2011), 11 (17); *Brandis*, DStJG 29 (2006), 93 (98 f.); *Hey*, in: Tipke/Lang, Steuerrecht[24], § 3 Rz. 72 ff., § 8 Rz. 42.

695 *Wernsmann*, in: HHSp., § 4 AO Rz. 509 mit Verweis auf BVerfG, Beschl. v. 15.01.2014, 1 BvR 1656/09, BVerfGE 135, 126.

3. *Leistungsfähigkeit in der Umsatzsteuer*

Nachfolgend wird diskutiert, ob das Leistungsfähigkeitsprinzip auch im Bereich der Umsatzsteuer Geltung beansprucht. Würde diese Frage bejaht, könnten anhand der Fundamentalregelung des Leistungsfähigkeitsprinzips Subprinzipien für das Umsatzsteuerrecht entwickelt werden. Diese Subprinzipien würden die in den Grundrechten verankerte Steuergerechtigkeit verbürgen. Normen des Umsatzsteuergesetzes könnten sodann an der systemgerechten Ausgestaltung der Belastungsgrundentscheidung gemessen werden. Würde dem Leistungsfähigkeitsprinzip der Einfluss auf das Umsatzsteuerrecht hingegen versagt, käme die Umsatzsteuer einem „aparten Teil des Steuerrechts“[696] gleich. Der Fokus richtet sich dann ausschließlich auf den Fiskalzweck[697] der Steuer mit der Folge, dass ihre Erhebung „grundsatzlos“[698] mit der Mittelzuführung zum Staatshaushalt gerechtfertigt werden könnte.[699]

Im Recht der indirekten Steuern auf den Konsum[700] wird die im Konsum zum Ausdruck kommende wirtschaftliche Leistungsfähigkeit belastet, die in der Verwendung des erwirtschafteten Einkommens besteht.[701] Der Einkommensbegriff stellt dabei keineswegs auf etwaige einkommensteuerrechtliche Tatbestände ab. Es wird jegliches für Konsum verwendete und damit „disponible“[702] Einkommen bzw. Vermögen unabhängig von seiner Herkunft miteinbezogen.[703] Die persönlichen Verhältnisse des Konsumenten bleiben dabei unberücksichtigt,[704] die Konsumleistungsfähigkeit wird typisiert in der bloßen Ausführung des Konsums vermutet[705]. Diese Konsumleistungsfähigkeit negiert weitestgehend die individuelle Leistungsfähigkeit.[706] Demzufolge unterliegt ein von einem reichen

---

696 *Englisch,* in: Tipke/Lang, Steuerrecht^{24}, § 17 Rz. 13.

697 Die deutsche Umsatzsteuer ist historisch auf die Finanznot des Ersten Weltkrieges entstanden; vgl. *Kirchhof, P.*, DStR 2008, 1.

698 *Kruse*, StuW 1990, 322 (327 f.); *ders.*, DStJG 5 (1982), 71 (74 f.).

699 *Zirkl,* Neutralität der USt, 30 f.

700 Dies sind neben der Umsatzsteuer die speziellen Verbrauchsteuern wie z. B. die Tabaksteuer.

701 *Stadie,* in: Rau/Dürrwächter, UStG, Einführung, Anm. 143 f.; *Englisch,* in: Tipke/Lang, Steuerrecht^{24}, § 17 Rz. 11; *Wernsmann,* in: HHSp., § 4 AO Rz. 488.

702 Tipke spricht diesbezüglich vom „disponiblen Einkommen“, in: *Tipke*, in: StRO I^{2}, 481.

703 Nach *Englisch* ist daher der Begriff „allgemeine Vermögensverwendungssteuer“ präziser, in: Tipke/Lang, Steuerrecht^{24}, § 17 Rz. 11.

704 *Stadie,* in: Rau/Dürrwächter, UStG, Einführung, Anm. 429.

705 *Englisch*, Wettbewerbsgleichheit im grenzüberschreitenden Handel, 589 ff.

706 Nach *Englisch*, in: FS für den BFH 2018, 1491 (1493), orientiert sich die Umsatzsteuer nur „grob typisierend an der individuellen Leistungsfähigkeit des Steuerdestinatars“.

Bürger aufgewendeter Euro derselben Konsumbesteuerung wie ein von einem verschuldeten Bürger aufgewendeter Euro, der ggf. zusätzlich noch unter Inanspruchnahme eines Dispositionskredits fremdfinanziert wurde.[707] Aufgrund dieser starken Typisierung der individuellen Leistungsfähigkeit könnte eine Geltung des Leistungsfähigkeitsprinzips verneint werden.[708] Diese Auffassung kann jedoch aus folgenden Gründen nicht überzeugen:

Freilich findet im Bereich der Umsatzsteuer im Vergleich zur Einkommensteuer die individuelle Leistungsfähigkeit nur eine sehr grobe Berücksichtigung. Zu beachten ist jedoch, dass sowohl die Umsatzsteuer als auch die Einkommensteuer nur Bausteine im geltenden Vielsteuersystem darstellen und sich ihre Belastungskonzeptionen unterscheiden.[709]

Leistungsfähigkeitsindikatoren sind das Einkommen, das Vermögen und der Konsum in ihrer Gesamtheit. Da Einkommensteuer und Umsatzsteuer auf verschiedene Leistungsfähigkeitsindikatoren abstellen, können sie sich auch unterschiedlicher Subprinzipien bedienen, um die Gleichmäßigkeit der Besteuerung zu sichern. Während die Einkommensteuer den Steuerträger „durchleuchtet", um das objektive und subjektive Nettoprinzip zu wahren, behandelt die Umsatzsteuer den Verbraucher als intendierten Steuerträger aufgrund ihrer Konzeption als indirekte Steuer anonym. Die daraus resultierende typisierende Vermutung individueller Leistungsfähigkeit kann im Vielsteuersystem als vielfältiger Vorteil gesehen werden. Zum einen ist mithilfe einer solchen Typisierung eine maßgenaue Verschonung des Existenzminimums möglich. Sozialträger können bei der Bemessung der Unterstützungsleistungen von Nichtleistungsfähigen die Umsatzsteuer, die beim Erwerb der für das Existenzminimum benötigten Güter zu zahlen ist, mitberücksichtigen und somit eine Belastung mit Umsatzsteuer vermeiden.[710] Gleiches gilt für den Gesetzgeber bei der Bemessung des

---

707 Mit dem Vergleich zwischen einem Darlehensnehmer und einem Bettler *Kirchhof, P.*, StuW 2017, 3 (11). Zur Kritik an dieser Typisierung und den daraus abzuleitenden Schlussfolgerungen wird auf Kapitel 2. D. I. 3. verwiesen.

708 Kritisch *Kirchhof, P.*, StuW 1985, 319 (324); *ders.*, StuW 2000, 316 (326); *ders.*, UR 2002, 541 (544). Die typisierend im Konsum zum Ausdruck kommende Leistungsfähigkeit bejahend jedoch *ders.*, DStR 2008, 1, sowie in: StuW 2006, 3 (13); *Weiß, E.*, UR 1981, 147 (149).

709 Zur unterschiedlichen Belastungskonzeption von Einkommensteuer und Umsatzsteuer siehe *Tillmanns*, Divergenz und Konvergenz von Einkommensteuer und Umsatzsteuer, 11 ff.

710 Das BVerfG bezeichnet das sozialhilferechtliche Existenzminimum „verbrauchsbezogen ermittelt", weswegen die Umsatzsteuer bei der Bemessung der

Grundfreibetrages bei der Einkommensteuer.[711] So wird die Besteuerung des Existenzminimums im Rahmen der Einheit der Steuerrechtsordnung vermieden.[712] Zum anderen bewirkt die Typisierung eine Auffangbesteuerung, weil irgendwann jedes Einkommen für Konsumzwecke verwendet wird.[713] Wird dem Fiskus der Zugriff auf die Besteuerung aus Einkommen oder Vermögen entzogen, erfolgt bei der Verwendung dieses Geldes dennoch eine Konsumbesteuerung mit Umsatzsteuer.[714] Dies gilt gleichermaßen für hinterzogene Beträge und für nicht steuerbare Einkommensquellen wie etwa private Veräußerungsgeschäfte außerhalb der Spekulationsfrist nach § 23 Abs. 1 Satz 1 Nr. 1 EStG. Typisierungen finden letztlich auch auf dem Gebiet der Einkommensteuer Anwendung: Während das Einkommen als maßgebliche Bemessungsgrundlage dient, bleibt unberücksichtigt, ob dieses Einkommen unter gesundheitsschädigender schwerer körperlicher Anstrengung erworben oder aber mit „leichter Hand"[715] verdient wurde. Im Ergebnis ergänzen sich Einkommensteuer und Umsatzsteuer durch ihre Stärken und Schwächen.[716]

Ungeachtet der der Erhebungstechnik geschuldeten Anonymität des Konsumenten berücksichtigt das Umsatzsteuerrecht das zur Wahrung der Menschenwürde abgeleitete Gebot der Verschonung des Existenzminimums.[717] Eine entsprechende Verschonung erfolgt mittels ermäßigter Steuersätze und Steuerbefreiungen, wenngleich aufgrund der Zielungenauigkeit keine vollständige Entlastung des Existenzminimums erzielt werden kann.[718] Ferner werden durch entsprechende Entlastungen des Verbrauchers auch sozial-, kultur- und gesellschaftspolitische Ziele verfolgt.[719]

Unterstützungsleistungen berücksichtigt werde, BVerfG, Beschl. v. 06.12.2007, 1 BvR 2129/07, BVerfGK 13, 31 (34).

711 *Tipke*, in: FS Reiß, 9 (16 f.); *Stadie*, in: Rau/Dürrwächter, UStG, Einführung, Anm. 440 f.

712 *Tipke*, in: FS Reiß, 9 (16).

713 *Tipke*, in: StRO I², 507; *ders.*, in: StRO II², 981.

714 *Tipke*, in: StRO II², 986.

715 *Kirchhof, P.*, StuW 2017, 3 (10).

716 *Tipke*, in: StRO II², 982 ff.; *ders.*, in: FS Reiß, 9 (14); *Stadie*, in: Rau/Dürrwächter, UStG, Einführung, Anm. 433; *Reiß*, DStJG 32 (2009), 9 (12 f.).

717 *Tipke*, in: StRO I², 507; *Englisch*, in: Tipke/Lang, Steuerrecht[24], § 17 Rz. 13; *Stadie*, in: Rau/Dürrwächter, UStG, Einführung, Anm. 438.

718 *Tipke*, in: StRO II², 1003 f.; *Hey*, in: Tipke/Lang, Steuerrecht[24], § 3 Rz. 43; *Englisch*, Wettbewerbsgleichheit im grenzüberschreitenden Handel, 600; *Löhr*, Optionsrecht für Vermietungsumsätze, 280 ff.

719 *Englisch*, in: Tipke/Lang, Steuerrecht[24], § 17 Rz. 200 ff.

4. *Fazit*

Das Leistungsfähigkeitsprinzip ist das Ergebnis eines verfassungsrechtlichen Konglomerats und liefert den Vergleichsmaßstab auf dem Gebiet des Steuerrechts für die Anwendung des Gleichheitssatzes[720]. Das Sozialstaatsprinzip garantiert im Zusammenspiel mit der Pflicht zur Achtung und zum Schutz der Menschenwürde eine Beschränkung des Steuerzugriffs bei fehlender oder verminderter Leistungsfähigkeit. Das Übermaßverbot sowie die Freiheitsgrundrechte hingegen schützen Leistungsfähige vor einer „Erdrosselungssteuer".[721]

Die Prinzipienordnung einer Steuer wird demzufolge durch das Leistungsfähigkeitsprinzip beeinflusst. Subprinzipien müssen sich folglich am Leistungsfähigkeitsprinzip orientieren, um das in Art. 3 Abs. 1 GG verfassungsmäßig verankerte Gebot der Gleichmäßigkeit der Besteuerung zu erfüllen. Eine das Leistungsfähigkeitsprinzip respektierende Besteuerung verwirklicht somit die steuerliche Gleichbehandlung und damit einhergehend zugleich die Steuergerechtigkeit.[722]

Das Prinzip der Leistungsfähigkeit wirkt auf jedwede Steuer, ungeachtet ihres Leistungsfähigkeitsindikators, ein.[723] Es gilt für alle Steuern,[724] auch für die indirekten Steuern auf den Konsum[725], wenngleich in Bezug auf das Recht der direkten Steuern die größte Einigkeit[726] herrscht.

---

720 *Tipke*, in: StRO I^2, 322 ff.; *Schaumburg/Schaumburg*, StuW 2005, 306 (307).

721 *Zirkl*, Neutralität der USt, 30.

722 *Tipke*, in: StRO I^2, 284 ff., 314 f.; *Schaumburg/Schaumburg*, StuW 2005, 306 (307); *Wendt*, DÖV 1988, 712 (713).

723 *Tipke*, in: FS Reiß, 9 (12 f.).

724 *Hey*, in: Tipke/Lang, Steuerrecht^{24}, § 3 Rz. 43.

725 *Englisch*, Wettbewerbsgleichheit im grenzüberschreitenden Handel, 563 ff.; *Löhr*, Optionsrecht für Vermietungsumsätze, 224 ff.; *Tipke*, in: StRO II^2, 979 ff.; *Hey*, in Tipke/Lang, Steuerrecht^{24}, § 3 Rz. 43; *Schaumburg*, in: FS Reiß, 25 (31 f.); *Reiß*, DStJG 13 (1990), 3 (14 ff.); *ders.*, in: FS Tipke, 433 (434).

726 „Insbesondere im Einkommensteuerrecht", vgl. BVerfG, Urt. v. 10.02.1987, 1 BvL 18/81, BStBl. II 1987, 240 (245); *Lang, J.*, in: FS Schaumburg, 45 (58); *Ohlendorf*, Grundrechte als Maßstab des Steuerrechts in der EU, 175.

II. Umsatzbesteuerung nach der Leistungsfähigkeit – zugleich ein Befund des unionalen Primärrechts

1. Notwendigkeit der Ableitung aus dem Primärrecht

Nach der Behandlung des notwendigen Textbefundes der Charta ist zu untersuchen, ob das Leistungsfähigkeitsprinzip europarechtlich verankert ist. Wie die bisherige Analyse bereits aufgezeigt hat, schwindet der Einfluss der nationalen Grundrechte zugunsten unionsrechtlicher Grundrechte. Die Gerechtigkeit der Umsatzsteuer als „EU-Steuer“[727] kann daher nicht alleine aus dem Leistungsfähigkeitsprinzip nach nationalem Verständnis begründet werden. Um als Besteuerungsprinzip im gemeinsamen Mehrwertsteuersystem Geltung zu entfalten, müsste das Leistungsfähigkeitsprinzip aus dem Primärrecht hergeleitet werden können.[728]

2. Mögliche Rechtsgrundlagen im Primärrecht der Union

a) Grundrechtecharta

Die Charta der Grundrechte der Union enthält *expressis verbis* keine Vorgaben zum Leistungsfähigkeitsprinzip. Wie auch nach nationalem Verständnis wird die Steuergerechtigkeit maßgeblich aus dem Gleichheitssatz abgeleitet.[729] Art. 20 GrCh wahrt durch die Kombination aus Gleichbehandlungs- und Differenzierungsgebot sowohl die horizontale als auch die vertikale Steuergerechtigkeit.[730] Aus diesen Geboten ist jedoch nicht zu entnehmen, anhand welchen Oberbegriffes eine Gleichbehandlung oder Differenzierung erfolgen muss. Das Prinzip der Besteuerung nach der Leistungsfähigkeit muss sich folglich aus Gerechtigkeitswertungen ergeben.[731]

Art. 1 GrCh enthält die Garantie der Achtung der Menschenwürde. Ergänzt um den in Art. 34 Abs. 3 GrCh verankerten Grundsatz der sozialen Unterstützung und Sicherstellung eines menschenwürdigen Daseins kann der Charta

---

727 *Dobratz*, UR 2014, 425 (427) zur Anwendbarkeit der EU-Grundrechte im nationalen Umsatzsteuerrecht.

728 *Zirkl*, Neutralität der USt, 35.

729 *Kokott*, Steuerrecht der EU, § 3 Rn. 50.

730 *Ohlendorf*, Grundrechte als Maßstab des Steuerrechts in der EU, 239; *Elicker*, DStZ 2011, 162 (168).

731 *Zirkl*, Neutralität der USt, 36.

ein Gebot der steuerlichen Freistellung des Existenzminimums entnommen werden.[732]

Der soziale Charakter der Charta wird im Wesentlichen durch den „Kernblock sozialer Grundrechte"[733] im mit „Solidarität" überschriebenen Titel IV deutlich. Demnach werden insbesondere durch den Schutz der Familie nach Art. 33 Abs. 1 GrCh sowie den Gesundheitsschutz nach Art. 35 GrCh persönliche Verhältnisse berücksichtigt. Mit Blick auf den Verbraucher ist zudem Art. 36 GrCh von Interesse, nach dem die Union den Zugang zu Dienstleistungen von allgemeinem wirtschaftlichen Interesse anerkennt und achtet. Die Ausübung der solidaritätsbezogenen Rechte ist ausweislich der Charta-Präambel „mit Verantwortung und mit Pflichten sowohl gegenüber den Mitmenschen als auch gegenüber der menschlichen Gemeinschaft und zukünftigen Generationen verbunden"[734]. Aus diesem Grund kann aus der Solidarität eine Umverteilungsfunktion abgeleitet werden.[735]

Einige der sozialen Grundrechte gewährleisten ihren Schutz „nach dem Unionsrecht und den einzelstaatlichen Rechtsvorschriften und Gepflogenheiten"[736]. Wenngleich den Mitgliedstaaten somit ein erheblicher Spielraum eingeräumt wird[737], bedeutet dieser Zusatz jedoch nicht, dass die Einschränkungen der Grundrechte vollständig den Mitgliedstaaten überlassen werden.[738] Derartige Einschränkungen sind einer Verhältnismäßigkeitsprüfung zu unterwerfen.[739]

Wie bereits dargestellt, schützen die Art. 15 bis 17 GrCh als Pendant der entsprechenden deutschen Freiheitsgrundrechte die Freiheit der wirtschaftlichen Aktivität.[740] Damit normieren sie eine Belastungsobergrenze.[741]

Im Ergebnis kann aus den Vorgaben der Grundrechtecharta ein unionsrechtliches Leistungsfähigkeitsprinzip abgeleitet werden. Im Grundatz entspricht dieses

---

732 *Kokott*, Steuerrecht der EU, § 3 Rn. 51; *Zirkl*, Neutralität der USt, 37; *Rudolf*, in: Meyer, GrCh, Art. 34 Rn. 20 sieht das „menschenrechtliche Minimum" geschützt.

733 *Rudolf*, in: Meyer, GrCh, Art. 34 Rn. 20.

734 Charta der Grundrechte der Europäischen Union, ABl. EU 2010 Nr. C 83/389 (391).

735 *Mückenberger*, EuR 2014, 369 (391).

736 *Rudolf*, in: Meyer, GrCh, Teil IV, Vorbemerkungen Rn. 39; *Jarass*, GrCh, Art. 34 Rn. 10, Art. 52 Rn. 79 f.

737 *Jarass*, GrCh, Art. 52 Rn. 80.

738 *Borowski*, in: Meyer, GrCh, Art. 52 Rn. 46c; *Rudolf*, in: Meyer, GrCh, Teil IV, Vorbemerkungen Rn. 41.

739 *Jarass*, GrCh, Art. 52 Rn. 80; *Rudolf*, in: Meyer, GrCh, Teil IV, Vorbemerkungen Rn. 41.

740 Vgl. die Ausführungen in Kapitel 2. C. II. 6. b) dieser Arbeit.

741 *Zirkl*, Neutralität der USt, 38.

dem deutschen Verständnis,[742] wobei freilich über die dogmatischen Parallelen hinaus vorauszusetzen wäre, dass der EuGH ähnlich strenge Anforderungen an die Rechtfertigung einer Ungleichbehandlung stellt wie das Bundesverfassungsgericht nach der sog. „Neuen Formel"[743]. Zwar kann auf europäischer Ebene mangels Staatlichkeit der Union nicht von einem europäischen Sozialstaatsprinzip gesprochen werden, das Grundprinzip der sozialen Verantwortung und Solidarität beansprucht jedoch auch Geltung für die Europäische Union und wirkt dabei insbesondere für Bestimmungen des europäischen Primär- und Sekundärrecht als Auslegungsmaßstab.[744]

b) Gemeinsame Verfassungsüberlieferungen der Mitgliedstaaten

Das Leistungsfähigkeitsprinzip könnte ferner aus den gemeinsamen Verfassungsüberlieferungen der Mitgliedstaaten abgeleitet werden und so Primärrechtscharakter aufweisen.[745] Der Bestand des Leistungsfähigkeitsprinzips in den mitgliedstaatlichen Verfassungen ist bereits von *Tipke*[746] und zuletzt dezidiert von *Ohlendorf* untersucht worden.[747] Nach einem Rechtsvergleich kann demnach „kein Zweifel bestehen, dass der privilegierte, sachangemessene Gerechtigkeitsmaßstab im europäischen Steuerrecht die individuelle Leistungsfähigkeit ist"[748].

Das Leistungsfähigkeitsprinzip findet sich in der überwiegenden Anzahl der mitgliedstaatlichen Verfassungen wieder.[749] Nur vereinzelt wird aus der Abstinenz in einigen wenigen Mitgliedstaaten geschlussfolgert, dass keine gemeinsame Verfassungstradition bestehe.[750] Kritikern ist jedoch entgegenzuhalten,

---

742 *Zirkl*, Neutralität der USt, 37.

743 Für eine Darstellung der Historie der Rechtfertigungsprüfung durch das BVerfG vgl. *Eichberger*, in: FS für den BFH 2018, 501 (503 ff.).

744 *Mückenberger*, EuR 2014, 369 (392 f.).

745 Vgl. zum Primärrechtscharakter der gemeinsamen Verfassungsüberlieferungen die Ausführungen in Kapitel 2. A. IV. 2. c) dieser Arbeit.

746 *Tipke*, in: StRO I^2, 468, 488 ff.; *ders.*, in: FS Vogel, 561 (567 ff.).

747 *Ohlendorf*, Grundrechte als Maßstab des Steuerrechts in der EU, 114 ff.

748 *Ohlendorf*, Grundrechte als Maßstab des Steuerrechts in der EU, 239. Ebenso: *Englisch*, EuR 2009, 488 (499); *ders.*, Intertax 2005, 310 (331); *Hey*, StuW 2005, 317 (325); *Krumm*, ZfZ 2014, 281 (286 f.).

749 *Tipke*, in: StRO I^2, 468, 488 ff.; *ders.*, in: FS Vogel, 561 (567 ff.); *Kokott*, Steuerrecht der EU, § 3 Rn. 51; *Elicker*, DStZ 2011, 162 (168).

750 Für eine Darstellung der Kritik vgl. *Ohlendorf*, Grundrechte als Maßstab des Steuerrechts in der EU, 241.

dass ein Fehlen expliziter sozialstaatlicher Besteuerungsvorgaben nicht mit einer Entsagung von Sozialstaatlichkeit gleichzusetzen ist. Konkrete Gegenbeispiele können durch die Kritiker auch nicht vorgebracht werden. Erst solche konkreten Gegenbeispiele könnten dem EuGH jedoch im Wege der negativen Kontrollfunktion die Auffassung nahelegen, eine gemeinsame europäische Sozialverfassungstradition zu verneinen.[751]

c) Grundfreiheiten

Das Leistungsfähigkeitsprinzip kann teilweise aus den Grundfreiheiten des AEUV abgeleitet werden. Da die Grundfreiheiten jedoch Inländerdiskriminierungen aus ihrem Schutzbereich ausnehmen,[752] können sie lediglich eine Schlechterstellung von Ausländern gegenüber Gebietsansässigen im Inland vermeiden. So hat der EuGH etwa mithilfe der Grundfreiheiten das im nationalen Einkommensteuerrecht für Gebietsansässige geltende Prinzip der Ermittlung der steuerpflichtigen Bemessungsgrundlage nach dem Überschuss der Einnahmen über die unmittelbar mit der Tätigkeit zusammenhängen Ausgaben[753] auf internationale Fälle ausgeweitet und eine unterschiedliche Behandlung von Gebietsansässigen und Gebietsfremenden in diesem Punkt untersagt. Im entschiedenen Fall wurde der Gebietsfremde nach nationalem Recht mit einem pauschalen Steuersatz von den Einnahmen besteuert, ohne dass es ihm möglich war, die unmittelbar mit der Tätigkeit zusammenhängen Ausgaben steuermindernd geltend zu machen, infolgedessen er gegenüber Gebietsansässigen schlechtergestellt wurde.[754] Das Leistungsfähigkeitsprinzip kann durch die Grundfreiheiten indes nur insoweit für Gebietsfremde effektiviert werden, als der nationale Staat dieses Besteuerungsprinzip verfolgt. Ein darüber hinausgehender Anspruch auf eine Besteuerung nach dem Leistungsfähigkeitsprinzip vermägen die Grundfreiheiten nicht zu gewährleisten.[755] Im Bereich der Umsatzsteuer kann sich der Verbraucher von Waren und Dienstleistungen aus dem übrigen Gemeinschaftsgebiet ebenfalls auf die Grundfreiheiten berufen.[756]

---

751 *Mückenberger*, EuR 2014, 369 (397).
752 *Forsthoff*, in: Grabitz/Hilf/Nettesheim, EU, AEUV Art. 45 Rn. 54 ff.
753 EuGH, Urt. v. 12.06.2003, Rs. C-234/01, *Gerritse*, Slg. 2003, I-5933, Rn. 27 ff., 48.
754 EuGH, Urt. v. 12.06.2003, Rs. C-234/01, *Gerritse*, Slg. 2003, I-5933, Rn. 9 ff.
755 *Zirkl*, Neutralität der USt, 39; *Hey*, StuW 2005, 317 (318).
756 Vgl. die Ausführungen in Kapitel 2. E. III. dieser Arbeit.

Da die Grundfreiheiten ausschließlich die Übertragung nationaler Grundsätze in grenzüberschreitenden Konstellationen bewirken, eignen sie sich nicht als allgemeingültige Quelle des Leistungsfähigkeitsprinzips.[757]

3. Fazit

Das Leistungsfähigkeitsprinzip ist ein europäisches Verfassungsprinzip.[758] Aus dem Primärrecht – insbesondere aus den gemeinsamen Verfassungsüberlieferungen der Mitgliedstaaten – lässt sich ein „europäisches Leistungsfähigkeitsprinzip"[759] ableiten, das in seiner Grundstruktur dem Leistungsfähigkeitsprinzip nach deutschem Verständnis gleicht. Als *common sense* der Mitgliedstaaten ist festzuhalten, dass sich die Besteuerung an der individuellen wirtschaftlichen Leistungsfähigkeit orientieren muss und demzufolge eine Besteuerung unterbleiben muss, wo keine wirtschaftliche Leistungsfähigkeit vorliegt. Die Besteuerung ist infolgedessen an diesem Prinzip auszurichten.

E. Primärrechtliche Vorgaben für die konkrete Ausgestaltung des gemeinsamen Mehrwertsteuersystems

I. Vorüberlegungen

Nachdem festgestellt wurde, dass das europäische Leistungsfähigkeitsprinzip auf die Ausgestaltung der umsatzsteuerlichen Normen einwirkt, sind die weiteren primärrechtlichen Vorgaben für die konkrete Ausgestaltung des gemeinsamen Mehrwertsteuersystems zu untersuchen. Aus der Gesamtschau der Primärrechtsnormen können anschließend Rückschlüsse auf den konkreten Anwendungsbereich des allgemeinen Gleichheitssatzes im Mehrwertsteuerrecht gezogen werden.

II. Das Verhältnis von Grundrechten und Grundfreiheiten im Allgemeinen

1. Aktueller Diskussionsstand

Das Zusammenspiel von europäischem Primärrecht und nationalen Rechtsnormen ist ein im Steuerrecht bekanntes Themenfeld. Die gedanklichen

---

757 *Zirkl*, Neutralität der USt, 39.

758 *Ohlendorf*, Grundrechte als Maßstab des Steuerrechts in der EU, 239 ff.

759 Allerdings ausschließlich aus der GrCh ableitend *Zirkl*, Neutralität der USt, 40.

Verknüpfungen in diesem Bereich fokussieren sich zumeist auf die Anwendung der dem Primärrecht zuzuordnenden Grundfreiheiten im Recht der direkten Steuern.[760] Es stellt sich daher die Frage nach dem Verhältnis von Grundfreiheiten und Grundrechten.

Sowohl die Grundfreiheiten als auch Grundrechte sind dem Primärrecht zuzuordnen und stehen sich somit prinzipiell auf dem gleichen Rang gegenüber.[761] Die Meinungen über das Verhältnis von Grundfreiheiten und Grundrechten reichen von der Annahme einer Gleichartigkeit bis hin zu analytischen Differenzierungen anhand unterschiedlicher Kriterien.[762] Vereinzelt wird auch ein Vorrang von Grundrechten[763] oder Grundfreiheiten[764] angenommen. Infolge der seit geraumer Zeit praktizierten Kontrolldichte des EuGH haben sich die Grundfreiheiten fortentwickelt, so dass eine schrittweise Angleichung von Grundfreiheiten und Grundrechten in Zukunft nicht ausgeschlossen werden kann.[765] Dies gilt umso mehr, als bereits zum jetzigen Zeitpunkt zu beobachten ist, dass der EuGH im Bereich der grundfreiheitlich gewährleisteten Beschränkungsverbote einer gleichheitsrechtlichen Prüfung den Vorrang vor einer freiheitsrechtlichen Prüfung gewährt.[766] Auf der Stufe der Rechtfertigungsgründe und der Verhältnismäßigkeit erfolgt sodann im Rahmen der Gleichheitsprüfung eine Berücksichtigung der freiheitsrechtlichen Vorgaben als Beurteilungsmaßstab.[767] Es ist demnach möglich, dass im unionalen Sekundärrecht verankerte Ungleichbehandlungen zukünftig unter Ausweitung des grenzüberschreitenden

---

760 *Kokott/Dobratz,* in: Schön/Heber, Grundfragen, 25.

761 Vgl. die Ausführungen in Kapitel 1. A. II. dieser Arbeit.

762 *Lippert*, Der grenzüberschreitende Sachverhalt im Unionsrecht, 226 ff.; *Ohlendorf*, Grundrechte als Maßstab des Steuerrechts in der EU, 92 f. m. w. N.; *Engler*, Steuerverfassungsrecht im Mehrebenensystem, 101; zur Divergenz und Konvergenz von Grundfreiheiten und Grundrechten siehe *Skouris*, DÖV 2006, 89 ff.

763 *Jarass*, GrCh, 3. Auflage 2016, Art. 53 Rn. 12; *Peers/Prechal*, in: *Peers/Hervey/Kenner/Ward*, EU Charter of Fundamental Rights, Art. 52 Rn. 63.

764 *Zwanziger*, DB 2008, 294 (295).

765 *Lippert*, Der grenzüberschreitende Sachverhalt im Unionsrecht, 223 f.; *Ohlendorf*, Grundrechte als Maßstab des Steuerrechts in der EU, 94.

766 *Reimer,* in: Schaumburg/Englisch, Europäisches Steuerrecht, Rz. 7.37, unter Verweis auf EuGH, Urt. v. 28.10.1999, Rs. C-55/98, *Bent Vestergaard,* Slg. 1999, I-7641, Rn. 21 ff.

767 *Reimer,* in: Schaumburg/Englisch, Europäisches Steuerrecht, Rz. 7.37.

Merkmals als diskriminierende Beschränkung der Grundfreiheiten effektuiert werden.[768]

Gegen diese Entwicklung kann zum jetzigen Zeitpunkt zunächst der wohl prägendste funktionale Unterschied zwischen Grundfreiheiten und Grundrechten angeführt werden, dass Grundfreiheiten ausschließlich in grenzüberschreitenden Konstellationen Anwendung finden.[769] So werden beispielsweise für Diskriminierungen in sog. Outbound-Fällen, d. h. bei Benachteiligung eines Inländers mit grenzüberschreitenden wirtschaftlichen Aktivitäten gegenüber einem Inländer ohne entsprechende Aktivitäten, die Grundfreiheiten durch den EuGH bemüht und nicht die Grundrechte.[770] Die Präambel zur Grundrechtecharta unterstreicht nunmehr den Zusammenhang beider Instrumente zueinander, indem durch die Charta eine Stärkung des Grundrechtsschutzes angestrebt wird, um u. a. die Sicherung der Grundfreiheiten zu gewährleisten.[771]

Dieses Näheverhältnis zeigt sich auch am bekannten *Schmidberger*-Fall.[772] Die dort grundfreiheitlich begründete Diskriminierung der deutschen Spedition Schmidberger durch die Genehmigung einer österreichischen Behörde, eine Demonstration auf der Brennerautobahn zuzulassen, hätte auch als Eingriff in das Grundrecht auf freie wirtschaftliche Betätigung verstanden werden können.[773] Grundfreiheiten werden daher mitunter auch als „wirtschaftliche Grundrechte“[774] und „spezielle Gleichheitssätze“[775] bezeichnet.[776] Wohl wegen dieser in einigen Konstellationen „ähnlichen Wirkungen“[777] bezeichnet auch der EuGH gelegentlich etwa die Grundfreiheit der Arbeitnehmerfreizügigkeit i. S. d.

---

768 *Kingreen*, EuR 2010, 338 (355 ff.); *Ruffert*, EuGRZ 2004, 466 (468); kritisch zur Ausweitung des grenzüberschreitenden Merkmals im Bereich der Grundfreiheiten *Lippert*, Der grenzüberschreitende Sachverhalt im Unionsrecht, 223 ff.

769 *Jarass*, GrCh, 3. Auflage 2016, Art. 53 Rn. 10; *Skouris*, DÖV 2006, 89 (96); *Kingreen*, EuGRZ 2004, 570 (574 f.); *Reimer*, in: Schaumburg/Englisch, Europäisches Steuerrecht, Rz. 7.30 ff.

770 *Reimer*, in: Schaumburg/Englisch, Europäisches Steuerrecht, Rz. 7.35.

771 Erwägung 3 und Erwägung 4 der Präambel Charta der Grundrechte der Europäischen Union, ABl. EU 2010 Nr. C 83/389.

772 EuGH, Urt. v. 12.06.2003, Rs. C-112/00, *Schmidberger*, Slg. 2003, I-5659.

773 *Skouris*, DÖV 2006, 89 (94 f.).

774 *Skouris*, DÖV 2006, 89 (93).

775 *Kokott*, Steuerrecht der EU, § 3 Rn. 12; *Hey*, StuW 2005, 317 (318) m. w. N.

776 Zur Interpretation der Grundfreiheiten durch den EuGH als Freiheitsgrundrechte siehe *Kingreen*, EuR 2010, 338 (355 ff.).

777 *Jarass*, GrCh, 3. Auflage 2016, Art. 53 Rn. 11.

Art. 45 ff. AEUV als Grundrecht.[778] Abgesehen von reinen Inlandsfällen wäre im Ergebnis jedenfalls theoretisch auch eine Prüfung am Maßstab der Grundfreiheiten denkbar. Ein grenzüberschreitender Bezug von Normen des unionalen Richtlinienrechts könnte aus der binnenmarktweiten Gültigkeit der Richtlinie abgeleitet werden, ohne dass es noch auf den grenzüberschreitenden Bezug im Einzelfall ankäme.

Grundfreiheiten und Grundrechte sind daher harmonisch auszulegen mit dem Ziel, alle in Frage kommenden Primärrechtsnormen möglichst optimal zur Geltung zu bringen.[779] Nicht zu übersehen ist indes, dass der fortschreitende Verlust der klaren Unterscheidung zwischen Grundfreiheiten und Grundrechten mitunter Kritik ausgesetzt ist.[780] Eine Unterscheidung von Grundfreiheiten und Grundrechten ist zum jetzigen Zeitpunkt, d. h. losgelöst von theoretischen Überschneidungen in einigen Anwendungsfällen bei fortschreitender Effektuierung der Grundfreiheiten, nach wie vor angemessen. Dies gebieten vor allem Unterschiede im Bereich der historischen Konzeption, des sachlichen Anwendungsbereichs, der Zielsetzung sowie der Adressaten.[781]

2. *Ableitung des Verhältnisses von Grundfreiheiten und Grundrechten aus den jeweiligen Funktionen*

a) *Charakterisierung der Grundfreiheiten*

Die Grundfreiheiten sind in ihrer Zielsetzung eng mit dem Binnenmarkt, seiner Verwirklichung und seiner Gewährleistung i. S. d. Art. 26 f. AEUV durch die Gewährung von Marktgleichheit und Marktfreiheit verknüpft.[782] Sie haben eine transnationale Integrationsfunktion[783]: Nationale Regelungen, die innerhalb des Mehrebenensystems zwischen verschiedenen Staaten divergieren, sollen

---

778 EuGH, Urt. v. 15.12.1995, Rs. C-415/93, *Bosman*, Slg. 1995, I-4921, Rn. 129; Urt. v. 15.10.1987, Rs. C-222/86, *Heylens*, Slg. 1987, 4097, Rn. 14.

779 *Jarass*, GrCh, Einl., Rn. 11.

780 *Lippert*, Der grenzüberschreitende Sachverhalt im Unionsrecht, 223 ff.; *Kahl/Schwind*, EuR 2014, 170.

781 Eingehend *Lippert*, Der grenzüberschreitende Sachverhalt im Unionsrecht, 224 ff.; *Kahl/Schwind*, EuR 2014, 170.

782 *Ohlendorf*, Grundrechte als Maßstab des Steuerrechts in der EU, 94; *Reimer*, in: Schaumburg/Englisch, Europäisches Steuerrecht, Rz. 7.2; *Jarass*, GrCh, 3. Auflage 2016, Art. 53 Rn. 11; *Kahl/Schwind*, EuR 2014, 170; *Frenz*, NVwZ 2011, 961; *Skouris*, DÖV 2006, 89 (89 f.).

783 *Kingreen*, EuR 2010, 338 (347 ff.).

fortbestehen, jedoch in grenzüberschreitenden Sachverhalten keine Beeinträchtigung für den Ausländer darstellen.[784] Ihr sachlicher Anwendungsbereich setzt demnach eine Binnenmarktrelevanz in Gestalt des grenzüberschreitenden Bezugs voraus. Daraus lässt sich ableiten, dass die Mitgliedstaaten die primären Adressaten der Grundfreiheiten sind, wenngleich die Grundfreiheiten aufgrund ihres Primärrechtsranges auch die Union selbst binden.[785] Denn die Grundfreiheiten zielen inhaltlich auf einen wettbewerbsgerechten Handel zwischen den einzelnen Mitgliedstaaten ab. Sie richten sich damit primär als Beschränkungsverbote gegen diskriminierende mitgliedstaatliche Regelungen.[786] Ihr subjektiver Gewährleistungsgehalt steht mithin nicht im Vordergrund, sondern ist ein bloßer Reflex.[787] Da eine Harmonisierung auf dem Gebiet der direkten Steuern bislang nur in wenigen Teilbereichen[788] erfolgt ist, stellen somit die nationalen Regelungen des direkten Steuerrechts den Hauptanwendungsfall der Grundfreiheiten dar.[789] Gegenüber sekundärem Unionsrecht wirken die Grundfreiheiten derzeit nur subsidiär.[790] In vollharmonisierten Bereichen entfalten sie überhaupt keine Geltung.[791]

b) Charakterisierung der Grundrechte

Grundrechte sind entgegen den Grundfreiheiten auch in Fällen ohne grenzüberschreitenden Bezug anwendbar. Sie finden bereits dann Anwendung, wenn die Norm dem Unionsrecht unterfällt. Ein grenzüberschreitender Bezug kann jedoch im Rahmen der Rechtfertigungsprüfung berücksichtigt werden, wenn das Binnenmarktziel des Art. 3 Abs. 3 UAbs. 1 EUV i. V. m. Art. 26 Abs. 2 AEUV

---

784 *Lippert*, Der grenzüberschreitende Sachverhalt im Unionsrecht, 224 f.

785 *Jarass*, GrCh, 3. Auflage 2016, Art. 53 Rn. 10; *Kahl/Schwind*, EuR 2014, 170; *Frenz*, NVwZ 2011, 961; *Kingreen*, EuGRZ 2004, 570 (571).

786 *Skouris*, DÖV 2006, 89 (90).

787 *Lippert*, Der grenzüberschreitende Sachverhalt im Unionsrecht, 225.

788 An dieser Stelle sei nur auf die Fusionsrichtlinie (Richtlinie des Rates über das gemeinsame Steuersystem für Fusionen, Spaltungen, Einbringungen von Unternehmensteilen und den Austausch von Anteilen, die Gesellschaften verschiedener Mitgliedstaaten betreffen v. 23.07.1990, 90/434/EWG, ABl. EU L 225/1) und die Mutter-Tochter-Richtlinie (Richtlinie des Rates über das gemeinsame Steuersystem der Mutter- und Tochtergesellschaften verschiedener Mitgliedstaaten v. 20.08.2990, 90/435/EWG, ABl. EU L 225/6) verwiesen.

789 *Kokott/Dobratz*, in: Schön/Heber, Grundfragen, 25.

790 *Engler*, Steuerverfassungsrecht im Mehrebenensystem, 101.

791 *Frenz*, in: Handbuch Europarecht, Bd. I Rn. 514.

beeinflusst sein könnte. Im Umkehrschluss bieten die Grundrechte jedoch in grenzüberschreitenden Konstellationen keinen umfassenden Rechtsschutz. Hier wirken die Grundfreiheiten ergänzend und „verwirklichen damit die europäische Kernidee der Integration durch Recht“[792].

Die Grundrechte knüpfen anders als die Grundfreiheiten nicht an einen bestimmten Sachverhalt an, sondern stellen auf eine beeinträchtigende Regelung ab.[793] Während die Grundfreiheiten eher als Pflicht der Adressaten zu verstehen sind, verkörpern die Grundrechte individuelle Ansprüche gegen die Union und die Mitgliedstaaten, sofern diese Unionsrecht durchführen.[794] Die Bindung der Union selbst stellt sich dabei als „legitimatorisch notwendiger Bestandteil des unmittelbar geltenden und Vorrang beanspruchenden Unionsrechts“[795] dar. Handlungen der Union sind nur legitimiert, wenn sie grundrechtlich gebunden sind.[796] Die Unionsgrundrechte können demnach auch als „supranationale Legitimationsnormen“[797] bezeichnet werden. Wenn die Grundfreiheiten die Funktion des Binnenmarktes als transnationale Integrationsnormen gewährleisten und seine Entstehung erst ermöglicht haben, sind die Grundrechte als supranationale Legitimationsnormen Folge der Grundfreiheiten.[798]

c) *Fazit: Harmonische Auslegung zur Erlangung vollkommenen Rechtsschutzes*

Im Ergebnis ist zu konstatieren, dass das Verhältnis von Grundfreiheiten und Grundrechten von Konvergenzen und Divergenzen geprägt ist. Trotz der funktionalen Unterschiede besteht zwischen den beiden Instrumenten weder ein Gegensatzverhältnis noch eine hierarchische Struktur.[799] Grundfreiheiten und Grundrechte sind viel mehr im Wege praktischer Konkordanz harmonisch auszulegen,[800] um ihrer Funktion als Bestandteile des europäischen Grundrechtsverbunds gerecht zu werden.[801] Es ist Aufgabe des EuGH, sich der divergierenden

792 *Kingreen*, EuR 2010, 338 (350).
793 *Engler*, Steuerverfassungsrecht im Mehrebenensystem, 101.
794 *Kahl/Schwind*, EuR 2014, 170 (170 f.).
795 *Calliess*, Die neue Europäische Union nach dem Vertrag von Lissabon, 343.
796 *Kingreen*, EuR 2010, 338 (350 f.); *Skouris*, DÖV 2006, 89 (89 f.).
797 *Kingreen*, EuR 2010, 338 (351).
798 *Lippert*, Der grenzüberschreitende Sachverhalt im Unionsrecht, 225.
799 *Kahl/Schwind*, EuR 2014, 170 (170 f., 192); *Skouris*, DÖV 2006, 89 (89, 95 f.); zumindest gegen ein Konkurrenzverhältnis auch *Kingreen*, EuR 2010, 338 (350).
800 *Jarass*, GrCh, 3. Auflage 2016, Art. 53 Rn. 12 m. w. N.; *Skouris*, DÖV 2006, 89 (94 f.).
801 *Kahl/Schwind*, EuR 2014, 170 (192); *Kingreen*, EuR 2010, 338 (347).

Funktionen bewusst zu werden und diese zu nutzen, um die Schutzgehalte so aufeinander abzustimmen, dass im Ergebnis ein vollkommener Rechtsschutz erreicht wird.[802]

III. Allgemeiner Gleichheitssatz und spezielle AEUV-Vorgaben

1. Überblick über das Verhältnis von allgemeinem Gleichheitssatz und speziellen Normen des AEUV

Der Anwendungsbereich des unionalen allgemeinen Gleichheitssatzes reicht nur so weit, dass eine Beeinträchtigung auf ein und dieselbe Quelle zurückzuführen ist.[803] Richtlinienbestimmungen oder mitgliedstaatliche Maßnahmen müssen die Beeinträchtigung nicht zwangsläufig von ein und derselben Quelle ausgehend bewirken. Der Eingriff kann auch aus mehreren Quellen erfolgen. Als Beispiel taugt eine Doppelbesteuerung sowohl im Ursprungsland als auch in dem von diesem abweichenden Bestimmungsland. Sofern beide Staaten einen Umsatz besteuern und man hierdurch eine Beeinträchtigung unterstellt, erfolgt der Eingriff von zwei unterschiedlichen Quellen. Führt eine Richtlinienbestimmung oder das Handeln von Mitgliedstaaten zu Einschränkungen, die den Betroffenen von verschiedenen Quellen aus treffen, kann dies auf einen grenzüberschreitenden Bezug zurückzuführen sein. Ein grenzüberschreitender Bezug bzw. eine durch den Eingriff begründete Binnenmarktrelevanz sind tatbestandlich in die primärrechtlichen Vorgaben des AEUV integriert. Diesbezüglich kommen als „Gebot internationaler Besteuerungsneutralität“[804] die Dienstleistungsfreiheit des Art. 56 AEUV und das Warendiskriminierungsverbot des Art. 110 AEUV in Betracht. Ergänzend hierzu wirken die beihilferechtlichen Vorgaben der Art. 107 ff. AEUV der Verfälschung des Wettbewerbs im Binnenmarkt durch staatliche Beihilfen entgegen.[805] Um im Umkehrschluss Folgerungen für den Anwendungsbereich des allgemeinen Gleichheitssatzes und dessen Einbettung in die primärrechtliche Neutralitätsmaxime ziehen zu können, sind die vorweg genannten AEUV-Bestimmungen einer näheren Betrachtung zu unterziehen.

---

802 *Kahl/Schwind*, EuR 2014, 170 (171 f.).

803 Vgl. hierzu die Ausführungen in Kapitel 2. C. I. 3. dieser Arbeit.

804 *Englisch*, in: Tipke/Lang, Steuerrecht^{24}, § 17 Rz. 23.

805 *Cremer*, in: Calliess/Ruffert, EUV/AEUV, Art. 107 AEUV Rn. 5.

2. *Die speziellen AEUV-Vorgaben im Einzelnen*

a) *Primärrechtliches Diskriminierungsverbot für Dienstleistungen nach Art. 56 AEUV*

aa) *Grundlagen*

Die Dienstleistungsfreiheit schützt durch die Garantie der grenzüberschreitenden Dienstleistungen die wirtschaftliche Freiheit aller selbstständig und entgeltlich erbrachten Leistungen.[806] Für Waren findet sie keine Anwendung.[807]

Dem Schutzbereich der Norm unterliegen alle in der EU ansässigen natürlichen und juristischen Personen, sofern eine erbrachte Dienstleistung Gegenstand der Diskriminierung ist. Dem Schutz unterliegen darüber hinaus auch Dienstleistungsempfänger mit Drittlandsstatus.[808] Neben den Mitgliedstaaten sind auch die Organe der EU selbst an die Dienstleistungsfreiheit gebunden. Dies gilt insbesondere bei der Richtlinienrechtsetzung.[809]

Die Dienstleistungsfreiheit schützt sowohl vor einer offenen als auch vor einer versteckten Diskriminierung.[810] Offene bzw. direkte Diskriminierungen stellen ausdrücklich auf die Staatsangehörigkeit als Unterscheidungsmerkmal ab. Versteckte bzw. mittelbare Diskriminierungen beziehen sich indes nicht auf die Eigenschaft als Inländer oder Ausländer. Sie wirken jedoch im Ergebnis aufgrund der verwendeten Anknüpfungspunkte für Ausländer nachteilig. Dies ist oftmals der Ausgestaltung der nationalen Regelung geschuldet, wenn diese Vorgaben enthält, die von Inländern ohne weiteres Zutun erfüllt werden, jedoch nicht von Ausländern. Diesbezüglich sind insbesondere an das nationale Abgabenrecht geknüpfte Voraussetzungen kritisch zu betrachten.[811]

Die Dienstleistungsfreiheit schützt sowohl die aktive und passive Freiheit der Leistung als auch Korrespondenzdienstleistungen.[812] Demnach unterliegen

---

806 *Kluth*, in: Calliess/Ruffert, EUV/AEUV, Art. 57 AEUV Rn. 1; *Reimer*, in: Schaumburg/Englisch, Europäisches Steuerrecht, Rz. 7.82.

807 *Englisch*, Wettbewerbsgleichheit im grenzüberschreitenden Handel, 644 f.

808 *Reimer*, in: Schaumburg/Englisch, Europäisches Steuerrecht, Rz. 7.84.

809 *Streinz*, Europarecht, § 11 Rn. 881.

810 EuGH, Urt. v. 03.02.1982, Rs. C-82/61 u. a., *Seco*, Slg. 1982, I-223, Rn. 8.

811 *Kluth*, in: Calliess/Ruffert, EUV/AEUV, Art. 57 AEUV Rn. 56.

812 *Reimer*, in: Schaumburg/Englisch, Europäisches Steuerrecht, Rz. 7.85; *Streinz*, Europarecht, § 11 Rn. 959. Auf den durch Rechtsfortbildung des EuGH entwickelten Schutz der Leistungen zwischen Gebietsgleichen im Ausland wird nicht weiter eingegangen; vgl. hierzu kritisch *Randelzhofer/Forsthoff*, in: Grabitz/Hilf/Nettesheim, EU, AEUV Art. 57 Rn. 55 ff.

sowohl Leistungserbringer, die eine Dienstleistung im Ausland erbringen (aktive Dienstleistungsfreiheit), als auch ausländische Dienstleistungen konsumierende Leistungsempfänger (passive Dienstleistungsfreiheit) dem sachlichen Anwendungsbereich. Darüber hinaus eröffnet das reine Erbringen einer Dienstleistung mit grenzüberschreitendem Bezug, ohne dass sich der Leistende dabei in das Bestimmungsland begibt, den Anwendungsbereich der Dienstleistungsfreiheit (Korrespondenz-Dienstleistungsfreiheit). Damit ist der Herkunftsstaat daran gehindert, die Erbringung von Dienstleistungen im Ausland mit protektionistischen Maßnahmen zu beschränken.[813]

bb) Ausprägung im Mehrwertsteuerrecht

Übertragen auf das Mehrwertsteuerrecht verstoßen eine Mehrbelastung grenzüberschreitender Dienstleistungen im Vergleich zu inländischen Leistungen sowie die Einschränkung der Erbringung grenzüberschreitender Dienstleistungen durch einen inländischen Leistungserbringer gegen die Dienstleistungsfreiheit des Art. 56 AEUV.

Die Dienstleistungsfreiheit soll durch die Vorgaben zur äußeren Neutralität der Mehrwertsteuer gewahrt werden. Diskriminierungen lassen sich nur dann vermeiden, wenn der Grenzübertritt der Dienstleistungen keinen Einfluss auf deren steuerliche Behandlung hat. Dazu muss die Leistung immer dort endgültig mit Umsatzsteuer belastet werden, wo der tatsächliche Verbrauch dieser Leistung stattfindet.[814] Dies soll gegenwärtig durch die Vorschriften zur Bestimmung des Leistungsortes erreicht werden, die dem Bestimmungslandprinzip folgen.[815] Einer Verwirklichung des Bestimmungslandprinzips stehen jedoch nicht harmonisierte Befreiungsvorschriften entgegen. Sie diskriminieren im Ausland ansässige Unternehmer, wenn im Bestimmungsland eine Leistung steuerpflichtig ist, die im Herkunftsstaat steuerbefreit ist. Diese Harmonisierungsdefizite führen in einem grenzüberschreitenden Kontext zu einer Durchbrechung der äußeren Neutralität der Umsatzsteuer, damit einhergehend zu einer (versteckten) Diskriminierung und schlussendlich zu einem Verstoß gegen die Dienstleistungsfreiheit. Grund hierfür ist der mit der Steuerbefreiung verbundene Ausschluss des Vorsteuerabzugs aus Eingangsleistungen. Denn aufgrund der

---

813 EuGH, Urt. v. 10.05.1995, Rs. C-384/93, *Alpine Investments*, Slg. 1995, I-1141, Rn. 30; v. 29.11.2001, Rs. C-17/00, *De Coster*, Slg. 2001, I-9945, Rn. 29 ff.

814 *Terra/Kajus*, A Guide to the European VAT Directives, 303 f.; *Reiß*, in: FS Tipke, 433 (441 f.); vgl. auch die Ausführungen in Kapitel 4. A. III. 1. dieser Arbeit.

815 *Widmann*, in: Englisch/Nieskens, Umsatzsteuer-Kongressbericht 2010, 92 (106 ff.).

verschieden hohen Mehrwertsteuersätze in den einzelnen Mitgliedstaaten tritt die Belastung in unterschiedlicher Höhe ein.[816]

Ferner bewirkt der Schutz der passiven Dienstleistungsfreiheit eine Vorsteuererstattung sowie deren Verzinsung in einem Mitgliedstaat, wenn dort keine umsatzsteuerliche Registrierung zu erfolgen hat, jedoch eine Vorstufenbelastung mit Umsatzsteuer eingetreten ist. Art. 170 ff. MwStSystRL verweisen insoweit auf die Mehrwertsteuererstattungsrichtlinie[817]. Der EuGH sah die Dienstleistungsfreiheit in den Fällen verletzt, in denen „nicht in einem Mitgliedstaat ansässigen Steuerpflichtigen, die gemäß der Achten Richtlinie[818] eine Mehrwertsteuererstattung beantragen, Zinsen erst vom Zeitpunkt der Inverzugsetzung dieses Mitgliedstaats an und zu einem niedrigeren Satz als dem gewährt werden, der für Zinsen gilt, die in diesem Staat ansässige Steuerpflichtige nach Ablauf der gesetzlichen Erstattungsfrist ohne weiteres erhalten".[819] Der BFH schloss sich dieser Rechtsprechung zu Erstattungszinsen für Vorsteuervergütungsansprüche an und legte § 233a AO europarechtskonform aus.[820] Die Karenzzeit des § 233a Abs. 2 AO musste für Vorsteuervergütungsansprüche entsprechend verkürzt werden. Die Modalitäten des Vorsteuerabzugs dürfen in grenzüberschreitenden Dienstleistungskonstellationen nicht zu einer Benachteiligung für ausländische Abzugsberechtigte führen.[821]

Im Ergebnis ist die äußere Neutralität der Mehrwertsteuer durch Art. 56 AEUV auf Ebene des Primärrechts geschützt, soweit Dienstleistungen betroffen sind.

---

816 *Seer*, DStJG 32 (2009), 502 f.; *Englisch*, in: Tipke/Lang, Steuerrecht[24], § 17 Rz. 25, 314, 345 ff. Siehe zur Umsatzsteuerbefreiung für Vermietungsleistungen *Zirkl*, Neutralität der USt, 220 f. Siehe zur Umsatzsteuerbefreiung für Finanzdienstleistungen im Binnenmarkt *Stadie*, in: Rau/Dürrwächter, UStG, § 15 Anm. 1517; a.A. *Reiß*, DStJG 32 (2009), 9 (48 f.).

817 Richtlinie 2008/9/EG des Rates v. 12.02.2008 zur Regelung der Erstattung der Mehrwertsteuer gemäß der Richtlinie 2006/112/EG an nicht im Mitgliedstaat der Erstattung, sondern in einem anderen Mitgliedstaat ansässige Steuerpflichtige (Mehrwertsteuererstattungsrichtlinie).

818 Vorgänger der Mehrwertsteuererstattungsrichtlinie.

819 EuGH, Urt. v. 07.05.1998, Rs. C-390/96, *Lease Plan*, Slg. 1998, I-2553, Rn. 41.

820 BFH, Urt. v. 17.04.2008, V R 41/06, BStBl. II 2009, 2.

821 *Zirkl*, Neutralität der USt, 220.

b) *Primärrechtliches Diskriminierungsverbot für den Warenverkehr nach Art. 110 AEUV*

aa) *Grundlagen*

Art. 110 AEUV untersagt die Diskriminierung im grenzüberschreitenden Warenverkehr des Binnenmarkts.[822] Ungeachtet des Wortlauts „aus anderen Mitgliedstaaten" gilt das Diskriminierungsverbot nicht nur für Einfuhren, sondern auch für Ausfuhren.[823] Unmittelbar aus dem Drittland eingeführte Waren werden nicht von Art. 113 AEUV erfasst, wohl aber im freien Verkehr befindliche Drittlandsware.[824]

Nach Art. 110 Abs. 1 AEUV dürfen Waren aus dem übrigen Gemeinschaftsgebiet nicht mit höheren inländischen Abgaben „gleich welcher Art" belastet werden als inländische Waren. Maßgeblich ist der Vergleich der Abgabenbelastung, „mag sie auf dem Abgabensatz, der Steuerveranlagung oder anderen Durchführungsmodalitäten beruhen"[825]. Das Verbot beschränkt sich auf gleichartige Waren. Dies sind Waren, die auf gleicher Produktions- oder Handelsstufe gleiche Eigenschaften aufweisen und dieselben Bedürfnisse befriedigen. Für diese Bestimmung ist die Sicht des Verbrauchers maßgeblich.[826]

Die Inländerdiskriminierung fällt grundsätzlich nicht unter den Schutzbereich von Art. 110 AEUV.[827] Die günstigere Belastung von eingeführten Waren zum Nachteil der Inländer und zum Vorteil der Anbieter aus dem Ausland ist somit zulässig. Als Diskriminierung gilt jedoch „ausnahmsweise"[828] der umgekehrte Fall der Höherbelastung von Ausfuhren aus dem Inland.[829] Da Staaten im Allgemeinen kein Interesse an einer Begrenzung ihrer Ausfuhren haben, ist diese Form der Inländerdiskriminierung faktisch nur „im Falle der Ausfuhr seltener, besonders wertvoller oder sehr gesuchter Waren nicht ausgeschlossen"[830]. Nicht

---

822 *Streinz*, Europarecht, § 11 Rn. 904.

823 *Waldhoff*, in: Calliess/Ruffert, EUV/AEUV, Art. 110 AEUV Rn. 15.

824 *Kamann*, in: Streinz, EUV/AEUV, Art. 110 AEUV Rn. 6.

825 EuGH, Urt. v. 27.02.1980, Rs. C-171/78, *KOM/Dänemark*, Slg. 1980, 447, Rn. 7.

826 EuGH, Urt. v. 27.02.1980, Rs. C-171/78, *KOM/Dänemark*, Slg. 1980, 447, Rn. 5.

827 EuGH, Urt. v. 13.03.1979, Rs. C-86/78, *Peureux*, Slg. 1979, 897, Rn. 33; *Kamann*, in: Streinz, EUV/AEUV, Art. 110 AEUV Rn. 3; *Waldhoff*, in: Calliess/Ruffert, EUV/AEUV, Art. 110 AEUV Rn. 13.

828 *Seiler*, in: Grabitz/Hilf/Nettesheim, EU, AEUV Art. 110 Rn. 34.

829 EuGH, Urt. v. 29.06.1978, Rs. C-142/77, *Statens Kontrol med aedle Metaller u. a.*, Slg. 1978, 1543, Rn. 21/27.

830 EuGH, Urt. v. 29.06.1978, Rs. C-142/77, *Statens Kontrol med aedle Metaller u. a.*, Slg. 1978, 1543, Rn. 21/27.

unter die verbotene Form der Inländerdiskriminierung fallen etwa Steuerbefreiungen für grenzüberschreitende Lieferungen, die aufgrund formeller Mängel versagt wurden. In derartigen Fällen führt die Nichtgewährung der Steuerbefreiung zu keiner Höherbelastung der zur Ausfuhr bestimmten Ware durch den Abgangsstaat im Vergleich zu einem rein innerstaatlichen Handel. Die Belastung tritt lediglich in gleicher Höhe ein.

Art. 110 Abs. 2 AEUV ergänzt[831] das Diskriminierungsverbot nach Abs. 1 und erfasst jene Fallgestaltungen, in denen keine gleichartigen Waren existieren, gleichzeitig jedoch Auslandsgüter mit protektionistischen inländischen Abgaben belegt werden.[832]

Erfasst werden offene bzw. direkte sowie versteckte bzw. mittelbare Diskriminierungen.[833] Art. 110 AEUV schützt demnach sowohl vor explizit an die Herkunft einer Ware anknüpfende Tatbestände als auch vor Regelungen, die typischerweise ausländische Waren gegenüber inländischen benachteiligen.[834] Die diskriminierende Abgabe muss dabei an die Ware selbst knüpfen.[835]

Im Ergebnis untersagt Art. 110 AEUV die Ungleichbehandlung inländischer und ausländischer Waren.[836] Die Regelung „soll somit die vollkommene Wettbewerbsneutralität der inländischen Besteuerung für inländische und eingeführte Erzeugnisse sichern“[837].[838] Art. 110 AEUV weist Parallelen zur Warenverkehrsfreiheit nach Art. 34 AEUV auf. Während Art. 34 AEUV allgemein Maßnahmen der Einfuhrbeschränkung verbietet, erfasst Art. 110 AEUV spezielle Anwendungsfälle der Diskriminierung im grenzüberschreitenden Warenverkehr. Art. 110 AEUV dient damit der Sicherung der Warenverkehrsfreiheit und ist als besondere Ausprägung dieser zu verstehen.[839] Aus diesem Grund findet

---

831 Zum Ergänzungs- und Auffangverhältnis zu Art. 110 Abs. 1 AEUV siehe *Seiler*, in: Grabitz/Hilf/Nettesheim, EU, AEUV Art. 110 Rn. 37 ff.

832 *Streinz*, Europarecht, § 11 Rn. 904; *Waldhoff*, in: Calliess/Ruffert, EUV/AEUV, Art. 110 AEUV Rn. 18 ff.; *Kamann*, in: Streinz, EUV/AEUV, Art. 110 AEUV Rn. 26 ff.

833 *Waldhoff*, in: Calliess/Ruffert, EUV/AEUV, Art. 110 AEUV Rn. 13.

834 *Kamann*, in: Streinz, EUV/AEUV, Art. 110 AEUV Rn. 24 f.

835 *Kamann*, in: Streinz, EUV/AEUV, Art. 110 AEUV Rn. 4 f., 12 f.; *Waldhoff*, in: Calliess/Ruffert, EUV/AEUV, Art. 110 AEUV Rn. 10; *Schön*, EuR 2001, 341 (342 f.).

836 EuGH, Urt. v. 27.02.1980, Rs. C-171/78, *KOM/Dänemark*, Slg. 1980, 447, Rn. 4.

837 EuGH, Urt. v. 11.08.1995, Rs. C-367/93 u. a., *Roders u. a.*, Slg. 1995, I-2229, Rn. 15; v. 27.02.1980, Rs. C-171/78, *KOM/Dänemark*, Slg. 1980, 447, Rn. 9.

838 *Waldhoff*, in: Calliess/Ruffert, EUV/AEUV, Art. 110 AEUV Rn. 4; *Kamann*, in: Streinz, EUV/AEUV, Art. 110 AEUV Rn. 2, 8; *Kokott*, Steuerrecht der EU, § 3 Rn. 244.

839 *Waldhoff* sieht in Art. 110 AEUV eine „notwendige Ergänzung“ der Warenverkehrsfreiheit, in: Calliess/Ruffert, EUV/AEUV, Art. 110 AEUV Rn. 4, 22.

Art. 34 AEUV subsidiär zu Art. 110 AEUV Anwendung.[840] Für Dienstleistungen findet Art. 110 AEUV hingegen keine Anwendung.[841]

Neben den Mitgliedstaaten sind über den Wortlaut der Norm hinaus auch die Organe der EU selbst an das Diskriminierungsverbot gebunden.[842] Es gilt daher auch bei der Richtlinienrechtsetzung.[843] Art. 110 AEUV entfaltet unmittelbare Wirkung zugunsten der betroffenen Unionsbürger, wodurch nationale Rechtsakte, die gegen das Diskriminierungsverbot verstoßen, unangewendet bleiben müssen und unrechtmäßig erhobene Abgaben zu erstatten sind.[844]

bb) Ausprägung im Mehrwertsteuerrecht

Zunächst ist festzustellen, dass als belastende Abgabe auch die Umsatzsteuer wirken kann und das Harmonisierungsbestreben auf diesem Gebiet der Anwendung von Art. 110 AEUV nicht entgegensteht.[845]

Um eine auf dem Grenzübertritt basierende Belastung auszuschließen, darf die Herkunft der Ware keine Auswirkung auf die Höhe der umsatzsteuerlichen Belastung haben. Dass der Grenzübertritt einer Ware oder einer Dienstleistung die Steuerlast unberührt lässt, soll im Mehrwertsteuerrecht durch das System der äußeren Neutralität und damit einhergehend durch das Bestimmungslandprinzip garantiert werden.[846] Das Bestimmungslandprinzip sieht hierzu eine Exportfreistellung und Importbesteuerung vor. Eine Höher- oder Doppelbesteuerung mit Umsatzsteuer verstößt demzufolge gegen die äußere Neutralität der Umsatzsteuer und gegen Art. 110 AEUV. Durch den EuGH wurde bereits mehrfach entschieden, dass die Doppelbesteuerung einer Ware im Rahmen einer innergemeinschaftlichen Lieferung nicht mit dem Neutralitätsgrundsatz vereinbar

---

840 EuGH, Urt. v. 04.04.1968, Rs. C-27/67, *Fink-Frucht*, Slg. 1968, 334; *Englisch*, Wettbewerbsgleichheit im grenzüberschreitenden Handel, 655 f.; *Kamann*, in: Streinz, EUV/AEUV, Art. 110 AEUV Rn. 33.

841 *Englisch*, Wettbewerbsgleichheit im grenzüberschreitenden Handel, 644 f.; *Waldhoff*, in: Calliess/Ruffert, EUV/AEUV, Art. 110 AEUV Rn. 9.

842 EuGH, Urt. v. 05.05.1982, Rs. C-15/81, *Schul*, Slg. 1982, 1409, Rn. 42; *Waldhoff*, in: Calliess/Ruffert, EUV/AEUV, Art. 110 AEUV Rn. 8; *Kamann*, in: Streinz, EUV/AEUV, Art. 110 AEUV Rn. 9 f.

843 *Kamann*, in: Streinz, EUV/AEUV, Art. 110 AEUV Rn. 10.

844 *Kamann*, in: Streinz, EUV/AEUV, Art. 110 AEUV Rn. 36; *Waldhoff*, in: Calliess/Ruffert, EUV/AEUV, Art. 110 AEUV Rn. 11.

845 *Englisch*, Wettbewerbsgleichheit im grenzüberschreitenden Handel, 633, 648.

846 *Terra/Kajus*, A Guide to the European VAT Directives, 303 f.; *Reiß*, in: FS Tipke, 433 (441 f.); vgl. auch die Ausführungen in Kapitel 4. A. III. 1. dieser Arbeit.

ist.[847] Der durch den EuGH bemühte Neutralitätsgrundsatz[848] entspricht insoweit den primärrechtlichen Vorgaben aus Art. 110 AEUV. Die entschiedenen Fälle zeigen den wohl größten Anwendungsbereich des primärrechtlichen Diskriminierungsverbots im Mehrwertsteuerrecht: Im Rahmen von innergemeinschaftlichen Lieferungen wird dem leistenden Unternehmer ungeachtet einer Besteuerung im Bestimmungsland die Steuerbefreiung im Ursprungsland versagt.

Art. 110 AEUV wirkt zusammenfassend als primärrechtliche Vorgabe auf die äußere Neutralität und damit auf die Verwirklichung des Bestimmungslandprinzips im grenzüberschreitenden Warenverkehr ein.[849]

c) Bevorteilung von Inländern als verbotene Beihilfe nach Art. 107 AEUV

aa) Grundlagen

Gemäß Art. 107 Abs. 1 AEUV sind bestimmte staatliche Beihilfen verboten. Die Vorgaben zu den Beihilfen dienen dem Schutz des Wettbewerbs innerhalb des Binnenmarktes vor Verfälschungen.[850] Ausweislich der in Art. 107 Abs. 1 AEUV genannten Tatbestandsmerkmale wird der Beihilfebegriff einer viergliedrigen Prüfung unterzogen[851]: Die steuerliche Maßnahme muss erstens den begünstigten Unternehmern einen *selektiven Vorteil* in Gestalt einer Steuerentlastung

---

847 EuGH, Urt. v. 26.07.2017, Rs. C-386/16, *Toridas*, ECLI:EU: C:2017:599 = DStR 2017, 1819, Rn. 43; v. 09.02.2017, Rs. C-21/16, *Euro Tyre BV (Euro Tyre II)*, ECLI:EU:C:2017:106 = DStR 2017, 490, Rn. 36 ff.; v. 20.10.2016, Rs. C-25/15, *Plöckl*, ECLI:EU:C:2016:791 = DStR 2016, 2525, Rn. 39; v. 27.09.2012, Rs. C-587/10, *VSTR*, EU:C:2012:592 = DStR 2012, 2014, Rn. 44 ff.; v. 27.09.2007, Rs. C-146/05, *Collée*, Slg. 2007, I-7861, Rn. 23; v. 27.09.2007, Rs. C-409/04, *Teleos*, Slg. 2007, I-7797, Rn. 24 f.

848 *Terra/Kajus*, A Guide to the European VAT Directives, 303 f.

849 *Englisch*, Wettbewerbsgleichheit im grenzüberschreitenden Handel, 790 f.; *Reiß*, in: FS Tipke, 433 (440 f.); *Nieuwenhuis*, UR 2013, 663 (664 f.).

850 EuGH, Urt. v. 20.09.1983, Rs. 171/83 R, *KOM/Frankreich*, Slg. 1983, 2621, Rn. 9; *Cremer*, in: Calliess/Ruffert, EUV/AEUV, Art. 107 AEUV Rn. 1; *Englisch*, EuR 2009, 488 (489 f.); *ders.*, in: Tipke/Lang, Steuerrecht[24], § 4 Rz. 115; *ders.*, in: Schaumburg/Englisch, Europäisches Steuerrecht, Rz. 9.2.

851 *Englisch*, in: Tipke/Lang, Steuerrecht[24], § 4 Rz. 116.; *ders.*, in: Schaumburg/Englisch, Europäisches Steuerrecht, Rz. 9.7. Die Kommission verfolgt ebenfalls diese Prüfungsstruktur; vgl. Mitteilung der Kommission über die Anwendung der Vorschriften über staatliche Beihilfen auf Maßnahmen im Bereich der direkten Unternehmenssteuerung v. 10.12.1998, KOM (98/C384/03), ABl. EU Nr. C 384, 3, Rn. 9-12.

bieten. Zweitens muss die Maßnahme *staatlichen Ursprungs* sein. Ferner muss sie *den Handel zwischen den Mitgliedstaaten beeinflussen* und viertens *wettbewerbsverfälschend wirken.*

Die Selektivität eines Vorteils ist anzunehmen, wenn er nur bestimmten Unternehmen zugutekommt, gleichzeitig jedoch vergleichbare Unternehmen nicht in den Genuss der Regelung kommen.[852] Zur Feststellung der Selektivität nationaler Steuerregelungen werden folgende drei Schritte geprüft[853]: Zunächst richtet sich der Blick auf allgemeine Besteuerungsprinzipien des betroffenen Mitgliedstaates und den Belastungsgrund der Steuerart, um eine objektive Würdigung des Sachverhalts vorzunehmen.[854] Die Selektivität wird anschließend aus der Abweichung von dieser objektiven Besteuerung abgeleitet, wobei diese Abweichung nicht explizit als Sonderfall gekennzeichnet sein muss.[855] Dabei müssen die begünstigten und nicht begünstigten Unternehmen vergleichbar sein.[856] Letztlich ist zu prüfen, ob die Sonderregelung durch den inneren Aufbau des Steuersystems bedingt ist.[857]

Da der Staat auf (Steuer-)Einnahmen verzichtet, ist die Herkunft der Beihilfe aus staatlichen Mitteln regelmäßig unproblematisch zu bejahen.[858]

---

852 *Englisch*, in: Tipke/Lang, Steuerrecht[24], § 4 Rz. 117.

853 *Cremer*, in: Calliess/Ruffert, EUV/AEUV, Art. 107 AEUV Rn. 28; *Englisch*, in: Schaumburg/Englisch, Europäisches Steuerrecht, Rz. 9.16; *Linn*, IStR 2015, 114 (116); *Ismer/Karch*, IStR 2014, 130 (132 f.); *Birk*, in: FS Spindler, 2011, 13 (46 ff.).

854 EuGH, Urt. v. 18.07.2013, Rs. C-6/12, *P Oy*, ECLI:EU:C:2013:525 = EuZW 2013, 867, Rn. 19; *Englisch*, in: Schaumburg/Englisch, Europäisches Steuerrecht, Rz. 9.16 f.; *Linn*, IStR 2015, 114 (116); *Ismer/Karch*, IStR 2014, 130 (132 f.).

855 EuGH, Urt. v. 18.07.2013, Rs. C-6/12, *P Oy*, ECLI:EU:C:2013:525 = EuZW 2013, 867, Rn. 19; v. 22.12.2008, Rs. C-487/06 P, *British Aggregates*, Slg. 2008, I-10515, Rn. 89 ff.; v. 08.11.2001, Rs. C-143/99, *Adria-Wien Pipeline*, Slg. 2001, I-8365, Rn. 42; *Englisch*, in: Schaumburg/Englisch, Europäisches Steuerrecht, Rz. 9.18 ff.; *Linn*, IStR 2015, 114 (116); *Ismer/Karch*, IStR 2014, 130 (132 f.).

856 Zur Vergleichbarkeit siehe nur EuGH, Urt. v. 08.11.2001, Rs. C-143/99, *Adria-Wien Pipeline*, Slg. 2001, I-8365, Rn. 41; weiterführend zu Rechtfertigungsmöglichkeiten *Englisch*, in: Tipke/Lang, Steuerrecht[24], § 4 Rz. 117 f.; *ders.*, in: Schaumburg/Englisch, Europäisches Steuerrecht, Rz. 9.21 ff.

857 EuGH, Urt. v. 18.07.2013, Rs. C-6/12, *P Oy*, ECLI:EU:C:2013:525 = EuZW 2013, 867, Rn. 22; v. 08.11.2001, Rs. C-143/99, *Adria-Wien Pipeline*, Slg. 2001, I-8365, Rn. 42; *Linn*, IStR 2015, 114 (116); *Ismer/Karch*, IStR 2014, 130 (132 f.).

858 Nicht weiter problematisiert durch den EuGH, vgl. Urt. v. 01.12.1998, Rs. C-200/97, *Ecotrade*, Slg. 1998, I-7907, Rn. 45; *Englisch*, in: Tipke/Lang, Steuerrecht[24], § 4 Rz. 122 m. w. N.

Die Auswirkungen auf den Handel zwischen den Mitgliedstaaten sowie die tatsächliche Wettbewerbsverzerrung sind ebenfalls unproblematisch, weil die Gefahr einer solchen Wettbewerbsverzerrung bzw. die generelle Eignung der Maßnahme hierzu genügt.[859] Dazu gehört bereits die Bevorteilung von inländischen Unternehmen gegenüber solchen aus anderen Mitgliedstaaten.[860]

Dem Beihilfebegriff unterfallen sowohl direkte bzw. unmittelbare als auch indirekte bzw. mittelbare Begünstigungen.[861] Ob die Begünstigung durch ein Tun oder Unterlassen bewirkt wird, ist irrelevant. Erfasst wird jede Form der Zuwendung.[862]

Art. 107 Abs. 2 AEUV beinhaltet einige Legalausnahmen. Art. 107 Abs. 3 AEUV enthält einen Katalog von Ermessensausnahmen, nach denen Beihilfen mit dem Binnenmarkt vereinbar sein können.[863] Daneben existieren auf Basis von Art. 109 AEUV durch den Rat erlassene Freistellungsverordnungen für bestimmte Beihilfen.[864] Es handelt sich bei dem Beihilferegime des Art. 107 AEUV folglich um Verbotstatbestände mit Erlaubnisvorbehalt.[865] Die Kommission überprüft staatliche Beihilfen nach Maßgabe des Art. 108 AEUV.[866] Qualifiziert die Kommission letztlich eine staatliche Begünstigung als rechtswidrige Beihilfe, erlässt sie einen Rückforderungsbeschluss. Er ist gemäß den nationalen verfahrensrechtlichen Möglichkeiten umzusetzen. Mit einem entsprechenden Rückforderungsbescheid muss der betroffene Mitgliedstaat die gewährte Beihilfe von den Unternehmen zurückfordern.[867]

Die Union ist nicht an das Beihilferegime der Art. 107 ff. AEUV gebunden, weil Unionsbeihilfen nicht den Mitgliedstaaten zuzurechnen sind. Unionsbeihilfen

---

859 *Englisch*, in: Tipke/Lang, Steuerrecht[24], § 4 Rz. 122; *ders.*, in: Schaumburg/Englisch, Europäisches Steuerrecht, Rz. 9.43 ff.

860 EuGH, Urt. v. 09.12.2011, Rs. C-275/10, *Residex Capital IV*, Slg. 2011, I-13043, Rn. 40 ff.; v. 17.09.1980, Rs. C-730/79, *Philip Morris*, Slg. 1980, 2671, Rn. 11.

861 *Englisch*, in: Schaumburg/Englisch, Europäisches Steuerrecht, Rz. 9.10.

862 *Cremer*, in: Calliess/Ruffert, EUV/AEUV, Art. 107 AEUV Rn. 10.

863 Weitergehend *Englisch,* in: Schaumburg/Englisch, Europäisches Steuerrecht, Rz. 9.47 ff.

864 *Cremer*, in: Calliess/Ruffert, EUV/AEUV, Art. 107 AEUV Rn. 2 ff.

865 *Cremer*, in: Calliess/Ruffert, EUV/AEUV, Art. 107 AEUV Rn. 8; *Wallenberg/Schütte*, in: Grabitz/Hilf/Nettesheim, EU, Art. 107, Rn. 15.

866 Weitergehend *Englisch,* in: Schaumburg/Englisch, Europäisches Steuerrecht, Rz. 9.57 ff.

867 *Englisch,* in: Schaumburg/Englisch, Europäisches Steuerrecht, Rz. 9.66 ff.

sind an den sonstigen Vorgaben zur Erreichung eines freien Wettbewerbs zu messen, an die auch die Union selbst gebunden ist.[868]

Es ist denkbar, dass eine staatliche Beihilfe zugleich auch gegen weitere Vogaben des Primärrechts, namentlich gegen Art. 56 und 110 AEUV verstößt. In diesem Fall ist der beihilferechtlichen Kontrolle ein Anwendungsvorrang einzuräumen.[869]

bb) Ausprägung im Mehrwertsteuerrecht

Die Bevorteilung einzelner inländischer Leistungen ist nicht mit dem System der äußeren Neutralität der Mehrwertsteuer vereinbar, weil in diesem Fall die Herkunft einer Ware die Höhe der Steuerlast beeinflusst.[870]

Begünstigungen bestimmter Unternehmen sind im Mehrwertsteuerrecht durch ein aktives Tun des Mitgliedstaates im Bereich von Steuerbefreiungen und Steuerermäßigungen sowie durch ein Unterlassen etwa von Vorsteuerkorrekturen denkbar.

Damit eine entsprechende Vergünstigung dem Mitgliedstaat zurechenbar ist, muss vorab untersucht werden, inwiefern ihm überhaupt ein Spielraum bei der Gewährung von Steuerbefreiungen und Steuerermäßigungen eingeräumt wird. Diesbezüglich ist festzustellen, dass der Rahmen der möglichen Vergünstigungen maßgeblich in der Mehrwertsteuer-Systemrichtlinie determiniert ist. Steuerbefreiungen sind in Titel IX aufgelistet und in Kapiteln entsprechend ihrer Zielsetzung geordnet.[871] Steuervergünstigungen sind in den Art. 98 ff. MwStSystRL sowie in den Richtlinienanhängen Nr. 2 und Nr. 3 zu finden. Den Mitgliedstaaten ist es teilweise freigestellt, Befreiungen und Begünstigungen einzuführen. Innerhalb dieses Rahmens können sie sich frei bewegen und ihre Wahlrechte restriktiv oder extensiv ausüben. Die unionsrechtliche Determinierung gibt ihnen jedoch den Rahmen der möglichen Vergünstigungen vor, über den sie nicht hinausgehen können. Insoweit sind die Steuerbefreiungen und Steuerermäßigungen

---

868 *Cremer*, in: Calliess/Ruffert, EUV/AEUV, Art. 107 AEUV Rn. 82. Weiterführend zu Unionsbeihilfen siehe *Englisch*, EuR 2009, 488.

869 *Cremer*, in: Calliess/Ruffert, EUV/AEUV, Art. 107 AEUV Rn. 84; *Englisch*, in: Schaumburg/Englisch, Europäisches Steuerrecht, Rz. 9.56.

870 *Tumpel*, DStJG 32 (2009), 52 (65); *Terra/Kajus*, A Guide to the European VAT Directives, 303.

871 *Englisch*, in: Tipke/Lang, Steuerrecht[24], § 17 Rz. 196.

europarechtlichen Ursprungs. Damit scheidet die Annahme einer Beihilfe nach Art. 107 Abs. 1 AEUV mangels Staatlichkeit der Beihilfe aus.[872]

Des Weiteren ist die Annahme einer Beihilfe abzulehnen, wenn die Begünstigung zwar ausschließlich einzelnen Unternehmern bzw. Unternehmenszweigen zusteht, mit ihr jedoch eine Entlastung des Verbrauchers und nicht des die Leistung erbringenden Unternehmers angestrebt wird.[873] Zu nennen sind diesbezüglich insbesondere die Steuerbefreiungen im Bereich der Heilbehandlungen, die der Freistellung des steuerlichen Existenzminimums zuzuordnen sind, sowie die sozialpolitischen Befreiungstatbestände. In diesen Fällen mangelt es an dem Kriterium der Selektivität.

Anders stellt es sich jedoch dar, sofern mit der Steuerbefreiung oder Steuerermäßigung der Unternehmer selbst begünstigt werden soll und diese selektive Begünstigung mangels Determinierung in der Mehrwertsteuer-Systemrichtlinie selektiven staatlichen Ursprungs ist.[874] Dies kann etwa der Fall sein, wenn die nationalen Steuerbefreiungsregelungen weniger streng sind als die Vorgaben der Art. 132 ff. MwStSystRL. Gleiches gilt, sofern Mitgliedstaaten selektiv die Berichtigung des Vorsteuerabzugs nach den Grundsätzen der Art. 184 ff. MwStSystRL zugunsten des Unternehmers unterlassen.[875]

Die äußere Neutralität der Umsatzsteuer kann im Ergebnis aus den primärrechtlichen Vorgaben des Beihilferechts abgeleitet werden, soweit die Möglichkeit oder die Pflicht zur Begünstigung nicht unionsrechtlich vorgegeben ist.[876]

IV. Ungeschriebener Primärrechtsgrundsatz des Verbots missbräuchlicher Berufung auf Unionsrecht

1. Drohendes Missbrauchvermeidungsvakuum

Im Grundlagenteil dieser Arbeit wurde bereits dargelegt, dass sich die Mitgliedstaaten nicht auf Unionsrecht berufen können, um negative Folgen für den

---

872 *Kokott*, Steuerrecht der EU, § 3 Rn. 153; *Englisch*, in: Tipke/Lang, Steuerrecht[24], § 17 Rz. 273; *ders.*, in: Schaumburg/Englisch, Europäisches Steuerrecht, Rz. 9.34, 9.40; *ders.*, in: EC Tax Review 2013, 9 (14 ff.).

873 *Englisch*, in: Schaumburg/Englisch, Europäisches Steuerrecht, Rz. 9.34.

874 Zur Steuerermäßigung für Biokraftstoffe in Deutschland siehe die Entscheidung der Kommission v. 09.04.2010, COM (2010) Nr. 2557, Rn. 4; *Englisch*, in: Schaumburg/Englisch, Europäisches Steuerrecht, Rz. 9.34; *Kokott*, Steuerrecht der EU, § 3 Rn. 145.

875 *Kokott*, Steuerrecht der EU, § 3 Rn. 145.

876 *Zirkl*, Neutralität der USt, 223.

Steuerpflichtigen zu erwirken.[877] Dies wirft die Frage auf, wie rechtsmethodisch zu verfahren ist, wenn sich ein Angehöriger eines Mitgliedstaates missbräuchlich oder betrügerisch[878] auf eine für ihn günstige Vorschrift des Unionsrechts beruft. Insoweit ist zunächst zu konstatieren, dass weder das geschriebene Primärrecht noch die Mehrwertsteuer-Systemrichtlinie als Sekundärrechtsakt eine explizite Regelung für diese Fälle enthalten.

2. *Rechtsfortbildung durch den EuGH*

a) *Entwicklung allgemeiner Rechtsgrundsätze*

Dieses drohende Missbrauchvermeidungsvakuum vermochte der EuGH im Wege der unionalen Rechtsfortbildung zu vermeiden. In einzelnen Rechtssachen hatte das Gericht wiederholt entschieden, dass die betrügerische oder missbräuchliche Berufung auf das Unionsrecht nicht gestattet sei. Hierzu hatte das Gericht schlicht geurteilt, der Anwendungsbereich des Gemeinschaftsrechts könne nicht so weit reichen, dass Missbrauch davon gedeckt sei.[879] Dogmatische Grundlagen waren diesen Entscheidungen jedoch nicht zu entnehmen. In der Rechtssache *Kofoed*[880] bezog sich der EuGH schließlich erstmals auf den „allgemeinen Grundsatz des Gemeinschaftsrechts […], wonach Rechtsmissbrauch verboten ist“[881]. Demnach ermöglicht das als allgemeiner Grundsatz des Unionsrechts verstandene Verbot missbräuchlicher Berufung auf Unionsrecht den Mitgliedstaaten eine Missbrauchsabwehr.[882]

Maßgebliche Bedeutung auf dem Gebiet der Mehrwertsteuer kommt insoweit der EuGH-Entscheidung *Schoenimport „Italmoda“ Mariano Previti*[883] zu, die den Weg zu einer mittlerweile als ständige Rechtsprechung[884] zu bezeichnende

---

877 Vgl. hierzu die Ausführungen in Kapitel 1. C. III. 2. b) dieser Arbeit.

878 Zur Abgrenzung der missbräuchlichen Gestaltung von anderen Rechtsinstituten wie Steuerhinterziehung und Steuerbetrug vgl. *Kokott*, Steuerrecht der EU, § 2 Rn. 97 ff.

879 EuGH, Urt. v. 12.09.2006, Rs. C-196/04, *Cadbury Schweppes*, Slg. 2006, I-7995, Rn. 35; v. 06.04.2006, Rs. C-456/04, *Agip Petroli*, Slg. 2006, I-3395, Rn. 19 f.; v. 21.02.2006, Rs. C-255/02, *Halifax u. a.*, Slg. 2006, I-1609, Rn. 68 f., v. 09.03.1999, Rs. C-212/97, *Centros*, Slg. 1999, I-1459, Rn. 24; v. 07.02.1979, Rs. C-115/78, *Knoors*, Slg. 1979, 399, Rn. 25.

880 EuGH, Urt. v. 05.07.2007, Rs. C-321/05, *Kofoed*, Slg. 2007, I-5795.

881 EuGH, Urt. v. 05.07.2007, Rs. C-321/05, *Kofoed*, Slg. 2007, I-5795, Rn. 38.

882 *Kokott*, Steuerrecht der EU, § 2 Rn. 75 ff.

883 EuGH, Urt. v. 18.12.2014, Rs. C-131/13, *Schoenimport „Italmoda“ Mariano Previti*, ECLI:EU:C:2014:2455 = UR 2015, 106.

884 EuGH, Urt. v. 22.11.2017, Rs. C-251/16, *Cussens u. a.*, ECLI:EU:C:2017:881 = UR 2018, 241, Rn. 33 f.; v. 05.10.2016, Rs. C-576/15, *Maya Marinova*, ECLI:EU:C:2016:740 = UR 2016,

Rechtsanwendung ebnete. Rechtsdogmatisch zeigt sich die Anwendung des Verbots missbräuchlicher Berufung auf das Unionsrecht anschaulich in der verbundenen Rechtssache *Cussens*[885].[886]

b) Die wesentliche Rechtsprechung des EuGH im Einzelnen

aa) EuGH Schoenimport „Italmoda" Mariano Previti

Die in der mit der deutschen OHG vergleichbaren Rechtsform geführte Gesellschaft *Schoenimport „Italmoda" Mariano Previti VOF* aus den Niederlanden war an einem betrügerischen Umsatzsteuer-Karussellgeschäft beteiligt. *Italmoda* erwarb unter Verwendung einer niederländischen Umsatzsteuer-Identifikationsnummer Material in Deutschland und in den Niederlanden und verkaufte dieses an einen Unternehmer aus Italien. Die Ware gelangte jeweils direkt nach Italien. Für die in den Niederlanden erworbenen Waren wurde der Vorsteuerabzug geltend gemacht. Für den Warenerwerb in Deutschland wurde weder eine innergemeinschaftliche Lieferung in Deutschland noch ein innergemeinschaftlicher Erwerb in den Niederlanden erklärt. Der italienische Kunde meldete ebenso wenig eine Erwerbsbesteuerung in Italien an.

Die Steuerbehörden in den Niederlanden sahen *Italmoda* wissentlich an einem betrügerischen Umsatzsteuer-Karussellgeschäft beteiligt, das auf eine Mehrwertsteuerhinterziehung in Italien ausgerichtet sei. Sie versagten *Italmoda* daraufhin die Steuerbefreiung für die innergemeinschaftliche Lieferung aus den Niederlanden nach Italien. Darüber hinaus verwehrten sie den Vorsteuerabzug für den Warenerwerb aus Deutschland. Über die Rechtmäßigkeit dieser Versagung der Steuerbefreiung bzw. des Vorsteuerabzuges hatte der EuGH zu befinden. Von besonderer Bedeutung in diesem Fall ist, dass *Italmoda* in den Niederlanden formal keine Fehler begangen hatte, die Steuerhinterziehung in einem anderen Mitgliedstaat erfolgte und der Steuerbefreiung bzw. dem Vorsteuerabzug keine nationale Vorschrift entgegenstand. Mithin waren die formellen Voraussetzungen der Begünstigungen erfüllt.

Italmoda brachte gegen das Handeln der niederländischen Verwaltung vor, dass sich die Mitgliedstaaten nicht auf Unionsrecht berufen könnten, um negative Folgen für den Steuerpflichtigen zu erwirken. Im Grundsatz folgte der

---

925 Rn. 49; v. 28.07.2016, Rs. C-332/15, *Astone*, EU:C:2016:614 = UR 2016, 683, Rn. 58.

885 EuGH, Urt. v. 22.11.2017, Rs. C-251/16, *Cussens u. a.*, ECLI:EU: C:2017:881 = UR 2 018, 241.

886 *Heuermann*, StuW 2018, 123 (129).

EuGH dieser Auffassung und wies darauf hin, dass „eine Richtlinie nicht selbst Verpflichtungen eines Einzelnen begründen kann, so dass sich ein Mitgliedstaat ihm gegenüber nicht auf die Richtlinie als solche berufen kann“[887]. Im Missbrauchsfall könne jedoch schon kein Recht aus der Unionsrechtsordnung entstehen, auf das sich der Betroffene berufen könne. Die Verweigerung eines Vorteils aus dem Gemeinschaftsrecht bedeute daher nicht, dass dem Einzelnen eine Verpflichtung auferlegt wird. Die Versagung sei vielmehr „die schlichte Folge der Feststellung, dass die objektiven Voraussetzungen für die Erlangung des angestrebten Vorteils […] in Wirklichkeit nicht erfüllt sind“[888]. Eine explizite Erlaubnis hierzu benötigten die Mitgliedstaaten nicht, weil die Konsequenz der Versagung der Rechte im Betrugsfall „als diesem System inhärent anzusehen ist“[889]. Das Gericht schlussfolgert daraus, dass nationale Gerichte und Behörden einem Steuerpflichtigen im Betrugsfall „das Recht auf Vorsteuerabzug, auf Mehrwertsteuerbefreiung oder auf Mehrwertsteuererstattung versagen müssen, auch wenn das nationale Recht keine Bestimmungen enthält, die eine solche Versagung vorsehen“[890].

Die Entscheidung *Schoenimport „Italmoda“ Mariano Previti* zeigt die Anwendung des Verbots missbräuchlicher Berufung auf das Unionsrecht. Aus der Entscheidung lassen sich jedoch rechtsdogmatisch keine Anhaltspunkte für eine Einordnung des Missbrauchsverbots in die Normenhierarchie des Unionsrechts ableiten.

bb) EuGH Cussens

Im Gegensatz zur Rechtssache *Schoenimport „Italmoda“ Mariano Previti* betrifft die Rechtssache *Cussens* keinen Fall der Steuerhinterziehung, sondern eine missbräuchliche Praktik in Form einer Steuergestaltung. Im Kern betreffen beide Rechtssachen dieselbe Rechtsfrage, nämlich ob Mitgliedstaaten Steuerpflichtigen in der Mehrwertsteuer-Systemrichtlinie verankerte Begünstigungen verweigern dürfen. Die Richter folgen den in der Rechtssache *Schoenimport „Italmoda“*

887 EuGH, Urt. v. 18.12.2014, Rs. C-131/13, *Schoenimport „Italmoda“ Mariano Previti*, ECLI:EU:C:2014:2455 = UR 2015, 106, Rn. 55.

888 EuGH, Urt. v. 18.12.2014, Rs. C-131/13, *Schoenimport „Italmoda“ Mariano Previti*, ECLI:EU:C:2014:2455 = UR 2015, 106, Rn. 57.

889 EuGH, Urt. v. 18.12.2014, Rs. C-131/13, *Schoenimport „Italmoda“ Mariano Previti*, ECLI:EU:C:2014:2455 = UR 2015, 106, Rn. 59.

890 EuGH, Urt. v. 18.12.2014, Rs. C-131/13, *Schoenimport „Italmoda“ Mariano Previti*, ECLI:EU:C:2014:2455 = UR 2015, 106, Rn. 62.

Mariano Previti getätigten Ausführungen[891] und übertragen die Urteilsgrundsätze auch auf den Fall missbräuchlicher Praktiken.[892] Ferner betont der EuGH, die Anwendung des Grundsatzes des Verbots missbräuchlicher Praktiken auf das Unionsrecht erfolge unabhängig von der Frage, ob die Rechte und Vorteile ihre Grundlage in den Verträgen, in einer Verordnung oder in einer Richtlinie haben. Es sei „daher offensichtlich, dass dieser Grundsatz nicht die gleiche Rechtsnatur hat wie die Rechte und Vorteile, auf die er anwendbar ist“[893]. Aufgrund dessen könne „der Grundsatz des Verbots missbräuchlicher Praktiken einem Steuerpflichtigen entgegengehalten werden, [...] auch wenn das nationale Recht keine Bestimmungen enthält, die eine solche Versagung vorsehen“[894]. Der Grundsatz wirkt somit unmittelbar auf das nationale Recht ein und stellt überdies eine Verpflichtung für die Mitgliedstaaten dar.[895] Dagegen sprechen nach Auffassung des EuGH auch nicht die als unionales Primärrecht anerkannten Grundsätze der Rechtssicherheit und des Vertrauensschutzes.[896]

3. *Einordnung in die Normenhierarchie*

Der EuGH gibt in seiner Rechtsprechung klar zu erkennen, dass er dem Verbot missbräuchlicher Berufung auf das Unionsrecht den Charakter von Primärrecht zumisst.[897] Dies zeigt sich durch die explizite Aussage des Gerichts, dass das Missbrauchsverbot und das Recht, aus der sich ein Anspruch des Steuerpflichtigen ergeben könnte, nicht dieselbe Rechtsnatur haben. Das Verbot missbräuchlicher Berufung auf das Unionsrecht ist demnach ranghöher als die Mehrwertsteuer-Systemrichtlinie und muss Primärrecht entsprechen. Dies kommt auch der unmittelbaren Einwirkung auf das nationale Recht gleich, ohne dass es eines nationalen Umsetzungsaktes bedürfte und der Eigenschaft, anderes Primärrecht

---

891 EuGH, Urt. v. 22.11.2017, Rs. C-251/16, *Cussens u. a.*, ECLI:EU: C:2017:881 = UR 2018, 241, Rn. 33 f., 43.

892 EuGH, Urt. v. 22.11.2017, Rs. C-251/16, *Cussens u. a.*, ECLI:EU: C:2017:881 = UR 2018, 241, Rn. 34.

893 EuGH, Urt. v. 22.11.2017, Rs. C-251/16, *Cussens u. a.*, ECLI:EU: C:2017:881 = UR 2018, 241, Rn. 30.

894 EuGH, Urt. v. 22.11.2017, Rs. C-251/16, *Cussens u. a.*, ECLI:EU: C:2017:881 = UR 2018, 241, Rn. 33.

895 EuGH, Urt. v. 22.11.2017, Rs. C-251/16, *Cussens u. a.*, ECLI:EU: C:2017:881 = UR 2018, 241, Rn. 48.

896 EuGH, Urt. v. 22.11.2017, Rs. C-251/16, *Cussens u. a.*, ECLI:EU: C:2017:881 = UR 2018, 241, Rn. 40.

897 Hierzu sowie zum Folgenden *Heuermann*, StuW 2018, 123 (129).

wie die Grundsätze der Rechtssicherheit und des Vertrauensschutzes auszuhebeln. Mit *Heuermann* ist daher festzuhalten, dass, wenn das Missbrauchsverbot bewirken kann, „im Primär- wie auch im Sekundärrecht gewährte Rechte zu versagen, […] es selbst primärrechtlich fundiert sein (muss)“[898]. Bei der Anwendung des Missbrauchsverbotes handelt es sich dementsprechend nicht um eine für die Mitgliedstaaten untersagte Berufung auf die unmittelbare Geltung der Mehrwertsteuer-Systemrichtlinie.

Bei dem Verbot handelt es sich um eine Untersagung der Ausübung eines im Unionsrecht verankerten Rechtsanspruchs, nicht jedoch um eine Sanktion. Der sanktionierende Charakter des missbräuchlichen Verhaltens ist vielmehr die formelle Versagung des Anspruchs selbst.[899]

4. *Kritik an der unmittelbaren Einwirkung auf das nationale Recht*

a) *Darstellung am Beispiel der Vorsteuerversagung nach § 25d UStG in Deutschland*

Die unmittelbare Anwendung ungeschriebener Primärrechtsgrundsätze zu Lasten des Steuerpflichtigen unter gleichzeitiger Derogation nationalen Rechts ist nicht ohne Widerspruch geblieben.[900] Im Kern der Diskussion steht die Frage, ob nicht nationale Spezialregelungen wie die Haftungsnorm des § 25d UStG in Deutschland eine Sperrwirkung gegenüber der Anwendung ungeschriebener Rechtsgrundsätze entfalten. § 25d UStG ist mit Wirkung zum 01.01.2020 entfallen.[901] Die Norm bleibt jedoch weiterhin anwendbar für nicht entrichtete Steuer, die in einem Veranlagungszeitraum vor dem 01.01.2020 zu entrichten gewesen wäre.[902]

Das Verhältnis beider Instrumente zur Vorsteuerversagung ist bislang durch den BFH explizit offengelassen[903] und auch nach Ergehen der Entscheidung in

898 *Heuermann*, StuW 2018, 123 (129); *ders.*, DStR 2015, 1416 (1418).

899 *Kokott*, Steuerrecht der EU, § 2 Rn. 75.

900 *Englisch*, in: Tipke/Lang, Steuerrecht[24], § 4 Rz. 36; *ders.*, in: Schaumburg/Englisch, Europäisches Steuerrecht, Rz. 12.46; *ders.*, StuW 2009, 3 (5 ff.); *Reiß*, MwStR 2016, 972; *Drüen*, MwStR 2015, 841 (847 ff.); *Schuska*, MwStR 2015, 323 (328); *Wäger*, UR 2015, 81 (96 ff.); *Hummel*, UR 2014, 256 (261 f.).

901 Vgl. zur Nachfolgenorm des § 25f UStG die Ausführungen in Kapitel 2. E. IV. 4. b) dieser Arbeit.

902 So findet die Nachfolgenorm des § 25f UStG gemäß § 27 Abs. 30 UStG in der Fassung des Artikels 12 des Gesetzes vom 12.12.2019, BGBl. I, 2451, erstmals auf Voranmeldungs- und Besteuerungszeiträume Anwendung, die nach dem 31.12.2019 enden.

903 BFH, Urt. v. 28.02.2008, V R 44/06, BStBl. II 2008, 586, Rn. 60.

der Rechtssache *Schoenimport „Italmoda" Mariano Previti* nicht weiter präzisiert worden.[904] Allerdings haben sowohl der BFH[905] als auch der BGH[906] die Rechtsprechungsgrundsätze des EuGH insoweit kommentarlos übernommen.

Ausweislich der Gesetzesbegründung[907] handelt es sich bei § 25d UStG um eine Spezialnorm zur Bekämpfung des Umsatzsteuerbetrugs im Rahmen von Karussellgeschäften.[908] Fraglich ist, ob die Spezialität der Norm die Anwendung ungeschriebener Rechtsgrundsätze verdrängt oder vielmehr Gesetz und Rechtsgrundsatz kumulativ Anwendung finden. Die Spezialität alleine vermag keine verdrängende Wirkung zu begründen.[909] Die Beantwortung dieser Frage ist maßgeblich davon abhängig, ob eine für die Rechtsfortbildung notwendige Regelungslücke im nationalen Recht vorliegt.[910] Diese Regelungslücke ist Voraussetzung für die Notwendigkeit einer Rechtsfortbildung. Von besonderer Bedeutung in diesem Zusammenhang ist, dass § 25d UStG vor Ergehen der EuGH-Rechtsprechung zu Karussellgeschäften ergangen ist und der deutsche Gesetzgeber, anders als etwa der österreichische[911], § 25d UStG daraufhin nicht angepasst hat.[912] Wenngleich vereinzelt angenommen wird, der Gesetzgeber habe der EuGH-Rechtsprechung mit § 25d UStG „bereits vorab Rechnung getragen"[913] und wolle § 25d UStG mangels Anpassung auch zukünftig anwenden[914], muss aus tatsächlichen Gründen konstatiert werden, dass der Gesetzgeber die EuGH-Rechtsprechung nicht kennen konnte. Insofern kann von einer

904 *Drüen*, MwStR 2015, 841 (843).

905 BFH, Urteil vom 19.04.2007, V R 48/04, BStBl. II 2009, 315, II.C.2.a), bereits im Nachgang zu EuGH, Urt. v. 12.01.2006, Rs. C-354/03 u. a., *Optigen*, Slg. 2006, I-483, Rn. 51 ff. sowie v. 06.07.2006, Rs. C-439/04 u. a., *Kittel und Recolta Recycling*, Slg. 2006, I-6161, Rn. 55 ff.

906 BGH, Beschl. v. 19.11.2014, 1 StR 219/14, BFH/NV 2015, 463.

907 BT-DRs. 14/6883, 8.

908 *Hummel*, UR 2014, 256 (262 f.).

909 *Drüen*, MwStR 2015, 841 (844 f.).

910 *Wäger*, UR 2014, 81 (98).

911 Österreich hat die Haftungsnorm des § 27 Abs. 9 öUStG in 2007 aufgehoben. Gemäß § 12 Abs. 14 öUStG entfällt das Recht auf Vorsteuerabzug, „wenn der Unternehmer wusste oder wissen musste, dass der betreffende Umsatz im Zusammenhang mit Umsatzsteuerhinterziehungen oder sonstigen, die Umsatzsteuer betreffenden Finanzvergehen steht. Dies gilt insbesondere auch, wenn ein solches Finanzvergehen einen vor- oder nachgelagerten Umsatz betrifft."

912 *Schuska*, MwStR 2015, 323 (328); *Hummel*, UR 2014, 256 (262).

913 *Wäger*, UR 2014, 81 (98).

914 *Hummel*, UR 2014, 256 (262).

„verdeckten, nachträglichen Lücke“ und einer nachrangigen Anwendung der Haftungsnorm ausgegangen werden.[915]

Für eine nachrangige Anwendung der Haftungsnorm sprechen auch systematische Gründe: Zum einen führt der Grundsatz des Verbots missbräuchlicher Berufung auf das Unionsrecht dazu, dass es bereits an für den Vorsteuerabzug notwendigen materiellen Voraussetzungen fehlt.[916] Einer Haftungsnorm bedarf es dann nicht mehr, so dass der materiellen Vorsteuerversagung ein systematischer Vorrang einzuräumen ist. Zum anderen dient die Haftung ausschließlich der Absicherung fiskalischer Interessen.[917] Die betrügerische Geltendmachung des Vorsteuerabzuges ist als Ursache des Problems zu begreifen. Dies vorausgesetzt bekämpft die durch den EuGH entwickelte Versagung des Vorsteuerabzuges zielgenau das originäre Problem, die Haftung hingegen lediglich dessen Symptome.[918]

Dass eine (ggf. nachträglich entstandene) Regelungslücke vorliegt, kann auch daraus abgeleitet werden, dass das Verbot missbräuchlicher Berufung auf das Unionsrecht zu einer endgültigen Versagung des Vorsteuerabzuges führt. § 25d Abs. 4 Satz 2 UStG ordnet jedoch eine temporäre Zurückstellung der Vorsteuererstattung an.[919] Da nach der Gesetzesbegründung eine Aufrechnung von Umsatzsteuerschuld und Vorsteueranspruch erreicht werden soll,[920] ist die Vorsteuerversagung zeitlich beschränkt bis zum Zeitpunkt der Steuerentrichtung des Leistenden.[921] Somit wird mit der EuGH-Rechtsprechung keine gänzlich neue Regelung geschaffen, sondern lediglich eine bestehende Regelung hinsichtlich ihrer Wirkung fortentwickelt.[922]

Letztlich spricht auch nicht der rechtsstaatliche Vorrang gesetzlicher Vorschriften vor allgemeinen Rechtsgrundsätzen gegen eine Anwendung des unionsrechtlichen Missbrauchsverbots im nationalen Recht. Im Bereich der Mehrwertsteuer als „EU-Steuer“ haben Rechtsgrundsätze eine besondere Bedeutung und wirken „über die Brücke der europäischen Integration des Art. 23 GG auf das nationale Recht ein“[923].

---

915 *Drüen*, MwStR 2015, 841 (845 f.); *Heuermann*, DStR 2015, 1416 (1419).
916 *Merkt*, UR 2008, 757 (771); *Drüen*, MwStR 2015, 841 (846).
917 Konkret zu § 25d UStG *Nieskens*, in: Rau/Dürrwächter, UStG, § 25d Anm. 30.
918 *Drüen*, MwStR 2015, 841 (846).
919 *Drüen*, MwStR 2015, 841 (850); *Hummel*, UR 2014, 256 (263).
920 BT-DRs. 14/6883, 9.
921 *Drüen*, MwStR 2015, 841 (850 f.).
922 *Drüen*, MwStR 2015, 841 (851).
923 *Hey*, StuW 2010, 301 (307 f.); *Drüen*, MwStR 2015, 841 (848).

Freilich kann dem deutschen Gesetzgeber vorgehalten werden, dass er sein nationales Recht im Gegensatz zu anderen Staaten erst relativ spät angepasst hat. Aus dieser bloßen Feststellung kann jedoch kein Anwendungsvorrang für das nationale Recht abgeleitet werden.[924] Dementsprechend wurde in Österreich die Einführung eines die EuGH-Rechtsprechung umsetzenden Gutglaubensvorbehaltes in § 12 Abs. 14 öUStG lediglich als Klarstellung bewertet.[925] Die tatsächliche Anwendung des § 25d UStG ist denn auch eindeutig: Die Haftungsnorm wird zurückhaltend gebraucht und läuft bisweilen leer.[926] Die Finanzbehörden rekurrieren vorrangig auf die Vorsteuerversagung.[927] Dies sollte sich zukünftig noch verstärken, weil der BFH[928] zuletzt die Anforderungen an eine Inanspruchnahme nach § 25d UStG in Bezug auf die Nachweispflichten zum subjektiven Tatbestand derart verschärft hat, dass es abgesehen von Fällen, in denen aufgrund strafprozessualer Handlungen geeignete Unterlagen vorliegen, „kaum möglich sein wird,“[929] § 25d UStG anzuwenden.[930] Das Hauptargument der EuGH-Kritiker, der Gesetzgeber habe mit § 25d UStG den Zielen der EuGH-Rechtsprechng „bereits vorab Rechnung getragen“[931], ist spätestens seit dieser Verschärfung entkräftet. Eine Regelung, die nicht angewandt wird, kann nicht ihrem Ziel entsprechend vor Umsatzsteuerbetrug schützen. Art. 273 Abs. 1 MwStSystRL erlaubt Mitgliedstaaten die Implementierung zusätzlicher Pflichten zur Sicherstellung der Steuerhebung und Vermeidung von Steuerhinterziehung zudem ausschließlich „vorbehaltlich der Gleichbehandlung der von Steuerpflichtigen [...] bewirkten Umsätze“[932]. Finden nationale Regelungen, die eine Sperrwirkung entfalten sollen,[933] in einem Mitgliedstaat *de facto* keine

924 *Drüen*, MwStR 2015, 841 (856).

925 *Ruppe/Achatz*, UStG, § 12 öStG Rn. 92 ff.

926 *Böllmann*, in: Weymüller, UStG, 22. Edition 2019, § 25d Rn. 6; Bunjes/*Leonhard*, UStG, § 25d Rn. 4; *Wäger*, UR 2006, 599 (600); *Drüen*, MwStR 2015, 841 (843); *Kemper*, MwStR 2014, 640 (642).

927 *Lippross*, Umsatzsteuer, 1336; *Sterzinger*, UStB 2018, 7 (8).

928 BFH, Urt. v. 10.08.2017, V R 2/17, BFH/NV 2018, 160.

929 *Schuska*, MwStR 2018, 141 (144).

930 *Böllmann*, in: Weymüller, UStG, 22. Edition 2019, § 25d Rn. 27; *Widmann*, UR 2019, 15 (17).

931 *Wäger*, UR 2014, 81 (98).

932 Für Steuerbefreiungen gilt Art. 131 MwStSystRL „unbeschadet sonstiger Gemeinschaftsvorschriften“, wozu auch die durch Rechtsprechung des EuGH fortentwickelten Regelungen zählen.

933 Für eine Sperrwirkung *Wäger*, UR 2014, 81 (98).

Anwendung, während in anderen Mitgliedstaaten die EuGH-Rechtsprechung gar ins nationale Gesetz eingearbeitet wurde, wird die Gleichbehandlung der Steuerpflichtigen gefährdet.

Im Ergebnis sprechen daher deutlich überwiegende Gründe für einen Anwendungsvorrang zugunsten des unionsrechtlichen Missbrauchsverbotes. Diese Lösung vermag zudem die Einheitlichkeit und Effektivität des Unionsrechts bestmöglich zu wahren.[934]

Anzumerken ist ferner, dass sich die Kritik an der unmittelbaren Anwendung des Missbrauchsverbotes mitunter darauf fokussiert, dass neben der Versagung des Vorsteuerabzuges auch die Steuerbefreiung der innergemeinschaftlichen Lieferung des betroffenen Unternehmers untersagt wird.[935] Es kommt somit in der Praxis bisweilen zu einem definitiven Umsatzsteueraufkommen aus Gründen der Missbrauchsvermeidung. Die aus der kumulativen Anwendung von Vorsteuerversagung und Steuerpflicht innergemeinschaftlicher Lieferungen entstehende Doppelbelastung[936] mit Umsatzsteuer ist jedoch im Rahmen der Verhältnismäßigkeitsprüfung zu würdigen. Diese ist streng von der Frage der Anwendbarkeit des Verbots missbräuchlicher Berufung auf das Unionsrecht zu trennen und gesondert zu würdigen.

b) *Einführung von § 25f UStG und Aufhebung von § 25d UStG mit Wirkung zum 01.01.2020*

Durch das Gesetz zur weiteren steuerlichen Förderung der Elektromobiltät und zur Änderung weiterer Steuergesetze[937] wurde mit Wirkung vom 01.01.2020 § 25f UStG neu eingeführt und § 25d UStG aufgehoben. Damit reagierte der deutsche Gesetzgeber auf die in der Praxis mit erheblichen Schwierigkeiten für die Finanzbehörden verbundene Anwendung von § 25d UStG.[938] Ausweislich der Gesetzesbegründung wird mit der Einführung von § 25f UStG „die vorliegende EuGH-Rechtsprechung in nationales Recht umgesetzt und damit auch

934 *Heuermann*, DStR 2015, 1416 (1419).

935 *Winter, M.*, DStR 2015, 578 (579); *Schuska*, MwStR 2015, 323 (328); *Wäger*, UR 2015, 81 (98); *Hummel*, UR 2014, 256 (263 f.); *Merkt*, UR 2008, 757 (771).

936 *Winter, M.* spricht in Ermangelung einer möglichen Erstattung bei im Falle der Wiedergutmachung des Schadens gar von einer „Dreifach-Sanktionierung“, in: DStR 2015, 578 (579). *Lippross* spricht vor dem Hintergrund der Doppelbelastung von einer „drakonischen“ Rechtsprechung, in: Umsatzsteuer, 66.

937 Gesetzesbeschluss des Bundestags v. 07.11.2019, BT-DRs. 19/14873, sowie Zustimmung des Bundesrats v. 29.11.2019, BR-DRs. 552/19.

938 Vgl. hierzu sowie zur Neuregelung im Allgemeinen *Sterzinger*, UR 2020, 1 (20 f.).

dem Bestimmtheitsgrundsatz und den Anforderungen der Praxis entsprochen."[939] Entsprechend der EuGH-Rechtsprechung verwährt § 25f UStG im Missbrauchsdall unmittelbar das Recht auf Vorsteuerabzug und/oder die Steuerbefreiung für innergemeinschaftliche Lieferungen. Dies ist zu begrüßen, da auf diese Weise bereits auf Ebene des materiellen Anspruchs das originäre Problem bekämpft wird.[940] Materiell entspricht § 25f der EuGH-Rechtsprechung. Der Norm kommt daher inhaltlich keine dieser Rechtsprechung übergeordnete Bedeutung zu.[941]

Im Ergebnis ist die Diskussion um den Anwendungsvorrang nationaler Normen bzw. dessen Sperrwirkung vor der Anwendung unionsrechtlicher Grundsätze damit seit dem 01.01.2020 entschärft, wenngleich auch nach Einführung von § 25f noch „erheblicher Klärungsbedarf"[942] hinsichtlich der vorgesehen Abzugs- und Befreiungsversagungen besteht. Diese Kritik bezieht sich jedoch – wie bereits bei der Vorgängerregelung des Art. 25d UStG – auf die Verhältnismäßigkeit und nicht auf das Verhältnis von EuGH-Rechtsprechung und nationaler Norm.

V. Fazit: Neutralität im Mehrwertsteuersystem als Resultat eines primärrechtlichen Normenkonglomerats

Zusammenfassend gilt, dass Gleichheit und Neutralität nicht identisch sind. Verschiedene Normen und Grundsätze des Primärrechts garantieren in ihrer sich ergänzenden Gesamtheit die Neutralität der Umsatzsteuer und damit ein gerechtes Mehrwertsteuersystem.[943]

Die Neutralität findet ihre primärrechtliche Verankerung im Ergebnis grundsätzlich in den speziellen Vorgaben des AEUV, sofern die äußere Neutralität der Mehrwertsteuer betroffen ist. Liegt eine Beeinträchtigung der inneren Neutralität vor, findet der allgemeine Gleichheitssatz nach Art. 20 GrCh Anwendung, der durch das unternehmerische Freiheitsgrundrecht nach Art. 16 GrCh und das Eigentumsgrundrecht des Art. 17 GrCh ergänzt wird. Im Umkehrschluss schließt ein grenzüberschreitender Bezug, der die äußere und die innere

939 Begründung zum Gesetzentwurf v. 09.08.2019 gem. BR-Drucks. 356/19, 183.
940 Vgl. die Kritik zur Haftungsregelung des § 25d UStG von *Drüen*, MwStR 2015, 841 (846).
941 *Wäger*, UR 2020, 45.
942 *Wäger*, UR 2020, 45 (55).
943 *Krieger*, Unechte Umsatzsteuerbefreiung im Unionsrecht, 296 f.

Neutralität voneinander unterscheidet, jedoch den Anwendungsbereich dieser Grundrechte nicht absolut aus.[944]

Beeinträchtigungen der äußeren Neutralität erfolgen zumeist aus verschiedenen Quellen, wodurch der Anwendungsbereich von Art. 20 GrCh nicht eröffnet ist. Es sind jedoch Konstellationen denkbar, in denen der grenzüberschreitende Bezug zu einer Diskriminierung aus ein und derselben Quelle führt. Aus dem allgemeinen Gleichheitssatz lässt sich ein Gleichbehandlungsverbot für wesentlich ungleiche Sachverhalte ableiten.[945] Sieht ein Grundrechtsverpflichteter für einen innerstaatlichen und für einen grenzüberschreitenden Sachverhalt dieselbe Rechtsfolge vor, wenngleich sich die Sachverhalte wesentlich voneinander unterscheiden, erfolgt die Beeinträchtigung aus derselben Quelle. Diese Inländerdiskriminierung fällt nicht in den Anwendungsbereich der Grundfreiheiten, unterliegt jedoch sehr wohl dem Schutz durch den allgemeinen Gleichbehandlungsgrundsatz.

Die aus dem Unionsrecht erwachsenden Ansprüche des dem Grunde nach Betroffenen können im Missbrauchsfall nach dem Grundsatz des Verbots missbräuchlicher Berufung auf das Unionsrecht erlöschen.

Die vorweg analysierten primärrechtlichen Kodifizierungen sowie das System der inneren und äußeren Neutralität erfahren durch die Mehrwertsteuer-Systemrichtlinie eine Konkretisierung auf sekundärrechtlicher Ebene. Diese sekundärrechtlichen Bestimmungen müssen den Vorgaben der primärrechtlichen Neutralität entsprechen. Hieraus folgt wiederum, dass die die Neutralität beschränkenden Regelungen des Sekundärrechts rechtfertigungsbedürftig sind.

Die Anwendungsbereiche der die Neutralität im Mehrwertsteuerrecht gewährleistenden Primärrechtsvorgaben können nachfolgendem Schema entnommen werden:

944 *Kofler*, DStJG 41 (2018), 125 (136); *Lehner*, IStR 2016, 265 (266); *Kokott/Dobratz*, in: Schön/Heber, Grundfragen, 25 (37).

945 EuGH, Urt. v. 13.12.1994, Rs. C-306/93, *Winzersekt*, Slg. 1994, I-5555, Rn. 30.

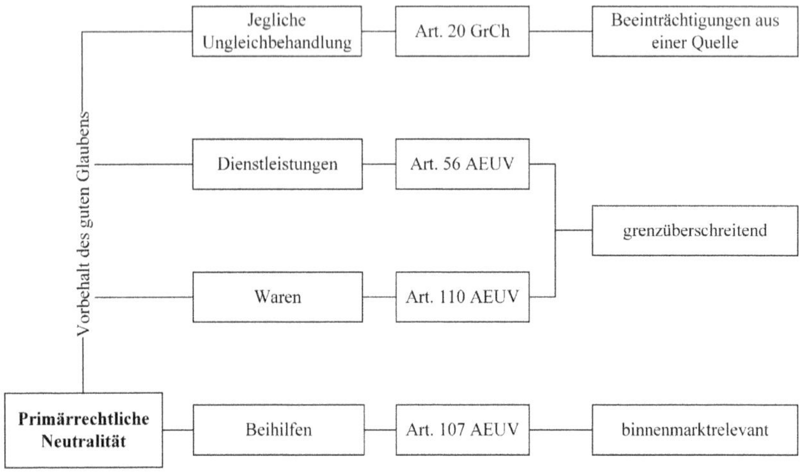

Abb. 2: Schematische Übersicht zur primärrechtlichen Neutralität

Kapitel 3: Rechtsschutz im Mehrebenensystem

A. Verstoß der Mehrwertsteuer-Systemrichtlinie gegen Primärrecht

I. Überblick über die erfassten Konstellationen

Verstöße der Mehrwertsteuer-Systemrichtlinie gegen unionsrechtliches Primärrecht stehen im Raum, wenn nationale Normen auf zwingenden Richtlinienvorgaben basieren. Aufgrund des Vorrangs des Unionsrechts finden nationale Grundrechte in diesen Fällen keine Anwendung. Die Umsetzungsverpflichtung in das nationale Recht führt bei Zweifeln an der Vereinbarkeit der nationalen Regelung mit den Unionsgrundrechten zwangsläufig zu der Frage, ob die zugrunde liegende Richtlinienbestimmung selbst primärrechtskonform ist. Zur Überprüfung stehen im Wesentlichen das Vorabentscheidungsverfahren und die Nichtigkeitsklage zur Disposition.

II. Mögliche Rechtsschutzverfahren im Einzelnen

1. Vorabentscheidungsverfahren

Sieht ein nationales Gericht eine Bestimmung der Mehrwertsteuer-Systemrichtlinie als nicht mit höherrangigem Unionsrecht vereinbar, kann es diese Unvereinbarkeit nicht selbst feststellen. Die nationalen Gerichte sind lediglich dazu befugt, die Unionsrechtsgültigkeit zu bejahen.[946] Eine eigenständige Verwerfungsmöglichkeit für nationale Gerichte würde die Einheitlichkeit der Anwendung und Auslegung des Gemeinschaftsrechts untergraben. Art. 19 Abs. 3 Buchst. b EUV und Art. 267 Abs. 1 Buchst. b AEUV weisen daher dem EuGH die alleinige Kompetenz zu, über die Gültigkeit und die Auslegung der Handlungen der EU-Organe, in diesem Fall die Mehrwertsteuer-Systemrichtlinie des Europäischen Rates, zu entscheiden.

Dementsprechend ist nach der *Foto-Frost*-Entscheidung jedes nationale Gericht unabhängig von seiner Stellung in der Instanzenkette zur Vorlage an den EuGH verpflichtet.[947] Diese Vorlagepflicht greift bereits bei Zweifeln an

---

946 *Ehricke*, in: Streinz, EUV/AEUV, Art. 267 AEUV Rn. 45.

947 EuGH, Urt. v. 22.10.1987, Rs. C-314/85, *Foto-Frost*, Slg. 1987, 4199, Rn. 14 ff.; *Seer*, in: Tipke/Kruse, EuRS Tz. 8.

der Gültigkeit einer unionsrechtlichen Bestimmung ein. Die Überzeugung von der Rechtswidrigkeit wird in Abgrenzung zu Art. 100 Abs. 1 GG nicht gefordert.[948] Gleichsam dürfen nationale Gerichte unter den weiteren Voraussetzungen nach wie vor einstweiligen Rechtsschutz gewähren und die Aussetzung der Vollziehung von Verwaltungsakten anordnen, wenn die dem Verwaltungsakt zugrunde liegende nationale Regelung auf einer unionsrechtlichen Vorgabe basiert, die das Gericht unangewendet lassen möchte.[949] Die Vorlagepflicht für nicht-letztinstanzliche nationale Gerichte gilt ungeachtet der Bestimmungen des Art. 267 Abs. 2 AEUV, wonach diese Gerichte im Grundsatz nicht vorlagepflichtig sind. Die *Foto-Frost*-Grundsätze gelten ebenfalls in Konstellationen, in denen nach der *CILFIT*-Doktrin[950] keine Vorlage der Gerichte an den EuGH notwendig wäre, weil andernfalls die Verwerfungskompetenz des Unionsgerichts ausgehöhlt würde.[951]

Missachtet ein nationales vorlageverpflichtetes Gericht die Vorgaben zur Vorlage an den EuGH, wird dem Grundrechtsberechtigten sein gesetzlicher Richter entzogen. Art. 101 Abs. 1 Satz 2 GG räumt in diesem Fall nach Ansicht des Bundesverfassungsgerichts die Möglichkeit der Verfassungsbeschwerde ein.[952] Eine eigenständige Normenkontrolle des Unionsrechtsaktes nach Art. 100 Abs. 1 GG scheidet jedoch aufgrund des Vorrangs des Unionsrechts aus. Das Bundesverfassungsgericht wird den Fall schließlich dem EuGH zur Vorabentscheidung vorlegen. Die Möglichkeit der Verfassungsbeschwerde ist insbesondere geboten, weil dem Betroffenen kein Individualrechtsschutz gewährt wird.[953] Die Befriedigung seines Rechtsschutzbedürfnisses ist somit von der Durchführung der Vorlage abhängig.

Im Ergebnis können die nationalen Fachgerichte instanzenunabhängig einen wichtigen Beitrag zur Wahrung des Grundrechtsschutzes in der Union leisten.[954]

---

948 BVerfG, Urt. v. 13.03.2007, BVerfGE 118, 79 (97); *Fehling*, in: Schaumburg/Englisch, Europäisches Steuerrecht, Rz. 27.46; *Ehricke*, in: Streinz, EUV/AEUV, Art. 267 AEUV Rn. 45; *Sellmann/Augsberg*, DÖV 2006, 533 (535).

949 *Jesse*, Einspruch und Klage im Steuerrecht, Rn. 970.

950 EuGH, Urt. v. 06.10.1982, Rs. C-283/81, *CILFIT*, Slg. 1982, 3415, Rn. 13 ff.

951 EuGH, Urt. v. 06.12.2005, Rs. C-461/03, *Gaston Schul Douane*, Slg. 2005, I-10513, Rn. 17 ff.; *Fehling*, in: Schaumburg/Englisch, Europäisches Steuerrecht, Rz. 27.47; die Richtigkeit der Entscheidung begründend *Herrmann*, in: EuZW 2006, 231 (233 ff.); a.A. *Jesse*, Einspruch und Klage im Steuerrecht, Rn. 971, der seine Meinung allerdings auf lediglich allgemeine Aussagen zur *CILFIT*-Doktrin stützt.

952 BVerfG, Beschl. v. 09.01.2001, 1 BvR 1036/99, EuZW 2001, 255 (255 f.) m. w. N.

953 *Fehling*, in: Schaumburg/Englisch, Europäisches Steuerrecht, Rz. 27.41.

954 *Zirkl*, Neutralität der USt, 269.

Besonders die Finanzgerichte erfahren auf diese Weise eine Stärkung ihrer Kompetenzen, weil sie für gewöhnlich nicht vorlageverpflichtet sind. Die Beschränkung der Zuständigkeit nationaler Fachgerichte auf Vorlagen zum EuGH ist mitnichten als Einschränkung nationaler Souveränität zu werten. Gerade im Wege sorgfältiger Vorlagefragen können sie mit dem EuGH in Dialog treten und „werden [...] ihrer Rolle als Erstinterpreten des nationalen und des europäischen Fachrechts gerecht“[955].

2. *Nichtigkeitsklage*

Gemäß Art. 263 Abs. 1 Satz 1 AEUV kann im Wege der Nichtigkeitsklage die Rechtmäßigkeit von Unionsrechtsakten geprüft werden. Diese Überwachungsmöglichkeit ist anwendbar in Bezug auf Gesetzgebungsakte und sonstige Handlungen u. a. der Europäischen Kommission und des Europäischen Rates. Die Nichtigkeitsklage entfaltet auch Rechtswirkung gegenüber Dritten. Gemäß Art. 264 AEUV erklärt der EuGH die betroffene Unionshandlung bei Begründetheit der Klage für nichtig, wobei auch eine teilweise Fortgeltung angeordnet werden kann.

Klagebefugt sind im Gegensatz zum Vorabentscheidungsverfahren neben den Mitgliedstaaten auch einige Unionsorgane und schließlich natürliche und juristische Personen. Die Nichtigkeitsklage entfaltet somit grundsätzlich auch Individualrechtsschutz.[956] Für natürliche und juristische Personen ergibt sich aus Art. 263 Abs. 4 AEUV jedoch eine eingeschränkte Klagebefugnis. Zulässig sind Klagen nur gegen an sie gerichtete oder sie unmittelbar und individuell betreffende Handlungen und Rechtsakte mit Verordnungscharakter, die keine Durchführungsmaßnahmen nach sich ziehen. Die Mehrwertsteuer-Systemrichtlinie ist damit selbst dann nicht durch natürliche und juristische Personen anfechtbar, sofern sie zwingend umzusetzende Vorgaben macht.[957]

Mitgliedstaaten hingegen verfügen nach Art. 263 Abs. 2 AEUV auch ohne unmittelbare Betroffenheit über eine Klagebefugnis. Die Begründetheit der Klage ergibt sich bei Einschlägigkeit der unmittelbar in Art. 263 AEUV genannten Gründe, worunter auch die Verletzung der Verträge sowie einer bei der Durchführung von Unionsrecht anzuwendenden Rechtsnorm fällt. Hierunter

955 *Britz*, NJW 2012, 1313 (1317).

956 *Fehling*, in: Schaumburg/Englisch, Europäisches Steuerrecht, Rz. 27.51 f.

957 *Ehricke*, in: Streinz, EUV/AEUV, Art. 263 AEUV Rn. 50; der EuGH hat sich hierzu noch nicht explizit geäußert, zum Diskussionsstand vgl. *Cremer*, in: Calliess/Ruffert, EUV/AEUV, Art. 263 AEUV Rn. 37.

ist nicht nur das geschriebene Primärrecht, sondern das gesamte Unionsrecht zu fassen.[958] Damit kann beispielsweise der Verstoß einer Unionsrechtsnorm oder einer sonstigen Handlung der Union gegen den allgemeinen Gleichheitssatz zur Begründetheit der Klage führen. Unter das gesamte Unionsrecht fällt auch das Sekundärrecht, wodurch auch ein Verstoß von Sekundärrecht gegen anderes Sekundärrecht zur Nichtigkeit führen kann.[959]

Die Klagefrist beträgt nach Art. 263 Abs. 6 AEUV zwei Monate. Damit scheiden Nichtigkeitsklagen gegen Bestimmungen der Mehrwertsteuer-Systemrichtlinie *de facto* aus. Als sonstige Handlung kommen jedoch beispielsweise in regelmäßigen Abständen ergehende neue Bestimmungen der Mehrwertsteuer-Durchführungsverordnung in Betracht.[960]

Im Steuerrecht sind Nichtigkeitsklagen bislang im Wesentlichen nach Entscheidungen des EuGH in Fragen des Beihilferechts ergangen.[961] Profitieren inländische Steuerpflichtige von einer Regelung, die als unzulässige unionsrechtliche Beihilfe einzuordnen ist, muss der Mitgliedstaat die Beihilfe von dem Begünstigten zurückfordern. Die Steuerpflichtigen können gegen die Feststellung der Unvereinbarkeit einer nationalen Regelung mit dem Beihilferecht eine Nichtigkeitsklage erheben. Die betroffenen Mitgliedstaaten können entweder als privilegierte Kläger eine eigene Nichtigkeitsklage in Erwägung ziehen oder dem durch die Steuerpflichtigen beantragten Verfahren beitreten.

Ein prominentes Beispiel für Nichtigkeitsklagen in diesem Zusammenhang ist die Verschonungsregel für den Verlustabzug bei Körperschaften nach § 8c Abs. 1a KStG. Die Kommission hatte seinerzeit die sog. Sanierungsregelung, wonach Verlustvorträge in bestimmten Konstellationen trotz schädlichen Anteilseignerwechsels nicht untergingen, als verbotene Beihilfe eingestuft.[962] Hiergegen wandten sich sowohl die Bundesrepublik Deutschland als auch einige

958 *Fehling*, in: Schaumburg/Englisch, Europäisches Steuerrecht, Rz. 27.59; *Ehricke*, in: Streinz, EUV/AEUV, Art. 263 AEUV Rn. 59; *Cremer*, in: Calliess/Ruffert, EUV/AEUV, Art. 263 AEUV Rn. 35 ff.

959 *Cremer*, in: Calliess/Ruffert, EUV/AEUV, Art. 263 AEUV Rn. 91; *Fehling*, in: Schaumburg/Englisch, Europäisches Steuerrecht, Rz. 27.59.

960 Zuletzt geändert durch Art. 1 Durchführungsverordnung (EU) 1042/2013 v. 07.10.2013, ABl. Nr. L 284, 1.

961 Hierzu sowie im Folgenden *Fehling*, in: Schaumburg/Englisch, Europäisches Steuerrecht, Rz. 27.61 f.

962 KOM, Beschl. v. 26.01.2011, 2011/527/EU, ABl. EU 2011 Nr. L 235, 26.

begünstigte Steuerpflichtige mit Nichtigkeitsklagen.[963] Nachdem die Klage der Bundesrepublik Deutschland als unzulässig verworfen wurde[964], trat sie den Klagen der Steuerpflichtigen bei.

Denkbar ist, dass Begünstigungen, wie z. B. Steuerbefreiungen im nationalen Umsatzsteuerrecht, die über die Vorgaben der Mehrwertsteuer-Systemrichtlinie hinausgehen, als unionsrechtlich verbotene Beihilfe einzuordnen sind. Die weitere Entwicklung im Umsatzsteuerrecht bleibt daher abzuwarten. Ein strengerer Maßstab betreffend die Gleichbehandlung von Wirtschaftsbeteiligten auf Grundlage des allgemeinen Gleichheitssatzes nach Art. 20 GrCh könnte zukünftig zu einer stärkeren Beachtung von Ungleichbehandlungen im Mehrwertsteuerrecht führen. Dies könnte wiederum vermehrt Prüfungen der Beihilferechtskonformität von Vergünstigungen im nationalen Umsatzsteuerrecht nach sich ziehen.

B. Verstoß nationaler Bestimmungen gegen Primärrecht

I. Gebot der primärrechtskonformen Auslegung

Die Auslegungsgrundsätze wurden bereits dargestellt.[965] Widerspricht eine nationale Bestimmung dem Unionsrecht, ist die nationale Bestimmung nicht ohne Weiteres außer Acht zu lassen. Soweit möglich, ist vorrangig eine unionsrechtskonforme Auslegung geboten. Hiervon ist nicht abzuweichen, wenn es sich bei dem einschlägigen Unionsrecht um Primärrecht handelt. Auf diese Weise wird der Pflicht zur Unionstreue Rechnung getragen.[966]

II. Folgen der Nichtigkeit der Mehrwertsteuer-Systemrichtlinie

Innerhalb des Unionsrechts gelten der Vorrang des Primärrechts sowie der Grundsatz der primärrechtskonformen Auslegung von Sekundärrechtsakten. Basiert eine nationale Bestimmung auf Vorgaben der Mehrwertsteuer-Systemrichtlinie und ist diese nationale Bestimmung nicht mit dem unionalen Primärrecht konform, stellt sich demnach die Frage, ob die die nationale Norm determinierende Richtlinienbestimmung selbst überhaupt Wirksamkeit entfaltet.

---

963 Siehe nur Klageerhebung v. 10.11.2011, Rs. T-585/11, *Cheverny Investments/KOM*, ABl. EU 2012 Nr. C 25, 60.

964 EuG, Beschl. v. 18.12.2012, Rs. T-205/11, *Deutschland/KOM*, ECLI:EU:T:2012:704 = DStR 2013, 132.

965 Vgl. hierzu die Ausführungen in Kapitel 1. C. V. dieser Arbeit.

966 *Schaumburg* in: Schaumburg/Englisch, Europäisches Steuerrecht, Rz. 4.50.

Die Richtlinienbestimmung könnte im Wege primärrechtskonformer Auslegung weitergelten oder aber für nichtig erklärt werden. Wird sie für nichtig erklärt, ist die Frage, ob der nationale Umsetzungsakt dann überhaupt noch gültig sein kann. Als Folgefrage schließt sich an, ob die nationale Norm dann noch auf der Mehrwertsteuer-Systemrichtlinie beruht und sich letztlich als Durchführung von Unionsrecht nach § 51 Abs. 1 Satz 1 GrCh darstellt. Der weiteren Analyse ist diese Frage voranzustellen, weil sie den Anwendungsbereich der Charta und des Grundgesetzes maßgeblich beeinflusst und damit Vorlagepflichten und Verwerfungsmonopole berührt.

Zur Beantwortung dieser Frage ist zunächst an das Implementierungskonzept des europäischen Mehrwertsteuersystems zu erinnern. Richtlinien bedürfen stets eines nationalen Umsetzungsaktes. Zwar agieren Mitgliedstaaten bei der Richtlinienumsetzung in nationales Recht nicht als bloße Erfüllungsgehilfen, weil sie im Rahmen ihrer Möglichkeiten zu einer primärrechts- und damit grundrechtskonformen Umsetzung der Vorgaben verpflichtet sind. Richtlinien sind hinsichtlich ihrer Zielvorgabe jedoch stets verbindlich. Daran ändert auch die Tatsache nichts, dass die Richtlinie den Mitgliedstaaten gewisse Umsetzungsspielräume gewährt. Selbst wenn die Nichtigkeit einer Richlinienbestimmung feststeht, ist der nationale Umsetzungsakt demzufolge als Durchführung von Unionsrecht nach § 51 Abs. 1 Satz 1 GrCh zu qualifizieren.[967]

Dies gilt im Mehrwertsteuerrecht im Allgemeinen und hinsichtlich der Vorgaben zum Vorsteuerabzug im Speziellen auch für Umsetzungsspielräume, weil die Richtlinienziele ein vollkommenes System vorgeben, in dem Umsetzungsspielräume keine lediglich deklaratorische Anerkennung originär mitgliedstaatlicher Kompetenz sind, sondern die unionsrechtliche Grundlage selbst die Ermächtigung zum mitgliedstaatlichen Ermessen ist.[968] Die Mitgliedstaaten sind in diesem Fall ungeachtet der Nichtigkeit der Richtlinienbestimmung an die Unionsgrundrechte gebunden. Nach dem Grundsatz des Vorrangs des Unionsrechts schlägt die Unanwendbarkeit der Richtlinienbestimmung auf den nationalen Umsetzungsakt durch.[969] Dies gilt auch im Fall, dass die nationale Norm mit dem Grundgesetz vereinbar wäre, weil Art. 53 GrCh einen unionsweit verbindlichen Mindeststandard sichert.[970] Auf eine gesonderte Nichtigkeitserklärung durch

967 *Englisch*, in: W. Schön/K. Beck, Zukunftsfragen, 39 (47 f.).

968 Vgl. hierzu die Ausführungen in Kapitel 2. B. II. 2. b) ee) dieser Arbeit.

969 *Kokott/Henze*, in: FS Spindler, 2011, 279 (282 f.); die Nichtigkeit des Unionsrechtsakts auf den nationalen Umsetzungsakt durchschlagend betrachtend *Kofler*, DStJG 41 (2018), 125 (148), sowie *Englisch*, in: W. Schön/ K. Beck, Zukunftsfragen, 39 (47 f.).

970 *Zirkl*, Neutralität der USt, 272.

das Bundesverfassungsgericht kommt es in der Folge nicht an.[971] Das EuGH-Urteil wirkt in diesem Fall wie ein Nichtigkeitsurteil nach Art. 263 AEUV.[972]

III. Vorabentscheidung des EuGH

Die folgenden Ausführungen beschränken sich auf solche nationalen Regelungen, die auf Vorgaben der Mehrwertsteuer-Systemrichtlinie basieren, die den Mitgliedstaaten Ermessen bei der Umsetzung einräumen. Zwingend umzusetzende Vorgaben führen stets zu der Frage, ob die Vorgabe der Mehrwertsteuer-Systemrichtlinie selbst wirksam ist. Insoweit wird auf die Ausführungen zum Verstoß der Mehrwertsteuer-Systemrichtlinie gegen Primärrecht verwiesen.[973]

Steht die Unvereinbarkeit einer nationalen Norm mit dem unionalen Primärrecht im Raum, kann bzw. muss der EuGH im Rahmen eines Vorabentscheidungsverfahrens angerufen werden. Die Pflicht oder das Ermessen zur Vorlage hängen von der Stellung des Gerichts in der Instanzenordnung ab. Ist die Entscheidung eines nationalen Gerichts nicht mehr anfechtbar, d. h., handelt es sich um ein letztinstanzliches Gericht[974], besteht nach Art. 267 Abs. 3 AEUV eine Vorlagepflicht. Unterinstanzliche Gerichte sind zur Vorlage nach eigenem Ermessen gemäß Art. 267 Abs. 2 AEUV berechtigt.[975] In diesen Fällen liegt kein Anwendungsfall des Art. 263 AEUV vor, weil der Prüfungsgegenstand die nationale Norm selbst ist und nicht die der Norm zugrunde liegende Bestimmung der Mehrwertsteuer-Systemrichtlinie. Bei allen Vorlagen an den EuGH ist zu beachten, dass nicht nach der Vereinbarkeit der nationalen Regelung mit dem Unionsrecht gefragt werden kann, weil der EuGH ausschließlich zur Auslegung des Unionsrechts berechtigt ist.[976]

Strittig ist, ob nationale Fachgerichte eine nationale Steuervorschrift bei offenkundigem Verstoß gegen die Richtlinie als „europäische Gerichte mit eigener Verantwortung für die einheitliche und wirksame Anwendung des Gemeinschaftsrechts“[977] unangewendet lassen dürfen. *Stadie* führt hiergegen an, es

---

971 *Englisch*, in: W. Schön/K. Beck, Zukunftsfragen, 39 (48).

972 EuGH, Urt. v. 09.03.1978, Rs. C-106/77, *Simmenthal*, Slg. 1978, 629, Rn. 21 ff.; *Kokott/Henze*, in: FS Spindler, 2011, 279 (281 f.).

973 Vgl. hierzu die Ausführungen in Kapitel 1. C. III. dieser Arbeit.

974 Diese Stellung ist nach unionsrechtlichen Gesichtspunkten zu bestimmen, vgl. EuGH, Urt. v. 04.06.2002, Rs. C-99/00, *Lyckeskog*, Slg. 2002, I-4839, Rn. 15.

975 *Seer*, in: Tipke/Kruse, EuRS Tz. 7.

976 *Seer*, in: Tipke/Kruse, EuRS Tz. 10; *Stadie*, in: Rau/Dürrwächter, UStG, Einführung, Anm. 583.

977 *Seer*, in: Tipke/Kruse, EuRS Tz. 6; *ders.*, DStJG 32 (2009), 497 (503).

handle sich bei nationalen Vorschriften, die nach Ergehen der Mehrwertsteuer-Systemrichtlinie erlassen worden sind, in keinem Fall um eine *eindeutige* Verletzung des Gemeinschaftsrechts.[978] Grund hierfür sei die Unionspflicht der Mitgliedstaaten gemäß Art. 4 Abs. 3 EUV, weshalb davon auszugehen sei, dass der Mitgliedstaat richtlinienkonforme Gesetze erlassen wolle.[979] Die Missachtung der Vorlagepflicht stelle sich somit als Verletzung des Gewaltenteilungsgrundsatzes und des Gesetzmäßigkeitsprinzips dar.[980] *Seer* führt hiergegen an, der EuGH habe sehr wohl Ausnahmen von der Vorlagepflicht vorgesehen. Tatsächlich sind die Gerichte in den von der *Acte-clair*-Doktrin erfassten Fällen von ihrer Vorlagepflicht an den EuGH entbunden. So entfällt die Vorlagepflicht, wenn ein Präzedenzfall[981] vorliegt, d. h. die Fragestellung in einem Vorlageverfahren bereits beantwortet wurde.[982] Ferner entfällt die Pflicht zur Vorlage, wenn zu der Rechtsfrage eine gesicherte Rechtsprechung existiert, wobei die Fragen nicht identisch sein müssen (*acte éclairé*)[983], sowie wenn die richtige Auslegung des Unionsrechts einen Grad an Offenkundigkeit erreicht, der keinen vernünftigen Zweifel an der Auslegung lässt (*acte-clair*)[984].[985]

Entscheidend für die Beurteilung ist demzufolge, wie die Fachgerichte ihrer Verantwortung für die einheitliche und wirksame Anwendung des Gemeinschaftsrechts gerecht werden. Diesbezüglich ist festzustellen, dass der BFH die Ausnahmen von der Vorlagepflicht zu weit interpretiert[986], wenngleich er unionsweit die meisten Vorlagen initiiert[987]. In Umsatzsteuerfragen hat er

978 *Stadie,* in: Rau/Dürrwächter, UStG, Einführung, Anm. 633.
979 *Stadie,* in: Rau/Dürrwächter, UStG, Einführung, Anm. 633.
980 *Stadie*, DStJG 32 (2009), 143 (155 ff.); *Seer*, DStJG 32 (2009), 497 (503).
981 *Seer*, in: Tipke/Kruse, EuRS Tz. 13.
982 EuGH, Urt. v. 27.03.1963, Rs. 28/62 u. a., *Da Costa*, Slg. 1963, 63 (80 f.); v. 06.10.1982, Rs. C-283/81, *CILFIT*, Slg. 1982, 3415, Rn. 13.
983 EuGH, Urt. v. 06.10.1982, Rs. C-283/81, *CILFIT*, Slg. 1982, 3415, Rn. 14.
984 Weitergehend zum *acte-clair Lehner*, in: FS Spindler, 2011, 329 (331 ff.).
985 EuGH, Urt. v. 06.10.1982, Rs. C-283/81, *CILFIT*, Slg. 1982, 3415, Rn. 16.
986 *Stadie*, DStJG 32 (2009), 143 (161 ff.); *Hummel*, UR 2009, 73 (77); *Seer* sieht die Auslegung durch den BFH „sehr selbstbewusst", in: Tipke/Kruse, EuRS Tz. 13; nach *Lehner* werden die Vorgaben durch den BFH „weitgehend ignoriert", in: FS Spindler, 2011, 329 (339); *Kokott/Henze* sehen die Aufgabe der Kriterienprüfung für eine Vorlage hingegen „gut gemeistert", in: FS Spindler, 2011, 279 (280).
987 Siehe Statistik des EuGH zu neu eingegangenen Vorlagen zur Vorabentscheidung in 2016, wonach 2.300 von insgesamt 9.616 Ersuchen aus Deutschland kamen, vgl. Jahresbericht 2016 des EuGH, Teil Rechtsprechungstätigkeit, abrufbar unter: http://curia.europa.eu/jcms/upload/docs/ application/pdf/2017-03/ra_2016_de.pdf.

beispielsweise eine gesicherte Rechtsprechung (*acte éclairé*) angenommen und § 24 UStG entsprechend der Art. 295 ff. MwStSystRL eigenständig unionsrechtskonform ausgelegt.[988] Dabei verweist der BFH jedoch nicht auf ergangene Rechtsprechung des EuGH in der konkreten Sache, sondern rekurriert auf die bloße Existenz des Neutralitätsgrundsatzes.[989] Ein *acte éclairé* lag damit nicht vor, weil die bloße Existenz von Rechtsprechung zum Neutralitätsgrundsatz keine Rückschlüsse auf jedwede Interpretation mehrwertsteuerlicher Normen zulässt.[990] Mit *Stadie* ist daher anzumerken:

> *„Nach dieser Logik könnte jedes Finanzgericht zwischen Irland und Zypern und von Portugal bis Finnland nach seinem Verständnis des Neutralitätsgrundsatzes – der übrigens in der Rechtsprechung des EuGH verschiedene Facetten hat*[991] *– jede beliebige Umsatzsteuervorschrift zu Gunsten des Klägers für unanwendbar erklären, weil sie angeblich gegen den Neutralitätsgrundsatz verstößt. Das absolute Chaos wäre da.“*[992]

Der BFH verkennt mit seiner Vorgehensweise, dass die Auslegung des Unionsrechts i. S. d. *Acte-clair*-Doktrin nicht nur für die eigene, sondern für die Gesamtheit aller mitgliedstaatlichen Rechtsordnungen offensichtlich sein muss.[993] Die Ausnahmen von der Vorlagepflicht sind daher eng auszulegen.[994] Einzelstaatliche Auslegungen von Unionsrecht bergen die Gefahr einer Rechtszersplitterung in den einzelnen Mitgliedstaaten.[995] Dies gilt umso mehr, wenn sich der BFH zur Begründung der „Offenkundigkeit“ allgemein des Neutralitätsgrundsatzes bedient und nicht auf Rechtsprechung in der konkreten Sache abstellt. Dieser Dogmatik zufolge wären sämtliche Vorlagefragen nationaler Gerichte zur Vereinbarkeit nationaler Normen mit den Unionsgrundrechten obsolet,

---

988 BFH, Urt. v. 16.04.2008, XI R 73/07, BFH/NV 2008, 1417.

989 BFH, Urt. v. 16.04.2008, XI R 73/07, BFH/NV 2008, 1417, II.2.c.

990 *Hummel*, UR 2009, 73 (77).

991 *Stadie* verweist insoweit auf Nachweise aus *ders.*, in: Rau/Dürrwächter, UStG, Einführung, Anm. 143 f.

992 *Stadie*, DStJG 32 (2009), 143 (163).

993 *Seer*, in: Tipke/Kruse, EuRS Tz. 13; *Calliess*, NJW 2013, 1905 (1906 f.); a.A. *Lehner*, in: FS Spindler, 2011, 329 (336); dem widersprechend jedoch *Stadie* mit überzeugendem Verweis auf EuGH, Urt. v. 15.09.2005, Rs. C-495/03, Intermodal Transports, Slg. 2005, I-8151, Rn. 33, 39, in: Rau/Dürrwächter, UStG, Einführung, Anm. 585.

994 *Calliess*, NJW 2013, 1905 (1907); *Lehner*, in: FS Spindler, 2011, 329 (333).

995 EuGH, Urt. v. 06.10.1982, Rs. C-283/81, *CILFIT*, Slg. 1982, 3415, Rn. 7; v. 15.09.2005; Rs. C-495/03, *Intermodal Transports*, Slg. 2005, I-8151, Rn. 33; *Seer*, in: Tipke/Kruse, EuRS Tz. 13; *Lehner*, in: FS Spindler, 2011, 329 (330).

weil offenkundig bereits seit den Rechtssachen *Stauder*[996] und *Internationale Handelsgesellschaft*[997] keine Zweifel an der Existenz von Unionsgrundrechten und der Tatsache, dass nationale Normen diese Grundrechte wahren müssen, bestehen.[998]

Indem *Seer* das Merkmal der „Eindeutigkeit" hervorhebt,[999] verschließt er sich diesem Kriterium entgegen *Stadie*[1000] auch nicht. Die Gerichte sind jedoch aufgefordert, dieser Verantwortung durch eine sorgfältigere Prüfung der „Eindeutigkeit" Rechnung zu tragen. *Seer* ist daher zuzustimmen, dass nationale Gerichte sehr wohl „europäische Gerichte mit eigener Verantwortung für die einheitliche und wirksame Anwendung des Gemeinschaftsrechts"[1001] sind. Entgegen *Stadie* kann nicht ohne Weiteres davon ausgegangen werden, dass aufgrund der Unionspflicht jeder nationale Umsetzungsakt die „Eindeutigkeit" ausschließt.[1002] Andernfalls wären die nationalen Gesetzgeber bloße Erfüllungsgehilfen der Union. Dies würde dem dualistischen Implementierungssystem von Unionsrichtlinien widersprechen und dem Gesetzgeber einen eigenen parlamentarischen Willen absprechen.[1003] Das Unionsrecht ist kein „‚fremdes' Recht […]. Vielmehr sind die nationalen Richter mit vollem Recht auch Richter des Unionsrechts"[1004].

Nach hier vertretener Auffassung sollte im Rahmen einer *Acte-clair*-Prüfung eine Unterscheidung in zwingende Richtlinienvorgaben und solche mit Ermessensspielräumen stattfinden: Bestehen demnach ernstliche Zweifel an der Primärrechtskonformität einer nationalen Norm, die auf zwingenden Vorgaben der Mehrwertsteuer-Systemrichtlinie beruht, sind alle nationalen Gerichte instanzenunabhängig zur Vorlage an den EuGH verpflichtet.[1005] Grund hierfür ist, dass in diesem Fall zugleich stets ein Verstoß der Richtlinie gegen das Primärrecht im Raum steht und der EuGH diesbezüglich ein Verwerfungsmonopol

---

996 EuGH, Urt. v. 12.11.1969, Rs. C-29/69, *Stauder*, Slg. 1969, 419.
997 EuGH, Urt. v. 17.12.1970, Rs. C-11/70, *Internationale Handelsgesellschaft*, Slg. 1970, 1125.
998 *Zirkl*, Neutralität der USt, 270 f.
999 *Seer*, DStJG 32 (2009), 497 (503).
1000 *Stadie*, in: Rau/Dürrwächter, UStG, Einführung, Anm. 645.
1001 *Seer*, in: Tipke/Kruse, EuRS Tz. 6; *ders.*, DStJG 32 (2009), 497 (503).
1002 *Stadie*, in: Rau/Dürrwächter, UStG, Einführung, Anm. 633, 645.
1003 *Englisch*, in: W. Schön/K. Beck, Zukunftsfragen, 39 (47).
1004 *von Danwitz*, StuW 2018, 323.
1005 *Zirkl*, Neutralität der USt, 269.

beansprucht.[1006] Es kann in diesen Fällen nicht unter Zugrundelegung der *Acte-clair*-Grundsätze auf eine Vorlage verzichtet werden. Bei Richtlinienvorgaben mit Umsetzungsspielräumen kann hingegen eine Vorlage an den EuGH unterbleiben, sofern die *Acte-clair*-Doktrin diesen Schluss zulässt. Ist nicht eindeutig, ob die Richtlinie einen Gestaltungsspielraum beinhaltet, muss diese Vorfrage im Wege des Vorabentscheidungsverfahrens durch den EuGH geklärt werden.[1007]

Die Fachgerichte müssen das Vorabentscheidungsverfahren als „Dialog der Richter“[1008] nutzen, um in „funktionsteilender Zusammenarbeit gleichrangiger Rechtsprechungsorgane“[1009] die Qualität des Rechtsschutzes voranzutreiben. So können sie ihrer Funktion als eigenverantwortliche europäische Gerichte gerecht werden. Der BFH hat in den letzten 50 Jahren durch seine Vorlagen an den EuGH bereits einen bedeutsamen Beitrag zur Entwicklung der Unionsgrundrechte geleistet.[1010] Alle nationalen Fachgerichte sind aufgerufen, sich dieser gemeinsamen Verantwortung im europäischen Rechtsprechungverbund bewusst zu werden und diese Aufgabe in fruchtbarer Kooperation zu erfüllen.[1011] Im Interesse eines möglichst hohen Rechtsschutzes sollten Fragen mit Bezug zum Unionsrecht von nationalen Fachgerichten explizite Fragestellungen nach der Vereinbarkeit mit unionalem Primärrecht enthalten[1012] und entsprechend sorgfältig aufbereitet werden.[1013] In diesem Zusammenhang gilt im Ergebnis mit *Seer* und *Everling*: „*in dubio pro praesentatione*“[1014].

1006 BVerfG, Beschl. v. 19.07.2011, 1 BvR 1916/09, BVerfGE 129, 78 = NJW 2011, 3428, Rn. 91.

1007 BVerfG, Beschl. v. 04.10.2011, 1 BvL 3/08, BVerfGE 129, 186 = DStR 2011, 2141, Rn. 55.

1008 *Spindler*, DFGT 3 (2006), 19 (20); *ders.*, Stbg 2010, 49 (53).

1009 *Spindler*, Stbg 2010, 49 (53).

1010 *von Danwitz*, StuW 2018, 323.

1011 *von Danwitz*, StuW 2018, 323 (327 f.).

1012 *Zirkl*, Neutralität der USt, 271.

1013 *Seer*, in: Tipke/Kruse, EuRS Tz. 13; *Wegener* sieht Erfolg und Funktion der Vorlagen von der „Vorlagefreudigkeit“ der nationalen Gerichte abhängig, in: Calliess/Ruffert, EUV/AEUV, Art. 267 AEUV Rn. 34.

1014 *Everling*, Das Vorabentscheidungsverfahren, 50; *Lehner*, in: FS Spindler, 2011, 329 (333 f., 342 ff.); nach *Seer* haben die Gerichte bei der Annahme der Eindeutigkeit des Verstoßes Vorsicht walten zu lassen und die Auslegungsfrage im Zweifel dem EuGH vorzulegen, in: DStJG 32 (2009), 497 (503).

IV. Parallele Geltung von Art. 3 Abs. 1 GG und Art. 20 GrCh

1. *Der Prüfungsanspruch des Bundesverfassungsgerichts als Entwicklungsprozess*

Die Prüfungsbereitschaft des Bundesverfassungsgerichts unterliegt dem Wandel der Zeit. Sie wurde und wird maßgeblich durch die Entwicklung der Grundrechte auf Unionsebene beeinflusst. Die aktuellen Aussagen des Bundesverfassungsgerichts sind daher im Lichte der historischen Entwicklung seiner Rechtsprechung zu beurteilen.

2. *Die Kompetenzerhebung durch das Bundesverfassungsgericht im Einzelnen*

a) Solange-*Rechtsprechung*

Vor ungefähr 50 Jahren entwickelte der EuGH einen ungeschriebenen Grundrechtsschutz in den Rechtssachen *Stauder*[1015] und *Internationale Handelsgesellschaft*[1016].[1017] Das Bundesverfassungsgericht behielt sich jedoch parallel zur unionalen Grundrechtsentwicklung ein Prüfungsrecht vor. In der *Solange-I*-Entscheidung definierte das Gericht seine Prüfungsbereitschaft wie folgt: „Solange der Integrationsprozeß der Gemeinschaft nicht so weit fortgeschritten ist, daß das Gemeinschaftsrecht auch einen von einem Parlament beschlossenen und in Geltung stehenden formulierten Katalog von Grundrechten enthält, der dem Grundrechtskatalog des Grundgesetzes adäquat ist", werde man grundrechtliche Überprüfungen des Unionsrechts weiterhin nach nationalem Verfassungsrecht vollziehen.[1018] Das Bundesverfassungsgericht setzte sich damit über die bereits in der Rechtssache *Internationale Handelsgesellschaft* geäußerten Bedenken des EuGH hinweg, wonach derartige Normenkontrollansprüche nationaler Gerichte die Rechtsgrundlage der Gemeinschaft selbst gefährdeten.[1019]

Der absolute Prüfungsanspruch des Bundesverfassungsgerichts wurde in der *Solange-II*-Entscheidung[1020] deutlich eingeschränkt. Demnach werde das

---

1015 EuGH, Urt. v. 12.11.1969, Rs. C-29/69, *Stauder*, Slg. 1969, 419.

1016 EuGH, Urt. v. 17.12.1970, Rs. C-11/70, *Internationale Handelsgesellschaft*, Slg. 1970, 1125.

1017 Zur Entwicklung der Gemeinschaftsgrundrechte vgl. Kapitel 2. A. III. dieser Arbeit.

1018 BVerfG, Beschl. v. 29.05.1974, 2 BvL 52/71, BVerfGE 37, 271 (285).

1019 EuGH, Urt. v. 17.12.1970, Rs. C-11/70, *Internationale Handelsgesellschaft*, Slg. 1970, 1125, Rn. 3.

1020 BVerfG, Beschl. v. 22.10.1986, 2 BvR 197/83, BVerfGE 73, 339.

Bundesverfassungsgericht Gemeinschaftsrecht nicht mehr am Maßstab nationaler Grundrechte überprüfen, solange der Rechtsschutz auf Unionsebene im Wesentlichen nationalen Grundrechtsstandards entspricht.[1021]

Beide *Solange*-Entscheidungen betrafen Verordnungen der Union. Das Bundesverfassungsgericht hatte erst einige Zeit später bestätigt, dass es bei Richtlinienumsetzungsgesetzen ebenfalls von einer Prüfung am Maßstab nationaler Grundrechte absieht.[1022] Bereits zwei Monate später wurde diese Selbstbeschränkung jedoch auf solche nationalen Normen beschränkt, deren zugrunde liegende Richtlinie keinen Umsetzungsspielraum lässt.[1023] Das Bundesverfassungsgericht verfolgte damit stets einen als *Trennungsthese*[1024] bekannten Ansatz, eine möglichst trennscharfe Unterscheidung zwischen nationaler und unionsrechtlicher Grundrechtssphäre zu finden. Dieser Ansatz beruht auf der Vorstellung, dass Lebenssachverhalte entweder nur vom Grundgesetz oder von Unionsgrundrechten erfasst werden.[1025]

b) Maastricht-*Urteil und* Bananenmarkt-*Beschluss*

Im Oktober 1993 hat das Bundesverfassungsgericht mit dem *Maastricht*-Urteil[1026] die Vereinbarkeit des *Vertrags von Maastricht*[1027] mit dem Grundgesetz bestätigt. Auf EU-Ebene werde demnach ein ausreichender Grundrechtsschutz gewährleistet. Der nationale Grundrechtsschutz werde nicht dadurch beschnitten, dass weitere Befugnisse auf die Europäische Union übertragen werden. Das Bundesverfassungsgericht übe seine Gerichtsbarkeit über die Anwendung von abgeleitetem Gemeinschaftsrecht in Deutschland in einem „Kooperationsverhältnis“ zum EuGH aus. Das Bundesverfassungsgericht könne sich daher nach den *Solange-II*-Grundsätzen auf die Gewährleistung eines unabdingbaren Grundrechtsstandards beschränken.[1028]

Die Hürden für eine Verfassungsbeschwerde gegen EU-Recht wurden in der Folgezeit erhöht. In der *Bananenmarkt*-Entscheidung[1029] stellte das

---

1021 BVerfG, Beschl. v. 22.10.1986, 2 BvR 197/83, BVerfGE 73, 339 (387).
1022 BVerfG, Beschl. v. 13.03.2007, 1 BvF 1/05, *Emissionshandel I*, BVerfGE 118, 79 (95).
1023 BVerfG, Beschl. v. 14.05.2007, 1 BvR 2036/05, *Emissionshandel II*, BVerfGK 11, 189; siehe auch BVerfG, Beschl. v. 06.12.2007, 1 BvR 2129/07, BVerfGK 13, 31, Rn. 12.
1024 *Franzius*, ZaöRV 2015, 383 (388 f.); *Thym*, NVwZ 203, 889 (892).
1025 *Franzius*, ZaöRV 2015, 383 (388); *Thym*, NVwZ 203, 889 (892).
1026 BVerfG, Urt. v. 12.10.1993, 2 BvR 2134, 2159/92, BVerfGE 89, 155.
1027 Vertrag über die Europäische Union, ABl. EU 1992 Nr. C 191/1.
1028 BVerfG, Urt. v. 12.10.1993, 2 BvR 2134, 2159/92, BVerfGE 89, 155 (175).
1029 BVerfG, Beschl. v. 07.06.2000, 2 BvL 1/97, BVerfGE 102, 147.

Bundesverfassungsgericht klar, der Kläger müsse begründen, dass der Grundrechtsschutz nach unionalen Maßstäben einschließlich der Rechtsprechung des EuGH nach Ergehen der *Solange-II*-Entscheidung unter dem Schutzniveau des Grundgesetzes liegt. Die Unterschreitung des nationalen Schutzniveaus müsse dabei genereller Art sein. Ein Absenken im Einzelfall reiche somit nicht aus. Könne dies nicht belegt werden, sei die Verfassungsbeschwerde gegen Gemeinschaftsrechtsakte von vornherein unzulässig.[1030]

c) Lissabon-*Urteil und* Honeywell-*Beschluss*

Durch die verbindliche Geltung der Grundrechtecharta als unionales Primärrecht nach Art. 6 Abs. 1 EUV sowie die Heranziehung der nationalen Verfassungsüberlieferungen als Rechtserkenntnisquelle gemäß Art. 6 Abs. 3 EUV sind die Vorbehalte aus den *Solange*-Entscheidungen obsolet geworden. Es besteht kein Konfliktpotenzial mehr hinsichtlich der Frage, ob die Union einen der nationalen Verfassung entsprechenden Grundrechtsschutz gewährt. Der der Einführung der Charta zugrunde liegende *Vertrag von Lissabon*[1031] wurde im *Lissabon*-Urteil[1032] des Bundesverfassungsgerichts als mit dem Grundgesetz vereinbar bestätigt. Das Bundesverfassungsgericht stellte dabei klar, dass der Union nicht derart viele Kompetenzen übertragen werden dürften, dass das Prinzip der begrenzten Einzelermächtigung überschritten werde.[1033] Das Bundesverfassungsgericht sei demnach weiterhin befugt, einen aus dieser begrenzten Kompetenzermächtigung „ausbrechenden Rechtsakt“ sowie Rechtsakte, die den unantastbaren Kerngehalt der Verfassungsidentität des Grundgesetzes nach Art. 23 Abs. 1 Satz 3 i. V. m. Art. 79 Abs. 3 GG gefährden, eigenmächtig am Maßstab nationaler Grundrechte zu überprüfen.[1034]

Wann ein Ultra-vires-Akt im Sinne der *Lissabon*-Rechtsprechung vorliegt, präzisierte das Bundesverfassungsgericht im *Honeywell*-Beschluss[1035]. Der Beschluss bezieht sich auf das EuGH-Urteil in der Rechtssache *Mangold*[1036]. Der EuGH hatte in dieser Rechtssache aus den allgemeinen Rechtsgrundsätzen des Gemeinschaftsrechts ein Altersdiskriminierungsverbot bei der Ausgestaltung

---

1030 BVerfG, Beschl. v. 07.06.2000, 2 BvL 1/97, BVerfGE 102, 147 (164).

1031 ABl. EU 2007 Nr. C 306/1.

1032 BVerfG, Urt. v. 30.06.2009 – 2 BvE 2/08 u. a., BVerfGE 123, 267.

1033 BVerfG, Urt. v. 30.06.2009 – 2 BvE 2/08 u. a., BVerfGE 123, 267 (347).

1034 BVerfG, Urt. v. 30.06.2009 – 2 BvE 2/08 u. a., BVerfGE 123, 267 (353 ff.).

1035 BVerfG, Beschl. v. 06.07.2010, BVerfGE 126, 286.

1036 EuGH, Urt. v. 22.11.2005, Rs. C-144/04, *Mangold*, Slg. 2005, I-9981.

nationalen Arbeitsrechts abgeleitet. Daraufhin hielt der EuGH eine sich an dem Alter des Angestellten orientierende Befristungsmöglichkeit von Arbeitsverhältnissen nach § 14 Abs. 3 Satz 4 TzBfG für unanwendbar.

Diese Rechtsprechung wurde in der Rechtssache *Kücükdeveci*[1037] durch den EuGH bestätigt. Beide Entscheidungen führten zu Kritik in der Fachliteratur, die in den EuGH-Urteilen ausbrechende Rechtsakte sahen.[1038]

Ungeachtet dessen erklärte das Bundesarbeitsgericht einen befristeten Arbeitsvertrag für unwirksam und gab somit der Klage eines Arbeitnehmers gegen seinen Arbeitgeber, die *Honeywell Bremsbelag AG*, statt.[1039] Der Arbeitgeber erhob daraufhin Verfassungsbeschwerde, die auf die EuGH-Rechtsprechung als Ultra-vires-Akt und dementsprechend auf die Nichtanwendbarkeit durch das Bundesarbeitsgericht zielte.[1040] Das Bundesverfassungsgericht bestätigte jedoch die EuGH-Rechtsprechung und präzisierte gleichzeitig die Ultra-vires-Anforderungen. Eine Kontrolle durch das Bundesverfassungsgericht erfolge nur, wenn „das kompetenzwidrige Handeln der Unionsgewalt offensichtlich ist und der angegriffene Akt im Kompetenzgefüge zwischen Mitgliedstaaten und Union im Hinblick auf das Prinzip der begrenzten Einzelermächtigung und die rechtsstaatliche Gesetzesbindung erheblich ins Gewicht fällt“[1041]. Diese europarechtsfreundliche Selbstbeschränkung bei der Ultra-vires-Kontrolle sei geboten, um das „supranationale Integrationsprinzip“ nicht zu gefährden.[1042] Zudem sei, bevor ein ausbrechender Rechtsakt angenommen wird, der EuGH im Rahmen eines Vorabersuchens nach Art. 267 AEUV über die Auslegung der streitgegenständlichen Regelungen zu befragen. Die Ultra-vires-Kontrolle wird also mit einer explizit für das Bundesverfassungsgericht vorgesehenen Vorlagepflicht abgesichert:[1043] „Solange der Gerichtshof keine Gelegenheit hatte, über die aufgeworfenen unionsrechtlichen Fragen zu entscheiden, darf das Bundesverfassungsgericht für Deutschland keine Unanwendbarkeit des Unionsrechts feststellen.“[1044]

1037 EuGH, Urt. v. 10.01.2010, Rs. C-555/07, *Kücükdeveci*, Slg. 2010, I-365.
1038 Vgl. zur Kritik statt vieler nur *Bauer/Arnold*, NJW 2006, 6; *Calliess*, in: Maunz/Dürig, GG, Art. 24 Rn. 137 m. w. N.
1039 BAG, Urt. v. 26.04.2006, 7 AZR 500/04, BAGE 118, 76.
1040 Hierzu sowie weiterführend *Calliess*, in: Maunz/Dürig, GG, Art. 24 Rn. 136 ff.
1041 BVerfG, Beschl. v. 06.07.2010, BVerfGE 126, 286 (304 f.).
1042 BVerfG, Beschl. v. 06.07.2010, BVerfGE 126, 286 (307).
1043 *Calliess*, in: Maunz/Dürig, GG, Art. 24 Rn. 141.
1044 BVerfG, Beschl. v. 06.07.2010, BVerfGE 126, 286 (304).

d) *Folgeurteil zu EuGH* Melloni

Die Verfassungsrichter verweigerten dem EuGH erstmals die Gefolgschaft, als sie Ende 2015 aufgrund eines Eingriffs in die Verfassungsidentität die Vollstreckung eines europäischen Haftbefehls verhinderten.[1045]

Nach der EuGH-Entscheidung *Melloni*[1046] hätte ein europäischer Haftbefehl vollstreckt werden müssen. Die Besonderheit in beiden Fällen liegt darin, dass die den Haftbefehlen zugrunde liegende Verurteilung jeweils in Italien in Abwesenheit des Angeklagten erging. Das Bundesverfassungsgericht sah in der Möglichkeit der Verurteilung *in absentia* einen Verstoß gegen den Schuldgrundsatz, wonach eine Verurteilung aufgrund der individuellen Schuld des Täters zu erfolgen habe.[1047] Dafür müsse man sich mit der Person des Angeklagten auseinandersetzen und eine Verteidigungsmöglichkeit einräumen,[1048] was nach deutschem Recht eine Verurteilung in Abwesenheit des Täters ausschließt. Der Schuldgrundsatz sei Teil der Menschenwürde und gemäß Art. 79 Abs. 3 und Art. 1 Abs. 1 GG Teil der Verfassungsidentität, d. h. ein verfassungsrechtlicher Kernbereich.[1049] Dieser Kern müsse auch bei der im Grundsatz mit einem Vorrang versehenen Anwendung von Europarecht gewahrt bleiben.[1050] Im Ergebnis dürfe die deutsche Hoheitsgewalt nicht „die Hand […] zu Verletzungen der Menschenwürde durch andere Staaten reichen“[1051].

Ein Vorabentscheidungsersuchen an den EuGH erfolgte auf *Acte-clair*-Basis nicht, weil der Rahmenbeschluss über den europäischen Haftbefehl deutsche Gerichte und Behörden nicht verpflichte, ohne Verfassungsidentitätskontrolle zu vollstrecken.[1052]

Für den Bereich der Menschenwürde gab das Bundesverfassungsgericht im Ergebnis seine *Solange*-Rechtsprechung auf.[1053] Es prüfte nicht, ob der unionale Grundrechtsschutz generell unter das Niveau des Grundgesetzes abgerutscht ist. Über das Konzept der Identitätskontrolle haben Verstöße gegen die Menschenwürdegarantie daher nunmehr einen absoluten Vorrang. Für alle

---

1045 BVerfG, Beschl. v. 15.12.2015, 2 BvR 2735/14, BVerfGE 140, 317.

1046 EuGH, Urt. v. 26.02.2013, Rs. C-399/11, *Melloni*, ECLI:EU: C:2013:107 = EuGRZ 2013, 157.

1047 BVerfG, Beschl. v. 15.12.2015, 2 BvR 2735/14, BVerfGE 140, 317, Rn 53 ff.

1048 BVerfG, Beschl. v. 15.12.2015, 2 BvR 2735/14, BVerfGE 140, 317, Rn 56.

1049 BVerfG, Beschl. v. 15.12.2015, 2 BvR 2735/14, BVerfGE 140, 317, Rn 40 ff.

1050 BVerfG, Beschl. v. 15.12.2015, 2 BvR 2735/14, BVerfGE 140, 317, Rn 76.

1051 BVerfG, Beschl. v. 15.12.2015, 2 BvR 2735/14, BVerfGE 140, 317, 4. Tenor.

1052 BVerfG, Beschl. v. 15.12.2015, 2 BvR 2735/14, BVerfGE 140, 317, Rn 125.

1053 *Sauer*, NJW 2016, 1134.

weiteren Grundrechtsfälle verbleibt es jedoch bei der Ausgangslage, dass im Einzelfall eklatante Grundrechtsverstöße den Vorrang des Unionsrechts nicht aushebeln.[1054]

e) OMT-*Volagebeschluss*

Das erste eigene Vorlageersuchen an den EuGH zur Gültigkeit eines Unionsrechtsaktes richtete das Bundesverfassungsgericht hinsichtlich der Frage, ob das *Outright-Monetary-Transactions*-Programm der Europäischen Zentralbank einen ausbrechenden Rechtsakt darstellt.[1055] Das Programm ermächtigte die Europäische Zentralbank zum Kauf von Staatsanleihen in unbeschränkter Höhe. Gleichzeitig enthielt es unbestimmte Pflichten für den Bundestag und die Bundesregierung.[1056] Das Programm erschien dem Bundesverfassungsgericht mit dem in Art. 123 AEUV verankerten Verbot des Erwerbs von Schuldtiteln unvereinbar.[1057] Das Gericht hielt jedoch eine unionsrechtskonforme Auslegung für möglich,[1058] die der EuGH daraufhin auch vorgab.[1059]

In der Folgeentscheidung des Bundesverfassungsgerichts wurde die Auffassung des EuGH geteilt.[1060] Das Gericht stellte erneut klar, dass die Kontrollinstrumente, Ultra-vires und Identitätskontrolle, „gleichermaßen zurückhaltend und europarechtsfreundlich auszuüben“[1061] seien. Gleichzeitig erweiterte es jedoch die Identitätskontrolle und damit die möglichen Verstöße des EuGH, die einen ausbrechenden Rechtsakt begründen können. Offensichtliche und strukturell bedeutsame Kompetenzüberschreitungen des EuGH können auch im Einzelfall gegen das in Art. 20 Abs. 1 und Abs. 2 GG verankerte Demokratieprinzip verstoßen. Dem Bürger stünde aus dem Demokratieprinzip „Schutz vor einer substantiellen Erosion der Gestaltungsmacht des Deutschen Bundestages“[1062] zu.

1054 *Sauer*, NJW 2016, 1134 (1135 f.).

1055 BVerfG, Beschl. v. 17.12.2013, 2 BvR 2728/13 u. a., BVerfGE 134, 366.

1056 *Calliess*, in: Maunz/Dürig, GG, Art. 24 Rn. 148.

1057 BVerfG, Beschl. v. 17.12.2013, 2 BvR 2728/13 u. a., BVerfGE 134, 366, Rn. 84 ff.

1058 BVerfG, Beschl. v. 17.12.2013, 2 BvR 2728/13 u. a., BVerfGE 134, 366, Rn. 99.

1059 EuGH, Urt. v. 16.06.2015, Rs. C-62/14, *Gauweiler u. a./Deutscher Bundestag*, ECLI:EU:C:2015:400 = EuZW 2015, 599.

1060 BVerfG, Urt. v. 21.06.2016, 2 BvR 2728/13 u. a., NJW 2016, 2473.

1061 BVerfG, Urt. v. 21.06.2016, 2 BvR 2728/13 u. a., NJW 2016, 2473, Rn. 154.

1062 BVerfG, Urt. v. 21.06.2016, 2 BvR 2728/13 u. a., NJW 2016, 2473, Rn. 121.

3. *Fazit*

Das Bundesverfassungsgericht hat im Ergebnis in den letzten 40 Jahren an seiner *Solange-II*-Rechtsprechung festgehalten und in den weiteren genannten Entscheidungen Präzisierungen und Erweiterungen normiert. Dabei wurde wiederholt festgestellt, dass das Gericht seine Kontrollinstrumente europarechtsfreundlich auszuüben habe.[1063] Hierzu zählt, dass das Bundesverfassungsgericht nicht ohne vorheriges Vorabentscheidungsverfahren vor dem EuGH von einem Ultra-vires-Akt ausgehen kann, sofern sich der EuGH zu den aufgeworfenen unionsrechtlichen Fragen noch nicht geäußert hat.

Die Zurückhaltung des Bundesverfassungsgerichts bei der Erhebung von eigener Prüfungskompetenz gegenüber unionsrechtlichen Vorgaben kann daher als Essenz jahrzehntelang gefestigter Rechtsprechung angesehen werden. Spätestens seit Inkrafttreten der Grundrechtecharta der Union „fällt eine Reaktivierung der bundesverfassungsrechtlich reklamierten Reservekompetenz in den Bereich des Hypothetischen“[1064].

Das Bundesverfassungsgericht sowie der EuGH haben jedoch noch keine konsistente Einigung darüber erzielen können, wer letztendlich Grundrechtsschutz im Fall gleichzeitiger Kompetenzerhebung gewährleistet.[1065] Für den Bereich der Richtlinienvorgaben mit Umsetzungsspielräumen bekräftigen sowohl der EuGH nach den Grundsätzen der *Åkerberg-Fransson*-Dogmatik[1066] als auch das Bundesverfassungsgericht ihre Kompetenz.[1067]

4. *Kompetenzkollision*

a) *Reaktion des Bundesverfassungsgerichts auf EuGH* Åkerberg Fransson

Der in der Rechtssache *Åkerberg Fransson*[1068] verfolgte, weite Zuständigkeitsanspruch des EuGH drängt die Grundrechtskompetenz der nationalen Gerichte zurück. Noch bevor die meisten Äußerungen zu der Entscheidung[1069] überhaupt

1063 BVerfG, Urt. v. 21.06.2016, 2 BvR 2728/13 u. a., NJW 2016, 2473, Rn. 121; Beschl. v. 06.07.2010, BVerfGE 126, 286 (307).

1064 *Krieger*, Unechte Umsatzsteuerbefreiung im Unionsrecht, 230.

1065 *Kingreen*, EuR 2013, 446 (448).

1066 Vgl. hierzu die Ausführungen in Kapitel 2. B. II. 4. d) dieser Arbeit.

1067 *Franzius*, ZaöRV 2015, 383 (387).

1068 EuGH, Urt. v. 26.02.2013, Rs. C-617/10, *Åkerberg Fransson*, ECLI:EU: C:2013:105 = UR 2014, 27.

1069 Zum Echo in der Literatur vgl. die Ausführungen in Kapitel 2. B. II. 4. e) dieser Arbeit.

erschienen waren, sah sich das Bundesverfassungsgericht zu einer Klarstellung veranlasst.[1070] Diese erfolgte im Zusammenhang mit der Entscheidung zur Antiterrordatei.[1071] Das Bundesverfassungsgericht verneint darin zunächst die Durchführung von Unionsrecht nach Art. 51 Abs. 1 Satz 1 GrCH hinsichtlich der angegriffenen Vorschriften.[1072] Die damit zusammenhängenden Fragen seien im Übrigen als *Acte-claire*-Entscheidung im Sinne der *CILFIT*-Doktrin[1073] nicht vorlagebedürftig.[1074] Der EuGH sei deswegen im Ergebnis für die aufgeworfenen Fragen, die ausschließlich die deutschen Grundrechte beträfen, nicht der gesetzliche Richter nach Art. 101 Abs. 1 GG.[1075]

Bemerkenswert ist, dass das Bundesverfassungsgericht nach diesen Äußerungen dennoch die Notwendigkeit sieht, eine ausführliche Abgrenzung zur *Åkerberg-Fransson*-Dogmatik folgen zu lassen. Nach Auffassung des Bundesverfassungsgerichts könne aus dieser EuGH-Rechtssache „nichts anderes" folgen. Es dürfe zur Wahrung eines „kooperativen Miteinanders zwischen dem *BVerfG* und dem *EuGH*" der Rechtssache *Åkerberg Fransson* „keine Lesart unterlegt werden, nach der diese offensichtlich als Ultra-vires-Akt zu beurteilen wäre oder Schutz und Durchsetzung der mitgliedstaatlichen Grundrechte in einer Weise gefährdete (Art. 23 I 1 GG), dass dies die Identität der durch das Grundgesetz errichteten Verfassungsordnung in Frage stellte […]"[1076]. Die Entscheidung sei nicht in einer Weise zu verstehen und anzuwenden, „nach der für eine Bindung der Mitgliedstaaten durch die in der Grundrechte-Charta niedergelegten Grundrechte der Europäischen Union jeder sachliche Bezug einer Regelung zum bloß abstrakten Anwendungsbereich des Unionsrechts oder rein tatsächliche Auswirkungen auf dieses ausreiche"[1077].

1070 *Kingreen*, EuR 2013, 446 (446, 447). Nach *Englisch* hat sich das BVerfG einer Klarstellung „bemüßigt gefühlt", in: Schaumburg/Englisch, Europäisches Steuerrecht, Rz. 12.9.

1071 BVerfG, Urt. v. 24.04. 2013, 1 BvR 1215/07, BVerfGE 133, 277 = NJW 2013, 1499.

1072 BVerfG, Urt. v. 24.04. 2013, 1 BvR 1215/07, BVerfGE 133, 277 = NJW 2013, 1499, Rn. 88 ff.

1073 EuGH, Urt. v. 06.10.1982, Rs. C-283/81, *CILFIT*, Slg. 1982, 3415, Rn. 16 ff.

1074 BVerfG, Urt. v. 24.04. 2013, 1 BvR 1215/07, BVerfGE 133, 277 = NJW 2013, 1499, Rn. 90.

1075 BVerfG, Urt. v. 24.04. 2013, 1 BvR 1215/07, BVerfGE 133, 277 = NJW 2013, 1499, Rn. 91.

1076 BVerfG, Urt. v. 24.04. 2013, 1 BvR 1215/07, BVerfGE 133, 277 = NJW 2013, 1499, Rn. 91.

1077 BVerfG, Urt. v. 24.04. 2013, 1 BvR 1215/07, BVerfGE 133, 277 = NJW 2013, 1499, Rn. 91.

b) Hintergründe der Reaktion des Bundesverfassungsgerichts

Der Zeitpunkt kurz nach der Entscheidung der Rechtssache *Åkerberg Fransson* lässt den Schluss zu, dass das Bundesverfassungsgericht einer allgemeinen Anwendung der EuGH-Dogmatik auf weitere Rechtsbereiche einen Riegel vorschieben wollte. Die Thematik rund um die Verfassungsmäßigkeit der Antiterrordatei hat nicht zwingend eine Würdigung der *Åkerberg-Fransson*-Dogmatik bedungen.[1078] Dies betont das Bundesverfassungsgericht im Wege des *acte-claire* unzweifelhaft selbst: Wenn der Fall der Antiterrordatei so klar ist, dass man ihn nicht vorzulegen hat, bedarf es keiner ausführlichen Negativabgrenzung. So überrascht es nicht, dass die Aussagen sprachlich „etwas bemüht"[1079] klingen.

Inhaltlich sind die Aussagen des Bundesverfassungsgerichts insbesondere vor dem Hintergrund der Historie seiner Standpunkte jedoch umso klarer. Es hatte zugunsten eines „kooperativen Miteinanders"[1080] seine Prüfungsbereitschaft über Jahrzehnte auf eine Ultra-vires-Kontrolle beschränkt und damit einen Beitrag zur „Marginalisierung der nationalen Verfassungsidentitäten"[1081] zugunsten der europäischen Integration geleistet. Offensichtlich sahen die Karlsruher Richter in der vergleichsweise allgemein formulierten *Åkerberg-Fransson*-Entscheidung nun eine zu weit gehende Kompetenzbeschneidung.[1082] So gleicht die Negativabgrenzung einer „unverhohlenen Drohung"[1083] an den EuGH: Würde der EuGH zukünftig in weiteren Bereichen mit unionsrechtlichen Bezügen eine umfassende Prüfungskompetenz für sich beanspruchen, werde das Bundesverfassungsgericht diesen Vorstoß als Ultra-vires-Akt werten.

Weitergehende Hinweise, wie sich das Bundesverfassungsgericht zur *Åkerberg-Fransson*-Entscheidung positioniert, sind der Pressemitteilung[1084] zu entnehmen. Demnach geht der Senat davon aus, „dass die in der EuGH-Entscheidung enthaltenen Aussagen auf Besonderheiten des Umsatzsteuerrechts beruhen, aber keine grundsätzliche Auffassung äußern"[1085]. Als Antwort darauf, dass die Große Kammer des EuGH die Rechtssache *Åkerberg Fransson* entschied, betont

1078 *Kingreen*, EuR 2013, 446 (447).

1079 *Kingreen*, EuR 2013, 446 (447).

1080 BVerfG, Beschl. v. 06.07.2010, 2 BvR 2661/06, BVerfGE 126, 286 (307).

1081 *Safferling*, NStZ 2014, 545 (551).

1082 Nach *Tyhm* stuft das BVerfG damit die Lesart es EuGH als „(potenzielle) Kriegserklärung" ein, in: NVwZ 2013, 889 (891).

1083 *Tyhm*, NVwZ 2013, 889 (890).

1084 BVerfG, Pressemitteilung Nr. 31/2013 v. 24.04.2013.

1085 BVerfG, Pressemitteilung Nr. 31/2013 v. 24.04.2013, dort vorletzter Satz unter 2.

das Bundesverfassungsgericht explizit, dass die „Entscheidung über diese Frage im Senat einstimmig ergangen“[1086] ist. Das Verfassungsgericht gibt dem EuGH damit unmissverständlich seine Erwartungen für die weitere Rechtsprechungsentwicklung zu verstehen: Der EuGH solle zur Vermeidung von Ultra-vires-Prüfungen in Bereichen jenseits der Mehrwertsteuer den Anwendungsbereich der Unionsgrundrechte restriktiver auslegen. Für den Bereich der Mehrwertsteuer ist im Ergebnis allerdings von einer Einigkeit von Bundesverfassungsgericht und EuGH hinsichtlich des Anwendungsbereichs der Charta-Grundrechte auszugehen. Welche exakten Besonderheiten das Umsatzsteuerrecht für den weiten Anwendungsbereich der Grundrechtecharta qualifizieren, lässt das Bundesverfassungsgericht durch seinen „autosuggestiv anmutenden Hinweis“[1087] jedoch leider nicht erkennen.

c) Einordnung der Reaktion

Das Bundesverfassungsgericht verdeutlicht sowohl durch die Negativabgrenzung zur *Åkerberg-Fransson*-Dogmatik als auch durch die Pressemitteilung die Wichtigkeit der präzisen Unterscheidung der mit verschiedenen Fallkonstellationen verbundenen Prüfungskriterien einer Chartabindung.[1088]

Den Äußerungen des Bundesverfassungsgerichts ist im Ergebnis zuzustimmen: Die *Åkerberg-Fransson*-Entscheidung sollte nicht in einer Weise verstanden und angewendet werden, „nach der für eine Bindung der Mitgliedstaaten durch die in der Grundrechte-Charta niedergelegten Grundrechte der Europäischen Union jeder sachliche Bezug einer Regelung zum bloß abstrakten Anwendungsbereich des Unionsrechts oder rein tatsächliche Auswirkungen auf dieses ausreiche“[1089]. Wie die Gruppierung der unterschiedlichen Kriterien, die für die Bestimmung des Anwendungsbereichs des Unionsrechts durch den EuGH bemüht wurden, gezeigt hat, lässt der EuGH in der Rechtssache *Åkerberg Fransson* einen solch fernen Zusammenhang mit dem Unionsrecht auch nicht genügen. An dieser Stelle sei daran erinnert, dass der EuGH, nachdem er eine lose Verknüpfung zum Unionsrecht festgestellt hatte, konkrete unionsrechtliche Pflichten benannte, um den Anwendungsbereich des Unionsrechts zu eröffnen. Wie die Rechtssache *Siragusa* belegt, prüft der EuGH in Konstellationen ohne

1086 BVerfG, Pressemitteilung Nr. 31/2013 v. 24.04.2013, dort letzter Satz unter 2.
1087 *Kingreen*, EuR 2013, 446 (448).
1088 Vgl. hierzu die Ausführungen in Kapitel 2. B. II. 5. dieser Arbeit.
1089 BVerfG, Urt. v. 24.04. 2013, 1 BvR 1215/07, BVerfGE 133, 277 = NJW 2013, 1499, Rn. 91.

solche konkreten unionsrechtlichen Verpflichtungen anhand eines Kriterienbündels einen „hinreichenden Zusammenhang von gewissem Grad". Der EuGH hat in der *Åkerberg-Fransson*-Entscheidung jedoch eben gerade solche konkreten Verpflichtungen im unionalen Primär- und Sekundärrecht vorgefunden.

Die beiden Fälle der Antiterrordatei einerseits und Straf- und Bußgeldvorschriften auf dem Gebiet der Mehrwertsteuer andererseits sind folglich verschieden einzugruppieren. Der Anwendungsbereich der Charta wird, wie dargestellt, anhand unterschiedlicher Kriterien geprüft. Dies mag, um in der Sprache des Bundesverfassungsgerichtes zu bleiben, „auf Besonderheiten des Umsatzsteuerrechts beruhen […]"[1090]. Das Mehrwertsteuersystem ist nämlich tatsächlich aufgrund der primärrechtlichen Vorgaben zur Mehrwertsteuererhebung, der Harmonisierungspflicht nach Art. 113 AEUV und den in den Erwägungsgründen zur Mehrwertsteuer-Systemrichtlinie explizit genannten Zielen anders zu beurteilen als die durch das Bundesverfassungsgericht zu würdigende Antiterrordatei. Der Antiterrordatei liegen kein unionsrechtlicher Harmonisierungsauftrag und keine konkrete unionsrechtliche Verpflichtung zugrunde. Der EuGH hätte in dieser Fallkonstellation demnach einen „hinreichenden Zusammenhang von gewissem Grad" anhand eines Kriterienbündels geprüft. Keinesfalls hat der EuGH in vergleichbaren Konstellationen einen sachlichen Bezug zum bloß abstrakten Anwendungsbereich des Unionsrechts oder rein tatsächliche Auswirkungen auf das Unionsrecht genügen lassen, um den Anwendungsbereich des Unionsrechts zu eröffnen. Die Aussagen des Bundesverfassungsgerichts zur *Åkerberg-Fransson*-Entscheidung stehen daher in keinem Widerspruch zur Dogmatik des EuGH. Dieses Verständnis vorausgesetzt, können die Aussagen des Bundesverfassungsgerichts entdramatisiert werden.

d) Definition der Interessenskollision

Um Lösungen für die bestehende Interessenskollision zwischen Bundesverfassungsgericht und EuGH zu finden, müssen die bestehenden Divergenzen zunächst möglichst genau bestimmt werden. In diesem Zusammenhang verwundert der Verweis des Bundesverfassungsgerichts auf Art. 23 Abs. 1 Satz 1 GG und die Gefahr für den notwendigen Grundrechtsstandard der Union.[1091] Art. 23 Abs. 1 Satz 1 GG enthält u. a. die sog. Strukturierungsklausel. Demnach ist die Europäische Union demokratischen, rechtsstaatlichen, sozialen

1090 BVerfG, Pressemitteilung Nr. 31/2013 v. 24.04.2013, dort vorletzter Satz unter 2.

1091 BVerfG, Urt. v. 24.04. 2013, 1 BvR 1215/07, BVerfGE 133, 277 = NJW 2013, 1499, Rn. 91.

und föderativen Grundsätzen sowie dem Subsidiaritätsprinzip verpflichtet und muss einen dem Grundgesetz entsprechenden Grundrechtsschutz gewährleisten.[1092] Diese Forderung nach einem im Wesentlichen dem Grundgesetz gemäßen Grundrechtsschutz entspricht dem *Solange-II*-Beschluss[1093] des Bundesverfassungsgerichts.[1094] Die Aussage, Art. 23 Abs. 1 Satz 1 GG dürfe durch die *Åkerberg-Fransson*-Entscheidung nicht gefährdet werden, betrifft die Frage nach der materiellen Geltung der Unionsgrundrechte. Seit dem Inkrafttreten des *Vertrags von Lissabon* bestehen diesbezügliche Zweifel jedoch nicht mehr, weil die Grundrechtecharta der Europäischen Union einen entsprechenden Grundrechtsschutz auf Unionsebene garantiert. Weder die *Åkerberg-Fransson*-Entscheidung des EuGH noch das Bezug nehmende Urteil des Bundesverfassungsgerichts zur Antiterrordatei begründen Zweifel am materiellen Gehalt der Unionsgrundrechte. Insbesondere ist der *Åkerberg-Fransson*-Entscheidung nicht zu entnehmen, dass die nationalen Grundrechte im Fall eines Kompetenzanspruchs des EuGH außer Kraft gesetzt würden. Die durch Art. 23 Abs. 1 Satz 1 GG geschützten Grundrechte als Bestand der „Identität der durch das Grundgesetz errichteten Verfassungsordnung" werden mithin nicht berührt. Im Gegenteil: Der EuGH erklärt in der *Åkerberg-Fransson*-Entscheidung die nationalen Grundrechte weiterhin für anwendbar.[1095] Daher scheidet ein Ultra-vires-Kompetenzverstoß des EuGH aus.[1096] Somit erzeugt der Verweis auf Art. 23 Abs. 1 Satz 1 GG im Ergebnis „mehr Dramatik als notwendig"[1097].

Das Bundesverfassungsgericht und der EuGH streiten in der Sache somit nicht darüber, ob die Union einen ausreichenden Grundrechtsschutz gewährleistet. Der bestehende und aufzulösende Konflikt beschränkt sich auf die Frage, wer den Grundrechtsschutz im Mehrebenensystem bei Kompetenzkollisionen letztendlich gewährleisten darf.[1098]

1092 *Scholz*, in: Maunz/Dürig, GG, Art. 23 Rn. 6; *Streinz*, in: Sachs, GG, Art. 23 Rn. 41.

1093 BVerfG, Beschl. v. 22.10.1986, 2 BvR 197/83, BVerfGE 73, 339.

1094 *Scholz*, in: Maunz/Dürig, GG, Art. 23 Rn. 80; *Streinz*, in: Sachs, GG, Art. 23 Rn. 41.

1095 EuGH, Urt. v. 26.02.2013, Rs. C-617/10, *Åkerberg Fransson*, ECLI:EU:C:2013:105 = UR 2014, 27, Rn. 29.

1096 *Weiß, W.*, EuZW 2013, 287 (289); *Kingreen*, EuR 2013, 446 (449).

1097 *Kingreen*, EuR 2013, 446 (448).

1098 *Kingreen*, EuR 2013, 446 (448).

5. *Kollisionsbereich: Umsetzungsspielraum nach Mehrwertsteuer-Systemrichtlinie*

a) *Definition des Bundesverfassungsgerichts*

Das Bundesverfassungsgericht beansprucht eine eigene Prüfungskompetenz nur für Bereiche einer Richtlinie, die keine bindenden Vorgaben enthalten und somit Umsetzungsspielräume bieten.[1099] Eine genauere Definition dessen, was das Bundesverfassungsgericht unter Umsetzungsspielräumen versteht, ist dem Nichtannahmebeschluss zum Treibhausgas-Emissionshandelsgesetz[1100] zu entnehmen. Demnach stellen auch Systementscheidungen zwingende Vorgaben einer Richtlinie dar.[1101] Was eine Systementscheidung qualifiziert, definiert das Bundesverfassungsgericht jedoch nicht, wodurch auch die etwas genauere Definition der Umsetzungsspielräume keine vollständige Klarheit bietet.[1102] Nach *Calliess* sind Systementscheidungen die Vorgaben, die zur Erreichung des angestrebten Ergebnisses unabdingbar sind.[1103] Deshalb müssen Ziele und Inhalt der Richtlinie vorab bestimmt werden.[1104] Zusammengefasst finden dort ausschließlich die Unionsgrundrechte Anwendung, wo Regelungen für „das Ergebnis"[1105] notwendige Vorgaben machen.

In Bezug auf die Mehrwertsteuer-Systemrichtlinie ist hierfür neben den allgemeingültigen Erwägungsgründen speziell der mit „Zielsetzung und Anwendungsbereich" überschriebene Titel 1 heranzuziehen. Der im Rahmen dieser Arbeit fokussierte Vorsteuerabzug erfährt seine Bedeutung für das Mehrwertsteuersystem in dem Titel 1 zugehörigen Art. 1 Abs. 2 MwStSystRL. Demnach schuldet der Steuerpflichtige die allgemeine, zum Preis proportionale Umsatzsteuer „abzüglich des Mehrwertsteuerbetrags […], der die verschiedenen Kostenelemente unmittelbar belastet hat". Eine unmittelbare Belastung der Kostenelemente tritt ein, weil Umsatzsteuer nach der Grundregel des Art. 2 MwStSystRL für jeden entgeltlichen Umsatz und damit auf jeder Handelsstufe

---

1099 BVerfG, Beschl. v. 19.07.2011, 1 BvR 1916/09, BVerfGE 129, 78 (103); hierzu im Detail *Zirkl*, Neutralität der USt, 149 ff.

1100 BVerfG, Beschl. v. 14.05.2007, 1 BvR 2036/05, *Emissionshandel II*, BVerfGK 11, 189.

1101 BVerfG, Beschl. v. 14.05.2007, 1 BvR 2036/05, *Emissionshandel II*, BVerfGK 11, 189, Rn. 9 f. So auch *Calliess*, Die neue Europäische Union nach dem Vertrag von Lissabon, 348.

1102 *Engler*, Steuerverfassungsrecht im Mehrebenensystem, 80.

1103 *Calliess*, Die neue Europäische Union nach dem Vertrag von Lissabon, 352 f.

1104 *Calliess*, Die neue Europäische Union nach dem Vertrag von Lissabon, 353.

1105 *Calliess*, Die neue Europäische Union nach dem Vertrag von Lissabon, 353.

erhoben wird.[1106] Für eine Netto-Allphasenbesteuerung mit Vorsteuerabzug ist die Entlastung des Steuerpflichtigen von der Mehrwertsteuer der vorherigen Handelsstufe aus systematischen Gründen unabdingbar. Der Vorsteuerabzug, den auch der EuGH als „Grundprinzip des durch das Unionsrecht geschaffenen gemeinsamen Mehrwertsteuersystems“[1107] bezeichnet, stellt somit das „Herzstück“[1108] des Steuersystems dar. Nur mithilfe des Vorsteuerabzuges kann die Entscheidung über eine Belastung mit Umsatzsteuer getroffen werden.

Es liegt somit aus Sicht des Bundesverfassungsgerichts nahe, sämtliche den Vorsteuerabzug betreffenden Normen zu den Systementscheidungen zu zählen und folglich auf eine Überprüfung am Maßstab nationaler Grundrechte zu verzichten. Da sich das Bundesverfassungsgericht hierzu jedoch für den Bereich der Mehrwertsteuer noch nicht weiter positioniert hat, bleibt die Reichweite der Systementscheidungen brisant. Es ist daher im Zweifel von einer Kompetenzerhebung des Bundesverfassungsgerichts auszugehen.

b) Definition des EuGH

Mit der *Åkerberg-Fransson*-Entscheidung ist die Diskussion um die kollidierende Kompetenzerhebung neu entfacht. Wie die Einordnung der Entscheidung in den Rechtsprechungskontext des EuGH gezeigt hat, läutet sie im Bereich der Mehrwertsteuer jedoch keine Neubestimmung des Anwendungsbereichs der Unionsgrundrechte ein.[1109] Die Mehrwertsteuer ist eine harmonisierte Steuer. Deswegen können mitgliedstaatliche Ermessensspielräume insgesamt nur unter Wahrung der Harmonisierungsziele sowie der allgemeinen Grundsätze des Unionsrechts ausgeübt werden. Es ist folglich keine Konstellation denkbar, die Mitgliedstaaten im Umsatzsteuerrecht nicht Unionsrecht „durchführen“ lässt.[1110] Dementsprechend hat der EuGH bereits vor *Åkerberg Fransson* eine Durchführung von Unionsrecht in Bereichen des Mehrwertsteuerrechts, in denen den Mitgliedstaaten Ausgestaltungs- oder Wahlrechte eingeräumt werden, bejaht.[1111]

1106 Siehe nur EuGH, Urt. v. 28.01.2010, Rs. C-473/08, *Eulitz*, DStR 2010, 218, Rn. 25.

1107 EuGH, Urt. v. 15.09.2016, Rs. C-518/14, *Senatex*, ECLI:EU: C:2016:691 = DStR 2016, 2211, Rn. 25.

1108 *Englisch*, in: Tipke/Lang[23], Steuerrecht, § 17 Rz. 307.

1109 Vgl. hierzu sowie zum Folgenden die Ausführungen in Kapitel 1. A. I. 1. a) dieser Arbeit.

1110 *Dobratz*, UR 2014, 425 (426).

1111 Siehe nur EuGH, Urt. v. 10.04.2008, Rs. C-309/06, *Marks & Spencer*, Slg. 2008, I-2283.

Diese Rechtsprechung deckt sich im Übrigen mit Entscheidungen aus anderen harmonisierten Bereichen.[1112]

Die in der Mehrwertsteuer-Systemrichtlinie verankerten Ermessensspielräume werden durch den EuGH weiter unterteilt in einen harmonisierten und einen nicht harmonisierten Bereich. Nach den Rechtssachen *Eurodental*[1113] und *Idéal Tourisme*[1114] stünde eine Harmonisierung in Bereichen der Mehrwertsteuer-Systemrichtlinie noch aus, wenn Mitgliedstaaten das Recht eingeräumt werde, konkrete, vorher erlassene Vorschriften des nationalen Rechts aus bestimmten Gründen beizubehalten. Dies treffe auch dann zu, wenn diese fortgeltenden nationalen Vorschriften den Vorgaben der Richtlinie zuwiderlaufen. „Soweit […] ein Mitgliedstaat solche Vorschriften beibehält, setzt er die Sechste Richtlinie nicht um […].“[1115] Dem liegt das Verständnis zugrunde, dass es sich insoweit nicht um eine Richtlinienbestimmung selbst, sondern um eine ausnahmsweise zugelassene andere Besteuerung handelt.[1116]

Sowohl nach den *Åkerberg-Fransson*-Grundsätzen als auch nach den Entscheidungen, die auf die Harmonisierungsziele abstellen, sind jedoch auch diese nicht harmonisierten Bereiche als eine Durchführung von Unionsrecht zu bezeichnen.[1117] Nach der *Åkerberg-Fransson*-Dogmatik werden auch diese Bereiche von der allgemeinen Verpflichtung zur Erhebung von Mehrwertsteuer umfasst. Darüber hinaus unterfallen diese Richtlinienbestimmungen ebenso wie harmonisierte Vorschriften der konkreten unionsrechtlichen Verpflichtung des Art. 113 AEUV. Die Annahme einer Durchführungskonstellation in diesem Bereich erscheint einleuchtender als die zuvor dargestellte Auffassung des EuGH, weil unabhängig von der Frage, ob durch die Ausnahmeregelungen der Mehrwertsteuer-Systemrichtlinie ein eigenes Steuersystem aufrechterhalten wird, die Rechtmäßigkeit der nationalen Regelungen gerade auf der in der Mehrwertsteuer-Systemrichtlinie vorgesehenen Ausnahmeregelung basiert.[1118] Mit der Fortführung ihrer nationalen, von der Richtlinie abweichenden Regelungen führen Mitgliedstaaten Unionsrecht durch, weil sie durch

1112 Vgl. Zum Gemeinesamen Europäischen Asylsystem EuGH, Beschl. v. 16.05.2011, Rs. C-411/10 u. a., *N.S. u. a.*, Slg. 2011, I-13991.

1113 EuGH, Urt. v. 07.12.2006, Rs. C-240/05, *Eurodental*, Slg. 2006, I-11493, Rn. 52.

1114 EuGH, Urt. v. 13.07.2000, Rs. C-36/99, *Idéal tourisme*, Slg. 2000, I-6049, Rn. 38.

1115 EuGH, Urt. v. 07.12.2006, Rs. C-240/05, *Eurodental*, Slg. 2006, I-11493, Rn. 52.

1116 Siehe nur EuGH, Urt. v. 07.03.2002, Rs. C-169/00, *KOM/Finnland*, Slg. 2002, I-2433, Rn. 34.

1117 A.A. *Kokott*, Steuerrecht der EU, § 3 Rn. 9.

1118 *Dobratz*, UR 2014, 425 (427).

die Ausnahmeregelung gebunden sind. Mitgliedstaaten dürfen nach den Ausnahmebestimmungen ihre Regelungen beibehalten, jedoch nicht abwandeln. Sie sind daher aufgrund der Richtlinie entweder an die Regelharmonisierung oder aber kraft Ausnahmeregelung an Voraussetzungen gebunden, die zu einem bestimmten Stichtag galten. Beispielhaft sei die in § 4 Nr. 9 UStG vorgesehene Steuerbefreiung für Grundstücksumsätze angeführt. Verkauft ein Steuerpflichtiger demnach ein Baugrundstück oder einen Neubau[1119], handelt es sich um einen steuerbaren und steuerpflichtigen Umsatz. Die Steuerbefreiungen der Art. 135 Abs. 1 Buchst. j und k MwStSystRL finden für diese Umsätze keine Anwendung. Laut Mehrwertsteuer-Systemrichtlinie ist für diese Umsätze auch keine Optionsmöglichkeit vorgesehen. Nach nationalem Recht sind die Umsätze jedoch von der Umsatzsteuer befreit. Diese Divergenz zwischen UStG und Mehrwertsteuer-Systemrichtlinie basiert auf der Ausnahmeregelung des Art. 371 i. V. m. Anhang X Teil B Nr. 9 MwStSystRL.[1120] Demnach dürfen Mitgliedstaaten, die am 1. Januar 1978 bestimmte Umsätze als steuerbefreit behandelt haben, diese weiterhin befreien. Die Aufrechterhaltung der Befreiung muss dabei zu den am 1. Januar 1978 geltenden Bedingungen erfolgen.

c) Ergebnis

Zusammenfassend beanspruchen derzeit in Teilen des mittelbar determinierten Mehrwertsteuerrechts sowohl der EuGH als auch das Bundesverfassungsgericht eine Prüfungskompetenz. Nach hier vertretener Auffassung muss die parallel existierende Grundrechtsbindung sowohl nach nationalen als auch nach unionalen Maßstäben gar für den gesamten Bereich der Ermessensspielräume gelten und auch die Ausnahmeregelungen erfassen.

Das Bundesverfassungsgericht hat sich bislang nicht dazu geäußert, wie es mit einer parallel bestehenden Kompetenzerhebung umzugehen gedenkt. Die Auflösung dieser Kompetenzkollision ist vor allem vor dem Hintergrund der gerichtlichen Vorlagepflichten und der Möglichkeit der Verfassungsbeschwerde nach dem deutschen Grundgesetz klärungsbedürftig.[1121]

1119 Beide Begriffe sind autonome Begriffe des Unionsrechts und nicht identisch mit dem Grundstücksbegriff des BGB, auf den das nationale UStG in § 4 Nr. 9 zurückgreift.

1120 Hierzu sowie weiterführend zur Stellungnahme des Gesetzgebers *Klenk*, in: Rau/Dürrwächter, UStG, § 4 Nr. 9 UStG, Rn. 15.2 f.

1121 *Engler*, Steuerverfassungsrecht im Mehrebenensystem, 80, 89 f.

6. *Stellungnahme: Kollisionsauflösung durch Kooperation*

In Bereichen parallel bestehender Kompetenzbeanspruchung wäre *prima facie* die Errichtung eines Vorrangverhältnisses die praktikabelste Lösung. Dies wirft jedoch bei genauerer Betrachtung Folgefragen auf: Bestünde eine Bindung ausschließlich an nationale Grundrechte, würden etwa das Vorabentscheidungsersuchen nach Art. 267 Abs. 1 Buchst. b AEUV und die Vorlagepflicht nach Art. 267 Abs. 3 AEUV entfallen. Im Falle geringeren nationalen Grundrechtsschutzes würde dies zu einem Absinken des Schutzniveaus führen. Bestünde hingegen eine Grundrechtsbindung ausschließlich nach unionsrechtlichen Maßstäben, könnte dies ebenfalls zu einem Absinken des Grundrechtsschutzes führen. Denn verglichen mit den Rechtsschutzmöglichkeiten für deutsche Kläger ist festzustellen, dass auf Unionsebene kein Pendant zur Verfassungsbeschwerde besteht. Es sind keine Gründe ersichtlich, warum eine dieser Rechtsschutzmöglichkeiten per se verwehrt bleiben sollte.[1122]

Ein grundsätzliches Vorrecht der unionsrechtlichen Grundrechte im Konfliktfall könnte aus dem Vorrang des Unionsrechts abgeleitet werden. Dieser Grundgedanke wird dadurch bestärkt, dass auch im Fall von Umsetzungsspielräumen die Erwägungsgründe der Richtlinie sowie die in den ersten Artikeln genannte Zielsetzung beachtet werden müssen. Eine in den einzelnen Mitgliedstaaten unterschiedliche Interpretation der Umsetzungsspielräume kann vor dem Hintergrund der europäischen Integration nicht gewollt sein. Handeln Mitgliedstaaten in Bereichen, deren Ziele unionsrechtlich determiniert sind, gebietet die Glaubwürdigkeit der Unionsrechtsordnung gegenüber den Bürgern die Gewährleistung eines einheitlichen Mindestschutzniveaus.[1123] Es erscheint daher sachgerecht, der Union die Auslegungskompetenz für diese Fälle einzuräumen,[1124] weil nur durch ein EU-Organ ein unionsweit einheitlicher Mindeststandard gewährleistet werden kann.

Mit Blick auf mögliche Kompetenzdispute im Fall unterschiedlicher Dogmatiken erscheint eine mit „Entscheidungsharmonie“[1125] gepaarte parallel existierende Grundrechtsbindung gegenüber der *Trennungsthese* des Bundesverfassungsgerichts vorzugswürdig. Kritiker sehen darin dagegen eine Gefahr zu großer Einmischung durch den EuGH und dementsprechend ein „Zuviel an

---

1122 *Engler*, Steuerverfassungsrecht im Mehrebenensystem, 89 f.

1123 *Ladenburger*, in: Tettinger/Stern, Kommentar zur GrCh, Art. 51 Rn. 18.

1124 *Engler*, Steuerverfassungsrecht im Mehrebenensystem, 92.

1125 *Lehner*, in: FS Spindler, 2011, 329 (343) zur Kooperation der mitgliedstaatlichen Gerichte zwecks einheitlicher Auslegung des Unionsrechts.

Grundrechtskontrolle“[1126]. Dieser Auffassung sei jedoch die Frage entgegenzuhalten, was an einer stärkeren Grundrechtskontrolle auszusetzen ist. Durch zusätzlichen Rechtsschutz auf Unionsebene kann das Schutzniveau insgesamt zugunsten des Unionsbürgers nur steigen, nicht aber unter nationale Grundrechtsstandards zurückfallen, weil nach Art. 53 GrCh die Anwendung der Unionsgrundrechte nicht zu einer Einschränkung des nationalen Grundrechtsschutzniveaus führen darf. Angesichts der im Rahmen der gesamteuropäischen Herausforderungen der letzten Jahre[1127] zu bezeugenden bedenklichen verfasungsrechtlichen Entwicklungen in einigen EU-Mitgliedstaaten erscheint ein unionsrechtlicher Garant in Gestalt eines Mindestschutzniveaus begrüßenswert.[1128] Für den Grundrechtsschutz im Steuerrecht gilt nichts anderes.

Auf die Möglichkeit des parallel existierenden Grundrechtsschutzes weist auch Art. 53 GrCh hin. Wenngleich die Norm sehr unterschiedlich interpretiert wird[1129], wäre das in Art. 53 GrCh verankerte Schutzniveau überflüssig, wenn die parallel erfolgende Anwendung nationaler Grundrechte ausgeschlossen wäre. Art. 53 GrCh setzt eine parallel laufende Anwendung unionaler und nationaler Grundrechte für seine Anwendung logischerweise gerade voraus und steht einem höheren Grundrechtsschutz nach nationalen Regelungen nicht entgegen.[1130] Dementsprechend wird Art. 53 GrCh konsequenterweise im Schrifttum überwiegend als Günstigkeitsprinzip verstanden.[1131]

Der EuGH schränkt Art. 53 GrCh jedoch dergestalt ein, dass Mitgliedstaaten den nach nationaler Verfassung anwendbaren Schutzstandard nicht in allen Fällen anwenden dürfen, in denen er für den Grundrechtsträger günstiger ist. Nach der Entscheidung des EuGH in der Rechtssache *Melloni*[1132] werde das Günstigkeitsprinzip nur akzeptiert, „sofern durch diese Anwendung weder das Schutzniveau der Charta, wie sie vom Gerichtshof ausgelegt wird, noch der Vorrang,

---

1126 *Gstrein/Zeitzmann*, ZEuS 2013, 239 (258); *Reich*, Plötzlich ein Zuviel an Grundrechtskontrolle, Frankfurter Allgemeine Zeitung v. 19.03.2013.

1127 Dies sind vornehmlich die Eurokrisen und der Flüchtlingszustrom.

1128 So im Ergebnis auch *Gstrein/Zeitzmann*, ZEuS 2013, 239 (258).

1129 *Jarass*, EuR 2013, 29 (38).

1130 *Jarass*, GrCh, Art. 53, Rn. 14 f.; *ders.*, EuR 2013, 29 (38); *Kingreen*, in: Calliess/Ruffert, EUV/AEUV, Art. 53 GrCh Rn. 4; *Lenaerts*, EuR 2015, 3 (24); *Franzius*, ZaöRV 2015, 383 (399).

1131 *Kingreen*, in: Calliess/Ruffert, EUV/AEUV, Art. 53 GrCh Rn. 2; *Jarass* spricht von „Meistbegünstigung“, in: GrCh, Art. 53, Rn. 28.

1132 EuGH, Urt. v. 26.02.2013, Rs. C-399/11, *Melloni*, ECLI:EU: C:2013:107 = EuGRZ 2013, 157.

die Einheit und die Wirksamkeit des Unionsrechts beeinträchtigt werden"[1133]. Während die *Åkerberg-Fransson*-Entscheidung eine parallel existierende Grundrechtsbindung bejaht und den Anwendungsbereich der Charta ausdehnt[1134], stellt die *Melloni*-Entscheidung durch die Interpretation von Art. 53 GrCh folglich die für den Kollisionsfall maßgebliche Anwendungsregel auf.[1135] Die am gleichen Tag ergangenen Entscheidungen müssen daher gemeinsam betrachtet werden.[1136]

In diesem Zusammenhang ist zu berücksichtigen, dass die gemeinsamen Verfassungsüberlieferungen der Mitgliedstaaten als Rechtserkenntnisquelle auf die Entscheidungen des EuGH einwirken. Der europäische Grundrechtestandard baut somit auf einem gemeinsamen Nenner auf. Dadurch werden zum einen die Anwendungsfälle, in denen der nationale Grundrechtsschutz eine bessere Bonität verspricht, theoretische Ausnahmefälle bleiben. Zum anderen führt die Berücksichtigung der gemeinsamen Verfassungsüberlieferungen als Rechtserkenntnisquelle bereits bei der Rechtsfindung auf Unionsebene dazu, dass der Vorrang des Unionsrechts auch unter Anerkennung des Günstigkeitsprinzips bei parallel existierender Grundrechtsbindung ausreichend gewahrt bleibt.[1137] Die mit Blick auf die Doppelgeltung der Grundrechte „weniger versöhnliche Lesart"[1138] der *Melloni*-Entscheidung führt damit im Ergebnis zu keiner Einschränkung der Doppelgeltungsthese.

Die Auflösung der Geltungskollision von unionsrechtlichen und nationalen Grundrechten ist im Wege einer Kooperation zwischen den Gerichten zu erreichen.[1139] Der *Åkerberg-Fransson*-Entscheidung sind alle hierfür notwendigen Vorgaben zu entnehmen:

> *„Insoweit hat der Gerichtshof bereits festgestellt, dass er eine nationale Rechtsvorschrift nicht im Hinblick auf die Charta beurteilen kann, wenn sie nicht in den Geltungsbereich*

1133 EuGH, Urt. v. 26.02.2013, Rs. C-399/11, *Melloni*, ECLI:EU: C:2013:107 = EuGRZ 2013, 157, Rn. 60.

1134 EuGH, Urt. v. 26.02.2013, Rs. C-617/10, *Åkerberg Fransson*, ECLI:EU: C:2013:105 = UR 2014, 27, Rn. 29.

1135 *Kingreen*, in: Calliess/Ruffert, EUV/AEUV, Art. 53 GrCh Rn. 2; *Thym*, NVwZ 2013, 889 (891).

1136 Es wird daher auch vom „Åkerberg-Melloni-Effekt" gesprochen, vgl. *Safferling*, NStZ 2014, 545 (550).

1137 *Calliess*, Die neue Europäische Union nach dem Vertrag von Lissabon, 353.

1138 *Franzius*, ZaöRV 2015, 383 (399).

1139 Die Konzeption erkennt auch *Franzius*, ZaöRV 2015, 383 (394), der von einer „Doppelgeltungsthese" spricht.

des Unionsrechts fällt. Sobald dagegen eine solche Vorschrift in den Geltungsbereich des Unionsrechts fällt, hat der im Rahmen eines Vorabentscheidungsersuchens angerufene Gerichtshof dem vorlegenden Gericht alle Auslegungshinweise zu geben, die es benötigt, um die Vereinbarkeit dieser Regelung mit den Grundrechten beurteilen zu können, deren Wahrung er sichert […]."[1140]

Der weite Anwendungsbereich der Charta-Grundrechte deutet, verbunden mit der Erhebung der umfassenden Prüfungskompetenz des EuGH, zunächst auf eine minderwertige Rolle der nationalen Gerichte im Rahmen der kooperativen Doppelgeltung hin. Dies ist jedoch mitnichten der Fall. Zwar müssen nationale Gerichte im Rahmen der Zusammenarbeit gewiss vermehrt in Vorabentscheidungen anfragen, ob das auf Basis des Grundgesetzes gefundene Ergebnis mit den Grundrechten der Charta übereinstimmt. Den Ausführungen des EuGH ist jedoch zu entnehmen, dass sich das Gericht auf Leitlinien beschränken und den nationalen Gerichten einen Beurteilungsspielraum einräumen wird, den das nationale Gericht sodann unter Zuhilfenahme eigener Interpretationen ausfüllen kann. Kooperation bedeutet auch für den EuGH Selbstbeschränkung.[1141] Es entspricht im Übrigen der bereits gelebten Kooperation zwischen einzelnen Mitgliedstaaten und dem EuGH in Verfassungsfragen, dass der EuGH in seiner Antwort lediglich den Rahmen vorgibt und dem nationalen Gericht die Wertung über die konkrete Maßnahme überlässt.[1142] So hat der EuGH denn auch in der *Åkerberg-Fransson*-Entscheidung hinsichtlich des Strafverfahrens lediglich Leitlinien aufgestellt und anschließend zur konkreten Prüfung, ob die festgesetzten Zuschläge Strafcharakter haben, an das schwedische Gericht zurückverwiesen.[1143] Letzteres hat somit in der Kernfrage für die Anwendung des *Ne-bis-in-idem*-Grundsatzes ein weitreichendes Entscheidungsermessen.

Nichts anderes ist mit Blick auf die *Cadbury-Schweppes*-Entscheidung[1144] des EuGH zu konstatieren. Der EuGH hatte in diesem Fall detaillierte Vorgaben zu seinem Verständnis gemacht, wann eine Vorschrift zur Missbrauchsbekämpfung

---

1140 EuGH, Urt. v. 26.02.2013, Rs. C-617/10, *Åkerberg Fransson*, ECLI:EU:C:2013:105 = UR 2014, 27, Rn. 19.

1141 *Kingreen*, EuR 2010, 338 (363).

1142 Ausführlich dargestellt von *Lenaerts* am Beispiel der Vorlage des belgischen Verfassungsgerichtshofs in der Sache *Bressol*, EuGH, Urt. v. 13.04.2010, Rs. C-73/08, Slg. 2010, I-2735, in: EuR 2015, 3 (10).

1143 EuGH, Urt. v. 26.02.2013, Rs. C-617/10, *Åkerberg Fransson*, ECLI:EU:C:2013:105 = UR 2014, 27, Rn. 32-37; dies erblickend auch *Kofler*, DStJG 41 (2018), 125 (165).

1144 EuGH, Urt. v. 12.09.2006, Rs. C-196/04, *Cadbury Schweppes*, Slg. 2006, I-7995.

verhältnismäßig sei. Damit gab er dem nationalen Gericht sehr deutlich vor, dass die geltenden Regelungen unverhältnismäßig waren.[1145] Gleichzeitig wartete der EuGH jedoch mit einer brauchbaren Anleitung für den Mitgliedstaat auf, mithilfe derer der Mitgliedstaat sodann innerhalb des vorgegebenen Rahmens nach eigenen, mitgliedstaatlichen Verfassungserwägungen eine Folgeregelung ausgestalten konnte. Für eine Selbstbeschränkung des EuGH sprechen weiterhin rein praktische Erwägungen. Einem umfassenden materiellen Prüfungsanspruch ständen wohl nicht zuletzt Kapazitätserwägungen entgegen.[1146]

Durch den EuGH eingeräumtes Ermessen wird prozessual durch die Inexistenz einer Unionsgrundrechtsbeschwerde begünstigt.[1147] Dies ist jedoch nicht ohne Weiteres mit einem Absinken des Grundrechtsschutzes verbunden. In der grundrechtskonformen Ausgestaltung der Vorgaben des EuGH schlägt mithin gerade die „Stunde des Verfassungsgerichts"[1148], so dass die Kooperationslösung keine Gefahr für das nationale Verfassungsrecht darstellt. Freilich kann nicht erwartet werden, dass das Bundesverfassungsgericht die durch den EuGH profilierte Kooperationslösung ohne Widerstand akzeptiert. Derzeit genießt das Bundesverfassungsgericht vor allem durch das Institut der Verfassungsbeschwerde eine Vormachtstellung gegenüber den Fachgerichten. Diese Stellung wird im Wege der durch das Bundesverfassungsgericht bevorzugten *Trennungsthese*[1149] gewahrt. Im Rahmen der Kooperationslösung gibt der EuGH seine Leitlinien an die vorlegenden Gerichte weiter. Entsprechend der im Grundgesetz verankerten Kompetenzverteilung zwischen dem Bundesverfassungsgericht und den Fachgerichten interpretiert das Bundesverfassungsgericht vorrangig Fragen des Verfassungsrechts, während die Fachgerichte für die Aufklärung von Auslegung und Anwendung des Unionsrechts zuständig sind.[1150] Zur Vorlage sind bereits Fachgerichte unterer Instanzen berechtigt. Entscheidet somit nun der EuGH vermehrt im Dialog mit den Fachgerichten, schwindet die Dominanz des Bundesverfassungsgerichts zugunsten der nationalen Fachgerichte.

Im Sinne der europäischen Integration und Grundrechtsentwicklung sollte das Bundesverfassungsgericht das Modell der kooperativen Doppelgeltung

---

1145 *Kokott/Henze*, in: FS Spindler, 2011, 279 (284 f.) mit weiteren Beispielen für ein Zusammenspiel von EuGH und innerstaatlichem Gericht.

1146 *Thym*, NVwZ 2013, 889 (892).

1147 Ebenso und zum Folgenden *Thym*, NVwZ 2013, 889 (895 f.).

1148 *Safferling*, NStZ 2014, 545 (551).

1149 Vgl. hierzu die Ausführungen in Kapitel 3. B. IV. 1. dieser Arbeit.

1150 BVerfG, Beschl. v. 04.10.2011, 1 BvL 3/08, BVerfGE 129, 186 = DStR 2011, 2141, Rn. 54.

jedoch akzeptieren.[1151] Betrachtet man die Bedenken des Bundesverfassungsgerichts mit gesamteuropäischem Blick, wird deutlich, dass sich in anderen Mitgliedstaaten keine Problematiken aus einem weiteren Anwendungsbereich des Unionsrechts i. S. d. Art. 51 Abs. 1 Satz 1 GrCh ergeben.[1152] Von 28 Mitgliedstaaten der Europäischen Union verfügen lediglich 18 über ein spezielles Verfassungsgericht.[1153] In den Ländern ohne Verfassungsgericht, etwa in Schweden und in den Niederlanden, existiert darüber hinaus kein Verwerfungsmonopol nationaler Vorschriften für das höchste nationale Gericht. Die Gerichte werden durch Unionsrecht vielmehr überhaupt erst mit der Kompetenz ausgestattet, nationale Vorschriften außer Acht zu lassen. Des Weiteren interpretieren die Fachgerichte anderer Mitgliedstaaten die Rolle des EuGH als Partner zur Stärkung ihres eigenen Einflusses. So kooperieren die Fachgerichte beispielsweise in Tschechien und Frankreich mit dem EuGH, um ihre nationalen Verfassungsgerichte bewusst zu beschränken.[1154]

Das bisherige Bestreben des Bundesverfassungsgerichts, eine möglichst strikte Trennung der Kompetenzen zu etablieren, beruht im Ergebnis auf Besonderheiten des deutschen Rechtssystems. Im Rahmen eines gesamteuropäischen Prozesses ist nicht ernsthaft damit zu rechnen, dass einer Kritik umfassendes Gehör verschafft wird, die auf nationalen Eigentümlichkeiten beruht.[1155]

Zumindest für die Umsatzsteuer erscheint das Modell der kooperativen Doppelgeltung bereits zum jetzigen Zeitpunkt gangbar. Selbst wenn man die Presseerklärung des Bundesverfassungsgerichts zur Antiterrordatei-Entscheidung als Ansage an den EuGH zu einem „geordneten Rückzug“[1156] verstehen mag, bekräftigt das Bundesverfassungsgericht doch seine Ansicht, die *Åkerberg-Fransson*-Entscheidung sei mit den „Besonderheiten des Umsatzsteuerrechts“

1151 *Safferling*, NStZ 2014, 545 (551) spricht sich im Sinne der europäischen Integration gegen eine Behinderung dergleichen durch das Bundesverfassungsgericht aus.

1152 *Jestaedt*, JZ 2012, 1 (9 f.).

1153 *Lenaerts*, EuR 2015, 3 (4).

1154 *Thym* verweist hierfür u. a. auf die Vorlage des französischen Conseil d'État, EuGH, Urt. v. 22.06.2010, Rs. C-188/10 & C-189/10, *Melki & Abdeli*, Slg. 2010, I-5701, Rn. 52 ff., in: NVwZ 2013, 889 (895 f.). Zum Urteil des tschechischen Verfassungsgerichts, die Entscheidung des EuGH, Urt. v. 22.06.2011, Rs. C-399/09, *Landtová*, Slg. 2011, I-5596, stelle einen Ultra-vires-Akt dar, und den vorausgegangenen Streitigkeiten zwischen Verfassungsgericht und dem Obersten Verwaltungsgericht der Tschechischen Republik vgl. *Komárek*, EuConst 8 (2012), 323.

1155 *Thym*, NVwZ 2013, 889 (896).

1156 *Thym*, NVwZ 2013, 889 (891).

zu begründen. Daraus kann abgeleitet werden, dass sich das Bundesverfassungsgericht für den Bereich der Umsatzsteuer mit dem dogmatischen Ansatz des EuGH ungeachtet des bis dato abweichenden eigenen Ansatzes einverstanden erklärt.[1157] Die Aussagen des Bundesverfassungsgerichts zur „Besonderheit“[1158] des Umsatzsteuerrechts erscheinen plausibel, sofern man die Umsatzsteuer richtigerweise nicht als nationale, sondern als „EU-Steuer“[1159] interpretiert[1160]. In der Tat ist die Umsatzsteuer unter den größten zehn in der Steuerspirale[1161] ausgewiesenen Steuern die einzige, die unionsrechtlich determiniert und nach dualisitschem Modell zu implementieren ist. Daher nimmt sie eine besondere Stellung im nationalen Steuersystem ein.

Als Folge der kooperativen Doppelgeltung von Grundrechten wird der Grundrechtsschutz in Europa vereinheitlicht werden. Der EuGH wird sich in seiner Rolle als „Motor der europäischen Integration“[1162] zukünftig nicht zurücknehmen.

V. Normenkontrolle durch das Bundesverfassungsgericht

1. Grundsätze der Vorlagepflicht

Wie bereits dargestellt, hat sich die Prüfungsbereitschaft des Bundesverfassungsgerichts für nationale Normen mit Bezug zu Unionsgrundrechten innerhalb des letzten halben Jahrhunderts entwickelt. Demzufolge ist zwischen Richtlinienbestimmungen mit und ohne Umsetzungsspielraum zu unterscheiden.

1157 So auch *Widmann*, UR 2014, 5 (5, 8), der in der Presseerklärung einen „nicht übersehbaren Widerspruch“ zu den Ausführungen des BVerfG im Antiterrordatei-Urteil sieht. Ferner bemerkt *Widmann*, dass die Bezüge zum Unionsrecht in der *Åkerberg Fransson*-Entscheidung „auch nach Auffassung des BVerfG (gerade) noch für die Anerkennung der Zuständigkeit des EuGH aus[reichten].“

1158 Nach *Kokott* ist die Umsatzsteuer „besonders international“, in: Steuerrecht der EU, § 1 Rn. 24.

1159 *Dobratz*, UR 2014, 425 (427) zur Anwendbarkeit der EU-Grundrechte im nationalen Umsatzsteuerrecht.

1160 *Kofler*, DStJG 41 (2018), 125 (164).

1161 Das Steueraufkommen wird durch das BMF jährlich nach Steuerarten in der sog. Steuerspirale grafisch dargestellt. Eine Schätzung der Steuerspirale für 2018 ist im Internet abrufbar unter: http://www.bundesfinanzministerium.de/ Content/DE/Bilderstrecken/Infografiken/Infografiken-Steuern-Allgemein/ 2018-05-07-Steuerspirale.html.

1162 *Safferling*, NStZ 2014, 545 (551).

Für Fachgerichte besteht eine Vorlagepflicht, wenn sie selbst davon überzeugt sind, dass die nationale Norm mit dem Grundgesetz unvereinbar ist.[1163] In Abgrenzung zum Vorabentscheidungsverfahren vor dem EuGH nach Art. 267 AEUV reichen Zweifel an der Gültigkeit nicht aus, um eine Vorlagepflicht zu begründen.

2. *Vorlagepflichten im Einzelnen*

a) *Zwingende Vorgaben des Unionsrechts*

Seit der *Solange-II*-Rechtsprechung[1164] bzw. explizit für Richtlinienumsetzungsgesetze nach der Entscheidung *Emissionshandel II*[1165] steht fest, dass das Bundesverfassungsgericht von einer Prüfung am Maßstab nationaler Grundrechte absieht, sofern der nationalen Norm eine Richtlinie zugrunde liegt, die keinen Umsetzungsspielraum lässt.[1166] Für eine entsprechende Verfassungsbeschwerde fehlt es an dem Beschwerdegegenstand[1167], im Rahmen einer Normenkontrolle an der notwendigen Entscheidungserheblichkeit.[1168] Dies gilt jedenfalls insoweit, als nicht nach den *Bananenmarkt*-Grundsätzen[1169] dargelegt werden kann, dass ein ausreichender Grundrechtsschutz auf Ebene des Unionsrechts nicht (mehr) gewährleistet werde. Die Hürden hierfür sind hoch: Die Unterschreitung des nationalen Schutzniveaus muss genereller Art sein, ein Absenken im Einzelfall ist unzureichend.[1170]

Bei zwingenden Richtlinienvorgaben hat das Bundesverfassungsgericht im Ergebnis keine Prüfungskompetenz am Maßstab nationaler Grundrechte.

1163 *Seer*, in: Tipke/Kruse, VerfRS Tz. 21.

1164 BVerfG, Beschl. v. 22.10.1986, 2 BvR 197/83, BVerfGE 73, 339.

1165 BVerfG, Beschl. v. 14.05.2007, 1 BvR 2036/05, *Emissionshandel II*, BVerfGK 11, 189.

1166 BVerfG, Beschl. v. 14.05.2007, 1 BvR 2036/05, *Emissionshandel II*, BVerfGK 11, 189; siehe auch BVerfG, Beschl. v. 06.12.2007, 1 BvR 2129/07, BVerfGK 13, 31, Rn. 12.

1167 *Zirkl*, Neutralität der USt, 271; *Thiemann*, JURA 2012, 902 (905).

1168 BVerfG, Beschl. v. 04.10.2011, 1 BvL 3/08, BVerfGE 129, 186 = DStR 2011, 2141, Rn. 48 ff.; zur Bedeutung der Entscheidungserheblichkeit siehe weiterführend *Seer*, in: Tipke/Kruse, VerfRS Tz. 25.

1169 BVerfG, Beschl. v. 07.06.2000, 2 BvL 1/97, BVerfGE 102, 147; ausführlicher dargestellt in Kapitel 3. B. IV. 2. b) dieser Arbeit.

1170 BVerfG, Beschl. v. 07.06.2000, 2 BvL 1/97, BVerfGE 102, 147 (164).

b) Vorgaben des Unionsrechts mit Ermessensspielräumen

Gewährt die Richtlinie den Mitgliedstaaten Ermessensspielräume, erheben sowohl der EuGH als auch das Bundesverfassungsgericht eine parallel bestehende Prüfungskompetenz am Maßstab der jeweiligen Grundrechte.[1171] Steht ein Verstoß der nationalen Norm gegen das Grundgesetz im Raum, ist anzunehmen und wird im Folgenden unterstellt, dass entsprechende Bedenken auch hinsichtlich der Vereinbarkeit mit den Grundrechten der Charta vorliegen und „doppelte Zweifel"[1172] bestehen.[1173] Es stellt sich daher die Frage, ob ein nationales Fachgericht bei Zweifeln an der Gültigkeit bzw. bei Überzeugung von der Ungültigkeit einer nationalen Bestimmung vorrangig ein Vorabentscheidungsverfahren an den EuGH zu richten oder einen konkreten Normenkontrollantrag beim Bundesverfassungsgericht einzureichen hat. Dieser Frage nach dem Konkurrenzverhältnis ist die Entscheidung voranzustellen, ob die Richtlinie den Mitgliedstaaten tatsächlich einen Ermessensspielraum überlässt, der die Anwendung nationaler Grundrechte eröffnen kann.

Die Entscheidung darüber, ob eine Richtlinie den Mitgliedstaaten einen Umsetzungsspielraum überlässt, kann nur der EuGH im Rahmen eines Vorabentscheidungsverfahrens treffen.[1174] Das Bundesverfassungsgericht sieht die Pflicht „zur Auslegung und Anwendung des einfachen Rechts wie auch des Unionsrechts"[1175] den Fachgerichten vorbehalten. Da aus der Entscheidung über das Vorliegen eines Ermessensspielraums auch die Anwendbarkeit einer verfassungsrechtlichen Prüfung am Maßstab des Grundgesetzes befunden wird, ist diese Feststellung für das Tatbestandsmerkmal der Entscheidungserheblichkeit einer konkreten Normenkontrolle notwendig.[1176] Zwar stellt das Bundesverfassungsgericht klar, es gäbe weder nach der Rechtsprechung noch kraft Verfassungsrechts eine feste Rangfolge für die möglichen Verfahren, nennt jedoch die Frage nach der Bindung des nationalen Gesetzgebers an das Unionsrecht eine „zwingend zu klärende Vorfrage"[1177].

1171 Vgl. hierzu die Ausführungen in Kapitel 3. B. IV. dieser Arbeit.

1172 *Lüdicke/Roth*, DStR 2014, 504.

1173 *Englisch*, in: W. Schön/K. Beck, Zukunftsfragen, 39 (80 f.).

1174 BVerfG, Beschl. v. 04.10.2011, 1 BvL 3/08, BVerfGE 129, 186 = DStR 2011, 2141, Rn. 55.

1175 BVerfG, Beschl. v. 04.10.2011, 1 BvL 3/08, BVerfGE 129, 186 = DStR 2011, 2141, Rn. 57.

1176 BVerfG, Beschl. v. 04.10.2011, 1 BvL 3/08, BVerfGE 129, 186 = DStR 2011, 2141, Rn. 58.

1177 BVerfG, Beschl. v. 04.10.2011, 1 BvL 3/08, BVerfGE 129, 186 = DStR 2011, 2141, Rn. 56, 60.

Unterinstanzliche Gerichte müssen aufgrund des Verwerfungsmonopols des Bundesverfassungsgerichts eine konkrete Normenkontrolle beim Bundesverfassungsgericht bemühen, um eine Norm unangewendet zu lassen.[1178] Vorrangig ist jedoch auf eine verfassungskonforme Auslegung abzuzielen und diese Möglichkeit im Vorlagebeschluss zu diskutieren.[1179] Gleichzeitig existiert gemäß Art. 267 Abs. 2 AEUV keine gesetzliche Vorlagepflicht für unterinstanzliche Gerichte an den EuGH. Damit gibt das Bundesverfassungsgericht nicht nur eine zeitliche Abfolge des Vorverfahrens vor, sondern führt darüber hinaus für unterinstanzliche Fachgerichte eine Vorlagepflicht jenseits der Ermessensvorgabe des Art. 267 Abs. 2 AEUV ein.

Wurde schließlich durch den EuGH ein Ermessensspielraum festgestellt, ist die Rangfolge der beiden Verfahren zu klären. Das Bundesverfassungsgericht räumt den Fachgerichten insoweit bei „doppelten Zweifeln" ein, nach eigenem Ermessen über die Rangfolge der Verfahren zu entscheiden.[1180] Gleiches äußert der EuGH.[1181] Eine bereits erfolgte Vorlage zum Bundesverfassungsgericht steht einer Vorlage an den EuGH ebenso wenig entgegen[1182] wie eine bereits erfolgte EuGH-Vorlage einer Normenkontrolle durch das Bundesverfassungsgericht.[1183] Ein Rangverhältnis existiert demzufolge nicht, wodurch beide Verfahren nebeneinander zulässig sind.[1184] Keines der Verfahren hat eine präjudizierende Wirkung auf das jeweils andere.[1185] Die Vorlage an eines der Gerichte befreit nicht von der Vorlagepflicht gegenüber dem anderen Gericht.[1186] Dies erscheint vor dem Hintergrund potenziell divergierender Grundrechtsstandards richtig. Andernfalls könnte sich der strengere Grundrechtsschutz nicht gegenüber dem niedrigeren Schutzniveau behaupten.[1187] Stellt demnach zunächst das Bundesverfassungsgericht die Vereinbarkeit einer Regelung mit dem

---

1178 *Seer*, in: Tipke/Kruse, VerfRS Tz. 14.

1179 *Seer*, in: Tipke/Kruse, VerfRS Tz. 25.

1180 BVerfG, Urt. v. 11.07.2006, 1 BvL 4/00, BVerfGE 116, 202 (214 f.).

1181 EuGH, Urt. v. 27.06.1991, Rs. C-348/89, *Mecanarte-Metalurgica da Lagoa*, Slg. 1991, I-3277, Rn. 48.

1182 Eingehend *Lüdicke/Roth*, DStR 2014, 504 (506 f.).

1183 Eingehend *Lüdicke/Roth*, DStR 2014, 504 (507 f.).

1184 So schlussfolgernd *Lüdicke/Roth*, DStR 2014, 504 (508).

1185 *Englisch*, in: W. Schön/K. Beck, Zukunftsfragen, 39 (81).

1186 EuGH, Urt. v. 27.06.1991, Rs. C-348/89, *Mecanarte-Metalurgica da Lagoa*, Slg. 1991, I-3277, Rn. 46

1187 Für die Maßgeblichkeit dieses Ergebnisses plädierend *Englisch*, in: W. Schön/K. Beck, Zukunftsfragen, 39 (81).

Grundgesetz fest, muss ungeachtet dessen eine Vorlage an den EuGH erfolgen. Entscheidet sich der EuGH in der Folge für eine Unvereinbarkeit mit den Unionsgrundrechten, folgt aus dem Vorrang des Unionsrechts die Unanwendbarkeit der nationalen Regelung unabhängig von der positiven Entscheidung des Bundesverfassungsgerichts.[1188]

Etwas anderes gilt, wenn der EuGH die Nichtigkeit der unionsrechtlichen Grundlage oder aber das Bundesverfassungsgericht die Unanwendbarkeit der nationalen Regelung festgestellt hat. Für die Vorlage an das jeweils andere Gericht ist sodann keine Entscheidungserheblichkeit mehr gegeben.[1189]

Fehleinschätzungen der Fachgerichte führen nicht zu einer Aushöhlung der Vorlagepflicht gegenüber dem EuGH. Hält das Fachgericht fälschlicherweise einen Umsetzungsspielraum für nicht gegeben, wird das Recht auf den gesetzlichen Richter nach Art. 101 Abs. 1 Satz 2 GG verletzt, weil die Anwendbarkeit des Grundgesetzes in diesem Fall verneint wird.[1190] Die Zulässigkeit der infolgedessen erhobenen Verfassungsbeschwerde ist jedoch nur gegeben, wenn die Rechtsverletzung willkürlich erfolgt.[1191] Zudem nimmt das Bundesverfassungsgericht insoweit eine Verletzung des materiellen Grundrechts an.[1192] Dabei geht die Kontrolldichte des Bundesverfassungsgerichts über eine bloße Willkürprüfung hinaus.[1193] In der Folge ist das Bundesverfassungsgericht als letztinstanzliches Gericht nach Art. 267 Abs. 3 AEUV zur Vorlage an den EuGH verpflichtet. Dieser hat zunächst die Würdigung des Fachgerichts hinsichtlich des Ermessensspielraumes zu prüfen. Bejaht der EuGH einen solchen, steht dem Bundesverfassungsgericht eine Prüfung der nationalen Vorschriften nach Maßgabe des Grundgesetzes zu.[1194]

1188 *Englisch,* in: W. Schön/K. Beck, Zukunftsfragen, 39 (48).

1189 BVerfG, Urt. v. 11.07.2006, 1 BvL 4/00, BVerfGE 116, 202 (214 f.); *Lüdicke/Roth*, DStR 2014, 504 (508).

1190 *Wegener*, in: Calliess/Ruffert, EUV/AEUV, Art. 267 AEUV Rn. 36; *Seer*, in: Tipke/Kruse, VerfRS Tz. 22, EuRS Tz. 18. *Britz*, NJW 2012, 1313 (1316).

1191 BVerfG, Beschl. v. 06.07.2010, *Honeywell*, BVerfGE 126, 286 (316); *Seer*, in: Tipke/Kruse, VerfRS Tz. 22; *Wegener*, in: Calliess/Ruffert, EUV/AEUV, Art. 267 AEUV Rn. 36 ff.; *Karpenstein*, in: Grabitz/Hilf/Nettesheim, EU, AEUV Art. 267 Rn. 68 ff.; *Calliess*, NJW 2013, 1905 (1907).

1192 BVerfG, Beschl. v. 19.07.2011, 1 BvR 1916/09, BVerfGE 129, 78 = NJW 2011, 3428, *Britz*, NJW 2012, 1313 (1316); *Zirkl*, Neutralität der USt, 274.

1193 BVerfG, Beschl. v. 19.07.2011, 1 BvR 1916/09, BVerfGE 129, 78 = NJW 2011, 3428, Rn. 90; *Britz*, NJW 2012, 1313 (1316); *Zirkl*, Neutralität der USt, 274.

1194 *Zirkl*, Neutralität der USt, 274.

Im Ergebnis kann ein nationales Fachgericht bei angenommener Grundrechtswidrigkeit sowohl dem EuGH als auch dem Bundesverfassungsgericht vorlegen und dabei parallel beide Gerichte zeitgleich anrufen. Aus prozessökonomischer Sicht erscheint es sinnvoll, zunächst ein Vorabentscheidungsersuchen an den EuGH zu richten, um die für die Zulässigkeit einer Normenkontrolle durch das Bundesverfassungsgericht notwendige Feststellung über den Umsetzungsspielraum zu erlangen. Für die Vorlage zum EuGH gilt auch in diesen Fällen die *Acte-clair*-Doktrin. Im gegenwärtigen Entwicklungsstadium des unionalen Grundrechtsschutzes ist jedoch kein Fall ersichtlich, bei dem ein Vorabentscheidungsersuchen mit dieser Begründung würde unterbleiben können.[1195]

1195 Nach *Englisch* wird dies mit Rücksicht auf die Abhängigkeit des Grundrechtsschutzes von richterlicher Wertung und richterlichem Selbstverständnis im Mehrebenensystem „ohnehin kaum je der Fall sein", in: W. Schön/K. Beck, Zukunftsfragen, 39 (80).

Kapitel 4: Der unionsrechtliche allgemeine Gleichheitssatz im Mehrwertsteuerrecht

A. Charakterisierung von Gleichheit im Mehrwertsteuerrecht

I. Die bereichsspezifische Ausgestaltung der Gleichheit

Im Grundlagenteil dieser Arbeit wurde dargelegt, dass zur Wahrung materieller Rechtsstaatlichkeit eine bereichsspezifische Gerechtigkeitsmaxime zu definieren ist, über die rechtsethischer Konsens herrscht.[1196] Die Gesamtheit der Steuertatbestände hat sich sodann an diesen Prinzipien zu orientieren, um eine gleichmäßige Besteuerung gewährleisten zu können.[1197] Anhand dessen kann für Zwecke des allgemeinen Gleichheitssatzes darüber befunden werden, ob Sachverhalte gleich oder unterschiedlich zu behandeln sind. Mangels vollkommener Identität zweier Individuen oder Sachlagen kann vollständige Gleichheit kein geeigneter Maßstab sein. Das *gemeinsame Gleiche* ist vielmehr nach bereichsspezifischen Anknüpfungspunkten zu prüfen, die den Vergleichsmaßstab definieren – sog. *tertium comparationis*.[1198]

Der EuGH bemüht zur Auslegung der Tatbestände auf dem Gebiet der Mehrwertsteuer in ständiger Rechtsprechung den Neutralitätsgrundsatz, der die Wettbewerbsneutralität des Mehrwertsteuersystems gewährleisten soll. In seiner Rechtsprechung betonte der EuGH wiederholt, dass der Neutralitätsgrundsatz die bereichsspezifische Ausprägung des unionsrechtlichen Gleichbehandlungsgrundsatzes darstellt.[1199]

1196 Vgl. hierzu sowie zum Folgenden die Ausführungen in Kapitel 2. C. II. 2. dieser Arbeit.

1197 *Englisch*, in: Schaumburg/Englisch, Europäisches Steuerrecht, Rz. 12.22.

1198 Vgl. nur BVerfG, Beschl. v. 08.04.1987, 2 BvR 909/82 u. a., BVerfGE 75, 108 (157); *Birk*, Das Leistungsfähigkeitsprinzip als Maßstab der Steuernormen, 155 ff.; *Löhr*, Optionsrecht für Vermietungsumsätze, 184 ff.; *Wernsmann*, in: HHSp., § 4 AO Rz. 410, 479 ff.; *Drüen*, in: Tipke/Kruse, § 3 AO Rz. 43; *Hey*, in: Tipke/Lang, Steuerrecht[24], § 3 Rz. 117, 121 ff.; *Wendt*, DÖV 1988, 712 (713).

1199 EuGH, Urt. v. 05.10.2016, Rs. C-576/15, *Maya Marinova*, ECLI:EU:C:2016:740 = UR 2016, 925, Rn. 49; v. 05.03.2015, Rs. C-502/13, *KOM/Luxemburg*, ECLI:EU:C:2015:143 = UR 2015, 308, Rn. 50; v. 31.01.2013, Rs. C-643/11, *LVK-56*, ECLI:EU:C:2013:55 = UR 2013, 346, Rn. 55; v. 10.11.2011, Rs. 259/19, *The Rank*

Um eine Würdigung der gegenwärtigen Vergleichsmaßstäbe vornehmen zu können, ist zunächst das Wesen der Umsatzsteuer einer Detailanalyse zu unterziehen. Ziel dieser Analyse ist die Definition eines bereichsspezifischen Prinzips, dessen Anwendung materielle Rechtsstaatlichkeit garantiert. Das so herausgearbeitete Prinzip entspricht dem allgemeinen Gleichheitssatz auf dem Gebiet der Mehrwertsteuer. Anschließend ist zu untersuchen, wie die Gleichbehandlung im Mehrwertsteuerrecht derzeit umgesetzt wird und wie sie sich, gemessen an dem zu erarbeitenden bereichsspezifischen Besteuerungsprinzip, idealtypisch darstellt.

II. Der Wesensgehalt der Umsatzsteuer

1. *Geschichtlicher Hintergrund*

a) *Vorboten der modernen Umsatzsteuer in Deutschland*

Vorboten der heutigen Umsatzsteuer waren die Akzisen und Quittungssteuern für bestimmte Umsätze bzw. Rechtsgeschäfte.[1200] Unter dem Begriff „Umsatzsteuer" wurde bereits im Jahre 1862 eine Abgabe für Veräußerungen beweglicher Sachen in Bremen eingeführt.[1201] Die erste reichseinheitliche Gesetzgebung zur Umsatzsteuer trat 1916 mit Abschnitt IX „Warenumsätze" des Reichsstempelgesetzes in Kraft. Besteuerungsobjekt war, „wer im Inland ein stehendes Gewerbe betreibt". Besteuert wurden ausschließlich „bezahlte Warenlieferungen". Diese unterlagen einem Steuersatz von 0,1 %.[1202] Dem Steuerpflichtigen kam dabei lediglich eine Inkasso-Gehilfenfunktion zu. Es mussten lediglich solche Beträge an den Staat abgeführt werden, die vorher eingenommen wurden.[1203]

Group, Slg. 2011, I-10947, Rn. 32 ff.; v. 10.06.2010, Rs. C-262/08, *CopyGene*, Slg. 2010, I-5053, Rn. 64; v. 23.04.2009, Rs. C-460/07, *Puffer*, Slg. 2009, I-3251, Rn. 52 f.; v. 29.10.2009, Rs. C-174/08, *NCC Construction Danmark*, Slg. 2009, I-10567, Rn. 41 ff.; v. 10.04.2008, Rs. C-309/06, *Marks & Spencer*, Slg. 2008, I-2283, Rn. 49; v. 08.06.2006, Rs. C-106/05, *L.u.P.*, Slg. 2006, I-5123, Rn. 48; v. 27.04.2006, Rs. C-443/04 u. a., *Solleveld u. a.*, Slg. 2006, I-3617, Rn. 35; v. 04.05.2006, Rs. C-240/05, *Eurodental*, Slg. 2006, I-11479, Rn. 55; v. 26.05.2005, Rs. C-498/03, *Kingscrest Associates*, Slg. 2005, I-4427, Rn. 54 f.

1200 *Jacobs*, DStZ 2006, 654; *Stadie*, in: Rau/Dürrwächter, UStG, Einführung, Anm. 1.

1201 Gesetz v. 10.11.1862, Brem. GBl., 29; *Stadie*, in: Rau/Dürrwächter, UStG, Einführung, Anm. 2.

1202 BVerfG, Urt. v. 20.12.1966, 1 BvR 320/57, 70/63, BVerfGE 21, 12, A.I.1; Regierungsentwurf v. 30.10.1963, BT-Drucks. IV/1590, 17 f.

1203 *Stadie*, in: Rau/Dürrwächter, UStG, Einführung, Anm. 8; *ders.*, UR 2010, 241 (242).

Nach dem Ersten Weltkrieg wurde die Umsatzsteuer auf alle Waren und Dienstleistungen ausgedehnt.[1204] Diese Umsatzsteuer wirkte als kumulative Allphasen-Brutto-Umsatzsteuer, bei der die Umsätze eines Unternehmers im Inland auf jeder Produktions- oder Handelsphase der Steuer unterworfen wurden.[1205] Der Steuersatz betrug 0,5 % und erhöhte sich entsprechend mit der Anzahl der Handelsstufen. Ein Vorsteuerabzug war dem System fremd.

In der Folgezeit wurde die Steuerpflicht erweitert und der Steuersatz mehrfach erhöht.[1206] Sie erfasste „auf allen Wirtschaftsstufen grundsätzlich alle Lieferungen und Leistungen und war wirtschaftlich zur allgemeinen Verbrauchsteuer des Reichs geworden".[1207] Der historische Gesetzgeber ging fortwährend davon aus, dass die Umsatzsteuer den Verbrauch des letzten Abnehmers und damit des Verbrauchers belastet. So findet sich der Verbrauchsteuerhinweis nicht nur in der Regierungsbegründung zur heutigen Allphasen-Netto-Umsatzsteuer, sondern bereits in den Gesetzesbegründungen von 1918[1208], 1919[1209] und 1934[1210].[1211]

b) *Verfassungswidrigkeit der Allphasen-Brutto-Umsatzsteuer in Deutschland*

Da sich die Umsatzsteuer in Abhängigkeit von der Länge der Produktions- und Vertriebsstufen kumulierte, sahen sich betroffene Unternehmer Wettbewerbsverzerrungen ausgesetzt. Infolgedessen richteten sie Verfassungsbeschwerden an das Bundesverfassungsgericht und rügten ihre Benachteiligung am Markt aufgrund der eintretenden Wettbewerbsverzerrungen mit Blick auf den Gleichheitssatz. Das Bundesverfassungsgericht teilte die Bedenken und verpflichtete den Gesetzgeber zu einer Umsatzsteuerreform[1212] innerhalb einer angemessenen Zeit, über die der Gesetzgeber zu diesem Zeitpunkt bereits beraten hatte. Die wettbewerbsverfälschende Wirkung sollte durch die Einführung eines Vorsteuerabzuges vermieden werden. Angesichts der Makel des geltenden Allphasen-Bruttosystems befand das Bundesverfassungsgericht die Einführung

---

1204 UStG 1918 v. 26.07.1918, RGBl. 1918, 779.

1205 *Englisch*, in: Tipke/Lang[23], Steuerrecht, § 17 Rz. 2.

1206 Die Ausdehnung erfolgte mit dem UStG 1919 v. 24.12.1919, RGBl. 1919, 2157.

1207 Siehe hierzu sowie zur weiteren historischen Entwicklung den Regierungsentwurf v. 30.10.1963, BT-Drucks. IV/1590, 17 f.

1208 RT-Drucks. 1914/18, Nr. 1461, 16.

1209 Begründung zum UStG 1919, abgedruckt bei *Popitz*, UStG 1928, 187.

1210 RStBl. 1934, 1549.

1211 Weitergehend *Zirkl*, Neutralität der USt, 46 f.

1212 BVerfG, Urt. v. 20.12.1966, 1 BvR 320/57, 70/63, BVerfGE 21, 12, Leitsatz.

des Vorsteuerabzuges „nach den übereinstimmenden Angaben der vom Gericht gehörten Sachkundigen [für] geeignet, die Wettbewerbsneutralität der Umsatzsteuer wesentlich zu verbessern".[1213]

c) Parallel laufende Entwicklung auf europäischer Ebene: Die Erste und Zweite Mehrwertsteuer-Systemrichtlinie

Der Vertrag über die Arbeitsweise der Europäischen Union v. 25.03.1957[1214] enthielt in seiner Urfassung mit Art. 99 eine Vorschrift, die dem heutigen Art. 113 AEUV ähnelt. Es handelte sich dabei um einen an die Europäische Kommission gerichteten Prüfauftrag, dem Rat Vorschläge für die Harmonisierung einiger heute in Art. 113 AEUV genannter Steuerarten zu unterbreiten.[1215]

Parallel zur Diskussion in Deutschland über die Wettbewerbsbeeinträchtigung des Systems der Allphasen-Brutto-Umsatzsteuer[1216] wurden auf europäischer Ebene zeitgleich am 12.04.1967 die Erste[1217] und die Zweite Mehrwertsteuer-Systemrichtlinie[1218] eingeführt.

Den Richtlinien ging ein Entwurf voraus, der eine Stellungnahme der Kommission enthielt. Darin sprach sich sie sich für die Einführung eines gemeinsamen Systems der Mehrwertsteuer aus, um Wettbewerbsneutralität im grenzüberschreitenden Waren- und Dienstleistungsverkehr zu sichern.[1219] Mit den Richtlinien sollten mithin die Vorgaben des Art. 113 AEUV umgesetzt werden. Die Erste Richtlinie enthielt lediglich sechs Artikel und gab im Wesentlichen strukturell vor, dass das bis dato vorherrschende Umsatzsteuersystem durch ein gemeinsames Mehrwertsteuersystem in Gestalt eines Netto-Allphasen-Systems mit Vorsteuerabzug ersetzt wird. Für die Umsetzung des neuen Systems wurde

---

1213 BVerfG, Urt. v. 20.12.1966, 1 BvR 320/57, 70/63, BVerfGE 21, 12, Rn. 11.

1214 Seinerzeit erlassen als „Vertrag zur Gründung der Europäischen Gemeinschaft", BGBl. II 1957, 766.

1215 *Seiler,* in: Grabitz/Hilf/Nettesheim, EU, Art. 113, Rn. 1; *Kamann*, in: Streinz, EUV/AEUV, Art. 113 AEUV Rn. 1; *Stadie,* in: Rau/Dürrwächter, UStG, Einführung, Anm. 550.

1216 Vgl. hierzu die Ausführungen in Kapitel 4. A. II. 1. b) dieser Arbeit.

1217 Erste Richtlinie 67/227/EWG v. 11.04.1967 zur Harmonisierung der Rechtsvorschriften der Mitgliedstaaten über die Umsatzsteuer, ABl. EG Nr. P 71/1967, 1301.

1218 Zweite Richtlinie 67/228/EWG v. 11.04.1967 zur Harmonisierung der Rechtsvorschriften der Mitgliedstaaten über die Umsatzsteuern - Struktur und Anwendungsmodalitäten des gemeinsamen Mehrwertsteuersystems, ABl. EG Nr. P 71/1967, 1303.

1219 Stellungnahme der Europäischen Kommission zum gemeinsamen Mehrwertsteuersystem v. 03.06.1964, ABl. EG 1964, 1800.

den betroffenen Staaten gemäß Art. 1 Abs. 2 der Ersten Mehrwertsteuer-Systemrichtlinie eine Frist bis zum 01.01.1970 eingeräumt. Die Zweite Richtlinie war mit 21 Artikeln und zwei Anhängen deutlich umfangreicher und enthielt neben strukturellen Vorgaben bereits zahlreiche Bestimmungen zur konkreten Anwendung des gemeinsamen Mehrwertsteuersystems.[1220]

Auf Basis dieser beiden Richtlinien wurden in der Folgezeit weitergehende Vereinheitlichungen vorgenommen. Namentlich wurde mit der Sechsten Mehrwertsteuer-Systemrichtlinie[1221] im Jahr 1977 der Eigenmittelbeschluss der Europäischen Wirtschaftsgemeinschaft[1222] aus dem Jahr 1970 umgesetzt, in dessen Folge die umsatzsteuerliche Bemessungsgrundlage zu harmonisieren war.[1223] Nachdem in den Neunzigerjahren des vergangenen Jahrhunderts bereits zwei Vereinfachungsrichtlinien[1224] einzelne bis dato ungeregelte Bereiche implementierten, fügte die aktuell geltende Mehrwertsteuer-Systemrichtlinie[1225] im Jahr 2006 das Gesamtgebilde geordnet zusammen, ohne dabei inhaltliche Änderungen herbeizuführen[1226].

1220 *Stadie,* in: Rau/Dürrwächter, UStG, Einführung, Anm. 557.

1221 Richtlinie 77/388/EWG des Rates v. 17.05.1977 zur Harmonisierung der Rechtsvorschriften der Mitgliedstaaten über die Umsatzsteuern - gemeinsames Mehrwertsteuersystem: einheitliche steuerpflichtige Bemessungsgrundlage, ABl. EG 1977 Nr. L, 145.

1222 Beschl. v. 21.04.1970 des Rates über die Ersetzung der Finanzbeiträge der Mitgliedstaaten durch eigene Mittel der Gemeinschaften, ABl. EG 1970 Nr. L 94, 19.

1223 Dies geht maßgeblich aus dem zweiten Erwägungsgrund der Sechsten Mehrwertsteuer-Systemrichtlinie hervor.

1224 Richtlinie 92/111/EWG des Rates v. 14.12.1992 zur Änderung der Richtlinie 77/388/EWG und zur Einführung von Vereinfachungsmaßnahmen im Bereich der Mehrwertsteuer, ABl. EG 1992 Nr. L 384/47 sowie Richtlinie 95/7/EG des Rates v. 10.04.1995 zur Änderung der Richtlinie 77/388/EWG und zur Einführung weiterer Vereinfachungsmaßnahmen im Bereich der Mehrwertsteuer – Geltungsbereich bestimmter Steuerbefreiungen und praktische Einzelheiten ihrer Durchführung, ABl. EG 1995 Nr. L 108/18.

1225 Richtlinie 2006/112/EG v. 28.11.2006, ABl. EU 2006 Nr. L 347/1.

1226 Dies geht maßgeblich aus dem dritten Erwägungsgrund der Mehrwertsteuer-Systemrichtlinie hervor, wonach „zur Gewährleistung der Klarheit und Wirtschaftlichkeit der Bestimmungen die Struktur und der Wortlaut der Richtlinie neu gefasst werden".

d) Allphasen-Netto-Umsatzsteuer mit Vorsteuerabzug

Zur Berücksichtigung der Harmonisierungsziele der EU[1227], zuvörderst der Verbesserung der Wettbewerbsneutralität[1228], wohl aber auch, um den Vorgaben des Bundesverfassungsgerichts zur zeitigen Beseitigung der Wettbewerbsverzerrungen gerecht zu werden, wurde in der Bundesrepublik Deutschland zum 01.01.1968 eine Allphasen-Netto-Umsatzsteuer mit Vorsteuerabzug eingeführt. Im Gegensatz zum vorherigen System, das eine Ist-Versteuerung vorsah, gilt seit der Systemumstellung nunmehr nach dem Grundsatz der Versteuerung nach vereinbarten Entgelten das Sollprinzip.[1229] Die Systemumstellung auf die Allphasen-Netto-Umsatzsteuer mit Vorsteuerabzug erfolgte nach dem Bericht des Finanzausschusses des Bundestages „aus wirtschaftlichen, fiskalischen, steuertechnischen und nicht zuletzt psychologischen Gründen“[1230]. Die Umsatzsteuer erweise sich in Abgrenzung von der Allphasen-Brutto-Umsatzsteuer als „durchlaufender Posten“ und sei aus diesem Grund „völlig wettbewerbsneutral“[1231]. Zwar sei der Unternehmer in dem neuen System zur Vorfinanzierung der Umsatzsteuer verpflichtet. Dies gleiche sich jedoch durch den zahlungsunabhängigen Soll-Vorsteuerabzug aus.[1232]

Bereits vor der Entscheidung des Bundesverfassungsgerichts war dem Deutschen Bundestag im Jahr 1963 ein entsprechender Entwurf einer Allphasen-Netto-Umsatzsteuer mit Vorsteuerabzug vorgelegt worden, der jedoch nicht verabschiedet wurde.[1233] Im Frühjahr 1967, wenige Monate nach dem Urteil des deutschen Bundesverfassungsgerichts, konnte das Gesetz in Gewissheit um die Konformität mit den Vorgaben sowohl des Bundesverfassungsgerichts als auch der Ersten und Zweiten Mehrwertsteuer-Systemrichtlinie verabschiedet werden. Die Bundesrepublik Deutschland hatte somit die Umsetzungsfrist nach Art. 1 Abs. 2 der Ersten Mehrwertsteuer-Systemrichtlinie gewahrt.

1227 Regierungsentwurf v. 30.10.1963, BT-Drucks. IV/1590, 23 f.

1228 Regierungsentwurf v. 30.10.1963, BT-Drucks. IV/1590, 24 ff.

1229 *Seer*, DStR 2016, 1289 (1293); *Frye*, UR 2013, 561 (563); *Stadie*, UR 2010, 241 (242 ff.).

1230 Abgeordneter *Toussaint*, in: Bericht des Finanzausschusses des Bundestages von 1967, Drucks. V/48, zu BT-Drucks. V/1581, Allg., Nr. 3.

1231 Abgeordneter *Toussaint*, in: Bericht des Finanzausschusses des Bundestages von 1967, Drucks. V/48, zu BT-Drucks. V/1581, Allg., Nr. 3, 2. Absatz.

1232 Abgeordneter *Toussaint*, in: Bericht des Finanzausschusses des Bundestages von 1967, Drucks. V/48, zu BT-Drucks. V/1581, Allg., Nr. 3, 2. Absatz; kritisch hierzu *Seer*, DStR 2016, 1289 (1293 ff.).

1233 Regierungsentwurf v. 30.10.1963, BT-Drucks. IV/1590, 2.

2. *Die wesentlichen Merkmale des geltenden Umsatzsteuersystems*

a) *Die Steuersystematik nach Art. 1 Abs. 2 MwStSystRL*

Nach Art. 1 Abs. 1 MwStSystRL legt die Mehrwertsteuer-Systemrichtlinie das gemeinsame Mehrwertsteuersystem fest. Art. 1 MwStSystRL ist dem mit „Zielsetzung und Anwendungsbereich“ überschriebenen Titel I der Richtlinie zugeordnet. Art. 1 Abs. 2 MwStSystRL definiert das gemeinsame Mehrwertsteuersystem schließlich wie folgt:

> *Das gemeinsame Mehrwertsteuersystem beruht auf dem Grundsatz, dass auf Gegenstände und Dienstleistungen, ungeachtet der Zahl der Umsätze, die auf den vor der Besteuerungsstufe liegenden Produktions- und Vertriebsstufen bewirkt wurden, eine allgemeine, zum Preis der Gegenstände und Dienstleistungen genau proportionale Verbrauchsteuer anzuwenden ist.*
> *Bei allen Umsätzen wird die Mehrwertsteuer, die nach dem auf den Gegenstand oder die Dienstleistung anwendbaren Steuersatz auf den Preis des Gegenstands oder der Dienstleistung errechnet wird, abzüglich des Mehrwertsteuerbetrags geschuldet, der die verschiedenen Kostenelemente unmittelbar belastet hat.*
> *Das gemeinsame Mehrwertsteuersystem wird bis zur Einzelhandelsstufe, diese eingeschlossen, angewandt.*

Eine identische Definition des gemeinsamen Mehrwertsteuersystems war bereits in Art. 2 der Ersten Mehrwertsteuer-Systemrichtlinie enthalten. Das Wesen der Umsatzsteuer ist demnach seit Inkrafttreten der Ersten Mehrwertsteuer-Systemrichtlinie unverändert geblieben. Aus Art. 1 Abs. 2 MwStSystRL lassen sich vier wesentliche Systemmerkmale ableiten. Demnach wird die Mehrwertsteuer *allgemein* (I.) erhoben, wodurch grundsätzlich jeglicher Waren- und Dienstleistungshandel der Besteuerung unterliegt. Des Weiteren bemisst sich die Höhe der Umsatzsteuer genau *proportional* (II.) zum Preis der Ware oder Dienstleistung. Die Steuerbarkeit tritt daneben für alle Umsätze, d. h. *auf jeder Stufe* (III.) in der Leistungskette, in voller Höhe ein. Schließlich bemisst sich die letztendlich geschuldete Mehrwertsteuerschuld nach der für den eigenen Umsatz geschuldeten Steuer abzüglich der Vorbelastung aus vorangehenden Umsätzen. Mithin unterliegt per Saldo der auf einer Handelsstufe erwirtschaftete *Mehrwert* (IV.) der Besteuerung.

Aus dem ersten wesentlichen Merkmal der Allgemeinheit lässt sich ableiten, dass die Umsatzsteuer keine spezielle Steuer auf einzelne Gegenstände oder besondere Handels- oder Produktionszweige darstellt. Aus diesem Grund darf zwischen den einzelnen Leistungsinhalten, also beispielsweise zwischen einer Dienstleistung und einer Warenlieferung,[1234] für Zwecke der Steuerbarkeit nicht unterschieden werden.

1234 *Terra/Kajus*, A Guide to the European VAT Directives, 292.

Das zweite wesentliche Merkmal der Proportionalität enthält Vorgaben zur materiellen Ausgestaltung der Umsatzsteuer. Materiell kann eine Steuer nur dann „genau proportional" zum Preis der Waren und Dienstleistungen sein, wenn die Steuerbelastung weder höher noch niedriger ist als der korrekte Steuerbetrag. Der Besteuerung ist mithin exakt der Betrag zu unterwerfen, den der Veräußerer *für den Gegenstand oder die Dienstleistung* erhalten hat. Daher setzt die Proportionalität im materiellen Sinne die Ausgestaltung des Mehrwertsteuersystems als Nettosystem voraus. Nur im Rahmen eines Nettosystems kann die Umsatzsteuer „ungeachtet der Zahl der Umsätze, die auf den vor der Besteuerungsstufe liegenden Produktions- und Vertriebsstufen bewirkt wurden", als „zum Preis der Gegenstände und Dienstleistungen genau proportionale Verbrauchsteuer" erhoben werden. Andernfalls, d. h. im Rahmen eines Bruttosystems, würde die kumulativ wirkende Umsatzsteuer der Vorstufen den Preis der Gegenstände und Dienstleistungen beeinflussen.

Das dritte wesentliche Merkmal der Steuererhebung auf jeder Handels- oder Produktionsstufe ergänzt das vorangehende Merkmal hinsichtlich seiner konkreten Ausgestaltung. Demnach muss es sich bei dem materiellen Nettosystem um ein *Allphasen*-Netto-Umsatzsteuersystem handeln. Materielle Nettobesteuerung könnte freilich auch mit anders ausgestalteten Systemen erreicht werden.[1235] Art. 1 Abs. 2 MwStSystRL schreibt für das gemeinsame Mehrwertsteuersystem jedoch explizit ein Allphasen-System vor.

Das vierte wesentliche Merkmal manifestiert den Vorsteuerabzug, der dem geltenden Umsatzsteuersystem innewohnt. Zunächst wird auf den vollen Preis der Güter und Dienstleistungen Mehrwertsteuer erhoben und nicht etwa lediglich auf den Mehrwert, der auf der entsprechenden Handels- oder Produktionsstufe erwirtschaftet wurde. Ohne eine Korrektur um die Umsatzsteuerbelastung der Vorstufenumsätze hätte die Umsatzsteuer eine kumulative Wirkung. Diese Wirkung wird durch den Vorsteuerabzug vermieden. Entlastet werden alle Kostenelemente, die in die Ausgangsleistung einbezogen sind. „Kostenelemente" ist daher betriebswirtschaftlich zu interpretieren.[1236] Steuertechnisch zieht der Unternehmer von der in der gesamten Gegenleistung enthaltenen Umsatzsteuer jenen Umsatzsteuerbetrag ab, mit dem er aufgrund der Vorumsätze belastet ist. Im Ergebnis führt er somit ausschließlich den auf seiner Handels- oder

1235 Vgl. hierzu nur den Vorschlag einer Einzelhandels-Umsatzsteuer, bei der Umsätze zwischen Unternehmern nicht der Umsatzbesteuerung unterliegen, von *Kirchhof, P.*, in: Umsatzsteuer Gesetzbuch, 19 ff., 79 ff.

1236 *Probst*, DStJG 13 (1990), 137 (162 f.).

Produktionsstufe erwirtschafteten Mehrwert an den Fiskus ab. Diese Mehrwertbesteuerung zeigt sich im System der Allphasen-Netto-Umsatzbesteuerung mit Vorsteuerabzug demnach in einer saldierten Umsatzsteuerzahllast. Das geltende Mehrwertsteuersystem wird daher auch als „System der fraktionierten Zahlung“ bezeichnet.[1237]

Begrifflich steht die „Mehrwertsteuer“ mitunter in der Kritik, weil die Besteuerung auch Sachverhalte erfasst, in denen wie etwa bei einer Veräußerung unterhalb der Selbstkosten kein Mehrwert geschaffen wird.[1238] Auf die Verwendung der Begrifflichkeit soll dennoch in dieser Arbeit nicht verzichtet werden.[1239] Zum einen haben die meisten EU-Staaten die Begrifflichkeit ebenfalls aus der Richtlinie übernommen,[1240] zum anderen geht der Vorsteuerabzug im Verlustfall nicht verloren. Ein „negativer Mehrwert“ führt demnach systemgerecht zu einem Vorsteuerüberhang. Zum Begriff „Umsatzsteuer“ ließen sich im Übrigen mit Blick auf die bloße Begriffswahl ebenso Unstimmigkeiten vorbringen. Da faktisch rechtsgeschäftliche „Umsätze“ auf Ebene des Unternehmers besteuert werden[1241], könnte der Begriff „Umsatzsteuer“ auf eine materielle Verkehrsteuer deuten.[1242] Im Ergebnis sollte „Mehrwertsteuer“ als europaweit gültiger *terminus technicus* des gemeinsamen Mehrwertsteuersystems gleichbedeutend mit „Umsatzsteuer“ verstanden werden.

Aus Art. 1 Abs. 2 UAbs. 2 und 3 MwStSystRL ergibt sich ferner, dass der materiell intendierte Steuerträger nicht der Unternehmer ist, sondern der Verbraucher. Der Verbraucher wird steuertechnisch belastet, weil gemäß Art. 1 Abs. 2 UAbs. 3 MwStSystRL auch der an ihn auf der Einzelhandelsstufe erbrachte Umsatz proportional zum Preis der Leistung mit Umsatzsteuer belastet wird. Gleichzeitig steht dem Verbraucher jedoch kein Vorsteuerabzug für die im Vorumsatz enthaltene Umsatzsteuer zu, weil nach Art. 1 Abs. 2 UAbs. 2 MwStSystRL ein Abzug der Vorsteuer nur bei eigenen Umsätzen gewährt wird. Endverbraucher

---

1237 Begründung der EG-Kommission v. 29.06.1973 zum Entwurf der Sechsten Mehrwertsteuer-Systemrichtlinie – zu Artikel 12 (Besteuerungsgrundlage), Bulletin der EG 1973 Nr. 11, Sonderbeilage = BT-Drucks. 7/913, 41; siehe ferner *Reiß*, DStJG 32 (2009), 9 (18 f.); *Söhn*, StuW 1976, 1 (25 f.).

1238 *Walden*, Die Umsatzsteuer als indirekte Verbrauchsteuer, 40; *Stadie*, in: Rau/Dürrwächter, UStG, Einführung, Anm. 268 f.

1239 So aber mit Blick auf die vorgebrachte Kritik *Zirkl*, Neutralität der USt, 26.

1240 Vgl. nur *Stadie*, in: Rau/Dürrwächter, UStG, Einführung, Anm. 269.

1241 *Englisch*, in: Tipke/Lang, Steuerrecht[24], § 17 Rz. 20.

1242 Zur Diskussion über das Wesen der Umsatzsteuer als Verbrauch oder Verkehrsteuer vgl. die Ausführungen in Kapitel 4. A. II. 2. d) aa) dieser Arbeit.

erbringen jedoch gerade keinen weiteren Umsatz mit der bezogenen Leistung, sondern konsumieren diese am Ende einer Leistungskette.

Die Erhebung der Mehrwertsteuer erfolgt nicht beim intendierten Steuerträger, sondern bei den Unternehmern. Die Steuerschuld des Unternehmers basiert auf Gründen der Erhebungspraktikabilität[1243] und der Steueraufsicht[1244]. Die Umsatzsteuer ist damit ausweislich Art. 1 Abs. 2 MwStSystRL eine indirekte Steuer.[1245]

b) Die Funktion des Vorsteuerabzuges

Wie aufgezeigt, neutralisiert erst der Vorsteuerabzug die kumulative Steuerwirkung des jeweiligen Vorstufenumsatzes im gemeinsamen Mehrwertsteuersystem.[1246] Ohne den Vorsteuerabzug würde das Mehrwertsteuersystem einer kumulativen Allphasen-Besteuerung gleichen. Letztgenannte Art der Besteuerung ist durch das Bundesverfassungsgericht jedoch als verfassungswidrig eingestuft worden.[1247]

Ferner wird anhand des Rechts auf Vorsteuerabzug eine Unterscheidung zwischen intendiertem Steuerträger und erhebungstechnischem Steuerschuldner getroffen. Während die erhebungstechnisch als Steuerschuldner herangezogenen Unternehmer den Vorsteuerabzug geltend machen können, wird er Endverbrauchern verwehrt. Damit fungiert das Regime des Vorsteuerabzugs innerhalb des Steuersystems als technische Determinante von Neutralisation und angestrebter Belastung des Endverbrauchs.[1248] Im Ergebnis ist der Vorsteuerabzug daher als das „Herzstück“[1249] des geltenden Mehrwertsteuersystems zu

---

1243 *Englisch*, in: FS für den BFH 2018, 1491 (1492); *ders.*, in: Tipke/Lang, Steuerrecht[24], § 17 Rz. 12; *Reiß*, DStJG 13 (1990), 3 (20); *Löhr*, Optionsrecht für Vermietungsumsätze, 271 ff.; *Heidemann*, Umsatzsteuerbefreiungen für Finanzdienstleistungen, 24; *Nieskens*, in: FS Reiß, 45 (46 f.); *Stadie*, in: Rau/Dürrwächter, UStG, Einführung, Anm. 142.

1244 *Englisch*, in: Tipke/Lang, Steuerrecht[24], § 17 Rz. 19; *Becker, E.*, Reichsabgabenordnung, 1. Aufl. 1922, § 76 Anm. 2.

1245 *Englisch*, in: Tipke/Lang, Steuerrecht[24], § 17 Rz. 20; *Stadie*, in: Rau/Dürrwächter, UStG, Einführung, Anm. 149.

1246 *Stadie*, in: UStG, Vorbemerkungen, Rz. 46.

1247 Vgl. hierzu die Ausführungen in Kapitel 4. A. II. 1. b) dieser Arbeit.

1248 *Löhr*, Optionsrecht für Vermietungsumsätze, 274 ff.; nach *Seer* ist der Vorsteuerabzug das „technische Vehikel“ er gleichmäßigen Belastung des Endverbrauchs, in: ZfZ 2013, 146; *Söhn*, StuW 1976, 1 (25).

1249 *Englisch*, in: Tipke/Lang[23], Steuerrecht, § 17 Rz. 307.

betrachten.[1250] Die Funktionsweise des Vorsteuerabzugs wird anhand des nachfolgenden Beispielsfalls veranschaulicht:

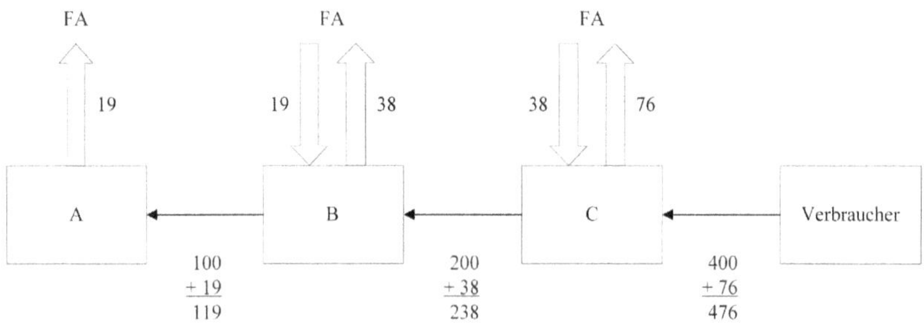

Abb. 3: Funktionsweise der Allphasen-Netto-Umsatzbesteuerung mit Vorsteuerabzug

Zum Beispielsfall: Produzent A liefert einen Gegenstand an Großhändler B für 100 EUR zzgl. 19 % Umsatzsteuer. Großhändler B zahlt Produzent A 119 EUR. Produzent A zahlt 19 EUR an das Finanzamt.

Großhändler B liefert den Gegenstand für 200 EUR zzgl. Umsatzsteuer an Einzelhändler C. Einzelhändler C zahlt 238 EUR an Großhändler B. Großhändler B führt 38 EUR an das Finanzamt ab und mindert dabei seine Umsatzsteuerzahllast um die an Produzent A gezahlte Umsatzsteuer in Höhe von 19 EUR. Per Saldo zahlt Großhändler B damit 19 EUR an das Finanzamt. Dieser Betrag entspricht der Umsatzsteuer für den durch ihn erwirtschafteten Mehrwert in Höhe von 100 EUR (200 EUR ./. 100 EUR).

Einzelhändler C veräußert den Gegenstand an einen Endverbraucher für 400 EUR zzgl. Umsatzsteuer. Einzelhändler C führt 76 EUR, die er von seinem Kunden zusätzlich zum Nettopreis erhält, an das Finanzamt ab. Die Umsatzsteuerzahllast mindert sich um den Vorsteuerabzug in Höhe von 38 EUR aus dem Ankauf des Gegenstands von Großhändler B. Per Saldo zahlt Einzelhändler C damit 38 EUR an das Finanzamt. Dieser Betrag entspricht der Umsatzsteuer für den durch ihn erwirtschafteten Mehrwert in Höhe von 200 EUR (400 EUR ./. 200 EUR).

1250 *Lippross* bezeichnet den Vorsteuerabzug als das „Kernstück" der Mehrwertsteuer, in: Umsatzsteuer, 59.

Der Verbraucher zahlt 476 EUR für den Gegenstand und ist endgültig mit der in diesem Betrag enthaltenen Umsatzsteuer in Höhe von 76 EUR belastet. Einen Vorsteuerabzug kann der Verbraucher nicht geltend machen, weil er seinerseits den Gegenstand nicht für unternehmerische Zwecke nutzt, sondern in seiner Eigenschaft als Endverbraucher konsumiert.

Im Ergebnis erhält der Fiskus den Umsatzsteuerbetrag von 76 EUR, mit dem der Endverbraucher belastet ist. Durch das System der fraktionierten Zahlung wird dieser Gesamtbetrag in Teilbeträgen von 19 EUR durch A, 19 EUR durch B sowie 38 EUR durch C erhoben.

c) Stellung und Aufgabe des Unternehmers

Das gemeinsame Mehrwertsteuersystem ist auf Überwälzung der Steuerlast auf den Verbraucher ausgelegt, der letztlich die Belastung tragen soll. Der Unternehmer wird somit aus bloßen erhebungstechnischen Gründen als Steuerschuldner herangezogen. Dies gilt auf jeder Stufe der Leistungskette.[1251] Er fungiert letztlich als „Steuereinnehmer für Rechnung des Staates und im Interesse der Staatskasse“[1252]. Ähnlich wie bei der Lohnsteuer für Arbeitnehmer ist der Unternehmer in der Umsatzsteuer lediglich ein treuhänderischer Entrichtungsschuldner.[1253]

d) Der Belastungsgrund der Mehrwertsteuer

aa) Die Mehrwertsteuer: Eine Verkehr- oder Verbrauchsteuer?

Die Frage nach dem Steuergut der Umsatzsteuer wurde bereits behandelt.[1254] Das Besteuerungsgut ist demnach die im Konsum zum Ausdruck kommende wirtschaftliche Leistungsfähigkeit, die in der Verwendung des Vermögens besteht.[1255] Keine Einigkeit besteht darüber, ob dieser Belastungsgrundentscheidung auch ein materiell-rechtlicher Charakter zukommt.[1256] Der materiell-rechtliche

---

1251 *Englisch*, in: Tipke/Lang, Steuerrecht[24], § 17 Rz. 318; *Stadie*, in: Rau/Dürrwächter, UStG, Einführung, Anm. 198.

1252 EuGH, Urt. v. 21.02.2008, Rs. C-271/06, *Netto Supermarkt*, Slg. 2008, I-787, Rn. 21; v. 20.10.1993, Rs. C-10/92, *Balocchi*, Slg. 1993, I-5105, Rn. 25.

1253 Zur Frage, ob die Beanspruchung der Unternehmer im Umsatzsteuerrecht eine „Indienstnahme Privater“ ist, vgl. *Drüen*, Die Indienstnahme Privater für den Vollzug von Steuergesetzen, 121 ff.

1254 Vgl. hierzu die Ausführungen in Kapitel 4. A. II. 2. a) dieser Arbeit.

1255 *Stadie*, in: Rau/Dürrwächter, UStG, Einführung, Anm. 143 f.; *Englisch*, in: Tipke/Lang, Steuerrecht[24], § 17 Rz. 11; *Wernsmann*, in: HHSp., § 4 AO Rz. 488.

1256 *Stadie*, in: Rau/Dürrwächter, UStG, Einführung, Anm. 90.

Charakter einer Steuer ist jedoch essentiell für ihre Auslegung und ihre systemgerechte Ausgestaltung.[1257]

Die Umsatzsteuer könnte als Verbrauchsteuer oder als Verkehrsteuer interpretiert werden. Verkehrsteuern knüpfen an Akte oder Rechtsgeschäfte an, d. h. ihre Entstehung wird durch rechtliche oder wirtschaftliche Geschäfte bzw. Vorgänge ausgelöst.[1258] Als Verbrauchsteuern hingegen gelten Steuern, die auf den Verbrauch oder Gebrauch einer Sache oder Dienstleistung sowie auf den Aufwand abstellen.[1259]

bb) Die Umsatzsteuer als Verkehrsteuer

Die Belastungstechnik der Allphasen-Netto-Umsatzsteuer mit Vorsteuerabzug entspricht einer Verkehrsteuer. Nach Art. 2 Abs. 1 MwStSystRL schuldet die Umsatzsteuer der Unternehmer, der gegen Entgelt Warenlieferungen oder Dienstleistungen ausführt. Voraussetzung für eine Leistung ist ein Leistungsaustausch, der wiederum mit Ausnahme einiger Sondertatbestände an die Ausführung eines Rechtsgeschäftes anknüpft.

§ 21 Abs. 1 UStG weist die Einfuhrumsatzsteuer explizit als Verbrauchsteuer im Sinne der Abgabenordnung aus. Weitergehende explizite Aussagen zur Umsatzsteuer allgemein sind dem UStG jedoch nicht zu entnehmen. Im Steuerverfahrensrecht finden sich nur wenige Hinweise auf eine materiell-rechtliche Einordnung der Umsatzsteuer:[1260] Aus der Anwendung der Festsetzungsfrist des § 169 Abs. 2 AO ist ableitbar, wie der BFH die Umsatzsteuer im Steuerverfahrensrecht verstanden wissen möchte.[1261] Für Zwecke der Steuererhebung wird die Umsatzsteuer mithin nicht als Verbrauchsteuer qualifiziert, weswegen die vierjährige Festsetzungsfrist des § 169 Abs. 2 Nr. 2 AO gilt und die vereinfachte Änderungsmöglichkeit des § 172 Abs. 1 Nr. 1 AO keine Anwendung findet.

Die Einfuhrumsatzsteuer ist hingegen auch in erhebungstechnischer Sicht eine Verbrauchsteuer. Für sie finden die einjährige Festsetzungsfrist nach § 169 Abs. 2 Nr. 1 AO sowie die vereinfachte Aufhebungs- und Änderungsmöglichkeit

---

1257 *Englisch*, in: Tipke/Lang[23], Steuerrecht, § 17 Rz. 22; *Stadie*, in: Rau/Dürrwächter, UStG, Einführung, Anm. 90; *ders.*, in: Das Rechts des Vorsteuerabzugs, 3; *Söhn*, StuW 1975, 1 (2 f.); *Tipke*, UR 1972, 2.

1258 *Seer*, in: Tipke/Lang, Steuerrecht[24], § 2 Rz. 49.

1259 *Seer*, in: Tipke/Lang, Steuerrecht[24], § 2 Rz. 47.

1260 Mit den nachfolgenden Beispielen *Englisch*, in: Tipke/Lang, Steuerrecht[24], § 17 Rz. 21.

1261 *Ehrke-Rabel*, in: FS für den BFH 2018, 1529 (1539 f.).

für Verbrauchsteuern nach § 172 Abs. 1 Nr. 1 AO Anwendung. § 221 AO spricht sich sprachlich eindeutig klar für ein Nebeneinander von Verbrauchsteuern und der Umsatzsteuer aus. Im Ergebnis ist aus den verfahrensrechtlichen Vorschriften abzuleiten, dass die Umsatzsteuer keine Verbrauchsteuer ist, während die Einfuhrumsatzsteuer explizit als Verbrauchsteuer definiert wird.

Der Verkehrsteuercharakter der Umsatzsteuer im Verfahrensrecht kann damit erklärt werden, dass die Verfahrensvorschriften auf die Erhebungstechnik abstellen.[1262] So kommt es für den BFH hinsichtlich der Einteilung der Umsatzsteuer im Verfahrensrecht „auch heute noch nicht so sehr auf die Beantwortung der Frage [an], warum letztlich ein bestimmter Sachverhalt besteuert wird, sondern darauf, wie diese Besteuerung nach den einschlägigen gesetzlichen Vorschriften durchgeführt wird".[1263] Dies deckt sich mit den historischen Erwägungen *Enno Beckers*[1264], nach denen verfahrensrechtliche Unterschiede aus Gründen der Steueraufsicht geboten waren.[1265] Die Umsatzsteuer als Veranlagungsteuer konnte daher von Zöllen und sonstigen Verbrauchsteuern, für die kein eingehendes Veranlagungsverfahren vorgesehen war, verwaltungsmäßig abweichend behandelt werden.[1266] Davon losgelöst gelten die Bestimmungen der Abgabenordnung nur so weit ihr Anwendungsbereich reicht. Weitergehende Folgen für die materielle Charakterisierung der Umsatzsteuer sind aus den Verfahrensbestimmungen nicht zu ziehen.[1267]

Verfassungsrechtlich ist die Umsatzsteuer in Art. 106 Abs. 3 GG verankert. Art. 106 Abs. 2 Nr. 3 GG verweist dabei auf in Art. 106 Abs. 3 GG genannte Verkehrsteuern. Da in Art. 106 Abs. 3 GG neben der Umsatzsteuer lediglich die unstrittig nicht als Verkehrsteuer zu interpretierende Einkommensteuer und Körperschaftsteuer genannt sind, ergibt der Verweis in Art. 106 Abs. 2 Nr. 3 GG nur dann einen Sinn, wenn das Grundgesetz die Umsatzsteuer als Verkehrsteuer interpretiert. Ein entsprechender Verweis in Art. 106 Abs. 1 Nr. 2 GG lässt die Umsatzsteuer indes als Verbrauchsteuer erscheinen. Dies gilt nach dem Verständnis des Grundgesetzes jedoch lediglich für die Einfuhrumsatzsteuer, bei der es sich nach Art. 108 Abs. 1 GG um eine Verbrauchsteuer handelt.

1262 *Englisch*, in: Tipke/Lang, Steuerrecht[24], § 17 Rz. 21.

1263 BFH, Beschl. v. 16.10.1986, V B 64/86, BStBl. II 1987, 95, Rn. 15.

1264 Enno Becker verfasste die Reichsabgabenordnung, die zu einem wesentlichen Teil in die Abgabenordnung eingeflossen ist. Zu seinen wesentlichen Verdiensten siehe *Pausch*, DStZ 1980, 412.

1265 *Söhn*, StuW 1975, 1 (7).

1266 *Becker*, Reichsabgabenordnung, 1. Aufl. 1922, § 76 Anm. 2.

1267 *Stadie*, in: Rau/Dürrwächter, UStG, Einführung, Anm. 114.

Fraglich ist, ob die Charakterisierung der Umsatzsteuer im Grundgesetz weitergehende Schlüsse zulässt. Hiergegen spricht, dass Art. 106 GG die Aufteilung des Steueraufkommens regelt, wofür keine Notwendigkeit einer materiellen Einordnung einer Steuer besteht. Darüber hinaus ist Art. 106 GG „in besonderem Maße historisch geprägt“[1268]. Historisch betrachtet liegt daher nahe, dass das Grundgesetz die damalige verkehrsteuerliche Interpretation der Umsatzsteuer wertungsfrei übernommen hat.[1269] Für die Interpretation des Umsatzsteuergesetzes sollte im Ergebnis nicht auf die terminologischen Vorgaben des Grundgesetzes abgestellt werden.[1270]

cc) Die Umsatzsteuer als Verbrauchsteuer

Der Verbrauchsteuercharakter der Umsatzsteuer ist aus Art. 1 Abs. 2 UAbs. 1 MwStSystRL ableitbar, wonach explizit eine „Verbrauchsteuer“ zu erheben ist.[1271] Diese Definition gilt aufgrund der Umsetzungsverpflichtung unionsrechtlicher Richtlinien auch für die nationalen Umsatzsteuergesetze der Mitgliedstaaten.

Die materiell-rechtliche Ausgestaltung der Mehrwertsteuer als Verbrauchsteuer ist ferner dem für das gemeinsame Mehrwertsteuersystem elementaren Vorsteuerabzug zu entnehmen.[1272] Der Vorsteuerabzug neutralisiert die kumulative Steuerwirkung, indem die in den Vorstufenumsätzen enthaltene Umsatzsteuer jeweils von einer eigenen Umsatzsteuerschuld in Abzug gebracht wird. Die endgültige Besteuerung tritt *technisch* erst für den Verbraucher am Ende der Leistungskette ein, weil diesem kein Vorsteuerabzug zusteht. Der Vorsteuerabzug sorgt im Ergebnis *materiell* dafür, dass nicht der jeweilige Rechtsakt, sondern ausschließlich der Aufwand des Endverbrauchers besteuert wird.

In einem Allphasen-Netto-Umsatzsteuersystem mit Vorsteuerabzug ist die Steuerlast dementsprechend[1273] auf Überwälzung angelegt. Diese Überwälzbarkeit der vom Unternehmer geschuldeten Steuer ist ausweislich durch Art. 1 Abs. 2 MwStSystRL gesetzlich intendiert.[1274] Der materielle Charakter der

---

1268 *Seiler*, in: Maunz/Dürig, GG, Art. 106 Rn. 1.

1269 *Stadie*, in: Rau/Dürrwächter, UStG, Einführung, Anm. 109.

1270 *Stadie*, in: Rau/Dürrwächter, UStG, Einführung, Anm. 111.

1271 *Walden*, Die Umsatzsteuer als indirekte Verbrauchsteuer, 38.

1272 *Ehrke-Rabel*, in: FS für den BFH 2018, 1529 (1539); *Löhr*, Optionsrecht für Vermietungsumsätze, 101 ff.; *Stadie*, in: Rau/Dürrwächter, UStG, Einführung, Anm. 127 f.

1273 Für *Ehrke-Rabel*, in: FS für den BFH 2018, 1529 (1539), ist die Abwälzung auf den Endverbraucher im Gegnesatz zu einer Verkehrsteuer typisch für eine Verbrauchsteuer.

1274 *Stadie*, in: Rau/Dürrwächter, UStG, Einführung, Anm. 132.

Umsatzsteuer als Verbrauchsteuer geht jedoch nicht dadurch verloren, dass eine Überwälzung im Einzelfall nicht gelingt.[1275]

Letztlich zeigt sich der Verbrauchsteuercharakter der Umsatzsteuer in einer Vielzahl von Normen, die nicht an Verkehrsakte, sondern an Realakte anknüpfen.[1276] So liegt etwa der Entnahmebesteuerung, den Verbringenstatbeständen, der Einfuhr sowie der Berichtigung des Vorsteuerabzugs kein Leistungsaustausch zugrunde. Diese Vorgaben dienen vielmehr der verbrauchsteuerkonformen Sicherstellung einer Besteuerung des Endverbrauchs.[1277]

Dieses Verständnis der Mehrwertsteuer wird untermauert von dem in Art. 401 MwStSystRL verankerten Verbot wesensgleicher Steuern, Abgaben und Gebühren. Zur Feststellung, ob eine mitgliedstaatliche Steuer, Abgabe oder Gebühr der Umsatzsteuer gleicht, wird sie zunächst charakterisiert. Hierzu greift der EuGH auf folgende Merkmale zurück:

- „allgemeine Geltung der Steuer für alle sich auf Gegenstände und Dienstleistungen beziehenden Geschäfte;
- Festsetzung ihrer Höhe proportional zum Preis, den der Steuerpflichtige als Gegenleistung für die Gegenstände und Dienstleistungen erhält;
- Erhebung der Steuer auf jeder Produktions- und Vertriebsstufe einschließlich der Einzelhandelsstufe, ungeachtet der Zahl der vorher bewirkten Umsätze;
- Abzug der auf den vorhergehenden Stufen bereits entrichteten Beträge von der vom Steuerpflichtigen geschuldeten Steuer, so daß sich die Steuer auf einer bestimmten Stufe nur auf den auf dieser Stufe vorhandenen Mehrwert bezieht und die Belastung letztlich vom Verbraucher getragen wird“.[1278]

Insbesondere das letzte Merkmal belegt die Charakterisierung der Umsatzsteuer als Verbrauchsteuer. Zudem wird die Funktion des Vorsteuerabzuges zur Sicherstellung der ausschließlichen Belastung des Verbrauchers hervorgehoben. Dies gilt ungeachtet der Tatsache, dass der EuGH in der tatsächlichen Vergleichsprüfung nicht die materiellen Belastungsgründe der in Rede stehenden Steuern berücksichtigt. Dies lässt Art. 401 MwStSystRL in der Praxis weitgehend leerlaufen und hat zu berechtigter Kritik am Gericht geführt.[1279]

1275 *Reiß*, DStJG 13 (1990), 3 (22); *Stadie,* in: Rau/Dürrwächter, UStG, Einführung, Anm. 132.

1276 *Englisch,* in: Tipke/Lang, Steuerrecht^{24}, § 17 Rz. 20; *Söhn*, StuW 1976, 1 (25).

1277 *Stadie,* in: Rau/Dürrwächter, UStG, Einführung, Anm. 133 ff.

1278 Vgl. nur EuGH, Urt. v. 08.06.1999, Rs. C-338/97 u. a., *Pelzl u. a.*, Slg. 1999, I-3319, Rn. 21; die Aufzählungszeichen wurden nur hier zur besseren Übersicht eingefügt.

1279 *Seer*, ZfZ 2013, 146 (151); *Widmann*, UR 2013, 15 (23).

Die Verbrauchsteuereigenschaft ergibt sich ferner auch aus der nationalen Geschichte der Umsatzsteuer. Bereits das UStG 1918 zielte auf eine Überwälzung der Steuer bis zum letzten Abnehmer, dem Verbraucher, der dann mit der Steuer belastet werden sollte.[1280] Die Gesetzesmaterialien zum UStG 1919[1281] sowie zum UStG 1934[1282] verdeutlichen den gesetzgeberischen Willen, die Umsatzsteuer als Verbrauchsteuer einzusetzen. Letztlich enthielt auch die Begründung zum Regierungsentwurf der Allphasen-Netto-Umsatzbesteuerung mit Vorsteuerabzug von 1963 die Zielvorgabe der „Besteuerung des Verbrauchs".[1283] Es sind keine Hinweise ersichtlich, dass der Gesetzgeber von der ursprünglichen Konzeption der Umsatzsteuer abzuweichen gewillt war oder ist.[1284]

Neben dem EuGH, der die Umsatzsteuer stets als Verbrauchsteuer interpretierte,[1285] verstehen mittlerweile auch der BFH und das Bundesverfassungsgericht die Umsatzsteuer als Verbrauchsteuer.[1286] Das Bundesverfassungsgericht stellte in früherer Rechtsprechung zumeist auf die Gesetzestechnik ab.[1287] Der BFH hingegen rekurrierte auf ein Verständnis, wonach sich die Wirtschaftskraft des Unternehmers darin äußere, dass seine Waren und Dienstleistungen am Markt abgerufen würden.[1288] Infolgedessen interpretierte er die Umsatzsteuer als Verkehrsteuer. Im Übrigen sprach er der Umsatzsteuer einen tieferen Sinn als den des Fiskalzwecks ab.[1289] Das Bundesverfassungsgericht stellt nunmehr als Anwendungsmaßstab für den Gleichheitssatz auf die intendierte Belastung des Endverbrauchers und den damit einhergehenden Verbrauchsteuercharakter der Umsatzsteuer ab.[1290] Der BFH bedient sich mittlerweile ebenfalls einer

---

1280 RT-Drucks. 1914/18, Nr. 1461, 16.

1281 Die Umsatzsteuer sei trotz ihrer verkehrsteuerlichen Erscheinung „zweifellos" eine Verbrauchsteuer. Diese Aussage der Regierungsbegründung zum UStG 1919 findet sich bei *Popitz*, UStG 1928, 187 f.

1282 Die Gesetzesbegründung spricht vom „Wesen der Umsatzsteuer als der allgemeinen Verbrauchsteuer des Reiches", RStBl. 1934, 1549, dort Anlage 1.

1283 Regierungsentwurf v. 30.10.1963, BT-Drucks. IV/1590, A.III.1.

1284 *Walden*, Die Umsatzsteuer als indirekte Verbrauchsteuer, 47.

1285 Vgl. nur EuGH, Urt. v. 21.02.2008, Rs. C-271/06, *Netto Supermarkt*, Slg. 2008, I-771, Rn. 21.

1286 Siehe hierzu sowie im Folgenden *Stadie*, in: Rau/Dürrwächter, UStG, Einführung, Anm. 97 ff.

1287 BVerfG, Urt. v. 05.03.1974, 1 BvR 712/68, BVerfGE 36, 321 (333).

1288 Vgl. nur BFH v. 25.09.1953, V 68/53 S, BStBl. III 1953, 332 (334).

1289 BFH, Beschl. v. 08.11.1972, II B 24/72, BStBl. II 1973, 94 (96).

1290 BVerfG, Beschl. v. 29.10.1999, 2 BvR 1264/90, BVerfGE 101, 132 (139).

Interpretation, wonach er „aus dem materiellen Charakter der Umsatzsteuer als Endverbrauchssteuer“[1291] Schlüsse zur Auslegung umsatzsteuerlicher Vorschriften zieht.[1292]

dd) Einschätzung

Die Ausgestaltung der Besteuerungstatbestände im Sinne einer Verkehrsteuer kann nicht auf den materiell-rechtlichen Gehalt der Umsatzsteuer durchschlagen. Die Steuertechnik darf nicht in einer Weise interpretiert werden, dass sie stets das Steuergut identifiziert.[1293] Selbst eine „normative Namensnennung“ beschränkt sich auf die rein verfahrensrechtliche Zuordnung.[1294] Für eine systemgerechte Interpretation der Umsatzsteuer sollte als Interpretationsmaßstab auf das Steuergut abgestellt werden.[1295] Materiell wird die Mehrwertsteuer durch den Vorsteuerabzug verbrauchsteuerrechtlich geprägt. Als Steuergut wird demzufolge die im Konsum des Verbrauchers erscheinende Leistungsfähigkeit identifiziert. Die verkehrsteuertechnische Ausgestaltung bewirkt jedoch, dass es sich bei der Umsatzsteuer um eine *indirekte* Verbrauchsteuer handelt, weil das Steuergut und das Steuerobjekt auseinanderfallen. Unverändert gilt jedoch auch bei einer indirekten Steuererhebung die gesetzgeberische Belastungsgrundentscheidung und dementsprechend das Leistungsfähigkeitsprinzip fort.[1296]

Gegen eine Ableitung des Verkehrsteuercharakters der Umsatzsteuer aus der Steuertechnik lässt sich ferner vorbringen, dass ein und dasselbe Steuergut durch eine Vielzahl von unterschiedlichen Steuertechniken besteuert werden könnte. Das geltende Netto-Umsatzsteuersystem könnte auch technisch anders ausgestaltet werden und dennoch unverändert die Konsumleistungsfähigkeit des Verbrauchers besteuern. Es erscheint daher widersinnig, aufgrund der technischen Ausgestaltung des geltenden Systems Rückschlüsse auf den Charakter der Umsatzsteuer zu ziehen.[1297] Die Verkehrsteuertechnik dient der reinen

---

1291 BFH, Urt. v. 12.01.2006, V R 3/04, BStBl. II 2006, 479, II.1.a.

1292 BFH, Urt. v. 22.07.2010, V R 4/09, BStBl. II 2013, 590, Rn. 39; v. 12.01.2006, V R 3/04, BStBl. II 2006, 479.

1293 Nach *Tipke* „vermengen“ Steuerjuristen bisweilen Steuertechnik und Steuergut, in: Steuerrecht. Ein systematischer Grundriss[11], 146. Im Ergebnis identisch für eine Unterscheidung zwischen Belastungsgrund und Erhebungstechnik *Englisch,* in: Tipke/Lang, Steuerrecht[24], § 17 Rz. 22; *Söhn*, StuW 1975, 1 (8); *Schaumburg*, in: FS Reiß, 25 (33).

1294 *Söhn*, StuW 1975, 1 (16 f.).

1295 *Walden*, Die Umsatzsteuer als indirekte Verbrauchsteuer, 42.

1296 *Walden*, Die Umsatzsteuer als indirekte Verbrauchsteuer, 42.

1297 *Walden*, Die Umsatzsteuer als indirekte Verbrauchsteuer, 42.

Praktikabilität der Steuererhebung.[1298] Eine wirksame Steuerkontrolle wäre im Wege einer direkten Umsatzbesteuerung unmöglich zu realisieren.[1299]

Im Ergebnis versteht mittlerweile richtigerweise die überwiegende Mehrheit der Literatur die Umsatzsteuer als Verbrauchsteuer.[1300]

III. Schlussfolgerungen für das Umsatzsteuerrecht

1. Leistungsfähigkeitsprinzip

Die Geltung des nationalen Leistungsfähigkeitsprinzips in der deutschen Umsatzsteuer ist bereits thematisiert worden.[1301] Des Weiteren wurde herausgearbeitet, dass sich das europäische Mehrwertsteuersystem am Leistungsfähigkeitsprinzip orientieren muss.[1302] Es stellt sich daher nun die Frage der Konkretisierung dieser Vorgaben im Mehrwertsteuerrecht. Hierfür sind die Pflichten aus dem Leistungsfähigkeitsprinzip zunächst zu unterteilen in explizite und implizite Vorgaben. Nach den Vorgaben, die *expressis verbis* Eingang in die Charta gefunden haben, sind Güter, die zur Befriedigung der materiellen Bedürfnisse des Existenzminimums unabdingbar sind, von der Umsatzsteuer

---

1298 *Englisch*, in: FS für den BFH 2018, 1491 (1492); *ders.*, in: Tipke/Lang, Steuerrecht[24], § 17 Rz. 12; *Reiß*, DStJG 13 (1990), 3 (20); *Löhr*, Optionsrecht für Vermietungsumsätze, 271 ff.; *Heidemann*, Umsatzsteuerbefreiungen für Finanzdienstleistungen, 24; *Nieskens*, in: FS Reiß, 45 (46 f.); *Stadie*, in: Rau/Dürrwächter, UStG, Einführung, Anm. 142.

1299 *Söhn*, StuW 1975, 1 (3, 17).

1300 *Tipke*, in: StRO I[2], 968; *ders.*, UR 1972, 2; *Stadie*, in: Rau/Dürrwächter, UStG, Einführung, Anm. 90 ff.; *ders.*, Das Recht des Vorsteuerabzugs, 1 f.; *ders.*, in: UStG, Vorbemerkungen, Rz. 17; *Walden*, Die Umsatzsteuer als indirekte Verbrauchsteuer, 39 ff.; *Löhr*, Optionsrecht für Vermietungsumsätze, 100 f., 132; *Tehler*, Die Umsatzsteuer als angewandte Verkehr- und/oder Verbrauchsteuer, 37 ff.; *Ruppe/Achatz*, UStG, Einf. Tz. 35 ff.; *Lippross*, Umsatzsteuer, 57 f.; *Reiß*, DStJG 13 (1990), 3 (13); *ders.*, DStJG 32 (2009), 9 (11 ff.); *ders.*, in: FS Tipke, 433 (434); *Tumpel*, DStJG 32 (2009), 52 (64); *Widmann*, DStJG 32 (2009), 103 (108); *Englisch*, DStJG 32 (2009), 128, 165 (169 ff.), 274 ; *ders.*, in: Tipke/Lang, Steuerrecht[24], § 17 Rz. 10; *ders.*, in: W. Schön/K. Beck, Zukunftsfragen, 39 (59); *Nieskens*, DStJG 32 (2009), 279 (283 ff.); *ders.*, in: FS Reiß, 45 (47); *Reimer*, DStJG 32 (2009), 325 (358); *Schaumburg*, in: FS Reiß, 25 (33); *Seer*, DStJG 32 (2009), 397; *Weiß, E.*, DStJG 7 (1984), 351 (374). Zu bis heute vertretenen Gegenauffassungen siehe zusammenfassend *Stadie*, in: Rau/Dürrwächter, UStG, Einführung, Anm. 98.

1301 Vgl. die Ausführungen in Kapitel 2. D. I. 3. dieser Arbeit.

1302 Vgl. die Ausführungen in Kapitel 2. D. II. 3. dieser Arbeit.

zu entlasten. Hierzu zählen vor allem Nahrung, Wohnraum und die ärztliche Versorgung.[1303] Da die Verschonung des Existenzminimums typisierend erfolgt, steht die gegenwärtige Gemengelage aus Steuerbefreiungen und Steuerermäßigungen in der Kritik.[1304]

Das europäische Leistungsfähigkeitsprinzip wirkt implizit auf die bereichsspezifische Ausgestaltung des allgemeinen Gleichheitssatzes ein. Die Umsatzsteuer greift als Indikator der Leistungsfähigkeit auf die im Konsum zum Ausdruck kommende wirtschaftliche Leistungsfähigkeit zurück, die in der Verwendung des erwirtschafteten Einkommens besteht.[1305] Gleichzeitig gebietet der allgemeine Gleichheitssatz ein Gleichbehandlungs- und Differenzierungsgebot, je nach gleicher oder ungleicher Leistungsfähigkeit. Daraus folgt, dass der allgemeine Gleichheitssatz seine ihm innewohnenden Gebote nur verwirklichen kann, wenn tatsächlich *ausschließlich* der Konsumaufwand des Verbrauchers als intendiertem Steuerträger belastet wird.[1306]

Der Unterschied zwischen einem Leistungsbezug in Zusammenhang mit einer wirtschaftlichen Aktivität und einem Endverbrauch liegt darin, dass im Rahmen einer wirtschaftlichen Aktivität der Leistungsbezug in die Wertschöpfung einer anderen Leistung bzw. eines anderen Gutes eingeht.[1307] Für das Einfließen in eine Wertschöpfung ist die Entgeltlichkeit der Leistung unerheblich.[1308] So geht etwa ein unentgeltlich überlassener Gegenstand zur Förderung der wirtschaftlichen Aktivität des Begünstigten in dessen Wertschöpfung ein.

Der Gleichheitssatz weist an, dass vergleichbare Leistungen gleich besteuert werden. Dies führt zwangsläufig zu einem Gleichbehandlungsgebot für konkurrierende Unternehmen. Eine derartige Gleichbehandlung alleine der Unternehmer vermag jedoch keine Steuergerechtigkeit und keine Besteuerung nach der Leistungsfähigkeit zu vermitteln. Denn die Unternehmer sind im Mehrwertsteuersystem keine Steuerträger, deren Leistungsfähigkeit den Grad der

---

1303 *Tipke*, in: StRO II², 1000 ff.

1304 *Englisch*, Wettbewerbsgleichheit im grenzüberschreitenden Handel, 599 ff.; *Tipke*, in: StRO II², 1000 ff.

1305 *Stadie,* in: Rau/Dürrwächter, UStG, Einführung, Anm. 143 f.; *Englisch,* in: Tipke/Lang, Steuerrecht²⁴, § 17 Rz. 11; *Wernsmann,* in: HHSp., § 4 AO Rz. 488.

1306 Hierzu sowie im Folgenden *Zirkl*, Neutralität der USt, 40 f.; siehe ferner *Löhr*, Optionsrecht für Vermietungsumsätze, 251 ff.

1307 *Löhr*, Optionsrecht für Vermietungsumsätze, 259; *Krieger*, Unechte Umsatzsteuerbefreiung im Unionsrecht, 324, 359 f.; *Englisch*, Wettbewerbsgleichheit im grenzüberschreitenden Handel, 591.

1308 *Pull/Streit*, MwStR 2018, 108.

steuerlichen Belastung bestimmt. Um gleich leistungsfähige Steuerträger gleich zu belasten, muss das *tertium comparationis* aus der Perspektive des intendierten Steuerträgers – des Verbrauchers – ermittelt werden.[1309]

Des Weiteren fordert das Leistungsfähigkeitsprinzip eine Ausgestaltung des Mehrwertsteuerrechts dergestalt, dass gleich Leistungsfähige in gleicher Höhe mit Umsatzsteuer belastet werden.[1310] Persönliche Konsumpräferenzen dürfen keine Auswirkung auf die individuelle Belastung mit Umsatzsteuer haben. Dies ist insbesondere bei der Ausgestaltung von Umsatzsteuerbefreiungen und Steuersatzermäßigungen zu berücksichtigen.[1311]

Um in einem Allphasen-Netto-Umsatzsteuersystem eine dem Leistungsfähigkeitsprinzip entsprechende Konsumbelastung des Endverbrauchers zu erreichen, müssen notwendigerweise alle Vorbelastungen auf davorliegenden Produktions- und Handelsstufen entfallen. Dafür muss das Mehrwertsteuersystem als Nettosystem ausgestaltet sein. Denn nur wenn die Anzahl der Zwischenumsätze keinen Einfluss auf die Konsumbelastung mit Umsatzsteuer hat, kann die nach dem Leistungsfähigkeitsprinzip korrekte Bemessungsgrundlage besteuert werden. Eine kumulative Bruttosteuer würde dem zuwiderlaufen, weil sich die Bemessungsgrundlage mit steigender Anzahl von Vorstufenumsätzen erhöhen würde. Im System der Mehrwertsteuer wird insoweit von der inneren Neutralität gesprochen.[1312] Diese erfordert eine Gleichbehandlung von miteinander im Wettbewerb stehenden Waren und Dienstleistungen hinsichtlich der Mehrwertsteuerbelastung. Diese angestrebte Belastungsgleichheit spiegelt sich in der vollständigen Entlastung der Unternehmer wider. Für die Umsatzsteuerschuld aufgrund eigener Leistungen soll im Wege der Überwälzung auf den Kunden eine Entlastung stattfinden. Hinsichtlich der in den empfangenen Leistungen enthaltenen Umsatzsteuer erfolgt die Entlastung über den Vorsteuerabzug. So soll im Ergebnis „Neutralität hinsichtlich der steuerlichen Belastung

---

1309 *Englisch,* in: W. Schön/K. Beck, Zukunftsfragen, 39 (59); *ders.*, in: Tipke/Lang[23], Steuerrecht, § 17 Rz. 25; *Lang*, J., Die Bemessungsgrundlage der Einkommensteuer, 110; *Löhr*, Optionsrecht für Vermietungsumsätze, 242.

1310 *Englisch*, in: Weber, D., Traditional and Alternative Routes to European Tax Integration, 231 (246 f.).

1311 Am Beispiel ärztlicher Heilbehandlungen und dem Kauf von Schnittblumen erläuternd *Englisch,* in: W. Schön/K. Beck, Zukunftsfragen, 39 (62); *ders.*, DStJG 32 (2009), 128; *Krieger*, Unechte Umsatzsteuerbefreiung im Unionsrecht, 347 f.

1312 *Terra/Kajus*, A Guide to the European VAT Directives, 301 ff.

aller wirtschaftlichen Tätigkeiten unabhängig von ihrem Zweck und ihrem Ergebnis“[1313] gewährleistet werden.

Des Weiteren ist aus dem Leistungsfähigkeitsprinzip das Bestimmungslandprinzip abzuleiten. Der Grenzübertritt der Waren und Dienstleistungen darf keinen Einfluss auf die Bemessungsgrundlage haben, weil sonst bei gleicher Leistungsfähigkeit unterschiedliche Bemessungsgrundlagen in Abhängigkeit von der Waren- und Dienstleistungsherkunft besteuert würden. Das System der Umsatzsteuer spricht insofern von der äußeren Neutralität.[1314] Die äußere Neutralität im Mehrwertsteuerrecht wird gewahrt, sofern die Grenzüberschreitung einer Ware oder einer Dienstleistung die Steuerlast unberührt lässt.[1315] Dies wird im Wesentlichen durch die Verwirklichung des Bestimmungslandprinzips erreicht. Bei Warenlieferungen geschieht dies technisch durch die Freistellung des Grenzübertritts und die Besteuerung des innergemeinschaftlichen Erwerbs im Bestimmungsland sowie durch die Exportfreistellung und Importbesteuerung. Im Dienstleistungsverkehr wird die äußere Neutralität durch die harmonisierten Ortsregelungen gewahrt, wonach eine Doppelbesteuerung im Ursprungs- und im Bestimmungsland ausgeschlossen werden soll.[1316]

Im Ergebnis ist die Union gemäß Art. 51 Abs. 1 Satz 1 GrCh verpflichtet, die Vorgaben der Mehrwertsteuer-Systemrichtlinie dem europäischen Leistungsfähigkeitsprinzip entsprechen zu lassen und das System der inneren und äußeren Neutralität der Umsatzsteuer zu respektieren. Gleiches gilt für die Mitgliedstaaten, sofern sie Unionsrecht durchführen.[1317]

2. *Historischer und materieller Hintergrund*

Die Geschichte der Umsatzsteuer zeigt auf, dass gleichzeitig mit der Feststellung der Unvereinbarkeit der Brutto-Allphasen-Umsatzsteuer mit dem allgemeinen Gleichheitsrecht durch das Bundesverfassungsgericht auf europäischer Ebene mithilfe der Ersten und Zweiten Mehrwertsteuer-Systemrichtlinie der Weg für

---

1313 *Tumpel*, in: Achatz/Tumpel, Entwicklung und Zukunft der Mehrwertsteuer, 137 (143) m. w. N. zur inneren Neutralität.

1314 *Tumpel*, DStJG 32 (2009), 52 (65); *Terra/Kajus*, A Guide to the European VAT Directives, 303.

1315 *Terra/Kajus*, A Guide to the European VAT Directives, 303 f.; *Reiß*, in: FS Tipke, 433 (441 f.).

1316 *Tumpel*, DStJG 32 (2009), 52 (65); *ders.*, in: Achatz/Tumpel, Entwicklung und Zukunft der Mehrwertsteuer, 137 (143 f.).

1317 Vgl. die Ausführungen in Kapitel 2. B. II. dieser Arbeit.

ein gemeinsames Mehrwertsteuersystem geebnet wurde. Da die Allphasen-Netto-Umsatzsteuer mit Vorsteuerabzug explizit in Umsetzung der europäischen Richtlinienbestimmungen eingeführt wurde, sind für eine historische Auslegung mehrwertsteuerlicher Normen die Beweggründe für die Einführung des gemeinsamen Mehrwertsteuersystems von Bedeutung.

Demnach geht bereits aus einer Stellungnahme der Europäischen Kommission zum gemeinsamen Mehrwertsteuersystem aus dem Jahr 1964 die Sicherung der „Wettbewerbsneutralität" als das elementare Ziel der Harmonisierung hervor.[1318] Diese Zielsetzung fand Eingang in die Mehrwertsteuer-Systemrichtlinien, wie sich in den die Artikel materiell anleitenden Erwägungsgründen der Richtlinien zeigt. Insbesondere der achte Erwägungsgrund der Ersten Mehrwertsteuer-Systemrichtlinie kann diesbezüglich herangezogen werden:[1319]

> (8) Die Ersetzung der in den meisten Mitgliedstaaten geltenden kumulativen Mehrphasensteuersysteme durch das gemeinsame Mehrwertsteuersystem muß, selbst wenn die Sätze und Befreiungen nicht gleichzeitig harmonisiert werden, eine Wettbewerbsneutralität in dem Sinne bewirken, daß gleichartige Waren innerhalb der einzelnen Länder ungeachtet der Länge des Produktions- und Vertriebswegs steuerlich gleich belastet werden und daß im grenzüberschreitenden Handelsverkehr die steuerliche Belastung der Waren bekannt ist, damit ein genauer Ausgleich dieser Belastung vorgenommen werden kann; in einer ersten Stufe ist deshalb die Annahme eines gemeinsamen Mehrwertsteuersystems durch alle Mitgliedstaaten vorzusehen, ohne jedoch eine gleichzeitige Harmonisierung der Steuersätze und -befreiungen vorzuschreiben.

Der achte Erwägungsgrund der Ersten Mehrwertsteuer-Systemrichtlinie umfasst sowohl die innere als auch die äußere Neutralität der Mehrwertsteuer. Da in den Folgerichtlinien lediglich weitere Harmonisierungsbestrebungen und Vereinfachungen verarbeitet worden sind[1320], ist die Wettbewerbsneutralität sowohl innerhalb der einzelnen Mitgliedstaaten als auch im grenzüberschreitenden Dienstleistungs- und Warenverkehr unverändert das maßgebliche Ziel des gemeinsamen Mehrwertsteuersystems. Daher gilt es dies bei der Ausgestaltung umsatzsteuerlicher Normen sowie bei deren Auslegung zu beachten.

1318 Stellungnahme der Europäischen Kommission zum gemeinsamen Mehrwertsteuersystem v. 03.06.1964, ABl. EG 1964, 1800.

1319 Erste Richtlinie 67/227/EWG v. 11.04.1967 zur Harmonisierung der Rechtsvorschriften der Mitgliedstaaten über die Umsatzsteuer, ABl. EG Nr. P 71/1967, 1301 (1302).

1320 Vgl. hierzu die Ausführungen in Kapitel 4. A. II. 1. c) dieser Arbeit.

3. *Charakter einer indirekten Verbrauchsteuer*

a) *Konsumbelastung*

Aus der Belastungsgrundentscheidung, die im Verbrauch bzw. im Konsum erscheinende Leistungsfähigkeit des Verbrauchers zu erfassen, sind einige Schlussfolgerungen zu ziehen. *Verbrauch* darf zunächst nicht in einer Weise interpretiert werden, wonach der tatsächliche Verbrauch von Gütern oder Dienstleistungen belastet werden soll. Auch sich tatsächlich nicht verbrauchende Güter, wie etwa Grund und Boden oder materiell unverbrauchbare Wertanlagen wie Edelmetalle und Schmuck, müssen der Umsatzbesteuerung unterliegen.[1321]

Des Weiteren gebietet der allgemeine Verbrauchsteuercharakter die ausschließliche und einheitliche Gesamtbelastung des unterschiedlich konsumierenden Verbrauchers. Eine *allgemeine* Verbrauchsteuer muss konsumlastengleich ausgestaltet sein, so dass gleich leistungsfähige Steuerträger unabhängig von der konkreten Verwendung ihrer verfügbaren Mittel in gleicher Höhe mit Umsatzsteuer belastet sind. Es darf keinen Unterschied machen, ob der Verbraucher „für ärztliche Heilbehandlungen, für Finanzdienstleistungen, für Blumen oder für was auch immer“[1322] mit Umsatzsteuer belastet wird.[1323] Dies folgt gleichermaßen aus dem Leistungsfähigkeitsprinzip.[1324]

Aus dieser Konsumlastengleichheit ist zum einen abzuleiten, dass Unternehmer keinesfalls mit Umsatzsteuer belastet werden dürfen, weil andernfalls gleich Leistungsfähige durch die unterschiedliche Höhe der im Preis enthaltenen Vorstufenumsatzsteuer ungleich belastet werden. Zum anderen folgt daraus, dass Steuerbefreiungen keine Auswirkung auf die Höhe der im Preis enthaltenen, überwälzten Umsatzsteuer haben dürfen. Hierfür ist zunächst Grundvoraussetzung, dass sich Steuerbefreiungen ausschließlich zugunsten des Verbrauchers auswirken und auf Gemeinwohlzwecken basieren.[1325] Jegliche an die Person des Unternehmers geknüpfte Steuerbefreiung sowie Steuerbefreiungen, für die keine Notwendigkeit aufgrund des Sozialstaatsprinzips bzw. seines europarechtlichen Pendants besteht, verstoßen gegen den Verbrauchsteuergedanken. Derartige Steuerbefreiungen führen zu einer Konsumlastenungleichheit, weil die Höhe der Gesamtbelastung mit Umsatzsteuer davon abhängt, wofür oder mit wem der

---

1321 *Stadie*, in: Rau/Dürrwächter, UStG, Einführung, Anm. 143 ff.

1322 *Englisch*, DStJG 32 (2009), 128.

1323 *Söhn*, StuW 1975, 1 (3).

1324 Vgl. die Ausführungen in Kapitel 4. A. III. 1. dieser Arbeit.

1325 *Krieger*, Unechte Umsatzsteuerbefreiung im Unionsrecht, 207 f.

Verbraucher Umsätze tätigt. Ungeachtet dessen kann eine Rechtfertigung etwa durch Vereinfachungs- und Typisierungszwecke gegeben sein.[1326] Gleiches gilt für unechte Steuerbefreiungen. Durch die Steuerbefreiung entfällt der Vorsteuerabzug für Vorstufenumsätze. Dies bewirkt, dass die Umsatzsteuerbelastung der Vorstufe in den steuerbefreiten Ausgangsumsatz des Unternehmers inkludiert wird.[1327] Im Ergebnis wird der Verbraucher in Abhängigkeit von der Höhe der Vorstufenumsatzsteuer unterschiedlich hoch mit Umsatzsteuer belastet. Dies führt zugleich zu einem Wettbewerbsnachteil für nicht begünstigte Unternehmer.[1328] Eine systemgerechte, dem Verbrauchsteuercharakter der Umsatzsteuer entsprechende Verschonung des Steuerträgers für bestimmte Konsumaufwendungen würde voraussetzen, dass die Belastung einheitlich gänzlich entfällt.[1329]

b) Vorsteuerabzug

Funktion und Wirkungsweise des Vorsteuerabzugs als das „Herzstück"[1330] des geltenden Mehrwertsteuersystems wurden bereits analysiert.[1331] Es gilt den Einfluss sämtlicher Vorstufenumsätze auf die Besteuerung des Endverbrauchs zu vermeiden.

Die Garantie einer dem Wesensgehalt der Umsatzsteuer entsprechenden Entlastung aus Vorstufenumsätzen erfordert eine Reihe von materiellen und formellen Gegebenheiten. Materiell muss der Vorsteuerabzug jedermann unabhängig von seiner Ansässigkeit und seiner Rechtsform zustehen. Um nicht als allgemeiner Kostenbestandteil in kumulativer Wirkung weitergereicht zu werden oder den Unternehmer zu belasten, muss der Vorsteuerabzug sofort erfolgen und in voller Höhe gewährt werden. Aufgrund seiner Systemrelevanz muss er ferner materiell unabdingbar sein. Die Integrität des Vorsteuerabzugs darf daher nicht durch extensive formelle Anforderungen untergraben werden.

Des Weiteren ist durch formellen Gutglaubensschutz zu gewährleisten, dass der Vorsteuerabzug nicht nachträglich verwehrt wird, wenngleich die materiellen Voraussetzungen für einen Vorsteuerabzug nicht vorlagen. Freilich kann der

---

1326 *Englisch*, in: Weber, Traditional and Alternative Routes to European Tax Integration, 231 (248 f.).

1327 *Hey* sieht darin einen Verstoß gegen das Prinzip der Allphasen-Netto-Umsatzsteuer, in: StuW 2005, 317 (320).

1328 *Ruppe/Achatz*, UStG, Einf. Tz. 47; *Stadie*, UStG, Vorbemerkungen, Rz. 48.

1329 *Englisch*, DStJG 32 (2009), 274.

1330 *Englisch*, in: Tipke/Lang[23], Steuerrecht, § 17 Rz. 307.

1331 Vgl. die Ausführungen in Kapitel 4. A. II. 2. b) dieser Arbeit.

Unternehmer mit bloßer Rücksicht auf seine Gehilfenfunktion für die Staatskasse nicht von jeglicher Pflicht entbunden bzw. es kann nicht jegliches Versehen entschuldigt werden. Seine Funktion im Mehrwertsteuersystem gebietet jedoch eine angemessene Risikoverteilung zwischen ihm und dem von seiner Tätigkeit profitierenden Staat.

c) *Unternehmer*

Entsprechend seiner Funktion im Mehrwertsteuersystem muss eine endgültige Belastung des Unternehmers mit Umsatzsteuer ausgeschlossen sein.[1332] Die dem Unternehmer zugewiesene Steuerschuld „vernebelt“[1333] indes seine Funktion als Steuerabführer. Eine korrekte Verbrauchsbesteuerung kann nur dann erfolgen, wenn der Unternehmer den Vorsteuerabzug beanspruchen und die Umsatzsteuerschuld überwälzen kann. Wird dem Unternehmer hingegen der Vorsteuerabzug versagt oder kann er die Umsatzsteuer nicht überwälzen, ist er entgegen der materiellen Konzeption des Mehrwertsteuerrechts Steuerträger. Die Verbrauchsteuer mutiert sodann systemwidrig zur Unternehmersteuer.[1334]

Im Regelfall ist davon auszugehen, dass der Unternehmer die systemwidrige Steuerträgerschaft selbst zu Lasten seines Gewinnes hinnehmen muss.[1335] Die Bruttogegenleistung, d. h. der Gesamtbetrag inklusive Umsatzsteuer, bestimmt sich durch den am Markt erzielbaren Preis. Ist in diesem Preis ein „Zuviel“ an Umsatzsteuer enthalten, kann dieser Preisbestandteil nur zu Lasten des unternehmerischen Gewinns gehen. Andernfalls würde durch den überhöhten Preis der Ware oder Dienstleistung im Vergleich zu verbrauchsteuerlich optimalen Konkurrenzpreisen, d. h. ohne ein einkalkuliertes „Zuviel“ an Umsatzsteuer, überhaupt kein Umsatz zustande kommen, weil sich der Verbraucher für einen Umsatz mit einem anderen Unternehmer entscheiden würde.[1336] Im Ergebnis führen diese Konstellationen zu einem überschießenden Resultat. Denn die Umsatzbesteuerung zielt gerade nicht auf die wirtschaftliche Leistungsfähigkeit

---

1332 *Ehrke-Rabel*, in: FS für den BFH 2018, 1529 (1541); *Reiß*, DStJG 32 (2009), 9 (14); *Söhn*, StuW 1976, 1 (25).

1333 *Stadie*, in: Rau/Dürrwächter, UStG, Einführung, Anm. 197.

1334 *Tipke* spricht von einer auf misslungener Überwälzung basierenden „Unternehmersteuerlast“, in: FS Reiß, 9 (17).

1335 *Reiß*, DStJG 32 (2009), 9 (15).

1336 *Englisch*, Wettbewerbsgleichheit im grenzüberschreitenden Handel, 753.

des Unternehmers, der eine solche systemwidrige Belastung erträgt, sondern auf die wirtschaftliche Leistungsfähigkeit des Konsumenten ab.[1337]

Werden hingegen alle Unternehmer gleichmäßig verbrauchsteuerwidrig belastet, erhöht sich der am Markt erzielbare Preis entsprechend, weil alle Unternehmer „versteckt"[1338] ein „Zuviel" an Umsatzsteuer als Preisbestandteil durchsetzen können.[1339] In diesen Fällen werden die Unternehmer in ein Mehrwertsteuersystem integriert, das verbrauchsteuerwidrig kumulativ wirkt. Insofern handelt es sich nicht mehr um ein Allphasen-*Netto*-Umsatzsteuersystem, weil dem Unternehmer die Möglichkeit genommen wird, seinen eigenen Umsatz ohne mehrwertsteuerliche Vorbelastung der Umsatzsteuer zu unterwerfen. Er wird in diesen Fällen zu einer überschießenden Inkassofunktion verpflichtet und nimmt eine schlechtere Marktposition gegenüber solchen Unternehmern ein, die keine versteckte Umsatzsteuer überwälzen müssen. Denn die Gesamtheit aller Unternehmer befindet sich in einem Wettbewerb um eine von allen Konsumenten insgesamt zur Verfügung stehende Konsumkraft.[1340] Da die für den eigenen Umsatz abzuführende Mehrwertsteuer durch Vorbelastungen erhöht ist, entspricht die Umsatzsteuer zudem nicht der wirtschaftlichen Leistungsfähigkeit des Verbrauchers.[1341] Die Höhe der im Endpreis enthaltenen Umsatzsteuer wäre von der Anzahl der Kumulationen abhängig. Somit würde die Länge der Produktions- und Vertriebskette die Höhe der Umsatzsteuer beeinflussen. Dieses Ergebnis verstößt gegen das Gebot der Proportionalität.

In beiden Konstellationen ist die verbrauchsteuerliche Endverbrauchsbelastung und damit einhergehend die Wettbewerbsneutralität gestört. Bei der Ausgestaltung und Auslegung umsatzsteuerlicher Normen gilt es daher zu berücksichtigen, dass diese Folgen systemwidrig sind.

Der Funktion des Unternehmers als „Steuereinnehmer für Rechnung des Staates und im Interesse der Staatskasse"[1342] entsprechend muss der Unternehmer darüber hinaus vor übermäßigen Risiken bewahrt werden, um eine Steuerträgerschaft zu vermeiden.[1343] Hierzu zählen neben

---

1337 *Englisch*, Wettbewerbsgleichheit im grenzüberschreitenden Handel, 568 ff.; *Löhr*, Optionsrecht für Vermietungsumsätze, 258.

1338 *Englisch*, DStJG 32 (2009), 128; *Söhn* sieht als Folge der Versagung des Vorsteuerabzugs eine „(verdeckte) Weiterwälzung" der Umsatzsteuer, in: StuW 1976, 1 (26).

1339 *Söhn*, StuW 1976, 1 (26).

1340 *Krieger*, Unechte Umsatzsteuerbefreiung im Unionsrecht, 318 ff.

1341 *Englisch,* in: Tipke/Lang, Steuerrecht[24], § 17 Rz. 25; *Söhn*, StuW 1976, 1 (26).

1342 EuGH, Urt. v. 21.02.2008, Rs. C-271/06, *Netto Supermarkt*, Slg. 2008, I-787, Rn. 21; v. 20.10.1993, Rs. C-10/92, *Balocchi*, Slg. 1993, I-5105, Rn. 25.

1343 *Stadie,* in: Rau/Dürrwächter, UStG, Einführung, Anm. 143.

Vertrauensschutz[1344] auch verbindliche, unentgeltliche Auskunftsansprüche gegenüber der Finanzverwaltung[1345] als Steuergläubiger.

4. *Fazit: Maßstäbe für eine gerechte Umsatzsteuer*

Die Gerechtigkeit der Umsatzsteuer ist aus dem Leistungsfähigkeitsprinzip im Allgemeinen und dem Verbrauchsteuerprinzip im Speziellen abzuleiten. Da sich sowohl das Leistungsfähigkeitsprinzip als auch das Verbrauchsteuerprinzip auf den Verbraucher als intendierten Steuerträger der Umsatzsteuer fokussieren, ist es die Perspektive des Verbrauchers, die die Gerechtigkeitsfindung und damit die gleichheitsrechtliche Prüfung anleiten muss.[1346]

Wie die Untersuchung gezeigt hat, ist ausschließlich eine Belastung des *Konsumenten* mit dem Verbrauchsteuerprinzip vereinbar. Aus diesen Vorgaben folgt zwangsläufig die innere und äußere Neutralität der Umsatzsteuer. Das Verbrauchsteuerprinzip erfüllt daher *a priori* die Anforderungen des Binnenmarktes nach einer für die Unternehmer wettbewerbsneutralen Besteuerung mit Umsatzsteuer.[1347] Ein Verstoß gegen das Verbrauchsteuerprinzip würde auch eine nicht dem Leistungsfähigkeitsprinzip entsprechende Besteuerung implizieren *et vice versa*. Insofern entsprechen sich das Leistungsfähigkeitsprinzip und das Verbrauchsteuerprinzip auf dem Gebiet der Mehrwertsteuer. Im Ergebnis dient das Verbrauchsteuerprinzip somit als bereichsspezifisches Subprinzip des Leistungsfähigkeitsprinzips[1348] und damit als bereichsspezifische Ausgestaltung des allgemeinen Gleichheitssatzes auf dem Gebiet der Umsatzsteuer. Die historischen Erwägungsgründe des gemeinsamen Mehrwertsteuersystems unterstreichen dieses Ergebnis. Die Orientierung am Verbrauchsteuerprinzip ist damit als das Leistungsfähigkeitsprinzip wahrende und zugleich als systemgerechte Ausgestaltung der Belastungsgrundentscheidung zu würdigen.

1344 *Stadie,* in: Rau/Dürrwächter, UStG, Einführung, Anm. 220 f., 415.

1345 *Weber*, UR 2018, 752 (759); *Stadie,* in: Rau/Dürrwächter, UStG, Einführung, Anm. 210 ff.

1346 *Englisch,* in: W. Schön/K. Beck, Zukunftsfragen, 39 (59); *ders.*, in: Tipke/Lang[23], Steuerrecht, § 17 Rz. 25; *Lang, J.*, Die Bemessungsgrundlage der Einkommensteuer, 110; *Engler*, Steuerverfassungsrecht im Mehrebenensystem, 272; *Zirkl*, Neutralität der USt, 188 f.; *Löhr*, Optionsrecht für Vermietungsumsätze, 242; *Tipke*, StuW 1992, 103 (105).

1347 *Reiß*, DStJG 32 (2008), 3 (17); *ders.*, in: FS Tipke, 433 (440).

1348 *Englisch*, in: Weber, D., Traditional and Alternative Routes to European Tax Integration, 231 (246 f.); nach *Zirkl* besteht zwischen diesen Prinzipien sowie der Neutralität ein „wechselseitiges Abhängigkeitsverhältnis“, in: Neutralität der USt, 196.

B. Das Neutralitätsprinzip

I. Gegenwärtiges Verständnis

Sowohl die Mehrwertsteuer-Systemrichtlinien als auch der EuGH bemühen für die Auslegung der mehrwertsteuerlichen Vorschriften das *Neutralitätsprinzip* bzw. die *Wettbewerbsneutralität.* Der EuGH bezeichnet den Neutralitätsgrundsatz in ständiger Rechtsprechung als die bereichsspezifische Ausprägung des unionsrechtlichen Gleichbehandlungsgrundsatzes.[1349]

II. Vorgaben der Mehrwertsteuer-Systemrichtlinie

Von besonderer Bedeutung für die Interpretation der Vorgaben der Mehrwertsteuer-Systemrichtlinie sind die ihr voranstehenden Erwägungsgründe. Die in der Präambel genannten Grundsätze sollen die Richtlinienbestimmungen materiell anleiten. Sie eignen sich daher als Basis einer teleologischen Auslegung.

Die Folgerichtlinien zur Ersten und Zweiten Mehrwertsteuerrichtlinie sehen in ihrem Bestreben keine Abkehr, sondern eine Ausweitung der Harmonisierung vor. Aus diesem Grund werden nachfolgend ausschließlich die Erwägungsgründe der derzeit geltenden Mehrwertsteuer-Systemrichtlinie dargestellt.[1350] Sie können zugleich für eine historische Auslegung der Richtlinienbestimmungen herangezogen werden.

1349 EuGH, Urt. v. 05.10.2016, Rs. C-576/15, *Maya Marinova*, ECLI:EU:C:2016:740 = UR 2016, 925, Rn. 49; v. 05.03.2015, Rs. C-502/13, *KOM/Luxemburg*, ECLI:EU:C:2015:143 = UR 2015, 308, Rn. 50; v. 31.01.2013, Rs. C-643/11, *LVK-56*, ECLI:EU:C:2013:55 = UR 2013, 346, Rn. 55; v. 10.11.2011, Rs. 259/19, *The Rank Group*, Slg. 2011, I-10947, Rn. 32 ff.; v. 10.06.2010, Rs. C-262/08, *CopyGene*, Slg. 2010, I-5053, Rn. 64; v. 23.04.2009, Rs. C-460/07, *Puffer*, Slg. 2009, I-3251, Rn. 52 f.; v. 29.10.2009, Rs. C-174/08, *NCC Construction Danmark*, Slg. 2009, I-10567, Rn. 41 ff.; v. 10.04.2008, Rs. C-309/06, *Marks & Spencer*, Slg. 2008, I-2283, Rn. 49; v. 08.06.2006, Rs. C-106/05, *L.u.P.*, Slg. 2006, I-5123, Rn. 48; v. 27.04.2006, Rs. C-443/04 u. a., *Solleveld u. a.*, Slg. 2006, I-3617, Rn. 35; v. 04.05.2006, Rs. C-240/05, *Eurodental*, Slg. 2006, I-11479, Rn. 55; v. 26.05.2005, Rs. C-498/03, *Kingscrest Associates*, Slg. 2005, I-4427, Rn. 54 f.

1350 In diesem Sinne auch *Reiß*, DStJG 32 (2009), 9 (16) mit Bezug auf die Erwägungsgründe in den Präambeln der Vorgängerrichtlinien, bezogen auf die vierte und siebte Begründungserwägung der MwStSystRL. Ebenso *Englisch,* in: Tipke/Lang, Steuerrecht[24], § 17 Rz. 23, bezogen auf die vierte, fünfte und siebte Begründungserwägung der MwStSystRL; *ders.*, in: W. Schön/ K. Beck, Zukunftsfragen, 39 (57 f.).

Die vierte Begründungserwägung liefert Hintergrundmotive für die Harmonisierung im Allgemeinen:

> (4) Voraussetzung für die Verwirklichung des Ziels, einen Binnenmarkt zu schaffen ist, dass in den Mitgliedstaaten Rechtsvorschriften über die Umsatzsteuern angewandt werden, durch die die Wettbewerbsbedingungen nicht verfälscht und der freie Waren- und Dienstleistungsverkehr nicht behindert werden. Es ist daher erforderlich, eine Harmonisierung der Rechtsvorschriften über die Umsatzsteuern im Wege eines Mehrwertsteuersystems vorzunehmen, um soweit wie möglich die Faktoren auszuschalten, die geeignet sind, die Wettbewerbsbedingungen sowohl auf nationaler Ebene als auch auf Gemeinschaftsebene zu verfälschen.

Demnach liegt der Harmonisierung das Ziel eines unverfälschten Handels im Binnenmarkt zugrunde. Die Richtlinienvorgaben stehen damit unter der Prämisse, den Wettbewerb verfälschende Einflüsse auszuschalten. Vermeiden einzelne Richtlinienbestimmungen nicht die Unverfälschtheit des Wettbewerbs oder behindern sie gar den freien Waren- und Dienstleistungsverkehr, ist so weit wie möglich eine Auslegung im Sinne der vierten Begründungserwägung geboten.

Während der vierte Erwägungsgrund der Mehrwertsteuer-Systemrichtlinie einen unverfälschten Wettbewerb in und zwischen den Mitgliedstaaten *im Allgemeinen* vorsieht, konkretisiert die fünfte Erwägungsbegründung dieses Vorhaben. Der achte Erwägungsgrund der Ersten Mehrwertsteuer-Systemrichtlinie[1351] wurde bereits dargestellt.[1352] Er wurde im Kern unverändert als nun fünfte Begründungserwägung wie folgt übernommen:

> (5) Die größte Einfachheit und Neutralität eines Mehrwertsteuersystems wird erreicht, wenn die Steuer so allgemein wie möglich erhoben wird und wenn ihr Anwendungsbereich alle Produktions- und Vertriebsstufen sowie den Bereich der Dienstleistungen umfasst. Es liegt folglich im Interesse des Binnenmarktes und der Mitgliedstaaten, ein gemeinsames System anzunehmen, das auch auf den Einzelhandel Anwendung findet.

Der fünfte Erwägungsgrund erfasst die Ausgangsumsätze und enthält explizit die *Neutralität* als Maxime. Demzufolge soll die allgemeine Erhebung der Steuer im Wege eines Allphasen-Umsatzsteuersystems die Neutralität des Mehrwertsteuersystems fördern.

Die fünfte Begründungserwägung wird durch den siebten Erwägungsgrund wie folgt ergänzt:

1351 Erste Richtlinie 67/227/EWG v. 11.04.1967 zur Harmonisierung der Rechtsvorschriften der Mitgliedstaaten über die Umsatzsteuer, ABl. EG Nr. P 71/1967, 1301 (1302).

1352 Vgl. die Ausführungen in Kapitel 4. A. III. 2. dieser Arbeit.

(7) Das gemeinsame Mehrwertsteuersystem sollte, selbst wenn die Sätze und Befreiungen nicht völlig harmonisiert werden, eine Wettbewerbsneutralität in dem Sinne bewirken, dass gleichartige Gegenstände und Dienstleistungen innerhalb des Gebiets der einzelnen Mitgliedstaaten ungeachtet der Länge des Produktions- und Vertriebswegs steuerlich gleich belastet werden.

Demzufolge ist zur Herstellung von Wettbewerbsneutralität das aus der fünften Begründungserwägung abzuleitende Allphasen-Umsatzsteuersystem als Allphasen-*Netto*-Umsatzsteuersystem auszugestalten, um die Auswirkungen der Länge des Produktions- und Vertriebswegs auf die Höhe der Mehrwertsteuer zu vermeiden. Zugleich muss eine Entlastung der Vorstufenumsatzsteuer gewährt werden, um die Gleichheit der Belastung zu bewirken. Zur konkreten Ausgestaltung dieser Entlastung enthält der siebte Erwägungsgrund jedoch keine Aussage. Des Weiteren enthält dieser Erwägungsgrund ein allgemeines Gleichbehandlungsgebot, wonach gleichartige Gegenstände steuerlich gleich belastet werden sollen. Aus der anvisierten Allgemeinheit der Steuererhebung lässt sich darüber hinaus implizit ableiten, dass Abweichungen von diesem Grundsatz dem System widersprechen und daher eng auszulegen sind. Explizit hat dieser Gedanke Eingang in die 33. und 34. Begründungserwägung gefunden. Demnach können für bestimmte arbeitsintensive Dienstleistungen nach dem 33. Erwägungsgrund Ermäßigungen eingeführt werden, um der Schwarzarbeit vorzubeugen.[1353] In der Präambel heißt es jedoch unter Nummer 34 weiter:

(34) Eine derartige Ermäßigung des Steuersatzes könnte allerdings das reibungslose Funktionieren des Binnenmarktes und die Steuerneutralität gefährden. Daher sollte ein Verfahren zur Erteilung von Ermächtigungen [...] vorgesehen werden, [...] um die Auswirkungen der [...] ermäßigten Steuersätze einschätzen zu können, und der Anwendungsbereich einer solchen Maßnahme genau definiert werden, um zu gewährleisten, dass sie überprüfbar und begrenzt ist.

Steuerbefreiungen und Steuerermäßigungen stellen sich demnach aus Sicht des Richtliniengebers als Ausnahme dar, die zu einer Gefährdung der Steuerneutralität führt. Dies ist bei der Auslegung entsprechend zu berücksichtigen. Ausnahmebestimmungen sind aus diesem Grund eng auszulegen. Eine gleichartige Aussage enthielt bereits die Zweite Mehrwertsteuer-Systemrichtlinie mit ihrer vierten Begründungserwägung.

Der 30. Erwägungsgrund komplettiert das Mehrwertsteuersystem in formeller wie materieller Hinsicht wie folgt um den Vorsteuerabzug:

1353 Vgl. 33. Begründungserwägung zur MwStSystRL.

> (30) Um die Neutralität der Mehrwertsteuer zu erhalten, sollten die von den Mitgliedstaaten angewandten Steuersätze den normalen Abzug der Steuerbelastung der vorausgehenden Umsatzstufe ermöglichen.

Zum einen komplettiert die 30. Begründungserwägung das aus der fünften und siebten Begründungserwägung abgeleitete System der Allphasen-Netto-Umsatzsteuer in systematischer Hinsicht um den Vorsteuerabzug. Da im Singular von der „vorausgehenden Umsatzstufe“ gesprochen wird, ist der Vorsteuerabzug auf jeder Produktions- und Handelsstufe zu gewähren. In materieller Hinsicht erscheint der Vorsteuerabzug als Garant der Neutralität der Mehrwertsteuer auf der Eingangsseite. Aus der Formulierung „zu erhalten“ ist zu schließen, dass eine Versagung des Vorsteuerabzuges nach Ansicht des Richtliniengebers die Neutralität der Mehrwertsteuer zerstört. Die 30. Begründungserwägung unterstreicht damit die materielle Unabdingbarkeit des Vorsteuerabzuges für das geltende Mehrwertsteuersystem.

Im Ergebnis definieren die Erwägungsgründe der Mehrwertsteuer-Systemrichtlinie die *Neutralität* sowohl im Allgemeinen als auch im Speziellen für Ausgangs- und Eingangsumsätze als Richtlinienziel. Zwar handelt es sich bei den Erwägungsgründen formell nicht um geltendes Recht[1354], sondern um bloße Motive und Auslegungshilfen.[1355] Dass die einzelnen Bestimmungen der Richtlinie die *Neutralität* nicht *expressis verbis* enthalten, vermag den Rechtscharakter der *Neutralität* als sekundärrechtlichen Rechtsbegriff indes nicht zu schmälern.[1356] Art. 1 Abs. 2 MwStSystRL entspricht den dargestellten Erwägungsgründen und „projiziert […] den Inhalt des Neutralitätsgrundsatzes auf das Richtlinienrecht und setzt ihn letztlich in formelles Recht um.“[1357] Im Ergebnis ist der Grundsatz der Neutralität im Mehrwertsteuerrecht damit ein sekundärrechtlicher Rechtsbegriff.

1354 A.A. *Lohse,* UR 2004, 582 (583), wonach die Begründungserwägungen „die gleiche Rechtsqualität wie die auf ihnen beruhenden Richtlinienartikel“ haben.

1355 *Zirkl,* Neutralität der USt, 138.

1356 So aber *Nieskens,* UR 2004, 441 (447).

1357 *Zirkl,* Neutralität der USt, 138.

III. Interpretation des EuGH

1. Überblick über die Anwendung des Neutralitätsprinzips durch den EuGH

Der EuGH versteht das Neutralitätsprinzip als Fundamentalprinzip[1358] des gemeinsamen Mehrwertsteuersystems. Es dient dem EuGH als Sachgerechtigkeitsmaßstab bei der Verwirklichung des vordersten Zieles der Wettbewerbsneutralität.[1359]

Das Neutralitätsprinzip findet im Grundsatz in zwei Ausprägungen Anwendung:[1360] Auf der Eingangsseite werden Unternehmer vollständig von der in den Vorleistungen enthaltenen Umsatzsteuer befreit und auf der Ausgangsseite werden ihre konkurrierenden Waren und Dienstleistungen gleich besteuert.

Ausgehend von diesen Grundsätzen hat der EuGH einige spezielle Neutralitätsgebote entwickelt und damit umfassende Schlussfolgerungen für einzelne Bereiche des Mehrwertsteuerrechts gezogen.[1361]

2. Die Ausprägungen des Neutralitätsprinzips im Einzelnen

a) Eingangsseitige Neutralität

Aus dem Neutralitätsgrundsatz folgt als „Grundprinzip des durch das Unionsrecht geschaffenen gemeinsamen Mehrwertsteuersystems" das Gebot der vollständigen Entlastung der auf einer vorausgehenden Produktions- oder Handelsstufe lastenden Mehrwertsteuer.[1362] Aufgrund seiner Systemrelevanz wird der Vorsteuerabzug als „integraler Bestandteil des Mechanismus der Mehrwertsteuer" verstanden, der grundsätzlich materiell unbeschränkbar ist.[1363] Der

---

1358 *Englisch*, in: Tipke/Lang[23], Steuerrecht, § 17 Rz. 23.

1359 *Englisch*, in: Schaumburg/Englisch, Europäisches Steuerrecht, Rz. 12.21.

1360 Für eine Unterscheidung in Eingangsumsätze und Ausgangsumsätze vgl. *Englisch*, in: Tipke/Lang[23], Steuerrecht, § 17 Rz. 23; *Stadie*, in: Rau/Dürrwächter, UStG, Einführung, Anm. 602 ff.; *Zirkl*, Neutralität der USt, 61.

1361 Für eine detaillierte Darstellung der verschiedenen Schlussfolgerungen vgl. *Nieuwenhuis*, UR 2013, 663 (665 ff.)

1362 EuGH, Urt. v. 15.09.2016, Rs. C-516/14, *Barlis 06*, ECLI:EU: C:2016:690 = DStR 2016, 2216, Rn. 37; v. 13.02.2014, *Maks Pen*, Rs. C-18/13, EU:C:2014:69 = DStRE 2014, 1249, Rn. 23.

1363 EuGH, Urt. v. 15.09.2016, Rs. C-516/14, *Barlis 06*, ECLI:EU: C:2016:690 = DStR 2016, 2216, Rn. 38; v. 13.02.2014, *Maks Pen*, Rs. C-18/13, EU:C:2014:69 = DStRE 2014, 1249, Rn. 24.

Vorsteuerabzug muss für die gesamte Belastung der in den Vorstufenumsätzen innewohnenden Umsatzsteuerlast sofort ausgeübt werden können.[1364] Der EuGH geht davon aus, dass auf diese Weise die völlige Neutralität hinsichtlich der Belastung mit Umsatzsteuer aller wirtschaftlichen Tätigkeiten gewährleistet wird.[1365] Die eingangsseitige Neutralität wird daher mitunter als „Belastungsneutralität" bezeichnet.[1366]

Aus dem Neutralitätsprinzip ist abzuleiten, dass im internationalen Waren- und Dienstleistungsverkehr die äußere Neutralität und damit das Bestimmungslandprinzip zu wahren ist. Dies geschieht im Warenverkehr durch die echte Steuerbefreiung der Lieferung und bei Dienstleistungen durch die harmonisierten Ortsbestimmungen. In beiden Fällen führt die Verwirklichung des Bestimmungslandprinzips nicht zu einer Versagung des Vorsteuerabzugsrechts. Andernfalls läge aufgrund der Besteuerung sowohl im Herkunftsland als auch bei Erwerb im Bestimmungsland eine Doppelbesteuerung vor. Dies versteht der EuGH als einen Verstoß gegen das Neutralitätsprinzip.[1367]

Diese im Grundsatz vollumfassende Gewährung des Vorsteuerabzuges wird allerdings eingeschränkt. Aufgrund der Allgemeinheit des Vorsteuerabzugsrechts sind Ausnahmen ausschließlich in den von der Richtlinie ausdrücklich vorgesehenen Fällen zulässig.[1368] Diese sind jedoch in vielfältiger Weise anzutreffen: Materielle Voraussetzung für die Entstehung des Rechts auf Vorsteuerabzug ist nach Art. 168 MwStSystRL, dass die Gegenstände oder Dienstleistungen

---

1364 EuGH, Urt. v. 15.09.2016, Rs. C-516/14, *Barlis 06*, ECLI:EU: C:2016:690 = DStR 2016, 2216, Rn. 38; v. 13.02.2014, *Maks Pen*, Rs. C-18/13, EU:C:2014:69 = DStRE 2014, 1249, Rn. 24; v. 15.01.1998, Rs. C-37/95, *Ghent Coal Terminal*, Slg. 1998, I-1, Rn. 16.

1365 EuGH, Urt. v. 15.09.2016, Rs. C-516/14, *Barlis 06*, ECLI:EU: C:2016:690 = DStR 2016, 2216, Rn. 39; v. 22.10.2015, *PPUH Stehcemp*, Rs. C-277/14, EU:C:2015:719 = DStRE 2016, 282, Rn. 27; v. 28.02.2013, Rs. C-563/11, *Forvards V*, EU:C:2013:125 = DB 2013, 1212, Rn. 27; v. 06.09.2012, Rs. 324/11, *Tóth*, EU:C:2012:549 = BFH/NV 2012, 1757, Rn. 25; v. 22.10.2010, Rs. C-438/09, *Dankowski*, Rs. C-438/09, Slg. 2010, I-14012, Rn. 24; v. 29.04.2004, Rs. C-137/02, *Faxworld*, Slg. 2004, I-5547, Rn. 37; v. 15.01.1998, Rs. C-37/95, *Ghent Coal Terminal*, Slg. 1998, I-1, Rn. 15; v. 14.02.1985, Rs. C-268/83, *Rompelman*, Slg. 1985, 655, Rn. 19.

1366 *Henze*, in: Englisch/Nieskens, Umsatzsteuer-Kongress-Bericht 2010, 7 (11).

1367 EuGH, Urt. v. 27.09.2007, Rs. C-146/05, *Collée*, Slg. 2007, I-7880, Rn. 23; v. 27.09.2007, Rs. C-409/04, *Teleos*, Slg. 2007, I-7827, Rn. 24 f.

1368 EuGH, Urt. v. 29.04.2004, Rs. C-137/02, *Faxworld*, Slg. 2004, I-5547, Rn. 37; v. 15.01.1998, Rs. C-37/95, *Ghent Coal Terminal*, Slg. 1998, I-1, Rn. 16; v. 11.07.1991, Rs. C-97/90, *Lennartz*, Slg. 1991, I-3795, Rn. 29.

des den Vorsteuerabzug begehrenden Unternehmers selbst der Mehrwertsteuer unterliegen und darüber hinaus auf einer vorausgehenden Umsatzstufe von einem anderen Unternehmer steuerpflichtig erbracht bzw. geliefert wurden.[1369] So wird der Vorsteuerabzug für wirtschaftliche Tätigkeiten, die zu keinen steuerpflichtigen Ausgangsumsätzen führen, nicht gewährt. Ferner wird der Vorsteuerabzug gemäß Art. 168a Abs. 1 MwStSystRL für Grundstücke[1370] und gemäß Art. 173 MwStSystRL bei anderen Gegenständen und Dienstleistungen nur anteilig gewährt, wenn diese nur teilweise zur Ausführung steuerpflichtiger Umsätze genutzt werden. „Unechte Steuerbefreiungen" führen infolgedessen zu einer Belastung mit Umsatzsteuer auf Ebene des Unternehmers, die nur im Wege der Überwälzung kompensiert werden kann. Bei nachträglicher Änderung der für den Vorsteuerabzug maßgeblichen Verhältnisse erfolgt gemäß Art. 184 MwStSystRL eine Vorsteuerberichtigung. Für bestimmte nichtunternehmerische Verwendungen von Gegenständen (Art. 26 Buchst. a MwStSystRL) und Dienstleistungen (Art. 26 Buchst. b MwStSystRL) bzw. Entnahmen von Gegenständen aus dem unternehmerischen Bereich (Art. 16 MwStSystRL) erfolgen durch unentgeltliche Wertabgaben Korrektive zum vormals erfolgten Vorsteuerabzug. Zu einer Entnahmeversteuerung kommt es unter anderem, wenn in Ermangelung einer Richtlinienregelung im Zeitpunkt des Leistungsbezugs trotz nicht gänzlicher Verwendung für steuerpflichtige Ausgangsumsätze eine vollständige Entlastung durch Vorsteuerabzug erfolgt ist.[1371]

Ferner gestattet Art. 397 MwStSystRL den Mitgliedstaaten per Ratsbeschluss bestimmte Einschränkungen des Vorsteuerabzuges. Die Art. 370 ff. MwStSystRL enthalten darüber hinaus einige länderspezifische Ausnahmeregelungen, die regelmäßig eine Fortgeltung nationaler Bestimmungen erlauben, die der

---

1369 EuGH, Urt. v. 15.09.2016, Rs. C-516/14, *Barlis 06*, ECLI:EU:C:2016:690 = DStR 2016, 2216, Rn. 39; v. 22.10.2015, *PPUH Stehcemp*, Rs. C-277/14, EU:C:2015:719 = DStRE 2016, 282 Rn. 28; v. 06.09.2012, Rs. 324/11, *Tóth*, EU:C:2012:549 = BFH/NV 2012, 1757, Rn. 26; Urt. v. 15.12.2005, Rs. C-63/04, *Centralan Property*, Slg. 2005, I-11087, Rn. 52; v. 29.04.2004, Rs. C-137/02, *Faxworld*, Slg. 2004, I-5547, Rn. 37; v. 15.01.1998, Rs. C-37/95, *Ghent Coal Terminal*, Slg. 1998, I-1, Rn. 17; v. 14.02.1985, Rs. C-268/83, *Rompelman*, Slg. 1985, 655, Rn. 19.

1370 Der Begriff „Grundstück" im Sinne dieser Regelung ist ein autonomer Begriff des Unionsrechts. Siehe hierzu den durch VO (EU) Nr. 1042/2013 v. 07.10.2013, Abl. EU 2013 Nr. L 284/1, mit Wirkung zum 01.01.2017 eingefügten Art. 13b MwSt-DVO.

1371 EuGH, Urt. v. 11.07.1991, Rs. C-97/90, *Lennartz*, Slg. 1991, I-3795, Rn. 27; v. 08.05.2003, Rs. C-269/00, *Seeling*, Slg. 2003, I-4101, Rn. 43; diese Rechtslage ist mittlerweile durch Art. 168a MwStSystRL überholt.

Mehrwertsteuer-Systemrichtlinie entgegenstehen. Schließlich kann der Unternehmer den Vorsteuerabzug gemäß Art. 178 Buchst. a MwStSystRL erst in dem Zeitpunkt geltend machen, in dem er über eine Rechnung verfügt.

Darüber hinaus wirken das Neutralitätsprinzip und der Gutglaubensschutz wechselseitig auf den Vorsteuerabzug ein. Zunächst ist der gute Glaube eine ungeschriebene Voraussetzung für den Vorsteuerabzug. Werden die objektiven Voraussetzungen für das Vorsteuerabzugsrecht lediglich durch eine Beteiligung an betrügerischen Handlungen geschaffen, kann der Vorsteuerabzug nicht geltend gemacht werden.[1372] In Abgrenzung hierzu ist der Vorsteuerabzug jedoch auch dann zu gewähren, wenn er nach den objektiven Kriterien nicht zu gewähren wäre, dem Unternehmer dies jedoch unbekannt ist und er in gutem Glauben handelt. Diesbezüglich dürften gutgläubige „Teilnehmer" an einem betrügerischen Umsatzsteuer-Karussell die Hauptanwendungsfälle darstellen. Werden eigene Umsätze versteuert und handelt der Unternehmer gutgläubig, darf ihm der Vorsteuerabzug nicht deshalb verwehrt werden, weil sein Lieferant ein betrügerischer sog. „Missing Trader" im Umsatzsteuer-Karussell ist.[1373] Dieses Ergebnis entspricht dem Neutralitätsgrundsatz: Der gutgläubige Unternehmer ist unabhängig von der Bösgläubigkeit des Lieferanten mit Umsatzsteuer belastet, von der er nach dem Grundsatz der Neutralität entlastet werden muss. Der bösgläubige Unternehmer als Beteiligter der Handlung ist erst gar nicht mit Umsatzsteuer aus der Lieferung belastet. Es entspricht daher auch dem Neutralitätsprinzip, ihn nicht (zusätzlich) zu entlasten.[1374]

Eine weitere Folge des Zusammenspiels von Gutglaubensschutz und Neutralitätsprinzip ist die Beschränkung der Anforderung an Mitwirkungspflichten und formelle Nachweise der objektiven Berechtigung zum Vorsteuerabzug. Dem Empfänger einer fehlerhaften Rechnung muss anhand objektiver Umstände nachgewiesen werden, dass er wusste oder hätte wissen müssen, dass er in eine Steuerhinterziehung einbezogen war.[1375] Ihm sind keine ausufernden

---

1372 EuGH, Urt. v. 18.12.2014, Rs. C-131/13, *Schoenimport Italmoda*, ECLI:EU:C:2014:2455 = DStR 2015, 573, Rn. 60; v. 21.02.2006, Rs. C-255/02, *Halifax*, Slg. 2006, I-1655, Rn. 84.

1373 EuGH, Urt. v. 18.12.2014, Rs. C-131/13, *Schoenimport Italmoda*, ECLI:EU:C:2014:2455 = DStR 2015, 573, Rn. 50; v. 06.07.2006, Rs. C-439/04, *Axel Kittel*, Slg. 2006, I-6177, Rn. 45; v. 12.01.2006, Rs. C-354/03 u. a., *Optigen* u. a., Slg. 2006, I-483, Rn. 52.

1374 In diesem Sinne auch *Zirkl*, Neutralität der USt, 94.

1375 EuGH, Urt. v. 06.09.2012, Rs. 324/11, *Tóth*, EU:C:2012:549 = BFH/NV 2012, 1757, Rn. 38.

Mitwirkungspflichten hinsichtlich der Redlichkeit des Liefernden zuzumuten. Aufgrund von fehlerhaften Rechnungen unvollständige formelle Nachweise vermögen des Weiteren den sofortigen Abzug der Vorsteuer nicht zu hindern. Wird das Vorsteuerabzugsrecht erst bei Vorliegen des vollständigen formellen Nachweises gewährt, entstehen aufgrund des zeitlichen Verzugs bis zur Geltendmachung Zinsverluste. Dies verstößt gegen das Neutralitätsprinzip.[1376]

Selbst bei Gutgläubigkeit des Rechnungsempfängers sieht der EuGH einen Vorsteuerabzug jedoch nur dann aufgrund des Neutralitätsprinzips als gerechtfertigt an, wenn es sich bei dem Steuerbetrag um „für die erbrachte Leistung" gesetzlich geschuldete Umsatzsteuer handelt. Ein Abzug für nach Art. 203 MwStSystRL bzw. § 14c UStG geschuldete Steuer aufgrund eines von der konkreten Leistung losgelösten Ausweisfehlers scheidet damit aus, sofern eine Rückzahlung durch den Leistenden möglich ist.[1377]

Der EuGH stellt nicht durchweg *expressis verbis* auf das Neutralitätsprinzip ab, wenn er zu Grundsätzen des Vorsteuerabzugs Stellung bezieht. In einigen Entscheidungen stellt das Gericht schlichtweg fest, „dass das Recht auf Vorsteuerabzug als integrierender Bestandteil des Mechanismus der Mehrwertsteuer ein grundlegendes Prinzip des gemeinsamen Mehrwertsteuersystems ist".[1378] In anderen Entscheidungen leitet der EuGH das Neutralitätsprinzip hingegen sogar unmittelbar aus den Richtlinienbestimmungen ab. Demnach beinhaltet „der Grundsatz der steuerlichen Neutralität, der sich aus Art. 17 Abs. 2 der Sechsten Richtlinie ergibt", das Recht auf vollständige Entlastung durch den Vorsteuerabzug.[1379]

Dies bedeutet jedoch entgegen *Henze* nicht, dass dem Neutralitätsprinzip im Bereich des Vorsteuerabzugs zu Gunsten eines eigenen Rechtsprinzips der „Vorsteuerentlastung" keine eigenständige Bedeutung zukommt.[1380] Im Gegenteil: Zunächst zeigt die Historie, dass der Vorsteuerabzug gerade deswegen

---

1376 EuGH, Urt. v. 15.09.2016, Rs. C-518/14, *Senatex*, ECLI:EU:C:2016:691 = DStR 2016, 2211, Rn. 37.

1377 EuGH, Urt. v. 15.03.2007, Rs. C-35/05, *Reemtsma*, Slg. 2007, I-2452, Rn. 23 ff., 41; v. 05.12.1989, Rs. C-165/88, *Genius Holding*, Slg. 1989, 4227, Rn. 13.

1378 Vgl. nur EuGH, Urt. v. 22.04.2010, Rs. C-536/08 und C-539/08, *X* und *Facet Trading*, Slg. 2010, I-3581, Rn. 28.

1379 EuGH, Urt. v. 29.10.2009, Rs. C-174/08, *NCC Construction Danmark*, Slg. 2009, I-10567, Rn. 39.

1380 Nach *Henze* ist „nicht ganz klar", ob das Neutralitätsprinzip eine eigenständige Daseinsberechtigung hat, in: Englisch/Nieskens, Umsatzsteuer-Kongress-Bericht 2010, 7 (12).

eingeführt wurde, um Wettbewerbs*neutralität* zu erreichen.[1381] Der Vorsteuerabzug bürgt daher für eine solche Systemrelevanz, dass durch ihn erst die Neutralität bewirkt werden kann.[1382] Es ist somit nicht zwingend geboten, *expressis verbis* auf das Neutralitätsprinzip zu rekurrieren. Des Weiteren deckt sich dieses Verständnis auch mit der Rechtsprechung, die den Vorsteuerabzug (schlichtweg) als integralen Bestandteil des Mehrwertsteuersystems bezeichnet. Die von *Henze* angeführte EuGH-Entscheidung *NCC Construction Danmark* stellt in der weiteren Begründung für die Auslegung einer Regelung zum Vorsteuerabzug wiederum auf das Neutralitätsprinzip ab.[1383] Eine Derogation des Neutralitätsprinzips zu Gunsten eines eigenständigen Rechtsprinzips im Bereich des Vorsteuerabzugs kann daher nicht angenommen werden.

b) Ausgangsseitige Neutralität

Aus dem Neutralitätsgrundsatz folgt nach dem Verständnis des EuGH ein prinzipielles Gleichbehandlungsgebot konkurrierender Waren und Dienstleistungen.[1384] Dieser Grundsatz wird teilweise explizit aus der in den Erwägungsgründen der Ersten Mehrwertsteuer-Systemrichtlinie genannten *Wettbewerbsneutralität* abgeleitet.[1385] Das Konkurrenzverhältnis ergibt sich nach Auffassung des EuGH aus der Vergleichbarkeit der Waren und Dienstleistungen[1386] bzw. der Wettbewerbssituation der Anbieter[1387]. Zunächst sollen zur

1381 Vgl. die Ausführungen in Kapitel 4. A. II. 1. c) dieser Arbeit.

1382 Nach *Zirkl* ist der Vorsteuerabzug daher „Ausdruck" des Neutralitätsprinzips, in: Neutralität der USt, 63.

1383 EuGH, Urt. v. 29.10.2009, Rs. C-174/08, *NCC Construction Danmark*, Slg. 2009, I-10567, Rn. 47. Ein ähnlicher Entscheidungsaufbau findet sich auch in der Entscheidung v. 15.09.2016, Rs. C-518/14, *Senatex*, ECLI:EU:C:2016:691 = DStR 2016, 2211; in Rn. 37 des Urteils wird für das Vorsteuerabzugsrecht nicht auf den Neutralitätsgrundsatz abgestellt; in Rn. 27 und 38 wird indes zur Auslegung wiederum auf die Neutralität rekurriert.

1384 EuGH, Urt. v. 12.06.1979, Rs. C-126/78, *Nederlandse Spoorwegen*, Slg. 1979, 2041, Rn. 12.

1385 EuGH, Urt. v. 01.04.1982, Rs. C-98/81, *Hong-Kong Trade*, Slg. 1982, 1277, Rn. 6. Vgl. zu den Erwägungsgründen der Ersten MwStSystRL auch die Ausführungen in Kapitel 4. A. II. 1. c) dieser Arbeit.

1386 EuGH, Urt. v. 10.11.2011, Rs. 259/19, *The Rank Group*, Slg. 2011, I-10947, Rn. 32; v. 26.05.2005, Rs. C-498/03, *Kingscrest Associates*, Slg. 2005, I-4427, Rn. 41, 54; v. 10.04.2008, Rs. C-309/06, *Marks & Spencer*, Slg. 2008, I-2283, Rn. 47.

1387 EuGH, Urt. v. 12.01.2006, Rs. C-246/04, *Turn- und Sportunion Waldburg*, Slg. 2006, I-589, Rn. 32. Nach *Stadie* ist ausschließlich ein Wettbewerb zwischen den Anbietern möglich, nicht jedoch zwischen den Waren und Dienstleistungen, in: Rau/

Wahrung der Neutralität grundsätzlich alle wirtschaftlichen Tätigkeiten unabhängig von deren Zweck und deren Ergebnis auf allen Handelsstufen gleichmäßig belastet werden.[1388] Die Länge der Produktions- und Handelsstufen darf dabei die steuerliche Belastung gleichartiger Waren und Dienstleistungen nicht beeinflussen.[1389] Voraussetzung für den Schutz durch das Neutralitätsprinzip ist ferner, dass die Tätigkeiten ihrerseits der Mehrwertsteuer unterliegen.[1390]

Darauf aufbauend wurden umfassende spezielle Neutralitätsvorgaben entwickelt. Aus dem Neutralitätsprinzip wird die Rechtsformneutralität abgeleitet, die wiederum besondere Ausprägungen sowohl betreffend den Umsatz als auch den Unternehmer hat. Demzufolge sollen Aktivitäten ohne Rücksicht auf die Bezeichnung der Handlungsform oder die zivilrechtliche Ausgestaltung des Umsatzes durch den Akteur der Besteuerung unterliegen.[1391] Diese Form der Rechtsformneutralität bezieht sich ausschließlich auf die Erscheinungsform des Umsatzes und ist nicht mit der Rechtsform des Unternehmers zu verwechseln, die eine weitere, eigenständige Ausprägung der Rechtsformneutralität darstellt.[1392] Diese bewirkt, dass Wirtschaftsteilnehmer unabhängig von der gewählten Rechtsform gleich belastet werden sowie gleichermaßen von Steuerbefreiungen und Steuerermäßigungen profitieren.[1393]

Die Neutralität der Organisationsform gewährleistet darüber hinaus, dass sich Marktteilnehmer wirtschaftlich frei hinsichtlich ihrer Struktur und Geschäftspraktiken organisieren können. Der Neutralitätsgrundsatz gebietet nach Ansicht des EuGH, „dass die Wirtschaftsteilnehmer in der Lage sein müssen, das Organisationsmodell zu wählen, das ihnen, rein wirtschaftlich betrachtet, am besten

Dürrwächter, UStG, Einführung, Anm. 602. Aus Verbrauchersicht steht jedoch die Leistung im Vordergrund seiner Konsumentscheidung und nicht der Anbieter.

1388 EuGH, Urt. v. 14.02.1985, Rs. C-268/83, *Rompelman*, Slg. 1985, 655, Rn. 19.

1389 EuGH, Urt. v. 01.04.1982, Rs. C-98/81, *Hong-Kong Trade*, Slg. 1982, 1277, Rn. 6.

1390 EuGH, Urt. v. 14.02.1985, Rs. C-268/83, *Rompelman*, Slg. 1985, 655, Rn. 19.

1391 EuGH, Urt. v. 29.04.2004, Rs. C-77/01, *EDM*, Slg. 2004, I-4295, Rn. 48; v. 20.06.1991, Rs. C-60/90, *Polysar*, Slg. 1991, I-3111, Rn 12.

1392 Die Unterscheidung zwischen der Rechtsformneutralität des Umsatzes und des Unternehmers verkennt *Zirkl*, die zur Begründung der Rechtsformneutralität des Unternehmers auf Rechtsprechung des EuGH zur Rechtsformneutralität des Umsatzes verweist, in: Neutralität der USt, 97; *Stadie* spricht hinsichtlich der Rechtsformneutralität denn auch von einem „unglücklich gewählten Begriff", in: Rau/Dürrwächter, UStG, Einführung, Anm. 603.

1393 EuGH, Urt. v. 07.09.1999, Rs. C-216/97, *Gregg*, Slg. 1999, I-4947, Rn. 20.

zusagt, ohne Gefahr zu laufen, dass ihre Umsätze von der [...] vorgesehenen Befreiung ausgeschlossen werden."[1394]

Das Neutralitätsprinzip ordnet in seiner Ausprägung als Wertungsindifferenz[1395] an, dass keine allgemeine Differenzierung zwischen erlaubten und verbotenen Geschäften getroffen wird.[1396] Dies gilt jedoch nur für den Fall, dass zwischen den erlaubten und verbotenen Waren oder Dienstleistungen ein Wettbewerb besteht. Eine solche Wettbewerbssituation ist indes nicht anzunehmen, wenn der potentielle Leistungsgegenstand unter ein absolutes Verkehrsverbot fällt.[1397]

Aus dem Neutralitätsprinzip wird ferner der sog. Proportionalitätsgrundsatz abgeleitet. Dieser regelt die Neutralität der umsatzsteuerlichen Bemessungsgrundlage. Ihm zufolge darf die durch den Unternehmer zu versteuernde Bemessungsgrundlage nicht höher sein als der Betrag, den der Unternehmer für seine Leistung erhalten hat, abzüglich der Umsatzsteuer.[1398]

Schließlich gebietet der Neutralitätsgrundsatz nach Auffassung des EuGH, dass zu Unrecht in Rechnung gestellte Umsatzsteuer, die nach Art. 203 MwStSystRL unabhängig von der korrekten mehrwertsteuerlichen Würdigung aufgrund des bloßen Ausweises geschuldet wird, unter bestimmten Voraussetzungen korrigiert werden kann.[1399]

3. *Fazit: Der Unternehmer im Mittelpunkt der Neutralität*

Der Neutralitätsgrundsatz fordert auf der Eingangsseite eine vollständige Entlastung der Unternehmer von der Umsatzsteuerbelastung aus Vorstufenumsätzen sowie auf der Ausgangsseite eine Gleichbehandlung konkurrierender Anbieter von gleichartigen Waren und Dienstleistungen. Sowohl diese allgemeinen Neutralitätsgrundsätze als auch die speziellen aus diesen Prinzipien entwickelten

---

1394 EuGH, Urt. v. 04.05.2006, Rs. C-169/04, *Abbey National*, Slg. 2006, I-4027, Rn. 68.

1395 BFH, Beschl. v. 28.11.1977, GrS 2-3/77, BStBl. II 1978, 105, B.II.3.c). Im nationalen Recht ergibt sich dieses Prinzip auf § 40 AO; vgl. *Schmieszek*, in: Beermann/Gosch, § 40 AO Rz. 1; teilweise wird auch von „Wertneutralität" gesprochen; vgl. *Drüen*, in: Tipke/Kruse, § 40 AO Tz. 1; Bunjes/*Robisch*, UStG § 1 Rn. 12; *Zirkl* weist jedoch zu Recht darauf hin, dass der EuGH diesen Begriff nur uneinheitlich benutzt, in: Neutralität der USt, 106.

1396 EuGH, Urt. v. 29.06.1999, Rs. C-158/98, *Coffeeshop „Siberië"*, Slg. 1999, I-3971, Rn. 14

1397 EuGH, Urt. v. 05.07.1988, Rs. C-289/86, *Happy Family*, Slg. 1988, 3655, Rn. 20.

1398 EuGH, Urt. v. 24.10.1996, Rs. C-317/94, *Elida Gibba*, Slg. 1996, I-5339, Rn. 28 ff.

1399 EuGH, Urt. v. 13.12.1989, Rs. C-342/87, *Genius Holding*, Slg. 1989, 4227, Rn. 18.

Ausprägungen des Neutralitätsgrundsatzes beziehen sich dabei stets und ausschließlich auf die Unternehmer. Dies entspricht auch dem Verständnis des EuGH, wonach „ein Verstoß gegen den Grundsatz der steuerlichen Neutralität nur zwischen konkurrierenden Wirtschaftsteilnehmern in Betracht gezogen werden kann".[1400] Im Rahmen dieser Arbeit wurde jedoch bereits herausgestellt, dass sich die Gerechtigkeit in der Umsatzsteuer nicht alleine aus der Gleichbehandlung der Unternehmer ergibt. Es ist vielmehr die Perspektive des Verbrauchers, die im Sinne eines *tertium comparationis* die gleichheitsrechtliche Prüfung prägen muss.[1401]

Es stellt sich daher die Frage, in welchem Verhältnis der Grundsatz der Neutralität und der allgemeine Gleichheitssatz nach Art. 20 GrCh auf dem Gebiet der Mehrwertsteuer stehen.

IV. Verhältnis von Neutralitätsgrundsatz und allgemeinem Gleichheitssatz

Das Verständnis des EuGH über den Inhalt und die Rechtsqualität des Neutralitätsgrundsatzes im Verhältnis zum allgemeinen Gleichheitssatz ist seiner Rechtsprechung zu entnehmen. In der Rechtssache *HE*[1402] stellte der EuGH im Anschluss an eine Auslegung des Neutralitätsgrundsatzes in Bezug auf den Vorsteuerabzug für ein Gebäude, in dem sich ein dem Unternehmensvermögen zugeordnetes Arbeitszimmer befand, fest:

> „Diese Auslegung steht auch mit dem Grundsatz der Gleichbehandlung im Einklang, der die Folge des Grundsatzes der Neutralität darstellt."[1403]

Der EuGH ging dementsprechend davon aus, dass der Neutralitätsgrundsatz im Verhältnis zum allgemeinen Gleichheitsrecht ranghöher ist. Aufgrund der Anerkennung der Primärrechtsqualität des allgemeinen Gleichheitsrechts durch den EuGH ist diese Auffassung spätestens seit der Rechtssache *Ruckdeschel*[1404] abzulehnen. Da der Neutralitätsgrundsatz ein sekundärrechtlicher Rechtsbegriff[1405] ist, verhält es sich vielmehr genau umgekehrt.[1406]

1400 EuGH, Urt. v. 10.04.2008, Rs. C-309/06, *Marks & Spencer*, Slg. 2008, I-2283, Rn. 49.
1401 Vgl. die Ausführungen in Kapitel 4. A. III. 1. dieser Arbeit.
1402 EuGH, Urt. v. 21.04.2005, Rs. C-25/03, *HE*, Slg. 2005, I-3123.
1403 EuGH, Urt. v. 21.04.2005, Rs. C-25/03, *HE*, Slg. 2005, I-3123, Rn. 72.
1404 EuGH, Urt. v. 19.10.1977, Rs. C-117/76 u. a., *Ruckdeschel*, Slg. 1977, 1753, Rn. 7.
1405 Vgl. hierzu die Ausführungen in Kapitel 4. B. IV. dieser Arbeit.
1406 *Englisch*, in: W. Schön/K. Beck, Zukunftsfragen, 39 (58 f.).

Der EuGH ist in der Folgezeit von seiner Auffassung abgewichen und hat mehrfach betont, der Neutralitätsgrundsatz stelle die bereichsspezifische Ausprägung des unionsrechtlichen Gleichbehandlungsgrundsatzes dar.[1407] In diesem Zusammenhang wird jedoch nicht immer explizit ein konkreter Grundrechtsbezug hergestellt.[1408] Diese Rechtsprechung legt *prima facie*[1409] nahe, dass dem Neutralitätsgrundsatz Primärrechtscharakter zugestanden wird. Dies ist jedoch faktisch nicht der Fall: Nach Auffassung des EuGH ist der Neutralitätsgrundsatz „keine Regel des Primärrechts, sondern ein Auslegungsgrundsatz“[1410], der einer „gesetzgeberischen Ausarbeitung“[1411] bedürfe. Dieser Auslegungsgrundsatz sei ferner „neben dem Grundsatz anzuwenden [...], den er einschränkt“.[1412] Nach Auffassung des EuGH führt dies zu der Konsequenz, dass eine Berufung auf den Neutralitätsgrundsatz, um etwa den Vorsteuerabzug aus Gleichbehandlungsgründen zu beanspruchen, ausscheidet.[1413]

Ungeachtet dessen ist der Rechtsprechung des EuGH mitunter die Gewissheit darüber zu entnehmen, dass der Neutralitätsgrundsatz und der allgemeine

---

1407 EuGH, Urt. v. 05.10.2016, Rs. C-576/15, *Maya Marinova*, ECLI:EU: C:2016:740 = UR 2016, 925, Rn. 49; v. 05.03.2015, Rs. C-502/13, *KOM/Luxemburg*, ECLI:EU:C:2015:143 = UR 2015, 308, Rn. 50; v. 31.01.2013, Rs. C-643/11, *LVK-56*, ECLI:EU:C:2013:55 = UR 2013, 346, Rn. 55; v. 10.11.2011, Rs. 259/19, *The Rank Group*, Slg. 2011, I-10947, Rn. 32 ff.; v. 10.06.2010, Rs. C-262/08, *CopyGene*, Slg. 2010, I-5053, Rn. 64; v. 23.04.2009, Rs. C-460/07, *Puffer*, Slg. 2009, I-3251, Rn. 52 f.; v. 29.10.2009, Rs. C-174/08, *NCC Construction Danmark*, Slg. 2009, I-10567, Rn. 41 ff.; v. 10.04.2008, Rs. C-309/06, *Marks & Spencer*, Slg. 2008, I-2283, Rn. 49; v. 08.06.2006, Rs. C-106/05, *L.u.P.*, Slg. 2006, I-5123, Rn. 48; v. 27.04.2006, Rs. C-443/04 u. a., *Solleveld u. a.*, Slg. 2006, I-3617, Rn. 35; v. 04.05.2006, Rs. C-240/05, *Eurodental*, Slg. 2006, I-11479, Rn. 55; v. 26.05.2005, Rs. C-498/03, *Kingscrest Associates*, Slg. 2005, I-4427, Rn. 54 f.

1408 *Englisch*, in: W. Schön/K. Beck, Zukunftsfragen, 39 (58).

1409 *Dobratz* nennt diese Abkehr von der primärrechtlichen Dimension richtigerweise „verwirrend“, in: UR 2014, 425 (427).

1410 EuGH, Urt. v. 08.02.2018, Rs. C-380/16, *KOM/Deutschland*, ECLI:EU: C:2018:76 = DStR 2018, 346, Rn. 58; v. 13.03.2014, Rs. C-204/13, *Malburg*, ECLI:EU:C:2014:147 = DStR 2014, 592, Rn. 43.

1411 EuGH, Urt. v. 29.10.2009, Rs. C-174/08, *NCC Construction Danmark*, Slg. 2009, I-10567, Rn. 42.

1412 EuGH, Urt. v. 19.07.2012, Rs. C-44/11, *Deutsche Bank*, ECLI:EU: C:2012:484 = BStBl. II 2012, 945, Rn. 45.

1413 EuGH, Urt. v. 13.03.2014, Rs. C-204/13, *Malburg*, ECLI:EU: C:2014:147 = DStR 2014, 592, Rn. 43.

Gleichheitssatz im Mehrwertsteuerrecht nicht „deckungsgleich“[1414] sind. Dafür spricht etwa auch, dass der BFH aus der EuGH-Rechtsprechung schlussfolgert, auf dem Gebiet der Umsatzsteuer käme „der Grundsatz der Gleichbehandlung *auch* im Grundsatz der steuerlichen Neutralität zum Ausdruck.“[1415]

Vereinzelt stellt der EuGH selbst explizit fest, dass der allgemeine Gleichbehandlungsgrundsatz über den Neutralitätsgrundsatz hinausgeht:

> „Während ein Verstoß gegen den Grundsatz der steuerlichen Neutralität nur zwischen konkurrierenden Wirtschaftsteilnehmern in Betracht gezogen werden kann, [...] kann indessen ein Verstoß gegen den Grundsatz der Gleichbehandlung im Steuerbereich durch andere Arten der Diskriminierung gekennzeichnet sein, die Wirtschaftsteilnehmer betreffen, die nicht zwangsläufig miteinander konkurrieren, aber sich trotzdem in einer in anderer Beziehung vergleichbaren Situation befinden.“[1416]

Auf diese Weise geht das allgemeine Gleichheitsrecht in mehrerlei Hinsicht über den Neutralitätsgrundsatz hinaus. Zum einen erfasst der allgemeine Gleichheitssatz in seiner bereichsspezifischen Ausgestaltung als Verbrauchsteuerprinzip im Gegensatz zum Neutralitätsgrundsatz auch die Ebene des intendierten Steuerträgers mit Blick auf die gleichheitskonforme Lastenausteilung.[1417] Zum anderen reicht sein Rechtsschutz weiter, sofern Unternehmer untereinander ungleich behandelt werden. Denn während der Neutralitätsgrundsatz ein Konkurrenzverhältnis der Unternehmer erfordert, findet der allgemeine Gleichheitssatz bereits bei anderen Arten der Vergleichbarkeit Anwendung.[1418]

Der Grundsatz der Neutralität entspricht dem allgemeinen Gleichheitssatz auf dem Gebiet der Mehrwertsteuer damit nur bruchstückhaft.[1419] Soweit sich

---

1414 EuGH, Urt. v. 25.04.2013, Rs. C-480/10, *KOM/Schweden*, ECLI:EU:C:2013:263 = BFH/NV 2013, 1212, Rn. 18.

1415 BFH, Beschl. v. 22.06.2016, V R 42/15, BFH/NV 2016, 1528, Rn. 36 (Hervorhebung nur hier) mit Verweis auf: EuGH, Urt. v. 15.11.2012, Rs. C-174/11, *Zimmermann*, ECLI:EU:C:2012:484 = BFH/NV 2013, 173, Rn. 46 ff.; v. 13.03.2014, Rs. C-599/12, *Jetair und BTWE Travel4you*, EU:C:2014:144 = MwStR 2014, 328, Rn. 53.

1416 EuGH, Urt. v. 25.04.2013, Rs. C-480/10, *KOM/Schweden*, ECLI:EU:C:2013:263 = BFH/NV 2013, 1212, Rn. 18; v. 10.04.2008, Rs. C-309/06, *Marks & Spencer*, Slg. 2008, I-2283, Rn. 49.

1417 *Pull*, Die Sphärentheorie im Mehrwertsteuerrecht, 231; *Streit*, Steuerschuld durch Steuerausweis, 60; *Zirkl*, Neutralität der USt, 188 f.; *Englisch*, in: W. Schön/K. Beck, Zukunftsfragen, 39 (59); *ders.*, in: Tipke/Lang[23], Steuerrecht, § 17 Rz. 25; *Henze*, in: Englisch/Nieskens, Umsatzsteuer-Kongress-Bericht 2010, 7 (18).

1418 *Engler*, Steuerverfassungsrecht im Mehrebenensystem, 266.

1419 Von einem „Unterfall“ des Gleichheitssatzes sprechen *Streit*, in: Steuerschuld durch Steuerausweis, 60 sowie *Zirkl*, Neutralität der USt, 60; *Engler* qualifiziert den

beide Grundsätze entsprechen, ist die Zuschreibung der darauf zurückzuführenden Gleichbehandlung auf entweder das Primär- oder aber das Sekundärrecht „eine Frage der formalen Etikettierung“[1420]. Die Ausrichtung der Gerechtigkeit im Mehrwertsteuersystem am Verbrauchsteuerprinzip ist somit keinesfalls mit einer gänzlichen Suspendierung des gegenwärtigen Neutralitätsprinzips gleichzusetzen.

Ob dem Neutralitätsgrundsatz als Rechtsbegriff und Auslegungsgrundsatz eine primärrechtliche oder sekundärrechtliche Dimension beigemessen wird, ist umstritten.[1421] Hinsichtlich der Auswirkungen auf das nationale Recht ist diese Diskussion zu vernachlässigen, weil durch den Vorrang des Unionsrechts unionale Rechtsakte jeglicher Stufe dem nationalen Recht vorgehen. Die Mitgliedstaaten sind demnach in jedem Fall an den Neutralitätsgrundsatz gebunden.[1422] Anders gestaltet es sich jedoch hinsichtlich der unionsrechtlichen Vorschriften selbst, denn die Mehrwertsteuer-Systemrichtlinie als Sekundärrechtsakt ist lediglich auf ihre Primärrechtskonformität zu prüfen.

Nach hier vertretener Auffassung muss zwischen der Neutralität als primärrechtlicher Besteuerungsmaxime zur Verwirklichung der Binnenmarktziele und der Neutralität als sekundärrechtlichem Rechtsbegriff unterschieden werden. In der Diskussion um den Rechtscharakter des Neutralitätsgrundsatzes zeigt sich die Notwendigkeit dieser Unterscheidung: Der EuGH versteht den Grundsatz der Neutralität als reinen Auslegungsgrundsatz, der „neben dem Grundsatz anzuwenden ist, den er einschränkt“[1423], wodurch eine Berufung auf begünstigende

---

Neutralitätsgrundsatz als „Sonderfall wettbewerbsrelevanter Ungleichbehandlung“, in: Steuerverfassungsrecht im Mehrebenensystem, 266.

1420 *Krieger*, Unechte Umsatzsteuerbefreiung im Unionsrecht, 316 f.

1421 Für einen Primärrechtscharakter und einen Gleichlauf von Neutralitätsprinzip und allgemeinem Gleichheitsrecht vgl. nur *Stadie*, in: Rau/Dürrwächter, UStG, Einführung Anm. 608 ff. sowie *Dobratz*, UR 2014, 425 (427). Für eine Herleitung aus Primär- und Sekundärrecht vgl. *Zirkl*, Neutralität der USt, 135 ff. sowie *Nieuwenhuis*, UR 2013, 663 (664 f.). Gegen einen Primärrechtscharakter des Neutralitätsgrundsatzes als Rechtsbegriff vgl. *Engler*, Steuerverfassungsrecht im Mehrebenensystem, 267; dies erfährt zu Unrecht Kritik bei *Zirkl*, Neutralität der USt, 196, die die Aussagen von *Engler* wohl im Sinne der Neutralität als Besteuerungsmaxime interpretiert, weil Engler der Neutralität sehr wohl primärrechtliche Qualität beimisst, in: Steuerverfassungsrecht im Mehrebenensystem, 267.

1422 *Streit*, Steuerschuld durch Steuerausweis, 61 f.; *Dobratz*, UR 2014, 425 (427 f.).

1423 EuGH, Urt. v. 19.07.2012, Rs. C-44/11, *Deutsche Bank*, ECLI:EU: C:2012:484 = BStBl. II 2012, 945, Rn. 45.

Regelungen aus Neutralitätsgründen ausscheidet.[1424] Dies spricht offensichtlich gegen einen Primärrechtscharakter des Neutralitätsgrundsatzes in seiner tatsächlichen Wirkung.[1425] Er entfaltet sich, wie dargestellt, faktisch als sekundärrechtlicher Rechtsbegriff und Auslegungsgrundsatz.[1426] Dies könnte auf die Historie zurückzuführen sein, denn die Erste Mehrwertsteuer-Systemrichtlinie wurde vor der *Ruckdeschel*-Entscheidung[1427] und damit bereits vor der Anerkennung unionsrechtlicher Grundrechte ausgearbeitet.[1428] Nach hier vertretener Auffassung ist der mehrwertsteuerrechtliche Neutralitätsgrundsatz daher dem Sekundärrecht zuzuordnen.

Ungeachtet dessen ist die Mehrwertsteuer-Systemrichtlinie jedoch aus Gründen der primärrechtlich verankerten Wettbewerbs*neutralität* eingeführt worden.[1429] Der Primärrechtsbezug der Neutralität als Besteuerungsmaxime des gesamten gemeinsamen Mehrwertsteuersystems lässt sich demzufolge nicht verneinen. Die primärrechtliche Besteuerungsmaxime ist jedoch mit dem sekundärrechtlichen Rechtsbegriff der Neutralität nicht identisch, wie die gegenwärtige Interpretation des Neutralitätsgrundsatzes durch den EuGH zeigt. So verwundert es nicht, dass selbst Befürworter eines Gleichlaufs von Neutralitätsgrundsatz und allgemeinem Gleichheitsrecht auf dem Gebiet der Mehrwertsteuer den Neutralitätsgrundsatz als mangelhaft würdigen[1430] und die gegenwärtige Handhabung als „verwirrend“[1431] bezeichnen. Es ist daher anzuraten, auch begrifflich zu unterscheiden: Die primärrechtliche, bereichsspezifische Ausgestaltung des allgemeinen Gleichheitsrechts auf dem Gebiet der Umsatzsteuer kommt im Verbrauchsteuerprinzip zur Geltung, während der gegenwärtige, sekundärrechtliche Entwicklungsstand weiterhin als Neutralitätsgrundsatz bezeichnet werden

---

1424 EuGH, Urt. v. 13.03.2014, Rs. C-204/13, *Malburg*, ECLI:EU: C:2014:147 = DStR 2014, 592, Rn. 43.

1425 *Krieger*, Unechte Umsatzsteuerbefreiung im Unionsrecht, 208; *Wiesch*, Umsatzsteuerliche Behandlung der öffentlichen Hand, 21; *Zirkl*, Neutralität der USt, 225; *Engler*, Steuerverfassungsrecht im Mehrebenensystem, 267.

1426 *Kokott*, Steuerrecht der EU § 3 Rn. 13; *Hidien*, EWS 2003, 342 (343), der richtigerweise zugleich eine primärrechtskonforme Auslegung sekundärrechtlicher Mehrwertsteuervorschriften einfordert.

1427 EuGH, Urt. v. 19.10.1977, Rs. C-117/76 u. a., *Ruckdeschel*, Slg. 1977, 1753, Rn. 7.

1428 *Krieger*, Unechte Umsatzsteuerbefreiung im Unionsrecht, 289 f.

1429 Vgl. die Ausführungen in Kapitel 4. A. II. 1. c) dieser Arbeit.

1430 *Stadie*, in: Rau/Dürrwächter, UStG, Einführung, Anm. 608 ff.

1431 *Dobratz*, in: UR 2014, 425 (427).

kann. In den folgenden Ausführungen soll an dieser begrifflichen Unterscheidung festgehalten werden.

Die Prinzipienordnung ist wie folgt zusammenzufassen:

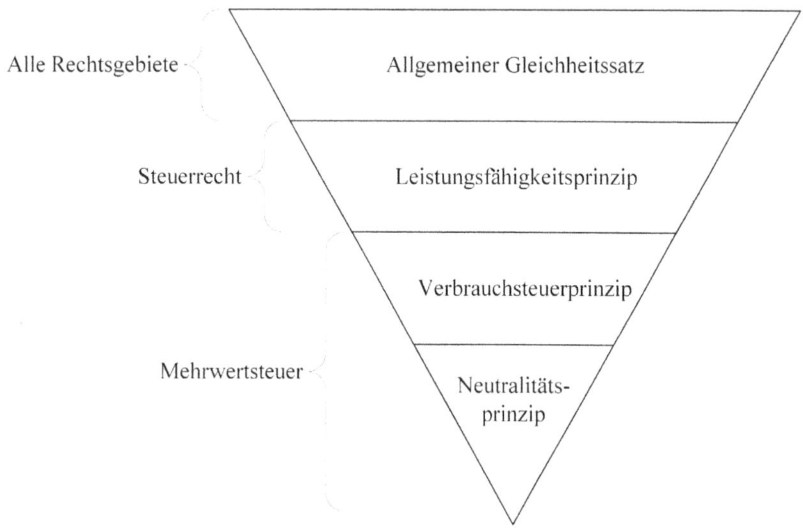

Abb. 4: Einbettung des Neutralitätsprinzips in die Prinzipienordnung

V. Gegenwärtiger Umgang mit gleichheitsrechtlichen Bedenken am Beispiel der EuGH-Rechtsprechung

1. *Rechtssache* Jetair und BTWE Travel4you

a) *Hintergrund*

Die Mehrwertsteuer-Systemrichtlinie enthält in den Art. 306 ff. Sonderregelungen für Reisebüros. Demnach entspricht die umsatzsteuerliche Bemessungsgrundlage nicht dem von dem Reisenden gezahlten Preis abzüglich der darin enthaltenen Umsatzsteuer. Die Bemessungsgrundlage beschränkt sich vielmehr auf die erwirtschaftete Marge. Diese den Verbraucher begünstigende Sonderregelung findet nach Art. 306 Abs. 1 UAbs. 1 i. V. m. Abs. 2 MwStSystRL für Reisebüros und Reiseveranstalter Anwendung. Reisebüros, die als Vermittler agieren, sind gemäß Art. 306 Abs. 1 UAbs. 2 MwStSystRL hingegen von der Margenbesteuerung ausgeschlossen.

In der verbundenen Rechtssache *Jetair und BTWE Travel4you*[1432] bat ein belgisches Finanzgericht den EuGH in einem Vorabentscheidungsersuchen um Stellungnahme hinsichtlich seiner Zweifel an der Konformität der Regelung mit dem allgemeinen Gleichheitsrecht.

b) Gleichheitsrechtliche Prüfung

Für Zwecke der gleichheitsrechtlichen Prüfung führt der EuGH Art. 306 MwStSystRL an, wonach Reisebüros anders als Vermittler behandelt werden.[1433] Aus dieser in der Richtlinie angelegten Ungleichbehandlung wird sodann geschlussfolgert, „dass der Unionsgesetzgeber die Situationen dieser beiden Gruppen nicht als vergleichbar angesehen hat".[1434] „*Folglich*"[1435] liege kein Verstoß gegen den Grundsatz der Gleichbehandlung vor.

c) Fazit

Aus der gleichheitsrechtlichen Prüfung in der Rechtssache *Jetair und BTWE Travel4you* lässt sich ableiten, dass dem Richtliniengeber eine Wertungsprärogative eingeräumt wird, die nicht im Rahmen einer Rechtfertigungsprüfung hinterfragt wird.[1436] Jedweder beliebige, objektive Unterschied der Vergleichsgruppe, der unmittelbar durch den Richtliniengeber hervorgehoben wurde, reicht dem EuGH demnach aus, um die objektive Vergleichbarkeit der Vergleichsgruppe zu verneinen.[1437] Eine Rechtfertigungsprüfung nahm der EuGH nach Verneinung der Vergleichbarkeit der Gruppen nicht vor.

1432 EuGH, Urt. v. 13.03.2014, Rs. C-599/12, *Jetair und BTWE Travel4you*, ECLI:EU:C:2014:144 = DB 2014, 696.

1433 EuGH, Urt. v. 13.03.2014, Rs. C-599/12, *Jetair und BTWE Travel4you*, ECLI:EU:C:2014:144 = DB 2014, 696, Rn. 54.

1434 EuGH, Urt. v. 13.03.2014, Rs. C-599/12, *Jetair und BTWE Travel4you*, ECLI:EU:C:2014:144 = DB 2014, 696, Rn. 55.

1435 EuGH, Urt. v. 13.03.2014, Rs. C-599/12, *Jetair und BTWE Travel4you*, ECLI:EU:C:2014:144 = DB 2014, 696, Rn. 56 (Hervorhebung nur hier).

1436 *Stadie* beklagt insoweit die „Rechtsfindungsmethode", in: Rau/Dürrwächter, UStG, Einführung, Anm. 609.

1437 Nach *Kofler* ist die Begründung des EuGH „uferlos", in: DStJG 41 (2018), 125 (150); *Kokott/Dobratz*, in: Schön/Heber, Grundfragen, 25 (34).

2. *Rechtssache* BLP Group

a) Hintergrund

Nach Art. 168 MwStSystRL besteht das Recht auf Vorsteuerabzug nur insoweit, als der Steuerpflichtige bezogene Lieferungen und Dienstleistungen für die Zwecke seiner besteuerten Umsätze verwendet. Im vorliegenden Fall veräußerte eine Gesellschaft Anteile und verwendete den Veräußerungserlös zur Tilgung von Schulden, die aus steuerpflichtigen Umsätzen resultierten.[1438] Es wurde demnach ein steuerbefreiter Umsatz erbracht, mit dem die steuerpflichtige Unternehmenstätigkeit gefördert wurde. Die Finanzverwaltung verwehrte den Vorsteuerabzug aus bezogenen Beratungsleistungen mit Verweis auf die Steuerfreiheit der Anteilsveräußerung. Die *BLP Group* trug hiergegen vor, es dürfe keinen Unterschied machen, ob die Eingangsleistungen mittelbar oder unmittelbar mit den besteuerten Ausgangsumsätzen in Verbindung ständen.[1439] Zudem wurde angeführt, dass im Vergleichsfall der Darlehensinanspruchnahme zur Schuldentilgung für die Beratungsleistungen im Zusammenhang mit der Darlehensgewährung unstreitig der Vorsteuerabzug gewährt werden würde. Mehrwertsteuerliche Faktoren dürften jedoch wirtschaftliche Entscheidungen nicht beeinflussen.[1440]

b) Gleichheitsrechtliche Prüfung

Der EuGH versagt den Vorsteuerabzug aufgrund mittelbaren Zusammenhangs mit steuerpflichtigen Ausgangsumsätzen mit der Begründung, dass die Finanzverwaltung in diesen Fällen dann die Absicht des Steuerpflichtigen zu ermitteln hätte. Allein die objektive Natur des Umsatzes zu berücksichtigen, bewertet das Gericht als unvereinbar mit den Zielen des Mehrwertsteuersystems.[1441]

Betreffend die gleichheitsrechtlichen Einwände der *BLP Group* stimmt das Gericht zunächst zu, dass im Vergleichsfall der Kreditinanspruchnahme für damit zusammenhängende Beratungsleistungen das Recht auf Vorsteuerabzug gewährt worden wäre. Der EuGH führt daraufolgend jedoch aus, der Neutralitätsgrundsatz habe nicht die Bedeutung, die ihm die Betroffene beimisst. Das gemeinsame Mehrwertsteuersystem gewähre die vollständige Neutralität der Mehrwertsteuer bezogen auf die steuerliche Belastung aller wirtschaftlichen

---

1438 EuGH, Urt. v. 06.04.1995, *BLP Group*, Rs. C-4/94, Slg. 1995, I-983, Rn. 12.
1439 EuGH, Urt. v. 06.04.1995, *BLP Group*, Rs. C-4/94, Slg. 1995, I-983, Rn. 14.
1440 EuGH, Urt. v. 06.04.1995, *BLP Group*, Rs. C-4/94, Slg. 1995, I-983, Rn. 15.
1441 EuGH, Urt. v. 06.04.1995, *BLP Group*, Rs. C-4/94, Slg. 1995, I-983, Rn. 24.

Tätigkeiten unabhängig von deren Zweck und deren Ergebnis nur unter der Voraussetzung, dass „diese Tätigkeiten ihrerseits der Mehrwertsteuer unterliegen".[1442]

c) Fazit

Die Rechtssache *BLP Group* zeigt auf, dass der EuGH gleichheitsrechtliche Bedenken ausschließlich am Neutralitätsgrundsatz misst, diesem dabei jedoch keine Verfassungsqualität zuschreibt. Ein Recht auf Berufung auf den Neutralitätsgrundsatz in Fällen, die mangels Steuerpflicht des Ausgangsumsatzes nicht automatisch dem Schutzbereich des Neutralitätsgrundsatzes unterliegen, wird verwehrt. Dies gilt ungeachtet der Tatsache, dass das Gericht die Ungleichbehandlung der Vergleichsfälle explizit bestätigt. Eine Rechtfertigung der Diskriminierung findet im Ergebnis nicht statt.

3. Rechtssache Zimmermann

a) Hintergrund

Frau Zimmermann, eine examinierte Krankenschwester, behandelte in einem Jahr insgesamt 76 Personen, von denen 52 Privatzahler waren. Damit unterschritt sie die für die Inanspruchnahme der Steuerbefreiung nach § 4 Nr. 16 Buchst. e UStG vorgesehene Grenze der Kostentragung von zwei Dritteln durch den gesetzlichen Träger der Sozialversicherung oder die Sozialhilfe. Daraufhin wurde Frau Zimmermann die Steuerfreiheit ihrer Umsätze verwehrt. Die nationale Steuerbefreiung des § 4 Nr. 18 UStG konnte sie nicht beanspruchen, weil diese nur amtlich anerkannten Verbänden der freien Wohlfahrtspflege und der freien Wohlfahrtspflege dienenden Körperschaften, Personenvereinigungen und Vermögensmassen, die einem Wohlfahrtsverband als Mitglied angeschlossen sind, vorbehalten ist. Die Steuerbefreiung erfasst mithin dieselben Leistungen wie die von Frau Zimmermann erbrachten Dienstleistungen mit der Ausnahme, dass keine Kostentragungsquote vorgeschrieben ist.

Die Befreiungsvorschrift des § 4 Nr. 18 UStG geht auf Art. 13 Teil A der Sechsten Mehrwertsteuer-Systemrichtlinie (jetzt: Art. 132 Abs. 1 Buchst. g i. V. m. Art. 133 und Art. 134 MwStSystRL) zurück. Der BFH bat den EuGH vorab um Stellungnahme, ob die Beschränkung dieser Steuerbefreiung auf bestimmte Unternehmer mit dem Neutralitätsgrundsatz vereinbar sei.[1443]

1442 EuGH, Urt. v. 06.04.1995, *BLP Group*, Rs. C-4/94, Slg. 1995, I-983, Rn. 26.

1443 BFH, Beschl. v. 02.03.2011, XI R 47/07, BFH/NV 2011, 1089.

b) Gleichheitsrechtliche Prüfung

Der EuGH prüfte die Vorlagefrage mit Blick auf den Neutralitätsgrundsatz in seiner Ausprägung, wonach gleichartige und deshalb miteinander in Wettbewerb stehende Waren oder Dienstleistungen hinsichtlich der Mehrwertsteuer nicht unterschiedlich behandelt werden dürfen.[1444] Es sei „darauf hinzuweisen", dass der Neutralitätsgrundsatz „keine Regel des Primärrechts ist, die für die Gültigkeit eines […] Befreiungstatbestands maßgebend sein könnte".[1445] Nach Auffassung des EuGH erlaubt der Grundsatz der steuerlichen Neutralität als bereichsspezifische Ausprägung des Gleichheitssatzes keine Ausweitung eines Befreiungstatbestands, sofern hierfür keine eindeutige Norm der Mehrwertsteuer-Systemrichtlinie existiert.[1446] Das Gericht betonte, Art. 13 Teil A der Sechsten Mehrwertsteuer-Systemrichtlinie (jetzt: Art. 132 Abs. 1 Buchst. g i. V. m. Art. 133 und Art. 134 MwStSystRL) regle, „welche gemeinnützigen Tätigkeiten von der Mehrwertsteuer zu befreien sind […] und welchen Bedingungen die Mitgliedstaaten die für eine Befreiung in Betracht kommenden Tätigkeiten unterwerfen dürfen".[1447] „*Daher*"[1448] stehe der Neutralitätsgrundsatz nicht dem Umstand entgegen, dass die Steuerbefreiung der Mehrwertsteuer-Systemrichtlinie nur einigen explizit genannten Unternehmern zusteht.

c) Fazit

Aus der Rechtssache *Zimmermann* ist abzuleiten, dass der EuGH mit Blick auf die Ausweitung von Steuerbefreiungen aus Gleichheitsgesichtspunkten jedwede Bedenken mit der Richtlinienbestimmung selbst überantwortet. Eine Würdigung der Vergleichbarkeit der Pflegeumsätze und eine Rechtfertigungsprüfung hinsichtlich der unterschiedlichen Behandlung eben dieser Umsätze erfolgen nicht. Da der Neutralitätsgrundsatz als Gleichheitsrecht ohne Primärrechtscharakter qualifiziert wird, unterliegen die Bestimmungen

---

1444 EuGH, Urt. v. 15.11.2012, Rs. C-174/11, *Zimmermann*, ECLI:EU: C:2012:484 = BFH/NV 2013, 173, Rn. 48 f.

1445 EuGH, Urt. v. 15.11.2012, Rs. C-174/11, *Zimmermann*, ECLI:EU: C:2012:484 = BFH/NV 2013, 173, Rn. 50.

1446 EuGH, Urt. v. 15.11.2012, Rs. C-174/11, *Zimmermann*, ECLI:EU: C:2012:484 = BFH/NV 2013, 173, Rn. 50.

1447 EuGH, Urt. v. 15.11.2012, Rs. C-174/11, *Zimmermann*, ECLI:EU: C:2012:484 = BFH/NV 2013, 173, Rn. 51.

1448 EuGH, Urt. v. 15.11.2012, Rs. C-174/11, *Zimmermann*, ECLI:EU: C:2012:484 = BFH/NV 2013, 173, Rn. 52 (Hervorhebung nur hier).

der Mehrwertsteuer-Systemrichtlinie insoweit *de facto* keiner verfassungsrechtlichen Überprüfung. Dem Richtliniengeber wird damit durch den EuGH eingeräumt, Sekundärrechtsakte zu erlassen, die keiner primärrechtlichen Überprüfung zugänglich sind.

4. *Rechtssachen* Seeling *und* Puffer

a) Hintergrund

Nach der EuGH-Rechtsprechung können gemischt genutzte Gegenstände anteilig entsprechend der Nutzung insgesamt dem unternehmerischen oder alternativ vollständig dem privaten Bereich zugeordnet werden.[1449] Nach der Quote der Zuordnung zum Unternehmensvermögen richtet sich im Grundsatz auch die Höhe des Vorsteuerabzugs.[1450] Vor Einführung von Art. 168a MwStSystRL[1451] (bzw. § 15 Abs. 1b UStG)[1452] wurden diese Zuordnungsgrundsätze vielfach für das sog. *Seeling*-Modell[1453] genutzt,[1454] welches auf der EuGH-Entscheidung in der Rechtssache *Seeling*[1455] basiert.

Herr Seeling errichtete ein Gebäude, das er für unternehmerische und private Zwecke nutzte. Dieses Gebäude ordnete er vollständig seinem Unternehmensvermögen zu und machte infolgedessen den vollen Vorsteuerabzug, also auch für den privaten Verwendungsteil, geltend. Die Finanzverwaltung und dem folgend das FG München verwehrten ihm zunächst den Vorsteuerabzug für den

1449 EuGH, Urt. v. 12.02.2009, Rs. C-515/07, *VNLTO*, Slg. 2009, I-839 Rn 32; v. 04.10.1995, Rs. C-291/92, *Armbrecht*, Slg. 1995, I-2775, Rn. 32 f.; v. 11.07.1991, Rs. C-97/90, *Lennartz*, Slg. 1991, I-3795. Für eine detaillierte Darstellung der Zuordnungswahlrechte in der Rechtsprechung des EuGH siehe *Pull*, Die Sphärentheorie im Mehrwertsteuerrecht, 29 ff.

1450 EuGH, Urt. v. 12.02.2009, Rs. C-515/07, *VNLTO*, Slg. 2009, I-839 Rn 37; v. 04.10.1995, Rs. C-291/92, *Armbrecht*, Slg. 1995, I-2775, Rn. 25 ff.; v. 11.07.1991, Rs. C-97/90, *Lennartz*, Slg. 1991, I-3795, Rn. 23 f.

1451 Eingeführt durch Richtlinie 2009/162/EU des Rates vom 22.12.2009 zur Änderung verschiedener Bestimmungen der Richtlinie 2006/112/EG über das gemeinsame Mehrwertsteuersystem, Abl. EU 2010 Nr. L 10, 14.

1452 Gemäß § 27 Abs. 16 UStG ist § 15 Abs. 1b UStG für entsprechende Vorgänge ab 01.01.2011 anwendbar.

1453 Zu den wirtschaftlichen Vorteilen des *Seeling*-Modells vgl. *von Streit/Zugmaier*, DStR 2010, 524; *Nieskens*, EU-UStB 2009, 43 (45); *Krumenacker*, UR 2007, 473; *Hiller*, DStR 2005, 809.

1454 *von Streit/Zugmaier*, DStR 2010, 524.

1455 EuGH, Urt. v. 08.05.2003, Rs. C-269/00, *Seeling*, Slg. 2003, I-4101.

privaten Verwendungsteil mit der Begründung, Herr Seeling vermiete insoweit fiktiv an sich selbst. Daher sei nach § 15 Abs. 2 Satz 1 Nr. 1 UStG kein Vorsteuerabzugsrecht gegeben.[1456] Der EuGH bestätigte indes das Zuordnungswahlrecht von Herrn Seeling und gewährte den vollen Vorsteuerabzug.[1457] Der private Nutzungsanteil unterliege infolge des Vorsteuerabzuges als unentgeltliche Wertabgabe der Besteuerung.[1458]

Das *Seeling*-Modell wurde in vielen Fällen Finanzierungsbestandteil beim Erwerb oder Bau gemischt genutzter Gebäude. Durch den vollständigen Vorsteuerabzug bei lediglich ratierlicher Versteuerung einer unentgeltlichen Wertabgabe über einen Zeitraum von 10 Jahren konnte eine Art zinsloses „Staatsdarlehen"[1459] gestaltet werden. Aufgrund dieser wirtschaftlichen Bedeutsamkeit der Umsatzsteuer ertönten nicht nur in der Literatur kritische Stimmen.[1460] Da der Liquiditäts- und Zinsvorteil lediglich Unternehmern zustand, nicht jedoch Privatpersonen, legte der Österreichische Verwaltungsgerichtshof seine gleichheitsrechtlichen Bedenken dem EuGH in der Rechtssache *Puffer*[1461] vorab zur Entscheidung vor.[1462]

Frau Puffer errichtete ein gemischt genutztes Gebäude und beanspruchte mithilfe des *Seeling*-Modells den vollen Vorsteuerabzug. Dies wurde ihr zunächst durch die Finanzbehörde und später auch durch den Unabhängigen Finanzsenat verwehrt. Sie klagte daraufhin vor dem Österreichischen Verwaltungsgerichtshof auf Anerkennung ihres Zuordnungs- und Vorsteuerabzugsrechts. Dieser legte dem EuGH vorab zur Klärung vor, ob der sofortige und vollständige Vorsteuerabzug nach dem *Seeling*-Modell mit dem allgemeinen gemeinschaftsrechtlichen Grundsatz der Gleichbehandlung vereinbar sei.

b) Gleichheitsrechtliche Prüfung

Zunächst stellt das Gericht heraus, der Neutralitätsgrundsatz gebiete zum einen den vollständigen sofortigen Vorsteuerabzug unternehmerischer

---

1456 FG München, Urt. v. 15.04.1999, 14 K 4429/97, EFG 1999, 1051.

1457 EuGH, Urt. v. 08.05.2003, Rs. C-269/00, *Seeling*, Slg. 2003, I-4101, Rn. 41 f.

1458 EuGH, Urt. v. 08.05.2003, Rs. C-269/00, *Seeling*, Slg. 2003, I-4101, Rn. 42 ff.

1459 *von Streit/Zugmaier*, DStR 2010, 524 (525).

1460 Vgl. nur *Englisch*, in: Tipke/Lang[23], Steuerrecht, § 17 Rz. 337; *Stadie*, in: Rau/Dürrwächter, UStG, § 15 Anm. 1528 ff.; *Reiß*, UR 2010, 797, (799 ff.); *ders.*, UR 2003, 428 (439 ff.); *Widmann*, UR 2009, 420 f.; *Nieskens*, in: FS Reiß, 45 (62 f.); *Tumpel*, in: FS Reiß, 123 (133 ff.); *Krumenacker*, UR 2007, 473, (475 ff.).

1461 EuGH, Urt. v. 23.04.2009, Rs. C-460/07, *Puffer*, Slg. 2009, I-3251.

1462 ÖVwGH, Beschl. v. 24.9.2007, Zl. EU 2007/0008-1 = UR 2008, 86.

Investitionen[1463] und zum anderen die Gleichstellung der privaten Nutzung eines dem Unternehmen zugeordneten Gegenstandes durch den Unternehmer mit der Nutzung durch den Endverbraucher, der beim Kauf Mehrwertsteuer entrichtet und nicht durch einen Vorsteuerabzug entlastet wird[1464]. Der EuGH wählte zur Kombination dieser beiden Ziele die Eröffnung der Möglichkeit des *Seeling*-Modells für gemischt genutzte Gegenstände. Bereits vor der Rechtssache *Puffer* hatte der EuGH in der *Wollny*-Entscheidung anerkannt, dass das *Seeling*-Modell zu wirtschaftlichen Vorteilen für Unternehmer im Vergleich zu Privatpersonen führt.[1465] Die Feststellung der Ungleichbehandlung war demnach bereits erfolgt und wird auch in der Rechtssache *Puffer* betont.[1466] Der EuGH leitet aus den Neutralitätsvorgaben, aus denen er das *Seeling*-Modell hatte entstehen lassen, weitere Schlussfolgerungen für die objektive Vergleichbarkeit der beiden Gruppen der Unternehmer einerseits und der Privatpersonen andererseits ab:[1467]

> *„**Somit** ergibt sich ein etwaiger Unterschied in der Behandlung der Steuerpflichtigen und der Nichtsteuerpflichtigen aus der Anwendung des Grundsatzes der steuerlichen Neutralität, der in erster Linie die Gleichbehandlung der Steuerpflichtigen gewährleistet."*

„Überdies" ergebe sich ein Unterschied der beiden Vergleichsgruppen daraus, dass Unternehmer im Vergleich zu Privatpersonen wirtschaftlichen Tätigkeiten nachgingen.[1468] Ferner seien sie abgabenrechtliche Schuldner der Mehrwertsteuer und hielten u. a. deshalb eine „besondere Stellung" inne.[1469] Aufgrund dieser unterschiedlichen Merkmale für Steuerpflichtige und Privatpersonen beruhe eine Ungleichbehandlung der Vergleichsgruppen auf unterschiedlichen Sachverhalten. Im Ergebnis lehnte der EuGH mit dieser Begründung einen Verstoß gegen den Grundsatz der Gleichbehandlung ab.[1470]

1463 EuGH, Urt. v. 23.04.2009, Rs. C-460/07, *Puffer*, Slg. 2009, I-3251, Rn. 47.
1464 EuGH, Urt. v. 23.04.2009, Rs. C-460/07, *Puffer*, Slg. 2009, I-3251, Rn. 54.
1465 EuGH, Urt. v. 14.09.2006, Rs. C-72/05, *Wollny*, Slg. 2006, I-8297, Rn 38.
1466 EuGH, Urt. v. 23.04.2009, Rs. C-460/07, *Puffer*, Slg. 2009, I-3251, Rn. 55.
1467 EuGH, Urt. v. 23.04.2009, Rs. C-460/07, *Puffer*, Slg. 2009, I-3251, Rn. 55 (Hervorhebung nur hier).
1468 EuGH, Urt. v. 23.04.2009, Rs. C-460/07, *Puffer*, Slg. 2009, I-3251, Rn. 56 (Hervorhebung nur hier).
1469 EuGH, Urt. v. 23.04.2009, Rs. C-460/07, *Puffer*, Slg. 2009, I-3251, Rn. 56.
1470 EuGH, Urt. v. 23.04.2009, Rs. C-460/07, *Puffer*, Slg. 2009, I-3251, Rn. 57.

c) *Fazit*

Der EuGH thematisiert nicht, ob eine Ungleichbehandlung der Vergleichsgruppen gerechtfertigt ist. Vielmehr leitet das Gericht den Unterschied der Vergleichsgruppen aus Vorgaben ab, die auf eigenen Auslegungen in der Rechtssache *Seeling* basieren. Die Ungleichbehandlung dieser Gruppen wird demnach durch den EuGH eingestanden und zugleich mit dem Neutralitätsgrundsatz begründet. Eine sich dieser Entscheidung anschließende Überprüfung der eigenen *Seeling*-Rechtsprechung am Maßstab des Gleichheitssatzes erfolgt indes nicht.

Zur Untermauerung der Ungleichheit der Vergleichsgruppen wird auf die Unternehmerstellung verwiesen. Dies muss als implizite Rechtfertigung für die Unterscheidung von Unternehmern und Privatpersonen verstanden werden. Wieso jedoch in diesem Zusammenhang die Funktion des Unternehmers im Mehrwertsteuersystem einen Liquiditätsvorteil aus Gründen der steuerlichen Neutralität nicht bloß rechtfertigen, sondern sogar begründen soll, wird durch den EuGH nicht weiter erläutert. Ungewürdigt blieb somit u. a., dass das *Seeling*-Modell nur von einer sehr begrenzten Anzahl von Unternehmern beansprucht werden kann, die aufgeführten Unternehmerpflichten jedoch von allen Unternehmern zu befolgen sind.[1471] Damit rechtfertigt der EuGH einen potentiellen Grundrechtsverstoß (Ungleichbehandlung von Privatpersonen und Unternehmern) mit einem weiteren potentiellen Grundrechtsverstoß (Ungleichbehandlung von Unternehmern untereinander).[1472]

5. *Rechtssache* RPO

a) *Hintergrund*

Gemäß Art. 98 Abs. 1 MwStSystRL können die Mitgliedstaaten einen oder zwei ermäßigte Steuersätze vorsehen. Nach Art. 98 Abs. 2 UAbs. 1 MwStSystRL sind nur solche Waren und Dienstleistungen ermäßigungsfähig, die den in Anhang III zur Mehrwertsteuer-Systemrichtlinie aufgezählten Kategorien zugeordnet werden können. Elektronisch erbrachte Dienstleistungen werden durch Art. 98 Abs. 2 UAbs. 2 MwStSystRL von den ermäßigten Steuersätzen gänzlich ausgeschlossen. Infolgedessen ist für die Lieferung von digitalen Büchern wie folgt zu unterscheiden: Die Lieferung von Büchern auf jeglichen physischen Trägern[1473] ist nach Art. 98 Abs. 2 UAbs. 1 i. V. m. Anhang III Nr. 6 MwStSystRL

1471 *Englisch,* in: W. Schön/K. Beck, Zukunftsfragen, 39 (66 f.).

1472 *Pull*, Die Sphärentheorie im Mehrwertsteuerrecht, 230 ff.; *Wäger*, DB 2012, 1288 (1293).

1473 Dies können beispielsweise CD-ROMs, DVDs oder USB-Sticks sein.

ermäßigungsfähig, während die Lieferung digitaler Bücher auf elektronischem Weg[1474] hingegen dem Regelsteuersatz gemäß Art. 96 MwStSystRL unterliegt. Im Ergebnis wird etwa ein E-Book unterschiedlich besteuert, je nachdem, ob der Verbraucher das digitale Buch vom Server eines gewerblichen Anbieters herunterlädt und auf dem Endgerät abspeichert, oder er es auf einem Datenträger gespeichert erwirbt und anschließend auf dem Endgerät speichert.

Die polnische Ombudsperson für Bürgerrechte *Rzecznik Praw Obywatelskich* (kurz: *RPO*)[1475] regte im Antragswege an, die Unvereinbarkeit dieser Ungleichbehandlung mit der polnischen Verfassung durch das polnische Verfassungsgericht feststellen zu lassen. Das Verfassungsgericht legte die Frage der Gültigkeit von Art. 98 Abs. 2 i. V. m. Anhang III Nr. 6 MwStSystRL und der Vereinbarkeit mit dem Gleichbehandlungsgrundsatz nach Art. 20 GrCh vorab dem EuGH zur Entscheidung vor.

b) Gleichheitsrechtliche Prüfung

Der EuGH stellt in der nach dem Ombudsmann benannten Rechtssache *RPO*[1476] der gleichheitsrechtlichen Prüfung eine Erläuterung des Prüfungsschemas voran. Demnach seien die Unterscheidungsmerkmale der Sachverhalte sowie ihre Vergleichbarkeit „im Licht des Ziels und des Zwecks der in Rede stehenden Vorschriften zu bestimmen und zu beurteilen".[1477] Auch die Grundsätze und Ziele des entsprechenden Bereichs müssten berücksichtigt werden. Die Rechtfertigung, vergleichbare Sachverhalte unterschiedlich und unterschiedliche Sachverhalte gleich zu behandeln, müsse objektiv sein.[1478] Dieses Prüfungsschema ergebe sich aus der ständigen Rechtsprechung.[1479]

1474 Dies kann beispielsweise der Download in einem für einen E-Book-Reader vorgesehenen Format sein.

1475 Dt.: Beauftragter für Bürgerrechte.

1476 EuGH, Urt. v. 07.03.2017, Rs. C-390/15, *RPO*, ECLI:EU: C:2017:174 = DStRE 2017, 1183.

1477 EuGH, Urt. v. 07.03.2017, Rs. C-390/15, *RPO*, ECLI:EU: C:2017:174 = DStRE 2017, 1183, Rn. 42.

1478 EuGH, Urt. v. 07.03.2017, Rs. C-390/15, *RPO*, ECLI:EU: C:2017:174 = DStRE 2017, 1183, Rn. 41.

1479 EuGH, Urt. v. 07.03.2017, Rs. C-390/15, *RPO*, ECLI:EU: C:2017:174 = DStRE 2017, 1183, Rn. 41 f. mit Verweis auf EuGH, Urt. v. 16.12.2008, Rs. C-127/07, *Société Arcelor Atlantique et Lorraine u. a.*, Slg. 2008, I-9895, Rn. 26 m. w. N.

Das Gericht bejaht im ersten Prüfungsschritt die unstreitig vorliegende unterschiedliche Behandlung digitaler Bücher.[1480] Der EuGH arbeitet anschließend das Ziel der ermäßigten Umsatzbesteuerung heraus. Zielsetzung sei die Förderung des Lesens als kulturelles Bildungsgut, ungeachtet, ob es sich dabei um Belletristik, Sachbücher, Zeitungen oder Zeitschriften handle.[1481] Dies entspricht im Übrigen der nationalen Gesetzesbegründung zum UStG 1961[1482], die schließlich für die Steuerbefreiung in der Mehrwertsteuer-Systemrichtlinie übernommen wurde.[1483] Die Richter folgen damit den Schlussanträgen der Generalanwältin *Kokott*, die diese Zielsetzung insbesondere aus der in Anhang III Nr. 6 MwStSystRL enthaltenen Negativabgrenzung zu Druckerzeugnissen, die vollständig oder im Wesentlichen Werbezwecken dienen, abgeleitet hatte. Diese Publikationen verfolgten keine Bildungszwecke.[1484] Sowohl der Rat als auch die Kommission hatten hingegen vorgetragen, die Mehrwertsteuerrichtlinie berücksichtige keine Förderungsziele.[1485]

Im Ergebnis handle es sich bei elektronischen Büchern und solchen auf anderen physischen Trägern um in Anbetracht des durch den Unionsgesetzgeber verfolgten Ziels vergleichbare Sachverhalte.[1486] Dass es sich bei elektronischen Büchern nach Art. 24 Abs. 1 und 25 MwStSystRL um Dienstleistungen handelt, während digitale Bücher auf physischen Trägern nach Art. 14 Abs. 1 MwStSystRL Lieferungen von Gegenständen darstellen, kann nach Auffassung des EuGH die Vergleichbarkeit nicht in Frage stellen.[1487]

1480 EuGH, Urt. v. 07.03.2017, Rs. C-390/15, *RPO*, ECLI:EU: C:2017:174 = DStRE 2017, 1183, Rn. 43 f.

1481 EuGH, Urt. v. 07.03.2017, Rs. C-390/15, *RPO*, ECLI:EU: C:2017:174 = DStRE 2017, 1183, Rn. 45.

1482 Demnach spiele für das kulturpolitische Ziel der Förderung der gesellschaftlichen, staatsbürgerlichen und sittlichen Erziehung das gedruckte Wort eine entscheidende Rolle, BT-DRs. 3/2101, 3.

1483 Vgl. hierzu die Ausführungen in Kapitel 5. C. I. 2. e) bb) dieser Arbeit.

1484 EuGH, Urt. v. 07.03.2017, Rs. C-390/15, *RPO*, ECLI:EU: C:2017:174 = DStRE 2017, 1183, Rn. 45 ff. mit Verweis auf EuGH, Schlussantr. GA *Kokott* v. 09.08.2016, Rs. C-390/15, *RPO*, ECLI:EU: C:2016:664 = BeckRS 2016, 82203, Rn. 56.

1485 EuGH, Schlussantr. GA *Kokott* v. 09.08.2016, Rs. C-390/15, *RPO*, ECLI:EU: C:2016:664 = BeckRS 2016, 82203, Rn. 55.

1486 EuGH, Urt. v. 07.03.2017, Rs. C-390/15, *RPO*, ECLI:EU: C:2017:174 = DStRE 2017, 1183, Rn. 49.

1487 EuGH, Urt. v. 07.03.2017, Rs. C-390/15, *RPO*, ECLI:EU: C:2017:174 = DStRE 2017, 1183, Rn. 50.

Die Rechtfertigungsprüfung bildet den dritten Prüfungsschritt. Die Ungleichbehandlung der vergleichbaren Sachverhalte erfordere eine „gebührende Rechtfertigung".[1488] Diese ist nach Auffassung des EuGH möglich, „wenn die unterschiedliche Behandlung im Zusammenhang mit einem rechtlich zulässigen Ziel steht, das mit der Maßnahme, die zu einer solchen unterschiedlichen Behandlung führt, verfolgt wird, und wenn die unterschiedliche Behandlung in angemessenem Verhältnis zu diesem Ziel steht".[1489] In diesem Zusammenhang räumt der EuGH dem Unionsgesetzgeber ein weites Ermessen ein, weil dieser beim Erlass steuerlicher Maßnahmen politische, wirtschaftliche und soziale Entscheidungen treffen, divergierende Interessen in eine Rangfolge bringen oder komplexe Beurteilungen vornehmen müsse.[1490] Hinter dem Ausschluss der elektronischen Dienstleistungen von den ermäßigten Steuersätzen stecke eine Mehrwertsteuer-Sonderregelung für den elektronischen Handel. Es sei für Rat und Kommission erforderlich gewesen, elektronische Dienstleistungen „klaren, einfachen und einheitlichen Regeln zu unterwerfen, damit der für diese Dienstleistungen geltende Mehrwertsteuersatz zweifelsfrei ermittelt werden könne und so die Handhabung dieser Steuer durch die Steuerpflichtigen und die nationalen Finanzverwaltungen erleichtert werde".[1491]

Der EuGH wertete die Sonderregelung für elektronische Dienstleistungen als rechtlich zulässige Maßnahme, die zur Erreichung des Ziels auch geeignet sei.[1492] Die Verhältnismäßigkeit wurde schließlich daraus abgeleitet, dass der Unionsgesetzgeber durch den Ausschluss der auf elektronischem Weg gelieferten Bücher die Möglichkeit habe, die Weiterentwicklung der Digitalisierung als Ganzes zu behandeln. Ermäßigungen einzelner elektronischer Dienstleistungen liefen nach Auffassung des Gerichts dieser Kohärenz zuwider.[1493] Im Ergebnis wertete der

---

1488 EuGH, Urt. v. 07.03.2017, Rs. C-390/15, *RPO*, ECLI:EU: C:2017:174 = DStRE 2017, 1183, Rn. 52.

1489 EuGH, Urt. v. 07.03.2017, Rs. C-390/15, *RPO*, ECLI:EU: C:2017:174 = DStRE 2017, 1183, Rn. 53 mit Verweis auf u. a. EuGH, Urt. v. 17.10.2013, Rs. C-101/12, *Schaible*, ECLI:EU:C:2013:661 = DÖV 2014, 41, Rn. 77.

1490 EuGH, Urt. v. 07.03.2017, Rs. C-390/15, *RPO*, ECLI:EU: C:2017:174 = DStRE 2017, 1183, Rn. 54.

1491 EuGH, Urt. v. 07.03.2017, Rs. C-390/15, *RPO*, ECLI:EU: C:2017:174 = DStRE 2017, 1183, Rn. 57.

1492 EuGH, Urt. v. 07.03.2017, Rs. C-390/15, *RPO*, ECLI:EU: C:2017:174 = DStRE 2017, 1183, Rn. 61 ff.

1493 EuGH, Urt. v. 07.03.2017, Rs. C-390/15, *RPO*, ECLI:EU: C:2017:174 = DStRE 2017, 1183, Rn. 64 ff.

EuGH den Ausschluss auf elektronischem Weg erbrachter Leistungen von den ermäßigten Steuersätzen als mit dem allgemeinen Gleichheitssatz nach Art. 20 GrCh vereinbar.[1494]

c) *Fazit*

Der Aufbau der Entscheidung in der Rechtssache *RPO* ist klar und überzeugend. Zu begrüßen ist, dass sich die gleichheitsrechtliche Prüfungsstruktur in die grundfreiheitliche Prüfungssystematik einbettet. Mit diesem Prüfungsaufbau kann demnach eine pluralistische Prüfung von Grundfreiheiten und Grundrechten vollzogen[1495] und des Weiteren einfacher auf den zu den Grundfreiheiten entwickelten Rechtfertigungsbestand zurückgegriffen werden[1496].

Inhaltlich ist die Entscheidung des EuGH genauer zu untersuchen, weil sie im Ergebnis den „kaum einsichtigen Wettbewerbsverzerrungen zwischen physischen und rein digitalen Medien“[1497] nicht entgegenwirkt. Hierfür ist der Rechtfertigungsgrund der Wahrung der Kohärenz der mehrwertsteuerlichen Sonderregelungen für den elektronischen Handel einer gründlicheren Betrachtung zu unterziehen.

Die Verhältnismäßigkeit ergibt sich aus der Ansicht des Gerichts, die Ermäßigung einzelner elektronischer Dienstleistungen sei mit dieser Kohärenz unvereinbar.[1498] Diese Ansicht steht jedoch im Widerspruch zu zeitlich bereits in Gang gesetzten Initiativen für eine Anwendung des ermäßigten Steuersatzes auf E-Books sowohl auf nationaler wie unionaler Ebene.[1499] Bereits im Koalitionsvertrag 2013 war erklärt worden, die deutsche Bundesregierung strebe den ermäßigten Steuersatz für E-Books an und werde deshalb auf europäischer Ebene darauf hinwirken.[1500] Infolgedessen hatte die Bundesrepublik Deutschland gemeinsam mit weiteren europäischen Ländern die Europäische Kommission

---

1494 EuGH, Urt. v. 07.03.2017, Rs. C-390/15, *RPO*, ECLI:EU: C:2017:174 = DStRE 2017, 1183, Rn. 71.

1495 Vgl. hierzu die Ausführungen in Kapitel 2. E. II. dieser Arbeit.

1496 *Englisch,* in: W. Schön/K. Beck, Zukunftsfragen, 39 (63).

1497 *Ismer*, MwStR 2017, 687 (692). Ausführlich zur Anwendung des ermäßigten Steuersatzes auf E-Books *Becker, S.*, DStR 2014, 462.

1498 EuGH, Urt. v. 07.03.2017, Rs. C-390/15, *RPO*, ECLI:EU: C:2017:174 = DStRE 2017, 1183, Rn. 64 ff.

1499 *Kokott*, Steuerrecht der EU § 3 Rn. 15.

1500 Koalitionsvertrag der 18. Legislaturperiode zwischen CDU, CSU und SPD v. 16.12.2013, 93 f., abrufbar unter: http://www.cdu.de/sites/default/ files/media/dokumente/koalitionsvertrag.pdf.

aufgefordert, eine Steuersatzangleichung zu ermöglichen.[1501] Dem folgend hat die Europäische Kommission am 01.12.2016 und damit bereits vor Ergehen der *RPO*-Entscheidung eine Änderung der Mehrwertsteuer-Systemrichtlinie vorgeschlagen.[1502] Ende des Jahres 2018 wurden die Art. 98 und 99 MwStSystRL schließlich dergestalt angepasst, dass die Mitgliedstaaten eine entsprechende Steuersatzanpassung vornehmen dürfen.[1503] Die Europäische Kommission hält es folglich auch vor dem Hintergrund eines bestehenden Sonderregimes für den elektronischen Handel für gerechtfertigt, Ausnahmen für E-Books zuzulassen, um so für eine Gleichbehandlung von Büchern unabhängig der Art der Zurverfügungstellung zu sorgen.[1504] Die Kohärenz der Sonderregelungen soll mithin gerade aus gleichheitsrechtlichen Bestrebungen für E-Books eingeschränkt werden.

Es ist widersprüchlich und daher nicht nachvollziehbar, dass der EuGH in Kenntnis anderslautender Bestrebungen der Europäischen Kommission sein Ergebnis mit der Kohärenz des Besteuerungssystems für elektronische Leistungen rechtfertigt.[1505] Die Rechtfertigung einer Ungleichbehandlung verlangt, dass die unterschiedliche Behandlung in angemessenem Verhältnis zu dem verfolgten Ziel steht.[1506] Die Kenntnis, dass von diesem Ziel im Bereich der Steuersätze für E-Books abgewichen werden soll, spricht insoweit gegen eine weitere Verfolgung des Ziels der Kohärenz. Inhaltlich ist die gleichheitsrechtliche Prüfung im Ergebnis daher nicht überzeugend.

1501 BStBK, EU-Informationen aus Brüssel v. 29.5.2015, Nr. 03/2015, MwStR 2015, 441.

1502 Modernisierung der Mehrwertsteuer für den grenzübergreifenden elektronischen Geschäftsverkehr zwischen Unternehmen und Verbrauchern (B2C) v. 01.12.2016, COM 2016, 757 final.

1503 Richtlinie (EU) 2018/1713 des Rates v. 06.11.2018 zur Änderung der Richtlinie 2006/112/EG des Rates in Bezug auf die Mehrwertsteuersätze für Bücher, Zeitungen und Zeitschriften, ABl. EU Nr. L 286/20.

1504 *Becker, S.*, DStRK 2017, 126.

1505 Nach Auffassung von *Becker, S.*, ist die Rechtfertigung des EuGH gar „fast ein wenig absurd", in: DStRK 2017, 126.

1506 EuGH, Urt. v. 07.03.2017, Rs. C-390/15, *RPO*, ECLI:EU: C:2017:174 = DStRE 2017, 1183, Rn. 53 mit Verweis auf u. a. EuGH, Urt. v. 17.10.2013, Rs. C-101/12, *Schaible*, ECLI:EU:C:2013:661 = DÖV 2014, 41, Rn. 77.

6. *Rechtssache* Boehringer Ingelheim Pharma

a) Hintergrund

Bei der Abgabe von Medikamenten sowohl an gesetzlich als auch an privat Versicherte haben Pharmaunternehmen gesetzlich vorgeschriebene Arzneimittelrabatte zu gewähren. Die zivilrechtlichen Leistungsbeziehungen bei beiden Versicherungsformen unterscheiden sich jedoch. Diese Unterschiede sind nachfolgend grafisch dargestellt:

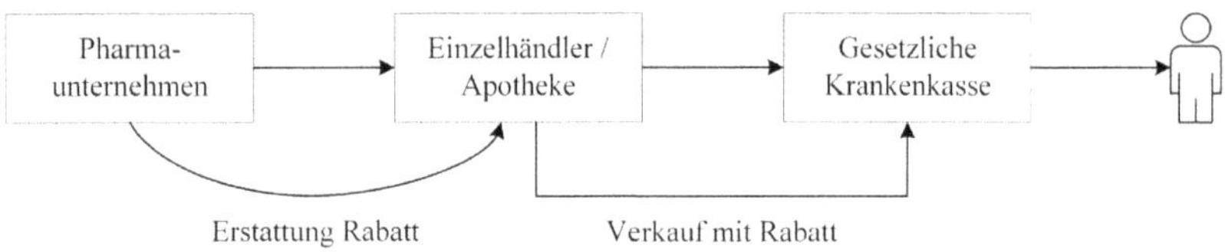

Abb. 5: Technische Abwicklung von Medikamentenrabatten bei gesetzlich Versicherten

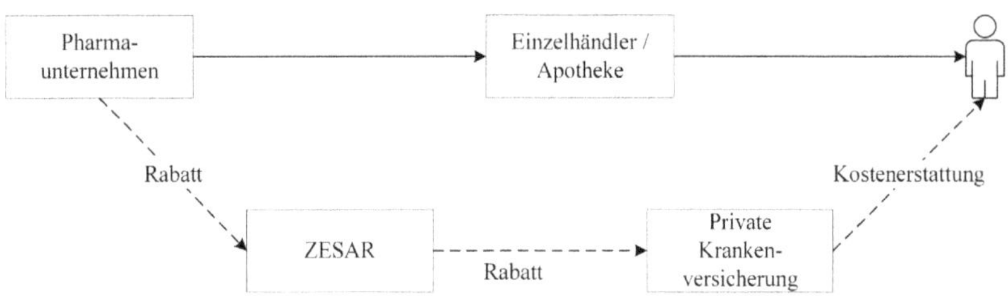

Abb. 6: Technische Abwicklung von Medikamentenrabatten bei privat Versicherten

Die Arzneimittelrabatte zu Lasten der Pharmaunternehmen sind gesetzlich durch § 130a Abs. 1 SGB V normiert. Apotheken gewähren der gesetzlichen Krankenkasse Abschläge auf den Abgabepreis verschreibungspflichtiger Medikamente. Dieser Preisnachlass ist den Apotheken von den Pharmaunternehmen zu erstatten. Die gesetzlichen Krankenversicherungen stehen in einer unmittelbaren Leistungsbeziehung zu der Apotheke. Sie beziehen die Medikamente zu einem bereits um den Arzneimittelrabatt verminderten Preis und geben sie an ihre Versicherten weiter.

Empfangen privat Versicherte[1507] die gleiche Medikation, gilt § 130a Abs. 1 SGB V gemäß § 1 AMRabG entsprechend. Die technische Abwicklung ist jedoch unterschiedlich: Privat Versicherte erwerben das Medikament zivilrechtlich selbst und stehen somit in einer unmittelbaren Beziehung zur Apotheke. Die nicht um den Arzneimittelrabatt geminderten Kosten lassen sie sich anschließend von ihrer privaten Krankenversicherung erstatten. Der Arzneimittelrabatt wird von den Pharmaunternehmen an die Zentrale Stelle zur Abrechnung von Arzneimittelrabatten geleistet, die die Beträge unter den privaten Krankenversicherungen aufteilt. Im Unterschied zu einem gesetzlich Versicherten erhält im Fall eines privat Versicherten nicht der Abnehmer der Medikation den Arzneimittelrabatt.[1508]

Diese Unterschiede in der technischen Abwicklung führten vor dem Hintergrund der EuGH-Rechtsprechung in den Rechtssachen *Elida Gibbs*[1509] und *Ibero Tours*[1510] zu der Konsequenz, dass die Arzneimittelrabatte umsatzsteuerlich unterschiedlich behandelt wurden. Bei gesetzlichen Krankenversicherungen führte der Rabatt zu einer Minderung der Bemessungsgrundlage nach Art. 90 MwStSystRL bei den Pharmaherstellern. Für Rabatte im System der privaten Krankenversicherungen wurde eine entsprechende Entgeltminderung jedoch verneint.

Der BFH hegte aufgrund der abwicklungstechnisch bedingten Ungleichbehandlung Zweifel an der Gleichheitssatzkonformität und bat den EuGH daher um Vorabentscheidung.[1511] Der Vorlagebeschluss enthält eine ausführliche Prüfung des Gleichbehandlungsgrundsatzes. Der BFH zitiert zunächst explizit Art. 20 GrCh und stellt klar, dass der Grundsatz der Gleichbehandlung auf dem Gebiet der Steuern nicht mit dem Neutralitätsgrundsatz übereinstimmt.[1512] Anschließend leitet das Gericht die Vergleichbarkeit der Sachverhalte aus dem Regelungsziel der Arzneimittelrabatte ab.[1513] Dabei stützt es sich auf Aussagen

1507 Gleiches gilt für Empfänger von staatlichen Beihilfen und der freien Heilfürsorge.

1508 EuGH, Urt. v. 20.12.2017, Rs. C-462/16, *Boehringer Ingelheim Pharma*, ECLI:EU:C:2017:1006 = DStR 2018, 75, Rn. 16.

1509 EuGH, Urt. v. 24.10.1996, Rs. C-317/94, *Elida Gibbs*, Slg. 1996, I-5339.

1510 EuGH, Urt. v. 16.01.2004, Rs. C-300/12, *Ibero Tours*, ECLI:EU: C:2014:8 = MwStR 2014, 129 m. Anm. *Vobbe*.

1511 BFH, Beschl. v. 22.06.2016, V R 42/15, BFH/NV 2016, 1528.

1512 BFH, Beschl. v. 22.06.2016, V R 42/15, BFH/NV 2016, 1528, Rn. 34 ff.

1513 BFH, Beschl. v. 22.06.2016, V R 42/15, BFH/NV 2016, 1528, Rn. 39.

des nationalen Gesetzgebers, wonach eine Unterscheidung zwischen Rabatten an gesetzliche und private Krankenkassen sachlich nicht gerechtfertigt sei.[1514] Die Ungleichbehandlung der vergleichbaren Sachverhalte wird schließlich einer Verhältnismäßigkeitsprüfung unterzogen. Dabei arbeitet der BFH heraus, dass im Lichte der EuGH-Rechtsprechung einzig technische Unterschiede in der Rabattgewährung zu der umsatzsteuerlichen Ungleichbehandlung führen. Diese gingen auf sozialrechtliche Unterschiede zurück. Dies rechtfertige mit Blick auf die ständige Rechtsprechung zur Rechtsformneutralität im Ergebnis keine ungleiche Behandlung.[1515] Zwar sei diese Rechtsprechung zum Neutralitätsgrundsatz ergangen und betreffe den Leistenden, Ungleichbehandlungen könnten sich jedoch auch in der Person des Leistungsempfängers zeigen.[1516]

Schlussendlich nahm der BFH *expressis verbis* in seine Vorlagefrage auf, ob „unter Berücksichtigung des unionsrechtlichen Grundsatzes der Gleichbehandlung" eine Berechtigung zur Minderung der Bemessungsgrundlage besteht.[1517]

b) Gleichheitsrechtliche Prüfung

Dem Vorabentscheidungsersuchen wurde eine große Bedeutung eingeräumt, weil es „wohl erstmalig zur Überprüfung einer durch die Rechtsprechung des EuGH ausgelegten Norm der Richtlinie anhand des Primärrechts"[1518] kommen sollte.[1519] Diese Erwartungshaltung an die gleichheitsrechtliche Prüfung wurde nicht zuletzt aufgrund des unbefriedigenden Ergebnisses der in der Zwischenzeit ergangenen Rechtssache *RPO*[1520] aufrechterhalten.[1521]

Der EuGH wählte jedoch einen eigenen Lösungsweg. In seinen Schlussanträgen[1522] sprach sich Generalanwalt *Tanchev* dafür aus, unter „Berücksichtigung der wirtschaftlichen Realität"[1523] die Zuzahlungen der privat Versicherten

---

1514 BT-DRs. 17/3698, 60.

1515 BFH, Beschl. v. 22.06.2016, V R 42/15, BFH/NV 2016, 1528, Rn. 41 ff.

1516 BFH, Beschl. v. 22.06.2016, V R 42/15, BFH/NV 2016, 1528, Rn. 44 f.

1517 BFH, Beschl. v. 22.06.2016, V R 42/15, BFH/NV 2016, 1528, Tenor I.

1518 *Heuermann*, DStR 2016, 1919 (1922).

1519 *von Streit/Streit*, UStB 2017, 174 (179 ff.); *Heuermann*, UR 2016, 905 (909 ff.).

1520 Vgl. hierzu die Ausführungen in Kapitel 4. B. V. 5. dieser Arbeit.

1521 Siehe die Verweise in den Kommentierungen zur *RPO*-Entscheidung von *Grube*, MwStR 2017, 312 (317) und *Dodos/Heilmeier*, EuZW 2017, 435 (440).

1522 EuGH, Schlussantr. v. 11.07.2017, Rs. C-462/16, *Boehringer Ingelheim Pharma*, ECLI:EU:C:2017:534 = BeckRS 2017, 116430.

1523 EuGH, Urt. v. 07.10.2010, Rs. C-53/09 u. a., *Loyalty Management*, Slg. 2010, I-09187 Rn. 39.

als Entgelt von dritter Seite zu betrachten, wenn diesen Dritten eine Erstattung durch die Krankenversicherung zusteht. Die privaten Krankenversicherungen seien in dieser Konstellation als Endverbraucher einer Leistungskette anzusehen. Dass die privat Versicherten und nicht ihre Krankenversicherungen zivilrechtlich mit der Apotheke in einer Leistungsbeziehung stehen, könne für Zwecke der Mehrwertbesteuerung außer Acht gelassen und als rechtliche Fiktion angesehen werden.[1524] Das Vorliegen einer Leistungskette ist nach der Rechtssache *Elida Gibbs*[1525] Voraussetzung für die Anerkennung einer Minderung der Bemessungsgrundlage.

Wegen der gesetzlichen Verpflichtung zur Rabattgewährung könnten die Pharmaunternehmern nicht frei über die Gegenleistung verfügen und agierten insoweit als „bloßer vorübergehender Verwahrer"[1526]. Da ohne eine Minderung der Bemessungsgrundlage ein höherer Betrag besteuert würde als der vom Endverbraucher getätigte Aufwand, befürwortete der Generalanwalt im Ergebnis eine Minderung der Bemessungsgrundlage nach den *Elida-Gibbs*-Grundsätzen[1527].

Ferner verweist Generalanwalt *Tanchev* darauf, dass die gleichheitsrechtlichen Bedenken des vorlegenden Gerichts ebenfalls für eine Bejahung der Vorlagefrage und damit für eine Möglichkeit zur Minderung der Bemessungsgrundlage sprechen.[1528] Da nach der vertretenen Ansicht des Generalanwalts die privaten Krankenversicherungen als Endverbraucher anzusehen sind und keine Ungleichbehandlung von privat und gesetzlich Versicherten vorliegt, sind seine Ausführungen zu Art. 20 GrCh folglich als *obiter dictum* zu verstehen.

Der EuGH schließt sich in seinem Urteil explizit der *ratio decidendi* des Generalanwalts an und gliedert die privaten Krankenversicherungen als Endverbraucher in die Leistungskette ein.[1529] Zu den gleichheitsrechtlichen Ausführungen sowohl des BFH als auch des Generalanwalts nimmt der EuGH indes keine

---

1524 EuGH, Schlussantr. v. 11.07.2017, Rs. C-462/16, *Boehringer Ingelheim Pharma*, ECLI:EU:C:2017:534 = BeckRS 2017, 116430, Rn. 44 f.

1525 EuGH, Urt. v. 24.10.1996, Rs. C-317/94, *Elida Gibbs*, Slg. 1996, I-5339.

1526 EuGH, Schlussantr. v. 11.07.2017, Rs. C-462/16, *Boehringer Ingelheim Pharma*, ECLI:EU:C:2017:534 = BeckRS 2017, 116430, Rn. 40 unter Verweis auf EuGH, Urt. v. 19.07.2012, Rs. C-377/11, *International Bingo Technology*, ECLI:EU:C:2012:503 = HFR 2012, 1011, Rn. 19.

1527 EuGH, Urt. v. 24.10.1996, Rs. C-317/94, *Elida Gibbs*, Slg. 1996, I-5339.

1528 EuGH, Schlussantr. v. 11.07.2017, Rs. C-462/16, *Boehringer Ingelheim Pharma*, ECLI:EU:C:2017:534 = BeckRS 2017, 116430, Rn. 47 ff.

1529 EuGH, Urt. v. 20.12.2017, Rs. C-462/16, *Boehringer Ingelheim Pharma*, ECLI:EU:C:2017:1006 = DStR 2018, 75, Rn. 41.

Stellung.[1530] Der Gleichbehandlungsgrundsatz findet dessen ungeachtet Eingang in den Urteilstenor, wonach entsprechend der *Elida-Gibbs*-Rechtsprechung „und unter Berücksichtigung des unionsrechtlichen Gleichbehandlungsgrundsatzes" eine Entgeltminderung zu gewähren sei.

c) Fazit

Der EuGH verlässt in der *Boehringer-Ingelheim-Pharma*-Entscheidung den gewöhnlichen Weg, zur Identifizierung des Endverbrauchers auf das Zivilrecht abzustellen. Das Gericht hätte sich alternativ für die Prüfung der Vergleichbarkeit der Sachverhalte am Belastungsgrund der Steuer orientieren können. Sodann hätte es verbrauchsteuerkonform den Versicherten als letztendlichen Leistungs- und Kostenerstattungsempfänger angesehen und wäre auch aus gleichheitsrechtlichen Gründen zu demselben Ergebnis gekommen.[1531] Dann aber wäre der EuGH von seiner *Ibero-Tours*-Rechtsprechung abgewichen. Stattdessen „presst"[1532] das Gericht die private Krankenversicherung abweichend vom Zivilrecht in eine Leistungskette, so dass der Sachverhalt schlussendlich im Rahmen der bestehenden *Elida-Gibbs*-Rechtsprechung unter gleichzeitiger Aufrechterhaltung der *Ibero-Tours*-Grundsätze bewertet werden kann.[1533]

Die Urteilsbegründung wirft mehrere Fragen auf,[1534] weswegen ihr mitunter polemisch begegnet wurde.[1535] So bezieht sich der EuGH maßgeblich auf die Kostenübernahme durch die private Krankenversicherung und leitet daraus deren Endverbrauchereigenschaft nach wirtschaftlichen Gesichtspunkten ab. Konsequenterweise muss dann jedoch bei Medikamenten für gesetzlich Versicherte, die eine Zuzahlung von mehr als der Hälfte des Arzneimittelpreises

1530 *Krieg*, DStR 2018, 509 (510); *Becker, S.*, NWB 2018, 618 (620, 622).

1531 Ohne Bezug zum allgemeinen Gleichheitssatz und zum Verbrauchsteuercharakter *Winter, M./Kapeller*, MwStR 2013, 109 (113).

1532 *Krieg*, DStR 2018, 509 (510 f.).

1533 Nach *Neeser* ist die Urteilsbegründung des EuGH „abenteuerlich" und zielt auf eine Konfliktvermeidung mit eigener Rechtsprechung ab, in: UVR 2018, 114 (117).

1534 Vgl. hierzu im Detail *Müller*, MwStR 2018, 342 (346 ff.); *Becker, S.*, NWB 2018, 618 (623 ff.); *Neeser*, UVR 2018, 114.

1535 *Neeser* setzt den EuGH mit Astrid Lindgrens Kinderbuchfigur *Pippi Langstrumpf* gleich. Der EuGH begründe nach dem Prinzip: „ 2 x 3 macht 4. Widdewiddewitt und Drei macht Neune!! Ich mach' mir die Welt Widdewidde wie sie mir gefällt.", in: UVR 2018, 114 (117).

leisten,[1536] der gesetzlich Versicherte als Endverbraucher gelten und nicht wie durch den EuGH angenommen die gesetzliche Krankenversicherung. Hierdurch entstünde jedoch eine Ungleichbehandlung zum Nachteil der gesetzlichen Krankenversicherungen, weil diese sodann nach der *Ibero-Tours*-Rechtsprechung keine Entgeltminderung (mehr) geltend machen könnten. Dies könnte den BFH erneut zu einer Vorlage an den EuGH bewegen.[1537]

Im Ergebnis führt die Entscheidung durch den „juristischen Kunstgriff"[1538] des Gerichts zu einem „diffusen und unabgestimmten Gesamtbild der EuGH-Rechtsprechung"[1539]. Es ist zu vermuten, dass dies jedoch in Kauf genommen wird, um nicht zu den gleichheitsrechtlichen Bedenken der Vorlagefrage Stellung beziehen zu müssen. Der EuGH verweigert sich damit einer dogmatischen Fortentwicklung des Grundrechtsschutzes im Mehrwertsteuerrecht.

7. Gesamtfazit

Der gegenwärtige Umgang des EuGH mit gleichheitsrechtlichen Einwänden offenbart einen „erschreckenden Mangel an grundrechtsdogmatischer Stringenz"[1540]. Die Beschränkung des allgemeinen Gleichheitsrechts auf den Neutralitätsgrundsatz – zugleich als reiner Auslegungsgrundsatz sowie als bereichsspezifische Gleichheitsrechtsausprägung auf dem Gebiet des Mehrwertsteuerrechts – schirmt die Mehrwertsteuer-Systemrichtlinie als Sekundärrecht weitgehend von einer Überprüfung an Maßstäben des Primärrechts ab. Sofern sich gleichheitsrechtliche Bedenken gegen die Auslegung von Sekundärrechtsbestimmungen durch den EuGH selbst richten, untergräbt der EuGH damit seine eigene Bindung an das Primärrecht.[1541] Der EuGH hat jedoch bei der Auslegung sekundärrechtlicher Bestimmungen im Rahmen seiner Urteile das Primärrecht und damit den allgemeinen Gleichheitssatz nach Art. 20 GrCh zu beachten. Das Gericht begibt sich in einen Widerspruch: Wenn der EuGH den Neutralitätsgrundsatz als bereichsspezifische Ausprägung einer Vorgabe des Primärrechts qualifiziert, kann es sich nicht zugleich um einen bloßen Auslegungsgrundsatz

---

1536 Die Zuzahlung beträgt zumeist 5 Euro. Bei einem Arzneimittelpreis unter 10 Euro würden folglich die gesetzlich Versicherten aus wirtschaftlicher Sicht die Kosten mehrheitlich tragen.

1537 Zustimmend, jedoch ohne Nennung von Gründen *Becker, S.*, NWB 2018, 618 (624).

1538 *Krieg*, DStR 2018, 509 (511).

1539 *Krieg*, DStR 2018, 509 (512).

1540 *Englisch*, in: Tipke/Lang, Steuerrecht[24], § 17 Rz. 24.

1541 *von Streit/Streit*, UStB 2017, 174 (181).

handeln. Vielmehr folgt aus den primärrechtlichen Gleichheitsvorgaben dogmatisch, dass kein Fall denkbar ist, in dem Einwände gegen den Neutralitätsgrundsatz nicht automatisch zugleich eine rechtfertigungsbedürftige Einschränkung des allgemeinen Gleichheitssatzes erzeugen.[1542]

Wie die Beispiele aufzeigen, gewährt der EuGH dem Unionsgesetzgeber eine Wertungsprärogative hinsichtlich der Vergleichbarkeit von Situationen[1543] bzw. lehnt eine Vergleichbarkeit mit Vorgaben des Neutralitätsgrundsatzes ab[1544].[1545] Auf diese Weise verschließt sich das Gericht vor einer Rechtfertigungsprüfung[1546] und erteilt dem Unionsgesetzgeber einen „Freibrief"[1547] für selektive Ungleichbehandlungen. Daher scheidet die Ausweitung selektiv begünstigender Regelungen auf vergleichbare Gruppen aus Gleichheitsgesichtspunkten gegenwärtig aus. Indessen muss gelten: „Die Prämisse (Unvergleichbarkeit der Fallgruppe im Gesetz) taugt nicht für die Konklusion (keine Verletzung des Gleichheitsgrundsatzes)."[1548] Der Unionsgesetzgeber unterliegt *de facto* keiner Bindung an den allgemeinen Gleichheitssatz.[1549]

In Verfassungsstaaten steht dem demokratisch legitimierten Gesetzgeber bisweilen eine weite Einschätzungsprärogative hinsichtlich gesetzlicher Unterscheidungen zu. Dies anerkennt die Wertungsoffenheit des allgemeinen Gleichheitsrechts. Das Gleichheitsrecht fungiert insoweit als verfassungsrechtliches Korrektiv lediglich im Falle misslungener Gesetzgebung.[1550] Der die Mehrwertsteuer-Systemrichtlinie erlassende Rat der Europäischen Union ist jedoch kein vergleichbarer demokratisch legitimierter Gesetzgeber. Seine Mitglieder bestehen nach Art. 16 EUV und Art. 237 ff. AEUV aus den nationalen Regierungen, mithin der Exekutive. Dieser Exekutivföderalismus erfordert ein

---

1542 *Englisch*, in: Schaumburg/Englisch, Europäisches Steuerrecht, Rz. 12.23; *Henze*, in: Englisch/Nieskens, Umsatzsteuer-Kongress-Bericht 2010, 7 (19 f.). Vgl. auch die Darstellung der Normenhierarchie in Kapitel 4. B. IV. dieser Arbeit.

1543 *Kokott*, Steuerrecht der EU § 3 Rn. 14.

1544 Vgl. hierzu die Ausführungen in Kapitel 4. B. V. 4. dieser Arbeit.

1545 *Kokott*, Steuerrecht der EU § 2 Rn. 64; *Englisch*, in: Schaumburg/Englisch, Europäisches Steuerrecht, Rz. 12.24.

1546 *Englisch*, in: Weber, D., Traditional and Alternative Routes to European Tax Integration, 231 (243 ff.).

1547 *Kokott/Dobratz*, in: Schön/Heber, Grundfragen, 25 (33).

1548 *Hidien*, MwStR 2020, 210 (213).

1549 *Kokott/Dobratz*, in: Schön/Heber, Grundfragen, 25 (33).

1550 Für Art. 3 Abs. 1 GG vgl. *Kirchhof, P.*, in: Maunz/Dürig, GG, Art. 3, Rn. 265.

erhöhtes Maß an grundrechtlicher Kontrolle. Die bisherige Handhabung durch den EuGH missachtet dieses Bedürfnis.

Sofern der EuGH eine Verhältnismäßigkeitsprüfung vornimmt, fällt diese sehr zurückhaltend aus. Dem Unionsgesetzgeber wird ein solch weites Ermessen bei der Auswahl seiner Mittel eingeräumt, dass sich die Kontrolldichte des allgemeinen Gleichheitssatzes auf ein bloßes Willkürverbot beschränkt.[1551] Bisweilen verweigert der EuGH mit fiktiven und vom Zivilrecht abgesonderten Leistungsbeziehungen selbst dann eine gleichheitsrechtliche Prüfung, wenn das vorlegende Gericht *expressis verbis* nach der Grundrechtskonformität fragt und selbst keine Rechtfertigung als gegeben sieht.

In mit dem Mehrwertsteuerrecht vergleichbaren anderen Rechtsbereichen ist eine strengere Grundrechtsprüfung durch den EuGH zu konstatieren. Auf das Umsatzsteuerrecht übertragbar ist beispielsweise die Entscheidung in der Rechtssache *Société Arcelor Atlantique et Lorraine u. a.*[1552] betreffend die Richtlinie über den Handel mit Treibhausgasemissionszertifikaten[1553].[1554] Die Richtlinie zielt auf Zwecke des Umweltschutzes und soll grundsätzlich sowohl die Stahlindustrie als auch den Aluminium- und Kunststoffsektor erfassen. Obwohl beide Sparten miteinander in Konkurrenz stehen, erfasste die Richtlinie für einen Übergangszeitraum nicht die Aluminium- und Kunststoffindustrie, wohl jedoch die Stahlindustrie. Der französische Conseil d'État wandte sich mit gleichheitsrechtlichen Bedenken an den EuGH und stellte die Gültigkeit der Richtlinie infrage. In einer ausführlichen gleichheitsrechtlichen Prüfung wurde die Vergleichbarkeit der Sachverhalte unter Berücksichtigung der u. a. in der Richtlinienpräambel genannten Richtlinienziele hergeleitet.[1555]

1551 *Englisch*, in: Weber, D., Traditional and Alternative Routes to European Tax Integration, 231 (241 ff.); *ders.*, in: W. Schön/K. Beck, Zukunftsfragen, 39 (53); *Kokott/Dobratz*, in: Schön/Heber, Grundfragen, 25 (34); *Streit*, Steuerschuld durch Steuerausweis, 258.

1552 EuGH, Urt. v. 16.12.2008, Rs. C-127/07, *Société Arcelor Atlantique et Lorraine u. a.*, Slg. 2008, I-9895.

1553 Richtlinie 2003/87/EG des Europäischen Parlaments und des Rates vom 13.10.2003 über ein System für den Handel mit Treibhausgasemissionszertifikaten in der Gemeinschaft und zur Änderung der Richtlinie 96/61/EG des Rates, Abl. EU 2003 Nr. L 275/32.

1554 Ebenso sowie zum Folgenden *Kokott/Dobratz*, in: Schön/Heber, Grundfragen, 25 (33).

1555 EuGH, Urt. v. 16.12.2008, Rs. C-127/07, *Société Arcelor Atlantique et Lorraine u. a.*, Slg. 2008, I-9895, Rn. 25 ff.

Die Gültigkeit der Richtlinie wurde im Ergebnis nur deshalb nicht verworfen, weil der Unionsgesetzgeber bei der Einführung in ein „neues und komplexes System"[1556] zu einem schrittweisen Vorgehen berechtigt sei,[1557] um nicht die „verwaltungstechnische Durchführbarkeit [...] durch die Einbindung einer zu großen Zahl von Teilnehmern"[1558] zu gefährden. Im Umkehrschluss ist daher davon auszugehen, dass der EuGH eine den Richtlinienzielen zuwiderlaufende und unbefristet geltende selektive Begünstigung als Verstoß gegen den allgemeinen Gleichheitssatz verstanden wissen möchte.

Ein Rückgriff auf die Richtlinienziele entsprechend der Rechtssache *Société Arcelor Atlantique et Lorraine u. a.* ist den bislang ergangenen Entscheidungen auf dem Gebiet der Mehrwertsteuer fremd.[1559] Dementsprechend wird dem Verbrauchsteuercharakter der Umsatzsteuer keine Beachtung geschenkt. Indem der EuGH eine Berufung auf den Neutralitätsgrundsatz nicht gestattet, soweit die Fälle nicht explizit in der Mehrwertsteuer-Systemrichtlinie genannt sind, missachtet er, dass jede Selektion einen Verstoß gegen das Verbrauchsteuerprinzip des Art. 1 Abs. 2 MwStSystRL und die Richtlinienziele begründet.[1560] Gleichheitsrechtlich kann diese Beschränkung nur dann Bestand haben, wenn sie gerechtfertigt ist.[1561] Des Weiteren kann die Umsatzsteuer ihre Gerechtigkeit nicht aus der Vergleichbarkeit der Unternehmer ableiten.[1562] Will die Umsatzsteuer ausweislich der Richtlinienziele und Art. 1 Abs. 2 MwStSystRL die im Konsum zum Ausdruck kommende Leistungsfähigkeit des Verbrauchers erfassen, darf dies im Rahmen der Gerechtigkeitsfindung nicht ignoriert werden.

Im Ergebnis erfüllt der EuGH seine Aufgabe als „quasi-verfassungsrechtliche Kontrollinstanz des Unionsgesetzgebers"[1563] derzeit nicht zufriedenstellend.

1556 EuGH, Urt. v. 16.12.2008, Rs. C-127/07, *Société Arcelor Atlantique et Lorraine u. a.*, Slg. 2008, I-9895, Rn. 60.

1557 EuGH, Urt. v. 16.12.2008, Rs. C-127/07, *Société Arcelor Atlantique et Lorraine u. a.*, Slg. 2008, I-9895, Rn. 69.

1558 EuGH, Urt. v. 16.12.2008, Rs. C-127/07, *Société Arcelor Atlantique et Lorraine u. a.*, Slg. 2008, I-9895, Rn. 71.

1559 Kritisch dazu *Englisch*, in: Weber, D., Traditional and Alternative Routes to European Tax Integration, 231 (241).

1560 *Englisch*, in: W. Schön/K. Beck, Zukunftsfragen, 39 (60) mit Verweis auf eine „am Verbrauchsteuerideal gemessen ungleiche Belastung".

1561 *Englisch*, in: Schaumburg/Englisch, Europäisches Steuerrecht, Rz. 12.25.

1562 Vgl. hierzu die Ausführungen in Kapitel 4. A. III. 1. dieser Arbeit.

1563 *Englisch*, in: Schaumburg/Englisch, Europäisches Steuerrecht, Rz. 12.23; *ders.*, in: Weber, D., Traditional and Alternative Routes to European Tax Integration, 231 (266).

Vor diesem Hintergrund erscheint es erklärbar, dass seit der *Ruckdeschel*-Entscheidung[1564] 1977 keine einzige Richtlinienbestimmung aufgrund gleichheitsrechtlicher Einschränkungen für nichtig erklärt wurde[1565], während im direkten Steuerrecht zahlreiche Leitentscheidungen zu den Grundfreiheiten bekannt sind und praktisch jährlich nationale Regelungen infolge ihrer Unionsrechtswidrigkeit außer Kraft gesetzt werden[1566].

C. Gebotener Umgang mit Einschränkungen des allgemeinen Gleichheitsrechts

I. Prüfungsaufbau

Der allgemeine Gleichheitssatz untersagt, dass vergleichbare Sachverhalte unterschiedlich und unterschiedliche Sachverhalte gleich behandelt werden, sofern nicht eine objektive Rechtfertigung für die Differenzierung besteht.[1567] Daraus ergibt sich eine dreistufige Prüfungsreihenfolge: Zunächst müssen zwei Gruppen unterschiedlich behandelt werden. Zweitens ist zu überprüfen, ob sich diese beiden Gruppen in einer vergleichbaren Situation befinden. Drittens ist zu analysieren, ob für die Ungleichbehandlung gleicher Gruppen bzw. die Gleichbehandlung unterschiedlicher Gruppen ein Rechtfertigungsgrund besteht.

Die gleichheitsrechtlichen Prüfungen auf dem Gebiet der Mehrwertsteuer sind bislang weitestgehend konturenlos geblieben. Insbesondere die Interpretation des Kriteriums der Vergleichbarkeit durch den EuGH verhindert einen wirksameren Grundrechtsschutz. Im Bereich der Grundfreiheiten des AEUV und in anderen vergleichbaren Rechtsgebieten[1568] hat sich hingegen in den letzten Jahrzehnten eine weitaus strengere Judikatur entwickelt.[1569] Die gegenwärtige Prüfungsreihenfolge entspricht dabei dem Aufbau bei der Prüfung

---

1564 EuGH, Urt. v. 19.10.1977, Rs. C-117/76 u. a., *Ruckdeschel*, Slg. 1977, 1753, Rn. 7.

1565 *Englisch,* in: W. Schön/K. Beck, Zukunftsfragen, 39 (53).

1566 *Kokott/Dobratz* sprechen von einem Scheitern nationaler Steuerrechtsnormen an den Grundfreiheiten der Union „ein ums andere Mal", in: Schön/Heber, Grundfragen, 25 (32).

1567 EuGH, Urt. v. 13.03.2014, Rs. C-599/12, *Jetair und BTWE Travel4you*, ECLI:EU:C:2014:144 = DB 2014, 696, Rn. 53; v. 19.10.1977, Rs. C-117/76 u. a., *Ruckdeschel*, Slg. 1977, 1753, Rn. 7.

1568 EuGH, Urt. v. 16.12.2008, Rs. C-127/07, *Société Arcelor Atlantique et Lorraine u. a.*, Slg. 2008, I-9895.

1569 *Englisch,* in: W. Schön/K. Beck, Zukunftsfragen, 39 (66); *Kokott/Dobratz*, in: Schön/Heber, Grundfragen, 25 (32).

sowohl dieser speziellen Gleichheitssätze des AEUV als auch in vergleichbaren Rechtsgebieten.[1570]

Mitunter wird der Prüfungsaufbau des EuGH für den grundrechtlichen allgemeinen Gleichheitssatz abgelehnt.[1571] Als Argumentation wird vorgebracht, das Prüfungskriterium der Vergleichbarkeit sei mit Blick auf die fehlende dogmatische Klarheit der Rechtsprechung ungeeignet und würde die Abgrenzung zu den Grundfreiheiten verschleiern. Vorzugswürdig sei die Festlegung eines Gerechtigkeitsmaßstabs, wie etwa die individuelle Leistungsfähigkeit auf dem Gebiet des Steuerrechts. Jedwede Abweichungen von diesem Maßstab seien anschließend einer Rechtfertigungsprüfung zu unterziehen.

Nach hier vertretener Auffassung kann diese Kritik nicht überzeugen. Die dogmatische Unzulänglichkeit der Bestimmung der Vergleichbarkeit vermag eine Abkehr von der etablierten Prüfungsreihenfolge nicht zu rechtfertigen. Zum einen setzt der Alternativvorschlag im ersten Schritt die Berücksichtigung einer allgemein anerkannten, bereichsspezifischen Besteuerungsmaxime voraus. Eine solche hat der EuGH auf dem Gebiet der Mehrwertsteuer bislang nicht entwickelt. Das Neutralitätsprinzip kann dem allgemeinen Gleichheitssatz allenfalls bruchstückhaft gerecht werden.[1572] Wird nunmehr die Berücksichtigung einer solchen bereichsspezifischen Maxime durch den EuGH vorausgesetzt, könnte ebenso gut eine überzeugende Prüfung des Vergleichbarkeitskriteriums, ausgerichtet an eben diesem Gerechtigkeitsmaßstab, erfolgen. Zum anderen erscheint nicht per se gesichert, dass der EuGH das dem Richtliniengeber bislang auf Ebene der Vergleichbarkeit eingeräumte großzügige Ermessen nicht auf der Rechtfertigungsebene fortführen würde. Es stellt sich dann die Frage, ob der alternative Prüfungsaufbau überhaupt jemals zu vom Status quo abweichenden Ergebnissen führen kann.

An der dreistufigen Prüfungsreihenfolge sollte auch im Bereich des allgemeinen Gleichheitssatzes festgehalten werden, um pluralistische Prüfungen nicht vermeidbaren formalen Hürden auszusetzen. Der EuGH prüft vermehrt Sachverhalte nicht vor dem Hintergrund eines einzelnen Grundrechts, sondern

1570 *Kokott/Dobratz*, in: Schön/Heber, Grundfragen, 25 (34); *Trstenjak/Beysen*, EuR 2012, 265 (277 f.).

1571 Hierzu sowie zum Folgenden *Ohlendorf*, Grundrechte als Maßstab des Steuerrechts in der EU, 220 ff.; *Englisch*, Intertax 2005, 310 (310 ff.); *Lang, J./Englisch*, in: Amatucci, International Tax Law, 251 ff.

1572 Vgl. hierzu die Ausführungen in Kapitel 2. E. II. dieser Arbeit.

verbindet mehrere Rechte in seiner Prüfung.[1573] So werden mehrere Grundfreiheiten oder mehrere Wirtschaftsgrundrechte ohne Abgrenzung der Einzelgewährleistungen mit dem allgemeinen Gleichheitssatz kombiniert geprüft.[1574] Im Rahmen dieser Arbeit wurde bereits dargelegt, dass zwischen Grundfreiheiten und Grundrechten funktionale Unterschiede sowie Gemeinsamkeiten bestehen. Der EuGH ist angehalten, Grundfreiheiten und Grundrechte so aufeinander abzustimmen, dass im Ergebnis ein vollkommener Rechtsschutz erreicht wird.[1575] Dieser Prozess sollte nicht durch vermeidbare Unterschiede im Prüfungsaufbau erschwert werden.

II. Das Verbrauchsteuerprinzip als Grundlage des Vergleichsmaßstabs in der Rechtsprechung

Ausgangspunkt für eine systemkonforme Rechtsprechung ist, dass das Gericht nach dem Vergleichsmaßstab sucht, der der Belastungsentscheidung entspricht. *Tipke* stellt diesbezüglich fest,

> *„der Gleichheitssatz wird völlig entwertet, wenn das Verfassungsgericht gar nicht vergleicht, gar nicht nach dem Vergleichsmaßstab der „sachgerechten Regel“ sucht, sondern unmittelbar auf die angegriffene Norm lossteuert und kurzschlüssig fragt, ob sich für eine angegriffene Norm wohl irgend etwas Sachliches, Vertretbares, Diskutables ins Feld führen lasse, ob der Gesetzgeber sich wohl irgend etwas gedacht habe.“*[1576]

Zu fordern ist daher die Ausrichtung der gleichheitsrechtlichen Prüfung am Belastungsgrund der Steuer. In dieser Arbeit ist bereits dargelegt worden, dass die Umsatzsteuer ihre vollumfassende Gerechtigkeit ausschließlich im Verbrauchsteuerprinzip finden kann.[1577] Die Vergleichbarkeitsprüfung, also die Untersuchung, ob zwei Gruppen unterschiedlich behandelt werden und sich diese beiden Gruppen zudem in einer vergleichbaren Situation befinden, muss

---

1573 Für den Bereich der Mehrwertsteuer siehe EuGH, Schlussantr. GA *Kokott* v. 08.06.2017, Rs. C-246/16, *Enzo Di Maura*, ECLI:EU:C:2017:440, Rn. 46. Nach *Löhr* sind steuerliche Normen anhand eines kombinierten Prüfungsmodells aus Gleichheitssatz und Freiheitsgrundrechten zu überprüfen, in: Optionsrecht für Vermietungsumsätze, 132 ff.

1574 EuGH, Schlussantr. GA *Kokott* v. 08.06.2017, Rs. C-246/16, *Enzo Di Maura*, ECLI:EU:C:2017:440 = BeckRS 2017, 112270, Rn. 45 ff.

1575 *Kahl/Schwind*, EuR 2014, 170 (171 f.). Vgl. hierzu die Ausführungen in Kapitel 2. E. II. 2. c) dieser Arbeit.

1576 *Tipke*, in: StRO I², 325.

1577 Vgl. hierzu die Ausführungen in Kapitel 4. A. III. dieser Arbeit.

sich daher an der ausschließlichen Belastung des Endverbrauchers als dem intendierten Steuerträger orientieren.[1578] Auf diese Weise kann parteiliches „Messen mit zweierlei Maß“[1579] und folglich eine Ungleichbehandlung zweier vergleichbarer Gruppen vermieden werden.

Der gegenwärtige Rekurs auf die Gleichbehandlung ausschließlich der Unternehmer kann mit dem integrationspolitischen Ziel der Verwirklichung des Binnenmarktes erklärt werden.[1580] „Das Gleichheitsgebot wird [...] durch den spezifischen Charakter der Gemeinschaft festgelegt“.[1581] Was als gerecht empfunden wird, hängt demnach vorrangig von der Ausgestaltung der Verfassung ab.[1582] Die mangelhafte Entfaltung des Gleichheitssatzes in Gestalt des Neutralitätsgrundsatzes ist dementsprechend auf die Historie der Europäischen Union als Wirtschaftsunion zurückzuführen.[1583] Das Binnenmarktziel vermag jedoch die Steuergerechtigkeit des Mehrwertsteuersystems nicht lückenlos zu garantieren.[1584] Die heutige Europäische Union ist weit mehr als eine Wirtschaftsunion. Sie ist eine „Wertegemeinschaft“[1585].[1586] Dies klarzustellen war einer der Beweggründe für die Kodifizierung der Grundrechtecharta der Union.[1587] Der EuGH ist angehalten, sich dieser Entwicklung nicht zu verschließen.

1578 *Englisch,* in: W. Schön/K. Beck, Zukunftsfragen, 39 (59); *ders.*, in: Tipke/Lang[23], Steuerrecht, § 17 Rz. 25; *ders.*, in: Weber, D., Traditional and Alternative Routes to European Tax Integration, 231 (246 f.); *Lang,* J., Die Bemessungsgrundlage der Einkommensteuer, 110; *Zirkl*, Neutralität der USt, 40 f.; *Löhr*, Optionsrecht für Vermietungsumsätze, 242; *Tipke*, StuW 1992, 103 (105).

1579 *Tipke*, in: StRO I[2], 327.

1580 *Englisch,* in: W. Schön/K. Beck, Zukunftsfragen, 39 (59 f.); *ders.*, in: Tipke/Lang[23], Steuerrecht, § 17 Rz. 25.

1581 *Huster*, EuR 2010, 325 (331).

1582 *Seer* mit Verweis auf die in der Bundesrepublik Deutschland akzeptierte „soziale Marktwirtschaft“ als Ausfluss aus Art. 20 Abs. 1, 28 Abs. 1 Satz 1 GG, in: Tipke/Lang, Steuerrecht[24], § 1 Rz. 7

1583 *Engler*, Steuerverfassungsrecht im Mehrebenensystem, 292.

1584 *Schön*, in: Nieskens, Umsatzsteuer-Kongress-Bericht 2001/2002, 17 (20); *Englisch*, in: Tipke/Lang[23], Steuerrecht, § 17 Rz. 25.

1585 *Kirchhof, P.*, NJW 2013, 1 (1, 4); *Landau*, NStZ 2013, 194 (195); *Speer*, DÖV 2001, 980 (981).

1586 *Mörsdorf*, Ungleichbehandlung als Norm, 53 ff., spricht von einer „Metamorphose der EU von der Wirtschafts- zur Wertegemeinschaft“.

1587 *Meyer* zur geplanten Grundrechtecharta im Jahr 2000, in: ZRP 2000, 114 (114, 116).

III. Kontrolldichte

1. Auffassung des EuGH zum Status quo

Der EuGH beschränkt den allgemeinen Gleichheitssatz derzeit *de facto* auf ein Willkürverbot, indem er dem Unionsgesetzgeber ein weites Ermessen einräumt und praktisch jede seiner Selektionen als sachlich gerechtfertigte Unterscheidung hinnimmt.[1588] Wo eine Verhältnismäßigkeitsprüfung stattfindet, beschränkt sich der Gerichtshof auf eine wenig streng ausgeprägte Kohärenzprüfung. Der EuGH selbst begründet die gegenwärtige Kontrolldichte mit der Achtung der Souveränität der Mitgliedstaaten[1589] und dem Gesetzgeber.[1590] Die richterliche Zurückhaltung soll der Gewaltenteilung Rechnung tragen.[1591] Der EuGH könne auf diese Weise vermeiden, eigene Wertungen über die des Gesetzgebers zu stellen.

Der Gerichtshof selbst spricht in seinen Rechtfertigungsprüfungen nicht von einem „Willkürverbot". Nach der bereichsübergreifenden EuGH-Rechtsprechungsanalyse zur Kontrolldichte von *Oreschnik* varriert diese von Fall zu Fall stark.[1592] Die Faktoren, aufgrund derer das Gericht die Intensität der Kontrolldichte bestimmt, können der Judikatur nicht eindeutig entnommen werden, weil der EuGH zumeist nicht explitit offenbart, aufgrund welchen Faktors er die Kontrolldichte abschwächt oder verstärkt. Da in aller Regel mehrere Faktoren zusammentreffen, könnte eine Betrachtung einzelner Faktoren im Übrigen zu einer Unter- bzw. Überschätzung führen. Die Analyse der Rechtsprechung lässt jedoch einige Feststellungen zur Kontrolldichte des Gerichtshofes zu, die im Folgenden skizziert werden.

Je größer der Ermessensspielraum des zuständigen Organes ist, destro weniger streng fällt die Kontrolle der das Grundrecht beschränkenden Maßnahme durch den EuGH aus.[1593] Der EuGH rekurriert zur Begründung des weiten Ermessens des Unionsgesetzgebers auf dessen politische Verantwortung und die Komplexität der zu treffenden Beurteilungen. Des Weiteren beeinflusst das im konkreten Fall einschlägige Grundrecht die Kontrolldichte. So ist die

---

1588 Vgl. hierzu die Ausführungen in Kapitel 4. B. V. 7. dieser Arbeit.

1589 *Kokott*, DStJG 41 (2018), 191 (192).

1590 *Kokott*, Steuerrecht der EU § 3 Rn. 14.

1591 *Kokott*, Steuerrecht der EU § 3 Rn. 47.

1592 Vgl. hierzu sowie im Folgenden die Ausführungen von *Oreschnik*, Verhältnismäßigkeit und Kontrolldichte, 289.

1593 Vgl. hierzu sowie im Folgenden die Ausführungen von *Oreschnik*, Verhältnismäßigkeit und Kontrolldichte, 289 f.

richterliche Zurückhaltung besonders hoch, wenn die wirtschaftlichen Grundrechte der Art. 15-17 GrCh betroffen sind. Eine strenge richterliche Kontrolle erfolgt jedoch, sofern die Achtung des Privat- und Familienlebens nach Art. 7 GrCh oder der Schutz personenbezogener Daten nach Art. 8 GrCh in Abrede stehen. Über sämtliche Regelungsbereiche hinweg betrachtet kann der EuGH-Judikatur nach *Oreschnik* hingegen kein besonderer Einfluss auf die Kontrolldichte entnommen werden, der auf die Beeinträchtigung des allgemeinen Gleichheitsrechts zurückzuführen wäre.

Die Kontrolldichte wird schließlich auch von der Schwere des Eingriffs beeinflusst.[1594] Mit steigender Intensität der Beeinträchtigung eines Grundrechts nimmt die Strenge der Kontrolldichte zu. Dabei ist jedoch zu beobachten, dass Eingriffe in Grunderechte, die zu schwerwiegenden *wirtschaftlichen* Nachteilen für den Betroffenen führen, keine erhöhte Kontrolldichte nach sich ziehen.

Im Ergebnis ist der EuGH-Rechtsprechung seit Entwicklung des Grundrechtsschutzes auf europäischer Ebene zwar insgesamt ein deutlicher Anstieg der Kontrollintensität zu entnehmen,[1595] auf dem Gebiet des Mehrwertsteuerrechts werden Beeinträchtigungen des allgemeinen Gleichheitsatzes nach Art. 20 GrCh jedoch keiner strengen Prüfung unterzogen[1596]. Letzteres ist im Kontext der Analyse der Judikatur im Wesentlichen auf zwei Punkte zurückzuführen. Zum einen ist das Mehrwertsteuerrecht ein komplexes Regelungsgebiet.[1597] Zum anderen führen Maßnahmen auf dem Gebiet der Mehrwertsteuer, die das allgemeine Gleichheitsrecht beschränken, zu wirtschaftlichen Nachteilen für die Betroffenen. Derartige Beeinträchtigungen führen im Vergleich zu nichtwirtschaftlichen Beschränkungen auch dann nicht zu einer erhöhten Kontrolldichte, wenn sie schwerwiegend sind.

1594 Vgl. hierzu sowie im Folgenden die Ausführungen von *Oreschnik*, Verhältnismäßigkeit und Kontrolldichte, 290 f.

1595 So die Schlussfolgerung aus der Rechtsprechungsanalyse von *Oreschnik*, Verhältnismäßigkeit und Kontrolldichte, 291.

1596 Vgl. hierzu die Ausführungen in Kapitel 4. B. V. 7. dieser Arbeit.

1597 *Kokott* stellt in ihren Schlussanträgen v. 03.07.2014, Rs. C-446/13, *Fonderie 2A*, ECLI:EU:C:2014:2047, Rn. 1, fest: „Die Lösung selbst überschaubarer Sachverhalte fällt angesichts schwer verständlicher Normen des Mehrwertsteuerrechts der Union nicht leicht.“

2. *Kritik und gebotene Verschärfung der Kontrolldichte*

a) *Ablehnung der gegenwärtigen Kontrolldichte des EuGH*

Im Grundlagenteil dieser Arbeit wurde dargelegt, dass ein Rechtsstaat die Aufgabe hat, „für gerechte Regeln zu sorgen und sie durchzusetzen, seine Bürger vor Unrecht zu schützen"[1598], Steuern rechtsstaatlich vertretbar und nicht etwa willkürlich auszugestalten.[1599] Besonders wichtig zur Wahrung des Rechtsstaatsprinzips ist die Bindung von Exekutive und Legislative an die Grundrechte, weil effektiver Rechtsschutz bedingt, dass Gerichte durch ihre Entscheidungen für Einzelfallgerechtigkeit sorgen.[1600] Die Union als Garant der Rechtsstaatlichkeit für die Unionsbürger wird zu eben dieser Aufgabe nicht wirksam verpflichtet, wenn der EuGH den Gleichheitssatz durch die gegenwärtig angewandte Kontrolldichte weitestgehend ins Leere laufen lässt. Zu fordern ist hingegen, dass der EuGH die gleichheitsrechtliche Prüfung konsequent am Belastungsgrund der Steuer ausrichtet. Denn das Kriterium für eine Gleich- oder Ungleichbehandlung muss bezogen auf das zu regelnde Sachgebiet bestimmt werden und hinsichtlich der zu regelnden Materie von Belang sein. In dieser Arbeit ist bereits dargelegt worden, dass der Belastungsgrund der Umsatzsteuer in der ausschließlichen Belastung des Endverbrauchers als dem intendierten Steuerträger besteht[1601] und Gerechtigkeit auf dem Gebiet der Mehrwertsteuer durch das Verbrauchsteuerprinzip verbürgt wird.[1602] Das durch den EuGH bemühte sekundärrechtliche Neutralitätsprinzip misstachtet diese Grundsätze, da es den Unternehmer in den Fokus der gleichheitsrechtlichen Betrachtung setzt und infolgedessen individuellen Individualrechtsschutz aushöhlt.[1603]

Neben dem Rechtsstaatsprinzip wirkt auch das Demokratieprinzip auf die richterliche Kontrolldichte ein. Der EuGH muss beide Prinzipien im Rahmen seiner Entscheidungsfindung berücksichtigen und die Kontrolldichte zwischen

---

1598 *Tipke*, in: StRO I[1], 261. Das von *Tipke* begründete Standardwerk *Steuerrecht* stellt dieses Zitat als Leitsatz allen Ausführungen voran; vgl. Tipke/Lang, Steuerrecht[24], V.

1599 Vgl. hierzu die Ausführungen in Kapitel 2. C. II. 1. dieser Arbeit.

1600 *Oreschnik*, Verhältnismäßigkeit und Kontrolldichte, 230 f.

1601 *Englisch*, in: W. Schön/K. Beck, Zukunftsfragen, 39 (59); *ders.*, in: Tipke/Lang[23], Steuerrecht, § 17 Rz. 25; *ders.*, in: Weber, D., Traditional and Alternative Routes to European Tax Integration, 231 (246 f.); *Lang*, J., Die Bemessungsgrundlage der Einkommensteuer, 110; *Zirkl*, Neutralität der USt, 40 f.; *Löhr*, Optionsrecht für Vermietungsumsätze, 242; *Tipke*, StuW 1992, 103 (105).

1602 Vgl. hierzu die Ausführungen in Kapitel 4. A. III. und 4. C. II. dieser Arbeit.

1603 Vgl. hierzu die Ausführungen in Kapitel 4. B. V. 7. dieser Arbeit.

den Prinzipien in geeigneter Weise ausbalanieren.[1604] In Demokratien sind die durch das Volk gewählten Repräsentaten in besonderer Weise zur Gesetzgebung legitimiert. Gerichte müssen diese Berechtigung respektieren.

Bei der Abwägung von Demokratie- und Rechtsstaatsprinzip achtet der EuGH die getroffenen Entscheidungen des Unionsgesetzgebers gegenwärtig über Gebühr. Die Union ist im Rahmen der ihr übertragenen gesetzgeberischen Kompetenz kein mit den Nationalstaaten vergleichbarer demokratisch legitimierter Gesetzgeber. So besteht der Rat der Europäischen Union, der die Mehrwertsteuer-Systemrichtlinie erlässt, nach Art. 16 EUV und Art. 237 ff. AEUV aus den nationalen Regierungen und damit aus Exekutivmitgliedern. Dieser Exekutivföderalismus erfordert eine zurückhaltendere Gewichtung des Demokratiepinzips und infolgedessen ein erhöhtes Maß an grundrechtlicher Kontrolle.

Soweit der EuGH in der ausgeprägten Wahrung der unionsgesetzgeberischen Entscheidung die Achtung der Souveränität der Mitgliedstaaten erblickt, ist die daraus erwachsende richterliche Zurückhaltung zurückzuweisen. Strenge Prüfungsmaßstäbe und ein Souveränitätsverlust der Mitgliedstaaten korrelieren nicht zwangsläufig miteinander. Der Unionsgesetzgeber ist nach Art. 4 Abs. 2 EUV zur Achtung der „Gleichheit der Mitgliedstaaten vor den Verträgen“ verpflichtet. Die Mehrwertsteuer-Systemrichtlinie beinhaltet jedoch in Titel XIII zahlreiche Ausnahmen für bestimmte Mitgliedstaaten.[1605] So dürfen Mitgliedstaaten, denen eine dort genannte Vergünstigung etwa mit Verweis auf ein bestimmtes Beitrittsdatum zur Europäischen Union vorenthalten wird, diese nicht in ihr nationales Recht transferieren.[1606] Eine erhöhte Kontrolldichte würde die Souveränität dieser benachteiligten Mitgliedstaats zweifellos stärken. Daneben würden, wie bereits an anderer Stelle dargelegt[1607], strengere Maßstäbe nicht alleine durch den EuGH, sondern durch ein Modell der Kooperation verwirklicht werden. Hierfür enthält die *Åkerberg-Fransson*-Entscheidung alle notwendigen Vorgaben. Mit einer erhöhten Kontrolldichte schlägt dann in der grundrechtskonformen Ausgestaltung der Vorgaben des EuGH gerade die „Stunde des Verfassungsgerichts“[1608] bzw. der national jeweils zuständigen

---

1604 Vgl. hierzu sowie im Folgenden die Ausführungen von *Oreschnik*, Verhältnismäßigkeit und Kontrolldichte, 230 f.

1605 *Kokott/Dobratz*, in: Schön/Heber, Grundfragen, 25 (38 f.).

1606 Zur Anwendung eines ermäßigten Steuersatzes auf Säuglingsbekleidung und Bekleidungszubehör vgl. EuGH, Urt. v. 18.10.2010, Rs. C-49/09, *KOM/Polen*, Slg. 2010, I-10639.

1607 Vgl. hierzu die Ausführungen in Kapitel 3. B. IV. 6. dieser Arbeit.

1608 *Safferling*, NStZ 2014, 545 (551).

Fachgerichte, so dass die Kooperationslösung im Ergebnis keine Gefahr für die nationale Souveränität der Mitgliedstaaten darstellt.

b) Der allgemeine Gleichheitssatz im Kontext primärrechtlicher Neutralität

Der unionale allgemeine Gleichheitssatz ist in ein primärrechtliches Normenkonglomerat zur Gewährleistung von Neutralität eingebettet. Zur materiellen Gerechtigkeit zählt, dass die Grundfreiheiten, das Beihilferecht und die Grundrechte als Einzelbausteine nicht unterschiedlich strengen Maßstäben unterliegen. Andernfalls besteht die Gefahr, dass die Neutralität beeinträchtigt wird.

Im Rahmen der Gesamtneutralität betrifft der allgemeine Gleichheitssatz im Wesentlichen innerstaatliche Sachverhalte, während die Grundfreiheiten auf die Realisation des EU-Binnenmarktes abzielen und einen grenzüberschreitenden Bezug tatbestandlich voraussetzen. Dieser Unterschied kann eine unterschiedlich strenge Kontrolldichte jedoch nicht rechtfertigen. Es ist weder „ersichtlich, dass die Unionsrechtsordnung die Verwirklichung des Binnenmarktes für gewichtiger erachtet als den Schutz der Grundrechte", noch „kann die Neigung der Mitgliedstaaten, Grundfreiheiten zu beschränken, […] größer eingestuft werden als die Tendenz des Unionsgesetzgebers, fragwürdige steuerliche Ungleichbehandlungen einzuführen."[1609]

Zudem wirken im Unionsrecht angelegte Verstöße gegen den allgemeinen Gleichheitssatz unionsweit und nicht lediglich isoliert in einzelnen betroffenen Mitgliedstaaten. Konsequenterweise ist die Union als Richtliniengeber im indirekten Steuerrecht daher in Abgrenzung zu nationalen Gesetzgebern, deren Inländerdiskriminierungen nicht von den Grundfreiheiten erfasst werden, an den allgemeinen Gleichheitssatz gebunden. Den Unionsgesetzgeber trifft insofern die Pflicht zur Rechtssetzungsgleichheit. Der EuGH als Kontrollinstanz des Unionsgesetzgebers hat von diesem die Aufrechterhaltung der Rechtssetzungsgleichheit durch eine entsprechende Kontrolldichte zu erwirken. Lässt die Richtlinie eine grundrechtskonforme Auslegung zu, hat der EuGH bei der Auslegung der Richtlinie solch strenge Maßstäbe anzuwenden, die die Rechtssetzungsgleichheit zu wahren geeignet sind.

Der EuGH sollte im Ergebnis im Bereich des unionalen allgemeinen Gleichheitssatzes dieselbe Kontrolldichte anwenden, mit der er den Mitgliedstaaten bei der Prüfung der Grundfreiheiten begegnet.

1609 *Englisch*, in: Schaumburg/Englisch, Europäisches Steuerrecht, Rz. 12.24.

c) Betrugsanfälligkeit des Mehrwertsteuersystems

Das gegenwärtige Umsatzsteuersystem ist aufgrund seiner Betrugsanfälligkeit[1610] harscher Kritik ausgesetzt.[1611] Offiziell beziffert die Europäische Kommission den jährlichen durch Betrug verursachten Mehrwertsteuerausfall auf 170 Mrd. Euro.[1612] Um diesen Steuerausfällen zu begegnen, wird in einem Aktionsplan neben konkreten Reformbestrebungen[1613] das Ziel ausgegeben, mehr Vertrauen in das Mehrwertsteuersystem zu schaffen.[1614] Wenngleich diese Zielsetzung mitunter als „etwas wolkig"[1615] wahrgenommen wird, ebnet sie den Weg zu mehr Steuermoral.

Als ein Baustein der gesamten Reformbestrebung kann der konsequente Grundrechtsschutz dienen. Denn während ein Ungerechtigkeitsgefühl, das sich durch mangelnden Grundrechtsschutz entwickeln kann, zu einem Verfall der Steuermoral führt[1616], kann diese durch institutionelle Besteuerungsmoral zurückgewonnen werden.[1617] Besteuerungsmoral und Vertrauen in die Rechtsstaatlichkeit der Besteuerung zeigen sich insbesondere auch durch konsequenten Grundrechtsschutz.

IV. Rechtfertigung des Systembruchs und Verhältnismäßigkeitsprüfung

1. Rechtfertigungsbedürfnis und Verhältnismäßigkeitskontrolle

Das Rechtfertigungsbedürfnis ergibt sich unmittelbar aus dem Gleichheitssatz. Wird das Verbrauchsteuerprinzip als Besteuerungsprinzip verfolgt, bedarf der Systembruch, d. h. die von diesem Prinzip abweichende Ausgestaltung von

---

1610 Zur Betrugsanfälligkeit des Mehrwertsteuersystems vgl. *Englisch*, FS für den BFH 2018, 1491 (1495 f.).

1611 Vgl. nur *Breuer*, UR 2018, 306.

1612 Europäische Kommission, Aktionsplan im Bereich der Mehrwertsteuer, Auf dem Weg zu einem einheitlichen europäischen Mehrwertsteuerraum: Zeit für Reformen, COM (2016) 148 final, 3.

1613 Zu den Reformbestrebungen siehe *Ismer*, MwStR 2017, 687 (691 ff.).

1614 Europäische Kommission, Aktionsplan im Bereich der Mehrwertsteuer, Auf dem Weg zu einem einheitlichen europäischen Mehrwertsteuerraum: Zeit für Reformen, COM (2016) 148 final, 4.

1615 *Ismer*, MwStR 2017, 687 (691).

1616 *Nieskens*, UR 2018, 261 (265 f.) zu Reihengeschäften im Mehrwertsteuerrecht; *Birk*, in: FS Spindler, 2011, 13 (19).

1617 *Birk*, in: FS Spindler, 2011, 13; *Hey*, StuW 2005, 317.

Steuertatbeständen, der Rechtfertigung durch ein anderes qualifiziertes Prinzip.[1618] Dieses Erfordernis wohnt der primärrechtlich normierten Gleichheit bereits implizit als „Denkgesetz“[1619] inne.[1620] Denn eine in sich widersprüchliche Gesamtkonzeption basiert nicht auf einem vernünftigen Grund, ist daher willkürlich und aufgrund dieser Willkür nicht mit dem Gleichheitsrecht vereinbar.[1621] Der EuGH ist sich dessen sehr wohl bewusst und hat im Bereich der Grundfreiheiten eine strenge Rechtfertigungsprüfung für mitgliedstaatliche Maßnahmen entwickelt.[1622] Im Anwendungsbereich des unionsrechtlichen allgemeinen Gleichheitssatzes wird jedoch oftmals keine Rechtfertigungsprüfung vollzogen, weil sie aus Sicht des EuGH nicht notwendig ist. Denn mit der Verneinung der Vergleichbarkeit der Sachverhalte wird eine Beeinträchtigung des Gleichheitssatzes zumeist bereits auf einer Vorstufe der Rechtfertigungsprüfung überantwortet.[1623] Im Bereich der unionsrechtlichen Grundrechte kann und darf jedoch nichts anderes gelten als im Bereich der Grundfreiheiten, so dass der EuGH auf den grundfreiheitlichen Rechtsprechungsbestand zurückgreifen könnte und sollte.[1624]

Gemäß Art. 52 Abs. 1 GrCh müssen Einschränkungen der Chartarechte gesetzlich vorgesehen sein und den Wesensgehalt dieser Rechte und Freiheiten der Charta achten. Zudem müssen Einschränkungen einem rechtlich zulässigen Ziel dienen, erforderlich sein und den Verhältnismäßigkeitsgrundsatz wahren. Irrelevant ist, ob der Systemdurchbruch bereits in der Mehrwertsteuer-Systemrichtlinie selbst angelegt ist. Jegliche einschränkende sekundärrechtlichen oder nationalrechtlichen Vorschriften können beschränkende Wirkung entfalten. Sie sind zunächst gleichheitskonform auszulegen. Ist eine derartige Auslegung nicht möglich, ist die beschränkende Norm als nichtig zu verwerfen.

Im Rahmen dieser Arbeit wurde bereits dargelegt, dass der Grundsatz der Verhältnismäßigkeit bereits vor Inkrafttreten der Charta als allgemeiner Grundsatz des Unionsrechts anerkannt wurde.[1625] Beschränkende Maßnahmen müssen demnach zur Erreichung der mit der fraglichen Regelung verfolgten Ziele

---

1618 *Hey*, in: Tipke/Lang, Steuerrecht[24], § 3 Rz. 128.

1619 *Tipke*, in: FS Reiß, 9 (14).

1620 *Krieger*, Unechte Umsatzsteuerbefreiung im Unionsrecht, 299, 301.

1621 Vgl. hierzu die Ausführungen in Kapitel 2. C. II. 5. d) dd) dieser Arbeit.

1622 *Englisch*, in: W. Schön/K. Beck, Zukunftsfragen, 39 (63).

1623 Vgl. hierzu die Ausführungen in Kapitel 4. B. V. 7. dieser Arbeit.

1624 *Englisch*, Wettbewerbsgleichheit im grenzüberschreitenden Handel, 108 ff., 119 ff.; *ders.*, in: W. Schön/K. Beck, Zukunftsfragen, 39 (63).

1625 Vgl. hierzu die Ausführungen in Kapitel 2. A. III. 2. dieser Arbeit.

geeignet und erforderlich sein. Dabei ist, wenn mehrere geeignete Maßnahmen zur Verfügung stehen, die am wenigsten belastende zu wählen; ferner müssen die auferlegten Belastungen in angemessenem Verhältnis zu den angestrebten Zielen stehen."[1626] Maßnahmen dürfen demzufolge „nicht einen im Hinblick auf die verfolgten Ziele unverhältnismäßigen, nicht tragbaren Eingriff darstellen"[1627].[1628] Die konkrete Bewertung des Grundrechtseingriffs ist dabei am Verbrauchsteuerprinzip als bereichsspezifische Ausprägung des allgemeinen Gleichheitsrechts auf dem Gebiet der Mehrwertsteuer auszurichten. Dazu müssen nach dem Verhältnismäßigkeitsgrundsatz „die Mittel zur Umsetzung der Sechsten Richtlinie zur Erreichung der mit dieser Richtlinie verfolgten Ziele geeignet sein und dürfen nicht über das dazu Erforderliche hinausgehen"[1629].

Die Einschränkung des Verbrauchsteuerprinzips muss in sich gleichheitskonform sein, um gerechtfertigt sein zu können. Dies bedeutet, dass das mit der Beschränkung verfolgte Ziel in gleichheitsrechtskonformer Weise verfolgt werden muss. Die Rechtfertigung einer Gleichheitssatzbeschränkung mit einer weiteren Ungleichbehandlung ist daher nicht möglich, weil die Einschränkung in diesem Fall nicht angemessen sein kann.

Diskriminierende mitgliedstaatliche Regelungen können bereits in der Mehrwertsteuer-Systemrichtlinie angelegt sein. In diesem Zusammenhang ist weder die Umsetzungsverpflichtung noch das unter Umständen eingeräumte Wahlrecht zur Umsetzung in nationales Recht geeignet, dem Mitgliedstaat als Rechtfertigung seiner Beschränkungen zu dienen.[1630]

2. *Spezielle Rechtfertigungsgründe*

a) *Wirksame steuerliche Kontrolle und Vermeidung von Steuerbetrug*

Eine wirksame steuerliche Kontrolle hat der EuGH bereits in seiner *Cassis-de-Dijon*-Entscheidung[1631] als zwingenden Grund des Allgemeininteresses

---

1626 EuGH, Urt. v. 11.07.1989, Rs. C-265/87, *Schräder*, Slg. 1989, 2237, Rn. 21.

1627 EuGH, Urt. v. 09.09.2008, Rs. C-120/06, *Montecchio*, Slg. 2008, I-6513 Rn. 183; v. 15.06.2006, Rs. C-28/05, *Dokter*, Slg. 2006, I-5431 Rn. 75; v. 06.12.2005, Rs. C-453/03, *Fratelli*, Slg. 2005, I-10423, Rn. 87.

1628 *Jarass*, GrCh, Art. 52 Rn. 34.

1629 EuGH, Urt. v. 23.11.2017, Rs. C-246/16, *Enzo Di Maura*, ECLI:EU:C:2017:887 = UR 2018, 37, Rn. 25; v. 26.04.2012, Rs. C-508/10, *KOM/Niederlande*, EU:C:2012:243 = DÖV 2012, 567, Rn. 75.

1630 *Schaumburg*, in: Schaumburg/Englisch, Europäisches Steuerrecht, Rz. 4.70.

1631 EuGH, Urt. v. 20.02.1979, Rs. 120/78, *Rewe-Zentral*, Slg. 1979, 649.

bezeichnet und infolgedessen als potentiellen Rechtfertigungsgrund für verfahrensrechtliche Binnenmarktbeschränkungen anerkannt.[1632] Diese Sichtweise wurde auf die Vermeidung von Steuerhinterziehung und -umgehung ausgeweitet.[1633] Damit folgt der EuGH den Entscheidungen in den Mitgliedstaaten, mit den Zielen der wirksamen steuerlichen Kontrolle und der Vermeidung von Steuerbetrug eine Verletzung des Leistungsfähigkeitsprinzips rechtfertigen zu können.[1634] Hinsichtlich der Kapitalverkehrsfreiheit wurden Maßnahmen zur Vorbeugung vor Zuwiderhandlungen gegen innerstaatliche Rechts- und Verwaltungsvorschriften, insbesondere auf dem Gebiet des Steuerrechts, explizit als geschriebene Rechtfertigungsgründe in Art. 65 Abs. 1 Buchst. b AEUV aufgenommen.

Die ungeschriebenen Rechtfertigungsgründe nach der *Cassis*-Rechtsprechung beziehen sich ausschließlich auf unterschiedslos geltende Maßnahmen.[1635] Dies sind Maßnahmen, die nicht zwischen inländischen und eingeführten Waren unterscheiden. Die Rechtfertigungsgründe finden jedoch auch jenseits der Grundfreiheiten in rein inländischen Konstellationen Anwendung, weil sie bereits durch den Gleichheitssatz selbst bedungen werden. Das daraus abgeleitete Gebot der Gleichmäßigkeit der Besteuerung erfordert einen gerechten, d. h. lückenlosen Steuervollzug.[1636] Dieser ist nur zu erreichen, indem den Missbrauch flankierende Maßnahmen verfolgt werden.

Die Legitimität der Missbrauchsvermeidung und Steuerkontrolle ist nicht unbegrenzt. Der Gesetzgeber darf aus diesen Gründen nicht eine Norm bereits materiell so abstrakt ausgestalten, dass das Ergebnis im Einzelfall nicht mehr sachgerecht ist.[1637] Die Abwehr von Missbrauch ist insofern mit der Typisierungs- und Pauschalierungsbefugnis des Gesetzgebers verzahnt.[1638] Keiner der Rechtfertigungsgründe kann zu einer Ausweitung des jeweils anderen führen. Der Gesetzgeber darf nicht in bestimmten Konstellationen einen Missbrauch unterstellen. Er muss vielmehr „eine globale Untersuchung jedes Einzelfalls

---

1632 EuGH, Urt. v. 20.02.1979, Rs. 120/78, *Rewe-Zentral*, Slg. 1979, 649, Rn. 8.

1633 EuGH, Urt. v. 16.07.1989, Rs. C-264/96, *ICI*, Slg. 1998, I-4695, Rn. 26; v. 12.12.2002, Rs. C-324/00, *Lankhorst-Hohorst*, Slg. 2002, I-11779, Rn. 37; v. 12.09.2006, Rs. C-196/04, *Cadbury Schweppes u. a.*, Slg. 2006, I-7995, Rn. 51; v. 13.03.2007, Rs. C-524/04, *Thin Cap Group Litigation*, Slg. 2007, I-2107, Rn. 72.

1634 *Ohlendorf*, Grundrechte als Maßstab des Steuerrechts in der EU, 277 m. w. N.

1635 EuGH, Urt. v. 25.07.1991, Rs. C-1/90 u. a., *Aragonesa*, Slg. 1991, I-4151, Rn. 13.

1636 *Englisch*, StuW 2009, 3 (17); *ders.*, Intertax 2005, 310 (331 f.).

1637 EuGH, Urt. v. 29.05.1997, Rs. C-63/96, *Skripalle*, Slg. 1997, I-2847, Rn. 27.

1638 *Drüen*, StuW 2008, 3 (13).

vornehmen" und die individuellen Beweggründe des Steuerbetrugs nachweisen.[1639] Dahingegen hat der EuGH bekräftigt, dass eine Regelung gerechtfertigt ist, wenn sie Verhaltensweisen zu verhindern sucht, „die darin bestehen, rein künstliche, jeder wirtschaftlichen Realität bare Gestaltungen zu dem Zweck zu errichten, der Steuer zu entgehen, die normalerweise [...] geschuldet wird".[1640] Ist eine solche Regelung so ausgestaltet, dass sie Fälle ausschließt, in denen eindeutig kein Steuerbetrug vorliegt, kann sie verhältnismäßig sein. Pauschalen Missbrauchsvermutungen sind im Ergebnis jedoch enge Grenzen gesetzt.[1641]

Gemäß Art. 325 AEUV sind die Mitgliedstaaten verpflichtet, zur Bekämpfung unter anderem von Umsatzsteuerbetrug abschreckende und wirksame Maßnahmen zu ergreifen.[1642]

b) *Vereinfachungen: Typisierungen und Pauschalierungen*

Vereinfachungszwecknormen dienen der technisch-ökonomischen Anwendbarkeit des Steuerrechts. Wo die einzelfallgerechte Besteuerung aus verwaltungsökonomischen Gründen nicht durchführbar ist, versucht der Gesetzgeber durch Typisierungen und Pauschalierungen die Durchführbarkeit des Gesetzes zu gewährleisten.[1643] Typisierungen und Pauschalierungen führen durch ihre verallgemeinernde Wirkung zu einer Abweichung von der gesetzlichen Regel und widersprechen daher einer folgerichtigen Ausgestaltung der Besteuerungsnormen.[1644] Ihre Einrichtung führt stets zu Ungleichbehandlungen und somit zu einem Rechtfertigungsbedürfnis für den Gesetzgeber.[1645] Vergröberungen laufen der Gleichbehandlung jedoch nicht immer entgegen, sondern vermögen den Gleichheitssatz auch zu wahren. Denn wenn Gesetze praktisch nicht anwendbar sind, weil ihre einzelfallgerechte Verfolgung die Finanzverwaltung lähmen würde, fördern Vereinfachungen die gleichmäßige Durchführung der Besteuerung.[1646] Dies gilt insbesondere auf dem Gebiet der Umsatzsteuer als Massen- und Selbstveranlagungsverfahren.

1639 EuGH, Urt. v. 17.07.1997, Rs. C-28/95, *Leur-Blom*, Slg. 1997, I-4161, Rn. 41.

1640 EuGH, v. 12.09.2006, Rs. C-196/04, *Cadbury Schweppes u. a.*, Slg. 2006, I-7995, Rn. 55; v. 01.04.2014, Rs. C-80/12, *Felixstowe Dock and Railway Company u. a.*, ECLI:EU:C:2014:200 = DStR 2014, 784, Rn. 33.

1641 *Jacobs*, in: Jacobs/Endres/Spengel, Internationale Unternehmensbesteuerung, 212 f.

1642 EuGH, Urt. v. 26.02.2013, Rs. C-617/10, *Åkerberg Fransson*, ECLI:EU:C:2013:105 = UR 2014, 27, Rn. 26.

1643 *Hey*, in: Tipke/Lang, Steuerrecht[24], § 3 Rz. 23.

1644 *Kirchhof, P.*, StuW 2017, 3 (11).

1645 *Hey*, in: Tipke/Lang, Steuerrecht[24], § 3 Rz. 23.

1646 *Hey*, in: Tipke/Lang, Steuerrecht[24], § 3 Rz. 145.

Die Zweckmäßigkeit der Vereinfachung hat nicht dieselbe Wertigkeit wie der ethische Konsens, dem die Besteuerung nach der Leistungsfähigkeit zugrunde liegt.[1647] Die Vergröberung ist daher nur dann zulässig, wenn die Vorteile der Vereinfachung in einem angemessenen Verhältnis zu der durch sie bewirkten Ungleichheit stehen.[1648] Die durch die Vergröberung erreichte Erleichterung darf nicht zu einem bedeutenden Verlust von Einzelfallgerechtigkeit führen.[1649] Die Typisierung darf nicht dazu dienen, eine überkomplexe Regelung überhaupt erst handhabbar zu machen. Eine solche ist vielmehr durch eine einfache, folgerichtige bzw. kohärente und prinzipientreue Norm zu ersetzen.[1650]

Eine Typisierung und Pauschalierung erfordert stets, dass der Gesetzgeber einen Ausgangsfall betrachtet, für den bestimmte steuerliche Folgen eintreten. Durch die Typisierung und Pauschalierung möchte er diese steuerlichen Folgen auf möglichst viele oder gar auf alle Anwendungsfälle übertragen. Eine gerechtfertigte Typisierung und Pauschalierung muss demnach von einem Ausgangsfall ausgehen, der ausreichend viele Anwendungsfälle erfasst. Nicht zu rechtfertigen wäre die Orientierung an einem atypischen Fall, der sodann als Leitbild für die übrigen Anwendungsfälle dient. In diesem Fall wäre die Einzelfallgerechtigkeit bereits aufgrund der hohen Anzahl der Fälle, in denen erst aufgrund der Vergröberung bestimmte Rechtsfolgen eintreten, in einem ungerechtfertigten Maße verletzt. Der Gesetzgeber muss daher realitätsgerecht den Durchschnittsfall als Maßstab seiner Typisierung oder Pauschalierung zugrunde legen.[1651] Dies setzt voraus, dass zur Bestimmung des Ausgangsfalles nur diejenigen Tatbestandsmerkmale herangezogen werden, die zur Erreichung des Regelungszieles der im Raum stehenden Norm bedeutsam sind.[1652]

Gegenwärtig akzeptiert der EuGH die Notwendigkeit der Verwaltungspraktikabilität auf dem Gebiet der Mehrwertsteuer als mögliche Rechtfertigung.[1653] Er berücksichtigt dabei jedoch, ob die durch die Vergröberung begründete Höherbelastung nur in außergewöhnlichen Fällen Anwendung findet.[1654] Ferner wägt

---

1647 *Hey*, in: Tipke/Lang, Steuerrecht[24], § 3 Rz. 145; *Heidemann*, Umsatzsteuerbefreiungen für Finanzdienstleistungen, 45 f.; *Löhr*, Optionsrecht für Vermietungsumsätze, 136.

1648 *Kirchhof, P.*, StuW 2017, 3 (11).

1649 *Hey*, in: Tipke/Lang, Steuerrecht[24], § 3 Rz. 145.

1650 *Hey*, in: Tipke/Lang, Steuerrecht[24], § 3 Rz. 24.

1651 *Kirchhof, P.*, StuW 2017, 3 (10).

1652 *Englisch*, Wettbewerbsgleichheit im grenzüberschreitenden Handel, 159; *ders.*, in: W. Schön/K. Beck, Zukunftsfragen, 39 (64).

1653 Vgl. hierzu sowie im Folgenden: *Englisch,* in: W. Schön/K. Beck, Zukunftsfragen, 39 (64 ff.).

1654 EuGH, Urt. v. 29.05.1997, Rs. C-63/96, *Skripalle*, Slg. 1997, I-2847, Rn. 28.

der EuGH ab, mit welcher Komplexität eine einzelfallgerechte Besteuerung verbunden wäre.[1655] Bei der Beurteilung mitgliedstaatlicher Vereinfachungsmaßnahmen wird berücksichtigt, ob diese durch den Europäischen Rat genehmigt wurden.[1656] Auf Unionsebene geregelte Typisierungen und Pauschalierungen werden als Übergangsrecht auch dann anerkannt, wenn sie weitgehend sind.[1657] Eine gleichheitsrechtliche Würdigung der Typisierungen und Pauschalierungen hat bislang auf dem Gebiet der Mehrwertsteuer noch nicht stattgefunden. Vor diesem Hintergrund ist zu beachten, dass der EuGH im Recht der nicht harmonisierten direkten Steuern bereits die generelle Eignung der Verwaltungspraktikabilität als Rechtfertigungsgrund für einen Verstoß gegen die Grundfreiheiten ablehnt.[1658]

c) Kompensation von Vor- und Nachteilen

In einer Reihe von Entscheidungen hat sich der EuGH mit mitgliedstaatlichen Regelungen befasst, in denen steuerliche Nachteile für Steuerausländer damit gerechtfertigt werden sollten, dass ausgleichende Vorteile im Ergebnis eine Gleichbehandlung mit Inländern bewirkten. Von dieser Kompensation zu unterscheiden ist der anerkannte Rechtfertigungsgrund der Kohärenz[1659] des Steuersystems, bei dem in Abgrenzung zur Kompensation eine Ungleichbehandlung aufgrund der Systematik der nationalen Steuerordnung gerade erfordert wird.[1660] Die Kompensation ist kein eigenständiger Rechtfertigungsgrund und auch kein „negatives Tatbestandsmerkmal der tatbestandlichen Diskriminierung“[1661]. Im Rahmen einer Rechtfertigungsprüfung kann die Kompensation jedoch dazu führen, dass eine Einschränkung so weit entschärft wird, bis man im Ergebnis eine Verletzung verneinen kann.[1662]

1655 EuGH, Urt. v. 29.04.2004, Rs. C-17/01, *Sudholz*, Slg. 2004, I-4243, Rn. 63.

1656 EuGH, Urt. v. 29.04.2004, Rs. C-17/01, *Sudholz*, Slg. 2004, I-4243, Rn. 51; v. 29.05.1997, Rs. C-63/96, *Skripalle*, Slg. 1997, I-2847, Rn. 30.

1657 EuGH, Urt. v. 16.12.2008, Rs. C-127/07, *Société Arcelor Atlantique et Lorraine u. a.*, Slg. 2008, I-9895, Rn. 60; v. 05.10.1999, Rs. C-305/97, *Royscot u. a.*, Slg. 1999, I-6671, Rn. 23 ff.

1658 EuGH, Urt. v. 07.09.2004, Rs. C-319/02, *Manninen*, Slg. 2004, I-7497, Rn. 54; v. 04.03.2004, Rs. C-334/02, *KOM/Frankreich*, Slg. 2004, I-2229, Rn. 29.

1659 Vgl. hierzu die Ausführungen in Kapitel 4. C. IV. 2. e) dieser Arbeit.

1660 *Ohlendorf*, Grundrechte als Maßstab des Steuerrechts in der EU, 264.

1661 *Reimer*, in: Lehner, Grundfreiheiten im Steuerrecht der EU-Staaten, 39 (69).

1662 *Reimer*, in: Lehner, Grundfreiheiten im Steuerrecht der EU-Staaten, 39 (69).

Der EuGH-Rechtsprechung zufolge bedingt eine Kompensation einen nach Art und Höhe exakten Nachteilsausgleich.[1663] Des Weiteren ist zu fordern, dass die Kompensationswirkung dem Steuerpflichtigen nicht nur zufällig als Mitglied einer bestimmten begünstigten Gruppe, sondern individualisiert zugute kommt und im Regelfall eintritt.[1664] Zwischen der begünstigenden und der benachteiligenden Norm muss ein „Legitimationszusammenhang"[1665] bestehen.

d) Deckung des Finanzmittelbedarfs und sonstige Fiskalinteressen

Es wurde mehrfach versucht, Beschränkungen der Grundfreiheiten mit den bloßen Fiskalinteressen des Mitgliedstaats zu rechtfertigen.[1666] Die finanziellen Interessen der Mitgliedstaaten werden in vielen Fällen auch die Begründung für Durchbrechungen des gewählten Lastenausteilungsmaßstabs im Umsatzsteuerrecht sein. Die EuGH-Rechtsprechung zu den Grundfreiheiten kann daher auf den unionsrechtlichen Gleichheitssatz übertragen werden.[1667]

In seiner ständigen Rechtsprechung untersagt der EuGH die Rechtfertigung anhand bloßer finanzieller Gründe.[1668] Jedoch könne eine „erhebliche Gefährdung des finanziellen Gleichgewichts des Systems […] einen zwingenden Grund des Allgemeininteresses darstellen, der eine solche Beschränkung rechtfertigen kann".[1669] Dabei muss jedoch eine Kausalität zwischen der beschränkten Handlung und der Gefährdungslage bestehen.[1670] Eine Übertragung dieser Ausnahmetatbestände auf das Mehrwertsteuerrecht ist aufgrund des

1663 *Englisch,* in: W. Schön/K. Beck, Zukunftsfragen, 39 (66); EuGH, Urt. v. 07.09.2004, Rs. C-319/02, *Manninen*, Slg. 2004, I-7477, Rn. 54; v. 13.03.2007, Rs. C-524/04, *Thin Cap Group Litigation*, Slg. 2007, I-2107, Rn. 69; v. 14.11.1995, Rs. C-484/93, *Svensson und Gustavsson*, Slg. 1995, I-3955, Rn. 18.

1664 *Englisch,* in: W. Schön/K. Beck, Zukunftsfragen, 39 (66 f.); *Hey*, AöR 2003, 226 (242 ff.); *Reimer*, in: Lehner, Grundfreiheiten im Steuerrecht der EU-Staaten, 39 (69); *Ohlendorf*, Grundrechte als Maßstab des Steuerrechts in der EU, 265 f.

1665 *Hey*, AöR 2003, 226 (245 f.).

1666 EuGH, Urt. v. 28.04.1998, Rs. C-120/95, *Decker*, Slg. 1998, I-1831; v. 16.07.1998, Rs. C-264/96, *ICI*, Slg. 1998, I-4695.

1667 *Englisch,* in: W. Schön/K. Beck, Zukunftsfragen, 39 (62.); *Ohlendorf*, Grundrechte als Maßstab des Steuerrechts in der EU, 259; ohne Beschränkung auf Teilbereiche allgemein gegen die Möglichkeit der Rechtfertigung von Ungleichbehandlungen durch fiskalische Gründe *Wernsmann*, StuW 2018, 100 (111 f.).

1668 EuGH, Urt. v. 28.04.1998, Rs. C-120/95, *Decker*, Slg. 1998, I-1831, Rn. 39; v. 16.07.1998, Rs. C-264/96, *ICI*, Slg. 1998, I-4695, Rn. 28.

1669 EuGH, Urt. v. 28.04.1998, Rs. C-120/95, *Decker*, Slg. 1998, I-1831, Rn. 39.

1670 EuGH, Urt. v. 28.04.1998, Rs. C-120/95, *Decker*, Slg. 1998, I-1831, Rn. 40.

Bestimmungslandprinzips ausgeschlossen, weil kein systemwidriges finanzielles Ungleichgewicht auf dem Gebiet der Mehrwertsteuer durch die Mehrwertsteuer selbst entstehen kann.

Davon abzugrenzen sind die Steuerkontrolle und die Vermeidung von Steuerhinterziehung als anerkannte zwingende Gründe des Allgemeininteresses sowie weitere, außersteuerliche Allgemeininteressen. Diese sind einer näheren Betrachtung zugänglich und können zu einer Rechtfertigung führen. Rein fiskalisch motivierte Beschränkungen sind jedoch als Rechtfertigungsgrund abzulehnen.

e) Kohärenz

Stimmt man einer Übertragbarkeit der durch den EuGH auf dem Gebiet der Grundfreiheiten entwickelten Rechtfertigungsgründe auf die Grundrechte zu, stellt sich unausweichlich die Frage nach der am häufigsten aufgeführten[1671] und von der Lehre meistdiskutierten[1672] Argumentation mit der Kohärenz des Steuersystems. Demzufolge sind diskriminierende Regelungen gerechtfertigt, wenn sie gemeinsam mit anderen Regelungen in eine Gesamtsystematik eingebettet sind und in der Gesamtschau ein systemgerechter Ausgleich der Nachteile erfolgt. Die für sich betrachtet diskriminierende Regelung muss in diesem Fall notwendigerweise gemeinsam mit den Regelungen bewertet werden, mit denen sie sachlich zusammenhängt, damit das Steuersystem „in sich schlüssig"[1673] bleibt. Die isoliert betrachtete Benachteiligung ist in diesem Fall eine zwingende Vorgabe des Gleichheitssatzes sowie des daraus abgeleiteten Folgerichtigkeitsgebotes aus nationaler Warte.[1674]

Der EuGH forderte zunächst die Identität der Person, die einen Nachteil erleidet, und derjenigen, der der kompensierende Vorteil zugewandt wird.[1675] Inzwischen ist er mit der *Manninen*-Entscheidung[1676] von dieser in der Literatur kritisierten[1677] Sichtweise jedoch abgerückt.[1678] Zudem muss der

---

1671 *Jacobs*, in: Jacobs/Endres/Spengel, Internationale Unternehmensbesteuerung, 213 ff.

1672 *Ohlendorf*, Grundrechte als Maßstab des Steuerrechts in der EU, 268.

1673 *Musil*, StuW 2005, 278 (286).

1674 *Englisch*, DStJG 41 (2018), 273 (313); *Staringer*, DStJG 41 (2018), 365 (367); *Drüen*, in: FS Spindler, 29 (45); *Lehner*, DStJG 23 (2000), 263 (269); *Ohlendorf*, Grundrechte als Maßstab des Steuerrechts in der EU, 270.

1675 EuGH. Urt. v. 06.06.2000, Rs. C-35/98, *Verkoojen*, Slg. 2000, I-1727, Rn. 69.

1676 EuGH, Urt. v. 07.09.2004, Rs. C-319/02, *Manninen*, Slg. 2004, I-7477, Rn. 40 ff.

1677 Seer/Kahler/Rüping/Thulfaut, EWS 2005, 289 (297).

1678 *Stewen*, EuR 2008, 445 (458).

kompensierende Vorteil im Rahmen derselben Steuerart[1679] sowie innerhalb eines Mitgliedstaats erfolgen.[1680]

Das Mehrwertsteuerrecht unterscheidet sich von den direkten Steuern innerhalb der Europäischen Union durch seinen fortgeschrittenen Harmonisierungsgrad. Es sind daher keine Besonderheiten eines mitgliedstaatlichen Mehrwertsteuersystems denkbar, die eine Ungleichbehandlung mit dem Argument der Kohärenz rechtfertigen könnten.

Die Kohärenz trat im Umsatzsteuerrecht bislang in Erscheinung, um gleichheitsrechtliche Diskriminierungen mit der besonderen steuerlichen Behandlung eines gesamten Themengebietes zu rechtfertigen. In der Rechtssache *RPO*[1681] führte der Ausschluss einzelner elektronischer Dienstleistungen vom ermäßigten Steuersatz nicht zu einem Verstoß gegen Art. 20 GrCh, weil der Unionsgesetzgeber auf diese Weise die Weiterentwicklung der Digitalisierung als Ganzes behandeln könne. Dafür seien möglichst einfache und einheitliche Regelungen erforderlich.[1682] Ermäßigungen einzelner elektronischer Dienstleistungen aus Gründen der Gleichbehandlung mit vergleichbaren, nichtelektronischen Medien, die dem ermäßigten Steuersatz unterliegen, verneinte der EuGH mit Verweis auf die Kohärenz der Besteuerung elektronischer Leistungen.[1683]

Der gegenwärtige Rekurs auf den Rechtfertigungsgrund der Kohärenz im Mehrwertsteuerrecht ist von der Kohärenz der Steuersysteme auf dem Gebiet der Grundfreiheiten abzugrenzen. Der Kohärenz einzelner Regelungsbereiche in der Umsatzsteuer liegen keine Besonderheiten eines in sich geschlossenen Systems zugrunde. Im Anwendungsbereich der Grundfreiheiten steht die Rechtfertigung anhand der Kohärenz der Steuersysteme mit divergierenden nationalen Steuersystemen in Zusammenhang, die aus der jeweiligen nationalen Steuerhoheit herrühren.[1684] Besondere Mehrwertsteuerregelungen etwa für elektronische Dienstleistungen basieren jedoch nicht auf derartigen Unterschieden, weil die Mehrwertsteuer-Systemrichtlinie EU-weit gilt und die Mitgliedstaaten insoweit in ihrer Steuerhoheit eingeschränkt sind. Sofern der Richtliniengeber einen besonderen Regelungskreis für einen bestimmten Bereich schafft, ist dies

---

1679 EuGH, Urt. v. 15.07.2004, Rs. 315/02, *Lenz*, Slg. 2004, I-7081, Rn. 36.

1680 *Stewen*, EuR 2008, 445 (457).

1681 EuGH, Urt. v. 07.03.2017, Rs. C-390/15, *RPO*, ECLI:EU: C:2017:174 = DStRE 2017, 1183.

1682 Vgl. hierzu die Ausführungen in Kapitel 4. B. V. 5. dieser Arbeit.

1683 EuGH, Urt. v. 07.03.2017, Rs. C-390/15, *RPO*, ECLI:EU: C:2017:174 = DStRE 2017, 1183, Rn. 64 ff.

1684 *Staringer*, DStJG 41 (2018), 365 (367 f.).

vielmehr unter den Gesichtspunkten der wirksamen Steuerkontrolle sowie der Typisierung und Pauschalierung zu werten.

D. Zwischenergebnis und Hypothese

Die Analyse hat aufgezeigt, dass die Mehrwertsteuer ihre Gerechtigkeit im Verbrauchsteuerprinzip erlangt. Das Verbrauchsteuerprinzip ist die bereichsspezifische Ausprägung des unionsrechtlichen allgemeinen Gleichheitssatzes nach Art. 20 GrCh auf dem Gebiet der Mehrwertsteuer. Es ist selbst primärrechtlich verankert und zugleich Teil eines die Neutralität der Besteuerung wahrenden, primärrechtlichen Normenkonglomerates. Im Ergebnis müssen die Bestimmungen der sekundärrechtlichen Mehrwertsteuer-Systemrichtlinie mit dem Verbrauchsteuerprinzip konform sein, um Gültigkeit beanspruchen zu können. Nationale Umsatzsteuerregelungen sind ebenfalls am Verbrauchsteuerprinzip auszurichten.

Gegenwärtig verweist der EuGH im Umsatzsteuerrecht vorrangig auf das Neutralitätsprinzip als bereichsspezifische Ausprägung des unionsrechtlichen allgemeinen Gleichheitssatzes. Vereinzelt wird zwar festgestellt, dass der Gleichheitssatz über den Neutralitätsgrundsatz hinausgehe, dogmatisch werden daraus jedoch keine stringenten Schlüsse gezogen. In einer Reihe von Entscheidungen kommt zum Ausdruck, dass der EuGH den Neutralitätsgrundsatz tatsächlich lediglich als Auslegungsgrundsatz versteht. Dies führt gegenwärtig zu einer Aushöhlung des Grundrechtsschutzes im Mehrwertsteuerrecht, weil sich die Betroffenen nach Auffassung des EuGH nicht auf den Neutralitätsgrundsatz berufen können. Sofern der EuGH eine gleichheitsrechtliche Prüfung vollzieht, überantwortet er die vorgebrachten Bedenken mit einer weitreichenden Einschätzungsprärogative zugunsten des Richtliniengebers. Eine Verhältnismäßigkeitsprüfung findet zumeist nicht statt. Im Ergebnis behandelt der EuGH die Mehrwertsteuer-Systemrichtlinie ungeachtet ihrer lediglich sekundärrechtlichen Position in der Normenhierarchie als „Überrecht"[1685].[1686]

Ein den Vorgaben des allgemeinen Gleichheitsrechts entsprechender Umgang mit Diskriminierungen kann durch eine konsequente Befolgung des Verbrauchsteuerprinzips erreicht werden. Dogmatisch ist dafür zunächst die primärrechtliche Stellung des Verbrauchsteuerprinzips als Konkretisierung des allgemeinen Gleichheitsrechts zu respektieren. Damit einhergehend ist eine im Vergleich

1685 *Nieskens/Tehler*, BB 1997, 2134.
1686 *Zirkl*, Neutralität der USt, 238.

zum *Status quo* deutlich erhöhte Kontrolldichte notwendig, um den Grundrechtsschutz zu effektivieren. Der EuGH sollte auf dem Gebiet der Grundrechte dieselben Maßstäbe an eine Verhältnismäßigkeitsprüfung zugrunde legen wie im Anwendungsbereich der Grundfreiheiten. Für Zwecke der möglichen Rechtfertigung kann auf die etablierte Rechtsprechung zu den Grundfreiheiten zurückgegriffen werden.

Aufgrund der gegenwärtigen Abstinenz grundrechtsdogmatischer Konsequenz ist anzunehmen, dass *De-lege-lata*-Regelungen des Mehrwertsteuerrechts gegen den allgemeinen Gleichheitssatz nach Art. 20 GrCh verstoßen. Diese Hypothese gilt es im folgenden Kapitel zu analysieren. Dabei wird ein Fokus auf die Bestimmungen zum Vorsteuerabzug gerichtet.

Kapitel 5: Vereinbarkeit der Regelungen zum Vorsteuerabzug mit Art. 20 GrCh

A. Vorüberlegungen

I. Eignung des Vorsteuerabzuges als Analysegegenstand

Die Umsatzsteuer ist nach hier vertretener Ansicht eine Verbrauchsteuer. Demzufolge darf die Steuerlast nach der intendierten Konzeption ausschließlich den Verbraucher treffen. Steuertechnisch wird jedoch der Unternehmer als „Steuereinnehmer für Rechnung des Staates“[1687] abgabenrechtlicher Steuerschuldner. Dies gilt auf jeder einzelnen Handels- oder Produktionsstufe. Das den materiellen Vorgaben entsprechende Ergebnis, den Unternehmer von der Umsatzsteuerlast der Vorstufen zu befreien, wird erst durch den Vorsteuerabzug erreicht. Eine Belastung des Unternehmers mit Umsatzsteuer widerspricht dem Verbrauchsteuerprinzip und jeder Verstoß gegen das Verbrauchsteuerprinzip ist eine rechtfertigungsbedürftige Einschränkung des unionsrechtlichen allgemeinen Gleichheitsrechts nach Art. 20 GrCh. Demzufolge ist Voraussetzung für eine ausschließliche Belastung des Verbrauchers mit Umsatzsteuer, dass der Unternehmer im Wege des Vorsteuerabzuges vollständig entlastet wird. Das „Herzstück“[1688] des geltenden Allphasen-Netto-Umsatzsteuersystems – der Vorsteuerabzug – eignet sich daher besonders für eine eingehende Analyse an den Maßstäben des Verbrauchsteuerprinzips.

II. Gliederung der Analyse

1. Materieller Aufbau

Ein gleichheitsrechtskonformes Mehrwertsteuerrecht bedingt die konsequente Befolgung des Verbrauchsteuerprinzips. Das Verbrauchsteuerprinzip setzt demzufolge die Maßstäbe für die Definition der Ungleichbehandlung zweier Vergleichsgruppen sowie für deren Vergleichbarkeit. Sollte nach diesen Kriterien ein nicht gerechtfertigter Verstoß gegen Art. 20 GrCh vorliegen, schließen sich

---

1687 EuGH, Urt. v. 21.02.2008, Rs. C-271/06, *Netto Supermarkt*, Slg. 2008, I-787, Rn. 21; v. 20.10.1993, Rs. C-10/92, *Balocchi*, Slg. 1993, I-5105, Rn. 25.

1688 *Englisch*, in: Tipke/Lang[23], Steuerrecht, § 17 Rz. 307.

dieser Feststellung Empfehlungen für eine gleichheitssatzkonforme Ausgestaltung an. Diese Lösungen können wiederum unter kohärenter Beachtung des Verbrauchsteuerprinzips entwickelt werden.

2. *Formeller Aufbau*

Die Analyse arbeitet sich vom Allgemeinen ins Spezielle vor. Zunächst werden die allgemeinen Tatbestandsmerkmale für den Vorsteuerabzug dargestellt. Anschließend werden diese am Verbrauchsteuerprinzip gemessen. Diesem Aufbau liegt die Überlegung zugrunde, dass sich anhand der allgemeinen Tatbestandsmerkmale Anknüpfungspunkte für eine gleichheitssatzkonforme Auslegung im Speziellen ergeben. Im Speziellen kann anschließend in Situationen, in denen ein Vorsteuerabzug gegenwärtig verwehrt bzw. eingeschränkt wird, eine gleichheitssatzkonforme Auslegung des die Beeinträchtigung begründenden Tatbestandsmerkmals erfolgen. Die Reihenfolge orientiert sich so weit wie möglich an dem mit „Vorsteuerabzug" überschriebenen Titel X der Mehrwertsteuer-Systemrichtlinie.

B. Allgemeine Voraussetzungen für den Vorsteuerabzug

I. Materielle Grundlagen des Rechtsanspruchs

Die grundsätzlichen materiellen Vorgaben zur Entstehung und zum Umfang des Rechts auf Vorsteuerabzug finden sich in den Art. 1 Abs. 2, 167 und 168 MwStSystRL.

Art. 1 Abs. 2 MwStSystRL definiert die Mehrwertsteuer als proportionale Allphasen-Netto-Umsatzsteuer mit Vorsteuerabzug. Mit dieser Definition geht die vollständige Entlastung der Vorstufenmehrwertsteuer einher.[1689]

Gemäß Art. 167 MwStSystRL entsteht das Recht auf Vorsteuerabzug, wenn der Anspruch auf die abziehbare Steuer entsteht. Der Vorsteuerabzug ist nach dem Wortlaut ein eigenständiges Recht des Berechtigten. Der Rechtsanspruch wird grundsätzlich in dem Zeitraum ausgeübt, in dem er entstanden ist. Dies ist der Zeitpunkt der Steuerentstehung. Die Entrichtung der Gegenleistung für die erhaltene Leistung an den Leistungserbringer ist keine Voraussetzung für die Ausübung des Rechts auf Vorsteuerabzug. Die Besteuerung erfolgt somit nach dem Soll-Prinzip, d. h. nach dem vereinbarten Entgelt.

1689 Vgl. hierzu die Ausführungen in Kapitel 4. A. III. 3. b) dieser Arbeit.

Art. 168 MwStSystRL enthält die konkreten Tatbestandsmerkmale des Rechtsanspruchs auf Vorsteuerabzug. Demzufolge sind ausschließlich „Steuerpflichtige" berechtigt, das Vorsteuerabzugsrecht geltend zu machen. Die Steuerpflichtigen-Eigenschaft richtet sich nach Art. 9 Abs. 1 MwStSystRL.[1690] Sie erfüllt, wer eine wirtschaftliche Tätigkeit unabhängig von ihrem Ort, Zweck und Ergebnis selbstständig ausübt. Bezieht jemand aus diesem Berechtigtenkreis Gegenstände und Dienstleistungen, kann er in dem Mitgliedstaat, in dem er seine Umsätze bewirkt, den Vorsteuerbetrag von der Summe der von ihm geschuldeten Umsatzsteuer abziehen. Dies gilt jedoch nur, soweit der Steuerpflichtige die Gegenstände und Dienstleistungen für Umsätze verwendet, die mit Umsatzsteuer belastet werden.

Weitere Voraussetzung für das Recht auf Vorsteuerabzug ist, dass die abzuziehende Steuer auf einen in den Art. 168 Buchst. a – e MwStSystRL genannten Steuertatbestand zurückzuführen ist. Hierzu zählen mit Blick auf den Fokus dieser Arbeit die Mehrwertsteuer für Gegenstände und Dienstleistungen, die dem Steuerpflichtigen von einem anderen Steuerpflichtigen geliefert bzw. erbracht wurden oder werden (Buchst. a), sowie die Mehrwertsteuer, die für innergemeinschaftliche Erwerbe von Gegenständen gemäß Art. 2 Abs. 1 Buchst. b Ziffer i. MwStSystRL geschuldet wird (Buchst. c).

II. Ausübung des Rechts auf Vorsteuerabzug

Die Ausübung des Rechts auf Vorsteuerabzug ist gemäß Art. 178 MwStSystRL an weitere Bedingungen geknüpft. Nach Art. 178 Buchst. a MwStSystRL muss der Steuerpflichtige beispielsweise für den Vorsteuerabzug nach Art. 168 Buchst. a MwStSystRL eine ordnungsgemäß[1691] ausgestellte Rechnung besitzen. Der Vorsteuerabzug kann gemäß Art. 179 Abs. 1 MwStSystRL erst in dem Steuerzeitraum von dem eigens geschuldeten Mehrwertsteuerbetrag in Abzug gebracht werden, für den das Abzugsrecht sowohl materiell entstanden ist als auch zugleich gemäß Art. 178 MwStSystRL ausgeübt werden kann.

Im Ergebnis unterscheidet das Unionsrecht zwischen dem materiellen Anspruch auf Vorsteuerabzug und weiteren, ungeachtet der Erfüllung der

---

1690 Die Sonderregelungen für neue Fahrzeuge nach Art. 9 Abs. 2 MwStSystRL sowie für die öffentliche Hand gemäß Art. 13 MwStSystRL werden an dieser Stelle nicht näher thematisiert.

1691 Zum Erfordernis einer Rechnung zur Ausübung des Rechts auf Vorsteuerabzug siehe *Kessens*, MwStR 2019, 308 (312 f.); *von Streit/Streit*, MwStR 2019, 13 ff.

materiellen Voraussetzungen geltenden Vorgaben für die konkrete Ausübung dieses Rechtsanspruchs.

C. Einschränkungen des Vorsteuerabzuges

I. Art. 167 – 172 MwStSystRL: Entstehung und Umfang des Rechts auf Vorsteuerabzug

1. Gesellschafter, Mitunternehmer und Holdinggesellschaften als mittelbare Unternehmer

a) Grundlagen der gegenwärtigen Rechtslage

aa) EuGH Faxworld

Die *Faxworld*-Entscheidung[1692] betrifft den Vorsteuerabzug aus Investitionskosten der Vorgründungsgesellschaft in der Rechtsform der Gesellschaft bürgerlichen Rechts einer zu gründenden AG.

Der Zweck der Vorgründungsgesellschaft bestand darin, die für die Tätigkeit der AG erforderlichen Mittel vorzubereiten. Ihrem Gesellschaftszweck entsprechend tätigte sie einen einzigen Ausgangsumsatz in Gestalt der Übertragung ihres Gesamtvermögens an die AG, sobald diese gegründet wurde.[1693]

Der EuGH hat die Vorgründungsgesellschaft als Steuerpflichtige qualifiziert, weil sie die Veräußerung der erworbenen Vermögensgegenstände auf die AG bewirkt.[1694] Es sei unschädlich, dass der Übertragungsvorgang eine nicht steuerbare Geschäftsveräußerung im Ganzen gemäß Art. 19 Abs. 1 MwStSystRL darstelle.[1695] Dass diese Umsätze dem Anwendungsbereich der Mehrwertsteuer entzogen seien, führe nicht dazu, die Steuerpflichtigen-Eigenschaft mangels wirtschaftlicher Tätigkeit zu verneinen. Der Erwerb von Gegenständen für Zwecke einer wirtschaftlichen Tätigkeit sei auch dann gegeben, wenn die Gegenstände nicht sofort für diese wirtschaftliche Tätigkeit verwendet würden. Die Geltung der Feststellung dieser wirtschaftlichen Tätigkeit hänge nicht von der Identität des Unternehmers ab.[1696] Es seien insofern die besteuerten Umsätze der AG maßgeblich für den Vorsteuerabzug der Vorgründungsgesellschaft, weil die AG als Rechtsnachfolgerin der Übertragenden angesehen werde.[1697]

1692 EuGH, Urt. v. 29.04.2004, Rs. C-137/02, *Faxworld*, Slg. 2004, I-5547.
1693 EuGH, Urt. v. 29.04.2004, Rs. C-137/02, *Faxworld*, Slg. 2004, I-5547, Rn. 3.
1694 EuGH, Urt. v. 29.04.2004, Rs. C-137/02, *Faxworld*, Slg. 2004, I-5547, Rn. 26 ff.
1695 EuGH, Urt. v. 29.04.2004, Rs. C-137/02, *Faxworld*, Slg. 2004, I-5547, Rn. 29, 31 ff.
1696 EuGH, Urt. v. 29.04.2004, Rs. C-137/02, *Faxworld*, Slg. 2004, I-5547, Rn. 28.
1697 EuGH, Urt. v. 29.04.2004, Rs. C-137/02, *Faxworld*, Slg. 2004, I-5547, Rn. 42.

Im Ergebnis wurde der Vorgründungsgesellschaft der Vorsteuerabzug gewährt, wenngleich sie selbst unmittelbar keine steuerbaren Umsätze tätigte.

bb) EuGH Polski Trawertyn

In dieser Rechtssache[1698] urteilte der EuGH über folgenden Sachverhalt: Zwei Gesellschafter erwarben ein Grundstück mit einem Natursteinbruch. Die Rechnung lautete auf die beiden Gesellschafter. Wenige Monate nach diesem Kauf gründeten sie eine Gesellschaft namens *Polski Trawertyn*. Das erworbene Grundstück brachten die Gesellschafter alsbald im Wege der Sacheinlage in die Gesellschaft ein. Sowohl den Gesellschaftern als auch *Polski Trawertyn* wurde von den nationalen Behörden der Vorsteuerabzug aus der Rechnung verwehrt. Als Begründung wurde angeführt, die Gesellschafter tätigten einen von der Mehrwertsteuer befreiten Umsatz,[1699] während die Gesellschaft ausweislich der Rechnung bereits nicht Leistungsempfängerin sei[1700].

In Abgrenzung zur *Faxworld*-Entscheidung stellte das Gericht mit Verweis auf die Ausführungen des Generalanwalts[1701] klar, dass die beiden Gesellschafter kein Unternehmen im Sinne des Art. 19 MwStSystRL einbrächten, sondern lediglich einen Gegenstand. Es trete auch keine Gesamtrechtsnachfolge ein.[1702] Ungeachtet dessen seien die Urteilsgründe jedoch auf das Ausgangsverfahren übertragbar. Die wirtschaftliche Tätigkeit und damit die Steuerpflichtigen-Eigenschaft sei schon zu dem Zeitpunkt gegeben, in dem vorbereitende Handlungen einer späteren Tätigkeit unternommen würden. Der Kauf eines Grundstücks könne demnach zu diesen vorbereitenden Handlungen zählen.[1703] Ein Abstellen auf den Zeitpunkt der tatsächlichen Nutzung des Grundstücks würde dazu führen, dass Steuerpflichtige in der Investitionsphase unweigerlich mit Mehrwertsteuer als Kostenbestandteil belastet wären. Dies käme nach Ansicht des EuGH einer

---

1698 EuGH, Urt. v. 01.03.2012, Rs. C-280/10, *Polski Trawertyn*, ECLI:EU:C:2012:107 = DStRE 2012, 893.

1699 EuGH, Urt. v. 01.03.2012, Rs. C-280/10, *Polski Trawertyn*, ECLI:EU:C:2012:107 = DStRE 2012, 893, Rn. 26.

1700 EuGH, Urt. v. 01.03.2012, Rs. C-280/10, *Polski Trawertyn*, ECLI:EU:C:2012:107 = DStRE 2012, 893, Rn. 21.

1701 EuGH, Schussanträge GA Cruz Villalón v. 15.09.2011, Rs. C-280/10, *Polski Trawertyn*, ECLI:EU:C:2011:592 = BeckRS 2011, 81465, Rn. 46 ff.

1702 EuGH, Urt. v. 01.03.2012, Rs. C-280/10, *Polski Trawertyn*, ECLI:EU:C:2012:107 = DStRE 2012, 893, Rn. 34.

1703 EuGH, Urt. v. 01.03.2012, Rs. C-280/10, *Polski Trawertyn*, ECLI:EU:C:2012:107 = DStRE 2012, 893, Rn. 28.

willkürlichen Unterscheidung zwischen Investitionsausgaben vor und während der tatsächlichen Nutzung eines Grundstücks gleich.[1704] Die beiden Gesellschafter seien vor diesem Hintergrund als Steuerpflichtige anzusehen, weil sie vor Eintragung und mehrwertsteuerlicher Erfassung der Gesellschaft Investitionen getätigt haben, die für die zukünftige Grundstücksnutzung durch die Gesellschaft erforderlich sind.[1705]

In der Konsequenz sprach der EuGH den beiden Gesellschaftern die Befugnis zu, das Vorsteuerabzugsrecht geltend zu machen. Da ihnen dieses Recht nach den nationalen Rechtsvorschriften nicht eingeräumt werden konnte, gestattete der EuGH ersatzweise der Gesellschaft das Abzugsrecht.[1706]

cc) EuGH Malburg

Die *Malburg*-Entscheidung[1707] betrifft den Fall der unentgeltlichen Überlassung eines Mandantenstammes. Ein Gesellschafter hatte im Rahmen der Realteilung einer Alt-Gesellschaft einen Mandantenstamm erworben und diesen anschließend unentgeltlich einer Neu-Gesellschaft, an der er ebenfalls beteiligt war, überlassen.[1708] Die nationale Finanzbehörde versagte den Vorsteuerabzug aus dem Erwerb des Mandantenstammes mit der Begründung, aufgrund der unentgeltlichen Überlassung liege insoweit keine Verwendung im Rahmen des eigenen Unternehmens durch den Gesellschafter vor.[1709]

Das vorlegende Gericht[1710] neigte zu der Ansicht, den Vorsteuerabzug aus dem Erwerb des Mandantenstammes mit Verweis auf die Rechtssache *Polski Trawertyn* zu gewähren.[1711] Der Erwerb des Mandantenstammes könne demzufolge

---

1704 EuGH, Urt. v. 01.03.2012, Rs. C-280/10, *Polski Trawertyn*, ECLI:EU:C:2012:107 = DStRE 2012, 893, Rn. 29.

1705 EuGH, Urt. v. 01.03.2012, Rs. C-280/10, *Polski Trawertyn*, ECLI:EU:C:2012:107 = DStRE 2012, 893, Rn. 31.

1706 EuGH, Urt. v. 01.03.2012, Rs. C-280/10, *Polski Trawertyn*, ECLI:EU:C:2012:107 = DStRE 2012, 893, Rn. 35.

1707 EuGH, Urt. v. 13.03.2014, Rs. C-204/13, *Malburg*, ECLI:EU: C:2014:147 = UR 2014, 353.

1708 EuGH, Urt. v. 13.03.2014, Rs. C-204/13, *Malburg*, ECLI:EU: C:2014:147 = UR 2014, 353, Rn. 9 f.

1709 EuGH, Urt. v. 13.03.2014, Rs. C-204/13, *Malburg*, ECLI:EU: C:2014:147 = UR 2014, 353, Rn. 14.

1710 BFH, Beschl. v. 20.03.2013, XI R 26/10, BStBl. II 2013, 464.

1711 EuGH, Urt. v. 13.03.2014, Rs. C-204/13, *Malburg*, ECLI:EU: C:2014:147 = UR 2014, 353, Rn. 17 ff.

als vorbereitende Tätigkeit für die Neu-Gesellschaft angesehen werden, mit der Folge, dass der Vorsteuerabzug zu gewähren sei.

Der EuGH versagte Herrn *Malburg* den Vorsteuerabzug. Entgegen der Rechtssache *Polski Trawertyn* liege ob der unentgeltlichen Überlassung kein steuerfreier, sondern ein außerhalb des Anwendungsbereichs der Mehrwertsteuer liegender Ausgangsumsatz vor. Dies könne nicht als wirtschaftliche Tätigkeit angesehen werden.[1712] Zudem sei das Investitionsgut im Ausgangsverfahren nicht der Gesellschaft übertragen worden.[1713]

Ferner versagte das Gericht einen Vorsteuerabzug aus Neutralitätsgründen, weil mangels wirtschaftlicher Tätigkeit der Grundsatz der steuerlichen Neutralität bereits keine Anwendung finde.[1714] Ein Berufungsrecht scheide aus, weil der Neutralitätsgrundsatz nach dem Verständnis des EuGH keine Regel des Primärrechts sei, sondern ein bloßer Auslegungsgrundsatz, der neben dem Grundsatz Anwendung finde, den er einschränke.[1715]

dd) EuGH Cibo Participations

In der Rechtssache *Cibo Participations*[1716] setzte sich der EuGH mit der Frage auseinander, ob eine Holdinggesellschaft Vorsteuerbeträge in Abzug bringen darf, die ihr für Beratungskosten im Rahmen einer sog. Due-Diligence-Prüfung im Zusammenhang mit dem Erwerb von Beteiligungen in Rechnung gestellt wurden.[1717] Während der Vorsitzende der Gesellschaft in den Tochtergesellschaften leitend gegen Entgelt tätig wurde, beschränkte sich die Holdinggesellschaft nach dem Erwerb auf das Halten der Beteiligungen. Der Ertrag der Holding bestand aus Dividenden. Eigene Handelsgeschäfte wurden nicht getätigt. Die Steuerverwaltung verweigerte den Vorsteuerabzug mit der Begründung, das Halten von Beteiligungen sowie der Bezug von Dividenden fielen nicht in den Anwendungsbereich der Mehrwertsteuer. Die bezogenen Dienstleistungen stünden daher nicht im Zusammenhang mit gegenüber den Tochtergesellschaften erbrachten

---

1712 EuGH, Urt. v. 13.03.2014, Rs. C-204/13, *Malburg*, ECLI:EU: C:2014:147 = UR 2014, 353, Rn. 35.

1713 EuGH, Urt. v. 13.03.2014, Rs. C-204/13, *Malburg*, ECLI:EU: C:2014:147 = UR 2014, 353, Rn. 44 ff.

1714 EuGH, Urt. v. 13.03.2014, Rs. C-204/13, *Malburg*, ECLI:EU: C:2014:147 = UR 2014, 353, Rn. 42.

1715 EuGH, Urt. v. 13.03.2014, Rs. C-204/13, *Malburg*, ECLI:EU: C:2014:147 = UR 2014, 353, Rn. 43.

1716 EuGH, Urt. v. 27.09.2001, Rs. C-16/00, *Cibo Participations*, Slg. 2001, I-6663.

1717 EuGH, Urt. v. 27.09.2001, Rs. C-16/00, *Cibo Participations*, Slg. 2001, I-6663, Rn. 9.

Dienstleistungen.[1718] Die Klägerin trug vor, dass ein Eingriff in die Verwaltung der Tochtergesellschaften und folglich eine in den Anwendungsbereich der Mehrwertsteuer fallende wirtschaftliche Tätigkeit vorliege, wenn der Erwerb fast das gesamte Kapital ausmache und der Aktionär das Schicksal der Tochtergesellschaft bestimme, indem er selbst in die Verwaltung eingreife und ihre Leiter ernenne.[1719]

Zunächst stellte der EuGH unter Verweis auf die ständige Rechtsprechung[1720] klar, dass das bloße Halten von Gesellschaftsanteilen keine wirtschaftliche Tätigkeit im Sinne des Mehrwertsteuersystems sei und Dividenden in diesem Zusammenhang nicht als Nutzung eines Gegenstandes zur nachhaltigen Erzielung von Einnahmen betrachtet werden könnten. Etwaige Ausschüttungen seien das Ergebnis der bloßen Gesellschafterstellung.[1721] Etwas anderes gelte nur, sofern eine Holdinggesellschaft zumindest mittelbar in die Verwaltung der Tochtergesellschaft eingreife. Solche Tätigkeiten stellten jedoch nur dann eine wirtschaftliche Tätigkeit dar, sofern sie selbst der Mehrwertsteuer unterliegen.[1722]

Ebenso wenig gestattete das Gericht den Vorsteuerabzug für die Beteiligungsgesellschaft unter Zurechnung der steuerpflichtigen Leistungen der Tochtergesellschaft. Es sei vielmehr ein unmittelbarer Zusammenhang von Eingangs- und Ausgangsumsatz notwendig, um das Recht auf Vorsteuerabzug zu begründen. Der durch den Handelnden verfolgte Zweck sei insoweit unerheblich.[1723] Die getätigten Aufwendungen seien nicht den Ausgangsumsätzen, für die die Eingangsleistungen verwendet werden, also jenen der Tochtergesellschaft, zuzurechnen, sondern den Gemeinkosten der Holding.[1724] Der Verweis auf die Gemeinkosten führt bei einer reinen Finanzholding sowie bei einer geschäftsleitenden Holding, die ihre Dienstleistungen unentgeltlich erbringt, zur vollständigen Versagung des Rechts auf Vorsteuerabzug. Der geforderte unmittelbare Zusammenhang zwischen Leistung und Gegenleistung kann auch nicht aus der Beteiligung des Gesellschafters am Ergebnis der Gesellschaft abgeleitet werden.

1718 EuGH, Urt. v. 27.09.2001, Rs. C-16/00, *Cibo Participations*, Slg. 2001, I-6663, Rn. 10 f.

1719 EuGH, Urt. v. 27.09.2001, Rs. C-16/00, *Cibo Participations*, Slg. 2001, I-6663, Rn. 15.

1720 Vgl. nur EuGH, Urt. v. 20.06.1991, Rs. C-60/90, *Polysar*, Slg. 1991, I-3111, Rn. 14 ff.; v. 14.11.2000, Rs. C-142/99, *Floridienne und Berginvest*, Slg. 2000, I-9567, Rn. 17 ff.; v. 22.06.1993, Rs. C-333/91, *Sofitam*, Slg. 1993, I-3513, Rn. 12.

1721 EuGH, Urt. v. 27.09.2001, Rs. C-16/00, *Cibo Participations*, Slg. 2001, I-6663, Rn. 19.

1722 EuGH, Urt. v. 27.09.2001, Rs. C-16/00, *Cibo Participations*, Slg. 2001, I-6663, Rn. 21.

1723 EuGH, Urt. v. 27.09.2001, Rs. C-16/00, *Cibo Participations*, Slg. 2001, I-6663, Rn. 28.

1724 EuGH, Urt. v. 27.09.2001, Rs. C-16/00, *Cibo Participations*, Slg. 2001, I-6663, Rn. 32.

Eine allgemeine Gewinnbeteiligung ist nach Auffassung des Gerichtes nicht als Entgelt zu qualifizieren.[1725]

Im Ergebnis verweigert der EuGH den Vorsteuerabzug bezüglich der Aufwendungen, die eine Gesellschaft ausschließlich für Zwecke der Tochtergesellschaft tätigt, sofern sie selbst keine entgeltlichen Dienstleistungen gegenüber der Gesellschaft erbringt.

b) Systematisierung der Rechtsprechung

Der Fundus an EuGH-Rechtsprechung verdeutlicht, dass unter gewissen Umständen eine wirtschaftliche Tätigkeit und in der Folge die Steuerpflichtigen-Eigenschaft angenommen wird, ohne dass die Beteiligten selbst steuerpflichtige Ausgangsumsätze tätigen. In den Rechtssachen *Faxworld* und *Polski Trawertyn* wird die Unternehmereigenschaft aus wirtschaftlichen Gesichtspunkten abgeleitet und von einem unzweifelhaft Steuerpflichtigen an den Leistungsempfänger vermittelt. Diesem wird schließlich der Vorsteuerabzug gewährt. Der EuGH stellt maßgeblich darauf ab, dass bezogene Leistungen der Vorbereitung von steuerbaren Umsätzen eines weiteren Steuerpflichtigen dienen. Die Tätigkeiten des Leistungsempfängers, die isoliert betrachtet nicht zu einem Recht auf Vorsteuerabzug führen, werden sodann durch die wirtschaftliche Tätigkeit des zweiten Steuerpflichtigen überlagert. Dem Leistungsempfänger wird die Aktivität des zweiten Steuepflichtigen für Zwecke des Vorsteuerabzuges mittelbar zugerechnet. Dies gilt jedoch nicht allgemein, sondern nur unter der Voraussetzung, dass ein Investitionsgut dem Vermögen des weiteren, wirtschaftlich tätigen Steuerpflichtigen zukommt oder gar eine Gesamtrechtsnachfolge eintritt.

Als Verbindungselement von Eingangs- und Ausgangsleistung zweier verschiedener Rechtsträger ist nach EuGH-Auffassung weder die dauerhafte unentgeltliche Überlassung eines Investitionsgutes noch die Erbringung unentgeltlicher Dienstleistungen zu betrachten. Gleiches gilt für die Gesellschafterstellung. Die Absichten der Handelnden werden dabei ausgeblendet, so dass in diesen Fällen die beabsichtigte wirtschaftliche Förderung des weiteren Steuerpflichtigen oder die Vorbereitung seiner wirtschaftlichen Aktivität nicht zu einer mittelbaren Unternehmerstellung des Leistungsempfängers führen.

1725 EuGH, Urt. v. 27.09.2001, Rs. C-16/00, *Cibo Participations*, Slg. 2001, I-6663, Rn. 43.

c) *Ungleichbehandlung bzw. Gleichbehandlung von Vergleichsgruppen*

aa) *Unentgeltliche Nutzungsüberlassung an Gesellschaft*

Nach der gegenwärtigen Interpretation durch den EuGH macht es einen Unterschied, ob ein Gegenstand erworben und anschließend in eine Gesellschaft eingebracht oder dieser unentgeltlich zur Nutzung überlassen wird.

Einzelunternehmen sind von den durch die Rechtsprechung entwickelten Unterscheidungskriterien nicht betroffen, weil es insofern an einem zweiten Steuerpflichtigen fehlt. Bei Leistungsbezug durch einen Einzelunternehmer bestimmt sich das Recht auf Vorsteuerabzug stets nach der eigenen wirtschaftlichen Aktivität und folglich nach den durch diesen einzigen Unternehmer bewirkten Umsätzen.

Anwendungsbeispiel:
A erwirbt einen Pkw zum Preis von 20.000 EUR zzgl. USt. Dieser Pkw wird wie folgt vorsteuerunschädlich verwendet:

Variante 1: A bringt den Pkw im Wege der Sacheinlage bei Gründung in eine Gesellschaft ein, an der A beteiligt ist und die A operativ leitet.
Variante 2: A überlässt den Pkw unentgeltlich einer Gesellschaft, an der A beteiligt ist und die A operativ leitet.
Variante 3: A nutzt den Pkw ausschließlich in seinem Einzelunter-nehmen.
Variante 4: A nutzt den Pkw ausschließlich für private Zwecke.

In den Varianten 1 und 3 kann der Vorsteuerabzug dem Grunde nach geltend gemacht werden. In den Varianten 2 und 4 kann A das Recht auf Vorsteuerabzug nicht beanspruchen, weil dem Leistungsbezug insoweit keine unmittelbaren, steuerpflichtigen Ausgangsumsätze zugeordnet werden können. Im Ergebnis wird der Gesellschafter, der seiner Gesellschaft einen Gegenstand unentgeltlich überlässt (Variante 2), einem Endverbraucher (Variante 4) gleichgestellt. Im Vergleich zu einem Einzelunternehmer sowie einem Gesellschafter, der seiner Gesellschaft einen Gegenstand entgeltlich überlässt, muss er einen höheren Gewinn erwirtschaften, um die nicht abziehbare Mehrwertsteuer zu kompensieren.[1726]

bb) *Geschäftsleitende Finanzholding*

Die EuGH-Rechtsprechung unterscheidet im Bereich der Holdinggesellschaften zwischen Gesellschaften, die keine entgeltlichen Dienstleistungen erbringen und sich operativ auf ihre Kontrollfunktion kraft Gesellschafterstellung beschränken (Finanzholding),[1727] und solchen, die entgeltlich in die Führung der Geschäfte

1726 *Stadie*, UR 1986, 137 (138).
1727 EuGH, Urt. v. 27.09.2001, Rs. C-16/00, *Cibo Participations*, Slg. 2001, I-6663.

der Tochtergesellschaft eingreifen (Führungsholding) oder diesen zumindest auf schuldrechtlicher Grundlage etwa administrative oder technische Dienstleistungen erbringen (Funktionsholding[1728]).[1729] Wirkt eine Gesellschaft in die Geschäftsführung ihrer Tochtergesellschaft ein, ohne dabei ein gesondertes Entgelt zu vereinbaren, gilt sie folglich nicht als Führungs-, sondern als Finanzholding.

Steuerpflichtige mit Filialbetrieben werden von der Rechtsprechung nicht berührt. Wird eine wirtschaftliche Betätigung durch mehrere Filialen ausgeführt, besteht das umsatzsteuerliche Unternehmen isoliert aus der Gesamtheit der wirtschaftlichen Aktivität. Es existiert mithin nur ein einziger Steuerpflichtiger. Bei Leistungsbezug für die einzelnen Filialen bestimmt sich das Recht auf Vorsteuerabzug dementsprechend nach der wirtschaftlichen Aktivität des Gesamtunternehmens und folglich nach den Umsätzen, die dieser einzige Unternehmer bewirkt hat.

Anwendungsbeispiel:
A möchte sich auf dem Gebiet eines gesamten Mitgliedstaates wirtschaftlich im Bereich des Handels betätigen. Hierzu gründet er die Gesellschaft A-Trade SE. Für die Handelsaktivitäten werden vier Verkaufsstellen (Nord, Ost, Süd, West) benötigt. Für das Management, die Verwaltung und Kontrolle der Verkaufsstellen fallen der A-Trade SE mit Umsatzsteuer belastete Kosten an. Zwischen der A-Trade SE und den vier Verkaufsstellen besteht folgender gesellschaftsrechtlicher Zusammenhang:

Variante 1: Die Verkaufsstellen sind jeweils als eigenständige Personen- bzw. Kapitalgesellschaft organisiert. Sämtliche Anteile bzw. das gesamte Stammkapital sind der A-Trade SE zuzurechnen. Die A-Trade SE erbringt gegenüber den Gesellschaften Geschäftsführungsdienstleistungen. Für diese Leistungen erhält die A-Trade SE kein gesondertes Entgelt.

Variante 2: Die Verkaufsstellen sind jeweils als eigenständige Personen- bzw. Kapitalgesellschaft organisiert. Sämtliche Anteile bzw. das gesamte Stammkapital sind der A-Trade SE zuzurechnen. Die A-Trade SE erbringt gegenüber den Gesellschaften Geschäftsführungsdienstleistungen gegen ein gesondert vereinbartes Entgelt.

Variante 3: Die Verkaufsstellen sind unselbstständige Filialen der A-Trade SE.

1728 Da gemäß der gegenwärtigen Rechtslage dieselben umsatzsteuerlichen Folgen für Funktions- und Führungsholdings eintreten, mithin die Art der entgeltlich erbrachten Dienstleistung irrelevant ist, werden die Begriffe synonym verwendet; vgl. *Friedrich-Vache/Endres-Reich*, UR 2017, 649.

1729 Ein Eingriff in die Verwaltung wird nunmehr bereits angenommen, wenn die Holdinggesellschaft an ihre Tochtergesellschaft eine steuerpflichtige Vermietungsleistung erbringt, vgl. EuGH, Urt. v. 05.07.2018, Rs. C-320/17, *Marle Participation*, ECLI:EU:C:2018:537 = DStR 2018, 1713.

In Variante 1 kann die A-Trade SE als Finanzholding den Vorsteuerabzug gegenwärtig mangels entgeltlicher Dienstleistungen nicht geltend machen. Die Erbringung der Geschäftsführungsdienstleistungen an die Tochtergesellschaften vermag nach Ansicht des EuGH dieses Ergebnis nicht zu beeinflussen. Da die A-Trade SE keine Unternehmerin ist, kann sie in Mitgliedstaaten, die Art. 11 MwStSystRL in ihr nationales Recht implementiert haben, nicht als Organträgerin im Rahmen einer umsatzsteuerlichen Organschaft fungieren. In Abgrenzung hierzu steht der A-Trade SE in Variante 2 als Führungsholding aufgrund der Entgeltlichkeit ihrer Dienstleistungen der Vorsteuerabzug aus den Eingangsleistungen zu. Dieses Ergebnis wäre in Mitgliedstaaten, die Art. 11 MwStSystRL in ihr nationales Recht implementiert haben, identisch.[1730] In Variante 3 wird die wirtschaftliche Aktivität der Filialen unmittelbar durch die A-Trade SE ausgeübt. Folglich steht ihr dem Grunde nach der Vorsteuerabzug aus der Eingangsleistung zu. In Variante 1 ist eine Überwälzung der Umsatzsteuer mangels Ausgangsumsätzen bereits dem Grunde nach ausgeschlossen. Im Vergleich zu den Fallvarianten 2 und 3 belastet die nicht abziehbare Umsatzsteuer somit als Kosten das Geschäftsergebnis der Gesellschaft. Sie muss etwa einen Teil ihrer erhaltenen Ausschüttungen verwenden, um diese zusätzliche Mehrwertsteuerlast zu tragen.

d) Vergleichbarkeit der Vergleichsgruppen

aa) Allgemein

Die Prüfung der Vergleichbarkeit der Fallgruppen ist an den Maßstäben des Verbrauchsteuerprinzips auszurichten. Dem Rechtsprechungsbefund ist zu entnehmen, dass der EuGH für das Vorsteuerabzugsrecht mittelbarer Unternehmer maßgeblich auf deren wirtschaftliche Aktivität abstellt. Aus diesem Grund ist die wirtschaftliche Aktivität in den verschiedenen Anwendungsfällen unter Verbrauchsteuergesichtspunkten zu vergleichen.

Nach dem Verbrauchsteuerprinzip ist ausschließlich eine Belastung des *Konsumenten* systemgerecht. Maßgebliches Unterscheidungskriterium zwischen einem Unternehmer und einem Konsumenten ist der Verwendungszweck

---

1730 Die A-Trade SE würde als Organträgerin Rahmen einer umsatzsteuerlichen Organschaft fungieren. Die entgeltlichen Dienstleistungen würden nicht steuerbare Innenumsätze darstellen. Gleichsam stünde der A-Trade SE der Vorsteuerabzug aus den Eingangsleistungen zu, weil die Tochtergesellschaften nach Maßgabe des Beispiels vorsteuerunschädliche Umsätze erbringen. Die Thematik der umsatzsteuerlichen Organschaft ist im Weiteren nicht Gegenstand der Untersuchung.

hinsichtlich der bezogenen Leistung. Durch den Konsum des Konsumenten tritt ein Endverbrauch ein, der dem intendierten Belastungsgrund der Mehrwertsteuer entspricht. Im Umkehrschluss zeigt sich in einem Leistungsbezug, der nicht unmittelbar in einem Endverbrauch mündet, keine steuerliche Leistungsfähigkeit. Der entscheidende Unterschied zwischen einer wirtschaftlichen Aktivität und einem Endverbrauch liegt darin, dass im Rahmen einer wirtschaftlichen Aktivität der Leistungsbezug in die Wertschöpfung einer anderen Leistung bzw. eines anderen Gutes eingeht.[1731] In diesen Fällen muss zwingend eine Entlastung durch den Vorsteuerabzug gewährt werden. Alternativ muss die Umsatzsteuerlast aus Eingangsleistungen, für die kein Vorsteuerabzug gewährt wird und die in Zusammenhang mit einer wirtschaftlichen Tätigkeit stehen, auf einen Endverbraucher überwälzbar sein. Eine dessen ungeachtet erfolgende Besteuerung sowie die Unmöglichkeit der Überwälzbarkeit verstoßen gegen das Verbrauchsteuerprinzip.

bb) Unentgeltliche Nutzungsüberlassung an Gesellschaft

Sowohl im Rahmen der Einbringung eines Gegenstandes in eine Gesellschaft als auch bei der unentgeltlichen Überlassung beabsichtigt der Gesellschafter eine wirtschaftliche Förderung der Gesellschaft. Das Ergebnis dessen zeigt sich in erhöhten steuerbaren Umsätzen der Gesellschaft bzw. in einem gesteigerten Betriebsergebnis. Folglich geht die bezogene Leistung in eine Wertschöpfung ein. Beiden Anwendungsfällen ist gemein, dass der Gesellschafter die Leistung nicht für private Konsumzwecke bezieht. Dementsprechend tritt aufgrund der Nutzung durch die Gesellschaft kein Endverbrauch ein. Im Ergebnis ist in beiden genannten Situationen kein systematisch begründeter Besteuerungstatbestand erfüllt.

Gleiches gilt mit Blick auf einen Einzelunternehmer. Dieser verwirklicht keinen mit dem Verbrauchsteuerprinzip konformen Besteuerungstatbestand, sofern er den Gegenstand ausschließlich in seinem Einzelunternehmen nutzt. Unter Zuhilfenahme des Gegenstandes erhöht er unmittelbar seine steuerbaren Umsätze.

In Abgrenzung hierzu tritt in der Fallvariante, dass der Gegenstand ausschließlich für private Zwecke genutzt wird, ein Endverbrauch ein, weil der Erwerber insoweit keiner wirtschaftlichen Aktivität nachgeht. Dem

---

1731 *Krieger*, Unechte Umsatzsteuerbefreiung im Unionsrecht, 324, 359 f.; *Englisch*, Wettbewerbsgleichheit im grenzüberschreitenden Handel, 591; *Löhr*, Optionsrecht für Vermietungsumsätze, 259.

Verbrauchsteuerprinzip entsprechend muss in dieser Situation der Konsument mit Umsatzsteuer belastet werden. Dies geschieht im gegenwärtigen Allphasen-Netto-Umsatzsteuersystem mit Vorsteuerabzug durch eine Versagung des Rechts auf Vorsteuerabzug.

Nach den Maßstäben des Verbrauchsteuerprinzips befinden sich Gesellschafter, die einen Gegenstand in ihre Gesellschaft einbringen, solche, die ihrer Gesellschaft einen Gegenstand unentgeltlich überlassen, sowie Einzelunternehmer in einer vergleichbaren Situation. Von dieser Sachlage ist der Endverbraucher abzugrenzen.

cc) Geschäftsleitende Funktionsholding

In den dargestellten Varianten des Ausgangsbeispiels werden die Eingangsleistungen bezogen, um die Verkaufsstellen zu managen, zu verwalten und zu kontrollieren. Der Leistungsbezug zielt daher stets auf die Förderung der wirtschaftlichen Aktivität einer jeden Filiale und geht in deren Wertschöpfung ein. Diese einheitliche Verwendungsabsicht des Leistungsempfängers gilt unabhängig von der Organisation der Verkaufsstellen als selbstständige oder unselbstständige Einheiten und wird auch nicht von der Frage beeinflusst, ob für Geschäftsführungsdienstleistungen ein gesondertes Entgelt vereinbart wird.

Nach den Maßstäben des Verbrauchsteuerprinzips wird die Eingangsleistung in keinem Fall für Zwecke privaten Konsums bezogen. Es liegt folglich auch kein Endverbrauch vor. In dem Bezug der Leistung zeigt sich keine belastungswürdige Leistungsfähigkeit des Leistungsempfängers. Eine Belastung mit Umsatzsteuer liefe dem Verbrauchsteuerprinzip dementsprechend zuwider.[1732]

Die wirtschaftliche Aktivität des Leistungsempfängers – im Ausgangsbeispiel der Betrieb eines Handelsgewerbes – wird jeweils mittels der Filialen ausgeübt.[1733] Unter Verbrauchsteuergesichtspunkten sind die verschiedenen aufgezeigten Varianten vergleichbar.

e) Rechtfertigung der Ungleichbehandlung

Die aufgezeigten Ungleichbehandlungen könnten gerechtfertigt sein. Da der EuGH diesbezüglich bereits den Schutz vor Steuerhinterziehung als mögliche Rechtfertigung in Betracht gezogen und bewertet hat, beschränken sich die Ausführungen im Folgenden auf eine Bewertung seiner Feststellungen.

1732 *Englisch*, UR 2016, 822 (827); *ders.*, UR 2007, 290 (292); *Hummel*, MwStR 2013, 294 (295).

1733 In diesem Sinne *Stadie*, in: Rau/Dürrwächter, UStG, § 15 Anm. 230.

In der Rechtssache *Polski Trawertyn* befand der EuGH, dass aus Gründen der Neutralität Gesellschaftern die Möglichkeit des Vorsteuerabzugs aus Investitionen, die für die Zwecke und im Hinblick auf die Tätigkeit einer Gesellschaft bewirkt wurden, eingeräumt werden müsse.[1734] In diesem Zusammenhang stellte das Gericht klar, dass dieses Ergebnis nicht durch ein möglicherweise erhöhtes Risiko von Steuerhinterziehung und Mehrwertsteuermissbrauch infrage gestellt werde.[1735] Die Steuerpflichtigen-Eigenschaft könne nur dann erworben und das Recht auf Vorsteuerabzug nur dann ausgeübt werden, wenn derjenige, der die Vorsteuer in Abzug bringt, nachgewiesen habe, dass die Voraussetzungen hierfür erfüllt seien. In diesem Zusammenhang müsse die Absicht, eine zu steuerbaren Umsätzen führende wirtschaftliche Tätigkeit auszuüben, durch objektive Anhaltspunkte belegt werden.[1736] Schließlich könne die Steuerbehörde, sofern sie feststellt, dass der Vorsteuerabzug in betrügerischer oder missbräuchlicher Weise geltend gemacht wurde, nach der ständigen Rechtsprechung[1737] eine rückwirkende Erstattung der ausbezahlten Vorsteuerbeträge verlangen.[1738] Diese Nachweispflicht und die Möglichkeit der Rückforderung schützen nach Ansicht des EuGH ausreichend vor Steuerhinterziehung und Mehrwertsteuermissbrauch.

Die Ablehnung des Rechtfertigungsgrundes durch den EuGH erfolgte in einer allgemeinen Form ohne besondere Berücksichtigung der konkreten Sachlage des Urteilsfalls. Sie gilt daher nicht lediglich im Fall der Sacheinlage eines Grundstücks in eine Gesellschaft. Die im *Polski-Trawertyn*-Urteil explizit behandelten Rechtfertigungsgrundsätze können daher auf alle weiteren Anwendungsfälle, in denen die wirtschaftliche Aktivität eines Leistungsempfängers aus einer mittelbaren Tätigkeit abgeleitet wird, übertragen werden. Der Schutz vor Steuerhinterziehung steht einer verbrauchsteuerkonformen Neubewertung im Ergebnis nicht entgegen.

1734 EuGH, Urt. v. 01.03.2012, Rs. C-280/10, *Polski Trawertyn*, ECLI:EU:C:2012:107 = DStRE 2012, 893, Rn. 35.

1735 EuGH, Urt. v. 01.03.2012, Rs. C-280/10, *Polski Trawertyn*, ECLI:EU:C:2012:107 = DStRE 2012, 893, Rn. 36.

1736 EuGH, Urt. v. 01.03.2012, Rs. C-280/10, *Polski Trawertyn*, ECLI:EU:C:2012:107 = DStRE 2012, 893, Rn. 37.

1737 Vgl. nur EuGH, Urt. v. 14.02.1985, Rs. C-268/83, *Rompelmann*, Slg. 1985, 655, Rn. 24; v. 03.03.2005, Rs. C-32/05, *Fini H*, Slg. 2005, I-1614, Rn. 33.

1738 EuGH, Urt. v. 01.03.2012, Rs. C-280/10, *Polski Trawertyn*, ECLI:EU:C:2012:107 = DStRE 2012, 893, Rn. 37.

f) Herstellung eines grundrechtskonformen Zustandes

Die Zuerkennung des Rechts auf Vorsteuerabzug für „passive"[1739] Holdinggesellschaften ohne entgeltliche Ausgangsumsätze sowie für mittelbare Unternehmer wurde bereits mehrfach und vor Jahrzehnten eingefordert.[1740] Mitunter wurde dabei auf die Behandlung unentgeltlich überlassener Gegenstände im Ertragsteuerrecht verwiesen.[1741] Unentgeltlich durch einen Mitunternehmer an seine Gesellschaft überlassene Gegenstände sind ertragsteuerlich kein Privatvermögen des Gesellschafters, wenngleich sie ihm zivilrechtlich zuzurechnen sind. Die Gegenstände zählen ertragsteuerlich vielmehr zum sog. Sonderbetriebsvermögen des Gesellschafters auf Ebene der Gesellschaft.[1742] Die Abkehr von der zivilrechtlichen Ordnung basiert auf einem BFH-Beschluss aus 1970, wonach Mitunternehmer so weit wie möglich mit einem Einzelunternehmer gleichbehandelt werden müssen,[1743] folglich aus gleichheitsrechtlichen Gesichtspunkten.[1744] Aufgrund der systematischen Divergenzen von Einkommensteuer und Umsatzsteuer können diese einkommensteuerlichen Grundsätze jedoch nicht auf das Mehrwertsteuerrecht übertragen werden.[1745] So liegt etwa im Fall fehlender Gewinnerzielungsabsicht (Liebhaberei) mangels Gewerbebetrieb kein ertragsteuerliches Sonderbetriebsvermögen vor.[1746] Die Gewinnerzielungsabsicht ist jedoch in der Umsatzsteuer für die Unternehmereigenschaft nicht maßgeblich.[1747] Es kann daher nicht überzeugen, wenn der ertragsteuerliche Transparenzgedanke in das Umsatzsteuerrecht „hineingelesen" wird.[1748]

1739 *Englisch*, UR 2007, 290 (302).

1740 *Winter, M.* in: FS Schaumburg, 1213 (1219); *Stadie*, in: Rau/Dürrwächter, UStG, Einführung, Anm. 611 ff., § 15 Anm. 177 ff., 230; *ders.*, Das Recht des Vorsteuerabzugs, 46 ff.; *ders.*, UR 1986, 137; *ders.*, UR 2007, 1; *ders.*, UR 2012, 337; *Horn*, UR 1989, 237 (238 f.); *Englisch*, UR 2007, 290; *Reiß*, MwStR 2013, 500 (508 ff.).

1741 *Stadie*, UR 1986, 137 (139); *ders.*, UR 2012, 337 (339).

1742 *Hennrichs*, in: Tipke/Lang[23], Steuerrecht, § 10 Rz. 131; eingehend *Uelner*, DStJG 14 (1991), 139 (144 ff.)

1743 BFH, Beschl. v. 19.10.1970, GrS 1/70, BStBl. II 1971, 177.

1744 *Uelner*, DStJG 14 (1991), 139 (144).

1745 *Tillmanns*, Divergenz und Konvergenz von Einkommensteuer und Umsatzsteuer, 102; *Heuermann*, MwStR 2014, 597 (599 f.).

1746 BFH, Urt. v. 25.06.1996, VIII R 28/94, BStBl. II 1997, 202.

1747 EuGH, Urt. v. 20.06.2013, Rs. C-219/12, ECLI:EU:C:2013:413 = DStRE 2013, 1378, Rn. 25; *Englisch*, in: Tipke/Lang[23], Steuerrecht, § 17 Rz. 44; a.A. *Stadie*, in: Rau/Dürrwächter, UStG, § 2 Anm. 469 ff.

1748 *Ismer*, MwStR 2015, 407 (411 f.).

Bisweilen wird die geltende Rechtslage auch unter dem Gesichtspunkt der Rechtsformneutralität[1749] als Ausfluss des Neutralitätsgrundsatzes gerügt. Dies gilt gleichermaßen in Bezug auf Gesellschafter von Personen- und Kapitalgesellschaften[1750] sowie für Holdinggesellschaften[1751]. Dabei wird zu Recht angeführt, dass der Unternehmer als „Steuereinnehmer für Rechnung des Staates"[1752] nicht mit Mehrwertsteuer belastet werden darf, der EuGH in diesem Grundsatz jedoch in der Rechtsprechungspraxis kein höherrangiges Prinzip erkennt und die Mehrwertsteuer-Systemrichtlinie nicht am unionsrechtlichen Gleichheitssatz misst.[1753] Ein Verstoß gegen die Rechtsformneutralität bedeutet stets auch eine Einschränkung des primärrechtlichen Verbrauchsteuerprinzips. Die Herstellung eines das allgemeine Gleichheitsrecht wahrenden Zustandes kann somit durch eine kohärente Berücksichtigung des Verbrauchsteuerprinzips erfolgen.

Gegenwärtig wird den Benachteiligten der Vorsteuerabzug versagt, weil den bezogenen Eingangsleistungen keine wirtschaftliche Aktivität gegenübersteht. Insofern handelt der Leistungsempfänger mangels wirtschaftlicher Aktivität nicht als Steuerpflichtiger. Das Handeln als Steuerpflichtiger ist eine der tatbestandlichen Voraussetzungen für das Recht auf Vorsteuerabzug.[1754] Nach Art. 9 Abs. 1 MwStSystRL gilt als Steuerpflichtiger, „wer eine wirtschaftliche Tätigkeit unabhängig von ihrem Ort, Zweck und Ergebnis selbstständig ausübt". In den vorliegend diskutierten Fallgestaltungen werden Eingangsleistungen zur Förderung der wirtschaftlichen Aktivität einer Gesellschaft bezogen. Die Eingangsleistungen stehen somit eindeutig in Zusammenhang mit einer wirtschaftlichen Aktivität. Die auf Ebene der Gesellschaft unmittelbar erbrachten Umsätze hängen daher zumindest mittelbar mit dem Leistungsbezug des Leistungsempfängers zusammen.

Ein verbrauchsteuerkonformer Zustand kann dadurch erreicht werden, dass die wirtschaftliche Aktivität der Gesellschaft für Zwecke des Vorsteuerabzuges dem Leistungsempfänger zugerechnet wird.[1755] Diese Zurechnung kann

1749 EuGH, Urt. v. 12.01.2006, Rs. C-246/04, *Turn- und Sportunion Waldburg*, Slg. 2006, I-591, Rn. 34.

1750 *Stadie*, UR 1986, 137 (138); in Bezug auf Holdinggesellschaften *Englisch*, UR 2007, 290 (300).

1751 *Stadie*, in: Rau/Dürrwächter, UStG, § 15 Anm. 231 ff., *ders.*, UR 2007, 1 (2 f.).

1752 EuGH, Urt. v. 21.02.2008, Rs. C-271/06, *Netto Supermarkt*, Slg. 2008, I-787, Rn. 21; v. 20.10.1993, Rs. C-10/92, *Balocchi*, Slg. 1993, I-5105, Rn. 25.

1753 *Ismer*, MwStR 2015, 407 (413).

1754 Vgl. hierzu die Ausführungen in Kapitel 5. B. I. dieser Arbeit.

1755 Im Ergebnis auch *Stadie*, in: Rau/Dürrwächter, UStG, Einführung, Anm. 611.1; *ders.*, UR 2012, 337 (339).

in sämtlichen Fallgestaltungen erfolgen. Aus verbrauchsteuerlicher Sicht ist es irrelevant, ob eine Dienstleistung der Gesellschaft zugutekommt, ein Gegenstand in eine Gesellschaft eingebracht oder ihr überlassen wird, und ob dies vor, schon kurz oder erst lange Zeit nach Gründung der Gesellschaft erfolgt. Einzig entscheidender Maßstab nach dem Verbrauchsteuerprinzip ist es, dass auf Ebene des Gesellschafters kein Endverbrauch vorliegt. Auf diese Weise würde eine rechtsformunabhängige Besteuerung hergestellt. Der Vorsteuerabzug des Gesellschafters bzw. der Holdinggesellschaft würde sich nach der wirtschaftlichen Aktivität der Gesellschaft richten, für deren Zwecke die Eingangsleistung bezogen wird.[1756] Dem Leistungsempfänger würden nicht die Umsätze der Gesellschaft als eigene Umsätze zugerechnet werden. Es käme vielmehr ausschließlich für Zwecke des Vorsteuerabzuges zu einer gleichheitssatzkonformen Auslegung der für den Vorsteuerabzug maßgeblichen Tatbestandsmerkmale des „Steuerpflichtigen“ und „seiner besteuerten Umsätze“.[1757]

Dieses Verständnis, Gesellschaftern die wirtschaftliche Aktivität der Gesellschaft zuzurechnen, entspricht im Übrigen der Wertung des EuGH in der Rechtssache *Polski Trawertyn*. In der Urteilskonstellation wurde nur deshalb der Gesellschaft und nicht den Gesellschaftern der Vorsteuerabzug gewährt, weil es den Gesellschaftern „nach den nationalen Rechtsvorschriften nicht möglich ist, sich auf von *Polski Trawertyn* bewirkte steuerbare Umsätze zu berufen, um sich von den Mehrwertsteuerkosten im Zusammenhang mit den Investitionsumsätzen zu entlasten“.[1758]

Der gleichheitssatzkonforme Zustand wird im Wege der teleologischen Auslegung und der damit einhergehenden Befolgung des Verbrauchsteuerprinzips erreicht. Denn unter Berücksichtigung der Zielsetzung des Mehrwertsteuersystems müssen die Bestimmungen so interpretiert werden, dass eine Belastung mit Umsatzsteuer nur dann eintritt, wenn eine bezogene Leistung konsumiert wird, d. h. ein Endverbrauch vorliegt. Diese Unterscheidung wird maßgeblich anhand der Verwendungsabsicht für die Eingangsleistung getroffen. Die Absicht der Verwendung einer Leistung durch einen Gesellschafter bzw. eine Holding zur Förderung der wirtschaftlichen Aktivität einer Gesellschaft, an der eine Beteiligung besteht, führt nicht zu einem belastungswürdigen Endverbrauch.

1756 *Stadie*, in: Rau/Dürrwächter, UStG, § 15 Anm. 237.

1757 *Stadie*, in: Rau/Dürrwächter, UStG, Einführung, Anm. 611.1; *ders.*, UR 2012, 337 (339).

1758 EuGH, Urt. v. 01.03.2012, Rs. C-280/10, *Polski Trawertyn*, ECLI:EU: C:2012:107 = DStRE 2012, 893, Rn. 35 (Kursivdruck nur hier).

Darüber hinaus wäre nicht abziehbare Vorsteuer aus Eingangsleistungen an einen Gesellschafter mangels Entgeltlichkeit seiner eigenen Leistungen nicht auf einen Endverbraucher überwälzbar. Aufgrund der Unmöglichkeit der Überwälzbarkeit ist die Entlastung im Wege des Vorsteuerabzugs zwingend zu ermöglichen. Das Auslegungsergebnis entspricht somit dem Sinn und Zweck des Mehrwertsteuersystems.

Des Weiteren steht die Zurechnung der wirtschaftlichen Aktivität der Gesellschaft zum Leistungsempfänger für Zwecke des Vorsteuerabzuges nicht im Widerspruch zu einem eindeutigen Richtlinienwortlaut. Art. 9 MwStSystRL geht Art. 168 MwStSystRL denklogisch vor, weil das Recht auf Vorsteuerabzug ausschließlich Steuerpflichtigen zusteht. Art. 9 Abs. 1 MwStSystRL setzt voraus, dass *eine* wirtschaftliche Tätigkeit *ausgeübt* wird. Dem Wortlaut nach muss es sich dabei weder zwingend um die eigene wirtschaftliche Tätigkeit handeln, noch wird für deren Ausübung *expressis verbis* eine Unmittelbarkeit vorausgesetzt.[1759] Diesem Verständnis entspricht auch Art. 9 Abs. 1 UAbs. 2 MwStSystRL, wonach als wirtschaftliche Tätigkeit „alle Tätigkeiten" gelten, worunter auch mittelbar ausgeführte Aktivitäten zählen. Im Ergebnis steht der Wortlaut des Art. 9 MwStSystRL der Interpretation, wonach eine wirtschaftliche Tätigkeit auch in der mittelbaren Erbringung von Leistungen bestehen kann, zumindest nicht explizit entgegen.

Art. 168 MwStSystRL setzt voraus, dass Eingangsleistungen eines *Steuerpflichtigen* für die Zwecke *seiner* besteuerten Umsätze verwendet werden. Der Wortlaut von Art. 168 MwStSystRL verweist auf die Bestimmung des Art. 9 MwStSystRL. Grammatikalisch beziehen sich die Zwecke *seiner* besteuerten Umsätze in Art. 168 MwStSystRL auf den *Steuerpflichtigen*. Wird die Steuerpflichtigen-Eigenschaft eines Leistungsempfängers nach Art. 9 MwStSystRL aus der wirtschaftlichen Tätigkeit eines anderen abgeleitet, müssen im Rahmen von Art. 168 MwStSystRL aufgrund des Verweises zwangsläufig ebenfalls die Umsätze dieses anderen für die Prüfung des Tatbestandsmerkmals *seiner* besteuerten Umsätze herangezogen werden.

Der verbrauchsteuerkonformen Auslegung steht ebenso wenig Art. 11 MwStSystRL entgegen.[1760] Gemäß Art. 11 MwStSystRL können nur unter bestimmten Voraussetzungen mehrere Steuerpflichtige im Rahmen einer sog. Organschaft bzw. Mehrwertsteuer-Gruppe als ein einziger Steuerpflichtiger betrachtet werden. Die Organschaftsregelungen sind jedoch mit der mittelbaren

1759 *Englisch*, UR 2007, 290 (292).
1760 A.A. *Englisch*, UR 2007, 290 (292 f.).

Unternehmerstellung nicht vergleichbar und vermögen daher das Auslegungsergebnis nicht zu berühren. Im Rahmen einer Organschaft verlieren Organgesellschaften mehrwertsteuerlich ihre Selbstständigkeit. Die Umsätze der Organgesellschaften werden dem Organträger nicht etwa lediglich zugerechnet, sondern originär durch diesen als einzig existenten Steuerpflichtigen bewirkt. Das Recht auf Vorsteuerabzug richtet sich sodann nach den Umsätzen der gesamten wirtschaftlichen Einheit und wird einzig durch den Organträger ausgeübt. Die Regelungen zur Organschaft sind als Vereinfachungsregelung konzipiert worden und sollen missbräuchlichen Unternehmensatomisierungen vorbeugen, die vollzogen werden, um in den Genuss von Sonderregelungen zu gelangen.[1761]

Im Rahmen der Zurechnung der wirtschaftlichen Aktivität bleiben im Gegensatz zur umsatzsteuerlichen Organschaft sowohl die Gesellschafter als auch die Gesellschaft mehrwertsteuerlich eigenständig. Zudem handelt es sich bei der gleichheitsrechtlich bedingten mittelbaren Unternehmerstellung weder um eine Vereinfachungsregelung, noch dient sie der Missbrauchsvermeidung. Die grundrechtskonforme Auslegung der Art. 9 und 168 MwStSystRL dient gerade erst der Herstellung eines dem Steuersystem entsprechenden Zustandes, mitnichten der Anwendung etwaiger Sonderregelungen.

Art. 11 MwStSystRL ist im Ergebnis keine spezielle Regelung für mittelbare Unternehmerstellungen und enthält auch keine klare Wertung für den Fall der Zurechnung einer wirtschaftlichen Tätigkeit. Eine Analogie bzw. Auslegung ist damit nicht durch den Grundgedanken der Mehrwertsteuer-Systemrichtlinie bzw. des Mehrwertsteuerrechts ausgeschlossen,[1762] sondern wird durch ihn gerade bedingt. Erst recht wird die restriktive Haltung in Bezug auf die grundrechtskonforme Auslegung nicht durch den Verweis gerechtfertigt, ungewünschte Folgen könnten „in der Praxis regelmäßig umgangen werden"[1763], indem die Steuerpflichtigen-Eigenschaft durch entgeltliche Leistungen begründet werde.[1764] Eine derartige Interpretation, nach der die zivilrechtliche

---

1761 Vorschlag der sechsten Richtlinie des Rates zur Harmonisierung der Rechtsvorschriften der Mitgliedstaaten über die Umsatzsteuern v. 20.06.1973, KOM(73), 950 endg., 4; EuGH, Urt. v. 16.07.2015, Rs. C-108/14 u. a., *Larentia + Minerva* u. a., ECLI:EU:C:2015:496 = BFH/NV 2015, 1549, Rn. 40.

1762 A.A. *Englisch*, UR 2007, 290 (298).

1763 *Englisch*, UR 2007, 290 (293, 298), der jedoch an anderer Stelle die Holding-Rechtsprechung des EuGH vor dem Hintergrund des unionsrechtlichen allgemeinen Gleichheitssatzes kritisiert, so etwa in: W. Schön/K. Beck, Zukunftsfragen, 39 (61).

1764 *Stadie*, in: Rau/Dürrwächter, UStG, § 15 Anm. 197.

Organisationsstruktur eines Unternehmens Auswirkungen auf das Vorsteuerabzugsrecht hat, widerspricht bereits der den Steuerpflichtigen durch den EuGH zuerkannten Freiheit, „die Organisationsstrukturen und die Geschäftsmodelle, die sie als für ihre wirtschaftlichen Tätigkeiten und zur Begrenzung ihrer Steuerlast am besten geeignet erachten, im Allgemeinen frei wählen [zu] können“[1765]. Dieses Recht darf bereits nach geltender EuGH-Rechtsprechung nicht eingeschränkt werden.[1766]

Letztlich würde die Anwendbarkeit von Art. 11 MwStSystRL in den Fällen mittelbarer Unternehmerschaft eine grundrechtskonforme Auslegung nicht ausschließen. Art. 11 MwStSystRL ermöglicht den Mitgliedstaaten, rechtlich unabhängige Personen zusammen als einen Steuerpflichtigen zu behandeln. Die Mitgliedstaaten wären daher aufgrund der Bindung an den unionsrechtlichen allgemeinen Gleichheitssatz verpflichtet, ihr dem Sekundärrecht entspringendes Ausgestaltungswahlrecht grundrechtskonform auszuüben. Dementsprechend müssten sie mittelbaren Unternehmern im Rahmen einer Mehrwertsteuer-Gruppe das Recht auf Vorsteuerabzug zugestehen.

Da der gegenwärtige rechtswidrige Zustand bereits auf Normebene angelegt ist, muss die Union als Grundrechtsverpflichtete auf eine Änderung hinwirken. Da die Rechtswidrigkeit auf Unionsebene auf die mitgliedstaatlichen Umsatzsteuergesetze ausstrahlt, sind die Mitgliedstaaten ebenfalls verpflichtet, auf eine gleichheitsrechtskonforme Besteuerung hinzuwirken. Die Mitgliedstaaten sind angehalten, im Wege der Vorabentscheidung eine grundrechtskonforme Auslegung der Art. 9 und 168 MwStSystRL zu erwirken.

2. *Zusammenhang mit steuerpflichtigen Ausgangsumsätzen – unechte Steuerbefreiungen*

a) *Einführung*

Gemäß Art. 168 MwStSystRL ist das Recht auf Vorsteuerabzug an die Steuerpflicht der Ausgangsumsätze gekoppelt. In diesem Kapitel sollen ausschließlich solche Steuerbefreiungen näher beleuchtet werden, die zu einer Versagung des Vorsteuerabzuges führen. Dies sind die als unechte Steuerbefreiungen bezeichneten Normen. Im Gegensatz zu den echten betreffen unechte Steuerbefreiungen

1765 EuGH, Urt. v. 22.12.2010, Rs. C-277/09, *RBS Deutschland Holdings*, Slg. 2010, I-13805, Rn. 53.

1766 EuGH, Urt. v. 18.07.2013, Rs. C-26/12, *PPG Holdings*, ECLI:EU:C:2013:526 = MwStR 2013, 517 m. Anm. *Körner*, Rn. 28.

zumeist reine Inlandssachverhalte. Ihr Dasein ist entgegen den echten Steuerbefreiungen nicht bereits steuersystematisch in der Verwirklichung des Bestimmungslandprinzips begründet.

Im Folgenden werden exemplarische Steuerbefreiungen näher beleuchtet. Hierzu werden zunächst einige Vorüberlegungen in Bezug auf Ungleichbehandlungen angestellt. Diese beziehen sich auf reine Inlandssachverhalte. Anschließend werden die Steuerbefreiungsvorschriften entsprechend ihrer Zweckbestimmung systematisiert. Dies ermöglicht eine allgemeingültige Rechtfertigungsprüfung.

b) Vorüberlegungen zur Ungleichbehandlung

aa) Unechte Steuerbefreiungen als Systembruch oder Subsystem?

Die Versagung des Vorsteuerabzuges bei Erbringung steuerbefreiter Leistungen wird kontrovers diskutiert und ist in den Schlussanträgen des Generalanwalts *Colomer* zu der Rechtssache *Kingscrest Associates*[1767] gar als „Erbsünde der Mehrwertsteuer auf Gemeinschaftsebene"[1768] bezeichnet worden.[1769] Jeglicher Diskussion über unechte Steuerbefreiungen ist die Frage voranzustellen, ob die Versagung des Vorsteuerabzuges überhaupt zu einem rechtfertigungsbedürftigen Systembruch führt. In der Literatur überwiegt die Ansicht, den Verlust des Rechts auf Vorsteuerabzug als systemwidrig einzustufen.[1770] Die im Wesentlichen von *Stadie* vertretene Gegenauffassung wertet die Versagung des Vorsteuerabzuges hingegen als „Subsystem"[1771].[1772] Es bleibe dem Gesetzgeber demzufolge überlassen, das von ihm selbst aufgestellte Mehrwertsteuersystem

---

1767 EuGH, Urt. v. 26.05.2005, Rs. C-498/03, *Kingscrest Associates u. a.*, Slg. 2005, I-4427.

1768 EuGH, Schlussantr. GA *Colomer* v. 22.02.2005, Rs. C-498/03, *Kingscrest Associates u. a.*, ECLI:EU:C:2005:99, vor Rn. 14.

1769 *Englisch*, in: Tipke/Lang[23], Steuerrecht, § 17 Rz. 207.

1770 *Teichmann*, StuW 1975, 189 (190 ff.); *Söhn*, StuW 1976, 1 (24 ff.); *Dziadkowski*, in: Costede, Umsatzsteuer-Kongress-Bericht 1985, 103 (120 f.); *Tipke*, in: StRO II[2], 999; *Reiß*, DStJG 32 (2009), 9 (48 f.); *Hüttemann*, DStJG 32 (2009), 272; *Seer*, DStJG 32 (2009), 497 (502 f.); *Ruppe/Achatz*, UStG, § 6 Tz. 17; *Tehler*, Die Umsatzsteuer als angewandte Verkehr- und/oder Verbrauchsteuer, 150 ff.; *Löhr*, Optionsrecht für Vermietungsumsätze, 102; *Krieger*, Unechte Umsatzsteuerbefreiung im Unionsrecht, 48 ff.; *Ruppe*, in: FS Tipke, 457; *Heinrichshofen*, in: Hartmann/Metzenmacher, UStG, E § 15 Abs 2 und 3 Tz. 14; *Englisch*, in: Tipke/Lang[23], Steuerrecht, § 17 Rz. 195 ff.

1771 *Stadie*, in: Rau/Dürrwächter, UStG, § 15 Anm. 1510.

1772 Siehe ferner *de la Feria*, The EU VAT System, 142 ff.

zu durchbrechen. Dadurch werde „der vermeintliche ‚Systembruch' [...] dann Teil des Systems"[1773] und stelle keinen Verstoß gegen das Gleichheitsgebot dar.[1774] Daneben vorherrschende Ungleichbehandlungen seien von der typisierenden Annahme der Überwälzbarkeit gedeckt.[1775] Diese Ansicht verkennt die primärrechtliche Verankerung des Verbrauchsteuerprinzips und damit einhergehend das Art. 20 GrCh denklogisch innewohnende Bedürfnis systemwahrender Kohärenz.

Einer allgemeinen Verbrauchsteuer wie der Mehrwertsteuer ausweislich ihrer expliziten Definition in Art. 1 Abs. 2 MwStSystRL sind Subventionen wie unechte Steuerbefreiungen grundsätzlich fremd. Derartige Abweichungen von der Regelbesteuerung stellen Ausnahmen dar.[1776] Diese Feststellung ist bereits den Begründungserwägungen zur Mehrwertsteuer-Systemrichtlinie zu entnehmen.[1777] Unechte Steuerbefreiungen bedürfen daher einer Rechtfertigung, sofern ihr Entlastungsgrund nicht wie die Freistellung des Existenzminimums selbst verfassungsmäßig geboten ist.[1778] Das bloße Erblicken eines Subsystems in den unechten Steuerbefreiungen vermag folglich kein über den einfachgesetzlichen Charakter hinausgehendes Regime zu suggerieren, dem fortan Verfassungsrang beizumessen wäre.

bb) Ungleichbehandlung durch Belastung des Steuerpflichtigen

Durch die Versagung des Vorsteuerabzuges wird der Steuerpflichtige dem Endverbraucher gleichgestellt.[1779] Eine Entlastung des Unternehmers kann bei fehlendem Vorsteuerabzug nur im Wege einer vollständigen Überwälzung der Umsatzsteuerlast aus den Vorstufenumsätzen auf den Endverbraucher erreicht werden.[1780] Dieses Gelingen ist jedoch nicht garantiert. Kann keine vollständige Überwälzung erreicht werden, führen unechte Steuerbefreiungen daher zu einer Belastung des Unternehmers mit Mehrwertsteuer, obwohl auf Unternehmerebene kein Konsum stattfindet. In dieser Belastung ist keine Leistungsfähigkeit

---

1773 *Stadie*, in: Rau/Dürrwächter, UStG, § 15 Anm. 1510.

1774 *Stadie*, DStJG 32 (2009), 143 (151); *ders.*, Das Recht des Vorsteuerabzugs, 13.

1775 *Stadie*, Das Recht des Vorsteuerabzugs, 11 ff.

1776 *Ehrke-Rabel*, in: FS für den BFH 2018, 1529 (1546); *Ismer/Kaul/Reiß*, UR 2010, 837 (838).

1777 Vgl. hierzu sowie im Folgenden die Ausführungen in Kapitel 4. B. II. dieser Arbeit.

1778 *Englisch*, UR 2011, 401 (407).

1779 *Ruppe/Achatz*, UStG, § 6 Tz. 19.

1780 Vgl. hierzu sowie im Folgenden die Ausführungen in Kapitel 4. A. II. 2. c) dieser Arbeit.

des Unternehmers zu erblicken. Daher schränkt eine solche Steuerträgerschaft das Leistungsfähigkeits- sowie das Verbrauchsteuerprinzip ein und bedarf besonderer Begründung.

cc) Ungleiche Belastung des Konsumaufwands der Verbraucher

Unechte Steuerbefreiungen können im Vergleich zur Regelbesteuerung zu einer Steuerermäßigung führen. Dies gilt in dem Fall, dass die Steuerbefreiung auf der letzten Stufe bei Leistungserbringung an den Konsumenten Anwendung findet. Denn in diesem Fall wird der Unternehmer die nicht abziehbare Vorsteuer als Preisbestandteil nach Möglichkeit überwälzen. Daneben können unechte Steuerbefreiungen zu einem Kaskadeneffekt führen und die Leistung im Vergleich zu einem steuerpflichtigen Vergleichsumsatz gar verteuern.[1781] Dies ist dann der Fall, wenn die Steuerbefreiung in der gesamten Leistungskette und damit auch zwischen Unternehmern Anwendung findet.

Die Höhe der verdeckt überwälzten Umsatzsteuer hängt von der Art des steuerbefreiten Eingangsumsatzes ab. Während arbeitsintensive Vorleistungen tendenziell mit wenig verdeckt überwälzter Umsatzsteuer bezogen werden, sind in den Nettopreis von maschinenintensiven Leistungen vergleichsweise hohe nicht abziehbare Vorsteuerbeträge eingeflossen. Dies führt im Ergebnis zu einer Ungleichbelastung gleich leistungsfähiger Konsumenten mit Bezug auf dieselbe Steuerbefreiungsnorm.[1782] Denn die Höhe der Umsatzsteuerbelastung des Verbrauchers ist nicht proportional zu seinem aufgewendeten Entgelt und unterscheidet sich von Umsatz zu Umsatz.[1783]

Darüber hinaus führen selektive Steuerbefreiungen zu weiteren Ungleichbehandlungen gleich leistungsfähiger Konsumenten. Die persönlichen Konsumpräferenzen können die Gesamtbelastung des Konsumaufwandes des Endverbrauchers mit Umsatzsteuer beeinflussen. Hat ein Endverbraucher dementsprechend zufällig Gefallen am Konsum einer steuerbefreiten Leistung gefunden, sind seine gesamten Konsumaufwendungen mit einem geringeren Mehrwertsteuerbetrag belastet. Die dargestellten Auswirkungen stellen

1781 Vgl. zum Kaskadeneffekt *Stadie*, Das Recht des Vorsteuerabzugs, 8 f.; *Löhr*, Optionsrecht für Vermietungsumsätze, 160.

1782 A.A. *Stadie*, in: Rau/Dürrwächter, UStG, § 15 Anm. 1519.

1783 *Heidemann*, Umsatzsteuerbefreiungen für Finanzdienstleistungen, 172 f.; *Friedrich-Vache*, Verbrauchsteuerkonforme Umsatzbesteuerung von Finanzdienstleistungen, 44.

eine Abweichung vom Verbrauchsteuerprinzip dar und erfordern daher eine Rechtfertigung.

dd) Optionsrechte

Für bestimmte unechte Steuerbefreiungen kann der Unternehmer zur Steuerpflicht optieren. Die Optionsmöglichkeit ist jedoch an die Voraussetzung geknüpft, dass die Leistung an einen anderen Steuerpflichtigen für dessen Unternehmen erbracht wird.

Sofern sich der Ort der Leistung im Inland befindet und der Leistungsempfänger Unternehmer ist, werden die systemwidrigen Folgen der unechten Steuerbefreiung durch die Option zur Steuerpflicht beseitigt. Wird die Leistung jedoch an einen Endverbraucher erbracht, scheidet eine Option aus. In diesen Fällen bleiben die zuvor beschriebenen Ungleichbehandlungen bestehen.

c) Klassifizierung der unechten Steuerbefreiungen für Zwecke der Rechtfertigungsprüfung

Die Mehrwertsteuer-Systemrichtlinie enthält in Titel IX zwei Kapitel zu unechten Steuerbefreiungen. Kapitel 2 umfasst Art. 132 - 134 MwStSystRL und ist mit „Steuerbefreiungen für bestimmte, dem Gemeinwohl dienende Tätigkeiten" überschrieben. Kapitel 3 beinhaltet Art. 135 – 137 MwStSystRL und enthält weitere Umsätze, die ungeachtet einer Gemeinwohlförderung von der Umsatzteuer befreit werden.

Den dort aufgeführten Mehrwertsteuerbefreiungen liegen folgende Zielsetzungen zugrunde:[1784] Die mehrwertsteuerliche Freistellung des existenziellen Bedarfs, sozialpolitisch motivierte Steuerbefreiungen, die Vermeidung einer Doppelbelastung mit besonderen Verbrauch- und Verkehrsteuern, steuersystematisch begründete Steuerbefreiungen sowie Vereinfachungsgründe. Zudem ist gesondert zu würdigen, dass einige Befreiungen lediglich in einzelnen Mitgliedstaaten gelten und auf einer Ausnahmegenehmigung basieren.

Wie beschrieben führt der Ausschluss vom Vorsteuerabzug nur dann nicht zu einer Steuerträgerschaft des Steuerpflichtigen, wenn die nicht abziehbaren Umsatzsteuerbeträge aus Vorleistungen auf den Endverbraucher überwälzt werden können. Die allgemeine Annahme des Gelingens dieser Überwälzung ist eine Typisierung. Die Versagung des Vorsteuerabzuges für den Steuerpflichtigen muss infolgedessen im Rahmen der Rechtfertigungsprüfung an der Zielsetzung

---

1784 *Ruppe*, in: Achatz/Tumpel, Unechte Steuerbefreiungen, 23 (29 ff.); *Englisch*, in: Tipke/Lang[23], Steuerrecht, § 17 Rz. 199 ff.

der Mehrwertsteuerbefreiung ausgerichtet kohärent und unter Berücksichtigung der negativen Folgen verhältnismäßig sein.[1785] Kann der Zweck einer Befreiungsnorm nicht eindeutig rekonstruiert werden, können Rückschlüsse von der Wirkung auf den Normzweck gezogen werden.[1786]

Im Folgenden fokussiert sich die Darstellung von Alternativmaßnahmen zu der jeweiligen Klasse von Steuerbefreiung möglichst auf solche, die dem Umsatzsteuersystem entspringen. Für über diese minimalinvasiven Handlungsalternativen hinausgehende Überlegungen wird auf die dazu ergangene Literatur verwiesen.[1787]

d) Rechtfertigung von unechten Steuerbefreiungen zur Freistellung des Existenzminimums

aa) Anwendungsbereich

Die nachfolgenden Ausführungen gelten etwa für die Mehrwertsteuerbefreiung von Krankenhausbehandlungen, ärztlichen und humanmedizinischen Heilbehandlungen bzw. für die Lieferung von menschlichen Organen, menschlichem Blut und Frauenmilch. Diese existenziellen Leistungen sind nach Art. 132 Abs. 1 Buchst. a – Buchst. e MwStSystRL von der Mehrwertsteuer befreit.

bb) Besondere primärrechtliche Einwirkungen

Die steuerliche Verschonung des Existenzminimums ist durch das europäische Sozialstaatsprinzip geboten.[1788] Dieses wird durch die Garantie der Achtung der Menschenwürde nach Art. 1 GrCh, ergänzt um den in Art. 34 Abs. 3 GrCh verankerten Grundsatz der sozialen Unterstützung und Sicherstellung eines menschenwürdigen Daseins, normiert. Darüber hinaus finden sich sozialstaatliche Verfassungsinhalte in den gemeinsamen Verfassungsüberlieferungen der Mitgliedstaaten. Das europäische Sozialstaatsprinzip hat demzufolge Primärrechtsqualität und ist bei der Verhältnismäßigkeitsprüfung zu berücksichtigen.

1785 *Englisch* fordert eine folgerichtige Ausgestaltung am Befreiungsziel, in: Tipke/Lang[23], Steuerrecht, § 17 Rz. 209; *ders.*, UR 2011, 401 (407 f.).

1786 *Löhr*, Optionsrecht für Vermietungsumsätze, 47.

1787 *Englisch*, Wettbewerbsgleichheit im grenzüberschreitenden Handel, 600 f.; *Ismer/Kaul/Reiß*, UR 2010, 837 (838); *Tipke,* StuW 1992, 103 (116); *Lang, J.*, StuW 1990, 107 (126). Vgl. hierzu auch die Ausführungen in Kapitel 5. C. I. 2. j) dieser Arbeit.

1788 *Rudolf*, in: Meyer, GrCh, Art. 34 Rn. 20 sieht das „menschenrechtliche Minimum" geschützt. Vgl. hierzu sowie im Folgenden die Ausführungen in Kapitel 2. D. II. 2. a) dieser Arbeit.

Darüber hinaus zeigt sich in dem Bezug von Leistungen des existenziellen Bedarfs keine Konsumleistungsfähigkeit des intendierten Steuerträgers, weil sich insoweit mangels freier Konsumentscheidung kein Rückschluss auf den Grad der steuerlichen Leistungsfähigkeit ziehen lässt. Eine Freistellung derartiger Leistungen ist daher auch durch das Leistungsfähigkeitsprinzip geboten.

cc) Legitimer Zweck

Mit den Regelungen soll die Gesundheit der Menschen gefördert werden. Nach der Verfassung der Weltgesundheitsorganisation ist Gesundheit „ein Zustand vollkommenen körperlichen, geistigen und sozialen Wohlbefindens und nicht allein das Fehlen von Krankheit und Gebrechen. Der Besitz des bestmöglichen Gesundheitszustandes bildet eines der Grundrechte jedes menschlichen Wesens, ohne Unterschied der Rasse, der Religion, der politischen Anschauung und der wirtschaftlichen oder sozialen Stellung."[1789]

Mithilfe der Umsatzsteuerbefreiung soll gewährleistet werden, dass der Zugang zu Leistungen lebensnotwendigen Bedarfs nicht durch die höheren Kosten versperrt wird, die entstünden, wenn die Lieferung dieser Produkte der Mehrwertsteuer unterworfen wäre.[1790] Der Gesetzgeber nutzt zur Erreichung des verfolgten Ziels das Mittel der unechten Steuerbefreiung. Damit verfolgt der Richtliniengesetzgeber den primärrechtlich verankerten Gedanken, das Erreichen des bestmöglichen Gesundheitszustandes der Bürger zu fördern. Der Zweck ist damit legitimiert.

dd) Geeignetheit des Mittels

Durch die Steuerbefreiung des existenziellen Bedarfs kann der gewünschte Erfolg, den Zugang zu den begünstigten Leistungen nicht durch höhere Kosten zu versperren, gefördert werden. Wenngleich der mit der Steuerbefreiung einhergehende Verlust des Vorsteuerabzuges die Kosten durch verdeckte Umsatzsteuer erhöhen kann, werden die Leistungen gegenüber Endverbrauchern im

---

1789 Verfassung der Weltgesundheitsorganisation v. 22.07.1946, Prinzipien, Nr. 1 und 2, online abrufbar unter: http://apps.who.int/gb/bd/PDF/bd47/EN/ constitution-en.pdf. In der englischen Originalfassung heißt es: „Health is a state of complete physical, mental and social well-being and not merely the absence of disease or infirmity. The enjoyment of the highest attainable standard of health is one of the fundamental rights of every human being without distinction of race, religion, political belief, economic or social condition."

1790 EuGH, Urt. v. 11.01.2001, Rs. C-76/99, *KOM/Frankreich*, Slg. 2001, I-249, Rn. 23.

Vergleich zu einer Regelbesteuerung zumindest ermäßigt angeboten werden können. Das gewählte Mittel ist damit geeignet.

ee) Erforderlichkeit des Mittels

Die gewählte Methode der unechten Steuerbefreiungen führt zu einer Reihe von Nachteilen. Zunächst wird der existenzielle Bedarf aufgrund verdeckt überwälzter Umsatzsteuer nicht vollends verschont. Die Steuerbefreiung entfaltet daher lediglich die Wirkung einer Steuerermäßigung. Darüber hinaus führt der Verlust des Rechts auf Vorsteuerabzug für den Steuerpflichtigen zu einer latenten Gefahr, die nicht abziehbare Vorsteuer nicht auf den Leistungsempfänger überwälzen zu können. Zudem treten selbst innerhalb der Anwendungsbereiche derselben Steuerbefreiungen Ungleichheiten auf. Bezogen auf Heilbehandlungen sind etwa personalintensive Leistungen von Physiotherapeuten deutlich geringer mit verdeckt überwälzter Umsatzsteuer belastet als radiologische Leistungen, bei denen laufend hohe Reinvestitionen in medizinische Apparatur erfolgen.[1791]

Ferner führt der Verlust des Vorsteuerabzuges zu einer Verkomplizierung der Besteuerung. Erbringt ein Unternehmer etwa steuerpflichtige und steuerbefreite Umsätze, muss für damit in Zusammenhang stehende Eingangsleistungen nach Art. 173 ff. MwStSystRL eine Aufteilung der Vorsteuerbeträge erfolgen. Weiterhin muss für Anlagegüter über einen mehrere Jahre dauernden Zeitraum deren Verwendung nachgewiesen werden und im Fall der Änderung der Verhältnisse eine Korrektur des Vorsteuerabzuges vorgenommen werden.[1792]

Als Handlungsalternative kommt die echte Steuerbefreiung, d. h. die Befreiung des Umsatzes von der Mehrwertsteuer bei gleichzeitigem Vorsteuerabzug, in Betracht. Die Geeignetheit der Maßnahme zur Zielerreichung kann im Vergleich zum Status quo nicht abfallen, weil echte Steuerbefreiungen den am Markt erzielbaren Preis senken und so unmittelbar dem Endverbraucher zugutekommen. Die Verschonung von Leistungen des existenziellen Bedarfs wird bereits durch das Leistungsfähigkeitsprinzip sowie das europäische Sozialstaatsprinzip gefordert. Diese Notwendigkeit darf nicht durch nationale Budgetfragen beeinflusst werden. Insbesondere Finanzfragen mit Bezug zum Gesundheitswesen sind vielfach Gegenstand politischer Diskussionen. Die Einführung einer echten Steuerbefreiung würde das Umsatzsteueraufkommen um die bisher verdeckt überwälzte Steuer mindern. In seiner ständigen Rechtsprechung untersagt der EuGH allerdings die Rechtfertigung beschränkender Maßnahmen anhand

1791 In diesem Sinne *Englisch,* in: W. Schön/K. Beck, Zukunftsfragen, 39 (62).

1792 *Englisch*, in: Tipke/Lang[23], Steuerrecht, § 17 Rz. 207.

bloßer finanzieller Gründe.[1793] Allenfalls eine „erhebliche Gefährdung des finanziellen Gleichgewichts des Systems“[1794], die zu einem zwingenden Grund des Allgemeininteresses führt, könnte eine solche Beschränkung rechtfertigen. Es sind jedoch keine Gründe ersichtlich, die eine systemrelevante Gefährdung durch die Einführung einer echten Steuerbefreiung erwarten lassen.

Die gegenwärtige Versagung des Vorsteuerabzuges wird dem Ziel der einschränkenden Maßnahme nicht in kohärenter und systematischer Weise gerecht.[1795] Die aufgezeigten Ungleichbehandlungen sowie die Zunahme der Komplexität der Besteuerung wären durch die Einführung einer echten Steuerbefreiung obsolet.

Im Ergebnis bildet die echte Steuerbefreiung für Leistungen des existenziellen Bedarfs eine kohärent ausgestaltete Alternativmaßnahme, die im Vergleich zur unechten Steuerbefreiung die verfolgten Zwecke mindestens ebenso gut erreicht und dabei deren Nachteile ausräumt. Die Maßnahme der unechten Steuerbefreiung ist damit nicht erforderlich.

e) Rechtfertigung von unechten Steuerbefreiungen aus politischen Erwägungen

aa) Anwendungsbereich

Diese Kategorie unechter Befreiungen umfasst all jene Verschonungen, denen sozial-, kultur- oder gesellschaftspolitische Zielsetzungen zugrunde liegen. Hierzu zählen neben Leistungen der Sozialfürsorge etwa kulturelle, bildungspolitische sowie in engem Zusammenhang mit Sport und Körperertüchtigung stehende Dienstleistungen gemäß Art. 132 Abs. 1 Buchst. g - q MwStSystRL. Darüber hinaus geht auch die Steuerbefreiung für die Überlassung von Wohnraum nach Art. 135 Abs. 1 Buchst. l MwStSystRL – in Abgrenzung zur gewerblichen Nutzung – auf sozialpolitische Erwägungen zurück.[1796]

1793 Vgl. hierzu die Ausführungen in Kapitel 4. C. IV. 2. d) dieser Arbeit.

1794 EuGH, Urt. v. 28.04.1998, Rs. C-120/95, *Decker*, Slg. 1998, I-1831, Rn. 39.

1795 *Englisch*, in: Tipke/Lang[23], Steuerrecht, § 17 Rz. 209.

1796 Die Steuerbefreiung für die Vermietung und Verpachtung von Grundstücken verfolgt insgesamt betrachtet neben der sozialpolitischen Motivation der Vergünstigungswirkung ein Vereinfachungsziel. Letzteres besteht darin, unverhältnismäßig hohe Befolgungskosten zu vermeiden, die entstünden, wenn eine sehr große Anzahl von Vermietern erstmals Umsatzsteuer berechnen und abführen müsste. Zumindest hinsichtlich der Wohnraumüberlassung steht jedoch die sozialpolitische Zielsetzung im Vordergrund, vgl. *Englisch*, in: Rau/Dürrwächter, UStG, § 4 Nr. 12 Anm. 15 ff.

bb) Besondere primärrechtliche Einwirkungen

Die Leistungen dieser Kategorie dienen nicht primär dem existenziellen Bedarf der Konsumenten. Zwar kann auch die Sicherstellung eines Mindestmaßes an Teilhabe am gesellschaftlichen, kulturellen und politischen Leben als Bestandteil des Existenzminimums verstanden werden,[1797] jedoch rechtfertigt dies keine allgemeine über dieses Mindestmaß hinausgehende Freistellung. Der Hauptzweck dieser Befreiungen liegt in der Ermäßigung des Abgabepreises an den Konsumenten. Die Regelungen sind nicht an die Vermögenssituation des Konsumenten geknüpft. Mit den Befreiungen soll die Nachfrage nach bestimmten Leistungen gefördert werden, deren Inanspruchnahme aus kultur- oder gesellschaftspolitischen Gründen besonders wünschenswert ist.[1798] Darüber hinaus basiert beispielsweise ein Theaterbesuch im Gegensatz zu medizinisch gebotenen Krankenhausbehandlungen auf einer freien Konsumentscheidung und lässt daher zumindest einen groben Rückschluss auf die steuerliche Leistungsfähigkeit des Konsumenten zu. Es ist daher keine vollständige Entlastung der Steuerträger durch das europäische Sozialstaatsprinzip im Wege einer echten Steuerbefreiung geboten. Mit den unechten Steuerbefreiungsregelungen sollen typisierend förderungswürdige Ziele unterstützt werden bzw. eine verminderte Konsumleistungsfähigkeit Berücksichtigung finden. Bei der Auswahl dieser Ziele sowie der Mittel, die zur Zielerreichung eingesetzt werden, genießt der Richtlinien- bzw. Gesetzgeber einen weitreichenden Ermessensspielraum.[1799] Die Wahrnehmung dieses Gestaltungsspielraums mündet auf Unionsrechtsebene in einer Auseinandersetzung mit zahlreichen unterschiedlichen Verfassungstraditionen. Der Konsens über die Auswahl der Leistungen, die eine Verschonung erfahren sollen, ist im Rahmen der Konsultationen zur Sechsten Richtlinie nicht in einem kleinsten gemeinsamen Nenner der nationalen Befreiungstatbestände gefunden

---

1797 Sozialer Ausgrenzung ist gemäß Art. 34 Abs. 3 GrCh durch soziale Unterstützung nach Maßgabe des Unionsrechts und der einzelstaatlichen Rechtsvorschriften und Gepflogenheiten entgegenzuwirken. Das BVerfG hat mit Urteil v. 09.02.2010, 1 BvL 1/09 u. a., BVerfGE 125, 175, festgestellt, dass das Grundrecht auf Gewährleistung eines menschenwürdigen Existenzminimums aus Art. 1 Abs. 1 GG i. V. m. dem Sozialstaatsprinzip des Art. 20 Abs. 1 GG jedem Hilfebedürftigen diejenigen materiellen Voraussetzungen zusichert, die für seine physische Existenz und für ein Mindestmaß an Teilhabe am gesellschaftlichen, kulturellen und politischen Leben unerlässlich sind.

1798 *Englisch*, in: Tipke/Lang[23], Steuerrecht, § 17 Rz. 205.

1799 *Trstenjak/Beysen*, EuR 2012, 265 (273).

worden. Die Europäische Kommission sah sich vielmehr politisch genötigt,[1800] den Katalog der in den nationalen Umsatzsteuergesetzen der Mitgliedstaaten bereits geltenden Steuerbefreiungen zu übernehmen[1801].[1802] Es wird davon ausgegangen, dass die Kommission sich hierbei sowohl inhaltlich als auch formell am Steuerbefreiungsbestand des deutschen Umsatzsteuergesetzes von vor 1968 orientierte.[1803]

cc) Legitimer Zweck

Mit den Regelungen sollen Leistungen gefördert werden, deren Erbringung in gesellschaftlichem Interesse liegt. Basis der Definition dieser Leistungen ist ein ethischer Konsens in der Gesellschaft hinsichtlich der jeweiligen Förderwürdigkeit. Das eingesetzte Mittel der unechten Umsatzsteuerbefreiung soll gewährleisten, dass der Zugang zu den entsprechenden Leistungen durch günstigere Endpreise erleichtert wird. Der Richtliniengesetzgeber verfolgt damit einen Gedanken, der Widerhall in den gemeinsamen Verfassungsüberlieferungen findet. Der Zweck ist damit legitimiert.

dd) Geeignetheit des Mittels

Mithilfe der unechten Steuerbefreiung kann das verfolgte Ziel, den Zugang zu gesellschaftlich gewünschten Leistungen zu erleichtern, gefördert werden. Mit der Steuerbefreiung geht zwar der Verlust des Rechts auf Vorsteuerabzug für den Steuerpflichtigen einher, wodurch verdeckte Umsatzsteuer den Endpreis erhöht bzw. den Unternehmer belastet, sofern keine Überwälzung gelingt. Gleichwohl werden die Leistungen gegenüber Endverbrauchern im Vergleich zu einer Regelbesteuerung zumindest ermäßigt angeboten werden können. Das gewählte Mittel ist damit geeignet.

ee) Erforderlichkeit des Mittels

Das Mittel der unechten Steuerbefreiung führt wie bereits beschrieben zu einer Reihe von Nachteilen.[1804] Dem Zweck der Umsatzsteuerbefreiung entsprechend

1800 *Amand*, IVM 2010, 409 (411, 413); *Krieger*, Unechte Umsatzsteuerbefreiung im Unionsrecht, 463 f.

1801 *Stadie*, in: Rau/Dürrwächter, UStG, Vor §§ 4-9 Anm. 13.

1802 Vgl. Begründung der EG-Kommission v. 29.06.1973 zum Entwurf der Sechsten Mehrwertsteuer-Systemrichtlinie, Bulletin der EG 1973 Nr. 11, Sonderbeilage, 16.

1803 *Amand* verweist unter Verweis auf den Katalog und den Wortlaut des deutschen Umsatzsteuergesetzes vor 1968, in: IVM 2010, 409 (413).

1804 Vgl. hierzu die Ausführungen in Kapitel 5. C. I. 2. b) dieser Arbeit.

steht es der steuersystematischen und kohärenten Verwirklichung des Ziels der einschränkenden Maßnahme jedoch nicht entgegen, eine partielle Belastung der Leistungen mit Umsatzsteuer im Wege der Versagung des Vorsteuerabzuges bestehen zu lassen.

Als alternatives Mittel könnte die echte Steuerbefreiung in Betracht kommen. Dies würde zu einem Absenken des am Markt erzielbaren Endpreises und so zu einer höchstmöglichen Verschonung führen. Zugleich wären die Grundrechtsbeschränkungen in erheblichem Maße eingedämmt. Ungeachtet dessen würde eine echte Steuerbefreiung jedoch dem verfolgten Zweck nicht ebenso gut gerecht, weil die höchstmögliche Verschonung weder primärrechtlich geboten noch explizit durch den Unionsgesetzgeber angestrebt wird. Die Mittelalternative ist somit geringfügig weniger wirksam und kann daher im Ergebnis nicht gegen die Geeignetheit der Maßnahme der unechten Steuerbefreiung sprechen.

Als Handlungsalternative kommen des Weiteren ermäßigte Steuersätze in Betracht. Gemäß Art. 98 Abs. 1 i. V. m. Art. 99 Abs. 1 MwStSystRL können Mitgliedstaaten einen oder zwei ermäßigte Steuersätze von mindestens 5 % anwenden. Das Recht auf Vorsteuerabzug bleibt bei der Erbringung einer ermäßigt besteuerten Leistung gemäß Art. 99 Abs. 2 MwStSystRL unberührt. Nach Art. 100 UAbs. 2 MwStSystRL ist es möglich, das Verzeichnis der dem ermäßigten Steuersatz unterliegenden Gegenstände und Dienstleistungen zu ändern. Es ist daher möglich, den Katalog der Steuerbefreiungen durch eine ermäßigte Umsatzbesteuerung der entsprechenden Leistungen zu ersetzen.

Da gegenwärtig aufgrund der Versagung des Vorsteuerabzuges keine vollständige Verschonung, sondern eine Ermäßigung eintritt, entsprechen sich die Wirkungsgrade von Mittel und Alternativmaßnahme. Im Wege unterschiedlicher ermäßigter Steuersätze könnte mittels der Handlungsalternative gar eine weitere, sachgerechte und zielgenaue Unterscheidung über den Ermäßigungsgrad getroffen werden. Die exakte Feststellung der Verschonungswürdigkeit einer Leistung bedingt in erster Linie Transparenz hinsichtlich ihrer Besteuerung.[1805] Bei einer intransparenten und willkürlichen Entlastungswirkung ist es hingegen unmöglich, auszuloten, in welchem Maße der Leistungsbezug zu begünstigen ist. Die notwendige Transparenz wird durch ermäßigte Steuersätze erreicht, weil durch den Vorsteuerabzug eine gleiche Ausgangslage auf Ebene der Konsumenten-Vorstufe erreicht wird.[1806] Der verfolgte Zweck wird

1805 *Reiß*, DStJG 32 (2009), 9 (50).
1806 *Ruppe*, in: FS Tipke, 457 (470 f.).

dementsprechend durch das Mittel der ermäßigten Steuersätze besser gefördert als durch unechte Steuerbefreiungen.

Den Negativfolgen[1807] der unechten Steuerbefreiungen wie etwa der Zielungenauigkeit und Willkür der Entlastungswirkung aufgrund verdeckter Umsatzsteuer wäre durch die Einführung einer Steuersatzermäßigung aus den bereits genannten Gründen wirksam begegnet. Das Mittel der ermäßigten Steuersätze ist demzufolge milder als unechte Steuerbefreiungen.[1808]

Im Ergebnis kann die Handlungsalternative der ermäßigten Steuersätze für Steuerbefreiungen aus politischen Erwägungen die verfolgten Ziele besser fördern als unechte Steuerbefreiungen. Gleichzeitig räumen ermäßigte Steuersätze die Nachteile unechter Steuerbefreiungen weitestgehend aus. Die Maßnahme der unechten Steuerbefreiung ist damit nicht erforderlich.

f) Rechtfertigung von unechten Steuerbefreiungen zur Vermeidung einer Doppelbesteuerung mit speziellen Steuern

aa) Anwendungsbereich

Diese Kategorie von Steuerbefreiungen umfasst all jene Leistungen, die einen steuerbaren Tatbestand in anderen Gesetzen erfüllen. Dabei handelt es sich im Wesentlichen um spezielle nationale Verkehr-, Verbrauch- und Aufwandsteuern wie die in der Bundesrepublik Deutschland erhobene Grunderwerbsteuer und Versicherungsteuer sowie die Rennwett- und Lotteriesteuer. Auf unionsrechtlicher Grundlage werden die im Anwendungsbereich der beispielhaft aufgeführten Steuergesetze liegenden Umsätze gemäß Art. 135 Abs. 1 Buchst. a, i und j MwStSystRL von der Mehrwertsteuer befreit.

bb) Besondere primärrechtliche Einwirkungen

Es existieren keine außersteuerlichen primärrechtlichen Ge- oder Verbote mit Bezug zu einer Verschonung der im Anwendungsbereich der Steuerbefreiung erbrachten Leistungen. Die kumulative Belastung einer Leistung sowohl mit Umsatzsteuer als auch mit einer Verkehr-, Verbrauch- oder Aufwandsteuer schöpft (zusätzliche) Konsumleistungsfähigkeit ab, sofern kein Recht auf Vorsteuerabzug gegeben ist.[1809] Die formelle Klassifizierung des Steuertypus durch den Gesetzgeber ist für diese Betrachtung irrelevant. Sie ist allgemeingültig für

1807 Vgl. hierzu die Ausführungen in Kapitel 5. C. I. 2. b) dieser Arbeit.

1808 *Krieger*, Unechte Umsatzsteuerbefreiung im Unionsrecht, 410 ff., 463; *Heidemann*, Umsatzsteuerbefreiungen für Finanzdienstleistungen, 144 f.

1809 *Seer*, ZfZ 2013, 146 (148).

alle materiellen Verkehr-, Verbrauch- und Aufwandsteuern. Nach dem primärrechtlichen Leistungsfähigkeitsprinzip bedingt eine Steuerkumulation eine erhöhte Konsumleistungsfähigkeit.[1810]

Die Befreiungen auf Unionsebene werden vielfach als Vereinfachungszwecknormen verstanden.[1811] Die Vereinfachungszwecke nach unionsrechtlicher Lesart fußen auf der Ansicht, die erfassten Umsätze eigneten sich nicht für eine Besteuerung mit Mehrwertsteuer[1812], oder die dem Umsatz zugrunde liegenden Gegenstände nutzten sich nicht ab und stellten daher keinen belastungswürdigen Kostenfaktor dar[1813].[1814] Im nationalen Recht werden die entsprechenden Befreiungen *prima facie* abweichend begründet. Der deutsche historische Gesetzgeber etwa verfolgt mit ihnen das Ziel, eine Doppelbesteuerung zu vermeiden, wobei jedoch keine vollkommene Entlastung bewirkt werden muss.[1815]

Die unionale Zielsetzung ist durch die Historie bedingt. Wie beschrieben hat die Europäische Kommission aus politischen Gründen den Steuerbefreiungskatalog der nationalen Umsatzsteuergesetze in das Unionsrecht übernommen und sich dabei am Bestand des historischen deutschen UStG orientiert.[1816] Befreiungen in nationalen Steuergesetzen entstammen divergierenden nationalen Besonderheiten wie Vertragstypen[1817] und speziellen Steuern, denen auf Unionsebene daher nicht durch ein einheitliches Pendant entsprochen werden kann. Während auf nationaler Ebene eine exakte, die jeweiligen mitgliedstaatlichen Besonderheiten berücksichtigende Zielsetzung benannt werden kann, ist auf Unionsrechtsebene nur eine verallgemeinernde Benennung möglich. So führte etwa die Erhebung spezieller Versicherungsteuern in einigen Mitgliedstaaten dazu,

---

1810 *Seer*, ZfZ 2013, 146 (152).

1811 Begründung der EG-Kommission v. 29.06.1973 zum Entwurf der Sechsten Mehrwertsteuer-Systemrichtlinie, Bulletin der EG 1973 Nr. 11, Sonderbeilage, 17; *Hoffsümmer*, Steuerbefreiungen für Inlandsumsätze, 131.

1812 EuGH, Urt. v. 10.11.2011, Rs. C-259/10, *The Rank Group*, Slg. 2011, I-10951, Rn. 39; v. 29.05.2001, Rs. C-86/99, *Freemans*, Slg. 2001, I-4167, Rn. 30.

1813 Mit Verweis auf die Lieferung von Grundstücken *Ruppe/Achatz*, UStG, § 6 Tz. 192 sowie *Englisch*, in: Tipke/Lang[23], Steuerrecht, § 17 Rz. 228.

1814 *Amand*, IVM 2010, 409 (409 f.) m. w. N.

1815 BFH, Urt. v. 03.09.2008, XI R 54/07, BStBl. II 2009, 499, II.2.d); *Hoffsümmer*, Steuerbefreiungen für Inlandsumsätze, 128; *Englisch*, in: Tipke/Lang[23], Steuerrecht, § 17 Rz. 228.

1816 Vgl. hierzu die Ausführungen in Kapitel 5. C. I. 2. e) bb) dieser Arbeit.

1817 *Amand* verweist auf Besonderheiten im Bereich der Verpachtung, die zivilrechtlich lediglich in einigen Mitgliedstaaten vorkommen können, in: IVM 2010, 409 (409 f.).

dass Versicherungsumsätze auch auf Unionsebene von der Mehrwertsteuer befreit wurden.[1818] Der Verweis auf die Vereinfachungszwecke ist im Ergebnis ein bloßer Reflex dieser Historie der unechten Steuerbefreiungen. Eine eigenständige, durch Eigeninterpretation der Union gewonnene Zielsetzung ist damit nicht verbunden. Nichts anderes ergibt sich aus den historischen Dokumenten über die Konsultationen zu den Vorgängerrichtlinien.[1819] Der unionale Rekurs auf eine Vereinfachung ist somit formell und basiert auf der Vielfalt der nationalen historischen Umsatzsteuergesetze. Technisch-ökonomische Gründe, die eine einzelfallgerechte Besteuerung gefährden und eine materielle Vereinfachungszweckregelung erfordern, sind nicht gegeben. Dementsprechend lassen sich die nationalen und unionsrechtlichen Zielsetzungen zur mehrwertsteuerlichen Verschonung dergestalt zusammenführen, dass eine Besteuerung mit Mehrwertsteuer nach der Vorstellung auf beiden Ebenen mangels (zusätzlicher) Konsumleistungsfähigkeit entfallen soll. Die Vereinfachung liegt einzig darin, dass diese materielle Zielsetzung im Wege der unechten Steuerbefreiung verfolgt wird.

cc) Legitimer Zweck

Die Regelungen zielen auf eine Verschonung von Leistungen, die bereits dem Grunde nach von einem anderen Steuergesetz erfasst werden oder sich nicht verbrauchen. Basis der Definition der umfassten Umsätze sind historische Interpretationen. Der Richtliniengeber hat das Mittel der unechten Steuerbefreiung gewählt, um diese Umsätze zu verschonen. Damit verfolgt er ein durch das Verbrauchsteuerprinzip gedecktes Ziel, nur solche Umsätze der Mehrwertsteuer zu unterwerfen, die eine Konsumleistungsfähigkeit widerspiegeln. Der Zweck ist damit legitimiert.

dd) Geeignetheit des Mittels

Durch die unechten Steuerbefreiungen kann das verfolgte Ziel gefördert werden. Unechte Befreiungen führen zu verdeckter Umsatzsteuer und erhöhen den Endpreis bzw. belasten den Unternehmer. Sie führen daher zu keiner vollständigen Entlastung, sondern zu einer Ermäßigung im Vergleich zur Regelbesteuerung. Das gewählte Mittel ist aufgrund dieser Wirkung geeignet, den gewünschten Erfolg zu fördern.

1818 *Swinkels*, IVM 2007, 262.

1819 *Amand*, IVM 2010, 409 (413 ff.).

ee) Erforderlichkeit des Mittels

Das Mittel der unechten Steuerbefreiung hat insbesondere den Nachteil, dass die Verschonungswirkung nicht zielgenau, sondern willkürlich erfolgt, weil die Höhe der verdeckten Umsatzsteuerlast von zahlreichen Faktoren abhängt.[1820] Sofern eine unechte Steuerbefreiung aus Vereinfachungsgründen eingesetzt wird, um Leistungen zu verschonen, denen keine erhöhte bzw. zusätzliche Konsumleistungsfähigkeit zugrunde liegt, widerspricht die damit verbundene Versagung des Vorsteuerabzuges dem Gebot der Kohärenz. Denn in allen aufgezeigten Fällen läuft jedwede verdeckte Umsatzsteuer dem Zweck der Befreiung zuwider.[1821] Unterliegt der Umsatz einer speziellen Verkehr-, Verbrauch- oder Aufwandsteuer, führen unechte Steuerbefreiungen zu einer Steuerkumulation sowie zu einer Intransparenz, die die letztendliche Gesamtsteuerbelastung verschleiert.[1822]

Als Handlungsalternative kommt zum einen eine Atomisierung der steuerlichen Bemessungsgrundlage in Betracht. Soweit der Umsatz demnach einer speziellen Verkehr-, Verbrauch- oder Aufwandsteuer unterworfen wird, sind die umsatzsteuerrechtlichen Befreiungsnormen als echte Steuerbefreiungen auszugestalten. Wird eine Leistung (teilweise) nicht von einer speziellen Steuer erfasst, verbleibt Raum für eine Umsatzbesteuerung in Form von verdeckt überwälzter nicht abziehbarer Vorsteuer oder in Gestalt der regulären oder ermäßigten Besteuerung. Der Nachweis der Besteuerung mit einer speziellen Verkehr-, Verbrauch- oder Aufwandsteuer könnte im Rahmen der periodischen Umsatzsteuererklärungen erfolgen.

Zum anderen könnten die unechten Steuerbefreiungen mit Bezug zu speziellen Verkehr-, Verbrauch- oder Aufwandsteuern durch ein Anrechnungsmodell ersetzt werden. Zunächst würden die entsprechenden Leistungen der Regelbesteuerung unterworfen. Infolgedessen wären die Nachteile der unechten Steuerbefreiung obsolet, es wäre jedoch noch keine Verschonungswirkung erreicht. Diese würde durch eine Verrechnung der Umsatzsteuerlast mit der Steuerschuld aus den speziellen Verkehr-, Verbrauch- oder Aufwandsteuergesetzen erreicht werden. Der EuGH hat in ständiger Rechtsprechung entschieden, dass ein

---

1820 Vgl. hierzu die Ausführungen in Kapitel 5. C. I. 2. b) dieser Arbeit.
1821 *Englisch*, in: Tipke/Lang[23], Steuerrecht, § 17 Rz. 209.
1822 *Seer*, ZfZ 2013, 146 (150 ff.).

derartiges Anrechnungsmodell mit dem allgemeinen Gleichheitsrecht konform ist.[1823]

Beiden aufgezeigten Alternativmitteln ist gemein, dass sie den wesentlichen Nachteilen der unechten Steuerbefreiung entgegenwirken. Sie sind daher milder. Der verfolgte Zweck wird durch die Handlungsalternativen besser gefördert als durch unechte Steuerbefreiungen. Die alternativen Mittel sind ungeachtet dessen mit einer Verkomplizierung der Rechtsanwendung sowie mit einem größeren administrativen Aufwand für sowohl den Steuerpflichtigen als auch die Finanzverwaltung verbunden. In der ersten Alternative führt die Aufteilung der Bemessungsgrundlage zwangsläufig zu einer Einzelfallprüfung. Darüber hinaus stellen sich verfahrensrechtliche Folgefragen etwa bei einer nachträglichen Berichtigung der Veranlagung zur speziellen Verkehr-, Verbrauch- oder Aufwandsteuer. Die zweite Alternative führt ebenso zu Mehraufwand für die Finanzverwaltung bei der Überprüfung des Anrechnungsvolumens.

Im Ergebnis ist die Maßnahme der unechten Steuerbefreiung mangels milderem Mittel, das den gleichen Erfolg mit vergleichbarem Aufwand erzielen würde, erforderlich.

ff) Angemessenheit des Mittels / Verhältnismäßigkeit im engeren Sinne

Das Mittel der unechten Steuerbefreiung kann nur dann angemessen sein, wenn die damit verbundenen Nachteile nicht außer Verhältnis zu den mit ihm verbundenen Vorteilen stehen.[1824]

Zunächst ist festzuhalten, dass weder das Mittel noch der Zweck einen Abwägungsvorsprung beanspruchen können, weil sowohl das verfolgte Ziel als auch das Mittel der unechten Steuerbefreiung als Vereinfachung aus dem Gleichheitssatz abzuleiten sind. Vereinfachungszwecknormen können die Gleichheit fördern, indem sie die Gleichmäßigkeit der Besteuerung ermöglichen, sofern andernfalls eine einzelfallgerechte Verfolgung die Finanzverwaltung lähmen würde.

Unechte Steuerbefreiungen bewirken den Ausschluss des Vorsteuerabzuges und damit eine Gleichstellung von unternehmerischer und

---

1823 EuGH, Urt. v. 24.10.2013, Rs. 440/12, *Metropol*, ECLI:EU: C:2013:687 = MwStR 2013, 693 m. Anm. *Grube*, Rn. 55 ff.; v. 10.06.2010, Rs. C-58/09, *Leo-Libera*, Slg. 2010, I-5189, Rn. 38; v. 11.06.1998, Rs. C-283/95, *Fischer*, Slg. 1998, I-3369, Rn. 30.

1824 EuGH, Urt. v. 09.09.2008, Rs. C-120/06, *Montecchio*, Slg. 2008, I-6513 Rn. 183; v. 15.06.2006, Rs. C-28/05, *Dokter*, Slg. 2006, I-5431 Rn. 75; v. 06.12.2005, Rs. C-453/03, *Fratelli*, Slg. 2005, I-10423, Rn. 87; *Trstenjak/Beysen*, EuR 2012, 265 (272).

nichtunternehmerischer Aktivität. Dies führt zu einer Belastung des Unternehmers oder, sofern eine Überwälzung gelingt, zu einer Verteuerung der Ausgangsumsätze um im Preis enthaltene nicht abziehbare Vorsteuer. Je länger die unternehmerische Kette vor dem Umsatz an den Endverbraucher ist, desto stärker kumuliert sich die verdeckte Umsatzsteuerlast. Dieser Kumulationseffekt ist willkürlich und zeigt auf, dass sich unechte Steuerbefreiungen in einem proportionalen Allphasen-Netto-Umsatzsteuersystem mit Vorsteuerabzug als Systembruch darstellen. Dementsprechend ist zu konstatieren, dass mithilfe einer unechten Steuerbefreiung keine vollständige Mehrwertsteuerverschonung erzielt werden kann und Steuerkumulationen und unsystematische Besteuerung nicht vermieden werden können. Der Grad der Zweckerreichung ist damit als gering einzustufen.

Die konkrete Schwere des Eingriffs ist davon abhängig, wie oft, wie lange und wie intensiv in das Grundrecht des Betroffenen eingegriffen wird. Da die Unterscheidung zwischen nichtunternehmerischer und unternehmerischer Verwendung einer Eingangsleistung einzig im Vorsteuerabzug als dem „Herzstück“[1825] des geltenden Mehrwertsteuersystems getroffen wird, wiegt der Eingriff in das Gleichheitsrecht schwer. Denn eine Versagung des Rechts auf Vorsteuerabzug tritt in jedem Anwendungsfall der unechten Steuerbefreiung ein. Sofern sich die maßgebenden Verhältnisse für den ursprünglichen Vorsteuerabzug bei der Verwendung eines Wirtschaftsguts nicht nachträglich ändern, wirkt der Grundrechtseingriff zeitlich unbeschränkt. Bei Dienstleistungen ist diese Wirkung stets gegeben. Zudem ist die Intensität des Eingriffes hoch, weil die Versagung des Vorsteuerabzuges zu einer systemwidrigen Belastung des unternehmerischen Gewinns in Gestalt einer zusätzlichen Unternehmensteuer sowohl auf Ebene des Unternehmers als auch beim Leistungsempfänger führen kann. Dies soll nachfolgend am Beispiel der unechten Steuerbefreiung für Versicherungsumsätze belegt werden:

Versicherungsumsätze unterliegen in den Mitgliedstaaten vielfach speziellen Versicherungsteuern. Die Bemessungsgrundlage für die Steuer richtet sich regelmäßig nach dem Versicherungsentgelt. Dieses wurde im Rahmen der Bemessung um die nicht abziehbare Vorsteuer erhöht und enthält damit ungeachtet der Umsatzsteuerbefreiung einen Mehrwertsteueranteil. Darüber hinaus wird diese verdeckte Umsatzsteuer im Rahmen der erhöhten Bemessungsgrundlage

1825 *Englisch*, in: Tipke/Lang[23], Steuerrecht, § 17 Rz. 307.

(zusätzlich) mit Versicherungsteuer belegt, so dass sich Umsatzsteuer und Versicherungsteuer kumulieren.[1826]

Empfängt unter Annahme der Überwälzbarkeit der Steuerlast ein Steuerpflichtiger die Versicherungsleistung, besteht mangels Umsatzsteuerpflicht kein Recht auf Vorsteuerabzug. Die Umsatzsteuer wirkt demzufolge entgegen dem eigentlichen Befreiungszweck in willkürlicher Höhe als außerordentliche, intransparente, den Gewinn belastende Unternehmensteuer.[1827] Bei nichtunternehmerischen Leistungsempfängern bewirkt die Steuerkumulation ebenfalls eine überproportionale, nicht der individuellen Konsumleistungsfähigkeit entsprechenden Belastung.

Nach den Gesetzen des Marktes ist nicht in jedem Fall von einer vollständigen Überwälzbarkeit der verdeckten Umsatzsteuer und systemwidrig erhöhten Versicherungsteuer auszugehen. Hat das Versicherungsunternehmen große Investitionen – etwa in einen Neubau der Firmenzentrale – getätigt und hierfür keinen Vorsteuerabzug geltend machen können, ist eine entsprechende Erhöhung der Versicherungsprämien[1828] nicht uneingeschränkt möglich. Die zu erzielenden (Brutto-)Endpreise[1829] werden durch den Marktpreis bestimmt. Dies wirkt vorteilhaft für Konkurrenzunternehmen, die keine großen Investitionen getätigt haben. Dementsprechend kann das Versicherungsunternehmen betriebswirtschaftlich gezwungen sein, einen Teil der verdeckten Umsatzsteuer selbst zu tragen. Dieser Effekt wird dadurch noch verstärkt, dass sich die Einpreisung verdeckter Umsatzsteuer durch die Erhöhung der versicherungsteuerlichen Bemessungsgrundlage progressiv auswirkt.

Im Ergebnis steht ein geringer Grad der Zweckerreichung einem schwerwiegenden Eingriff in das Grundrecht auf Gleichbehandlung der Betroffenen gegenüber. Die unechten Steuerbefreiungen sind daher unverhältnismäßig.

1826 *Seer*, ZfZ 2013, 146 (151); *Ruppe*, in: FS Tipke, 457 (466 f.); *Englisch*, in: Tipke/Lang[23], Steuerrecht, § 18 Rz. 67.

1827 Zur Wirkung als Unternehmensteuer siehe *Seer*, ZfZ 2013, 146 (151).

1828 Das Versicherungsunternehmen wird versuchen, die um die nicht abziehbare Vorsteuer erhöhten Herstellungskosten des Gebäudes im Wege erhöhter Versicherungsprämien auf die Kunden umzulegen.

1829 (Brutto-)Endpreis bedeutet in diesem Zusammenhang den durch den Kunden zu entrichtenden Endpreis inklusive Versicherungsteuer und verdeckter Umsatzteuer.

g) Rechtfertigung von unechten Steuerbefreiungen aus systematischen Erwägungen

aa) Anwendungsbereich

Unter diese Kategorie werden jene Leistungen gefasst, denen kein Konsumaufwand gegenübersteht und die nicht in die Wertschöpfung einer an einen Endverbraucher zu erbringenden Leistung eingehen. Hierunter fallen etwa einzelne Finanz- und Versicherungsumsätze wie Lebensversicherungsprämien[1830], die gemäß Art. 135 Abs. 1 Buchst. a und c MwStSystRL von der Mehrwertsteuer befreit sind. In Abgrenzung zu den Steuerbefreiungen, die eine Vermeidung von Doppelbesteuerung bezwecken, unterliegen diese Umsätze keiner besonderen Verkehr-, Verbrauch- und Aufwandsteuer.

Die Besteuerungswürdigkeit einer Leistung setzt voraus, dass nach dem Verbrauchsteuerprinzip ein Endverbrauch eintritt oder die Umsätze – innerhalb der unternehmerischen Kette – in die Kostenkalkulation einer weiteren Leistung eingehen.[1831] Einige Finanzdienstleistungen wie der Erwerb von Beteiligungen oder die Kreditgewährung erfüllen diese Voraussetzungen nicht, weil die Inanspruchnahme dieser Leistungen nicht verbrauchsfähig ist. Kreditgewährungen bereiten Endverbrauch lediglich vor.[1832] Der im Rahmen der Darlehensgewährung für die früher möglich gewordene Kapitalnutzung entrichtete Zins stellt ein Entgelt für eine nicht verbrauchbare Leistung dar.[1833] Der bloße Erwerb von Beteiligungen führt lediglich zu einer Vermögensumschichtung, nicht jedoch zu einem Verbrauch.[1834] Gleiches gilt auch für Beiträge zu Lebensversicherungen. Im Gegensatz zu allgemeinen Versicherungsverträgen erstrecken sich Lebensversicherungsverträge oft über einen langen Zeitraum und enthalten eine Sparkomponente, die einem Sparkonto oder einem Investmentfonds ähnelt.[1835] Diese Form der Vermögensumschichtung führt ebenfalls nicht zu einem mehrwertsteuerlicen Verbrauch. Die voranstehenden Ausführungen zu Finanzdienstleistungen gelten daher entsprechend für Beiträge zu Lebensversicherungen. Die

---

1830 In Deutschland unterliegen Lebensversicherungen gemäß § 4 Nr. 5 VerStG nicht der Versicherungsteuer.

1831 *Englisch*, in: Tipke/Lang[23], Steuerrecht, § 17 Rz. 203; *Friedrich-Vache*, UR 2006, 207 (208).

1832 Detailliert *Friedrich-Vache*, UR 2006, 207 (208 ff.); *Ruppe/Achatz*, UStG, § 6 öStG Rn. 98.

1833 *Friedrich-Vache*, UR 2006, 207 (210 f.).

1834 *Ruppe/Achatz*, UStG, § 6 öStG Rn. 98.

1835 *Merrill*, Tax Analysts 2011, 163 (179).

Steuerbefreiungen für die genannten Umsätze dienen „insoweit nur Klarstellungen der schon nicht gegebenen Steuerbarkeit.“[1836]

bb) Besondere primärrechtliche Einwirkungen

Die Mehrwertsteuerbefreiung von Umsätzen, denen keine Konsumleistungsfähigkeit gegenübersteht oder die nicht der Wertschöpfung einer weiteren Leistung zugeführt werden, wird durch das Leistungsfähigkeits- bzw. das Verbrauchsteuerprinzip gefordert. Derartige Umsätze sind der Steuersystematik folgend nicht belastungswürdig.

cc) Legitimer Zweck

Die Steuerbefreiungsregelungen sollen Leistungen verschonen, die aus steuersystematischen Ursachen dem Grunde nach von der Besteuerung auszunehmen sind. Dazu hat der Unionsrechtsgeber das Mittel der unechten Steuerbefreiung gewählt. Diese Zweckverfolgung ist durch das primärrechtliche Leistungsfähigkeitsprinzip gedeckt. Der Zweck ist damit legitimiert.

dd) Geeignetheit des Mittels

Mithilfe der unechten Steuerbefreiungen kann das verfolgte Ziel gefördert werden. Unechte Steuerbefreiungen vermögen zwar keine vollständige Entlastung herbeizuführen. Im Vergleich zu einer regulären Besteuerung wirken sie jedoch im Regelfall zumindest ermäßigend. Aufgrund dieser Wirkung ist das gewählte Mittel geeignet, den gewünschten Erfolg zu fördern.

ee) Erforderlichkeit des Mittels

Dem Zweck der Steuerbefreiung entsprechend ist eine unechte Steuerbefreiung nicht kohärent ausgestaltet, weil die verdeckt überwälzte Umsatzsteuer die Regelung konterkariert. Es gelten insoweit die Ausführungen zu den Steuerbefreiungen zur Freistellung des Existenzminimums entsprechend.[1837]

Als das Gebot der Kohärenz wahrende Alternative kommt die echte Mehrwertsteuerbefreiung in Betracht.[1838] Diesbezüglich kann ebenfalls auf die

---

1836 *Stadie*, in: Rau/Dürrwächter, UStG, Vor §§ 4-9 UStG Anm. 74.

1837 Vgl. hierzu die Ausführungen in Kapitel 5. C. I. 2. d) ee) dieser Arbeit.

1838 Mit Bezug zu Finanzdienstleistungen *Heidemann*, Umsatzsteuerbefreiungen für Finanzdienstleistungen, 175; *Friedrich-Vache*, Verbrauchsteuerkonforme Umsatzbesteuerung von Finanzdienstleistungen, 273; *dies.*, UR 2006, 207; *Reiß*, UR 2003, 209 (216 ff.).

Ausführungen zu den Steuerbefreiungen zur Freistellung des existenziellen Bedarfs verwiesen werden.[1839]

Im Ergebnis stellt die echte Steuerbefreiung eine Alternativmaßnahme dar, die die verfolgten Zwecke besser erreicht als die unechte Steuerbefreiung und dabei deren Nachteile ausräumt. Die Maßnahme der unechten Steuerbefreiung ist damit nicht erforderlich.

h) Rechtfertigung von unechten Steuerbefreiungen aus Vereinfachungsgründen

aa) Anwendungsbereich

Diese Kategorie von Steuerbefreiungen umfasst Umsätze, deren einzelfallgerechte Regelbesteuerung aus verwaltungsökonomischen Gründen vermieden werden soll. Hierunter fallen etwa einige Finanzumsätze, bei denen sich die Bemessungsgrundlage des Einzelumsatzes nur sehr schwer bestimmen ließe. Zu dieser Gattung zählt beispielsweise der nach Art. 135 Abs. 1 Buchst. e MwStSystRL steuerbefreite Sortenwechsel, bei dem erst die Gesamtmarge des Finanzinstitutes aus mehreren Einzelumsätzen zu ermitteln wäre, um daraus sodann nachträglich das Entgelt für den Einzelumsatz zu bestimmen.[1840] Zudem sind dieser Kategorie jene Steuerbefreiungen im Bereich der Vermietung und Verpachtung von Grundstücken zuzurechnen, bei denen keine sozialpolitisch motivierte Subventionswirkung im Vordergrund steht. Dies umfasst etwa die Überlassung von Grundstücken, die gewerblichen Zwecken dienen.[1841]

bb) Besondere primärrechtliche Einwirkungen

Es existieren keine außersteuerlichen primärrechtlichen Ge- oder Verbote mit Bezug zu einer Verschonung der im Anwendungsbereich der Steuerbefreiung erbrachten Leistungen. Die Vereinfachung ist originär durch das allgemeine Gleichheitsrecht selbst bedingt.[1842] Grundsätzlich müssen gesetzliche Regelungen zu einzelfallgerechten Ergebnissen führen. Vereinfachende Typisierungen und Pauschalierungen sind jedoch notwendig, sofern andernfalls die Verwaltung

---

1839 Vgl. hierzu die Ausführungen in Kapitel 5. C. I. 2. d) ee) dieser Arbeit.

1840 *Englisch*, in: Tipke/Lang[23], Steuerrecht, § 17 Rz. 202.

1841 Vgl. Vorschlag der EU-Kommission für die 6. EG-Richtlinie v. 29.06.1973 – zu Artikel 14, BT-DRs. 7/913 v. 19.07.1973, 43; *Englisch,* in: Rau/Dürrwächter, UStG, § 4 Nr. 12 Anm. 15 .

1842 Siehe hierzu und zum Folgenden die Ausführungen in Kapitel 4. C. IV. 2. b) dieser Arbeit.

durch eine einzelfallgerechte Besteuerung handlungsunfähig würde. Die Vereinfachungszwecknorm ist in diesen Fällen zur Wahrung der Gleichmäßigkeit der Besteuerung geboten. Die durch sie erwirkte Vereinfachung darf jedoch nicht außer Verhältnis zu dem damit verbundenen Verlust von Einzelfallgerechtigkeit stehen.

cc) Legitimer Zweck

Die Regelungen bezwecken eine Verschonung von Leistungen, die zu einer Fülle von neu zu erfassenden Steuerfällen führen würden[1843] oder deren Bemessungsgrundlage nur sehr schwer zu ermitteln wäre[1844].[1845] Eine einzelfallgerechte Besteuerung dieser Umsätze wäre mit sehr hohem Verwaltungsaufwand verbunden.

Der Richtliniengeber hat das Mittel der unechten Steuerbefreiung gewählt, um für derartige Umsätze die Besteuerung im geltenden Allphasen-Netto-Mehrwertsteuersystem mit Vorsteuerabzug handhabbar zu machen und somit die Gleichmäßigkeit der Besteuerung zu gewährleisten. Auf diese Weise verfolgt er ein durch das allgemeine Gleichheitsrecht gedecktes Ziel. Der Zweck ist damit legitimiert.

dd) Geeignetheit des Mittels

Durch das Mittel der unechten Steuerbefreiungen kann das verfolgte Ziel der Vereinfachung gefördert werden. Denn bei steuerfreien Umsätzen hat die im Einzelfall korrekte Ermittlung der Bemessungsgrundlage bzw. die Erfassung einer Vielzahl von (zusätzlichen) Steuerpflichtigen, die in periodischen Meldungen Rechenschaft über ihre dann steuerpflichtigen Leistungen abgeben müssten, keine Auswirkung auf den absoluten Mehrwertsteuerbetrag der damit verbundenen Ausgangsumsätze. Eine Umsatzbesteuerung tritt dennoch im Wege der verdeckten Überwälzung ein. Auf diese Weise kann auf die ressourcenbeanspruchende Regelbesteuerung verzichtet werden. Das gewählte Mittel der unechten

---

1843 *Hoffsümmer*, Steuerbefreiungen für Inlandsumsätze, 144 m. w. N.

1844 Zur Problematik der Ermittlung der Bemessungsgrundlage aus mehreren Umsätzen bei Sortenwechselgeschäften vgl. EuGH, Urt. v. 12.06.2014, Rs. C-461/12, *Granton Advertising*, ECLI:EU:C:2014:1745 = MwStR 2014, 434 m. Anm. *Grube*, Rn. 30; v. 10.03.2011, Rs. C-540/09, *Skandinaviska Enskilda Banken*, Slg. 2011, I-1525, Rn. 21; v. 19.04.2007, Rs. C-455/05, *Velvet & Steel Immobilien*, Slg. 2007, I-3227, Rn. 24.

1845 *Englisch*, in: Tipke/Lang[23], Steuerrecht, § 17 Rz. 202.

Steuerbefreiung ist aufgrund seiner Wirkung geeignet, den gewünschten Erfolg zu fördern.

ee) Erforderlichkeit des Mittels

Da keine primärrechtlichen Vorgaben zur vollständigen Entlastung der von der Steuerbefreiung umfassten Umsätze existieren, ist es gemessen am Befreiungszweck der Vereinfachung kohärent, im Wege der verdeckten Umsatzsteuer eine Mehrwertsteuerbelastung eintreten zu lassen. Nichtsdestotrotz führt die unechte Steuerbefreiung zu Unwägbarkeiten wie einer willkürlichen Verschonungswirkung oder einer möglichen Verteuerung der Leistungen aufgrund des Kaskadeneffekts[1846] der sich durch die Leistungskette kumulierenden verdeckten Umsatzsteuer.

Als Alternativmittel könnten echte Steuerbefreiungen in Betracht kommen. Dieses Mittel wäre milder, weil aufgrund des Rechts auf Vorsteuerabzug die negativen Auswirkungen der unechten Steuerbefreiungen obsolet wären. Betreffend die Zweckerreichung würden echte Steuerbefreiungen den Erfolg jedoch nicht ebenso gut fördern. In diesen Fällen könnte zwar auch von der im Einzelfall korrekten Ermittlung der Bemessungsgrundlage abgesehen werden, mit dem Recht auf Vorsteuerabzug wäre jedoch auch die Erfassung einer Vielzahl neuer Steuerfälle verbunden. Dies würde dem verfolgten Zweck zuwiderlaufen. In Ermangelung eines primärrechtlichen Gebotes zur vollständigen Verschonung der Leistungen würde die Handlungsalternative zudem gegen das Gebot der Kohärenz verstoßen. Es käme zu einer unsachgemäßen Begünstigung der betroffenen Umsätze bzw. zu einer Benachteiligung jedweder regulär besteuerter Güter und Dienstleistungen.

Als weiteres Alternativmittel kommen ermäßigte Steuersätze in Betracht. Diese würden die Nachteile der bestehenden Regelung durch eine zielgenauere Besteuerung teilweise überwinden. Eine ermäßigte Besteuerung würde jedoch ebenso wie die Einrichtung einer echten Steuerbefreiung dem Zweck der Befreiungsregelung zuwiderlaufen, weil das damit verbundene Recht auf Vorsteuerabzug eine Erfassung sämtlicher Steuerpflichtiger erfordern würde.

Beide aufgezeigten alternativen Mittel haben gemein, dass sie den wesentlichen Nachteilen der unechten Steuerbefreiung entgegenwirken. Sie sind daher jeweils von milderem Charakter. Der verfolgte Zweck wird durch die Handlungsalternativen jedoch nicht mindestens ebenso gut erreicht wie durch

---

1846 Vgl. zum Kaskadeneffekt *Stadie*, Das Recht des Vorsteuerabzugs, 8 f.; *Löhr*, Optionsrecht für Vermietungsumsätze, 160.

das Ausgangsmittel. Die Maßnahme der unechten Steuerbefreiung ist somit erforderlich.

ff) Angemessenheit des Mittels / Verhältnismäßigkeit im engeren Sinne

Allgemein kann die unechte Steuerbefreiung nur dann verhältnismäßig sein, wenn die durch sie verursachten Nachteile nicht außer Verhältnis zu den mit ihr verbundenen Vorteilen stehen.[1847] Konkret bedeutet dies vor dem Hintergrund des Zwecks der Befreiungsregelungen, dass die mit ihnen erwirkten Vereinfachungen nicht zu einem unverhältnismäßigen Verlust von Einzelfallgerechtigkeit führen dürfen. Hierzu sind die Vor- und Nachteile darzulegen und anschließend zu gewichten.

Der Verlust an Einzelfallgerechtigkeit ergibt sich wie beschrieben daraus, dass kein Recht auf Vorsteuerabzug geltend gemacht werden kann und dies zu verdeckter Umsatzsteuer führt. Dieser Eingriff wiegt grundsätzlich schwer, weil Anbieter dieser Leistungen etwa bei größeren Investitionen keine Möglichkeit haben, von der Umsatzsteuerbelastung entlastet zu werden. Dies läuft der Belastungskonzeption der Umsatzsteuer zuwider. Dieser Effekt wird jedoch dadurch abgemildert, dass die Ausgangsleistungen nicht der Mehrwertsteuer unterliegen. Im Regelfall ist daher davon auszugehen, dass ein Steuerermäßigungseffekt verbleibt. Im Ergebnis ist der Eingriff daher als mittelschwer zu bewerten.

Die Vereinfachungswirkung der unechten Steuerbefreiung ist sehr ausgeprägt. Eine einzelfallgerechte Besteuerung ist aus verwaltungsökonomischen Gründen nicht darstellbar. Es ist anzunehmen, dass die Kosten für die steuerliche Erfassung und Regelbesteuerung sämtlicher von der Befreiungsnorm erfasster Steuerpflichtiger nicht durch die erwirtschafteten Steuermehreinnahmen kompensiert werden könnten. Die praktische Durchführbarkeit des Allphasen-Netto-Mehrwertsteuersystems mit Vorsteuerabzug stößt insoweit an ihre Grenzen. Würde die Finanzverwaltung aufgrund der einzelfallgerechten Besteuerung gelähmt, wäre die Gleichmäßigkeit der Besteuerung gefährdet. Dies gilt insbesondere bei Massen- und Selbstveranlagungsverfahren wie der Umsatzsteuer. Zur Wahrung der praktischen Durchführbarkeit darf sich der Gesetzgeber daher mit einer Vereinfachungszwecknorm behelfen. Dabei ist allerdings zu berücksichtigen, dass die einzelfallgerechte Besteuerung als Ausfluss des

---

1847 EuGH, Urt. v. 09.09.2008, Rs. C-120/06, *Montecchio*, Slg. 2008, I-6513 Rn. 183; v. 15.06.2006, Rs. C-28/05, *Dokter*, Slg. 2006, I-5431 Rn. 75; v. 06.12.2005, Rs. C-453/03, *Fratelli*, Slg. 2005, I-10423, Rn. 87; *Trstenjak/Beysen*, EuR 2012, 265 (272).

Leistungsfähigkeitsprinzips steuerethisch höherwertig ist als die Zweckmäßigkeit der Vereinfachung.

Die mit der Vereinfachung verbundene Vergröberung dient vorliegend nicht dazu, eine bereits dem Grunde nach nicht handhabbare Regelung für die Verwaltung beherrschbar zu machen. Die Begründung der Vereinfachung liegt mithin nicht in der Komplexität der konkreten Vorschrift, sondern vielmehr in der Umsatzsteuererhebung als Massen- und Selbstveranlagungsverfahren und dem damit verbundenen Bedarf an Verwaltungsressourcen.

Der Gesetzgeber knüpft die Steuerbefreiungen an die erbrachte Leistung an, etwa an die langfristige Vermietung und Verpachtung. Die Vorstufenumsätze, beispielsweise aus dem Erwerb des zur steuerfreien Vermietung bestimmten Gebäudes, sind grundsätzlich ebenfalls von der Umsatzsteuer befreit, so dass allenfalls verdeckte Umsatzsteuerbeträge zu einer Belastung des Steuerpflichtigen bzw. des Verbrauchers führen. Durch die Steuerbefreiung der Ausgangsleistung tritt jedoch eine Abmilderung der Belastung ein. Der Gesetzgeber kann folglich bei der Betrachtung des Ausgangsfalls davon ausgehen, dass sich die zur Erreichung des Regelungsziels notwendigen Tatbestandsmerkmale ausschließlich anhand der Ausgangsleistung bestimmen. Ferner kann davon ausgegangen werden, dass es im Vergleich zur Regelbesteuerung nur in außergewöhnlichen Fällen zu einer Höherbelastung kommt. Vorliegend beschränken sich die Tatbestandsmerkmale der Steuerbefreiung auf die erbrachten Ausgangsumsätze. Infolgedessen werden durch die Vereinfachungsregelungen grundsätzlich alle entsprechenden Umsätze und somit die Gesamtheit der möglichen Anwendungsfälle erfasst. Der Gesetzgeber hat damit einen typischen Anwendungsfall als Ausgangsfall gewählt.

Im Ergebnis steht ein mittelschwerer Eingriff einem sehr hohen Grad der Zweckerreichung entgegen. Die durch die Vereinfachung erwirkten Vorteile, insbesondere die Wahrung der Gleichmäßigkeit der Besteuerung, stehen damit nicht außer Verhältnis zu dem potentiellen Verlust von Einzelfallgerechtigkeit.[1848] Die unechten Steuerbefreiungen sind daher verhältnismäßig.

1848 A.A. *Heidemann*, Umsatzsteuerbefreiungen für Finanzdienstleistungen, 175 ff. Demnach sollen die Nachteile der echten Steuerbefreiung geringer wiegen als die Nachteile der unechten Steuerbefreiung. Insbesondere wird darauf abgestellt, dass die echte Steuerbefreiung eine Vielzahl von Verbrauchern begünstige und die Wettbewerbsfähigkeit der Anbieter der Leistung stärke. Es findet jedoch in diesem Zusammenhang keine Abwägung mit der stark vereinfachenden Wirkung der unechten Steuerbefreiung unter Berücksichtigung der Umsatzsteuererhebung als Massen- und Selbstveranlagungsverfahren statt.

i) Rechtfertigung von auf Ausnahmeregelungen basierenden unechten Steuerbefreiungen

aa) Anwendungsbereich

Diese Kategorie von Steuerbefreiungen umfasst all jene Leistungen, die grundsätzlich nicht im Katalog der Befreiungsregelungen enthalten sind. Sie dürfen ausschließlich aufgrund dieser Sonderregelungen von der Steuer befreit werden.[1849] Die Mehrwertsteuer-Systemrichtlinie enthält in dem mit „Ausnahmen" überschriebenen Titel XIII zwei eigene Kapitel, die zahlreiche Sonderregelungen beinhalten. Diesen ist gemein, dass sie ausschließlich für einzelne Mitgliedstaaten gelten und ihnen zumeist die Fortgeltung einer Regelung zugestehen, die dort bereits vor dem Beitritt zur Europäischen Union bzw. vor Inkrafttreten der Mehrwertsteuer-Systemrichtlinie galt. Dementsprechend werden die Vorschriften als Standstillklauseln bzw. Stillhalteklauseln bezeichnet.[1850]

bb) Ungleichbehandlung

Die Art. 370 ff. MwStSystRL beinhalten Sonderregelungen für Mitgliedstaaten, die am 1. Januar 1978 Mitglied der Europäischen Gemeinschaft waren. Die Ungleichbehandlung wird nachfolgend beispielhaft anhand der Sonderregelung für Baugrundstücke dargestellt. Die Ausführungen sind auf den gesamten Titel XIII der Mehrwertsteuer-Systemrichtlinie übertragbar.

Gemäß Art. 371 i. V. m. Anhang X Teil B Nr. 9 MwStSystRL dürfen Mitgliedstaaten die Steuerbefreiung für die Lieferung von bebauten Grundstücken vor deren erstmaligem Bezug sowie von Baugrundstücken beibehalten. Derartige Umsätze sind grundsätzlich zwingend steuerpflichtig und fallen insbesondere nicht unter die Steuerbefreiungen der Art. 135 Abs. 1 Buchst. j oder Buchst. k MwStSystRL. Eine Befristung dieser Übergangsregelung ist in der Mehrwertsteuer-Systemrichtlinie nicht vorgesehen. Die Bundesrepublik Deutschland hat von der Ausnahmegenehmigung Gebrauch gemacht. Diese Entscheidung basiert auf der Tatsache, dass bereits seit dem 1. Januar 1935 die der Grunderwerbsteuer unterliegenden Umsätze zur Vermeidung einer Doppelbesteuerung von der Umsatzsteuer befreit wurden.[1851] Da im nationalen Umsatzsteurrecht seit jeher nicht zwischen Neubauten, Baugrundstücken einerseits und Altbauten und sonstigen Grundstücken andererseits unterschieden

---

1849 *Kokott*, Steuerrecht der EU § 8 Rn. 607.

1850 Siehe nur *Kokott*, Steuerrecht der EU § 3 Rn. 36.

1851 *Klenk*, in: Rau/Dürrwächter, UStG, § 4 Nr. 9 Anm. 14.

wurde, konnte durch die Wahrnehmung der Ausnahmeregelung die nationale Rechtslage beibehalten werden.

In Abgrenzung zu Art. 370 ff. MwStSystRL enthalten die Art. 375 ff. MwStSystRL Ausnahmeregelungen für einzelne Mitgliedstaaten, die bei Inkrafttreten der Sechsten EG-Richtlinie nicht bereits Mitglied der Europäischen Gemeinschaft waren.[1852] Dementsprechend ist etwa Kroatien gemäß Art. 390c Buchst. a MwStSystRL ermächtigt, die Lieferung von Baugrundstücken bis zum 31. Dezember 2014 weiterhin zu den dort zum Zeitpunkt des Beitritts zur Europäischen Union geltenden Bedingungen von der Mehrwertsteuer zu befreien. Die Frist ist nicht verlängerbar. Andere Mitgliedstaaten, die nach dem 1. Januar 1978 der Europäischen Gemeinschaft bzw. der Europäischen Union beigetreten sind, haben hingegen zu keinem Zeitpunkt eine Befugnis, die genannte Steuerbefreiung anzuwenden. Dementsprechend sehen die Art. 381 und 386 MwStSystRL keine entsprechende Ausnahmeregelung für die Tschechische Republik und Ungarn vor.

Im Ergebnis sind die Sonderermächtigungen der Art. 375 ff. MwStSystRL für Mitgliedstaaten, die am 1. Januar 1978 nicht Mitglied der Europäischen Gemeinschaft waren, enger gefasst als die Bestimmungen der Art. 370 ff. MwStSystRL.[1853]

Die unterschiedliche Ermächtigung zur Anwendung der Steuerbefreiungsregelungen führt in mehrfacher Hinsicht zu Ungleichbehandlungen. Zum einen werden die Mitgliedstaaten untereinander verschieden behandelt. Es findet eine Unterscheidung nach dem Kriterium der Zugehörigkeit zur Europäischen Gemeinschaft am 1. Januar 1978 statt. Des Weiteren werden im Fall der Inanspruchnahme der Ausnahmeermächtigung sowohl Unternehmer als auch Verbraucher diskriminiert. Denn die Anwendung führt etwa in der Bundesrepublik Deutschland zu einer unechten Steuerbefreiung. Diese bewirkt aufgrund der damit verbundenen verdeckt überwälzten Umsatzsteuer eine überproportionale Besteuerung, die nicht der Konsumleistungsfähigkeit des Verbrauchers entspricht, bzw. eine systemwidrige Belastung des Unternehmers. Insoweit wird auf die Vorüberlegungen zu den unechten Steuerbefreiungen in diesem Kapitel verwiesen.[1854]

1852 *Terra/Kajus*, A Guide to the European VAT Directives, 1551.

1853 *Kokott*, Steuerrecht der EU § 8 Rn. 609.

1854 Vgl. hierzu die Ausführungen in Kapitel 5. C. I. 2. b) dieser Arbeit.

cc) *Auffassung des EuGH zu Ausnahmeregelungen auf dem Gebiet der Mehrwertsteuer*

Der EuGH betrachtet die in der Mehrwertsteuer-Systemrichtlinie verankerten Ausnahmeermächtigungen als nichtharmonisierten Bereich.[1855] In den Rechtssachen *Eurodental*[1856] und *Idéal Tourisme*[1857] verneint der EuGH einen Verstoß gegen das Neutralitätsprinzip mit der Begründung, es handle sich insoweit lediglich „um eine nur für einen vorübergehenden Zeitraum zugelassene Besteuerung"[1858]. Die daraus resultierende „besondere Situation"[1859] ergebe sich „demnach zwangsläufig daraus, dass die Mehrwertsteuer beim derzeitigen Stand vom Gemeinschaftsgesetzgeber noch nicht vollständig harmonisiert worden ist".[1860] Ferner sei zu berücksichtigen, dass Art. 393 Abs. 1 MwStSystRL[1861] auf eine Abschaffung der Ausnahme- und Übergangsregelungen abziele.[1862]

Bislang hat sich der EuGH mit den Ausnahmeregelungen nicht vor dem Hintergrund des allgemeinen Gleichheitssatzes befasst. Es ist aufgrund des Rechtsprechungsbefundes zum Neutralitätsprinzip jedoch davon auszugehen, dass das Gericht eine Bindung an Art. 20 GrCh mit Verweis auf die insoweit ausgebliebene Harmonisierung ablehnen würde.

dd) *Begründung der Anwendbarkeit von Art. 20 GrCh*

Entgegen den Ausführungen des EuGH in den Rechtssachen *Eurodental* und *Ideál tourisme* besteht sowohl für die Union als auch für die Mitgliedstaaten eine Bindung an den allgemeinen Gleichheitssatz. Nach den in der *Fransson*-Entscheidung[1863] sowie in der weiteren Rechtsprechung aufgestellten Grundsätzen unterfällt das gesamte Umsatzsteuerrecht dem Anwendungsbereich der Grundrechtecharta der Union. Die Sonderregelungen stellen keine rein

1855 Vgl. hierzu sowie im Folgenden die Ausführungen in Kapitel 4. B. II. dieser Arbeit.
1856 EuGH, Urt. v. 07.12.2006, Rs. C-240/05, *Eurodental*, Slg. 2006, I-11493, Rn. 52.
1857 EuGH, Urt. v. 13.07.2000, Rs. C-36/99, *Idéal tourisme*, Slg. 2000, I-6049, Rn. 38.
1858 EuGH, Urt. v. 07.12.2006, Rs. C-240/05, *Eurodental*, Slg. 2006, I-11493, Rn. 52.
1859 EuGH, Urt. v. 07.12.2006, Rs. C-240/05, *Eurodental*, Slg. 2006, I-11493, Rn. 53.
1860 EuGH, Urt. v. 07.12.2006, Rs. C-240/05, *Eurodental*, Slg. 2006, I-11493, Rn. 53.
1861 Die Rechtssache *Eurodental* betrifft die Vorgängerbestimmung Art. 28 Abs. 4 der Sechsten Richtlinie.
1862 EuGH, Urt. v. 07.12.2006, Rs. C-240/05, *Eurodental*, Slg. 2006, I-11493, Rn. 52; v. 13.07.2000, Rs. C-36/99, *Idéal tourisme*, Slg. 2000, I-6049, Rn. 32; v. 29.04.1999, Rs. C-136/97, *Norbury Developments*, Slg. 1999, I-2491, Rn. 19.
1863 EuGH, Urt. v. 26.02.2013, Rs. C-617/10, *Åkerberg Fransson*, ECLI:EU: C:2013:105 = UR 2014, 27.

deklaratorische Anerkennung einer originär mitgliedstaatlichen Kompetenz dar, weil die nationalen Regelungen ohne eine entsprechende Ermächtigungsgrundlage auf Unionsebene gegen die Mehrwertsteuer-Systemrichtlinie verstoßen würden.[1864] Denn das Mehrwertsteuerrecht wird durch die Richtlinienziele in ein vollkommenes System eingebettet. Dieses ist auch im Bereich von Umsetzungsspielräumen zu befolgen.

Die mit Bezug auf einen Verstoß gegen das Neutralitätsprinzip angeführte Begründung des EuGH vermag nicht die Frage des Anwendungsbereichs der Grundrechte-Charta gemäß Art. 51 Abs. 1 S. 1 GrCh zu berühren. Andernfalls könnten jedwede Abweichungen von den Richtlinienzielen sowie nicht dem Kohärenzgebot entsprechende Regelungen mit dem Argument der bloß schrittweisen Harmonisierung untergraben werden. Die Richtlinie zielt jedoch auf eine Vollharmonisierung ab. Ob die Union Ausnahmeermächtigungen erlassen und anwenden darf, die Ungleichheiten bewirken, ist vielmehr auf der Ebene der Rechtfertigung zu prüfen.

Neben der Union als Richtliniengeberin wäre ein Verstoß gegen Art. 20 GrCh auch den Mitgliedstaaten zuzurechnen. Diese sind auch im Rahmen von unionsrechtlich determinierten Ermächtigungen dazu verpflichtet, das ihnen eingeräumte Umsetzungsermessen in grundrechtskonformer Weise auszuüben.[1865]

ee) Besondere primärrechtliche Einwirkungen

Mit Art. 4 Abs. 2 EUV existiert eine außersteuerliche Primärrechtsnorm, die Einfluss auf die Ausgestaltung der Mehrwertsteuer-Systemrichtlinie nimmt. Demnach hat die Union die Gleichheit der Mitgliedstaaten vor den Verträgen zu achten. Unionsrechtliche Regelungen wie die Mehrwertsteuer-Systemrichtlinie dürfen daher nicht zu einer Diskriminierung einzelner Mitgliedstaaten führen.[1866] Art. 4 Abs. 2 verstärkt im Ergebnis das Rechtfertigungserfordernis für Ausnahmeermächtigungen.

ff) Gegenwärtiger Rechtfertigungsbefund des EuGH aus anderen Rechtsbereichen

Wie beschrieben sind Rechtfertigungsprüfungen auf dem Gebiet der Umsatzsteuer bislang unterblieben, weil der EuGH insoweit nicht von einer Harmonisierung ausgeht und die Frage der Verhältnismäßigkeit von Ausnahmeregelungen

---

1864 *Kokott*, Steuerrecht der EU § 8 Rn. 607.
1865 *Kokott*, Steuerrecht der EU § 3 Rn. 36.
1866 *Streinz*, in: Streinz, EUV/AEUV, Art. 4 EUV Rn. 13.

auf diese Weise überantwortet. In anderen Rechtsbereichen mit Bezug zum Unionsrecht hat sich der EuGH jedoch sehr wohl bereits mit der Angemessenheit von Standstillklauseln befasst. Nachfolgend werden seine Ausführungen dargestellt, um daraus anschließend eine Würdigung für das Mehrwertsteuerrecht abzuleiten.

In der Rechtssache *Arcelor Atlantique et Lorraine u. a.*[1867] urteilte der EuGH über die Richtlinie betreffend den Handel mit Treibhausgasemissionszertifikaten[1868].[1869] Die Richtlinie erfasst grundsätzlich sowohl die Stahlindustrie als auch den Aluminium- und Kunststoffsektor und bezweckt den Umweltschutz. Ungeachtet der Tatsache, dass beide Sparten miteinander in Konkurrenz stehen, erfasste die Richtlinie für einen Übergangszeitraum die Aluminium- und Kunststoffindustrie nicht. Unter Berücksichtigung der Richtlinienziele wurde die Vergleichbarkeit der Sachverhalte bejaht.[1870] Im Ergebnis wurde die Richtlinie nicht für ungültig erklärt. Der Unionsgesetzgeber dürfe bei der Einführung in ein „neues und komplexes System“[1871] schrittweise vorgehen,[1872] um nicht die „verwaltungstechnische Durchführbarkeit […] durch die Einbindung einer zu großen Zahl von Teilnehmern“[1873] zu gefährden. Er müsse jedoch in angemessenen Zeitabständen die Ausweitung der Richtlinie überprüfen[1874] und die Entscheidung, für welche Sektoren die Richtlinie von Beginn an gelten soll, auf objektive Kriterien stützen[1875].

1867 EuGH, Urt. v. 16.12.2008, Rs. C-127/07, *Société Arcelor Atlantique et Lorraine u. a.*, Slg. 2008, I-9895.

1868 Richtlinie 2003/87/EG des Europäischen Parlaments und des Rates vom 13.10.2003 über ein System für den Handel mit Treibhausgasemissionszertifikaten in der Gemeinschaft und zur Änderung der Richtlinie 96/61/EG des Rates, Abl. EU 2003 Nr. L 275/32.

1869 Ebenso sowie zum Folgenden *Kokott/Dobratz*, in: Schön/Heber, Grundfragen, 25 (33).

1870 EuGH, Urt. v. 16.12.2008, Rs. C-127/07, *Société Arcelor Atlantique et Lorraine u. a.*, Slg. 2008, I-9895, Rn. 25 ff.

1871 EuGH, Urt. v. 16.12.2008, Rs. C-127/07, *Société Arcelor Atlantique et Lorraine u. a.*, Slg. 2008, I-9895, Rn. 60.

1872 EuGH, Urt. v. 16.12.2008, Rs. C-127/07, *Société Arcelor Atlantique et Lorraine u. a.*, Slg. 2008, I-9895, Rn. 69.

1873 EuGH, Urt. v. 16.12.2008, Rs. C-127/07, *Société Arcelor Atlantique et Lorraine u. a.*, Slg. 2008, I-9895, Rn. 71.

1874 EuGH, Urt. v. 16.12.2008, Rs. C-127/07, *Société Arcelor Atlantique et Lorraine u. a.*, Slg. 2008, I-9895, Rn. 62.

1875 EuGH, Urt. v. 16.12.2008, Rs. C-127/07, *Société Arcelor Atlantique et Lorraine u. a.*, Slg. 2008, I-9895, Rn. 63.

Gegenstand des Unisex-Urteils des EuGH in der Rechtssache *Test-Achats*[1876] war die Ungleichbehandlung von Männern und Frauen bei der Bewertung von Versicherungsrisiken für private Versicherungsverträge. Gemäß Art. 1 der Gleichbehandlungsrichtlinie[1877] gilt in allen Mitgliedstaaten im Grundsatz, dass Männer und Frauen bei der Versorgung mit Gütern sowie dem Bezug von Dienstleistungen gleich zu behandeln sind. Dies entspricht den Art. 21 und 23 der GrCh, wonach Diskriminierungen wegen des Geschlechts verboten sind.

Der 18. Erwägungsgrund der Gleichbehandlungsrichtlinie führt an, dass die Berücksichtigung geschlechterspezifischer versicherungsmathematischer Faktoren weit verbreitet sei und es nicht zu einer „abrupten Umstellung" des Marktes kommen solle. Gemäß Art. 5 Abs. 1 der Gleichbehandlungsrichtlinie sind Versicherungsverträge daher erst nach dem 21. Dezember 2007 grundsätzlich geschlechterneutral auszugestalten. In Abgrenzung hierzu stellt Erwägungsgrund Nr. 19 dar, dass bestimmte Risikokategorien bei Männern und Frauen unterschiedlich seien und infolgedessen eine geschlechterspezifische Prämienbemessung zugelassen werden könne, sofern das Geschlecht als bestimmender Faktor auf Basis versicherungsmathematischer Daten berücksichtigt werde. In diesem Zusammenhang sollten die Mitgliedstaaten fünf Jahre nach der Umsetzung der Gleichbehandlungsrichtlinie prüfen, inwiefern diese explizit als Ausnahme bezeichnete Sonderregelung noch gerechtfertigt sei. Hierzu habe die Kommission drei Jahre nach Inkrafttreten von Art. 5 Abs. 1 der Gleichbehandlungsrichtlinie einen Bericht vorzulegen. Die in Erwägungsgrund Nr. 19 vorgesehene Ausnahme wurde entsprechend in Art. 5 Abs. 2 der Gleichbehandlungsrichtlinie umgesetzt. Weitere Vorgaben etwa zur maximalen Anwendungsdauer dieser Bestimmung sind weder in den Erwägungsgründen noch in den Artikeln der Gleichbehandlungsrichtlinie enthalten.

Der EuGH wurde zur Frage der Gültigkeit dieser Ausnahmebestimmung vorab zur Entscheidung angerufen. Das Gericht stellt in seiner Entscheidung zunächst unter Berücksichtigung der Richtlinienziele das Regel-Ausnahme-Verhältnis klar. Demnach seien Versicherungsprämien für Männer und Frauen im Grundsatz geschlechterneutral zu bemessen. Bei Art. 5 Abs. 2 der Gleichbehandlungsrichtlinie handle es sich ausweislich des Wortlauts in Erwägungsgrund

---

1876 EuGH, Urt. v. 01.03.2011, Rs. C-236/09, *Association belge des Consommateurs Test-Achats u. a.*, Slg. 2011, I-773.

1877 Richtlinie 2004/113/EG des Rates vom 13. Dezember 2004 zur Verwirklichung des Grundsatzes der Gleichbehandlung von Frauen und Männern beim Zugang zu und bei der Versorgung mit Gütern und Dienstleistungen, ABl. EU 2004 Nr. L 373/37.

Nr. 19 um eine Ausnahmebestimmung. Die Gleichbehandlungsrichtlinie beruhe somit „auf der Prämisse, dass [...] die Lage von Frauen und die Lage von Männern in Bezug auf die Prämien und Leistungen der von ihnen abgeschlossenen Versicherungen vergleichbar sind".[1878]

In der Möglichkeit der Mitgliedstaaten, sich für eine unbefristete Fortgeltung der Ausnahmebestimmungen zu entscheiden, sieht der EuGH vor dem Hintergrund der Richtlinienziele eine „Gefahr".[1879] Derartige Ermächtigungen, die Ausnahmen unbefristet aufrechterhalten, seien mit Art. 21 und 23 GrCh unvereinbar.[1880] Nach Ablauf einer „angemessenen Übergangszeit" sei die Bestimmung daher als ungültig zu qualifizieren.[1881] Der EuGH sah die Ausnahmeermächtigung des Art. 5 Abs. 2 der Gleichbehandlungsrichtlinie schließlich für Zeiträume ab dem 21. Dezember 2012 für ungültig an.[1882] Da die Grundregelung am 21. Dezember 2007 in Kraft getreten war, kann eine fünfjährige Übergangszeit als angemessen angesehen werden.

Im Ergebnis kann als Rechtfertigungsbefund zusammengefasst werden, dass die Möglichkeit der zeitlich unbeschränkten Fortgeltung von Ausnahmebestimmungen nicht anzuerkennen ist. Selbst für den Fall, dass verwaltungstechnische Gründe für eine Übergangszeit Ausnahmeregelungen bedingen, muss die Festlegung der von Beginn an erfassten Anwendungsfälle auf objektiven Kriterien beruhen.

gg) Angemessenheit / Verhältnismäßigkeit im engeren Sinne

Die Darstellung beschränkt sich im Folgenden auf die Angemessenheitsprüfung, weil als milderes Vergleichsmittel ersichtlich nur der Verzicht auf die Ausnahmeermächtigung in Betracht kommt. Zu klären ist somit ausschließlich, ob die Entscheidung für eine derartige Regelung verhältnismäßig ist.

Art. 4 Abs. 2 EUV bildet die Grundlage der nachfolgenden Betrachtung. Demzufolge sind die Mitgliedstaaten bei der Anwendung sämtlichen Unionsrechts

---

1878 EuGH, Urt. v. 01.03.2011, Rs. C-236/09, *Association belge des Consommateurs Test-Achats u. a.*, Slg. 2011, I-773, Rn. 30.

1879 EuGH, Urt. v. 01.03.2011, Rs. C-236/09, *Association belge des Consommateurs Test-Achats u. a.*, Slg. 2011, I-773, Rn. 31.

1880 EuGH, Urt. v. 01.03.2011, Rs. C-236/09, *Association belge des Consommateurs Test-Achats u. a.*, Slg. 2011, I-773, Rn. 32.

1881 EuGH, Urt. v. 01.03.2011, Rs. C-236/09, *Association belge des Consommateurs Test-Achats u. a.*, Slg. 2011, I-773, Rn. 33.

1882 EuGH, Urt. v. 01.03.2011, Rs. C-236/09, *Association belge des Consommateurs Test-Achats u. a.*, Slg. 2011, I-773, Rn. 34.

gleich zu behandeln sind.[1883] Auf dem Gebiet der Mehrwertsteuer sind die Vorschriften gemäß Art. 113 AEUV so weit zu harmonisieren, wie es die Errichtung und das Funktionieren des europäischen Binnenmarktes sowie die Vermeidung von Wettbewerbsverzerrungen erfordern.[1884] In diesem Zusammenhang ist auf den sechsten und neunten Erwägungsgrund der Mehrwertsteuer-Systemrichtlinie hinzuweisen. Demzufolge bestehe aufgrund der „Folgen auf budgetärem, wirtschaftlichem und sozialem Gebiet" in den Mitgliedstaaten eine Notwendigkeit zur schrittweisen Harmonisierung. Es sei ferner unerlässlich, „einen Übergangszeitraum vorzusehen, der eine schrittweise Anpassung der nationalen Rechtsvorschriften in den betreffenden Bereichen ermöglicht".

Als Unterscheidungskriterium zieht die Union in Abschnitt 1 des Kapitels 1 in Titel XIII der Mehrwertsteuer-Systemrichtlinie die Zugehörigkeit zur Europäischen Gemeinschaft am 1. Januar 1978 heran. Die Regelungen in Abschnitt 2 stellen auf das jeweilige Beitrittsdatum zur Gemeinschaft ab. Im Grundsatz handelt es sich bei dem Beitrittsdatum um ein objektives Unterscheidungskriterium, weil ab diesem Zeitpunkt entsprechende durch die Umstellung des Mehrwertsteuersystems verursachte Schwierigkeiten in den Staaten auftreten.

Die Regelungen für die Neu-Mitgliedstaaten sind enger gefasst als jene für Alt-Mitgliedstaaten. Die Objektivität dieser Unterscheidung ist an den Richtlinienzielen zu messen. Objektive Gründe für eine strengere Handhabung können demzufolge ausschließlich in geringeren Folgen auf budgetärem, wirtschaftlichem und sozialem Gebiet gefunden werden. Dies kann der Fall sein, wenn Mitgliedstaaten im Beitrittszeitpunkt bereits über mehrwertsteuerliche Regelungen verfügen, die dem Richtlinienrecht entsprechen. In allen anderen Fällen ist jedoch nicht ersichtlich, aus welchen Gründen die Harmonisierung der Umsatzsteuer für Staaten, die der Europäischen Gemeinschaft nach dem 1. Januar 1978 beigetreten sind, zu geringeren Änderungen der Steuerstruktur führen sollte. Dies gilt nicht nur in Fällen, in denen Neu-Mitgliedstaaten von vornherein keine Ermächtigung zu einer bestimmten Ausnahmeregelung erteilt wurde, sondern auch dann, wenn die Ausnahmeregelung zeitlich befristet wirksam ist. So entspricht der für Kroatien geltende Art. 390c MwStSystRL grundsätzlich der Ausnahme des Art. 371 i. V. m. Anhang X Teil B Nr. 9 MwStSystRL mit der Abweichung, dass die Anwendung von Art. 390c MwStSystRL zeitlich nicht verlängerbar bis zum 31. Dezember 2014 beschränkt ist. Die zunächst dem Grunde

---

1883 *Puttler*, in: Calliess/Ruffert, EUV/AEUV, Art. 4 EUV Rn. 12.

1884 *Kamann*, in: Streinz, EUV/AEUV, Art. 113 EUV Rn. 8; *Kokott*, Steuerrecht der EU § 1 Rn. 21.

nach identisch der Situation der Alt-Mitgliedstaaten bewertete Notwendigkeit für eine bestimmte Übergangsregelung entfällt damit zu einem Zeitpunkt, zu dem andere Alt-Mitgliedstaaten ihre nationalen Rechtsvorschriften fast 40 Jahre lang nicht an die Standard-Regelungen der Mehrwertsteuer-Systemrichtlinie angepasst haben. Es sind keine objektiven Gründe für eine derartige unterschiedliche Behandlung der Mitgliedstaaten ersichtlich. Im Ergebnis mangelt es solchen Ausnahmeregelungen bereits an einem objektiven Unterscheidungskriterium, die Alt- und Neu-Mitgliedstaaten unterschiedlich zu behandeln. Sie sind daher unverhältnismäßig.

Fraglich ist des Weiteren, ob die unbefristete Anwendbarkeit der Ermächtigungen, für die objektive Unterscheidungskriterien vorliegen, als verhältnismäßig betrachtet werden kann. Unter Berücksichtigung des Rechtsprechungsfundus des EuGH ist zur Beantwortung dieser Frage auf die Überprüfung einer Abschaffung der Sonderregelung[1885] sowie auf die Möglichkeit der zeitlich unbeschränkten Inanspruchnahme der Ausnahmebestimmungen[1886] abzustellen.

Für die Ausnahmeregelungen sah Art. 28 Abs. 4 der Sechsten EG-Richtlinie zunächst eine Übergangszeit von fünf Jahren vor, beginnend mit dem 1. Januar 1979. Damit einhergehend wurde dem Europäischen Rat zugetragen, auf Vorschlag der Europäischen Kommission einstimmig über die vollständige oder teilweise Abschaffung dieser Abweichungen zu entscheiden. Diese Überprüfung sollte spätestens sechs Monate vor Ende dieses Übergangszeitraumes stattfinden. Folgeüberprüfungen sollten sich am durch die Europäische Kommission ermittelten Bedarf orientieren. Mit Einführung der Mehrwertsteuer-Systemrichtlinie zum 01.01.2007 wurde der Prüfauftrag abgeschafft. Gemäß Art. 393 Abs. 1 MwStSystRL endet der Übergangszeitraum nunmehr, wenn der Europäische Rat auf Vorschlag der Europäischen Kommission beschließt, die Ausnahmebestimmungen abzuschaffen. Dementsprechend gelten die Stillhalteklauseln zeitlich unbefristet.[1887] Bislang hat die Europäische Kommission keinen Bericht über die Notwendigkeit der Abschaffung der bestehenden Ausnahmeregelungen vorgelegt.[1888] Im Ergebnis ist daher damit zu rechnen, dass sie erst im Zuge des Überganges zum endgültigen Mehrwertsteuersystem entsprechend

---

1885 In diesem Sinne EuGH, Urt. v. 16.12.2008, Rs. C-127/07, *Société Arcelor Atlantique et Lorraine u. a.*, Slg. 2008, I-9895, Rn. 62.

1886 In diesem Sinne EuGH, Urt. v. 01.03.2011, Rs. C-236/09, *Association belge des Consommateurs Test-Achats u. a.*, Slg. 2011, I-773, Rn. 32 ff.

1887 *Langer*, in: Reiß/Kraeusel/Langer, UStG, Art. 370-393 MwStSystRL Rn. 48.

1888 *Langer*, in: Reiß/Kraeusel/Langer, UStG, Art. 370-393 MwStSystRL Rn. 48.

Art. 402 und 403 MwStSystRL abgeschafft werden und somit nach Ansicht der Union noch langfristig bestehen bleiben sollen.[1889] Seit dem 01.01.2007 sind die Ausnahmeregelungen somit nicht mehr als Übergangslösung zu werten, sondern als ausdrückliche Rückermächtigung an die Mitgliedstaaten, von den Grundsätzen der Mehrwertsteuer-Systemrichtlinie abzuweichen.[1890]

Unter Beachtung der Rechtsprechungsgrundsätze des EuGH sind die gleichheitswidrigen Ausnahmeregelungen in Titel XIII der Mehrwertsteuer-Systemrichtlinie mangels zeitlicher Befristung unverhältnismäßig.[1891]

hh) Zurechnung der Diskriminierung und Folge der Nichtigkeit der Richtlinienbestimmung

Der Gleichheitsverstoß in Gestalt der Gewährung der Standstillklauseln in der Mehrwertsteuer-Systemrichtlinie ist der Union als Grundrechtsverpflichteter zuzurechnen. Daneben ist die Diskriminierung jedem Mitgliedstaat zuzurechnen, der von einer der Ausnahmegenehmigungen Gebrauch macht. Denn Mitgliedstaaten sind auch im Bereich von Sonderregelungen zur Beibehaltung bestimmter nationaler Regelungen an den Gleichheitssatz gebunden.[1892] Eine gleichheitskonforme Ausgestaltung dieses Wahlrechts kann nur im Verzicht auf dessen Ausübung gefunden werden. Eine gesonderte Nichtigkeitserklärung der unionsrechtlichen Grundlage bedarf es diesbezüglich nicht.

Würde die Nichtigkeit der Richtlinienbestimmung durch den EuGH festgestellt werden, verlöre die Beibehaltung der nationalen Altregelung ihre Gültigkeit. Die nationale Bestimmung würde sodann aufgrund des entfallenen Wahlrechts automatisch gleichheitswidrig. Da die nationalen Regelungen in diesem Fall im klaren Widerspruch zu den Standardregelungen der Mehrwertsteuer-Systemrichtlinie stünden, könnten sich Betroffene unter den weiteren Voraussetzungen auf die unmittelbare Anwendung des Unionsrechts berufen, sofern diese Bestimmungen günstiger sind.[1893]

1889 *Langer*, in: Reiß/Kraeusel/Langer, UStG, Art. 370-393 MwStSystRL Rn. 3.

1890 Nach *Kokott*, Steuerrecht der EU § 3 Rn. 36 sind die Ausnahmeregelungen „theoretisch […] eines Tages als Rückermächtigungen an die Mitgliedstaaten“ zu qualifizieren.

1891 Auf dieses Ergebnis hindeutend *Kokott/Dobratz*, in: Schön/Heber, Grundfragen, 25 (38) sowie *Englisch*, in: W. Schön/K. Beck, Zukunftsfragen, 39 (60 ff., 67 ff.).

1892 *Kokott*, Steuerrecht der EU § 3 Rn. 36.

1893 Vgl. hierzu die Ausführungen in Kapitel 1. C. III. 2. a) dieser Arbeit.

j) Herstellung eines grundrechtskonformen Zustandes

Im Bereich der unechten Steuerbefreiungen hemmt der eindeutige Wortlaut der Bestimmungen eine grundrechtskonforme Auslegung. Die Wahrung des Gleichheitsrechts ist daher ausschließlich durch eine Neukonzipierung der unechten Steuerbefreiungen zu erreichen.

Die Untersuchung hat gezeigt, dass der Richtliniengeber zu Lenkungs- und Vereinfachungszwecken grundsätzlich von der Belastungskonzeption der Umsatzsteuer abweichen darf.[1894] Mit Ausnahme von alternativlosen Vereinfachungen ist der mit den unechten Befreiungen verbundene Ausschluss des Vorsteuerabzugs jedoch nicht gerechtfertigt. Zusammengefasst führen die Vorsteuerausschlüsse zu willkürlichen Umsatzsteuerbelastungen durch verdeckte Umsatzsteuer. Verbraucher tragen eine Umsatzsteuerlast, die nicht proportional zu dem aufgewendeten Entgelt ist.[1895] Unternehmer sind systemwidrig durch den Vorsteuerausschluss belastet. Eine Überwälzung dieser Last auf den Konsumenten ist nicht garantiert. Denn der maximal erzielbare Endpreis für eine Ware oder Dienstleistung bestimmt sich nach den Gesetzen des Marktes. Nichtabziehbare Vorsteuerbeträge aus überproportionalen Vorstufenumsätzen belasten daher den Gewinn des Steuerpflichtigen als zusätzliche Unternehmensteuer.[1896] Im Ergebnis führen unechte Umsatzsteuerbefreiungen zu denselben gleichheitswidrigen Effekten wie die als verfassungswidrig verworfene Brutto-Allphasen-Mehrwertsteuer[1897].

Eine Neukonzipierung sollte sich auf die Zielgenauigkeit einer Begünstigung fokussieren. Sofern eine vollständige Entlastung des Konsumenten geboten ist, sind die unechten Befreiungen durch echte Steuerbefreiungen zu ersetzen. Wird keine vollständige Entlastung des Verbrauchers, sondern eine lenkungsbedingte Begünstigung angestrebt, sind Steuersatzermäßigungen als Alternative zu unechten Befreiungen einzuführen. Steuersatzermäßigungen erweisen sich insofern als besonders zielgenaues Mittel, weil durch die Möglichkeit des Vorsteuerabzugs eine vollständig von verdeckter Umsatzsteuerlast „befreite" Bemessungsgrundlage ermittelt werden kann.[1898] Anhand dieser kann der Mitgliedstaat exakt bestimmen, welchen Umfang die Vergünstigung für bestimmte Leistungen

---

1894 Hierzu und zum Folgenden *Reiß*, DStJG 32 (2009), 9 (48 ff.).
1895 *Krieger*, Unechte Umsatzsteuerbefreiung im Unionsrecht, 359 f.
1896 *Tipke*, StuW 1992, 103 (108); *Reiß*, DStJG 32 (2009), 9 (15).
1897 Vgl. hierzu die Ausführungen in Kapitel 4. A. II. 1. b) dieser Arbeit.
1898 *Reiß*, DStJG 32 (2009), 9 (50); *Ruppe*, in: FS Tipke, 457 (470 f.)

einnehmen soll. Gemäß Art. 98 Abs. 1 i. V. m. Art. 99 Abs. 1 MwStSystRL stehen hierfür zwei ermäßigte Steuersätze von mindestens 5 % zur Verfügung.

Der gleichheitswidrige Zustand könnte ebenso durch eine ersatzlose Streichung der ungerechtfertigten unechten Steuerbefreiungen erreicht werden. Dies würde isoliert betrachtet – verglichen zur Einführung echter Steuerbefreiungen und ermäßigter Steuersätze – zu einer Mehrbelastung mit Umsatzsteuer führen. Der gesetzgeberische Verschonungswille könnte sodann allerdings außerhalb des Umsatzsteuerrechts verwirklicht werden. Hierzu könnten etwa die direkten Steuern progressiver ausgestaltet werden und erhöhte Transferleistungen an Bürger mit geringer wirtschaftlicher Leistungsfähigkeit gezahlt werden.[1899]

3. Innergemeinschaftliche Erwerbe gemäß Art. 41 MwStSystRL

a) Grundlagen der gegenwärtigen Rechtslage

aa) Grundsätze nach der Mehrwertsteuer-Systemrichtlinie

Gemäß Art. 168 Buchst. c MwStSystRL besteht das Recht auf Vorsteuerabzug in Bezug auf Umsatzsteuer, die für innergemeinschaftliche Erwerbe von Gegenständen gemäß Art. 2 Abs. 1 Buchst. b Ziffer i. MwStSystRL geschuldet wird. Diese Steuerschuld entsteht, wenn Gegenstände im Gebiet des übrigen Gemeinschaftsgebietes gegen Entgelt durch einen Steuerpflichtigen von einem anderen Steuerpflichtigen erworben werden.

Gemäß Art. 40 MwStSystRL ist der innergemeinschaftliche Erwerb dort steuerbar, wo sich die Gegenstände am Ende der Beförderung oder Versendung an den Erwerber befinden. Unabhängig von Art. 40 MwStSystRL sieht Art. 41 Abs. 1 MwStSystRL einen innergemeinschaftlichen Erwerb im Gebiet desjenigen Mitgliedstaates vor, der dem Erwerber die von ihm für diesen Erwerb verwendete USt-IdNr. erteilt hat.[1900] Entspricht der Mitgliedstaat des innergemeinschaftlichen Erwerbes nach Art. 40 MwStSystRL demnach nicht der für diesen Erwerb verwendeten USt-IdNr., fingiert Art. 41 MwStSystRL einen weiteren „Identifikations-Erwerb"[1901].

1899 *Englisch*, Wettbewerbsgleichheit im grenzüberschreitenden Handel, 600 f.; *Ismer/Kaul/Reiß*, UR 2010, 837 (838); *Tipke*, StuW 1992, 103 (116); *Lang,J.*, StuW 1990, 107 (126).

1900 Für eine detaillierte Darstellung der Besteuerung im Identifikationsstaat bei Verwendung einer vom Bestimmungsland abweichenden USt-IdNr. vgl. *Zitzl*, Rechtsfolgen irrtümlicher Rechtsanwendungsfehler von Mehrwertsteuerpflichtigen, 352 ff.

1901 *Korf*, IStR 2010, 368 (369).

Art. 168 MwStSystRL enthält keine Einschränkung hinsichtlich des Vorsteuerabzuges für innergemeinschaftliche Erwerbe nach Art. 41 MwStSystRL. Art. 41 Abs. 2 MwStSystRL bestimmt jedoch, dass die Mehrwertsteuer für den innergemeinschaftlichen Erwerb nach Art. 41 Abs. 1 MwStSystRL im Rahmen einer Minderung der Bemessungsgrundlage zu berücksichtigen ist. Diese Korrektur der Bemessungsgrundlage wirkt *ex nunc*. Sie tritt erst dann ein, wenn der Erwerber den Erwerb gemäß Art. 40 MwStSystRL versteuert und die Versteuerung nachgewiesen hat.

bb) Anwendungsbeispiele

Die Anwendung der Art. 40 und 41 MwStSystRL wird nachfolgend durch zwei Beispiele verdeutlicht:

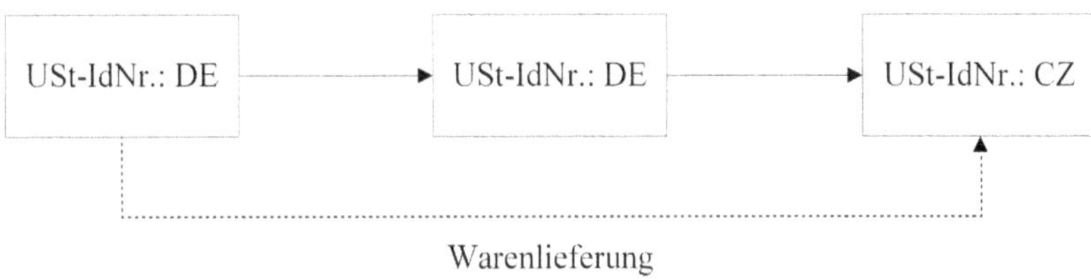

Abb. 7: Verwendung einer vom Bestimmungsland abweichenden USt-IdNr. durch den mittleren Unternehmer im Reihengeschäft

Im Beispielsfall lässt der mittlere Unternehmer von seinem deutschen Lieferanten erworbene Ware direkt an seinen in Tschechien ansässigen Abnehmer befördern. Der erste Unternehmer erbringt damit gemäß Art. 36a MwStSystRL eine in Deutschland steuerbare warenbewegte Lieferung an den mittleren Unternehmer. Die Lieferung des mittleren Unternehmers an den tschechischen Abnehmer ist infolgedessen unbewegt und steuerbar in Tschechien. Der Warenerwerb durch den mittleren Unternehmer führt im vorliegenden Fall gemäß Art. 40 MwStSystRL zu einem innergemeinschaftlichen Erwerb in Tschechien, da dort die Warenbewegung endet. Der mittlere Unternehmer ist unter den Voraussetzungen des Art. 168 Buchst. c MwStSystRL in Tschechien zum Vorsteuerabzug berechtigt. Da er mit einer deutschen USt-IdNr. auftritt, findet in Deutschland Art. 41 Abs. 1 MwStSystRL Anwendung mit der Folge, dass ein innergemeinschaftlicher Erwerb in Deutschland zu besteuern ist. Für diesen Erwerb kann der mittlere Unternehmer keinen Vorsteuerabzug geltend machen. Er kann die Bemessungsgrundlage für diesen innergemeinschaftlichen Erwerb gemäß Art. 41 Abs. 2 MwStSystRL hingegen auf null korrigieren. Dies kann jedoch erst erfolgen, wenn die Besteuerung des innergemeinschaftlichen Erwerbs i. S. d. Art. 40 Abs. 1 MwStSystRL in Tschechien nachgewiesen wird.

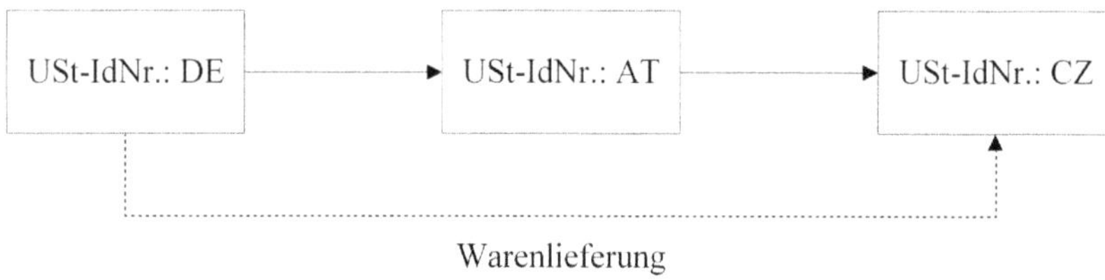

Abb. 8: „Verunglücktes" Dreiecksgeschäft

Abweichend von dem vorangestellten Beispielsfall ist der mittlere Unternehmer in Österreich ansässig und verwendet seine österreichische USt-IdNr. Da alle drei Unternehmer in unterschiedlichen Mitgliedstaaten der EU ansässig sind und die USt-IdNr. ihres jeweiligen Sitzstaates verwenden, kann die Vereinfachungsregelung für Dreiecksgeschäfte nach Art. 141 MwStSystRL Anwendung finden. Als Folge dieser Regelung schuldet der tschechische Abnehmer nach Art. 197 MwStSystRL die Umsatzsteuer für die Lieferung des mittleren Unternehmers. Zudem gilt der innergemeinschaftliche Erwerb des mittleren Unternehmers i. S. d. Art. 40 MwStSystRL im Bestimmungsland gemäß Art. 42 MwStSystRL als besteuert. Infolgedessen tritt keine Steuerpflicht nach Art. 41 MwStSystRL ein und der mittlere Unternehmer muss sich im Bestimmungsland nicht mehrwertsteuerlich registrieren[1902]. Voraussetzung für die Anwendbarkeit der Sonderregelung für Dreiecksgeschäfte ist, dass der mittlere Unternehmer den Abnehmer in seiner Rechnung explizit auf den Übergang der Steuerschuld hinweist. Zudem ist das Dreiecksgeschäft als solches gemäß Art. 42 Buchst. b i. V. m. Art. 265 MwStSystRL in der Zusammenfassenden Meldung des mittleren Unternehmers anzugeben.

1902 EuGH, Urt. v. 19.04.2018, Rs. C-580/16, *Hans Bühler KG*, ECLI:EU:C:2018:261 = UR 2018, 404, Rn. 40 ff.

Fehlt in einer dem Grunde nach unter die Vereinfachungsregelung für Dreiecksgeschäfte zu fassenden Konstellation beispielsweise der Hinweis auf den Übergang der Steuerschuld, handelt es sich um ein sog. „verunglücktes“[1903] Dreiecksgeschäft, bei dem die Grundsätze der Art. 40 und 41 MwStSystRL anzuwenden sind.[1904] Dieser Umstand kann sich etwa ereignen, wenn der mittlere Unternehmer rechtsirrtümlich die Einschlägigkeit von Art. 41 verkennt und dem Abnehmer eine Rechnung ohne den entsprechenden Hinweis auf die Verlagerung der Steuerschuld erteilt.

cc) Verbundene EuGH-Rechtssache X und Facet Trading

Die Vorsteuerabzugsberechtigung im Fall eines innergemeinschaftlichen Erwerbs aufgrund der Verwendung einer USt-IdNr. wird maßgeblich durch die Interpretation der Richtlinienvorgaben in der verbundenen Rechtssache[1905] *X* und *Facet Trading* definiert. Beide Rechtssachen betreffen innergemeinschaftliche Dreiecksgeschäfte, die durch die Beteiligten nicht nach den Vorgaben der Mehrwertsteuer-Systemrichtlinie abgewickelt wurden. In diesen Fällen kann Art. 41 MwStSystRL Anwendung finden. Entsprechendes nahmen die Finanzbehörden in der verbundenen Rechtssache an, weil die Erwerber jeweils ihre niederländische USt-IdNr. verwendet hatten, die innergemeinschaftlich erworbenen Waren jedoch physisch in andere Mitgliedstaaten gelangten.

Die Betroffenen machten hinsichtlich der Identifikations-Erwerbe gemäß Art. 41 MwStSystRL das Recht auf Vorsteuerabzug geltend.[1906] Die Finanzverwaltung hingegen versagte den Vorsteuerabzug. Daraufhin erhoben die Betroffenen erfolgreich Klage. In dem durch die Finanzverwaltung beantragten Kassationsverfahren wurde die Frage der Vorsteuerabzugsberechtigung schließlich dem EuGH zur Vorabentscheidung vorgelegt.

Das Gericht betont in seiner Entscheidung zunächst, dass Art. 40 und 41 MwStSystRL[1907] auf eine Verwirklichung des Bestimmungslandprinzips

---

1903 Diese Bezeichnung wählt der EuGH selbst, vgl. EuGH, Urt. v. 19.04.2018, Rs. C-580/16, *Hans Bühler KG*, ECLI:EU:C:2018:261 = UR 2018, 404, Rn. 22.

1904 Zu den Folgen „verunglückter“ Dreiecksgeschäfte siehe *Müller*, DStR 2018, 1215 (1216 ff.).

1905 EuGH, Urt. v. 22.04.2010, Rs. C-536/08 und C-539/08, *X* und *fiscale eenheid Facet-Facet Trading*, Slg. 2010, I-3581.

1906 Die folgende Verfahrensdarstellung gilt für beide Rechtssachen, vgl. EuGH, Urt. v. 22.04.2010, Rs. C-536/08 und C-539/08, *X* und *fiscale eenheid Facet-Facet Trading*, Slg. 2010, 3581, Rn. 17 ff., 23 ff.

1907 Dies entspricht dem in der Urteilsfassung geltenden Art. 28b Teil A der Sechsten Richtlinie.

abzielten.[1908] Art. 41 Abs. 1 MwStSystRL solle sicherstellen, dass Mehrwertsteuer auf den innergemeinschaftlichen Erwerb nach Art. 40 MwStSystRL erhoben werde.[1909] Der Korrekturmechanismus des Art. 41 Abs. 2 MwStSystRL diene neben der Sicherstellung der Besteuerung auch der Vermeidung einer Doppelbesteuerung.[1910] Ein sofortiger Vorsteuerabzug könne für Identifikations-Erwerbe nicht gewährt werden, weil Voraussetzung hierfür gemäß Art. 168 Buchst. c MwStSystRL sei, dass die Gegenstände und Dienstleistungen für Zwecke der besteuerten Umsätze verwendet werden.[1911] Bei Erwerben nach Art. 41 MwStSystRL stehe jedoch fest, dass die Gegenstände nicht in das Gebiet des Mitgliedstaates der Identifizierung gelangt seien und folglich in diesem Mitgliedstaat keine besteuerten Umsätze erfolgten.[1912] Die allgemeinen Vorsteuerabzugsregelungen fänden somit keine Anwendung. Dies stünde auch der Wirkung von Art. 41 Abs. 2 MwStSystRL entgegen, weil dann „kein Anreiz mehr bestünde, die Versteuerung des fraglichen innergemeinschaftlichen Erwerbs […] nachzuweisen", was die Verwirklichung des Bestimmungslandprinzips gefährden würde.[1913]

b) *Wirkungsweise von Art. 41 MwStSystRL und Begründung der Anwendbarkeit von Art. 20 GrCh*

Art. 41 MwStSystRL ist ein Druckmittel, mit dessen Hilfe Steuerpflichtige zu einer Registrierung im Bestimmungsland bewegt werden sollen.[1914] Die Gefahr des Ausbleibens einer Deklaration im Bestimmungsland soll durch die Besteuerung im Mitgliedstaat der Identifikation gebannt werden, weil auf diese Weise eine Besteuerung zumindest in einem Mitgliedstaat gesichert wird.[1915]

1908 EuGH, Urt. v. 22.04.2010, Rs. C-536/08 und C-539/08, *X* und *fiscale eenheid Facet-Facet Trading*, Slg. 2010, I-3581, Rn. 30.

1909 EuGH, Urt. v. 22.04.2010, Rs. C-536/08 und C-539/08, *X* und *fiscale eenheid Facet-Facet Trading*, Slg. 2010, I-3581 Rn. 33.

1910 EuGH, Urt. v. 22.04.2010, Rs. C-536/08 und C-539/08, *X* und *fiscale eenheid Facet-Facet Trading*, Slg. 2010, I-3581, Rn. 35.

1911 EuGH, Urt. v. 22.04.2010, Rs. C-536/08 und C-539/08, *X* und *fiscale eenheid Facet-Facet Trading*, Slg. 2010, I-3581, Rn. 40.

1912 EuGH, Urt. v. 22.04.2010, Rs. C-536/08 und C-539/08, *X* und *fiscale eenheid Facet-Facet Trading*, Slg. 2010, I-3581, Rn. 41 f.

1913 EuGH, Urt. v. 22.04.2010, Rs. C-536/08 und C-539/08, *X* und *fiscale eenheid Facet-Facet Trading*, Slg. 2010, I-3581, Rn. 44.

1914 *Englisch*, in: Tipke/Lang[23], Steuerrecht, § 17 Rz. 417.

1915 *Marchal*, in: Rau/Dürrwächter, UStG, § 3d Anm. 17.

Die Regelung wird daher treffend auch als „safety net provision“[1916] bezeichnet.[1917] Nach dem Ziel der Regelung ist mit der nachgewiesenen Deklaration der Erwerbe im Bestimmungsland die Gefahr gebannt. Zu diesem Zeitpunkt kann der Identifikations-Erwerb berichtigt werden. Die finanziellen Auswirkungen der Kombination aus fiktivem Erwerb und Versagung des Vorsteuerabzuges bis zum Zeitpunkt des Nachweises der Besteuerung im Bestimmungsland gleichen im Ergebnis einer Sicherheitsleistung.[1918]

Art. 41 MwStSystRL verweist auf Art. 40 MwStSystRL, so dass die Sicherheitsleistung nur im grenzüberschreitenden Warenverkehr zu entrichten sein kann. *Prima facie* kann aufgrund des Grenzübertritts der Ware eine Diskriminierung an den Maßstäben des Art. 110 AEUV zu messen sein. Zwar fallen Inländerdiskriminierungen nicht in den Anwendungsbereich des Warendiskriminierungsverbotes, jedoch unterfällt die Höherbelastung von Ausfuhren aus dem Inland nach der EuGH-Rechtsprechung sehr wohl dem Schutzbereich.[1919] Eine Anwendung von Art. 110 AEUV scheidet gleichwohl aus, weil Art. 41 MwStSystRL weder unmittelbar noch mittelbar an die Herkunft der Ware anknüpft. Dies zeigt sich insbesondere daran, dass „verunglückte“ Dreiecksgeschäfte ein Hauptanwendungsbereich von Art. 41 MwStSystRL darstellen. Für Dreiecksgeschäfte ist jedoch bereits gemäß Art. 141 Buchst. c MwStSystRL Voraussetzung, dass die Waren nicht aus dem Inland stammen.[1920]

Eine Benachteiligung des Steuerpflichtigen kann ausschließlich durch den Identifikations-Mitgliedstaat erfolgen. Dies wird faktisch regelmäßig der Ansässigkeitsstaat des Steuerpflichtigen sein, wenn dieser über keine ausländische USt-IdNr. verfügt.[1921] Sofern in vergleichbaren Fällen keine Sicherheitsleistung

1916 Deutsch etwa: Sicherheitsnetz-Regelung.

1917 Siehe nur *Hughes*, IVM 2012, 230 (231).

1918 Zum Sanktionscharakter des Ausfalls der Liquidität vgl. *Zitzl*, Rechtsfolgen irrtümlicher Rechtsanwendungsfehler von Mehrwertsteuerpflichtigen, 390 ff.

1919 EuGH, Urt. v. 29.06.1978, Rs. C-142/77, *Statens Kontrol med aedle Metaller u. a.*, Slg. 1978, 1543, Rn. 21/27. Vgl. hierzu die Ausführungen in Kapitel 2. E. III. 2. b) dieser Arbeit.

1920 Art. 141 Buchst. c MwStSystRL benutzt nicht den Inlandsbegriff, sondern spricht von dem Mitgliedstaat der mehrwertsteuerlichen Erfassung. Sofern keine mehrwertsteuerliche Registrierung im Ausland vorliegt, handelt es sich um den Ansässigkeitsstaat und damit um das Inland.

1921 Dies entspricht auch den Urteilssachverhalten *X* und *fiscale eenheid Facet-Facet Trading*. Die Betroffenen hatten für Erwerbe im Gemeinschaftsgebiet außerhalb der Niederlande jeweils ihre niederländische USt-IdNr. verwendet.

von Steuerpflichtigen durch den Ansässigkeitsstaat erhoben wird, liegt eine Diskriminierung vor, die durch denselben Grundrechtsverpflichteten veranlasst worden ist. Aus diesem Grund sind entsprechende Ungleichbehandlungen an Art. 20 GrCh zu messen. Grundrechtsverpflichtete sind sowohl die Mitgliedstaaten als auch die Union selbst. Letztere hat die unterschiedliche Behandlung von Vergleichsgruppen bereits auf Normebene angelegt und bewirkt dadurch Ungleichbehandlungen in den Mitgliedstaaten.

c) Ungleichbehandlung bzw. Gleichbehandlung von Vergleichsgruppen

aa) Ausgangssachverhalt als Vergleichsmaßstab

Als Vergleichsfall dient jeweils die abstrakte Anwendung von Art. 41 MwStSystRL. Dabei ist vorauszusetzen, dass eine mehrwertsteuerliche Registrierung im übrigen Gemeinschaftsgebiet bislang noch nicht vorliegt und eine Deklaration daher nicht bis zu dem Zeitpunkt vorgenommen werden kann, in dem die Mehrwertsteuererklärung im Identifikations-Mitgliedstaat einzureichen ist. Der Unternehmer handelt dabei nicht in Betrugsabsicht.

bb) B2B-Dienstleistungen im übrigen Gemeinschaftsgebiet

Erbringen Steuerpflichtige Dienstleistungen an einen anderen Steuerpflichtigen, bestimmt sich der Leistungsort grundsätzlich nach Art. 44 Satz 1 MwStSystRL. Der Leistungsort befindet sich demzufolge dort, wo der Leistungsempfänger den Sitz seiner wirtschaftlichen Tätigkeit hat. Erbringt ein inländischer Unternehmer eine Dienstleistung an einen anderen im übrigen Gemeinschaftsgebiet ansässigen Unternehmer, ist die Leistung im übrigen Gemeinschaftsgebiet steuerbar. In diesen Fällen sieht Art. 196 MwStSystRL verpflichtend eine Umkehr der Steuerschuldnerschaft auf den Leistungsempfänger vor. Der Vorsteuerabzug aus den Eingangsleistungen des leistenden Unternehmers richtet sich insofern nach den Grundregeln. Es sind keine besonderen Nachweise vorgesehen.

Gemäß Art. 262 Buchst. c MwStSystRL sind die im übrigen Gemeinschaftsgebiet erbrachten Leistungen, für die der Leistungsempfänger gemäß Art. 196 MwStSystRL die Steuer schuldet, unter Angabe der USt-IdNr. des Leistungsempfängers in einer Zusammenfassenden Meldung zu deklarieren.

cc) *Unbewegte Montagelieferung an einem Grundstück im übrigen Gemeinschaftsgebiet*

Erbringt ein Unternehmer eine unbewegte Montagelieferung[1922] in Zusammenhang mit einem Grundstück, bestimmt sich der Leistungsort gemäß Art. 47 MwStSystRL i. V. m. Art. 13b MwSt-DVO nach dem Belegenheitsort des Grundstücks. Baut ein inländischer Unternehmer etwa Fenster in ein Gebäude im übrigen Gemeinschaftsgebiet ein, ist die Leistung im übrigen Gemeinschaftsgebiet steuerbar. Gemäß Art. 194 Abs. 1 MwStSystRL können die Mitgliedstaaten in diesen Fällen der Leistungserbringung eines ausländischen Unternehmers die Umkehr der Steuerschuld auf den Leistungsempfänger vorsehen. Die Bedingungen für die konkrete Anwendung legen die Mitgliedstaaten gemäß Art. 194 Abs. 2 MwStSystRL eigenständig fest.

Der Vorsteuerabzug für Eingangsleistungen des leistenden Unternehmers richtet sich nach den Grundregeln. Es sind keine besonderen Nachweise über die Besteuerung im übrigen Gemeinschaftsgebiet für die Gewährung des Rechts auf Vorsteuerabzug vorgesehen.

dd) *Innergemeinschaftlicher Erwerb im übrigen Gemeinschaftsgebiet ohne Verwendung einer USt-IdNr.*

Art. 41 MwStSystRL setzt tatbestandlich voraus, dass der Steuerpflichtige bei einem innergemeinschaftlichen Erwerb eine USt-IdNr. verwendet. Die Verwendung bedingt ein aktives Tun des Leistungsempfängers, woraufhin der Lieferer die innergemeinschaftliche Lieferung unter der USt-IdNr. in seiner Zusammenfassenden Meldung nach Art. 264 Abs. 1 Buchst. b MwStSystRL angibt.[1923] Demzufolge findet Art. 41 MwStSystRL keine Anwendung, sofern dem Lieferanten keine USt-IdNr. mitgeteilt wird. Auf die Beweggründe des Steuerpflichtigen wird dabei nicht abgestellt. Ob der Steuerpflichtige noch über keine USt-IdNr. verfügt oder seine erteilte UStIdNr. in Betrugsabsicht verschweigt, ist demnach irrelevant. Seit dem 01.01.2020 tritt in diesen Fällen gemäß Art. 138 MwStSystRL eine Mehrwertsteuerpflicht im Ursprungsland ein, weil die ausländische UStIdNr.

1922 Im deutschen UStG existiert für derartige Leistungen nach § 3 Nr. 4 UStG eine spezielle Qualifizierung als „Werklieferung". Der Begriff „Werklieferung" ist jedoch nicht in der MwStSystRL enthalten. Nach auffassung des EuGH ist entscheidend, ob aus Sicht des Durchschnittsverbrauchers die Elemente der Dienstleistung oder Lieferung das Wesen des Umsatzes ausmachen; vgl. EuGH, Urt. v. 02.05.1996, Rs. C-231/94, *Faaborg-Gelting Linien*, Slg. 1996, I-2395, Rn. 12.

1923 *Marchal*, in: Rau/Dürrwächter, UStG, § 3d Anm. 20.

eine materielle Voraussetzung der Steuerbefreiung innergemeinschaftlicher Lieferungen ist.[1924]

> Anwendungsbeispiel:
> Der in Deutschland ansässige A erwirbt als Zwischenhändler innergemeinschaftlich Handelswaren von einem Unternehmer U aus Belgien zum Preis von 100.000 EUR. Die Ware wird unmittelbar von Unternehmer U an den Abnehmer E in Spanien geliefert. Ein Dreiecksgeschäft liegt nicht vor. A tritt gegenüber U wie folgt auf:
>
> Variante 1: A verwendet seine deutsche USt-IdNr.
> Variante 2: A verwendet keine USt-IdNr., sondern teilt U die allgemeine Steuernummer seines örtlich zuständigen Finanzamtes mit.

In Variante 1 findet Art. 41 MwStSystRL Anwendung. A muss in Deutschland einen fiktiven innergemeinschaftlichen Erwerb in Höhe von 100.000 EUR deklarieren und folglich 19.000 EUR Mehrwertsteuer entrichten. A steht für diesen Erwerb kein Recht auf Vorsteuerabzug zu. Der Steuerbetrag kann erst nach Nachweis der Deklaration des innergemeinschaftliches Erwerbs nach Art. 40 MwStSystRL in Spanien *ex nunc* zurückgefordert werden. In Variante 2 findet Art. 41 MwStSystRL keine Anwendung, weil A keine USt-IdNr. verwendet hat. A muss in Deutschland weder einer Deklarationspflicht nachkommen noch die ordnungsgemäße Besteuerung in Spanien nachweisen. Die Lieferung des U ist steuerpflichtig in Belgien. Mangels ausländischer UStIdNr. liegt keine steuerfreie innergemeinschaftliche Lieferung vor. Ein etwaiges Vorsteuerabzugsrecht des A in Belgien richtet sich nach den allgemeinen Bestimmungen und ist losgelöst von Art. 41 MwStSystRL zu prüfen.

ee) Konvergenz von Sicherheitsleistung und nationalen Steuersätzen

Art. 41 MwStSystRL stellt für die Besteuerung des Identifikations-Erwerbs auf die verwendete USt-IdNr. ab. Dies führt dazu, dass sich die Höhe der Sicherheitsleistung i. S. d. Art. 41 MwStSystRL nach dem Mehrwertsteuersatz der Herkunft der USt-IdNr. richtet.

1924 Vor dem 01.01.2020 stellte die USt-IdNr. lediglich eine formelle Voraussetzung der Steuerbefreiung dar, vgl. EuGH, Urt. v. 27.09.2012, Rs. C-587/10, VStR, ECLI:EU:C:2012:592 = DStR 2012, 2014, Rn. 40 ff. Die Änderung der MwStSystRL erfolgt mit der Richtlinie (EU) 2018/1910 des Rates v. 04.12.2018 zur Änderung der Richtlinie 2006/112/EG in Bezug auf die Harmonisierung und Vereinfachung bestimmter Regelungen des Mehrwertsteuersystems zur Besteuerung des Handels zwischen Mitgliedstaaten v. 07.12.2018, ABl. EU 2018 Nr. L 311/3.

Gemäß Art. 94 Abs. 1 MwStSystRL ist bei innergemeinschaftlichen Erwerben der gleiche Steuersatz anzuwenden wie bei einer vergleichbaren Inlandslieferung. Gemäß Art. 96 i. V. m. Art. 97 MwStSystRL beträgt der Normalsatz mindestens 15 % und wird von den Mitgliedstaaten festgesetzt. Ein unionsrechtlich determinierter Maximalsteuersatz existiert nicht. Die Grenze wird allenfalls durch die nationalen Verfassungen gesetzt, um die Bürger vor einer Übermaßbesteuerung zu schützen. Innerhalb der Union finden im Ergebnis heterogene Mehrwertsteuersätze Anwendung, weil die Mitgliedstaaten im geltenden Vielsteuersystem eine Gesamtsteuerbelastung des Bürgers austarieren. Die nichtharmonisierten Steuern führen in der Konsequenz zu unterschiedlichen Mehrwertsteuersätzen zwischen aktuell 17 % in Luxemburg und 27 % in Ungarn.

Anwendungsbeispiel:
A erwirbt als Zwischenhändler innergemeinschaftlich Handelswaren von einem Unternehmer U aus Belgien zum Preis von 100.000 EUR. Die Ware wird unmittelbar von Unternehmer U an den Abnehmer E in Spanien geliefert. Ein Dreiecksgeschäft liegt nicht vor. Alle Beteiligten treten mit der USt-IdNr. ihres Ansässigkeitsstaates auf.

Variante 1: A ist in Luxemburg ansässig.
Variante 2: A ist in Ungarn ansässig.

In beiden Varianten findet jeweils Art. 41 MwStSystRL Anwendung. In Variante 1 muss A in Luxemburg einen fiktiven innergemeinschaftlichen Erwerb in Höhe von 100.000 EUR deklarieren und folglich 17.000 EUR Mehrwertsteuer entrichten. A steht für diesen Erwerb kein Recht auf Vorsteuerabzug zu. In Variante 2 muss A den Erwerb in gleicher Höhe deklarieren. Die Steuerschuld beträgt jedoch 27.000 EUR. In beiden Fallvarianten kann der Mehrwertsteuerbetrag erst nach Nachweis der Deklaration des innergemeinschaftliches Erwerbs nach Art. 40 MwStSystRL in Spanien *ex nunc* zurückgefordert werden.

Die Ungleichbehandlung geht vorliegend von verschiedenen Mitgliedstaaten aus und erfolgt daher nicht aus derselben Quelle. Gemäß Art. 41 i. V. m. Art. 96 i. V. m. Art. 97 MwStSystRL sind die Mitgliedstaaten jedoch gezwungen, die ungleich wirkende Regelung in ihr nationales Recht zu implementieren. Die Ungleichbehandlung ist damit bereits im Unionsrecht verankert und trifft die Union als Grundrechtsverpflichtete.

d) Vergleichbarkeit der Vergleichsgruppen

aa) Allgemein

Die Vergleichbarkeit der Sachverhalte bezieht sich auf alle „sie kennzeichnenden Merkmale“[1925]. Da Art. 41 MwStSystRL der Registrierung des Steuerpflichtigen im Bestimmungsland sowie der Sicherstellung des Steueraufkommens durch die Besteuerung zumindest in einem Mitgliedstaat zuträglich sein soll, ist als Vergleichsmaßstab die objektive Gefährdungslage für das Steueraufkommen heranzuziehen. Der Unionsgesetzgeber hält die von Art. 41 MwStSystRL erfassten Fälle augenscheinlich für besonders missbrauchsanfällig. Die Regelung ist daher als Typisierung zu bewerten. Typisierungen können unter den bereits dargestellten Voraussetzungen eine Einschränkung des Verbrauchsteuerprinzips und damit eine Versagung des Vorsteuerabzuges rechtfertigen.[1926]

bb) B2B-Dienstleistungen im übrigen Gemeinschaftsgebiet

Bei im übrigen Gemeinschaftsgebiet steuerbaren Dienstleistungen, für die sich der Leistungsort nach Art. 44 MwStSystRL bestimmt, findet gemäß Art. 196 MwStSystRL zwingend eine Verlagerung der Steuerschuldnerschaft auf den Erwerber statt. Es ist daher ausgeschlossen, dass sich der Leistende aufgrund dieses Umsatzes im Bestimmungsland registrieren und Mehrwertsteuer abführen muss. Die Gefährdungslage ist somit im Vergleich zu den von Art. 41 MwStSystRL erfassten Fällen weitaus geringer. Die Sachverhalte sind folglich nicht vergleichbar. Eine unterschiedliche Behandlung führt damit nicht zu einem Verstoß gegen den allgemeinen Gleichheitssatz.

cc) Unbewegte Montagelieferung im übrigen Gemeinschaftsgebiet

Die in Zusammenhang mit einem im übrigen Gemeinschaftsgebiet gelegenen Grundstück erbrachte Leistung ist im Bestimmungsland steuerbar. Die Steuerschuld geht dabei nicht in allen Fällen auf den Erwerber über. Der Unternehmer muss sich daher grundsätzlich im Ausland registrieren und seine Leistung unter Ausweis der dortigen Umsatzsteuer fakturieren. Eine Ausnahme von diesem Grundsatz tritt nur ein, sofern Mitgliedstaaten von ihrem Wahlrecht nach Art. 194 MwStSystRL Gebrauch gemacht haben.

1925 EuGH, Urt. v. 26.11.2013, Rs. C-50/12 P, *Kendrion*, ECLI:EU:C:2013:771 = BeckRS 2013, 82218, Rn. 65; v. 16.12.2008, Rs. C-127/07, *Société Arcelor Atlantique et Lorraine u. a.*, Slg. 2008, I-9895, Rn. 25.

1926 Vgl. hierzu die Ausführungen in Kapitel 4. C. IV. 2. b) dieser Arbeit.

Da gemäß Art. 194 Abs. 2 MwStSystRL die Mitgliedstaaten bei der Umsetzung der Regelungen zur Steuerschuldnerschaft des Leistungsempfängers die an die Anwendung geknüpften Voraussetzungen selbst festlegen können, kann die Steuerschuld des Leistenden nicht automatisch ausgeschlossen werden. Die Autonomie der Bestimmungen hat dazu geführt, dass innerhalb des Gemeinschaftsgebietes zahlreiche unterschiedliche Vorgaben für die Anwendbarkeit von Art. 194 Abs. 1 MwStSystRL gelten. So gilt etwa in manchen Mitgliedstaaten ein Unternehmer nur dann als inländischer Leistungsempfänger, wenn er dort ansässig und mehrwertsteuerlich erfasst ist, während in anderen Mitgliedstaaten bereits eine inländische USt-IdNr. ausreicht oder aber weder eine Ansässigkeit noch eine mehrwertsteuerliche Registrierung gefordert wird.[1927]

Wird eine Lieferung oder sonstige Leistung an einem Grundstück im übrigen Gemeinschaftsgebiet verrichtet, sind an das Vorsteuerabzugsrecht aus den damit zusammenhängenden Eingangsleistungen keine Nachweispflichten im Ansässigkeitsstaat geknüpft. Der Steuerpflichtige muss demzufolge nicht belegen, dass er sich im Bestimmungsland registriert und die dortigen Deklarations- und Entrichtungspflichten ordnungsgemäß befolgt hat. Da wie beschrieben nicht davon ausgegangen werden kann, dass die Steuerpflicht auf den Leistungsempfänger übergeht, ist die Gefährdungslage vorliegend identisch der im Vergleichsfall.

dd) Innergemeinschaftlicher Erwerb im übrigen Gemeinschaftsgebiet ohne Verwendung einer USt-IdNr.

Art. 41 MwStSystRL findet keine Anwendung, sofern bei dem innergemeinschaftlichen Erwerb keine USt-IdNr. angegeben wird. Dies führt dazu, dass der Leistende weder in seiner Zusammenfassenden Meldung Angaben zum Verbleib der Ware und zum Erwerber machen kann noch der Ansässigkeitsstaat darüber in Kenntnis gesetzt wird, dass ein innergemeinschaftlicher Erwerb nach Art. 40 MwStSystRL im übrigen Gemeinschaftsgebiet vorliegt. Die Entdeckungsmöglichkeiten für die Finanzbehörden sind daher geringer als im Ausgangsfall, die Gefährdungslage dementsprechend höher. Wenn im Ausgangsfall eine Gefährdungslage angenommen wird, die zur Anwendung von Art. 41 MwStSystRL führt, muss diese Annahme im Wege des Erst-recht-Schlusses auf diesen Sachverhalt übertragen werden. Die Anwendungsbeispiele sind somit vergleichbar.

1927 Eine detaillierte Übersicht über die Umsetzung von Art. 194 MwStSystRL in den einzelnen nationalen Mehrwertsteuergesetzen findet sich jeweils unter Gliederungspunkt 11.2 in: European VAT Handbook 2017/2018.

ee) Konvergenz von Sicherheitsleistung und nationalen Steuersätzen

Die Anwendung des autonom bestimmbaren Steuersatzes im Rahmen von Art. 41 MwStSystRL führt, wie das Anwendungsbeispiel für Leistende aus Luxemburg und Ungarn aufzeigt,[1928] zu unterschiedlich hohen Sicherheitsleistungen. Die Gefährdungslage bestimmt sich jedoch nicht nach der Herkunft der USt-IdNr. des Steuerpflichtigen, sondern nach der Nichtdeklaration im Bestimmungsland. Der dortige Mehrwertsteuersatz und damit der potentielle Steuerausfall sind jedoch unabhängig von der Herkunft des Steuerpflichtigen identisch hoch. Es ist keine Begründung ersichtlich, wonach etwa bei Steuerpflichtigen mit luxemburgischer USt-IdNr. eine geringere Gefährdung für das Steueraufkommen im Bestimmungsland bestehen würde als bei solchen mit ungarischer USt-IdNr.

e) Rechtfertigung der Ungleichbehandlung

aa) Rechtfertigung durch den EuGH

Der EuGH hat Art. 41 MwStSystRL bzw. die Erhebung der Sicherheitsleistung damit gerechtfertigt, dass auf diese Weise das Bestimmungslandprinzip verwirklicht werde und die Regelung neben der Sicherstellung der Besteuerung auch der Vermeidung einer Doppelbesteuerung diene. Ein sofortiger Vorsteuerabzug scheide aus, weil im Identifikations-Mitgliedstaat insoweit keine Umsätze erfolgten.[1929]

bb) Legitimer Zweck

Der Gesetzgeber zielt auf die Verwirklichung des Bestimmungslandprinzips, die Sicherstellung der Besteuerung sowie die Vermeidung von Doppelbesteuerung. Diese Ziele sind legitim und dem Gleichheitssatz gar förderlich, weil sie allesamt bereits durch das Verbrauchsteuerprinzip vorausgesetzt werden.

cc) Geeignetheit des Mittels

Das durch die Union gewählte Mittel der Versagung des sofortigen Vorsteuerabzuges im Rahmen von Art. 41 MwStSystRL ist geeignet, die verfolgten Ziele zu erreichen. Die Versagung des Vorsteuerabzuges für den Identifikations-Erwerb erhöht die Bereitschaft des Steuerpflichtigen, sich im Bestimmungsland für mehrwertsteuerliche Zwecke zu registrieren und seinen dortigen Abgabepflichten

---

1928 Vgl. hierzu die Ausführungen in Kapitel 5. C. I. 3. c) ee) dieser Arbeit.

1929 Vgl. hierzu die Ausführungen in Kapitel 5. C. I. 3. a) cc) dieser Arbeit.

nachzukommen. Auf diese Weise wird das Bestimmungslandprinzip gefördert. Durch die Annahme eines fiktiven Erwerbs im Identifikations-Mitgliedstaat wird die Besteuerung sichergestellt. Der Korrekturmechanismus des Art. 41 Abs. 2 MwStSystRL ist der Vermeidung der Doppelbesteuerung dienlich.

dd) Erforderlichkeit des Mittels

Die Wirksamkeit des gewählten Mittels der Sicherheitsleistung zur Erreichung der Ziele hängt maßgeblich vom Anwendungsbereich der Regelung ab. Wie dargestellt kann die Anwendung von Art. 41 MwStSystRL dadurch vermieden werden, dass von Seiten des Erwerbers keine USt-IdNr. verwendet wird. Das durch den Gesetzgeber gewählte Mittel wird daher in dem Anwendungsfall mit der höchsten Gefährdungslage überhaupt nicht eingesetzt. Art. 41 MwStSystRL gleicht damit einer „Dummensteuer“[1930]. Bei der Suche nach einem gleich wirksamen Mittel muss dementsprechend keine Regelung gefunden werden, die alle Sachverhalte lückenlos erfasst.

Die Wirkung von Art. 41 MwStSystRL in Bezug auf die Verwirklichung des Bestimmungslandprinzips ist stark limitiert. Es findet aufgrund der Regelung lediglich eine Erhebung im Identifikations-Mitgliedstaat statt. Eine Meldepflicht für Anwendungsfälle von Art. 41 MwStSystRL zwischen den Mitgliedstaaten existiert insoweit nicht. Die Förderung des Bestimmungslandprinzips beschränkt sich folglich auf den durch die Versagung des Vorsteuerabzuges bewirkten Liquiditätsnachteil des Steuerpflichtigen. Dieser erscheint im Vergleich zu den ohnehin drohenden steuerstrafrechtlichen Sanktionen im Bestimmungsland, sofern der Steuerpflichtige seinen Obliegenheiten schuldhaft nicht nachkommt, gering.[1931]

Als milderes Mittel könnte die Kombination aus dem Recht auf Vorsteuerabzug für Identifikations-Erwerbe und einer davon unabhängigen Meldepflicht im Rahmen der Umsatzsteuererklärung im Ansässigkeitsstaat in Betracht kommen. Die bereits bestehende Meldepflicht für Erwerbe nach Art. 41 MwStSystRL müsste lediglich um die Angabe des Bestimmungslandes ergänzt werden. Somit wäre der Steuerpflichtige durch den Vorsteuerabzug systemgerecht entlastet, während die inländischen Finanzbehörden den Dienststellen im übrigen Gemeinschaftsgebiet Informationen über die Lieferbeziehungen sowie die dort steuerbaren Erwerbe zukommen lassen könnten. Alternativ könnten auch ohne besondere

---

1930 *Rose*, in: FS Tipke, 153; *Tipke*, in: StRO I[2], 326; *Seer*, in: Tipke/Lang[23], Steuerrecht, § 1 Rz. 23.

1931 *Englisch*, in: Tipke/Lang[23], Steuerrecht, § 17 Rz. 417.

Meldepflicht Kontrollmitteilungen an den Bestimmungs-Mitgliedstaat nach der bereits geltenden Zusammenarbeitsverordnung[1932] erfolgen.

Den Zielen der Norm wäre somit in effektiverer Weise Rechnung getragen, weil durch die Informationserteilung an den Mitgliedstaat des Erwerbes nach Art. 40 MwStSystRL eine dortige Besteuerung gesichert wird. Die Alternativmaßnahme ist daher mindestens gleich gut geeignet. Darüber hinaus wären sowohl die Ungleichbehandlung der Steuerpflichtigen als auch der damit verbundene „Dummensteuer"-Charakter der Norm als auch die systemwidrige Versagung des Vorsteuerabzuges beseitigt. Die Handlungsalternative ist daher für den Steuerpflichtigen mit weniger Nachteilen als die derzeit geltende Regelung verbunden.

Zu beachten ist jedoch, dass die Umsatzsteuer ein Massen- und Selbstveranlagungsverfahren ist und Typisierungen der Verwaltungspraktikabilität dienen. Das mildere Mittel wäre mit einer erheblichen Mehrbelastung der Verwaltung aufgrund der Kontrollmitteilungen an die Bestimmungs-Mitgliedstaaten verbunden. Dies würde die effektive Durchführbarkeit des Besteuerungsverfahrens gefährden. Um die Verwaltungsressourcen zu schonen, ist es zulässig, dass sich der Gesetzgeber für dasjenige Verfahren entscheidet, welches kein Zutun seinerseits erfordert, und stattdessen die Nachweispflichten für den Steuerpflichtigen einführt. Dies setzt jedoch voraus, dass sein gewähltes Verfahren angemessen ist.

ee) Angemessenheit des Mittels / Verhältnismäßigkeit im engeren Sinne

Wie im Rahmen dieser Arbeit bereits analysiert, entspricht ausschließlich ein sofortiger Vorsteuerabzug dem Verbrauchsteuerprinzip. Art. 41 MwStSystRL kann jedoch dazu führen, dass ein Vorsteuerabzug nicht nur nicht sofort, sondern niemals gewährt wird. Verwehrt der Bestimmungs-Mitgliedstaat wie etwa die Slowakei[1933] rückwirkende Registrierungen, ist die Nachweisführung gemäß Art. 41 Abs. 2 MwStSystRL tatsächlich unmöglich. Der Identifikations-Erwerb führt in diesen Fällen zu einer Definitivbelastung mit Umsatzsteuer. Dies stellt einen intensiven Eingriff in das Gleichheitsrecht des Steuerpflichtigen dar, weil allein durch das Recht auf Vorsteuerabzug eine Unterscheidung zwischen Konsumenten und Steuerpflichtigen getroffen wird. Auf diese Weise wird der nicht konsumierende Steuerpflichtige dem Konsumenten gleichgestellt.

1932 Verordnung (EU) Nr. 904/2010 v. 07.10.2010 des Rates über die Zusammenarbeit der Verwaltungsbehörden und die Betrugsbekämpfung auf dem Gebiet der Mehrwertsteuer (Zusammenarbeitsverordnung), ABl. EU 2010 Nr. L 268/1.

1933 European VAT Handbook 2017/2018, 457.

Die durch Art. 41 MwStSystRL eintretende Besteuerung des Identifikations-Erwerbes entspricht im Hauptanwendungsfall dem Ursprungslandprinzip und läuft daher dem Bestimmungslandprinzip zuwider. Allein das Bestimmungslandprinzip vermag jedoch eine gleichheitsrechtkonforme Mehrwertsteuerbesteuerung sicherzustellen.

Darüber hinaus stellt Art. 41 MwStSystRL nicht auf die Beweggründe des Steuerpflichtigen ab. So findet Art. 41 MwStSystRL beispielsweise bei „verunglückten" Dreiecksgeschäften Anwendung, bei denen der gutgläubige Steuerpflichtige aufgrund irrtümlicher Rechtsanwendung den Erwerb im Bestimmungsland nicht deklariert hat.[1934] Hingegen führt Art. 41 MwStSystRL mangels Anwendbarkeit zu keiner Belastung für einen bösgläubigen Steuerpflichtigen, der in betrügerischer Absicht seinem Lieferanten keine UStIdNr. mitteilt.[1935] Zudem erfasst Art. 41 MwStSystRL nicht alle Fälle, in denen eine Registrierung und Deklaration von Umsätzen im Bestimmungsland fraglich ist.[1936] Unbewegte Montagelieferungen mit Leistungsort im Ausland bleiben beispielsweise von Art. 41 MwStSystRL unberührt. Mit Blick auf den gesamten Binnenmarkt führt Art. 41 MwStSystRL zu einer willkürlichen Umsatzsteuerbesteuerung, weil die Abgaben im Ansässigkeitsstaat in unterschiedlicher Höhe festzusetzen sind.

Der Unionsgesetzgeber hat sich in der Gesamtschau bei der Bildung der Fallgruppen, die unter Art. 41 MwStSystRL gefasst werden, nicht an der objektiven Gefährdungslage orientiert. Die bloße Anknüpfung an die UStIdNr. ist als Maßstab für die Gefährdungslage ungeeignet, weil sich aus ihr auch unter typisierender Betrachtung keine Rückschlüsse auf die konkrete Gefährdungslage ziehen lassen. Eine Ungleichbehandlungen rechtfertigende Typisierung bedarf jedoch einer „gefährdungsbezogenen Systematisierung"[1937].

Im Ergebnis steht die nur unzureichende Verwirklichung der verfolgten Ziele groben Eingriffen in die Grundrechte und damit einer hohen Belastung

---

1934 Zur Einschlägigkeit der Regelung auch bei Rechtsanwendungsfehlern und darauf aufbauend die Unionsrechtsnormen kritisch würdigend *Zitzl*, Rechtsfolgen irrtümlicher Rechtsanwendungsfehler von Mehrwertsteuerpflichtigen, 366 ff.

1935 Einem betrügerischen Steuerpflichtigen kann lediglich unter Anwendung des unionsrechtlichen Missbrauchsverbots der Vorsteuerabzug aus der steuerpflichtigen Lieferung des Vorlieferanten verwährt werden, vgl. hierzu die Ausführen in Kapitel 2. E. IV. dieser Arbeit. Dies ist jedoch losgelöst von der Anwendung des Art. 41 MwStSystRL zu bewerten.

1936 *Hiller*, DStR 2015, 621 (626).

1937 *Streit*, Steuerschuld durch Steuerausweis, 263.

der Betroffenen gegenüber. Die Erhebung der Sicherheitsleistung nach Art. 41 MwStSystRL ist nicht angemessen und damit unverhältnismäßig.

f) Herstellung eines grundrechtskonformen Zustandes

Sowohl der Unions- als auch die nationalen Gesetzgeber sind verpflichtet, eine grundrechtskonforme Rechtslage herzustellen. Bis zu einer gesetzlichen Neuregelung können Steuerpflichtige im Anwendungsbereich von Art. 41 MwStSystRL wie Vergleichsgruppen mit gleicher oder gar höherer Gefährdungslage behandelt werden. Diesen Vergleichsgruppen wird der sofortige Vorsteuerabzug gewährt. Art. 41 Abs. 2 MwStSystRL kann hierfür dergestalt ausgelegt werden, dass der Vorsteuerabzug sofort gewährt wird. Die gegenwärtig eintretenden Liquiditätsnachteile werden von Art. 41 Abs. 2 MwStSystRL nicht explizit gefordert.[1938] Der Wortlaut steht einer entsprechenden Auslegung daher nicht entgegen. Die Vorgaben zur Änderung der Bemessungsgrundlage können unabhängig davon bestehen bleiben. Sie führen bei einem sofortigen Vorsteuerabzug zu keiner erheblichen Belastung des Steuerpflichtigen. Im Rahmen einer gleichheitsrechtskonformen Neuregelung sollten jedoch gleichartige Nachweispflichten für Fälle vergleichbarer Gefährdungslage eingeführt werden.

Der EuGH verneint einen Vorsteuerabzug für Identifikations-Erwerbe anhand der Grundregelungen gegenwärtig mit dem Verweis auf insoweit fehlende steuerbare Umsätze im Identifikations-Mitgliedstaat.[1939] Der dieser Annahme zugrunde liegende Art. 168 Buchst. c MwStSystRL ist verbrauchsteuerkonform auszulegen. Als steuerbarer Umsatz muss jegliche wirtschaftliche Tätigkeit gelten, die zumindest mittelbar mit dem Erwerb im Bestimmungsland zusammenhängt. Art. 9 Abs. 1 MwStSystRL stellt diesbezüglich klar, dass die Ausübung der wirtschaftlichen Tätigkeit zur Bestimmung der Steuerpflichtigen-Eigenschaft „unabhängig von ihrem Ort" erfasst wird. Dementsprechend sind auch im Ausland ausgeführte Umsätze heranzuziehen.[1940] Diese eröffnen gemäß Art. 169 Buchst. a MwStSystRL ein Vorsteuerabzugsrecht. Des Weiteren spricht gegen das alleinige Abstellen auf Umsätze im Identifikations-Mitgliedstaat durch den EuGH, dass ohne einen Umsatz auch keine Besteuerung erfolgen darf.[1941]

1938 *Englisch*, in: Tipke/Lang[23], Steuerrecht, § 17 Rz. 417.

1939 EuGH, Urt. v. 22.04.2010, Rs. C-536/08 und C-539/08, *X* und *fiscale eenheid Facet-Facet Trading*, Slg. 2010, I-3581, Rn. 40 ff.

1940 *von Streit*, EU-UStB 2010, 43 (44).

1941 *Englisch*, in: Tipke/Lang[23], Steuerrecht, § 17 Rz. 417.

Die Union ist dazu verpflichtet, den diskriminierenden Ist-Zustand zu beseitigen, weil die Ungleichbehandlung bereits auf Unionsebene verankert ist. Die Mitgliedstaaten trifft aufgrund der Umsetzungsverpflichtung ebenso eine Pflicht zur gleichheitsrechtskonformen Besteuerung. Die Mitgliedstaaten sind angehalten, im Wege des Vorabentscheidungsersuchens eine Änderung der Richtlinienvorgaben zu erwirken.

4. Zuordnungswahlrechte und Sphärentheorie

a) Einführung

Zuordnungswahlrechte betreffen die Frage, in welchem Umfang ein Gegenstand, der zugleich in der unternehmerischen und nichtunternehmerischen Sphäre des Steuerpflichtigen verwendet wird, dem Unternehmen zugeordnet werden kann. Für Dienstleistungen besteht kein solches Zuordnungswahlrecht.[1942] Die konkrete Höhe des Vorsteuerabzugs ist vom Umfang der Zuordnung zum Unternehmensvermögen abhängig, wenngleich die Quoten von Unternehmenszugehörigkeit und Vorsteuerabzug nicht zwingend identisch sein müssen. Die Unternehmenszugehörigkeit ist vielmehr eine notwendig zu klärende Vorfrage für den Vorsteuerabzug, dessen Höhe in einem separaten Schritt zu bestimmen ist.

Die Sphärentheorie definiert die Existenz verschiedener Bereiche innerhalb und außerhalb des Unternehmens. Die teilweise Verwendung eines Gegenstands in bestimmten Sphären beeinflusst die Reichweite des Zuordnungswahlrechts für ebendiesen.

b) Grundlagen der gegenwärtigen Rechtslage

aa) Zuordnungswahlrechte und die historische Sphärentheorie

In der Rechtssache *Armbrecht* bekundete der EuGH das Wahlrecht des Steuerpflichtigen, einen teilweise unternehmerisch verwendeten Gegenstand insoweit nicht dem Unternehmen zuzuordnen, als dieser privat genutzt wird.[1943] Der nicht dem Unternehmen zugeordnete Teil unterliegt folglich bei einem späteren Verkauf nicht der Umsatzbesteuerung.[1944] Dieses Wahlrecht wurde in der Folgezeit dahingehend erweitert, dass ein teilunternehmerisch genutzter Gegenstand auch gänzlich im Privatvermögen verbleiben kann.[1945] Mit der bereits

---

1942 EuGH, Urt. v. 12.02.2009, Rs. C-515/07, *VNLTO*, Slg. 2009, I-839, Rn 22.

1943 EuGH, Urt. v. 04.10.1995, Rs. C-291/92, *Armbrecht*, Slg. 1995, I-2775, Rn. 19.

1944 EuGH, Urt. v. 04.10.1995, Rs. C-291/92, *Armbrecht*, Slg. 1995, I-2775, Rn. 24.

1945 EuGH, Urt. v. 08.03.2001, Rs. C-415/98, *Bakcsi*, Slg. 2001, I-1831, Rn. 26.

dargestellten *Seeling*-Entscheidung[1946] weitete der EuGH das Zuordnungswahlrecht dergestalt aus, dass bei einer teilweise unternehmerischen und teilweise privaten Nutzung eine vollständige Zuordnung zum Unternehmen sowie der Vorsteuerabzug in voller Höhe möglich sind.[1947] Der private Verwendungsanteil unterliegt dabei als unentgeltliche Wertabgabe der Mehrwertsteuer und wird für die Frage des Vorsteuerabzugs bei Leistungsbezug wie ein gewöhnlicher steuerpflichtiger Ausgangsumsatz bewertet.[1948] Im Ergebnis kann der Steuerpflichtige einheitliche, gemischt-verwendete Gegenstände entweder vollständig seinem Privat- oder Unternehmensvermögen oder teilweise seiner unternehmerischen und privaten Sphäre zuordnen.

Die dargestellten Zuordnungswahlrechte unterscheiden nach der historischen Sphärentheorie nicht zwischen verschiedenen Arten der nichtunternehmerischen Verwendung.[1949] Demnach sind sowohl die private Nutzung als auch die teilweise Verwendung eines Gegenstands im ideellen Bereich eines Vereins oder im Hoheitsbereich der öffentlichen Hand gleichermaßen unentgeltliche Wertabgaben gemäß Art. 26 MwStSystRL. Es existieren somit gemäß der historischen Sphärentheorie lediglich zwei unterschiedliche Bereiche – die unternehmerische und die nichtunternehmerische Sphäre.

Die Zuordnung zum Unternehmen fungiert im Rahmen der Wahlrechtsausübung als „Einfallstor" für den Vorsteuerabzug, weil das Recht auf Vorsteuerabzug im ersten Schritt die Unternehmenszuordnung bedingt. In einem zweiten Schritt wird der konkrete Umfang des Vorsteuerabzugs für den dem Unternehmen zugeordneten Gegenstand anhand der damit zusammenhängenden Ausgangsumsätze definiert.[1950] Nichtunternehmerische Verwendungsteile führen in diesem Zusammenhang gemäß Art. 26 MwStSystRL zu den Leistungen gegen Entgelt gleichgestellten unentgeltlichen Wertabgaben und damit zu vorsteuerunschädlichen Ausgangsumsätzen.

1946 Vgl. hierzu die Ausführungen in Kapitel 4. B. V. 4. dieser Arbeit.

1947 EuGH, Urt. v. 08.05.2003, Rs. C-269/00, *Seeling*, Slg. 2003, I-4101, Rn. 40 f.; v. 14.07.2005, Rs. C-434/03, *Charles und Charles-Tijmens*, Slg. 2005, I-7037, Rn. 24.

1948 EuGH, Urt. v. 08.05.2003, Rs. C-269/00, *Seeling*, Slg. 2003, I-4101, Rn. 42; v. 14.07.2005, Rs. C-434/03, *Charles und Charles-Tijmens*, Slg. 2005, I-7037, Rn. 25.

1949 *Oldiges*, Vorsteuerabzug und Eigenverbrauch bei gemischter Verwendung, 126; *Pull*, Die Sphärentheorie im Mehrwertsteuerrecht, 56; *Englisch*, in: Englisch/Nieskens, Umsatzsteuer-Kongress-Bericht 2010, 25 (29).

1950 Vgl. nur EuGH, Urt. v. 14.07.2005, Rs. C-434/03, *Charles und Charles-Tijmens*, Slg. 2005, I-7037, Rn. 25; v. 11.07.1991, Rs. C-97/90, *Lennartz*, Slg. 1991, I-2795, Rn. 26.

bb) EuGH VNLTO und die neue Sphärentheorie

In der Rechtssache *VNLTO*[1951] begehrte eine Vereinigung, die neben einem ideellen Bereich auch wirtschaftlich tätig war, den vollen Vorsteuerabzug für gemischte Gegenstände und Dienstleistungen.[1952] Nach der Satzung förderte die Vereinigung die Interessen ihrer Mitglieder im Agrarsektor.[1953] Diese Tätigkeit wertete der EuGH als nicht-wirtschaftlich, gleichzeitig jedoch als nicht unternehmensfremd. Im Gegensatz zu einer privaten Verwendung, die den unternehmerischen Zwecken völlig fremd sei, könnten die ideellen Zwecke nicht unternehmensfremd sein, weil sie gerade den „Hauptzweck dieser Vereinigung darstellen“[1954]. Insofern besteht nach Ansicht des EuGH kein Wahlrecht, diese ideellen Tätigkeiten als nach Art. 26 MwStSystRL steuerpflichtigen Ausgangsumsatz zu qualifizieren.[1955] Da die stets dem Unternehmen zuzuordnende Tätigkeit nicht-wirtschaftlich sei, stehe dem Steuerpflichtigen insoweit kein Vorsteuerabzug zu.[1956] Weiterhin bestätigte der EuGH die Zuordnungswahlrechte für gemischt wirtschaftlich und privat verwendete Investitionsgüter.[1957]

Die Entscheidung in der Rechtssache *VNLTO* führte zu einer Erweiterung der historischen Sphärentheorie.[1958] Wurden bis dato alle nichtunternehmerischen Tätigkeiten als Verwendungsumsätze i. S. d. Art. 26 MwStSystRL bewertet, die korrespondierend hierzu das Recht auf Vorsteuerabzug eröffneten, lässt sich eine nicht-wirtschaftliche, jedoch zugleich unternehmerische Tätigkeit nicht mehr anhand dieser Theorie erklären. Der ideelle Bereich der Vereinigung wäre in der historischen Sphärentheorie dem nichtunternehmerischen Bereich zugeordnet worden. Nunmehr ist eine nichtunternehmerische Tätigkeit dahingehend weiter zu untersuchen, ob sie unternehmensfremd ist oder aber mit dem Unternehmenszweck zusammenhängt. Hängt sie mit dem Unternehmenszweck zusammen, scheidet das Wahlrecht auf Vorsteuerabzug insoweit aus.

1951 EuGH, Urt. v. 12.02.2009, Rs. C-515/07, *VNLTO*, Slg. 2009, I-839.
1952 EuGH, Urt. v. 12.02.2009, Rs. C-515/07, *VNLTO*, Slg. 2009, I-839, Rn. 10.
1953 EuGH, Urt. v. 12.02.2009, Rs. C-515/07, *VNLTO*, Slg. 2009, I-839, Rn. 8.
1954 EuGH, Urt. v. 12.02.2009, Rs. C-515/07, *VNLTO*, Slg. 2009, I-839, Rn. 39.
1955 EuGH, Urt. v. 12.02.2009, Rs. C-515/07, *VNLTO*, Slg. 2009, I-839, Rn. 37.
1956 EuGH, Urt. v. 12.02.2009, Rs. C-515/07, *VNLTO*, Slg. 2009, I-839, Rn. 37 ff.
1957 EuGH, Urt. v. 12.02.2009, Rs. C-515/07, *VNLTO*, Slg. 2009, I-839, Rn. 32, 39.
1958 Eingehend *Pull*, Die Sphärentheorie im Mehrwertsteuerrecht, 79 ff., 109 ff., *Englisch*, in: Englisch/Nieskens, Umsatzsteuer-Kongress-Bericht 2010, 25 (31); *Reiß*, UR 2010, 797 (804 f.).

cc) *Einführung von Art. 168a MwStSystRL*

Mit Wirkung vom 15.01.2010 wurde durch die Richtlinie 2009/192/EU Art. 168a MwStSystRL in die Mehrwertsteuer-Systemrichtlinie eingefügt.[1959] Ausweislich der neunten Begründungserwägung soll mit Art. 168a MwStSystRL das Recht auf Vorsteuerabzug „klarer gefasst und verschärft werden, damit die Steuerpflichtigen in den Fällen, in denen ihrer wirtschaftlichen Tätigkeit zugeordnete Gegenstände nicht ausschließlich für die Zwecke dieser Tätigkeit Verwendung finden, gleich behandelt werden“.[1960] Die Union führte die Regelung demzufolge ein, um aufgrund des *Seeling*-Modells entstandenen Ungleichbehandlungen entgegenzuwirken.[1961]

Art. 168a Abs. 1 UAbs. 1 MwStSystRL enthält ein Vorsteuerabzugsverbot für Ausgaben im Zusammenhang mit dem Unternehmen zugeordneten Grundstücken, soweit diese für nichtunternehmerische Zwecke verwendet werden. Da Art. 168a MwStSystRL die Zuordnung des Grundstücks zum Unternehmen voraussetzt, bleiben die Zuordnungswahlrechte unberührt.[1962] Die vollständige Zuordnung eines gemischt verwendeten Grundstücks zum Unternehmensvermögen kann jedoch nicht mehr zu einem vollen Vorsteuerabzug führen. Im Gegenzug bewirkt die nichtunternehmerische Verwendung gemäß Art. 168a Abs. 1 UAbs. 1 MwStSystRL keinen steuerpflichtigen Verwendungsumsatz nach Art. 26 MwStSystRL.[1963]

Gemäß Art. 168a Abs. 2 MwStSystRL können die Mitgliedstaaten den Vorsteuerausschluss auf Ausgaben im Zusammenhang mit weiteren dem Unternehmen zugeordneten Gegenständen ausweiten. Sofern kein Gebrauch von dem Wahlrecht gemacht wird, ist das *Seeling*-Modell jenseits von Grundstücken weiter anwendbar.

c) *Systematisierung*

Der Steuerpflichtige kann einheitliche, gemischt verwendete Gegenstände entweder

---

1959 Richtlinie 2009/162/EU des Rates v. 22.12.2009 zur Änderung verschiedener Bestimmungen der Richtlinie 2006/112/EG über das gemeinsame Mehrwertsteuersystem, ABl. EU Nr. L 10, 14.

1960 Begründung zum Vorschlag der Kommission v. 07.11.2007, KOM(2007) 677 endgültig, Erwägungsgrund Nr. 9.

1961 *Pull*, Die Sphärentheorie im Mehrwertsteuerrecht, 66 f.

1962 *Küffner/Zugmaier*, DStR 2011, 1954 (1955).

1963 *von Streit/Zugmaier*, DStR 2010, 524 (526).

1. vollständig seinem Privatvermögen,
2. vollständig seinem Unternehmen oder
3. teilweise seiner unternehmerischen und teilweise seiner privaten Sphäre zuordnen.

Infolge der *VNLTO*-Rechtsprechung und der Einführung von Art. 168a MwStSystRL determiniert die Quote der Unternehmenszugehörigkeit eines gemischt verwendeten Gegenstands nicht mehr den Umfang des Vorsteuerabzugs. Die Zuordnung zum Unternehmensvermögen und die Höhe des Vorsteuerabzugs sind vielmehr getrennt voneinander zu betrachten.

Weder die *VNLTO*-Rechtsprechung noch Art. 168a MwStSystRL berühren die beschriebenen Zuordnungswahlrechte. Art. 168a MwStSystRL unterbindet in *Seeling*-Konstellationen lediglich den sofortigen vollständigen Vorsteuerabzug, der zu Liquiditätsvorteilen geführt hatte. Der private Verwendungsteil eines Gebäudes kann weiterhin unverändert dem Unternehmen zugeordnet werden. Somit können nachträgliche Erhöhungen des vorsteuerunschädlichen Verwendungsteils im Wege der Berichtigung des Vorsteuerabzugs nach Art. 187 MwStSystRL *de lege lata* berücksichtigt werden. Im Ergebnis führt die *VNLTO*-Rechtsprechung zu einem mit den Rechtsfolgen des Art. 187 MwStSystRL identischen Resultat hinsichtlich satzungsmäßiger Tätigkeiten von Idealvereinen und hoheitlichen Tätigkeiten der öffentlichen Hand.[1964] Dabei ersetzt Art. 168a MwStSystRL keineswegs die *VNLTO*-Grundsätze, wie bisweilen angenommen wird.[1965] Denn während für private und unternehmensfremde Verwendungsteile ein Zuordnungswahlrecht zum Unternehmen besteht, wird ein solches für nicht-wirtschaftliche Aktivitäten abgelehnt, sofern diese im Zusammenhang mit dem Unternehmenszweck stehen. Letztgenannte Verwendungsteile sind stets unternehmerisch, so dass für ein Zuordnungswahlrecht zum Unternehmen kein Raum besteht. Die Anwendungsbereiche von Art. 168a MwStSystRL und der *VNLTO*-Entscheidung beziehen sich damit auf unterschiedliche Sphären. Nach den *VNLTO*-Grundsätzen scheidet ein Vorsteuerabzug bereits nach den allgemeinen Grundsätzen zum Vorsteuerabzug aus.

Die weitere Unterscheidung der unternehmerischen Sphäre in wirtschaftliche und nicht-wirtschaftliche Tätigkeiten ist mit dem Verwendungsbegriff der Entnahmetatbestände der Mehrwertsteuer-Systemrichtlinie in Art. 16 und

---

1964 *Englisch*, in: Englisch/Nieskens, Umsatzsteuer-Kongress-Bericht 2010, 25 (90).
1965 Eingehend und ebenfalls ablehnend *Pull*, Die Sphärentheorie im Mehrwertsteuerrecht, 79 ff.

26 MwStSystRL zu erklären.[1966] Das Unternehmen umfasst demnach nicht lediglich Tätigkeiten zur Ausführung steuerbarer Umsätze, sondern ist als weiter gefasste Einheit zu verstehen, innerhalb derer auch darüber hinausgehende, nicht im Anwendungsbereich der Mehrwertsteuer-Systemrichtlinie befindliche Tätigkeitsfelder mit Bezug zum Unternehmen liegen. Letztere sind unternehmensindividuell zu bestimmen. Erst mit einer von diesen Tätigkeitsfeldern verschiedenen Verwendung werden unternehmensfremde Zwecke verfolgt, die ein Wahlrecht dahingehend eröffnen, sie als steuerbare Verwendungsumsätze nach Art. 26 MwStSystRL zu definieren. Der EuGH verneint, dass jegliche nicht im Anwendungsbereich der Mehrwertsteuer-Systemrichtlinie liegende Tätigkeiten als solche qualifiziert werden können, die als für unternehmensfremde Zwecke i. S. d. Art. 26 Abs. 1 Buchst. b MwStSystRL ausgeführt gelten.[1967] In diesem Kontext ist zu beachten, dass der EuGH ein derart umfassendes Wahlrecht in den Rechtssachen *Armbrecht*, *Bakcsi* und *Seeling* auch nicht definiert hatte. Diese Entscheidungen sind explizit zu privaten und damit nichtunternehmerischen Verwendungsteilen von Gegenständen ergangen.[1968]

d) Ungleichbehandlung von Vergleichsgruppen

aa) Seeling-Modell und neue Sphärentheorie

Wie dargestellt, besteht ein Wahlrecht dahingehend, die private Verwendung einer Eingangsleistung dem Unternehmen zuzuordnen und, sofern kein Grundstück Gegenstand der gemischten Verwendung ist, den Vorsteuerabzug in voller Höhe vorzunehmen. Nach der neuen Sphärentheorie besteht kein solches Wahlrecht für den ideellen Verwendungsteil eines Idealvereins bzw. für den Hoheitsbereich der öffentlichen Hand. Ebenso wenig kann eine Privatperson per Option Unternehmensvermögen generieren, um in den Genuss eines vollständigen Vorsteuerabzugs zu kommen.

> Anwendungsbeispiel:
> Es wird jeweils ein einheitliches Investitionsgut (kein Grundstück) zum Preis von 20.000 EUR zzgl. USt erworben. Dieses wird wie folgt erworben und verwendet:

1966 Hierzu sowie zum Folgenden *Englisch*, in: Englisch/Nieskens, Umsatzsteuer-Kongress-Bericht 2010, 25 (34 ff.).

1967 EuGH, Urt. v. 12.02.2009, Rs. C-515/07, *VNLTO*, Slg. 2009, I-839, Rn. 38.

1968 EuGH, Urt. v. 04.10.1995, Rs. C-291/92, *Armbrecht*, Slg. 1995, I-2775, Rn. 20; v. 08.03.2001, Rs. C-415/98, *Bakcsi*, Slg. 2001, I-1831, Rn. 25, 30; v. 08.05.2003, Rs. C-269/00, *Seeling*, Slg. 2003, I-4101, Rn. 40 ff.

Variante 1: Ein Idealverein erwirbt das Investitionsgut. Der Verein ist sowohl ideell als auch wirtschaftlich tätig. Das Investitionsgut soll hälftig im ideellen und hälftig im wirtschaftlichen Bereich eingesetzt werden.

Variante 2: Der Steuerpflichtige A erwirbt das Investitionsgut. A nutzt den Gegenstand hälftig für wirtschaftliche Zwecke im Rahmen seines Einzelunternehmens und hälftig privat. A ist in einem Mitgliedstaat ansässig, der nicht von der Ermächtigung des Art. 168a Abs. 2 MwStSystRL Gebrauch gemacht hat.

Variante 3: Privatmann A erwirbt das Investitionsgut. A nutzt den Gegenstand vollumfänglich für private Zwecke.

Der Idealverein kann den Vorsteuerabzug für 50 % der Netto-Investitionskosten geltend machen. Hinsichtlich des Verwendungsteils für ideelle Zwecke kann nach den *VNLTO*-Grundsätzen kein steuerpflichtiger Verwendungsumsatz i. S. d. Art. 26 MwStSystRL angenommen werden. Ein Vorsteuerabzug scheidet insoweit aus. Einzelunternehmer A steht hingegen die Möglichkeit offen, das *Seeling*-Modell zu nutzen. Das Zuordnungswahlrecht kann dahingehend ausgeübt werden, das Investitionsgut vollständig dem Unternehmen zuzuordnen und den Vorsteuerabzug in voller Höhe geltend zu machen. Der private Verwendungsteil führt dabei zu einem Verwendungsumsatz i. S. d. Art. 26 MwStSystRL, der über den grundsätzlich fünfjährigen Berichtigungszeitraum besteuert wird. Im Totalergebnis wird auf diese Weise in beiden Vergleichsfällen eine nominal identisch hohe Umsatzsteuer erhoben. Die Besteuerung des Verwendungsumatzes erfolgt jedoch ratierlich und unverzinslich. Das *Seeling*-Modell bewirkt somit ein zinsloses „Staatsdarlehen“[1969].[1970] Dieser positive Finanzierungseffekt steht weder dem Idealverein hinsichtlich seiner unternehmerischen, nichtwirtschaftlichen Sphäre noch dem privaten Erwerber offen. Folglich werden die Vergleichsgruppen ungleich behandelt.

bb) Art. 168a Abs. 1 und Abs. 2 MwStSystRL

Art. 168a Abs. 1 MwStSystRL normiert ein absolutes Vorsteuerabzugsverbot für Leistungen im Zusammenhang mit gemischt unternehmerisch und unternehmensfremd verwendeten Grundstücken. Den Mitgliedstaaten wird insoweit kein Ermessensspielraum zur Umsetzung dieser Richtlinienbestimmung eingeräumt. Gemäß Art. 168a Abs. 2 MwStSystRL „können“ die Mitgliedstaaten die

---

1969 *von Streit/Zugmaier*, DStR 2010, 524 (525).

1970 Vgl. nur *Englisch*, in: Tipke/Lang[23], Steuerrecht, § 17 Rz. 337; *Stadie*, in: Rau/Dürrwächter, UStG, § 15 Anm. 1528 ff.; *Reiß*, UR 2010, 797, (799 ff.); *ders.*, UR 2003, 428 (439 ff.); *Widmann*, UR 2009, 420 f.; *Nieskens*, in: FS Reiß, 45 (62 f.); *Tumpel*, in: FS Reiß, 123 (133 ff.); *Krumenacker*, UR 2007, 473, (475 ff.).

Seeling-Vermeidungsregelung auf weitere, von ihnen selbst definierte Gegenstände ausdehnen. Jenseits von Grundstücken haben die Mitgliedstaaten demzufolge ein Wahlrecht, das *Seeling*-Modell einzudämmen oder fortbestehen zu lassen.

Sofern ein Mitgliedstaat von dem Wahlrecht nach Art. 168a Abs. 2 MwStSystRL keinen Gebrauch macht,[1971] werden Investitionen ungleich behandelt. Dies führt im Ergebnis zu einer ungleichen Behandlung von Unternehmern, die für ihre Investitionen das *Seeling*-Modell beanspruchen können, und solchen, die Investitionen tätigen, für die wegen Art. 168a MwStSystRL ein Vorsteuerabzugsverbot Anwendung findet.

Anwendungsbeispiel:
Unternehmer A und B erwerben jeweils ein einheitliches Investitionsgut zum Preis von 100.000 EUR zzgl. USt. Der Gegenstand wird jeweils hälftig für unternehmerische, vorsteuerunschädliche Zwecke und hälftig privat genutzt.

Variante 1: Unternehmer A erwirbt ein Grundstück.
Variante 2: Unternehmer B erwirbt einen Pkw. B ist in einem Mitgliedstaat ansässig, der nicht von der Ermächtigung des Art. 168a Abs. 2 MwStSystRL Gebrauch gemacht hat.

In dem dargestellten Beispiel können beide Unternehmer den Gegenstand jeweils vollumfänglich dem Unternehmen zuordnen. Unternehmer A kann das *Seeling*-Modell nicht beanspruchen, weil gemäß Art. 168a Abs. 1 MwStSystRL das Recht auf Vorsteuerabzug der Höhe nach auf die hälftige Nutzung für wirtschaftliche Zwecke beschränkt ist. Unternehmer B hingegen kann den Finanzierungseffekt nutzen und für den Pkw den vollen Vorsteuerabzug geltend machen.

e) Vergleichbarkeit der Vergleichsgruppen

aa) Allgemein

Die Vergleichbarkeitsprüfung ist am Verbrauchsteuerprinzip auszurichten. Demzufolge ist vorliegend auf die im Konsum typisierend zum Ausdruck kommende Leistungsfähigkeit als *tertium comparationis* abzustellen. Gemäß Art. 1 Abs. 2 MwStSystRL fungiert der Vorsteuerabzug als technische Determinante von Be- und Entlastung. Findet ein Endverbrauch statt, ist eine Belastung

---

1971 Die Bundesrepublik Deutschland hat von diesem Wahlrecht keinen Gebrauch gemacht und lediglich Art. 168a Abs. 1 MwStSystRL in § 15 Abs. 1b UStG implementiert.

mit Umsatzsteuer angezeigt. Diese erfolgt im Wege der Versagung des Rechts auf Vorsteuerabzug.

bb) Seeling-Modell und neue Sphärentheorie

Das Mehrwertsteuerrecht in seiner Definition nach Art. 1 Abs. 2 MwStSystRL unterscheidet nicht zwischen verschiedenen Arten von Endverbrauch. Ideeller und privater Endverbrauch sind folglich verbrauchsteuerlich identisch dergestalt zu behandeln, dass kein Recht auf Vorsteuerabzug besteht.[1972] Folglich befinden sich der Idealverein hinsichtlich der ideellen Verwendung sowie der Einzelunternehmer und der private Erwerber jeweils in Bezug auf die Nutzung für private Zwecke in einer vergleichbaren Situation.

In der Rechtssache *Puffer*[1973] wurde der EuGH mit der Frage konfrontiert, ob das *Seeling*-Modell gleichheitsrechtlich Bestand haben könne. Das Gericht befand Privatpersonen und Unternehmer bereits für nicht vergleichbar, weil Unternehmer im Unterschied zu Privatpersonen wirtschaftlichen Tätigkeiten nachgingen und als abgabenrechtliche Schuldner der Mehrwertsteuer eine „besondere Stellung" innehielten.[1974] Diese Argumentation kann nicht überzeugen, weil weder die grundsätzliche Unternehmereigenschaft noch die abgabenrechtliche Situation Anknüpfungspunkt für eine Be- oder Entlastung nach der verbrauchsteuerlichen Konzeption des Mehrwertsteuersystems ist. Die Unternehmereigenschaft beeinflusst nicht das Ausmaß der typisierend im Konsum zum Ausdruck kommenden wirtschaftlichen Leistungsfähigkeit. Der konsumierende Private und der Unternehmer, der für private Zwecke erwirbt, sind insoweit gleich leistungsfähig. Eine wirtschaftliche Lastenungleichheit stellt eine rechtfertigungsbedürftige Abweichung vom Grundsatz einer allgemeinen Verbrauchsteuer i. S. d. Art. 1 Abs. 2 MwStSystRL dar. Darüber hinaus widerspricht der durch den EuGH praktizierte kompensierende Vorteilsausgleich der sonstigen EuGH-Judikatur aus dem Bereich der Grundfreiheiten.[1975] Aufgrund des Finanzierungseffekts kann kein nach Art und Höhe exakter Ausgleich angenommen werden.[1976] Des Weiteren wirken die kompensierenden Vorteile nur

---

1972 *Pull*, Die Sphärentheorie im Mehrwertsteuerrecht, 233.

1973 EuGH, Urt. v. 23.04.2009, Rs. C-460/07, *Puffer*, Slg. 2009, I-3251.

1974 EuGH, Urt. v. 23.04.2009, Rs. C-460/07, *Puffer*, Slg. 2009, I-3251, Rn. 56.

1975 Vgl. hierzu die Ausführungen in Kapitel 4. C. IV. 2. c) dieser Arbeit.

1976 *Englisch*, in: W. Schön/K. Beck, Zukunftsfragen, 39 (66); EuGH, Urt. v. 07.09.2004, Rs. C-319/02, *Manninen*, Slg. 2004, I-7477, Rn. 54; v. 13.03.2007, Rs. C-524/04, *Thin Cap Group Litigation*, Slg. 2007, I-2107, Rn. 69; v. 14.11.1995, Rs. C-484/93, *Svensson und Gustavsson*, Slg. 1995, I-3955, Rn. 18.

willkürlich für eine kleine Gruppe von Unternehmern, die das *Seeling*-Modell beanspruchen können, während die aufgeführten Nachteile des Unternehmertums alle Unternehmer treffen. Die Kompensationswirkung ist damit nicht individualisiert und kommt nicht im Regelfall zur Anwendung, so dass ein „Legitimationszusammenhang“[1977] zwischen Begünstigung und Benachteiligung nicht besteht.

cc) Art. 168a Abs. 1 und Abs. 2 MwStSystRL

Die Unternehmer im Anwendungsbeispiel verwenden in beiden Varianten ein Investitionsgut jeweils zur Hälfte für private und wirtschaftliche, vorsteuerunschädliche Zwecke. Verbrauchsteuerlich ist daher für die hälftigen Investitionskosten der sofortige Vorsteuerabzug geboten. In Höhe des quotalen Endverbrauchs von 50 % ist die Belastung mit Umsatzsteuer vorgegeben. Die Situationen der beiden Unternehmer sind verbrauchsteuerlich identisch und damit zwangsläufig vergleichbar.

f) Rechtfertigung der Ungleichbehandlung

aa) Rechtfertigung durch den EuGH und den Richtliniengeber

Die Rechtfertigung des EuGH hinsichtlich des mit dem *Seeling*-Modell verbundenen Zuordnungswahlrechts ist den Urteilsgründen der Rechtssache *Puffer* sowie den dazu ergangenen Schlussanträgen[1978] zu entnehmen. Art. 168a MwStSystRL schränkt das *Seeling*-Modell ein. Hinweise auf den Regelungszweck von Art. 168a MwStSystRL ergeben sich aus der Richtlinie 2009/192/EU.[1979] Demzufolge dient Art. 168a MwStSystRL der Gleichbehandlung von gemischt verwendeten Gegenständen.[1980] Folglich kann davon ausgegangen werden, dass für nicht von Art. 168a MwStSystRL erfasste Sachverhalte die Erklärungen zur Rechtssache *Puffer* fortgelten.

1977 *Hey*, AöR 2003, 226 (245 f.).

1978 EuGH, Schlussantr. GA *Sharpston* v. 11.12.2008, Rs. C-460/07, *Puffer*, ECLI:EU:C:2008:714 = BeckRS 2008, 71319.

1979 Richtlinie 2009/162/EU des Rates v. 22.12.2009 zur Änderung verschiedener Bestimmungen der Richtlinie 2006/112/EG über das gemeinsame Mehrwertsteuersystem, ABl. EU Nr. L 10, 14.

1980 Vgl. hierzu die Ausführungen in Kapitel 5. C. I. 4. b) cc) dieser Arbeit.

bb) Legitimer Zweck

Das Zuordnungswahlrecht in Verbindung mit dem sofortigen, vollständigen Vorsteuerabzug ist nach Ansicht des EuGH durch den Neutralitätsgrundsatz bedingt. Zum einen gebiete der Neutralitätsgrundsatz den vollständigen sofortigen Vorsteuerabzug unternehmerischer Investitionen[1981] und zum anderen die Gleichstellung der privaten Nutzung eines dem Unternehmen zugeordneten Gegenstandes durch den Unternehmer mit der privaten Nutzung durch den Endverbraucher[1982]. Der EuGH entwickelte zur Kombination dieser beiden Ziele im Wege richterlicher Rechtsfortbildung das Zuordnungswahlrecht bei gleichzeitigem Vorsteuerabzug für den privaten Verwendungsteil. Maßgebliches Vehikel ist dabei die Qualifizierung des zukünftigen privaten Verwendungsteils als besteuerter Umsatz i. S. d. Art. 26 i. V. m. Art. 168 Buchst. a MwStSystRL im Zeitpunkt des Leistungsbezugs. Art. 168a MwStSystRL soll durch das beschriebene Zuordnungswahlrecht entstandene Ungleichbehandlungen von Steuerpflichtigen eindämmen. Die Regelung zielt damit auf eine Wahrung des allgemeinen Gleichheitssatzes. Die Union wählte zur Erreichung dieses Zwecks das Mittel der Vorsteuerabzugsbeschränkung bei gleichzeitiger Aufrechterhaltung des Zuordnungswahlrechts.

Die Maßnahmen dienen der Wahrung des Neutralitätsgrundsatzes bzw. des allgemeinen Gleichheitssatzes. Der Zweck ist damit legitimiert.

cc) Geeignetheit des Mittels

Durch das Mittel des Zuordnungswahlrechts wird das verfolgte Ziel, den Neutralitätsgrundsatz zu wahren, gefördert. Denn auf diese Weise können Änderungen bei der unternehmerischen und nichtunternehmerischen Nutzung während des Berichtigungszeitraums berücksichtigt werden. Zugleich vermag Art. 168a MwStSystRL aus ebendiesem Zuordnungswahlrecht entstehende Ungleichbehandlungen im Zeitpunkt des Leistungsbezugs zu verhindern. Die gewählten Mittel sind aufgrund ihrer Wirkung geeignet, den avisierten Erfolg zu begünstigen.

dd) Erforderlichkeit des Mittels

Die Nachteile des Zuordnungswahlrechts bei sofortigem Vorsteuerabzug wurden hinreichend thematisiert. Da sie durch den EuGH auch nicht bestritten

---

1981 EuGH, Urt. v. 23.04.2009, Rs. C-460/07, *Puffer*, Slg. 2009, I-3251, Rn. 47.

1982 EuGH, Urt. v. 23.04.2009, Rs. C-460/07, *Puffer*, Slg. 2009, I-3251, Rn. 54.

werden[1983], ist vor der Analyse eines Alternativmittels zunächst darzustellen, aus welchen Beweggründen sich EuGH und Union in Kenntnis der Unzulänglichkeiten für das Zuordnungswahlrecht und die Einführung von Art. 168a MwStSystRL entschieden haben.

Der Billigung des *Seeling*-Modells durch den EuGH liegt die Annahme zugrunde, dass ein Steuerpflichtiger, der einen gemischt genutzten Gegenstand teilweise seinem Privatvermögen zuordnet, nicht vollständig von der Steuer entlastet wird, sofern er den wirtschaftlichen Verwendungsteil des Gegenstands innerhalb des Berichtigungszeitraums erhöht.[1984] Die Ablehnung der Einlagenentsteuerung[1985] ist demzufolge das Fundament des Zuordnungswahlrechts.[1986] Dieses Alternativmittel wurde als dem Zuordnungswahlrecht nicht vorzugswürdig bewertet und verworfen.[1987] Der Steuerpflichtige soll sich daher im Wege des Wahlrechts zur vollständigen Unternehmenszuordnung vor dem „Fehlen" der Einlagenentsteuerung schützen.[1988] Aus den gleichen Erwägungen lässt Art. 168a MwStSystRL das Zuordnungswahlrecht unberührt und bewirkt lediglich eine Beschränkung des Vorsteuerabzugs der Höhe nach im Zeitpunkt des Leistungsbezugs.[1989] Auf diese Weise werden durch das Zusammenspiel von Zuordnungswahlrecht und Vorsteuerabzugsbeschränkung Zins- und Liquiditätsvorteile vermieden sowie die technische Möglichkeit der Einlagenentsteuerung eingeräumt, sofern sich im Berichtigungszeitraum der wirtschaftliche Verwendungsteil erhöht. Dieses Ergebnis ist mit dem Verbrauchsteuerprinzip konform.[1990]

1983 EuGH, Schlussantr. GA *Sharpston* v. 11.12.2008, Rs. C-460/07, *Puffer*, ECLI:EU:C:2008:714 = BeckRS 2008, 71319, Rn. 58 f.

1984 EuGH, Urt. v. 23.04.2009, Rs. C-460/07, *Puffer*, Slg. 2009, I-3251, Rn. 43 ff.; Schlussantr. GA *Sharpston* v. 11.12.2008, Rs. C-460/07, *Puffer*, ECLI:EU:C:2008:714 = BeckRS 2008, 71319, Rn. 50 ff.

1985 Vgl. zur Einlagenentsteuerung die Ausführungen in Kapitel 5. C. IV. 2. dieser Arbeit.

1986 *Englisch*, in: Tipke/Lang[23], Steuerrecht, § 17 Rz. 337; *ders.*, in: W. Schön/ K. Beck, Zukunftsfragen, 39 (55).

1987 EuGH, Schlussantr. GA *Sharpston* v. 11.12.2008, Rs. C-460/07, *Puffer*, ECLI:EU:C:2008:714 = BeckRS 2008, 71319, Rn. 53.

1988 EuGH, Schlussantr. GA *Jacobs* v. 20.01.2005, Rs. C-434/03, *Charles und Charles-Tijmens*, ECLI:EU:C:2005:48, Rn. 82.

1989 Begründung zum Vorschlag der Kommission v. 07.11.2007, KOM(2007) 677 endgültig, Erwägungsgrund Nr. 11.

1990 *Englisch*, in: Tipke/Lang[23], Steuerrecht, § 17 Rz. 338.

Gegenwärtig wird nicht für alle dargestellten Anwendungsbeispiele ein verbrauchsteuerkonformes Ergebnis erreicht. Die Diskriminierungen bestehen vorliegend zum einen darin, dass das *Seeling*-Modell weiterhin anwendbar ist, während in vergleichbaren Sachverhalten bereits kein Zuordnungswahlrecht besteht. Zum anderen existieren Ungleichbehandlungen innerhalb von Fällen des Zuordnungswahlrechts, weil die *Seeling*-Vermeidungsregelung des Art. 168a MwStSystRL nicht für alle vollständig dem Unternehmen zugeordneten Investitionsgüter eingreift. Die Beseitigung der Diskriminierungen kann folglich sowohl durch eine Ausweitung als auch durch eine Abschaffung der Zuordnungswahlrechte erreicht werden. Daher ist nachfolgend zu untersuchen, ob eine Handlungsalternative existiert, die dem Verbrauchsteuerprinzip entspricht und zugleich die jeweils benachteiligten Vergleichsgruppen mit umfasst. Wahrt diese Maßnahme das Verbrauchsteuerprinzip, ist sie bezogen auf die bislang bereits von dem Zuordnungswahlrecht bzw. von Art. 168a MwStSystRL erfassten Fälle gleich wirksam. Ist das Alternativmittel zugleich allgemein anwendbar, d. h. auch auf die bisher nicht von dem Zuordnungswahlrecht bzw. Art. 168a MwStSystRL erfassten Fälle, stellt es sodann aus Sicht der gegenwärtig Benachteiligten das mildere Mittel dar.

Als Alternativmittel könnte das Zuordnungswahlrecht auf die bisher nicht erfassten Vergleichsfälle, folglich sowohl auf die Verwendung im unternehmerischen, nicht-wirtschaftlichen Bereich als auch auf die vollständige Privatnutzung ausgeweitet werden. Die entsprechenden Verwendungsteile müssten hierfür entgegen der *VNLTO*-Rechtsprechung[1991] und dem Grundsatz, dass bezogene Leistungen im direkten und unmittelbaren Zusammenhang mit den wirtschaftlichen Tätigkeiten des Steuerpflichtigen stehen müssen[1992], als entnahmefähig gemäß Art. 26 MwStSystRL qualifiziert werden. Durch eine mit dem weiten Verständnis des Zuordnungswahlrechts verbundene extensive Anwendung von Art. 168a MwStSystRL auf alle Fälle des Zuordnungswahlrechts sowie auf jegliche Investitionsgüter könnte ein vollständiger Vorsteuerabzug bei Leistungsbezug vermieden werden. Hierfür müssten alle Mitgliedstaaten das Umsetzungsermessen nach Art. 168a Abs. 2 MwStSystRL dergestalt ausüben, dass sämtliche gemischt verwendeten Investitionsgüter erfasst werden.

1991 EuGH, Urt. v. 12.02.2009, Rs. C-515/07, *VNLTO*, Slg. 2009, I-839.

1992 Vgl. nur EuGH, Urt. v. 20.06.1991, Rs. C-60/90, *Polysar*, Slg. 1991, I-3111, Rn. 14 ff.; v. 22.06.1993, Rs. C-333/91, *Sofitam*, Slg. 1993, I-3513, Rn. 12; v. 14.11.2000, Rs. C-142/99, *Floridienne und Berginvest*, Slg. 2000, I-9567, Rn. 17 ff.; v. 27.09.2001, Rs. C-16/00, *Cibo Participations*, Slg. 2001, I-6663, Rn. 33.

Dieses Ergebnis vermag nicht darüber hinwegzutäuschen, dass die Gewährung eines Zuordnungswahlrechts in sämtlichen Fällen dem Verbrauchsteuerprinzip zuwiderläuft.[1993] Gemäß Art. 1 Abs. 2 MwStSystRL ist bei nicht-wirtschaftlicher Verwendung bereits das Recht auf Vorsteuerabzug dem Grunde nach zu verwehren. Die systemgerechte Unterscheidung zwischen Be- und Entlastung erfolgt einzig durch den Vorsteuerabzug,[1994] nicht durch unentgeltliche Wertabgaben.[1995] Dem Grundanliegen der Entnahmebesteuerung entsprechend sind unentgeltliche Wertabgaben eng auszulegen.[1996] Die beschriebene Ausweitung der Entnahmetatbestände würde diesem Gebot zuwiderlaufen. Die Ausweitung des Anwendungsbereichs von Art. 168a MwStSystRL könnte dem auf einem systemwidrigen Weg erreichten Ergebnis den Anschein der Verbrauchsteuerkonformität geben. Da Art. 168a MwStSystRL jedoch nicht bereits den Vorsteuerabzug dem Grunde nach auf der ersten Stufe betrifft, sondern auf der Folgestufe dessen konkrete Höhe definiert, würde auf diese Weise „mit erheblichen Nebenwirkungen an Symptomen kuriert [werden], statt das selbstverschuldete Übel an der Wurzel zu packen".[1997] Sofern ein systemgerechtes Alternativmittel existiert, ist daher auf eine Ausweitung des Zuordnungswahlrechts zu verzichten.

Als weiteres Alternativmittel kommt die gänzliche Abschaffung des Zuordnungswahlrechts in Betracht. Soweit keine wirtschaftliche Verwendung erfolgt, könnte kein Recht auf Vorsteuerabzug geltend gemacht werden. Auf diese Weise würden private, ideelle und unternehmerische, jedoch zugleich nicht-wirtschaftliche Verwendungsteile gleich behandelt. Dies würde zudem für sämtliche Investitionsgüter gelten. Der Konzeption des geltenden Allphasen-Brutto-Mehrwertsteuersystems mit Vorsteuerabzug entsprechend würde die Belastung nicht erst durch eine Entnahmebesteuerung oder eine Vorsteuerbeschränkung der Höhe nach, sondern bereits auf der ersten Stufe durch die Versagung des Vorsteuerabzugs dem Grunde nach erfolgen. Art. 168a MwStSystRL käme damit keine Bedeutung mehr zu. Erhöht sich der wirtschaftliche

---

1993 Hierzu sowie zum Folgenden ergebnisgleich *Pull*, Die Sphärentheorie im Mehrwertsteuerrecht, 236 f., die sich jedoch auf einen Widerspruch des *Seeling*-Modells zum „System der Mehrwertsteuer-Systemrichtlinie" beruft.

1994 Vgl. hierzu die Ausführungen in Kapitel 4. A. II. 2. b) dieser Arbeit.

1995 *Tumpel*, in FS Reiß, 123 (135 f.).

1996 Zum Grundanliegen der Besteuerung unentgeltlicher Wertabgaben vgl. *Englisch*, in: Tipke/Lang[23], Steuerrecht, § 17 Rz. 156, 338; zu Wortlaut, Historie, Systematik und Sinn und Zweck der Entnahmetatbestände vgl. *Pull*, Die Sphärentheorie im Mehrwertsteuerrecht, 204 ff.

1997 *Englisch*, in: Tipke/Lang[23], Steuerrecht, § 17 Rz. 337.

Nutzungsteil im Vergleich zur erstmaligen Verwendung während des Berichtigungszeitraums, wäre dies im Rahmen einer Einlagenentsteuerung gemäß Art. 184 ff. MwStSystRL zu berücksichtigen.[1998]

Die dargestellte Alternativmaßnahme entspricht dem Verbrauchsteuerprinzip, weil für sämtliche nicht-wirtschaftliche Verwendungsteile der Vorsteuerabzug dem Grunde nach ausgeschlossen wäre und jegliche Investitionen einheitlich einer Belastung mit Umsatzsteuer im Zeitpunkt des Leistungsbezugs unterlägen. Sie ist daher bezogen auf die bislang durch das Zuordnungswahlrecht bzw. durch Art. 168a MwStSystRL geregelten Fälle gleich wirksam. Da sie allgemein anwendbar ist und in allen dargestellten Sachverhalten ungerechtfertigte Vorteile eindämmt, stellt sie für die bisher aufgrund des Zuordnungswahlrechts bzw. von Art. 168a MwStSystRL benachteiligten Steuerpflichtigen das mildere Mittel dar.

Ein gleiches Ergebnis könnte erzielt werden, wenn das Zuordnungswahlrecht zwar weiterhin anwendbar bliebe, der zukünftige private Verwendungsteil jedoch nicht mehr als besteuerter Umsatz i. S. d. Art. 26 i. V. m. Art. 168 Buchst. a MwStSystRL im Zeitpunkt des Leistungsbezugs erachtet werden würde. Diese Alternativlösung käme einem Minimaleingriff in die bestehende Rechtslage gleich und würde keine Einlagenentsteuerung als Korrektiv bedingen, sofern für gemischt verwendete Investitionsgüter stets die vollumfängliche Zuordnung zum Unternehmen erfolgte. Sie ist jedoch aus folgenden Gründen abzulehnen:[1999] Zum einen ist die Einlagenentsteuerung bereits aus anderen Gründen gleichheitsrechtlich geboten und durch teleologische Auslegung im Wege richterlicher Rechtsfortbildung erreichbar.[2000] Die Mehrwertsteuer-Systemrichtlinie müsste dementsprechend nicht angepasst werden. Zum anderen beseitigt die Minimallösung nicht die Sonderbehandlung gemischt verwendeter Investitionsgüter. Es entspricht nicht dem Typus einer allgemeinen Verbrauchsteuer, die Be- oder Entlastung mit Umsatzsteuer von der Ausübung eines Wahlrechts abhängig zu machen. Unter Befolgung der hier präferierten Alternative könnten jegliche Investitionsgüter sowohl bei Leistungsbezug als auch im Berichtigungszeitraum unabhängig von ihrer gemischten oder einseitigen Verwendung gleich behandelt werden.

1998 Vgl. zur Einlagenentsteuerung die Ausführungen in Kapitel 5. C. IV. 2. dieser Arbeit.

1999 A.A. *Pull*, Die Sphärentheorie im Mehrwertsteuerrecht, 237 f., die dem Zuordnungswahlrecht eine Bedeutung für die Vorsteuerberichtigung zumisst. Diese Auffassung lässt die gleichheitsrechtlich gebotene Einlagenentsteuerung unberücksichtigt.

2000 Vgl. hierzu die Ausführungen in Kapitel 5. C. IV. 2. dieser Arbeit.

Im Ergebnis bildet die Aufgabe des Zuordnungswahlrechts in Kombination mit einer Einlagenentsteuerung eine verbrauchsteuerkonforme Alternativmaßnahme, die im Vergleich zur Aufrechterhaltung des Zuordnungswahlrechts in Kombination mit Art. 168a MwStSystRL die verfolgten Zwecke mindestens ebenso gut erreicht und dabei die dargestellten Nachteile gänzlich ausräumt. Das Zuordnungswahlrecht und die Qualifizierung des zukünftigen privaten Verwendungsteils als besteuerter Umsatz i. S. d. Art. 26 i. V. m. Art. 168 Buchst. a MwStSystRL im Zeitpunkt des Leistungsbezugs sind damit nicht erforderlich.

g) Herstellung eines grundrechtskonformen Zustandes

Da das Zuordnungswahlrecht nicht in der Mehrwertsteuer-Systemrichtlinie verankert ist, sondern im Rahmen richterlicher Rechtsfortbildung entwickelt wurde, kann der EuGH seine Rechtsprechung zur Herstellung eines grundrechtskonformen Zustandes aufgeben. Eine Änderung der Mehrwertsteuer-Systemrichtlinie ist dementsprechend nicht vonnöten. Die Historie der Zuordnungswahlrechte zeigt, dass das *Seeling*-Modell auf einer Ablehnung der Einlagenentsteuerung fußt. Es wurden dementsprechend anachronistisch aus der grundrechtswidrigen Ablehnung einer Vorsteuerberichtigung Schlussfolgerungen für den Vorsteuerabzug bei Leistungsbezug gezogen. Der Aufgabe des Zuordnungswahlrechts nach der *Seeling*-Rechtsprechung kann daher die Anerkennung der Einlagenentsteuerung denklogisch vorgeschaltet werden. Denn das Zuordnungswahlrecht verliert seine Berechtigung, sobald die Vorsteuerberichtigungsnormen grundrechtskonform extensiv angewendet werden.

II. Art. 173 – 175 MwStSystRL: Pro-rata-Satz des Vorsteuerabzugs

1. Einführung

Die Grundsätze des Pro-rata-Satzes des Vorsteuerabzugs ergeben sich aus Art. 173 Abs. 1 MwStSystRL. Demzufolge darf, sofern der Steuerpflichtige sowohl Umsätze erbringt, für die gemäß Art. 168 ff. MwStSystRL ein Anspruch auf Vorsteuerabzug besteht, als auch solche, für die kein Recht auf Vorsteuerabzug besteht, Mehrwertsteuer als Vorsteuer nur abgezogen werden, soweit sie auf die Umsätze entfällt, die zu einem Recht auf Vorsteuerabzug führen. Dies gilt lediglich in Bezug auf solche bezogenen Dienstleistungen und Gegenstände, die zugleich sowohl mit vorsteuerschädlichen als auch mit vorsteuerunschädlichen Ausgangsumsätzen zusammenhängen. Ist eine Eingangsleistung hingegen ausschließlich Umsätzen zuzurechnen, die ein Recht auf Vorsteuerabzug entweder eröffnen oder ausschließen, erfolgt vorrangig eine unmittelbare Verknüpfung mit der jeweiligen Umsatzart. Der Pro-rata-Satz des Vorsteuerabzugs gilt damit ausschließlich für gemischt verwendete[2001] Gegenstände und Dienstleistungen.

Gemäß Art. 174 Abs. 1 MwStSystRL ermittelt sich der Pro-rata-Satz des Vorsteuerabzugs aus einem Bruch, der die vorsteuerschädlichen und vorsteuerunschädlichen Umsätze eines Jahres ins Verhältnis setzt. Dieses ist nach Art. 175 Abs. 1 MwStSystRL auf Jahresbasis in Prozent zu bestimmen und auf einen vollen Prozentsatz aufzurunden. Den Mitgliedstaaten steht es frei, eine andere als die vorgesehene Aufteilung anhand des Umsatzschlüssels vorzusehen, sofern diese Alternativberechnungsmethode zu präziseren Ergebnissen führt.[2002]

2. Gleichheitsrechtliche Bedeutung

Kapitel 2 in Titel X der Mehrwertsteuer-Systemrichtlinie beinhaltet materiellrechtliche[2003] Beschränkungen des Vorsteuerabzugs. Die lediglich anteilige Anerkennung des Rechts auf Vorsteuerabzug stellt eine rechtfertigungsbedürftige Abweichung von dem Grundsatz des Sofortabzugs in voller Höhe dar. Art. 173 Abs. 1 MwStSystRL verweist für die Feststellung des Rechts auf Vorsteuerabzug zur Berechnung des Prozentsatzes auf Art. 168 ff. MwStSystRL. Die durch Art. 173 ff. MwStSystRL bewirkten Einschränkungen sind daher ein Reflex der Regelungen zum Recht auf Vorsteuerabzug. Infolgedessen richtet sich die Verhältnismäßigkeit der Art. 173 ff. MwStSystRL nach den im Kontext von Art. 168 ff. MwStSystRL gefundenen Ergebnissen.

Im Rahmen dieser Arbeit sind einige Beschränkungen des Rechts auf Vorsteuerabzug gemäß Art. 168 MwStSystRL bereits näher untersucht und in Teilen als unverhältnismäßig qualifiziert worden. Erbringt ein Steuerpflichtiger neben Umsätzen, die beispielsweise einer unverhältnismäßigen unechten Steuerbefreiung unterliegen, auch vorsteuerunschädliche Umsätze und bezieht er eine steuerpflichtige Eingangsleistung, die mit beiden Umsatzarten wirtschaftlich verknüpft ist, färbt die Unverhältnismäßigkeit der unechten Steuerbefreiung auf die Vorsteueraufteilung ab. Für die gleichheitsrechtliche Bewertung wird daher auf die Ausführungen zur Entstehung und zum Umfang des Rechts auf Vorsteuerabzug gemäß Art. 167 ff. MwStSystRL verwiesen.

2001 Zu den verschiedenen denkbaren Anwendungsfällen vgl. *Stadie,* in: Rau/Dürrwächter, UStG, § 15 Anm. 1772 ff.

2002 EuGH, Urt. v. 08.11.2012, Rs. C-511/10, *BLC Baumarkt,* ECLI:EU:C:2012:689 = UR 2012, 968, Rn. 18.

2003 *Stadie,* in: Rau/Dürrwächter, UStG, § 15 Anm. 1765.

III. Art. 176 – 177 MwStSystRL: Einschränkungen des Rechts auf Vorsteuerabzug

1. *Vorsteuerausschlüsse nach der Stillhalteklausel des Art. 176 MwStSystRL*

a) Grundlagen der gegenwärtigen Rechtslage

Gemäß Art. 176 Abs. 1 MwStSystRL besteht die Möglichkeit der Einschränkung des Vorsteuerabzugs für Ausgaben ohne „streng geschäftlichen Charakter". Die Regelung sieht vor, dass der Europäische Rat auf Vorschlag der Kommission einstimmig einen Katalog der erfassten Ausgaben festlegt. Bis zum Inkrafttreten der Einigung gemäß Art. 176 Abs. 1 MwStSystRL dürfen die Mitgliedstaaten gemäß Art. 176 Abs. 2 MwStSystRL die Ausschlüsse beibehalten, die am 01.01.1979 bzw. im Zeitpunkt des Beitritts zur Europäischen Gemeinschaft bzw. Union bereits vorgesehen waren. Da über den Katalog bislang keine Einigung erzielt wurde,[2004] läuft Art. 176 Abs. 1 MwStSystRL seit über vier Jahrzehnten leer.

Die Vorsteuerausschlüsse nach der Standstillklausel des Art. 176 Abs. 2 MwStSystRL dürfen nicht so allgemein sein, dass sie den Vorsteuerabzug generell für sämtliche Aufwendungen ausschließen.[2005] Es werden jedoch jenseits einer hinreichenden Konkretisierung der Natur oder der Art der Gegenstände und Dienstleistungen, für die der Vorsteuerabzug ausgeschlossen ist,[2006] keine weiteren materiellen Vorgaben für den Ausschluss gemacht.[2007] Mitgliedstaaten dürfen daher nach Auffassung des EuGH das Recht auf Vorsteuerabzug etwa für Transportmittel, mit denen der Steuerpflichtige seiner Tätigkeit nachgeht oder die nicht privat nutzbar sind, ausschließen.[2008]

b) Vorüberlegungen zur Überprüfung der Grundrechtskonformität

Art. 176 MwStSystRL ist eine Ermächtigungsgrundlage für die Mitgliedstaaten, von den Grundsätzen des Vorsteuerabzugs nach Art. 168 MwStSystRL abzuweichen. Hinsichtlich der aus dieser Abweichungsbefugnis resultierenden diskriminierenden Ungleichbehandlung vergleichbarer Sachverhalte,

---

2004 *Oelmaier,* in: Sölch/Ringleb, UStG, § 15 Rn. 542; Bunjes/*Heidner*, UStG § 15 Rn. 305.

2005 EuGH, Urt. v. 23.4.2009, Rs. C-74/08, *PARAT*, Slg. 2009, I-3459, Rn. 28 f.

2006 EuGH, Urt. v. 15.04.2010, Rs. C-538/08 u. a., *X Holding u. a.*, Slg. 2010, I-3129, Rn. 40 ff.; v. 23.4.2009, Rs. C-74/08, *PARAT*, Slg. 2009, I-3459, Rn. 29.

2007 *Oelmaier,* in: Sölch/Ringleb, UStG, § 15 Rn. 545.

2008 EuGH, Urt. v. 18.06.1998, Rs. C-43/96, *KOM/Frankreich*, Slg. 1998, I-3913, Rn. 18; v. 05.10.1999, Rs. C-305/97, *Royscot u. a.*, Slg. 1999, I-6671, Rn 20.

der Auffassung des EuGH zu Ausnahmeermächtigungen auf dem Gebiet der Mehrwertsteuer und in anderen Rechtsgebieten sowie zur Begründung der Anwendbarkeit von Art. 20 GrCh in derartigen Fällen[2009] wird auf die jeweiligen Ausführungen zu den Stillhalteklauseln der Art. 370 ff. MwStSystRL verwiesen. Nachfolgend beschränkt sich die Grundrechtsprüfung auf die Angemessenheitsprüfung, weil als milderes Mittel offensichtlich lediglich der Verzicht auf die Ausnahmeermächtigung in Betracht kommt. Fraglich ist daher, ob die Regelung verhältnismäßig ist.

c) Angemessenheit / Verhältnismäßigkeit im engeren Sinne

Neben der zu Ausnahmeermächtigungen ergangenen Rechtsprechung sind die in der Präambel zur Mehrwertsteuer-Systemrichtlinie enthaltenen Begründungserwägungen für die Prüfung der Angemessenheit von Art. 176 MwStSystRL heranzuziehen. Der 39. Erwägungsgrund schreibt vor, dass der Vorsteuerabzug insoweit harmonisiert werden soll, als er die tatsächliche Höhe der Besteuerung beeinflusst. Das Recht auf vollständigen und sofortigen Vorsteuerabzug ist grundsätzlich materiell nicht beschränkbar. Dies muss zur Wahrung der Wettbewerbsgleichheit und der nach Art. 4 Abs. 2 EUV zu beachtenden Gleichheit der Mitgliedstaaten vor den Verträgen in sämtlichen Mitgliedstaaten gelten. Nach der 59. Begründungserwägung soll es den Mitgliedstaaten jedoch „in bestimmten Grenzen und unter bestimmten Bedingungen“ möglich sein, abweichende Sondermaßnahmen ergreifen oder weiter anzuwenden zu können, um die Steuererhebung zu vereinfachen oder bestimmte Formen der Steuerhinterziehung oder -umgehung zu verhüten. Bestimmungen, die solche Ausnahmen regeln, sind als Abweichung von der Grundsatzerwägung eng auszulegen, weil sie die tatsächliche Höhe der Besteuerung beeinflussen.[2010]

Dieses strenge Verständnis deckt sich mit der EuGH-Rechtsprechung zu Ausnahmeermächtigungen. Demnach müssen zunächst die von der Einschränkung umfassten Anwendungsfälle auf objektiven Kriterien beruhen. Andernfalls scheidet eine Angemessenheit aus. Liegen objektive Unterscheidungskriterien vor, hängt die Verhältnismäßigkeit weiterhin davon ab, ob die Abschaffung der Sonderregelung[2011] regelmäßig überprüft wird oder die Möglichkeit der zeitlich

2009 Vgl. hierzu die Ausführungen in Kapitel 5. C. I. 2. i) dieser Arbeit.

2010 *Kokott*, Steuerrecht der EU § 8 Rn. 549.

2011 In diesem Sinne EuGH, Urt. v. 16.12.2008, Rs. C-127/07, *Société Arcelor Atlantique et Lorraine u. a.*, Slg. 2008, I-9895, Rn. 62.

unbeschränkten Inanspruchnahme der Ausnahmebestimmungen[2012] besteht. Nach Ablauf einer „angemessenen Übergangszeit“ werden Ausnahmebestimmungen als ausdrückliche Rückermächtigung an die Mitgliedstaaten, von den Grundsätzen abzuweichen,[2013] bewertet und für ungültig befunden.[2014]

Art. 176 Abs. 1 MwStSystRL trifft hinsichtlich des Anwendungsbereichs der Ausnahmegenehmigung eine Unterscheidung anhand objektiver Kriterien. Betreffend die jenseits des unbestimmten Katalogs genannten Luxusausgaben, Ausgaben für Vergnügen und Repräsentationsaufwendungen können typisiert betrachtet erhöhte Gefahren der Steuerhinterziehung oder umgehung angenommen werden. Denn vor dem Hintergrund des Verbrauchsteuercharakters der Umsatzsteuer besteht in diesen Bereichen ohne „streng geschäftlichen Charakter“ ein besonderes Risiko systemwidrig vorgenommener Vorsteuerabzüge, weil zumindest in Teilen ein Bezug zur privaten Lebensführung des Steuerpflichtigen anzunehmen ist.

Die objektiven Unterscheidungskriterien des Art. 176 Abs. 1 MwStSystRL finden aufgrund der materiell-rechtlichen Unbestimmtheit der Ausschlusstatbestände von Art. 176 Abs. 2 MwStSystRL bis zu einer Einigung über den Ausschlusskatalog keine Anwendung. Aus diesem Grund ist die Ermächtigung des Art. 176 Abs. 2 MwStSystRL insoweit bereits seit Inkrafttreten mangels objektiver Unterscheidungskriterien unverhältnismäßig, als sie die explizit in Art. 176 Abs. 1 MwStSystRL aufgeführten Ausgaben ohne „streng geschäftlichen Charakter“ übersteigt.

Die historischen Vorsteuerausschlüsse der Mitgliedstaaten, die auf objektiven Unterscheidungskriterien beruhen, sind ungeachtet dessen nur verhältnismäßig, sofern Art. 176 Abs. 2 MwStSystRL nicht als zeitlich unbefristete Rückermächtigung zu bewerten ist. Mit der Zwölften Richtlinie[2015] wurde im Jahr 1983

2012 In diesem Sinne EuGH, Urt. v. 01.03.2011, Rs. C-236/09, *Association belge des Consommateurs Test-Achats u. a.*, Slg. 2011, I-773, Rn. 32 ff.

2013 Nach *Kokott*, Steuerrecht der EU § 3 Rn. 36 sind die Ausnahmeregelungen „theoretisch […] eines Tages als Rückermächtigungen an die Mitgliedstaaten“ zu qualifizieren.

2014 EuGH, Urt. v. 01.03.2011, Rs. C-236/09, *Association belge des Consommateurs Test-Achats u. a.*, Slg. 2011, I-773, Rn. 33.

2015 KOM, Vorschlag für eine Zwölfte Richtlinie des Rates zur Harmonisierung der Rechtsvorschriften der Mitgliedstaaten über die Umsatzsteuern – Gemeinsames Mehrwertsteuersystem: Ausschluß des Vorsteuerabzugsrechts bei bestimmten Ausgaben v. 25.01.1983, ABl. EG 1983 Nr. C 37/8.

ein erster Vorschlag für einen konkreten Ausschlusskatalog unterbreitet.[2016] Dieser Vorschlag fand jedoch im Europäischen Rat keine Zustimmung und wurde infolgedessen nicht verabschiedet. In 1998 unterbreitete die Europäische Kommission erneut einen Vorschlag[2017], der abermals nicht angenommen wurde. Erneute Bestrebungen zur Einführung eines Aufwandskatalogs wurden in 2004 erfolglos beendet.[2018] Seitdem sind keine Bemühungen mehr zu vernehmen. Art. 176 Abs. 2 MwStSystRL findet damit bereits seit über 40 Jahren Anwendung. Da in diesem Zeitraum lediglich drei Vorschläge für einen entsprechenden Katalog von Aufwendungen, die unter die Vorsteuerbeschränkung fallen sollen, gemacht wurden, kann nicht von einer ernsthaften Prüfung der Abschaffung bzw. Eindämmung der Sonderregelung ausgegangen werden. Ein über vier Jahrzehnte andauernder Übergangszeitraum überschreitet darüber hinaus den Bereich des Angemessenen, wenn Ausnahmeermächtigungen in anderen Rechtsbereichen durch den EuGH bereits nach fünf Jahren für ungültig erklärt werden.[2019] Letztlich rückt die Einigung auf ein Aufwandsverzeichnis aufgrund des Einstimmigkeitserfordernisses im Europäischen Rat in den Bereich des Hypothetischen. Art. 176 MwStSystRL kann in der Gesamtschau als Rückermächtigung an die Mitgliedstaaten, von den Grundsätzen abzuweichen, bewertet werden. Die Stillhalteklauseln sind damit im Ergebnis unverhältnismäßig.

Zur Zurechnung der Diskriminierung und den Folgen der Nichtigkeit der Richtlinienbestimmung wird auf die Ausführungen zu den Stillhalteklauseln der Art. 370 ff. MwStSystRL verwiesen.[2020] Im Ergebnis können sich Steuerpflichtige bis zu einer Nichtigkeitserklärung von Art. 176 MwStSystRL durch den EuGH unmittelbar auf das für sie günstigere Richtlinienrecht berufen und auf diese Weise das Recht auf Vorsteuerabzug nach der Grundregel des Art. 168 MwStSystRL geltend machen.

2016 Zur gesamten Historie der Beratungen zu einem konkreten Ausnahmenkatalog vgl. *Oelmaier*, in: Sölch/Ringleb, UStG, § 15 Rn. 545.

2017 ABl. EG 1998 Nr. C 219/16.

2018 Unterrichtung durch die Bundesregierung v. 28.12.2004, BR-Drucks. 1002/04, 7 f., 12, 21.

2019 EuGH, Urt. v. 01.03.2011, Rs. C-236/09, *Association belge des Consommateurs Test-Achats u. a.*, Slg. 2011, I-773, Rn. 34.

2020 Vgl. hierzu die Ausführungen in Kapitel 5. C. I. 2. i) dieser Arbeit.

2. Vorsteuerausschlüsse aus konjunkturellen Gründen nach Art. 177 Abs. 1 MwStSystRL

a) Grundlagen der gegenwärtigen Rechtslage

Gemäß Art. 177 Abs. 1 MwStSystRL kann aus konjunkturellen Gründen für bestimmte oder alle Investitionsgüter der Vorsteuerabzug teilweise oder ganz ausgeschlossen werden. Die Ermächtigung ist von einer vorherigen Konsultation des Mehrwertsteuerausschusses abhängig. Dieser setzt sich nach Art. 398 Abs. 2 MwStSystRL aus Vertretern der Kommission und der Mitgliedstaaten zusammen. Die Einschränkung des Vorsteuerabzugs muss zeitlich begrenzt sein, um dem Erfordernis der konjunkturellen Kausalität zu entsprechen.[2021] Nicht möglich ist daher eine Beschränkung zur Verringerung des Haushaltsdefizits oder zur erhöhten Rückzahlung von Staatsschulden.[2022]

Eine konjunkturelle Zielsetzung kann etwa die Dämpfung der Nachfrage sein, um den wirtschaftlichen Aufschwung zeitlich zu strecken. Aus diesen Beweggründen hatte beispielsweise die Bundesrepublik Deutschland vor Inkrafttreten der Mehrwertsteuer-Systemrichtlinie im Jahr 1973 für etwa sieben Monate den Vorsteuerabzug bei Investitionsgütern ausgeschlossen.[2023] Technisch geschah dies durch die Erhebung einer „Selbstverbrauchsteuer“ in Höhe des Vorsteuerabzugs.

b) Vorüberlegungen zur Überprüfung der Grundrechtskonformität

Art. 177 MwStSystRL ist eine Ermächtigungsgrundlage für die Mitgliedstaaten, von den Grundsätzen des Vorsteuerabzugs nach Art. 168 MwStSystRL abzuweichen. Ungleichbehandlungen resultieren je nach individueller Ausgestaltung der Beschränkung aus der unterschiedlichen Behandlung von Steuerpflichtigen, die das Recht auf Vorsteuerabzug beanspruchen, und solchen, deren Recht durch Art. 177 MwStSystRL ganz oder teilweise beschränkt wird. Der Steuerpflichtige wird insofern dem konsumierenden Endverbraucher gleichgestellt. Ferner führt der Ausschluss vom Vorsteuerausschluss zu einer disproportionalen Besteuerung des Verbraucheraufwands bzw. zu einer Belastung des Unternehmers.[2024] Die Vergleichsgruppen befinden sich weiterhin in einer vergleichbaren

---

2021 EuGH, Urt. v. 08.01.2002, Rs. C-409/99, *Metropol und Stadler*, Slg. 2002, I-81, Rn. 67.

2022 EuGH, Urt. v. 08.01.2002, Rs. C-409/99, *Metropol und Stadler*, Slg. 2002, I-81, Rn. 68; *Kokott*, Steuerrecht der EU § 8 Rn. 552.

2023 *Stadie*, in: Rau/Dürrwächter, UStG, § 15 Anm. 42, 114.

2024 Vgl. hierzu die Ausführungen in Kapitel 4. A. III. 1. dieser Arbeit.

Situation, weil dem Verbrauchsteuercharakter der Umsatzsteuer keine konjunkturellen Erwägungen innewohnen. Diese sind daher für die Vergleichbarkeit der Situationen irrelevant und finden erst auf Ebene der Rechtfertigungsprüfung Berücksichtigung.

c) Konjunkturelle Erwägungen in der Rechtfertigungsprüfung

aa) Art. 177 MwStSystRL als Öffnungsklausel

Da Art. 177 MwStSystRL lediglich die Ermächtigungsgrundlage für eine individuelle einschränkende Maßnahme darstellt, ist keine konkrete Maßnahme zu begutachten. Die Ausführungen beschränken sich daher im Folgenden auf die grundsätzliche Eignung von Konjunkturmaßnahmen als Rechtfertigungsgrund sowie auf die notwendigen Parameter einer angemessenen mitgliedstaatlichen Regelung.

bb) Grundsätzliche Eignung von Konjunkturmaßnahmen als Rechtfertigungsgrund

Dem Grunde nach können Maßnahmen unabhängig von einer ausdrücklichen primärrechtlichen Vertextlichung als legitimer Rechtfertigungsgrund anerkannt werden.[2025] Konjunkturbedingte Erwägungen schließen damit die Legitimität einer Beschränkung nicht aus. Der EuGH-Rechtsprechungsfundus offenbart jedoch, dass den bloßen wirtschaftlichen Interessen der Mitgliedstaaten keine rechtfertigende Eigenschaft zukommt.[2026] Dies ist vor dem Hintergrund des Verbrauchsteuerprinzips schlüssig, weil die definitive Versagung des Rechts auf Vorsteuerabzug den schwersten bereichsspezifischen Eingriff in das allgemeine Gleichheitsgrundrecht darstellt. Die Übernahme staatswirtschaftlicher Verantwortung widerspricht in großem Maße der bloßen Inkassofunktion des Unternehmers. In der Versagung des Vorsteuerabzugs zeigt sich keine erhöhte Leistungsfähigkeit des Steuerpflichtigen. Um eine Diskriminierung rechtfertigen zu können, muss sich die wirtschaftliche Situation des Mitgliedstaates derart gestalten, dass die fiskalischen Maßnahmen einem zwingenden Grund des Allgemeininteresses entsprechen.[2027] Dabei muss jedoch eine Kausalität zwischen

2025 *Jarass*, GrCh, Art. 20 Rn. 16.

2026 EuGH, Urt. v. 28.04.1998, Rs. C-120/95, *Decker*, Slg. 1998, I-1831, Rn. 39; v. 16.07.1998, Rs. C-264/96, *ICI*, Slg. 1998, I-4695, Rn. 28.

2027 In diesem Sinne vgl. EuGH, Urt. v. 28.04.1998, Rs. C-120/95, *Decker*, Slg. 1998, I-1831, Rn. 39.

der beschränkten Handlung und der Gefährdungslage bestehen.[2028] Dies ist auf dem Gebiet der Mehrwertsteuer der Theorie vorbehalten.

Konjunkturbedingte Maßnahmen können lediglich als Sozialzwecknormen eine Abweichung vom Verbrauchsteuerprinzip rechtfertigen. Sie sind dann nicht mehr bloß fiskalisch motiviert, sondern dienen einem den Einzelinteressen des Steuerpflichtigen übergeordneten Gemeinwohl.[2029] Eine Beschränkung des Vorsteuerabzugs kann etwa als wirtschaftspolitische Lenkungsnorm Investitionen verhindern und damit einhergehend den Konsum dämpfen, um bestimmte gesamtvolkswirtschaftliche Folgen hervorzurufen. Die Grundlage der Lenkungsnorm bildet demnach ein Marktversagen. Wer sich wirtschaftspolitisch unerwünscht verhält und investiert, wird infolgedessen mit den sonderbelastenden Konsequenzen einer Sozialzwecknorm belegt.

cc) Angemessenheit / Verhältnismäßigkeit im engeren Sinne

Das Marktversagen muss als Rechtfertigung der Gemeinwohlzwecke die Außengerechtigkeit[2030] der Lenkungsnorm definieren. Tritt das Marktversagen lediglich in einem bestimmten Wirtschaftsbereich auf, muss sich der Kreis der Belasteten infolgedessen auf dieses Gebiet beschränken. Das Marktversagen muss ferner dem Volumen der Sonderbelastung entsprechen, um eine Kausalität zwischen der Lenkungsnorm und dem Lenkungszweck zu gewährleisten. Diesen Vorgaben versucht der Richtliniengeber durch die obligatorische Konsultation des Mehrwertsteuer-Ausschusses gerecht zu werden.[2031] Durch die Ablehnung allgemein haushaltspolitischer Zielsetzungen, die zeitliche Begrenzung der Maßnahme sowie die Flexibilität der Ermächtigung, zielgenau nicht alle, sondern nur bestimmte Gegenstände und diese bei Bedarf lediglich teilweise zu belasten, setzt der Richtliniengeber geeignete Rahmenbedingungen für eine angemessene Ausgestaltung der Lenkungsnorm. Der Mehrwertsteuer-Ausschuss ist jedoch lediglich beratend tätig und kein offizielles Unionsorgan. Er verfügt damit nicht über Rechtsbefugnisse und kann keine rechtsverbindlichen Entscheidungen

---

2028 EuGH, Urt. v. 28.04.1998, Rs. C-120/95, *Decker*, Slg. 1998, I-1831, Rn. 40.

2029 *Hey*, in: Tipke/Lang, Steuerrecht[24], § 3 Rz. 21, 133.

2030 Zu den Voraussetzungen für den Erlass einer Lenkungsnorm nach der Rechtsprechung des Bundesverfassungsgerichts hier sowie zum Folgenden *Seer*, Ubg 2012, 376 (380).

2031 Kritisch mit Verweis auf einen 25 Jahre lang geltenden Vorsteuerausschluss in Italien, der als Konjunkturmaßnahme zunächst gebilligt, in der Folgezeigt jedoch nicht gerügt wurde *Widmann*, UR 2006, 709 (710).

treffen. Sowohl der Mitgliedstaat, der die Lenkungsnorm erlassen möchte, als auch die Union sind Grundrechtsverpflichtete. Sie müssen über die Funktion des Mehrwertsteuer-Ausschusses hinaus zur Wahrung der Angemessenheit der Norm deren binnengerechte Ausgestaltung überprüfen. Eine Sozialzwecknorm aus konjunkturellen Gründen ist nur dann gleichheitsgerecht ausgestaltet, wenn sie der Allgemeinheit zugutekommt und nicht einzelne Gruppen oder Bürger belastet bzw. begünstigt. Innerhalb der von der Konjunkturmaßnahme erfassten Gruppe von Steuerpflichtigen dürfen demzufolge keine gleichheitswidrigen Belastungsunterschiede eintreten. Diese gleichheitsrechtlichen Vorgaben beschränken das flexible Ausgestaltungswahlrecht des Art. 177 MwStSystRL.

Im Ergebnis obliegt die gleichheitsgerechte Ausgestaltung einer Sozialzwecknorm zur Korrektur eines Marktversagens strengen gleichheitsrechtlichen Vorgaben. Der Mehrwertsteuer-Ausschuss kann lediglich als beratendes Organ gleichheitswidrigen Regelungen vor Inkrafttreten entgegenwirken. Die Grundrechtsverpflichtung trifft jedoch die Union und den die Norm erlassenden Mitgliedstaat. Konjunkturmaßnahmen erhalten folglich nicht dadurch grundrechtlich höhere Weihen, dass sie vorab durch Konsultation des Mehrwertsteuer-Ausschusses positiv begutachtet wurden.

IV. Art. 184 – 192 MwStSystRL: Berichtigung des Vorsteuerabzugs

1. *Einführung*

Kapitel 5 in Titel X der Mehrwertsteuer-Systemrichtlinie enthält Regelungen zur Berichtigung des Vorsteuerabzugs für verschiedene Sachverhalte. Art. 184 MwStSystRL manifestiert den Grundsatz, dass der ursprünglich vorgenommene Vorsteuerabzug berichtigt wird, wenn der letztendlich zu gewährende Vorsteuerabzug höher oder niedriger ist als der, den der Steuerpflichtige ursprünglich vorgenommen hatte. Art. 185 Abs. 1 MwStSystRL weist *expressis verbis* die Rückgängigmachung von Käufen sowie erlangte Rabatte als eine Berichtigungspflicht auslösende Ereignisse aus. Art. 187 ff. MwStSystRL sehen für Investitionsgüter eine ratierliche Berichtigung entsprechend der Verwendung während des Berichtigungszeitraums vor. Dieser beträgt gemäß Art. 187 Abs. 1 MwStSystRL grundsätzlich fünf Jahre und kann bei Grundstücken, die als Investitionsgut erworben wurden, durch die Mitgliedstaaten auf bis zu 20 Jahre verlängert werden.

Im Folgenden sind besondere Anwendungsfälle der Vorsteuerberichtigung aufgrund einer Veränderung der Verwendung von Investitionsgütern sowie Wechselkursschwankungen Gegenstand der Untersuchung.

2. *Einlagenentsteuerung*

a) *Grundlagen der gegenwärtigen Rechtslage*

aa) *EuGH Lennartz*

In der Rechtssache *Lennartz*[2032] nutzte ein Unternehmer einen Pkw zunächst zu 92 % für private Zwecke. Anschließend erhöhte sich der Nutzungsanteil, woraufhin der Steuerpflichtige nachträglich den Vorsteuerabzug geltend machte. Nach den damaligen deutschen Verwaltungsanweisungen[2033] konnte für den Gegenstand bei Anschaffung kein Vorsteuerabzug geltend gemacht werden, weil er nicht zu mindestens 10 % für unternehmerische Zwecke genutzt wurde und daher bereits nicht dem Unternehmen zuzuordnen war.[2034]

Der EuGH verweigerte dem Unternehmer den nachträglichen Vorsteuerabzug mit der Begründung, Art. 187 MwStSystRL[2035] lasse kein nachträgliches Recht auf Vorsteuerabzug entstehen.[2036] Das Recht auf Vorsteuerabzug ergebe sich einzig aus Art. 167 MwStSystRL[2037]. Es sei daher maßgeblich darauf abzustellen, in welcher Eigenschaft eine Person im Zeitpunkt der Entstehung des Anspruchs auf die abziehbare Steuer handelt.[2038] Beziehe eine Person einen Gegenstand nicht für Zwecke seiner wirtschaftlichen Tätigkeit, entstehe kein Recht auf Vorsteuerabzug.[2039]

Der EuGH stellt im Weiteren darauf ab, dass der Betroffene den Gegenstand nicht in seiner Eigenschaft als Steuerpflichtiger erworben hatte.[2040] Für die Feststellung der Erwerber-Eigenschaft sei maßgeblich, dass der Betroffene den Gegenstand nicht explizit seinem Unternehmen zugeordnet habe. Hierzu hätte es einer Berufung auf das Zuordnungswahlrecht nach dem Unionsrecht bedurft.

2032 EuGH, Urt. v. 11.07.1991, Rs. C-97/90, *Lennartz*, Slg. 1991, I-2795.

2033 In der Folge explizit aufgenommen in § 15 Abs. 1 Satz 2 UStG. Diese Regelung ist unionsrechtliche durch Art. 395 Abs. 1 MwStSystRL legitimiert.

2034 EuGH, Urt. v. 11.07.1991, Rs. C-97/90, *Lennartz*, Slg. 1991, I-2795, Rn. 3 ff.

2035 Das Verfahren betrifft die Rechtslage der Sechsten EG-Richtlinie. Die gegenständliche Vorschrift des Art. 20 der Sechsten EG-Richtlinie entspricht Art. 187 MwStSystRL.

2036 EuGH, Urt. v. 11.07.1991, Rs. C-97/90, *Lennartz*, Slg. 1991, I-2795, Rn. 11 f.

2037 Das Verfahren betrifft die Rechtslage der Sechsten EG-Richtlinie. Die gegenständliche Vorschrift des Art. 17 Abs. 1 der Sechsten EG-Richtlinie entspricht Art. 167 MwStSystRL.

2038 EuGH, Urt. v. 11.07.1991, Rs. C-97/90, *Lennartz*, Slg. 1991, I-2795, Rn. 8.

2039 EuGH, Urt. v. 11.07.1991, Rs. C-97/90, *Lennartz*, Slg. 1991, I-2795, Rn. 9.

2040 EuGH, Urt. v. 11.07.1991, Rs. C-97/90, *Lennartz*, Slg. 1991, I-2795, Rn. 23 ff.

Aus der Tatsache, dass von dem Zuordnungswahlrecht kein Gebrauch gemacht wurde, sei von einem Erwerb für private Zwecke auszugehen.

Die *Lennartz*-Rechtsprechungsgrundsätze wurden in der Folgezeit auf die öffentliche Hand übertragen. Wird ein Gegenstand demzufolge zunächst ausschließlich für hoheitliche Zwecke bezogen und anschließend im Rahmen einer wirtschaftlichen Tätigkeit verwendet, besteht kein Recht auf Vorsteuerabzug und infolgedessen keine Berichtigungsmöglichkeit des Vorsteuerabzugs.[2041]

bb) EuGH Gmina Ryjewo

Eine polnische Gemeinde erbaute ein Kulturhaus, das zunächst unentgeltlich an das Kulturzentrum der Gemeinde überlassen wurde.[2042] Ein Vorsteuerabzug aus den Herstellungskosten wurde dementsprechend nicht geltend gemacht. Vier Jahre nach dem Beginn der Nutzung änderte die Gemeinde die Verwendungsabsicht dahingehend, dass das Kulturhaus nunmehr teilweise steuerpflichtig an Dritte vermietet werden sollte. Daraufhin beantragte die Gemeinde den anteiligen Vorsteuerabzug im Wege der Berichtigung des ursprünglichen Vorsteuerabzugs nach den Art. 184 ff. MwStSystRL.

Der Gemeinde wurde der nachträgliche anteilige Vorsteuerabzug durch den EuGH unter Berücksichtigung der dargestellten Grundsätze aus den Rechtssachen *Lennartz* und *Waterschap Zeeuws Vlaanderen* im Ergebnis gewährt.[2043] Zunächst stellte das Gericht fest, dass die Berichtigung innerhalb des Berichtigungszeitraums nach Art. 187 Abs. 1 MwStSystRL erfolgte.[2044] Sodann verneinte es, dass die Gemeinde bei Erwerb des Grundstücks als Nichtsteuerpflichtige gehandelt habe. Im Gegensatz zur Situation in der Rechtssache *Waterschap Zeeuws Vlaanderen* sei das Grundstück nicht in Ausübung öffentlicher Gewalt erworben worden.[2045] Zudem sei die Gemeinde im Erwerbszeitpunkt bereits seit mehreren Jahren mehrwertsteuerlich registriert gewesen.[2046] Zwar sei die

---

2041 EuGH, Urt. v. 02.06.2005, *Waterschap Zeeuws Vlaanderen*, Slg. 2005, I-4685, Rn. 37 ff.

2042 EuGH, Urt. v. 25.07.2018, Rs. C-140/17, *Gmina Ryjewo*, ECLI:EU:C:2018:595 = MwStR 2018, 968 m. Anm. *Oelmaier*, Rn. 16 ff.

2043 EuGH, Urt. v. 25.07.2018, Rs. C-140/17, *Gmina Ryjewo*, ECLI:EU:C:2018:595 = MwStR 2018, 968 m. Anm. *Oelmaier*, Rn. 59.

2044 EuGH, Urt. v. 25.07.2018, Rs. C-140/17, *Gmina Ryjewo*, ECLI:EU:C:2018:595 = MwStR 2018, 968 m. Anm. *Oelmaier*, Rn. 40.

2045 EuGH, Urt. v. 25.07.2018, Rs. C-140/17, *Gmina Ryjewo*, ECLI:EU:C:2018:595 = MwStR 2018, 968 m. Anm. *Oelmaier*, Rn. 42.

2046 EuGH, Urt. v. 25.07.2018, Rs. C-140/17, *Gmina Ryjewo*, ECLI:EU:C:2018:595 = MwStR 2018, 968 m. Anm. *Oelmaier*, Rn. 43.

Absicht der Verwendung des Kulturhauses für steuerbare Umsätze noch nicht geplant,[2047] jedoch auch nicht ausgeschlossen gewesen[2048]. Die Verwendungsabsicht könne auch implizit zum Ausdruck gebracht werden. Für ein Handeln des Steuerpflichtigen „als solcher" könnten die Art des erworbenen Gegenstands und die mehrwertsteuerliche Registrierung als Indizien herangezogen werden.[2049] Da sich das Grundstück seiner Art nach grundsätzlich zur Erbringung steuerbarer Umsätze eigne und die Gemeinde bei Leistungsbezug nicht ausdrücklich bestimmt habe, als Nichtsteuerpflichtiger zu handeln, sei die in Art. 168 MwStSystRL genannte Voraussetzung erfüllt, wonach der Steuerpflichtige im Erwerbszeitpunkt als solcher gehandelt haben muss.[2050] Der EuGH sieht diese weite Auslegung des Begriffs eines Erwerbs „als Steuerpflichtiger" durch den Neutralitätsgrundsatz geboten.[2051]

b) *Systematisierung*

Das maßgebliche Kriterium für die Möglichkeit zur Berichtigung des ursprünglichen Vorsteuerabzugs ist das Agieren des Steuerpflichtigen „als solcher" im Zeitpunkt des Leistungsbezugs. Werden Eingangsleistungen zunächst für den nichtunternehmerischen Bereich bezogen und diesem zugeordnet, kann eine steuerpflichtige Anschlussverwendung nicht zu einem nachträglichen Vorsteuerabzug führen. Diese Rechtsprechungsgrundsätze aus den Rechtssachen *Lennartz* und *Waterschap Zeeuws Vlaanderen* wurden in der *Gmina-Ryjewo*-Entscheidung ausdrücklich bestätigt.[2052] Der Rechtssache *Gmina Ryjewo* ist lediglich eine Präzisierung der Indizien, die für ein Handeln „als Steuerpflichtiger" sprechen, zu entnehmen. Es kann demzufolge ein Handeln als Nichtsteuerpflichtiger nicht unterstellt werden, wenn sich der erworbene Gegenstand nach

2047 EuGH, Urt. v. 25.07.2018, Rs. C-140/17, *Gmina Ryjewo*, ECLI:EU:C:2018:595 = MwStR 2018, 968 m. Anm. *Oelmaier*, Rn. 44 ff.

2048 EuGH, Urt. v. 25.07.2018, Rs. C-140/17, *Gmina Ryjewo*, ECLI:EU:C:2018:595 = MwStR 2018, 968 m. Anm. *Oelmaier*, Rn. 47 f.

2049 EuGH, Urt. v. 25.07.2018, Rs. C-140/17, *Gmina Ryjewo*, ECLI:EU:C:2018:595 = MwStR 2018, 968 m. Anm. *Oelmaier*, Rn. 49 f.

2050 EuGH, Urt. v. 25.07.2018, Rs. C-140/17, *Gmina Ryjewo*, ECLI:EU:C:2018:595 = MwStR 2018, 968 m. Anm. *Oelmaier*, Rn. 53.

2051 EuGH, Urt. v. 25.07.2018, Rs. C-140/17, *Gmina Ryjewo*, ECLI:EU:C:2018:595 = MwStR 2018, 968 m. Anm. *Oelmaier*, Rn. 54 f.

2052 EuGH, Urt. v. 25.07.2018, Rs. C-140/17, *Gmina Ryjewo*, ECLI:EU:C:2018:595 = MwStR 2018, 968 m. Anm. *Oelmaier*, Rn. 37 f.

seiner Art für eine wirtschaftliche Tätigkeit eignet und zudem bei Leistungsbezug eine mehrwertsteuerliche Registrierung vorliegt.

Unter Berücksichtigung dieser Grundsätze bestehen entscheidungserhebliche Unterschiede zu den Rechtssachen *Lennartz* und *Waterschap Zeeuws Vlaanderen*: Herr Lennartz hatte bei Erwerb des Pkw das bestehende Zuordnungswahlrecht zu seinem Unternehmen nicht ausgeübt und den Gegenstand somit ausdrücklich seinem nichtunternehmerischen Bereich zugeordnet. Aus diesem Grund ist es nicht notwendig gewesen, eine potentielle Verwendungsabsicht für zukünftige vorsteuerunschädliche Tätigkeiten zu berücksichtigen.[2053] Für die Einrichtung des öffentlichen Rechts in der Rechtssache *Waterschap Zeeuws Vlaanderen* gilt nichts anderes. Sie handelte bei Leistungsbezug im Rahmen öffentlicher Gewalt und damit explizit als Nichtsteuerpflichtige.

Im Ergebnis ist damit, wenngleich sich die Generalanwältin *Kokott* hierfür in den Schlussanträgen zur Rechtssache *Gmina Ryjewo* aussprach[2054], nach der geltenden Rechtslage weiterhin kein Vorsteuerabzug im Rahmen einer Einlagenentsteuerung möglich.[2055]

c) Ungleichbehandlung von Vergleichsgruppen

Nach der gegenwärtigen Interpretation durch den EuGH macht es einen Unterschied, ob ein Gegenstand zunächst durch einen Erwerber in seiner Eigenschaft als Steuerpflichtiger erworben und später nichtunternehmerisch genutzt wird oder die Verwendung in umgekehrter zeitlicher Abfolge verläuft. Wird der Gegenstand von einem Nichtunternehmer erworben und in einem Folgejahr innerhalb des Berichtigungszeitraums unternehmerisch genutzt, findet ungeachtet der Einlage des Gegenstands in das Unternehmen keine Berichtigung des ursprünglich unterbliebenen Vorsteuerabzugs statt. Im Gegensatz hierzu kann bei einer zunächst ausschließlich vorsteuerunschädlichen Nutzung der Vorsteuerabzug in voller Höhe geltend gemacht werden. Wird der Gegenstand anschließend vorsteuerschädlich ausschließlich für private Zwecke genutzt, findet eine ratierliche Berichtigung des ursprünglich in Gänze erfolgten Vorsteuerabzugs innerhalb des Berichtigungszeitraums statt. In diesem Zusammenhang bleibt unberücksichtigt, dass es sich bei der mit dem Gegenstand erbrachten Leistung

---

2053 *Meurer*, MwStR 2018, 859 (864).

2054 EuGH, Schlussantr. GA *Kokott* v. 19.04.2018, Rs. C-140/17, *Gmina Ryjewo*, ECLI:EU:C:2018:273 = MwStR 2018, 557 m. Anm. *Möser*, Rn. 35 ff.

2055 *Kessens*, MwStR 2019, 308 (310 f.); *Heuermann*, MwStR 2018, 1000 (1005); *Oelmaier*, MwStR 2018, 972.

in beiden Fällen um eine identische Leistung handeln kann, die zu einem gleich hohen Betrag geschuldeter Mehrwertsteuer führt.[2056]

Anwendungsbeispiel:
Steuerberater S erwirbt einen Pkw zum Preis von 20.000 EUR zzgl. USt zu Beginn des Jahres 01.

Variante 1: S erwirbt als Steuerpflichtiger und nutzt den Pkw bis Mitte des Jahres 03 ausschließlich im Rahmen seiner selbstständigen Steuerberatertätigkeit für vorsteuerunschädliche Umsätze. Ab Mitte des Jahres 03 nutzt S den Pkw fortan ausschließlich privat.

Variante 2: S erwirbt als Nichtunternehmer vor Unternehmensgründung und mehrwertsteuerlicher Registrierung. Mit Aufnahme der selbstständigen Steuerberatertätigkeit Mitte des Jahres 03 nutzt S den Pkw nunmehr ausschließlich im Rahmen seines Unternehmens für vorsteuerunschädliche Umsätze.

In Variante 1 besteht für S im Jahr 01 das Recht auf Vorsteuerabzug in voller Höhe. Die ausschließlich private Nutzung des Pkw ab Mitte des Jahres 03 führt zu einer Änderung der Verwendung des Gegenstandes i. S. d. Art. 187 MwStSystRL. Infolgedessen ist der ursprüngliche Vorsteuerabzug anteilig für den restlichen Berichtigungszeitraum im Rahmen von steuerpflichtigen unentgeltlichen Wertabgaben zu korrigieren.

In Variante 2 besteht mangels Steuerpflichtigen-Eigenschaft des S kein Recht auf Vorsteuerabzug gemäß Art. 167 ff. MwStSystRL im Zeitpunkt der Anschaffung des Gegenstandes. Da S den Gegenstand im Erwerbszeitpunkt nicht „als Steuerpflichtiger" bezogen hat, löst die spätere unternehmerische Verwendung des Pkw ab Mitte des Jahres 03 keinen Berichtigungstatbestand i. S. d. Art. 184 ff. MwStSystRL aus.

Die beiden Varianten des Anwendungsbeispiels zeigen, dass eine unterschiedliche mehrwertsteuerliche Behandlung stattfindet, die von der zeitlichen Abfolge der Verwendung des Pkw abhängt. Obwohl S im Rahmen seiner unternehmerischen Tätigkeit identische steuerpflichtige Leistungen erbringt und die vorsteuerunschädlichen und vorsteuerschädlichen Abschnitte innerhalb des fünfjährigen Berichtigungszeitraums gleich lang sind, erfolgt nur in Variante 1 eine Entlastung durch den Vorsteuerabzug. In Variante 2 muss S demzufolge den „fehlenden" Vorsteuerabzug wirtschaftlich kompensieren.

2056 EuGH, Schlussantr. GA *Kokott* v. 19.04.2018, Rs. C-140/17, *Gmina Ryjewo*, ECLI:EU:C:2018:273 = MwStR 2018, 557 m. Anm. *Möser*, Rn. 33.

d) Vergleichbarkeit der Vergleichsgruppen

Die unterschiedliche mehrwertsteuerliche Behandlung basiert einzig auf der Verwendungsreihenfolge des Gegenstands. Aus verbrauchsteuerlichen Gesichtspunkten ist die Reihenfolge der Verwendung eines Gegenstands jedoch kein Merkmal des Vorsteuerabzugs. Dementsprechend enthält Art. 1 Abs. 2 MwStSystRL keine zeitliche Komponente, sondern gebietet allgemeingültig eine vollständige Entlastung von der Mehrwertsteuer, die die Kostenelemente unmittelbar belastet. In dem Anwendungsbeispiel werden durch S jeweils identische steuerpflichtige Leistungen erbracht. Aus Sicht des Durchschnittsverbrauchers kann demzufolge kein Unterschied zwischen den Leistungen bestehen. Infolgedessen belastet die Mehrwertsteuer aus dem Erwerb des Pkw in identischer Weise unmittelbar die Kostenelemente der Ausgangsleistungen des S. Die Vergleichsgruppen befinden sich daher im Ergebnis in einer vergleichbaren Situation.

e) Rechtfertigung der Ungleichbehandlung

aa) Rechtfertigung durch den EuGH

Die Rechtfertigung der bestehenden Rechtslage durch den EuGH ist den Urteilsgründen der Rechtssache *Lennartz* zu entnehmen. Demzufolge spricht neben dem Wortlaut der Bestimmungen das „System der Sechsten Richtlinie“[2057] gegen die Gewährung einer Einlagenentsteuerung.

bb) Legitimer Zweck

Der Richtliniengeber leitet die gegenwärtige Rechtslage unter systematischer Auslegung aus dem System der Mehrwertsteuer-Systemrichtlinie ab. Diese fußt auf dem Grundsatz der steuerlichen Neutralität. Dessen Wahrung ist ein legitimes Ziel, weil es sich um eine – wenn auch unvollständige – sekundärrechtliche Konkretisierung des allgemeinen Gleichheitssatzes handelt.

cc) Geeignetheit des Mittels

Das Mittel der Beschränkung des Rechts auf Vorsteuerabzug nach Art. 167 ff. MwStSystRL auf Unternehmer, die im Zeitpunkt des Erwerbs „als solcher“ handeln, ist geeignet, das verfolgte Ziel zu fördern. Auf diese Weise wird verhindert, dass Nichtsteuerpflichtige durch den Vorsteuerabzug eine verbrauchsteuersystemwidrige Entlastung erfahren.

2057 EuGH, Urt. v. 11.07.1991, Rs. C-97/90, *Lennartz*, Slg. 1991, I-2795, Rn. 12.

dd) Erforderlichkeit des Mittels

Die gewählte Methode des Abstellens auf die Steuerpflichtigen-Eigenschaft bei ursprünglichem Leistungsbezug für Zwecke der Vorsteuerberichtigung führt zu einer Reihe von Nachteilen. Je nachdem, in welcher zeitlichen Abfolge die unternehmerische und die private Nutzung erfolgen, entstehen Vor- oder Nachteile. Wird aufgrund einer zunächst vorsteuerunschädlichen Tätigkeit der volle Vorsteuerabzug gewährt, bewirkt die zinsfreie ratierliche Besteuerung der unentgeltlichen Wertabgabe für eine anschließende Privatnutzung Liquiditätsvorteile. Dies gilt insbesondere in Fällen einer lediglich partiellen unternehmerischen Nutzung, bei denen unter Wahrnehmung des Zuordnungswahlrechts überhaupt erst das Recht auf vollständigen Vorsteuerabzug entsteht. Erfolgt hingegen zunächst eine nichtunternehmerische Nutzung und scheidet daher ein Vorsteuerabzug aus, entstehen im Rahmen einer anschließenden unternehmerischen Verwendung definitive Belastungen mit Umsatzsteuer.

Als alternatives Mittel kommt eine nachträgliche Berichtigung der Vorsteuer in Betracht. Im Rahmen dieser Arbeit wurde bereits analysiert, dass eine Einlagenentsteuerung im Vergleich zu den bestehenden Zuordnungswahlrechten zu präziseren Ergebnissen führt. Bei einer zunächst vollumfänglich vorsteuerunschädlichen Verwendung führt das Alternativmittel zu keiner Änderung. In Fällen einer vorsteuerunschädlichen Anschlussverwendung verhindert die Einlagenentsteuerung die negativen Folgen der Definitivbelastung mit Umsatzsteuer.

Das Alternativmittel ist mit keinerlei Einschränkungen des verfolgten Zweckes, der Wahrung des Neutralitätsgrundsatzes, verbunden. Im Gegenteil: Erst durch die Gewährung der Einlagenentsteuerung wird eine Definitivbelastung des Unternehmers mit Umsatzsteuer vermieden und dementsprechend ein verbrauchsteuerkonformer Zustand hergestellt.[2058] Der Verbrauchsteuercharakter der Umsatzsteuer schreibt eine vollständige Entlastung von der Mehrwertsteuer, die die Kostenelemente unmittelbar belastet, vor. Hierzu zählt auch

---

2058 Mit Verweis auf Art. 20 GrCh *Heck/Heffinger*, MwStR 2017, 812 (816); unter Berufung auf den Neutralitätsgrundsatz *Kokott*, Steuerrecht der EU § 8 Rn. 565; *Oldiges*, Vorsteuerabzug und Eigenverbrauch bei gemischter Verwendung, 99 ff., *ders.*, DStR 2010, 793 (794 f.); *Hiller*, DStR 2005, 809 (814 f.); *Dziadkowski*, UR 1985, 213 (215); aus Verbrauchsteuergesichtspunkten *Stadie*, DStJG 13 (1990), 179 (195); *Widmann*, UR 1986, 6 (7); nunmehr allgemein mit dem System der Mehrwertsteuer begründend *Dziadkowski*, UR 2019, 246 (253 f.); *ders.*, DStR 2002, 486 (487 f.); *ders.*, UR 2008, 10 (12).

die Einlage.[2059] Jede endgültige Belastung des Unternehmers widerspricht folglich dieser Konzeption.

Entgegen der EuGH-Auffassung[2060] spricht bereits das System der Mehrwertsteuer-Systemrichtlinie für die Anerkennung der Einlagenentsteuerung. Die Einlage ist der umgekehrte Tatbestand der Entnahme.[2061] In Entnahmefällen erfolgt eine Gleichstellung des Unternehmers mit dem Endverbraucher. Der ursprünglich vorgenommene Vorsteuerabzug wird im Wege der unentgeltlichen Wertabgabe kompensiert. Dies ist gleichheitsrechtlich geboten und entspricht dem verbrauchsteuerlichen Typus der Umsatzsteuer.[2062] Wird eine Entsteuerung von Einlagen hinsichtlich ursprünglich für private Zwecke bezogener Leistung verneint, entspricht dies der Argumentation, die Besteuerung sei unumkehrbar und definitiv. Dies müsste konsequenterweise jedoch auch für den umgekehrten Fall einer zunächst unternehmerisch bezogenen Leistung gelten, die anschließend außerunternehmerisch verwendet wird.[2063] Im Wege der unentgeltlichen Wertabgaben werden Unternehmer jedoch dem Endverbraucher gleichgestellt, sofern ursprünglich unternehmerische Leistungsbezüge im Rahmen von Sach-, Verwendungs- oder Leistungsentnahmen nachträglich zu Konsumaufwendungen führen.[2064] Darin zeigt sich der systematische Wille der Richtlinie, unversteuerten Endverbräuchen und damit nicht erfasster wirtschaftlicher Leistungsfähigkeit entgegenzuwirken. Die vollständige Entlastung durch den Vorsteuerabzug steht somit unter dem Vorbehalt der konsequenten vorsteuerunschädlichen Anschlussverwendung. Es ist nicht erkennbar, dass dieses Prinzip nicht auch in der umgekehrten Reihenfolge gelten soll.[2065]

Die vorangehenden Ausführungen werden dadurch bekräftigt, dass ein nachträglicher Vorsteuerabzug auch dann möglich ist, wenn der Steuerpflichtige während des Berichtigungszeitraums von einer unecht steuerfreien zu einer steuerpflichtigen Tätigkeit übergeht.[2066] Zwar agiert der Unternehmer, der Leistungen erbringt, die einer unechten Steuerbefreiung unterliegen, „als solcher" bei Leistungsbezug, ihm steht jedoch gemäß Art. 168 MwStSystRL kein

---

2059 *Probst*, DStJG 13 (1990), 137 (162 f.).

2060 EuGH, Urt. v. 11.07.1991, Rs. C-97/90, *Lennartz*, Slg. 1991, I-2795, Rn. 12.

2061 *Lechner*, DStJG 13 (1990), 39 (55); *Stadie*, Das Recht des Vorsteuerabzugs, 243.

2062 *Nieskens*, DStJG 32 (2009), 279 (283 ff.); *Englisch*, in: Tipke/Lang, Steuerrecht[24], § 17 Rz. 152 ff.; *Stadie*, Das Recht des Vorsteuerabzugs, 246.

2063 Hierzu sowie zum Folgenden *Stadie*, Das Recht des Vorsteuerabzugs, 246 f.

2064 *Englisch*, in: Tipke/Lang, Steuerrecht[24], § 17 Rz. 152 ff.

2065 *Söhn*, StuW 1976, 1 (30 f.).

2066 Hierzu sowie zum Folgenden *Lechner*, DStJG 13 (1990), 39 (54 f.).

Vorsteuerabzug zu. Wird die bezogene Leistung zu einem späteren Zeitpunkt zur Erbringung vorsteuerunschädlicher Umsätze verwendet, liegt ebenso eine Änderung des Verwendungszwecks vor wie bei einer Einlage in das Unternehmen. Im Ergebnis besteht zwischen den Fällen somit kein[2067] bzw. ein lediglich technischer Unterschied.

Die systematischen Erwägungen finden schließlich Widerhall in Art. 192 MwStSystRL.[2068] Demnach können Mitgliedstaaten für Steuerpflichtige, die von einer Sonderbesteuerungsform wie der Kleinunternehmerschaft zur normalen Umsatzbesteuerung übergehen und umgekehrt, Vorkehrungen treffen, um zu vermeiden, „dass dem Steuerpflichtigen ungerechtfertigte Vorteile oder Nachteile entstehen". Art. 192 MwStSystRL gilt lediglich für den Wechsel von Besteuerungsformen. Dennoch zeigt sich in der Norm der Zweck des gesamten Kapitels 5 in Titel X der Mehrwertsteuer-Systemrichtlinie, sowohl Vor- als auch Nachteile auszugleichen.

Im Ergebnis ist es in systematischer Hinsicht geboten, eine Einlagenentsteuerung anzuerkennen. Aus diesem Grund kann das Mittel des Abstellens auf die Steuerpflichtigen-Eigenschaft bei ursprünglichem Leistungsbezug für Zwecke der Vorsteuerberichtigung keine geeignete Maßnahme zur Wahrung des Verbrauchsteuerprinzips sein.[2069] Es verstößt in seiner gegenwärtigen Interpretation gegen das allgemeine Gleichheitsrecht nach Art. 20 GrCh.[2070]

f) Herstellung eines grundrechtskonformen Zustandes

Die Einführung einer Einlagenentsteuerung wurde bereits von mehreren Stimmen in der Fachliteratur gefordert.[2071] Zumeist wird auf die bloße Möglichkeit

---

2067 *Stadie*, UStG, § 15a Rz. 127.

2068 Hierzu sowie zum Folgenden *Stadie*, UStG, § 15a Rz. 127.

2069 Nach GA *Kokott*, EuGH, Schlussantr. v. 19.04.2018, Rs. C-140/17, *Gmina Ryjewo*, ECLI:EU:C:2018:273 = MwStR 2018, 557 m. Anm. *Möser*, Rn. 40, kann „nur eine solche nachträgliche Korrektur […] eine dem Neutralitätsprinzip entsprechende Entlastung" bewirken.

2070 Nach *Heuermann*, MwStR 2018, 1000 (1001), ist die Einlagenentsteuerung wegen Art. 20 GrCh „geboten".

2071 *Kokott*, Steuerrecht der EU § 8 Rn. 565; *Stadie*, Das Recht des Vorsteuerabzugs, 243 ff.; *ders.*, in: UStG, § 15a Rz. 127; *ders.*, DStJG 13 (1990), 179 (195); *Lechner*, DStJG 13 (1990), 39 (54 f.); *Probst*, DStJG 13 (1990), 137 (162 f.); *Oldiges*, Vorsteuerabzug und Eigenverbrauch bei gemischter Verwendung, 99 ff., *ders.*, DStR 2010, 793 (794 f.); *Heuermann*, MwStR 2018, 1000 (1001); *Heck/Heffinger*, MwStR 2017, 812 (816); *Dziadkowski*, UR 2019, 246 ff.; *ders.*, UR 2008, 10 (12); *ders.*, DStR 2002, 486;

der systematischen Auslegung der Richtlinienbestimmungen[2072] verwiesen. Vereinzelt erfolgen jedoch auch explizite Vorschläge einer gesetzlichen Neuregelung nach dem Vorbild etwa der Schweizer Regelungen.[2073] Die Art und Weise der Herstellung eines gleichheitskonformen Zustandes ist dabei maßgeblich von den Auslegungsmöglichkeiten der Richtlinienvorgaben abhängig. Die Grenze der verbrauchsteuerteleologischen Auslegung bildet der Richtlinienwortlaut.

Zu beachten ist, dass die EuGH-Entscheidung in der Rechtssache *Lennartz* zur Sechsten Mehrwertsteuer-Systemrichtlinie ergangen ist. Die zugrunde liegende Regelung des Art. 20 Abs. 2 wurde mit einem geänderten Wortlaut in Art. 187 Abs. 2 UAbs. 2 MwStSystRL übernommen. Soweit ersichtlich, hat sich der EuGH noch nicht explizit mit der Fragestellung auseinandergesetzt, ob eine Einlagenentsteuerung nach der bei Einführung der Mehrwertsteuer-Systemrichtlinie erfolgten Änderung des Wortlauts im Wege der Auslegung erreicht werden kann.[2074]

Art. 20 Abs. 2 Satz 3 der Sechsten Richtlinie bezog die Berichtigung des Vorsteuerabzugs in den Folgejahren auf den „Anspruch für das Jahr, in dem die Güter erworben oder hergestellt wurden". Dieser Wortlaut legt nahe, die Berichtigungsmöglichkeit des Vorsteuerabzugs von dem ursprünglichen Vorsteueranspruch im Leistungszeitpunkt abhängig zu machen. Infolgedessen scheidet eine Einlagenentsteuerung aus, weil sich die Steuerpflichtigen-Eigenschaft bei Leistungsbezug nicht nachträglich ändern kann.

Nunmehr stellt Art. 187 Abs. 2 UAbs. 2 MwStSystRL jedoch auf Änderungen ab, „die in den folgenden Jahren gegenüber dem Recht für das Jahr eingetreten sind, in dem die Güter erworben, hergestellt oder ggf. erstmalig verwendet wurden". Durch den Verweis auf die erstmalige Herstellung oder Verwendung macht der Richtliniengeber deutlich, dass er auch eine nachträgliche Zuordnung zum Unternehmen den Berichtigungstatbeständen unterziehen möchte.[2075] Denn

---

ders., UR 1985, 214 (215); *Hiller*, DStR 2005, 809 (814 f.); *Widmann*, UR 1986, 6 (7); *Söhn*, StuW 1976, 1 (30 f.).

2072 Vgl. nur *Probst*, DStJG 13 (1990), 137 (162 f.).

2073 *Heck/Heffinger*, MwStR 2017, 812 (814 ff.); *Dziadkowski*, UR 2019, 246 (251 f.); *ders.*, DStR 2002, 486 (487 f.).

2074 Ebenfalls für eine Berücksichtigung des geänderten Wortlauts *Kokott*, Steuerrecht der EU § 8 Rn. 565; *dies.*, EuGH, Schlussantr. v. 19.04.2018, Rs. C-140/17, *Gmina Ryjewo*, ECLI:EU:C:2018:273 = MwStR 2018, 557 m. Anm. *Möser*, Rn. 35.

2075 Hierzu sowie zum Folgenden EuGH, Schlussantr. GA *Kokott* v. 19.04.2018, Rs. C-140/17, *Gmina Ryjewo*, ECLI:EU:C:2018:273 = MwStR 2018, 557 m. Anm. *Möser*, Rn. 35 ff.

eine erstmalige Verwendung nach dem Erwerb kann nur eine solche sein, die im Leistungsbezug kein Recht auf Vorsteuerabzug eröffnet hat. Hätte diese Verwendungsabsicht nämlich bereits bei Erwerb des Gegenstands vorgelegen, wäre eine Zuordnung zum Unternehmen möglich gewesen und hätte dementsprechend ein Recht auf Vorsteuerabzug bestanden. Eine abweichende Interpretation würde daher überhaupt nicht zu einem Fall der Vorsteuerberichtigung führen. Der Richtlinienwortlaut muss dementsprechend dergestalt aufgefasst werden, dass die erstmalige Verwendung gemäß Art. 187 Abs. 2 UAbs. 2 MwStSystRL eine nachträgliche Verwendung im Rahmen einer wirtschaftlichen Tätigkeit darstellt.

Diese wörtliche Auslegung wird durch die Entscheidung des EuGH in der Rechtssache *Gmina Międzyzdroje*[2076] bestärkt. Im Urteilsfall baute eine Gemeinde nahe einer Grundschule eine Sporthalle aus und plante, diese für hoheitliche Zwecke zu nutzen. Die Gemeinde hatte demzufolge kein Recht auf Vorsteuerabzug. Zu einem späteren Zeitpunkt wurde die Sporthalle jedoch steuerpflichtig verpachtet.[2077] Der EuGH gewährte nachträglich einen anteiligen Vorsteuerabzug entsprechend dem Berichtigungszeitraum. Der EuGH führt aus, Art. 187 MwStSystRL erlaube es, „Unrichtigkeiten bei der Berechnung der Abzüge und ungerechtfertigte Vorteile oder Nachteile für den Steuerpflichtigen zu vermeiden [...]. Die Wahrscheinlichkeit solcher Änderungen ist besonders groß bei Investitionsgütern, die oft über mehrere Jahre verwendet werden, während deren sich ihre Zuordnung ändern kann [...].“[2078] Demzufolge sollen mit Art. 187 MwStSystRL nach Auffassung des EuGH nicht nur ungerechtfertigte Vorteile für den Steuerpflichtigen eingedämmt, sondern ebenfalls spiegelbildliche Nachteile vermieden werden, die andernfalls entstünden, wenn Eingangsleistungen erst nach dem Zeitpunkt des Leistungsbezugs für eine wirtschaftliche Tätigkeit verwendet werden.

Im Ergebnis spricht der gegenwärtig gültige Richtlinienwortlaut nicht gegen eine verbrauchsteuerteleologische Auslegung. Die gleichheitsrechtlich gebotene

---

2076 EuGH, Beschl. v. 05.06.2014, Rs. C-500/13, *Gmina Międzyzdroje*, ECLI:EU:C:2014:1750 = BeckRS 2014, 81345.

2077 EuGH, Beschl. v. 05.06.2014, Rs. C-500/13, *Gmina Międzyzdroje*, ECLI:EU:C:2014:1750 = BeckRS 2014, 81345, Rn. 10 f.

2078 EuGH, Beschl. v. 05.06.2014, Rs. C-500/13, *Gmina Międzyzdroje*, ECLI:EU:C:2014:1750 = BeckRS 2014, 81345, Rn. 20

Einlagenentsteuerung bedingt daher keine Neuregelung, sondern kann im Wege der Rechtsfortbildung durch den EuGH erreicht werden.[2079]

3. *Vorsteuerabzug im System der Soll-Besteuerung am Beispiel von Wechselkursschwankungen*

a) *Grundlagen der gegenwärtigen Rechtslage*

Wechselkursschwankungen, die sich zwischen Leistungsbezug und Verausgabung des Entgelts ergeben, unterliegen derzeit nicht der Berichtigung nach den Art. 184 ff. MwStSystRL. Der Vorsteuerabzug ist indessen unter den weiteren Voraussetzungen im Zeitpunkt des Leistungsbezugs geltend zu machen. Dies ist Ausfluss des geltenden Systems der Soll-Besteuerung.

Die Entrichtung der Gegenleistung für die erhaltene Leistung an den Leistungserbringer ist keine Voraussetzung für die Ausübung des Rechts auf Vorsteuerabzug. Nach Art. 167 MwStSystRL wird das Recht auf Vorsteuerabzug in dem Zeitraum der Steuerentstehung ausgeübt. Im geltenden System der Soll-Besteuerung genügt hierfür gemäß Art. 63 MwStSystRL bereits, dass die Leistung erbracht wurde. Dementsprechend muss das Entgelt lediglich vereinbart, nicht jedoch bereits entrichtet worden sein.

Gemäß Art. 91 Abs. 2 MwStSystRL sind Gegenleistungen in ausländischer Währung zur Ermittlung der Steuerbemessungsgrundlage in die Währung umzurechnen, in der die Steuerbemessungsgrundlage zu ermitteln ist. Nach der auf diese Weise berechneten Bemessungsgrundlage richtet sich in der Folge die Höhe der Umsatzsteuerschuld sowie gemäß Art. 168 Buchst. a MwStSystRL die Höhe des Vorsteuerabzugs.

Art. 91 MwStSystRL wird nicht als Bestimmung zur Berichtigung der Bemessungsgrundlage interpretiert, sondern als bloßer Teil der Steuerberechnung.[2080] Dies zeigt sich bereits in der Platzierung von Art. 91 MwStSystRL innerhalb des mit „Steuerbemessungsgrundlage" überschriebenen Titels VII der Mehrwertsteuer-Systemrichtlinie. Die Regelung ist nicht in den Kapiteln 1 – 4 platziert worden, in denen die Bemessungsgrundlage definiert wird. Jegliche Wechselkursänderung könnte andernfalls als Änderung der Bemessungsgrundlage qualifiziert werden. Die Regelung findet sich indes in dem mit „verschiedene Bestimmungen"

2079 Nach *Heuermann*, MwStR 2018, 1000 (1005) ist es daher „Aufgabe der nationalen Gerichte, […] an dieser Rechtsfortbildung durch die Vorlage geeigneter Fälle mitzuwirken."

2080 Bunjes/*Korn*, UStG § 16 Rn. 33; *Leipold*, in: Sölch/Ringleb, UStG, § 16 Rn. 122 f.

betitelten Kapitel 5. Innerhalb von Kapitel 5 regelt Art. 90 MwStSystRL wiederum die Berichtigung der Bemessungsgrundlage, so dass Art. 91 MwStSystRL diese Funktion nicht zugeschrieben werden kann.

Nach der Gesetzesbegründung des historischen deutschen Gesetzgebers dient die Ausblendung von Währungsschwankungen bei der Berichtigung der Bemessungsgrundlage Vereinfachungszwecken.[2081] Denn während vor Inkrafttreten der Sechsten Richtlinie Kursänderungen zwischen Ausführung der Leistung und Entgeltvereinnahmung zu einer Änderung der Bemessungsgrundlage führten,[2082] soll seitdem zur Vermeidung von Verwaltungsaufwand darauf verzichtet werden. Da das Gesetz explizit zur Anpassung an die Sechste Richtlinie ergangen war, kann die Begründung der Vereinfachung auch für das Unionsrecht herangezogen werden. Dies wird durch eine Ergänzung von Art. 91 Abs. 2 MwStSystRL durch die Richtlinie 2010/45/EU[2083] verdeutlicht. Diese Änderungsrichtlinie dient explizit der weiteren Vereinfachung der Rechnungsstellung.[2084] In diesem Zusammenhang wurde ausschließlich die erstmalige Rechnungsstellung thematisiert, nicht jedoch etwa Berichtigungen aufgrund von geänderten Wechselkursen. Der neu eingefügte UAbs. 2 in Art. 91 Abs. 2 MwStSystRL bezieht sich dementsprechend auf Umrechnungskurse der Europäischen Zentralbank „für den Tag, an dem der Steueranspruch entsteht“.

Die Hauptanwendungsfälle der Norm betreffen jeweils inländische Unternehmer:[2085] Zum einen unterliegen der Regelung nicht vorsteuerabzugsberechtigte Unternehmer, sofern sie aus dem Ausland Leistungen beziehen, die der Umkehr der Steuerschuldnerschaft unterliegen. Zum anderen werden reine Inlandsfälle erfasst, bei denen das Geschäft in einer Fremdwährung abgewickelt wird.

2081 Vgl. hierzu sowie zum Folgenden Gesetzentwurf der Bundesregierung für ein UStG 1979, BT-Drucks. 8/1779 – Begründung zu § 16 Abs. 6 UStG.

2082 *Stadie,* in: Rau/Dürrwächter, UStG, § 17 Anm. 289; *Leipold,* in: Sölch/Ringleb, UStG, § 16 Rn. 122.

2083 Richtlinie 2010/45/EU des Rates v. 13.07.2010 zur Änderung der Richtlinie 2006/112/EG über das gemeinsame Mehrwertsteuersystem hinsichtlich der Rechnungsstellungsvorschriften, Abl. EU Nr. L 189/1.

2084 Vgl. Erwägungsgrund 1 der Richtlinie 2010/45/EU des Rates v. 13.07.2010 zur Änderung der Richtlinie 2006/112/EG über das gemeinsame Mehrwertsteuersystem hinsichtlich der Rechnungsstellungsvorschriften, Abl. EU Nr. L 189/1.

2085 Bunjes/*Korn*, UStG § 16 Rn. 32.

b) Gleichbehandlung von Sachverhalten

Nach der gegenwärtigen Interpretation macht es für die Höhe des Vorsteuerabzugs keinen Unterschied, ob sich das zu leistende Entgelt aufgrund eines zwischen Leistungserbringung und Schuldbegleichung geänderten Wechselkurses erhöht oder verringert. Der Unternehmer muss Kursänderungen „zu seinen Gunsten oder Lasten hinnehmen"[2086].

Anwendungsbeispiel:
Unternehmer A erwirbt einen Gegenstand von Unternehmer B. Die Lieferung und die Rechnungsstellung erfolgen im Januar des Jahres 01. A begleicht die Rechnung im April des Jahres 01. Die beiden Unternehmer sind im gleichen Mitgliedstaat D ansässig, so dass die Lieferung im Inland steuerbar und steuerpflichtig ist. Die Landeswährung in Mitgliedstaat D ist der Euro. Aufgrund des ausgeprägten US-Geschäfts von Unternehmer A tätigt dieser seine Erwerbe nach Möglichkeit in US-Dollar. Die Unternehmer vereinbaren daraufhin, das Geschäft in US-Dollar abzuwickeln. Der Preis für den Gegenstand beträgt 100.000 USD zzgl. USt.

Variante 1: Im Jahr 01 ändert sich der Wechselkurs von EUR 1,0 = USD 1,2 im Januar auf EUR 1,0 = USD 1,3 im April.
Variante 2: Im Jahr 01 ändert sich der Wechselkurs von EUR 1,0 = USD 1,2 im Januar auf EUR 1,0 = USD 1,1 im April.
Variante 3: Der Wechselkurs beträgt im Januar und im April unverändert EUR 1,0 = USD 1,2.

In allen drei Varianten entspricht der Vorsteuerbetrag der Umsatzsteuer aus der Bemessungsgrundlage i. H. v. 83.333,33 EUR (100.000 USD / 1,2). In Variante 3 entspricht der eingesetzte Netto-Aufwand des Erwerbers dieser mehrwertsteuerlichen Bemessungsgrundlage. In den Varianten 1 und 2 divergieren jedoch die zu entrichtenden Beträge und die Steuerbemessungsgrundlage. In Variante 1 wendet Unternehmer A aufgrund des für ihn günstigeren Wechselkurses lediglich einen Netto-Kaufpreis von 76.923,08 EUR (100.000 USD / 1,3) auf. Der für den Erwerber ungünstigere Wechselkurs in Variante 2 führt zu einem erhöhten Netto-Betrag i. H. v. 90.909,09 EUR.

Obwohl Unternehmer A in Variante 1 von einem verminderten Aufwand profitiert und in Variante 2 eine Mehrbelastung kompensieren muss, wird er in Ermangelung einer Berichtigung der Bemessungsgrundlage so behandelt, als wäre der Umrechnungskurs wie in Variante 3 unverändert geblieben.

2086 *Leipold*, in: Sölch/Ringleb, UStG, § 16 Rn. 124.

c) Vergleichbarkeit der Vergleichsgruppen

In der Literatur wird bisweilen die Auffassung vertreten, die Nichtbeachtung von Wechselkursschwankungen sei „systemkonform"[2087]. Die Steuerbemessungsgrundlage umfasse alles, was der Leistungsempfänger aufwendet, um die Leistung zu beziehen. Dies sei der Betrag in Fremdwährung und nicht der in Euro umgerechnete Gegenwert, weil man sich auf die Abwicklung des Geschäfts in der Fremdwährung geeinigt habe. Dementsprechend trete durch Wechselkursschwankungen keine Änderung der Bemessungsgrundlage ein.

Folgt man der dargestellten Sichtweise, befinden sich die Vergleichsgruppen in derselben Situation, mit der Folge, dass ihre Gleichbehandlung nicht gegen das Gleichheitsrecht verstößt, sondern vielmehr gleichheitsrechtlich geboten ist. Die Prüfung der Vergleichbarkeit der Sachverhalte ist jedoch nicht an der Definition des Entgelts in Fremdwährung zu vollziehen, sondern am Verbrauchsteuerprinzip auszurichten. Eine bestimmte Entgeltdefinition kann die Verschiedenheit von Sachverhalten nicht ausschließen. Denn die mehrwertsteuerlichen Normen müssen den gleichheitsrechtlichen Vorgaben entsprechen, nicht entgegengesetzt. Es kann kein auf systematische Gleichheit ausgerichtetes System entwickelt werden, um anschließend alle Sachverhalte für gleich zu befinden.[2088] Nach dem in Art. 1 Abs. 2 MwStSystRL verankerten Verbrauchsteuerprinzip werden im Wege des Vorsteuerabzugs die Beträge erstattet, die die Kostenelemente der Ausgangsleistungen unmittelbar belastet haben. „Kostenelemente" sind in diesem Zusammenhang betriebswirtschaftlich zu interpretieren.[2089] Betriebswirtschaftlich kann ausschließlich der letztendlich tatsächlich aufgewendete Betrag bei der Kalkulation der Ausgangsleistungen berücksichtigt werden. Die Entlastung im Rahmen des Vorsteuerabzugs muss sich folglich an diesem Betrag orientieren. Da sich diese Beträge im Anwendungsbeispiel unterscheiden, befinden sich die Unternehmer in verschiedenen Situationen.

Diese Auffassung deckt sich ferner mit der Stellung des Unternehmers im Mehrwertsteuersystem.[2090] Der verbrauchsteuerliche Typus der Mehrwertsteuer definiert den Unternehmer als bloßen „Steuereinnehmer für Rechnung des Staates und im Interesse der Staatskasse"[2091]. Die Umsatzsteuer muss sich für ihn

2087 Vgl. hierzu sowie zum Folgenden Bunjes/*Korn*, UStG § 16 Rn. 35.

2088 Vgl. zur Ungleichbehandlung von ideellen und privaten Verwendungsteilen *Pull*, Die Sphärentheorie im Mehrwertsteuerrecht, 234.

2089 *Probst*, DStJG 13 (1990), 137 (162 f.).

2090 *Stadie*, in: Rau/Dürrwächter, UStG, § 16 Anm. 349 f.

2091 EuGH, Urt. v. 21.02.2008, Rs. C-271/06, *Netto Supermarkt*, Slg. 2008, I-787, Rn. 21; v. 20.10.1993, Rs. C-10/92, *Balocchi*, Slg. 1993, I-5105, Rn. 25.

infolgedessen als durchlaufender Posten darstellen. Hat sich der Wechselkurs im Zeitpunkt der Tilgung der Lieferschuld gegenüber dem Leistungszeitpunkt verändert und würde der Steuerpflichtige ungeachtet dessen den Vorsteuerabzug nach dem Wechselkurs vornehmen, der im Leistungszeitpunkt galt, führte dies zu einer Be- oder Entlastung des Unternehmers. Jegliche Be- oder Entlastung des Unternehmers verstößt jedoch gegen das Verbrauchsteuerprinzip.

Dass sich der objektive in Fremdwährung ausgedrückte Wert des Gegenstands nicht verändert hat,[2092] ist verbrauchsteuerlich irrelevant. Bereits nach der ständigen Rechtsprechung des EuGH bestimmt sich die Steuerbemessungsgrundlage nicht nach dem objektiven Wert eines Gegenstands, sondern nach dem subjektiven Wert der Gegenleistung, die der Leistende vom Leistungsempfänger erhält.[2093]

d) Rechtfertigung der Gleichbehandlung

aa) Legitimer Zweck

Die Regelung bezweckt die Vermeidung der Berichtigung der Bemessungsgrundlage, die im Fall von Kursschwankungen sowohl auf Ebene des Leistenden für dessen Umsatzsteuerschuld als auch beim Leistungsempfänger hinsichtlich des Vorsteuerabzugs vollzogen werden müsste. Eine einzelfallgerechte Besteuerung dieser Umsätze wäre mit einem „erheblichen Verwaltungsaufwand"[2094] verbunden. Denn im Rahmen der derzeitigen Rechtslage können der Soll-Besteuerung unterliegende Unternehmer „mit einer ohnehin vorhandenen Forderungsbuchhaltung [...] die Steuer bei Leistungserbringung ohne weiteren technischen Aufwand abführen"[2095]. Dies gilt spiegelbildlich für die Leistung empfangende Unternehmer.

Der Richtliniengeber hat das Mittel des Ausschlusses von der Berichtigung der Steuerbemessungsgrundlage gewählt, um Wechselkursschwankungen im Rahmen der Soll-Besteuerung bzw. des Vorsteuerabzugs nach dem Soll handhabbar

2092 Im Ausgangsbeispiel erhält der leistende Unternehmer in allen drei Varianten jeweils eine Gegenleistung i. H. v. 100.000 USD zzgl. USt.

2093 Vgl. nur EuGH, Urt. v. 05.02.1981, Rs. C-154/80, *Coöperatieve Aardappelenbewaarplaats*, Slg. 1981, 445, Rn. 13; *Treiber*, in: Sölch/Ringleb, UStG, § 10 Rn. 75.

2094 Vgl. zur Änderung der historischen Rechtslage in Deutschland den Gesetzentwurf der Bundesregierung für ein UStG 1979, BT-Drucks. 8/1779 – Begründung zu § 16 Abs. 6 UStG.

2095 Vgl. zur vereinfachenden Wirkung der Soll-Besteuerung im Vergleich zur Ist-Besteuerung BFH, Beschl. v. 21.06.2017, V R 51/16, BFH/NV 2017, 1576, Rn. 57.

zu machen und somit die Gleichmäßigkeit der Besteuerung zu gewährleisten. Auf diese Weise verfolgt er ein durch das allgemeine Gleichheitsrecht gedecktes Ziel. Der Zweck ist damit legitimiert.

bb) Geeignetheit des Mittels

Durch das Mittel des Ausschlusses von der Berichtigung der Bemessungsgrundlage kann das verfolgte Ziel der Vereinfachung gefördert werden. Denn auf diese Weise wird der mit der Durchführung der Berichtigung von Umsatzsteuer und Vorsteuer verbundene Verwaltungsaufwand vermieden. Das gewählte Mittel ist somit aufgrund seiner Wirkung geeignet, den gewünschten Erfolg zu fördern.

cc) Erforderlichkeit des Mittels

Die Nachteile des Verzichts auf die Berichtigung der Steuerbemessungsgrundlage ergeben sich aus der Be- oder Entlastung von Steuerpflichtigen aufgrund von Kursschwankungen. Diese Effekte verstoßen gegen das Verbrauchsteuerprinzip. Die Intensität des Eingriffs ist enorm, weil die systemwidrigen Folgen definitiver Natur sind, ohne dass den Betroffenen ein Optionsrecht zu einer einzelfallgerechten Besteuerung eingeräumt wird. Darüber hinaus treten die Systemverstöße in jedem Fall von Wechselkursschwankungen zwischen Leistungsbezug und Verausgabung des Entgelts ein.

Als alternatives Mittel kommt eine Berichtigung der Vorsteuer im Zeitpunkt der tatsächlichen Zahlung in Betracht. Diese Berichtigung kann nach den Art. 184 ff. MwStSystRL erfolgen. Die Berücksichtigung von Berichtigungen der Steuerbemessungsgrundlage wirkt den wesentlichen Nachteilen der gegenwärtigen Rechtslage entgegen. Denn auf diese Weise können einzelfallgerechte Ergebnisse erzielt werden, die dem Verbrauchsteuerprinzip entsprechen. Die Handlungsalternative ist dementsprechend milder. Das Alternativmittel verursacht jedoch einen erheblichen Verwaltungsaufwand und läuft dem verfolgten Vereinfachungszweck damit diametral entgegen. Es verfügt aus diesem Grund nicht über mindestens denselben Eignungsgrad.

Die weitere Handlungsalternative ergibt sich aus der Historie des gemeinsamen Mehrwertsteuersystems. Hierfür ist ein besonderes Augenmerk auf die Tatsache zu richten, dass Wechselkurse in Zeiten vor Inkrafttreten der Mehrwertsteuer-Systemrichtlinie in nationalen Umsatzsteuersystemen mit einer Ist-Besteuerung dergestalt interpretiert wurden, dass sie die Steuerbemessungsgrundlage beeinflussten und nicht lediglich der Steuerberechnung dienten.[2096]

2096 In Deutschland wurde zum 01.01.1968 ein Systemwechsel von der Ist- zur

Der Verwaltungsaufwand, der letztlich zur Neuinterpretation der Auswirkung von Wechselkursschwankungen geführt hatte, ist dementsprechend auf das System der Soll-Besteuerung zurückzuführen.

Die Einführung der Soll-Besteuerung in den Mitgliedstaaten geht auf Art. 11 Abs. 1 der Zweiten MwStSystRL zurück.[2097] Demnach kann die Vorsteuer bereits geltend gemacht werden, wenn die Leistung bezogen wird, ohne dass es einer Begleichung der Schuld bedürfte. Korrespondierend hierzu regelten die Art. 5 Abs. 5 Satz 1, 6 Abs. 4 Satz 1 und 12 Abs. 3 der Zweiten MwStSystRL, dass auf Seiten des Leistenden die Steuerdeklarations- und Steuerentrichtungspflicht unabhängig von der Vereinnahmung des Entgelts für die erbrachte Leistung bereits bei Leistungserbringung eintritt. Die Folgerichtlinien hielten an der Soll-Besteuerung fest. Da der Vereinfachungsbedarf zu Zeiten der Ist-Besteuerung nicht existierte, würde er durch den Übergang zur Ist-Besteuerung obsolet werden. Da Art. 167 i. V. m. Art. 168 Buchst. a MwStSystRL für Zwecke des Vorsteuerabzugs implizit auf die Steuerentstehung gemäß Art. 63 MwStSystRL verweist, kann der Vorsteuerabzug nicht getrennt von der Steuerentstehung betrachtet werden. Als weiteres alternatives Mittel ist daher nicht etwa der bloße Übergang zu einem Ist-Vorsteuerabzug, sondern der vollständige Paradigmenwechsel zur Besteuerung nach vereinnahmten Entgelten in Betracht zu ziehen.

Die Beweggründe für die Implementierung der Soll-Besteuerung in der Zweiten Mehrwertsteuer-Systemrichtlinie sind nicht zu ergründen.[2098] Es ist zu vermuten, dass die vorangehenden Beratungen in Deutschland Widerhall auf europäischer Ebene gefunden haben. Bereits in den Beratungen für ein richtlinienkonformes Umsatzsteuergesetz im Jahre 1963 wurde sich für eine Besteuerung nach dem Soll ausgesprochen.[2099] Die Soll-Besteuerung der Einnahmen wurde insbesondere deshalb als Regelbesteuerungsform eingeführt, weil der Vorsteuerabzug nur nach dem Soll technisch einwandfrei möglich sei.[2100] Von diesem Recht auf Vorsteuerabzug nach vereinbarten Entgelten wurde schließlich die Besteuerung der Soll-Einnahmen abgeleitet, weil andernfalls „in

---

Soll-Besteuerung vollzogen. Der Verwaltungsaufwand im Rahmen der Sollbesteuerung führte erst mit dem UStG 1979 zu einer Neuinterpretation, vgl. zur Änderung der historischen Rechtslage in Deutschland den Gesetzentwurf der Bundesregierung für ein UStG 1979, BT-Drucks. 8/1779 – Begründung zu § 16 Abs. 6 UStG.

2097 Vgl. zur Historie der Soll-Besteuerung *Seer*, DStR 2016, 1289 (1293); *Frye*, UR 2013, 561 (563 f.); *Stadie*, UR 2010, 241 (242 ff.).

2098 Hierzu sowie zum Folgenden *Stadie*, UR 2010, 241 (242 ff.).

2099 Regierungsentwurf v. 30.10.1963, BT-Drucks. IV/1590, Begründung zu § 9, Satz 2.

2100 Regierungsentwurf v. 30.10.1963, BT-Drucks. IV/1590, Begründung zu § 19, Satz 2.

erheblichem Umfang Steuerbeträge abgesetzt [würden], ehe die Vorunternehmer sie bezahlt haben".[2101] Die Einnahmenbesteuerung nach vereinbarten Entgelten dient somit der Sicherung des Steueraufkommens[2102] und wird aus dem Soll-Prinzip beim Vorsteuerabzug abgeleitet. Die aus der Soll-Besteuerung der Einnahmen resultierende Vorfinanzierung von Umsatzsteuerbeträgen soll sich nach der historischen Vorstellung des Gesetzgebers dadurch kompensieren, dass diesem Nachteil der Vorteil gegenüberstehe, die in Rechnung gestellte Umsatzsteuer bereits vor Zahlung als Vorsteuer geltend machen zu können.[2103] Der Unionsgesetzgeber war sich dieser Situation der Unternehmer bewusst und hat sie aus fiskalischen Interessen auch bei der Ausgestaltung der Folgerichtlinien hingenommen.[2104]

Die Soll-Besteuerung verstößt sowohl eingangs- als auch ausgangsseitig gegen das Verbrauchsteuerprinzip. Die Besteuerung nach vereinbarten Entgelten zwingt den Steuerpflichtigen zu einer systemwidrigen Vorfinanzierung der Mehrwertsteuer.[2105] Gemäß Art. 1 Abs. 2 MwStSystRL zielt die Umsatzsteuer einzig auf eine Besteuerung des Verbrauchers als intendiertem Steuerträger. Die Funktion des Unternehmers beschränkt sich auf die Steuereinsammlung und -abführung an die Finanzkasse. Es läuft daher der Konzeption des Mehrwertsteuersystems entgegen, sofern ein Unternehmer die Abführungspflicht zu erfüllen hat, bevor er den Steuerbetrag überhaupt selbst vereinnahmen konnte. Denn in diesem Fall wird der Unternehmer zins- und liquiditätsmäßig belastet und nicht der Verbraucher. Die Gehilfenfunktion mutiert sodann zu einer Finanzierungsfunktion. Demgemäß stellt der EuGH zum Grundprinzip und zur Funktionsweise des Mehrwertsteuersystems[2106] fest: „Die Steuerpflichtigen werden [...] durch die Mehrwertsteuer nicht belastet, sondern sie sind [...] nur verpflichtet, [...] die Steuer für Rechnung der Steuerverwaltung einzuziehen *und sodann* an diese abzuführen."[2107] Die systemkonforme Weiterleitung an die Staatskasse bedingt daher ein zeitlich vorgelagertes, erfolgreiches Inkasso.

2101 Regierungsentwurf v. 30.10.1963, BT-Drucks. IV/1590, Begründung zu § 19, Satz 3.

2102 Regierungsentwurf v. 30.10.1963, BT-Drucks. IV/1590, Begründung zu § 19, Satz 4.

2103 Abgeordneter *Toussaint*, in: Bericht des Finanzausschusses des Bundestages von 1967, Drucks. V/48, zu BT-Drucks. V/1581, Allg., Nr. 3, 2. Absatz.

2104 *Englisch*, in: Tipke/Lang[23], Steuerrecht, § 17 Rz. 283.

2105 Hierzu sowie zum Folgenden *Stadie*, UR 2018, 3 (7 f.); *ders.*, UR 2010, 241 (243 f.); *Seer*, DStR 2016, 1289 (1293); *Hummel*, UR 2015, 213 (221 f.); *Frye*, UR 2013, 561 (562).

2106 EuGH, Urt. v. 24.10.1996, Rs. C-317/94, *Elida Gibbs*, Slg. 1996, I-5339, Rn. 18.

2107 EuGH, Urt. v. 24.10.1996, Rs. C-317/94, *Elida Gibbs*, Slg. 1996, I-5339, Rn. 22 (Hervorhebung durch den Verfasser).

Spiegelbildlich zur systemwidrigen Belastung des Steuerpflichtigen im Rahmen der Besteuerung nach vereinbarten Entgelten führt der Vorsteuerabzug nach dem Soll zu Zins- und Liquiditätsvorteilen. Diese „Subventionierung“[2108] läuft der Konzeption der Mehrwertsteuer als Verbrauchsteuer ebenfalls entgegen. Soll die Umsatzsteuer für den Unternehmer als „durchlaufender Posten“[2109] wirken und die ihm in Rechnung gestellte Mehrwertsteuer „praktisch eine Forderung an das Finanzamt“[2110] darstellen, muss diese Forderung erst im Wege der Zahlung systematisch begründet werden.[2111] Dementsprechend schreibt Art. 1 Abs. 2 MwStSystRL in zeitlicher Hinsicht vor, dass der Unternehmer „die Mehrwertsteuer [...] abzüglich des Mehrwertsteuerbetrags [schuldet], der die verschiedenen Kostenelemente unmittelbar *belastet hat*[2112]“.[2113]

Die Nachteile der Vorfinanzierung können nicht durch den Vorsteuerabzug nach dem Soll kompensiert werden.[2114] Zum einen vereinigen sich die Vor- und Nachteile nicht in der derselben Person. Der Nachteil des einen Unternehmers mindert den Vorteil eines anderen *et vice versa*.[2115] Zum anderen läuft das Argument der Kompensation in Zeiten der Globalisierung ins Leere. Denn aufgrund des Bestimmungslandprinzips ist es kein Ausnahmefall, dass Unternehmer überhaupt keine oder nur geringe inländische Umsatzsteuer schulden oder Vorsteuerbeträge in Abzug bringen können. Unternehmer, die Waren aus dem europäischen Ausland beziehen und im Inland veräußern, profitieren von keinem Vorsteuerabzug nach dem Soll, müssen jedoch die Vorfinanzierung der Umsatzsteuer erdulden.[2116] Steuerpflichtige, die im Inland Waren beziehen und

---

2108 *Frye*, UR 2013, 561 (563).

2109 Abgeordneter *Toussaint*, in: Bericht des Finanzausschusses des Bundestages von 1967, Drucks. V/48, zu BT-Drucks. V/1581, Allg., Nr. 3, 2. Absatz.

2110 Abgeordneter *Toussaint*, in: Bericht des Finanzausschusses des Bundestages von 1967, Drucks. V/48, zu BT-Drucks. V/1581, Allg., Nr. 3, 2. Absatz.

2111 *Stadie*, in: Rau/Dürrwächter, UStG, § 15 Anm. 87; *Hummel*, UR 2015, 213 (222); *Frye*, UR 2013, 561 (563); *Reiß*, UR 2004, 275 (283).

2112 Hervorhebung durch den Verfasser.

2113 *Stadie*, UR 2010, 241 (243).

2114 *Englisch*, in: Tipke/Lang[23], Steuerrecht, § 17 Rz. 283; *Frye*, UR 2013, 561 (562 f.).

2115 *Stadie*, UR 2010, 241 (243).

2116 Der Warenbezug unterliegt als innergemeinschaftlicher Erwerb der Besteuerung durch den Leistungsempfänger. Dieser kann in derselben Umsatzsteuererklärung den korrespondierenden Vorsteuerabzug geltend machen. Die Verkäufe im Inland sind steuerbar und steuerpflichtig, so dass die Umsatzsteuer vorfinanziert werden muss.

diese anschließend steuerfrei ins Ausland liefern, profitieren hingegen von dem Recht auf Vorsteuerabzug nach dem Soll, ohne dass sie zugleich Umsatzsteuerbeträge vorfinanzieren müssen.[2117] Dieselben Effekte treten aufgrund der entsprechenden Ortsbestimmungen für Dienstleistungen ein. Darüber hinaus ist eine Kompensation bei nicht zum Vorsteuerabzug berechtigten Unternehmern bereits dem Grunde nach ausgeschlossen. Die Verknüpfung der verschiedenen Tatbestände, die nach der historischen Vorstellung des Gesetzgebers eine Kompensation bewirken soll, ist im Ergebnis willkürlich.

Zudem scheint die Argumentation nach der EuGH-Judikatur[2118] aus dem Gebiet der Grundfreiheiten nicht mehr haltbar zu sein. Demnach muss ein nach Art und Höhe exakter Ausgleich angenommen werden,[2119] der bei einer stark typisierenden Saldierung von Vorfinanzierungsnachteilen und Vorteilen beim Vorsteuerabzug nicht erreicht wird. Des Weiteren muss die Kompensationswirkung individualisiert wirken und im Regelfall zur Anwendung kommen[2120], so dass ein „Legitimationszusammenhang“[2121] zwischen Begünstigung und Benachteiligung besteht. Wie aufgezeigt, kann insbesondere aufgrund der Steuerfreistellung des Grenzübertritts von Waren bzw. der Ortsbestimmungen bei Dienstleistungen nicht von einer regulär eintretenden Kompensationswirkung ausgegangen werden. Der Zusammenhang zwischen Be- und Entlastung tritt vielmehr willkürlich ein.

In der Gesamtschau ist das System der Soll-Besteuerung nicht geeignet, den Steuerzweck zu verwirklichen.[2122] Denn weder die Erhebung von Umsatzsteuer bei dem Unternehmer vor der Entgeltvereinnahmung noch die Erstattung von

---

2117 Für den Warenbezug aus dem Inland kann der Vorsteuerabzug nach dem Soll beansprucht werden. Die Verkäufe ins Ausland unterliegen jedoch der Steuerfreistellung für Exporte oder innergemeinschaftliche Lieferungen, so dass keine Umsatzsteuer vorfinanziert werden muss.

2118 Vgl. hierzu die Ausführungen in Kapitel 4. C. IV. 2. c) dieser Arbeit.

2119 EuGH, Urt. v. 07.09.2004, Rs. C-319/02, *Manninen*, Slg. 2004, I-7477, Rn. 54; v. 13.03.2007, Rs. C-524/04, *Thin Cap Group Litigation*, Slg. 2007, I-2107, Rn. 69; v. 14.11.1995, Rs. C-484/93, *Svensson und Gustavsson*, Slg. 1995, I-3955, Rn. 18.

2120 *Hey*, AöR 2003, 226 (242 ff.); *Reimer*, in: Lehner, Grundfreiheiten im Steuerrecht der EU-Staaten, 39 (69); *Ohlendorf*, Grundrechte als Maßstab des Steuerrechts in der EU, 265 f.

2121 *Hey*, AöR 2003, 226 (245 f.).

2122 Hierzu sowie zum Folgenden *Stadie*, UR 2018, 3 (8); *Hummel*, UR 2015, 213 (221 f.); EuGH, Schlussantr. GA *Kokott* v. 08.06.2017, Rs. C-246/16, *Enzo Di Maura*, ECLI:EU:C:2017:440 = BeckRS 2017, 112270, Rn. 49.

Vorsteuerbeträgen vor der Belastung sind zur ausschließlichen Belastung des Konsumenten notwendig. Die Besteuerung nach vereinnahmten Entgelten in Kombination mit einem Ist-Vorsteuerabzug ist verbrauchsteuerkonform[2123] und dementsprechend das mildere Mittel. Das Ist-Prinzip ist zudem verwaltungstechnisch leichter durchführbar, weil im Gegensatz zum Soll-Prinzip keine Berichtigungen wegen Uneinbringlichkeit des Entgelts vorzunehmen sind und darüber hinaus die betrügerische Geltendmachung des Vorsteuerabzugs etwa im Rahmen von Karussellgeschäften eingedämmt werden könnte.[2124] In einem System der Ist-Besteuerung entfallen sämtliche aus dem Soll-Prinzip resultierende systemwidrige Be- und Entlastungen der Steuerpflichtigen, darunter auch unberücksichtigte Wechselkursschwankungen zwischen Leistungszeitpunkt und Zahlungszeitpunkt[2125]. Dieses Alternativmittel ist daher mit Blick auf die verfolgten Vereinfachungszwecke des Richtliniengebers effektiver. Im Ergebnis ist die Soll-Besteuerung nicht erforderlich.

e) Herstellung eines grundrechtskonformen Zustandes

Die vorliegend aus dem allgemeinen Gleichheitsrecht bzw. dem Verbrauchsteuerprinzip abgeleitete Notwendigkeit eines Paradigmenwechsels hin zur Ist-Besteuerung reiht sich in die bestehende Fundamentalkritik an der Soll-Besteuerung[2126] ein. Uneinigkeit besteht allerdings hinsichtlich der Frage, wie der Systemwechsel vollzogen werden kann. Namentlich *Stadie*[2127] und *Frye*[2128]

2123 *Frye*, UR 2013, 561 (563).

2124 *Wäger*, UR 2013, 673 (674).

2125 Derzeit führen Wechselkursschwankungen bei leistenden Unternehmern, die die Ist-Besteuerung anwenden, zu keinen Auswirkungen, vgl. Bunjes/*Korn*, UStG § 16 Rn. 35; *Leipold*, in: Sölch/Ringleb, UStG, § 16 Rn. 126. Dies gilt jedoch nicht für den Leistungsempfänger, weil gegenwärtig im Fall der Ist-Versteuerung des leistenden Unternehmers für den Leistungsempfänger unverändert das Soll-Prinzip Anwendung findet. Gemäß Art. 167a MwStSystRL können die Mitgliedstaaten lediglich für den nach den nach vereinnahmen Entgelten versteuernden Unternehmer einen Ist-Vorsteuerabzug vorsehen.

2126 *Englisch*, in: Tipke/Lang[23], Steuerrecht, § 17 Rz. 283; *Stadie*, in: Rau/Dürrwächter, UStG, Einführung, Anm. 201 ff.; *ders.*, UR 2004, 136 (140); *ders.*, UR 2004, 398; *ders.*, UR 2010, 241 (244 ff.); *ders.*, UR 2011, 45 (47 ff.); *ders.*, UR 2013, 472 ff.; *ders.*, UR 2018, 3 (7 ff.); *Seer*, DStR 2016, 1289 (1293 ff.); *Hummel*, UR 2015, 213 (221 f.); *Frye*, UR 2013, 561; a.A. *Widmann*, UR 2004, 177.

2127 *Stadie*, UR 2018, 3 (6 f.); *ders.*, UR 2010, 241 (244 f.); *ders.*, UR 2004, 136 (137).

2128 *Frye*, UR 2013, 561 (564).

sind der Auffassung, der nationale Gesetzgeber könne Art. 66 MwStSystRL eigenständig und exklusiv verbrauchsteuerkonform auslegen.

Art. 66 Buchst. b MwStSystRL gestattet den Mitgliedstaaten, „für bestimmte Umsätze oder Gruppen von Steuerpflichtigen" die Besteuerung nach vereinnahmten Entgelten einzuführen. Dementsprechend sollten Mitgliedstaaten die Richtlinienbestimmung extensiv auslegen und sämtliche Umsätze als „bestimmte Umsätze" ansehen. Dem liegt jeweils die Auffassung zugrunde, das in Art. 66 MwStSystRL verankerte Umsetzungswahlrecht ermächtige ausschließlich die nationalen Gesetzgeber zu einer vollumfänglichen verfassungsrechtlichen Kontrolle, nicht jedoch den EuGH. Die Auslegung solcher Richtliniennormen, die einen Gestaltungsspielraum der Mitgliedstaaten beinhalten, erfolge daher „*verfassungs*konform und nicht etwa *richtlinien*konform"[2129]. Diese an die *Trennungsthese* des Bundesverfassungsgerichts angelehnte Sichtweise ist überholt. Richtlinienbestimmungen, die einen Ermessensspielraum zu Gunsten der Mitgliedstaaten enthalten, sind sowohl an unionsrechtlichen als auch an nationalen Grundrechten zu messen. Die Auflösung dieser Geltungskollision ist im Wege einer Kooperation zwischen den Gerichten zu erreichen.[2130] Hierzu wäre im ersten Schritt zwingend der EuGH zwecks Definition der Reichweite des Umsetzungsermessens anzurufen. Nationale Gerichte können demzufolge nicht ohne vorheriges Vorabentscheidungsverfahren eigenmächtig Art. 66 MwStSystRL als Ermächtigung zur Einführung einer generellen Ist-Besteuerung interpretieren.[2131]

Darüber hinaus missachtet die dargestellte Auffassung, dass die Reichweite der in Art. 66 MwStSystRL genannten Möglichkeit „für bestimmte Umsätze oder Gruppen von Steuerpflichtigen" bereits in mehreren Entscheidungen durch den EuGH ausgelegt wurde. In der Rechtssache *Italittica*[2132] hatte der EuGH zwar zunächst entschieden, es könnten sämtliche Dienstleistungen als „bestimmte Umsätze" definiert werden.[2133] Diese weite Auslegung wurde jedoch inzwischen durch mehrere Urteile zurückgenommen.[2134] Demzufolge

---

2129 *Stadie*, UR 2010, 241 (245).

2130 Vgl. hierzu und zum Folgenden die Ausführungen in Kapitel 3. B. IV. 6. dieser Arbeit.

2131 Nach *Heuermann*, DStR 2017, 2054, gelten neben Art. 20 GrCh kumulativ auch die nationalen Grundrechte.

2132 EuGH, Urt. v. 26.10.1995, Rs. C-144/94, *Italittica*, Slg. 1995, I-3653.

2133 EuGH, Urt. v. 26.10.1995, Rs. C-144/94, *Italittica*, Slg. 1995, I-3653, Rn. 14.

2134 EuGH, Urt. v. 16.05.2013, Rs. C-169/12, *TNT Express Worldwide (Poland)*, ECLI:EU:C:2013:314 = DStRE 2013, 1253, Rn. 24; v. 07.03.2013, Rs. C-19/12, *Efir*, ECLI:E

sei Art. 66 MwStSystRL zum einen als Ausnahmeregelung eng auszulegen. Zum anderen stehe einer weiten Auslegung der 24. Erwägungsgrund der Mehrwertsteuerrichtlinie entgegen, infolgedessen die Begriffe „Steuertatbestand“ und „Steueranspruch“ vereinheitlicht werden sollen. Der Zeitpunkt, zu dem die Steuerschuld in allen Mitgliedstaaten entsteht, solle auf diese Weise so weit wie möglich harmonisiert werden, um eine einheitliche Erhebung der Mehrwertsteuer zu gewährleisten.[2135] Die Annahme, ein Mitgliedstaat könne aus Art. 66 MwStSystRL die Ermächtigung zur Einführung einer generellen Ist-Besteuerung ableiten, geht damit im Ergebnis zu weit.[2136]

Der gleichheitsrechtlich gebotene Übergang zur Ist-Besteuerung ist durch eine verfassungskonforme Auslegung zu erreichen. Fraglich ist, ob Art. 63 MwStSystRL dergestalt teleologisch reduziert werden kann, dass die Vereinnahmung des Entgelts als ungeschriebenes Tatbestandsmerkmal zu berücksichtigen ist, um den Steuertatbestand nicht vor Vereinnahmung der Gegenleistung auszulösen.[2137] Die Systematik der Richtlinie widerspricht diesem teleologischen Auslegungsergebnis. Denn eine teleologische Reduktion von Art. 63 MwStSystRL würde Art. 66 MwStSystRL ins Leere laufen lassen.

Der grundrechtskonforme Zustand ist durch eine teleologische Auslegung von Art. 90 MwStSystRL herzustellen. Art. 90 Abs. 1 MwStSystRL sieht eine Minderung der Steuerbemessungsgrundlage im Fall der vollständigen oder teilweisen Nichtzahlung vor. Art. 90 Abs. 2 MwStSystRL ermächtigt die Mitgliedstaaten, von diesem Grundsatz abzuweichen. Art. 90 Abs. 1 MwStSystRL ist so auszulegen, dass eine vollständige Nichtzahlung vorliegt, sofern der Steuerpflichtige bis zur Abgabe der Steuererklärung, in der der Steuertatbestand i. S. d. Art. 63 MwStSystRL zu deklarieren ist, das Entgelt für seine Leistung nicht vereinnahmen konnte.[2138] Die Einschränkung nach Art. 90 Abs. 2 MwStSystRL befreit die Mitgliedstaaten nicht von der Grundrechtsbindung[2139] und damit

---

U:C:2013:148 = BeckRS 2013, 80512, Rn. 31 (Volltext nur in französischer Sprache verfügbar).

2135 EuGH, Urt. v. 16.05.2013, Rs. C-169/12, *TNT Express Worldwide (Poland)*, ECLI:EU:C:2013:314 = DStRE 2013, 1253, Rn. 31.

2136 *Englisch*, in: Tipke/Lang[23], Steuerrecht, § 17 Rz. 283; *Seer*, DStR 2016, 1289 (1295); *Wäger*, UR 2013, 673 (675).

2137 Dies bejahend *Stadie*, UR 2018, 3 (7); a.A. *Weymüller*, MwStR 2017, 888 (889).

2138 *Weymüller*, MwStR 2017, 888 (889); *Stadie*, UR 2018, 3 (8); *Seer*, DStR 2016, 1289 (1294); mit Verweis auf die nationale Berichtigungsnorm zur Uneinbringlichkeit *Hummel*, UR 2015, 213 (222); EuGH, Schlussantr. GA *Kokott* v. 08.06.2017, Rs. C-246/16, *Enzo Di Maura*, ECLI:EU: C:2017:440 = BeckRS 2017, 112270, Rn. 51.

2139 *Kokott*, Steuerrecht der EU § 8 Rn. 473.

einhergehend nicht von der beschriebenen Auslegung. Das Wahlrecht ist unter Beachtung des Verbrauchsteuerprinzips auszuüben, so dass vorliegend zwingend eine restriktive Auslegung erfolgen muss.[2140] Hinsichtlich des Vorsteuerabzugs ist die Argumentation auf Art. 185 Abs. 2 UAbs. 2 zu übertragen. Demzufolge ist kein Vorsteuerabzug zu gewähren, wenn der Erwerber die Zahlung nicht bis zur Abgabe der Steuererklärung, in der der Erwerb zu deklarieren ist, vorgenommen hat. Im Zeitpunkt der Zahlung vervollständigt sich die Besteuerung nach vereinnahmten Entgelten *ex nunc* durch eine Berichtigung der Bemessungsgrundlage gemäß Art. 90 Abs. 1 MwStSystRL für den leistenden Unternehmer und nach Art. 185 Abs. 1 MwStSystRL für den Leistungsempfänger.

Im Ergebnis ist der grundrechtskonforme Zustand im Wege einer verbrauchsteuerteleologischen Auslegung zu erreichen. Der gleichheitsrechtlich gebotene Paradigmenwechsel zur Ist-Versteuerung geht daher nicht mit einer zwingenden Anpassung der Mehrwertsteuer-Systemrichtlinie einher.

D. Ergebnis

In einer Vielzahl von Situationen wird das Recht auf Vorsteuerabzug verwehrt, obwohl gleichheitsrechtlich eine Entlastung von der Umsatzsteuer der Vorstufen angezeigt ist. Die gleichheitswidrigen Ergebnisse sind zum einen darauf zurückzuführen, dass bei der Ausgestaltung der Mehrwertsteuer-Systemrichtlinie die Belastungsgrundentscheidung, ausschließlich den Verbraucher mit Umsatzsteuer zu belasten, nicht konsequent umgesetzt wurde. Zum anderen ergeben sich Diskriminierungen unmittelbar aus der Rechtsprechung des EuGH. Das Verbrauchsteuerprinzip wird im Rahmen der Entscheidungsfindung nicht in seiner Eigenschaft als Primärrecht der Union berücksichtigt. Auf diese Weise versperrt sich das Gericht vor möglichen verbrauchsteuerkonformen Auslegungsergebnissen und lässt gleichheitssatzwidrige Folgen entstehen bzw. verhindert deren Beseitigung. In diesen Fällen verstößt die EuGH-Rechtsprechung gegen das unionsrechtliche Gleichheitsrecht aus Art. 20 GrCh.

Die Grundrechtsverpflichteten, d. h. im Wesentlichen die Richtlinien- und Gesetzgeber sowie der EuGH und die nationalen Gerichte sind angehalten, die primärrechtlich verankerte Belastungsgrundentscheidung, wonach die Umsatzsteuer eine Verbrauchsteuer ist und ausschließlich den Verbraucher als intendierten Steuerträger belasten soll, konsequent zu befolgen. Gleichheitswidrige

---

2140 EuGH, Schlussantr. GA *Kokott* v. 08.06.2017, Rs. C-246/16, *Enzo Di Maura*, ECLI:EU:C:2017:440 = BeckRS 2017, 112270, Rn. 52.

Bestimmungen der Mehrwertsteuer-Systemrichtlinie sind für ungültig zu erklären und durch den Richtliniengeber in verbrauchsteuerkonformer Weise zu ersetzen.

Zusammenfassung der Ergebnisse

Kapitel 1: Das normative Mehrebenensystem

(I) Die Umsatzsteuer gilt aufgrund der fortgeschrittenen Harmonisierung innerhalb des Binnenmarktes als „EU-Steuer" mit nationalem Erhebungsauftrag. Mit der Rechtsangleichung geht eine Beeinflussung des nationalen Rechts durch Europarecht einher. Dabei wirken verschiedene unionsrechtliche Rechtsquellen auf die Mehrwertsteuer in den Mitgliedstaaten ein (1. A.). Diese EU-Rechtsakte sind verschiedenen Geltungsebenen zugeordnet. Die Verbindlichkeit für die EU-Organe und die Mitgliedstaaten richtet sich nach der Stellung eines Rechtsaktes in der Hierarchie des Gemeinschaftsrechts. Die unionsrechtliche Normenhierarchie sieht folgende absteigende Rangfolge vor: Primäres Unionsvertragsrecht, ungeschriebenes Primärrecht, völkerrechtliche Verträge der Union, Sekundärrecht, Tertiärrecht (1. B.).

(II) Nach dem primärrechtlichen Harmonisierungsgebot des Art. 113 AEUV erlässt der Europäische Rat Bestimmungen zur Harmonisierung der Umsatzsteuervorschriften. Auf Grundlage des Art. 99 EGV 1957, der einen gemeinsamen Markt fordert, ergingen seit 1967 mehrere sekundärrechtliche Richtlinien des Rates zur Harmonisierung der Umsatzsteuer. Seit 2007 gilt die mehr als 400 Artikel umfassende Mehrwertsteuer-Systemrichtlinie. Richtlinien der Union gelten nicht unmittelbar in den Mitgliedstaaten, sondern bedürfen eines Umsetzungsaktes im nationalen Recht. Mitgliedstaaten genießen grundsätzlich Wahlfreiheit bei der Umsetzung der durch die Richtlinie vorgegebenen Regelungsziele. Unter Beachtung des Legalitätsprinzips muss die Richtlinie im deutschen Recht zwingend im Wege eines förmlichen Gesetzes umgesetzt werden (1. C.).

(III) Nach der primärrechtlichen Loyalitätspflicht des Art. 4 Abs. 3 EUV geht das Unionsrecht dem nationalen Recht vor. Dies gilt unabhängig der Stellung der unionsrechtlichen Bestimmung in der Normenhierachie. Bezogen auf die Mehrwertsteuer-Systemrichtlinie basiert der Anwendungsvorrang des Unionsrechts auf der Verbindlichkeit der Richtlinienvorgaben gemäß Art. 288 Abs. 3 AEUV. Richtlinien entfalten ihre Wirkung im nationalen Recht im Grundsatz jedoch nur nach erfolgter Umsetzung (1. C. III.). Daraus ergeben sich folgende Konsequenzen:

(1) Hat der Mitgliedstaat das Richtlinienrecht nur mangelhaft umgesetzt oder ist die Umsetzung unterblieben und wirkt sich dies negativ für

einen Betroffenen aus, kann sich dieser unmittelbar auf die Anwendung der Richtlinie berufen. Das nationale Recht wird insoweit suspendiert (1. C. III. 2. a)). Aus einer Unionsrichtlinie kann keine Pflicht für den Einzelen abgeleitet werden. Mitgliedstaaten können sich daher nicht unmittelbar auf die Richtlinie berufen, um für sich selbst positive und für den Einzelnen negative Folgen herbeizuführen (1. C. III. 2. b)).

(2) Das nationale Umsatzsteuergesetz ist von allen mitgliedstaatlichen Organen richtlinienkonform auszulegen, um die uneingeschränkte Wirksamkeit der Richtlinie zu gewährleisten. Bei der richtlinienkonformen Auslegung bleibt das nationale Gesetz weiter anwendbar. Die richtlinienkonforme Auslegung wirkt damit auch zu Lasten des Steuerpflichtigen. Den bislang größten Einfluss auf die richtlinienkonforme Auslegung hat der durch den EuGH entwickelte Neutralitätsgrundsatz genommen. Er wird im Wesentlichen aus den Erwägungsgründen der Mehrwertsteuer-Systemrichtlinie abgeleitet (1. C. III. 2. C)).

(IV) Nach Art. 6 Abs. 1 EUV zählt die Grundrechtecharta der EU zum Primärrecht der Union. Die Organe der EU sind nach Art. 51 Abs. 1 S. 1 GrCh unmittelbar an die Bestimmungen der Grundrechtecharta der EU gebunden. Die EU muss infolgedessen die Chartagrundrechte bei der Ausgestaltung u. a. ihrer Sekundärrechtsakte wahren. Ergeben sich bei der Anwendung z. B. der Mehrwertsteuer-Systemrichtlinie Anwendungsprobleme, ist die Richtlinie primärrechtskonform auszulegen. Für das nationale Recht ist zu unterscheiden, ob die Richtlinie den Mitgliedstaaten einen Umsetzungsspielraum einräumt. Ist dies der Fall, wird die nationale Norm am Maßstab der Chartagrundrechte geprüft und ggf. ausgelegt. Die Chartagrundrechte wirken sodann unmittelbar auf die nationale Rechtsordnung ein. Liegt kein Umsetzungsspielraum vor, wirkt die Charta nur mittelbar auf die nationalen Rechtsnormen ein. In diesem Fall ist vorrangig die Richtlinie primärrechtskonform auszulegen (1. C. IV.).

(V) Auf dem Gebiet des Mehrwertsteuerrechts sind die im Steuerrecht allgemein anerkannten juristischen Auslegungsmethoden nach dem Wortlaut, der Systematik sowie dem Sinn und Zweck anzuwenden. Aufgrund der divergierenden Sprachfassungen der Richtlinie hat die wörtliche Auslegung nur eine geringe Bedeutung. Auslegungsergebnisse werden zumeist durch eine Auslegung nach der Systematik oder aber durch eine teleologische Auslegung erreicht (1. C. V.).

Kapitel 2: Zur Wirkung der Unionsgrundrechte

(I) Im Bereich der unionsrechtlichen Grundrechte wird zwischen Rechtsquellen und Rechtserkenntnisquellen unterschieden. Nach Art. 6 EUV stellt die Grundrechtecharta eine Rechtsquelle dar. Ihr Inhalt ist somit unmittelbar geltendes Recht (2. A. I.). Als Rechtserkenntnisquelle und somit als Auslegungshilfe dienen die Grundrechte der EMRK, die gemeinsamen Verfassungsüberlieferungen der Mitgliedstaaten, die Rechtsprechungen des EuGH und des EGMR sowie die explizit in Art. 52 Abs. 7 GrCh genannten Erläuterungen zur Charta (2. A. II.).

(II) Grundrechte auf Gemeinschaftsebene existierten bereits vor Inkrafttreten der Grundrechtecharta. Sie wurden durch die Rechtsprechung des EuGH ab 1969 entwickelt und als allgemeine Grundsätze der Gemeinschaftsordnung anerkannt. Mit der *Ruckdeschel*-Entscheidung wurde in 1977 erstmals der Grundsatz der Gleichheit vor dem Gesetz als ungeschriebenes Unionsgrundrecht begründet. Nach dem Scheitern der EU-Verfassung wurde schließlich mit dem *Vertrag von Lissabon* ein Verweis auf die Charta der Grundrechte der EU in Art. 6 Abs. 1 EUV aufgenommen. Seit dem 01.01.2009 steht die EU-Grundrechtecharta damit gleichrangig neben den Verträgen. Sie vertextlicht die zuvor durch den EuGH entwickelten ungeschriebenen Rechtsgrundsätze (2. A. III.).

(III) Mitgliedstaaten sind nach Art. 51 Abs. 1 Satz 1 GrCh nur an die Charta gebunden, sofern sie Unionsrecht durchführen (2. B. I.). Insbesondere im Bereich des Richtlinienrechts ist aufgrund des dualistischen Modells fraglich, ob die Mitgliedstaaten hinsichtlich der nationalen Umsetzungsakte Unionsrecht durchführen. Von der Beantwortung dieser Frage hängt ab, ob die zu beurteilende nationale Regelung entweder ausschließlich nach unionalen oder nationalen Grundrechten zu überprüfen oder ob ein „doppelter" Grundrechtsschutz sowohl durch die Charta als auch die Nationalverfassungen zu gewähren ist (2. B. II.).

Bereits vor dem *Vertrag von Lissabon* herrschte Konsens darüber, dass Mitgliedstaaten für nationale Umsetzungsrechtsakte von Unionsrichtlinien an die Grundrechte der Union gebunden sind, sofern die inhaltliche Verpflichtung unmittelbar aus der Richtlinie abgeleitet werden kann. Unklar war die Bindung jedoch bei der Umsetzung von Richtlinienbestimmungen, die Wahlrechte für die Mitgliedstaaten beinhalten. Die viel beachteten EuGH-Rechtssachen *ERT* und *Wachauf* trafen hierzu keine explizite Aussage (2. B. II. 2. b) cc)). Erst im Jahr 2008 und damit kurz vor Inkrafttreten der Grundrechtecharta sprach sich der EuGH eindeutig für einen weiten

Anwendungsbereich allgemeiner Rechtsgrundsätze der Union aus, der auch dann eröffnet ist, wenn die Mehrwertsteuer-Systemrichtlinie ein Umsetzungswahlrecht für die Mitgliedstaaten beinhaltet (2. B. II. 2. b) ee)).

Für ein Aufflammen der Diskussion sorgte die EuGH-Entscheidung *Åkerberg Fransson*. Demzufolge erfolgen auch steuerliche Sanktionen und Strafverfahren in Mehrwertsteuerangelegenheiten nach nationalem Verfahrens- und Strafrecht in Durchführung von Unionsrecht. Der Anwendungsbereich des Unionsrechts wird durch die allgemeine Verpflichtung der Mitgliedstaaten zur Sicherstellung des Mehrwertsteuervollzugs und zur Betrugsbekämpfung, ergänzt um die Pflicht zur Unionstreue, eröffnet. Infolge dieser Dogmatik fällt das gesamte nationale Umsatzsteuerrecht in den Anwendungsbereich der Unionsgrundrechte, da die Staaten aufgrund von Unionsrecht zur Erhebung von Umsatzsteuer verpflichtet sind (2. B. II. 4.).

Für den Gang der Untersuchung kann die Anwendbarkeit der Unionsgrundrechte für den gesamten Bereich der Mehrwertsteuer vorausgesetzt werden. Diese Erkenntnis beruht auf folgenden Feststellungen:

(1) Die *Åkerberg Fransson*-Entscheidung fügt sich widerspruchsfrei in den übrigen Fundus der EuGH-Rechtsprechung ein (2. B. II. 5.).

(2) Der EuGH hat den Anwendungsbereich der Grundrechtecharta in der Folgerechtsprechung zur Rechtssache *Åkerberg Fransson* präzisiert und die für den Bereich der Mehrwertsteuer getroffenen Feststellungen explizit bestätigt (2. B. II. 6.).

(IV) Sofern die Grundrechte der Charta keine expliziten Einschränkungen des persönlichen Anwendungsbereichs vorsehen, handelt es sich um Menschenrechte, die jedermann zustehen (2. B. IV.).

(V) Beeinträchtigungen der Rechte des Grundrechtsberechtigten können unter bestimmten Voraussetzungen zulässig sein. Gemäß Art. 52 Abs. 1 GrCh muss der Eingriff in einem Gesetz normiert sein, darf den Wesensgehalt des Grundrechts nicht in Frage stellen, muss ein legitimes Ziel verfolgen und überdies verhältnismäßig sein (2. B. VI.).

(VI) Nach Art. 20 GrCh sind alle Personen vor dem Gesetz gleich (2. C. I. 1.). Dieser allgemeine Gleichheitssatz stellt ein einklagbares Recht subjektiver Art dar und bindet sowohl die Legislative als auch die Exekutive und die Judikative. Art. 20 GrCh fordert, dass vergleichbare Sachverhalte nicht unterschiedlich und dass unterschiedliche Sachverhalte nicht gleich behandelt werden, sofern eine solche Behandlung nicht objektiv gerechtfertigt ist. Eine Beeinträchtigung kann sich folglich sowohl durch eine Ungleichbehandlung (Gleichbehandlungsgebot) als auch durch eine Gleichbehandlung (Differenzierungsgebot) ergeben (2. C. I. 2.).

Die Beeinträchtigung muss durch den gleichen Grundrechtsverpflichteten veranlasst worden sein. Beim Erlass von Sekundärrecht ist die Union die gleiche Grundrechtsverpflichtete, sofern die Rechtswidrigkeit damit auf Normebene angelegt ist und in einem Mitgliedstaat die beeinträchtigende Ungleichbehandlung bewirkt. Gleichzeitig verstößt der entsprechende Mitgliedstaat gegen Art. 20 GrCh (2. C. I. 3.). Gesetzgebungsakte und Handlungen, die gegen Art. 20 GrCh verstoßen, sind als nichtig zu verwerfen und dürfen nicht angewandt werden. Die Beseitigung der Ungleichbehandlung erfolgt zumeist dergestalt, dass bis zur Entscheidung des Gesetzgebers über die notwendige Rechtsänderung die begünstigende Regelung auf die benachteiligte Vergleichsgruppe ausgeweitet wird (2. C. I. 4.).

(VII) Der allgemeine Gleichheitssatz wird gemeinhin als das überragende „Leitprinzip zur Verwirklichung von Steuergerechtigkeit" anerkannt und dementsprechend als „magna Charta des Steuerrechts" bezeichnet. Aus ihm wird das Prinzip der Gleichmäßigkeit der Besteuerung mit seinen Ausprägungen der Rechtsanwendungsgleichheit und der Rechtssetzungsgleichheit abgeleitet (2. C. II. 5.).

Rechtsanwendungsgleichheit bedeutet Gleichheit in der faktischen Belastung gleicher Sachverhalte (2. C. II. 5. b)). Nach dem Gebot der Rechtssetzungsgleichheit muss der Gesetzgeber abstrahiert von den individuellen Anwendungsfällen die Gleichheit bereits bei der Rechtsetzung beachten. Dies geschieht nach bereichsspezifischen und sachgerechten Anknüpfungspunkten, die den Vergleichsmaßstab definieren – sog. *tertium comparationis* (2. C. II. 5. c).

Aus der Rechtssetzungsgleichheit wird nach Verständnis des Bundesverfassungsgerichts ferner das Gebot der Folgerichtigkeit abgeleitet. Demzufolge ist eine einmal durch den Gesetzgeber definierte Belastungsgrundentscheidung im Anschluss folgerichtig auszugestalten. Das Folgerichtigkeitsgebot schränkt den Gesetzgeber bereits auf Ebene der Normgestaltung ein. Der EuGH hat bislang für das Unionsrecht kein Gebot der Folgerichtigkeit entwickelt. Das Gericht bemüht gegenwärtig lediglich den Kohärenzgedanken als Schranken-Schranke im Rahmen der Verhältnismäßigkeitsprüfung (2. C. II. 5. d).

(VIII) Gerechtigkeit im gesamten Steuerrecht spiegelt sich in der gerechten Austeilung steuerlicher Lasten wider. Als Vergleichsmaßstab gerechter Lastenausteilung und damit für die Anwendung des allgemeinen Gleichheitssatzes dient weltweit das Leistungsfähigkeitsprinzip (2. D. I. 1.).

Das Leistungsfähigkeitsprinzip gilt auch im Umsatzsteuerrecht. Im Recht der indirekten Steuern auf den Konsum wird die im Konsum zum Ausdruck kommende wirtschaftliche Leistungsfähigkeit belastet. Diese Konsumleistungsfähigkeit lässt die individuelle Leistungsfähigkeit weitestgehend unberücksichtigt. Die Leistungsfähigkeit wird typisiert in der bloßen Ausführung des Konsums vermutet (2. D. I. 3.).

Das Leistungsfähigkeitsprinzip ist zugleich ein europäisches Verfassungsprinzip. Insbesondere aus den gemeinsamen Verfassungsüberlieferungen der Mitgliedstaaten lässt sich ein europäisches Leistungsfähigkeitsprinzip ableiten. Die Besteuerung ist folglich an diesem primärrechtlichen Prinzip auszurichten (2. D. II.).

(IX) Das geschriebene und ungeschriebene Primärrecht hält Vorgaben für die konkrete Ausgestaltung des Mehrwertsteuersystems bereit. Diese Normen und Grundsätze garantieren in ihrer sich ergänzenden Gesamtheit die Neutralität der Umsatzsteuer (2. E.).

(1) Mehrbelastungen grenzüberschreitender Dienstleistungen im Vergleich zu inländischen Leistungen sowie die Einschränkung der Erbringung grenzüberschreitender Dienstleistungen durch einen inländischen Leistungserbringer verstoßen gegen die Dienstleistungsfreiheit des Art. 56 AEUV. Diese Vorgaben werden gegenwärtig durch die Vorschriften zur Bestimmung des Leistungsortes, die dem Bestimmungslandprinzip folgen, gewahrt (2. E. III. 2. a)).

(2) Art. 110 AEUV untersagt die Diskriminierung im grenzüberschreitenden Warenverkehr des Binnenmarkts. Das Bestimmungslandprinzip sieht hierzu eine Exportfreistellung und Importbesteuerung vor (2. E. III. 2. b)).

(3) Art. 107 Abs. 1 AEUV untersagt bestimmte staatliche Beihilfen zum Schutz des Wettbewerbs innerhalb des Binnenmarktes vor Verfälschungen (2. E. III. 2. c)).

(4) Der ungeschriebene Primärrechtsgrundsatz des Verbots missbräuchlicher Berufung auf Unionsrecht versagt Steuerpflichtigen Rechte, die ihnen dem Grunde nach durch das Unionsrecht zustehen. Die Anwendung setzt nicht voraus, dass das nationale Recht Bestimmungen enthält, die eine solche Versagung vorsehen (2. E. IV.).

Kapitel 3: Rechtsschutz im Mehrebenensystem

(I) Basieren nationale Normen auf zwingenden Richtlinienvorgaben, ziehen Zweifel an der Vereinbarkeit der nationalen Regelung mit den Unionsgrundrechten zwangsläufig die Frage nach sich, ob die Mehrwertsteuer-Systemrichtlinie selbst gegen unionsrechtliche Grundrechte verstößt. Aufgrund des Vorrangs des Unionsrechts sind nationale Grundrechte in diesen Fällen suspendiert. Nach Art. 19 Abs. 3 Buchst. b EUV und Art. 267 Abs. 1 Buchst. b AEUV kann ausschließlich der EuGH über die Gültigkeit und die Auslegung der Handlungen der EU-Organe – darunter auch die Mehrwertsteuer-Systemrichtlinie – entscheiden. Nationale Gerichte können dies nicht selbst feststellen (3. A. I.).
Nationale Gerichte sind bereits bei Zweifeln an der Vereinbarkeit der nationalen Regelung mit den Unionsgrundrechten nach den Grundsätzen der *Foto-Frost*-Entscheidung unabhängig von ihrer jeweiligen Stellung in der Instanzenkette zur Vorlage an den EuGH verpflichtet. Die Vorlagepflicht setzt keine Überzeugung von der Rechtswidrigkeit voraus (3. A. II. 1.).

(II) Nichtigkeitsklagen nach Art. 263 AEUV mit steuerlichem Bezug sind bislang im Wesentlichen nach Entscheidungen zum Beihilferecht ergangen. Zum Umsatzsteuerrecht sind bislang keine wesentlichen Nichtigkeitsklagen ergangen (3. A. II. 2.).

(III) Wird eine Bestimmung der Mehrwertsteuer-Systemrichtlinie für nichtig erklärt, führt dies nach dem Prinzip des Vorrangs des Unionsrechts ebenfalls zur Unanwendbarkeit auch der nationalen Norm. Dies gilt auch dann, wenn die nationale Norm mit der Verfassung des Mitgliedstaats im Einklang steht. Eine gesonderte Nichtigkeitserklärung durch ein nationales Gericht ist nicht notwendig (3. B. II.).

(IV) Überlasst eine Richtlinienbestimmung den Mitgliedstaaten ein Umsetzungswahlrecht und verstößt eine nationale Norm möglicherweise gegen die Unionsgrundrechte, kann bzw. muss der EuGH im Rahmen eines Vorabentscheidungsverfahrens über die Güligkeit und Auslegung der Richtlinienbestimmung urteilen. Die Vorlagepflicht hängt von der Stellung des Gerichts in der Instanzenordnung ab. Letztinstanzliches Gerichte sind nach Art. 267 Abs. 3 AEUV zur Vorlage verpflichtet. Unterinstanzliche Gerichte sind gemäß Art. 267 Abs. 2 AEUV zur Vorlage nach eigenem Ermessen berechtigt. Ausnahmen von der Vorlagepflicht bestehen nach der *Acte-clair*-Doktrin (3. B. III).

(V) Die Bereitschaft des Bundesverfassungsgerichts, nationale Bestimmungen am Grundgesetz zu messen, unterliegt dem Wandel der Zeit und wurde maßgeblich durch die Entwicklung der Grundrechte auf Unionsebene vor ca. 50 Jahren beeinflusst (3. B. IV. 1.). Dabei hält sich das Bundesverfassungsgericht europarechtsfreundlich zurück. Es beansprucht eine eigene Prüfungskompetenz bei Einschlägigkeit der Unionsgrundrechte nunmehr lediglich bei Eingriffen in die Verfassungsidentität sowie bei Ultra-vires-Akten der Union. In diesem Zusammenhang gibt das Bundesverfassungsgericht dem EuGH jedoch im Rahmen eines Vorlageersuchens die Möglichkeit, zu den unionsrechtlichen Besimmungen Stellung zu beziehen, bevor ein Ultra-vires-Akt angenommen wird (3. B. IV. 2.).

(VI) Bestehen Zweifel an der Gülitgkeit einer nationalen Norm, ist ein Verstoß sowohl gegen das Grundgesetz als auch die Grundrechtecharta zu prüfen (3. B. IV. 1.). Weder das Normenkontrollverfahren (3. B. V.) noch das Vorabentscheidungsverfahren genießt einen Vorrang vor dem jeweils anderen.

(VII) Im Bereich der Umsetzungsspielräume nach der Mehrwertsteuer-Systemrichtlinie, bei denen parallel die nationalen und unionsrechtlichen Grundrechte Anwendung finden, sollte die Kompetenzkollision im Wege der Kooperation aufgelöst werden.

Nach dem Konzept der kooperativen Doppelgeltung soll sich der EuGH auf Leitlinien beschränken und den nationalen Gerichten einen Beurteilungsspielraum einräumen, den diese sodann mit eigenen Interpretationen ausfüllen können. Der *Åkerberg Fransson*-Entscheidung ist zu entnehmen, dass sich der EuGH auf entsprechende Ausführungen beschränken wird. Die durch das Bundesverfassungsgericht bevorzugte *Trennungsthese*, nach der entweder unionsrechtliche oder nationale Grundrechte gelten, basiert auf nationalen Besonderheiten. Das Bundesverfassungsgericht sollte das Modell der kooperativen Doppelgeltung im Sinne der europäischen Integration und Grundrechtsentwicklung daher akzeptieren (3. B. IV. 6.).

Kapitel 4: Der unionsrechtliche allgemeine Gleichheitssatz im Mehrwertsteuerrecht

(I) Die bereichsspezifische Ausgestaltung der Gleichheit im Mehrwertsteuerrecht wird durch den Wesensgehalt der Umsatzsteuer bestimmt (4. A. I.).

Das geltende Allphasen-Netto-Umsatzsteuersystem mit Vorsteuerabzug ist in Art. 1 Abs. 2 MwStSystRL definiert und zielt auf eine ausschließliche Belastung des Verbrauchers. Nur dieser ist der intendierte Steuerträger. Die Belastung des Konsumten tritt auf der letzten Handelsstufe dergestalt ein, dass ihm kein Recht auf Vorsteuerabzug gewährt wird. Der Vorsteuerabzug trifft folglich die Unterscheidung darüber, wer mit der Steuer belastet wird und ist somit das „Herzstück" des Systems. Der Unternehmer vereinnahmt die Steuerbeträge lediglich und führt sie an das Finanzamt ab. Der Rückgriff auf den Unternehmer erfolgt aus rein erhebungstechnischen Gründen. Er fungiert als Gehilfe des Staates. Die Umsatzsteuer ist damit eine indirekte Verbrauchsteuer (4. A. II.).

(II) Die Gerechtigkeitsfindung in Gestalt der gleichheitsrechtlichen Prüfung muss aus der Perspektive des Verbrauchers und nicht aus Sicht des Unternehmers erfolgen. Im Ergebnis dient das Verbrauchsteuerprinzip als bereichsspezifisches Subprinzip des Leistungsfähigkeitsprinzips und damit als bereichsspezifische Ausgestaltung des allgemeinen Gleichheitssatzes auf dem Gebiet der Umsatzsteuer (4. A. III.).

(III) Nach Ansicht des EuGH stellt der Neutralitätsgrundsatz die bereichsspezifische Ausprägung des unionsrechtlichen Gleichbehandlungsgrundsatzes dar (4. B. I.). Er wird maßgeblich aus den Erwägungsgründen der Mehrwertsteuer-Systemrichtlinie abgeleitet (4. B. II.).

Das Neutralitätsprinzip findet in zwei Ausprägungen Anwendung (4. B. III. 1.): Eingangsseitig werden Unternehmer durch den Vorsteuerabzug vollständig von der in den Vorleistungen enthaltenen Umsatzsteuer befreit. Auf der Ausgangsseite werden konkurrierenden Waren und Dienstleistungen gleich besteuert (4. B. III. 2.).

Der EuGH rückt den Unternehmer ins Zentrum der Betrachtung des Neutralitätsprinzips. Dies blendet aus, dass indessen die Perspektive des Verbrauchers im Sinne eines *tertium comparationis* die gleichheitsrechtliche Prüfung anleiten muss (4. B. III. 3.).

(IV) Der Neutralitätsgrundsatz ist ein sekundärrechtlicher Auslegungsgrundsatz. Er entspricht dem allgemeinen Gleichheitssatz auf dem Gebiet der Mehrwertsteuer damit nur in Teilen (4. B. IV.).

(V) Der gegenwärtige Umgang des EuGH mit gleichheitsrechtlichen Einwänden ist geprägt von grundrechtsdogmatischen Mängeln. Das allgemeine Gleichheitsrecht wird auf den Neutralitätsgrundsatz als reinen Auslegungsgrundsatz beschränkt. Dieser soll neben dem Grundsatz anzuwenden sein, den er einschränkt. Infolgedessen schirmt der EuGH die Mehrwertsteuer-Systemrichtlinie als Sekundärrechtsakt weitgehend von einer Überprüfung an den Maßstäben des Primärrechts ab. Sofern eine Verletzung des Neutralitätsgrundsatzes im Raum steht, gewährt der EuGH dem Unionsgesetzgeber eine Wertungsprärogative hinsichtlich der Vergleichbarkeit von Situationen. In der Folge unterbleibt eine Rechtfertigungsprüfung regelmäßig (4. B. V.).

Dogmatisch geboten ist ein Verständnis, nach dem jeder Verstoß gegen den Neutralitätsgrundsatz automatisch zugleich zu einer rechtfertigungsbedürftigen Einschränkung des allgemeinen Gleichheitssatzes führt (4. B. V. 7.).

(VI) Die gleichheitsrechtliche Prüfung sollte sich am Belastungsgrund der Steuer ausrichten. Entsprechend dem Wesen der Steuer findet die Umsatzsteuer ihre vollumfassende Gerechtigkeit ausschließlich im Verbrauchsteuerprinzip (4. C. II.).

(VII) Die Kontrolldichte der gleichheitsrechtlichen Prüfung zeugt gegenwärtig von einer starken Achtung der Legitimität des Richtliniengebers. In diesem Zusammenhang ist jedoch zu beachten, dass die Union kein mit den Nationalstaaten vergleichbarer demokratisch legitimierter Gesetzgeber ist. Der die Mehrwertsteuer-Systemrichtlinie erlassene Rat der Europäischen Union besteht aus den nationalen Regierungen. Dieser Exekutivföderalismus erfordert eine strengere grundrechtliche Kontrolle.

Der EuGH ist angehalten, bei der Püfung von Verstößen gegen das Verbrauchsteuerprinzip eine Kontrolldichte anzuwenden, die der im Bereich der Grundfreiheiten entspricht (4. C. III.).

(VIII) Eine vom Verbrauchsteuerprinzip abweichende Ausgestaltung von Steuertatbeständen bedarf der Rechtfertigung. Es kann insoweit ein Rückgriff auf den grundfreiheitlichen Rechtsprechungsbestand erfolgen (4. C. IV.).

Kapitel 5: Vereinbarkeit der Regelungen zum Vorsteuerabzug mit Art. 20 GrCh

(I) Voraussetzung für eine ausschließliche Belastung des Verbrauchers mit Umsatzsteuer ist, dass der Unternehmer vollständig von der Umsatzsteuer der Vorstufen entlastet wird. Dies geschieht im geltenden Allphasen-Netto-Umsatzsteuersystem durch den Vorsteuerabzug. Der Vorsteuerabzug ist daher für eine Detailuntersuchung an den Maßstäben des Verbrauchsteuerprinzips besonders geeignet (5. A. I.).

(II) Die Mehrwertsteuer-Systemrichtlinie unterscheidet zwischen der matiellen Entstehung des Rechts auf Vorsteuerabzug und formellen Kriterien, die den Zeitpunkt der Ausübung des materiellen Rechts definieren (5. B.).

(III) Gesellschaftern, Mitunternehmern und Holdinggesellschaf-ten ist nach dem Verbrauchsteuerprinzip auch dann ein Recht auf Vorsteuerabzug zu gewähren, wenn sie als mittelbare Unternehmer agieren. Das gegenwärtige Erfordernis eines unmittelbar zuzurechnenden steuerpflichtigen Ausgangsumsatzes verstößt gegen das Verbrauchsteuerprinzip (5. C. I. 1.).

(IV) Die Mehrwertsteuer-Systemrichtlinie sieht diverse unechte Steuerbefreiungen vor, die eingangsseitig den Vorsteuerabzug ausschließen. Den Regelungen liegen folgende Motivationen zugrunde: die Freistellung des existenziellen Bedarfs, sozialpolitische Motive, die Vermeidung einer Doppelbelastung mit besonderen Verbrauch- und Verkehrsteuern, steuersystematische Gründe sowie Vereinfachungsgründe. Zudem werden einigen Mitgliedstaaten Sondergenehmigungen für besondere Steuerbefreiungen erteilt. Mit Ausnahme der Steuerbefreiungen aus Vereinfachungsgründen sind die Regelungen nicht mit dem Verbrauchsteuerprinzip konform (5. C. I. 2.).

(V) Die Besteuerung innergemeinschaftlicher Erwerbe nach Art. 41 MwStSystRL gleicht der Erhebung einer Sicherheitsleistung. Die Regelung ist inkohärent ausgestaltet und im Ergebnis vor dem Hintergrund des Verbrauchsteuerprinzips unverhältnismäßig (5. C. I. 3.).

(VI) Die gegenwärtigen Zuordnungswahlrechte führen zu Ungleichbehandlungen vergleichbarer Sachverhalte. Die Rechtsprechung des EuGH basiert insoweit auf der Ablehnung einer Einlagenentsteuerung. Diese Rechtsprechung ist aufzuheben und die gleichheitsrechtlich gebotene Einlagenentsteuerung ist anzuerkennen (5. C. I. 4.).

(VII) Der Pro-rata-Satz des Vorsteuerabzugs gilt ausschließlich für gemischt verwendete Gegenstände und Dienstleistungen. Die Konformität der Art. 173 ff. MwStSystRL mit dem Verbrauchsteuerprinzip richtet sich folglich nach der Beurteilung der Art. 168 ff. MwStSystRL (5. C. II.).

(VIII) Die Stillhalteklauseln des Art. 176 MwStSystRL sowie die Vorsteuerausschlüsse aus konjunkturellen Gründen nach Art. 177 MwStSystRL sind unverhältnismäßig. Dies hat der EuGH in anderen Bereichen als dem Mehrwertsteuerrecht bereits festgestellt. Diese Rechtsprechung ist auf das Umsatzsteuerrecht zu übertragen (5. C. III.).

(IX) Die Ablehnung von Vorsteuerkorrekturen nach Einlagen in das Unternehmensvermögen verstößt gegen das Verbrauchsteuerprinzip. Die Einlagenentsteuerung ist im Wege der verbrauchsteuerteleologischen Auslegung der Richtlinienbestimmungen einzuführen (5. C. IV. 2.).

(X) Das Beispiel der Wechselkursschwankungen verdeutlicht, dass der Vorsteuerabzug nach dem Soll zu willkürlich eintretenden Belastungen oder Begünstigungen der Unternehmer führt. Die Soll-Besteuerung verstößt demzufolge gegen das Verbrauchsteuerprinzip. Der Vorsteuerabzug ist entgegen der gegenwärtigen Rechtslage nicht zu gewähren, wenn der Erwerber die Zahlung nicht bis zur Abgabe der Steuererklärung, in der der Erwerb zu deklarieren ist, geleistet hat. Die Union und die Mitgliedstaaten sollten den Paradigmenwechsel zur verbrauchsteuerlich gebotenen Ist-Besteuerung sowohl auf der Eingangs- wie auf der Ausgangsseite vollziehen (5. C. IV. 3.).

Gesamtfazit:

Für einen dogmatisch überzeugenden Umgang mit potentiellen Verletzungen des allgemeinen Gleichheitssatzes auf dem Gebiet der Mehrwertsteuer ist es notwendig, die Umsatzsteuer als Verbrauchsteuer zu verstehen, die nach ihrer Belastungsgrundentscheidung ausschließlich den Verbraucher belasten soll. Der EuGH ist aufgefordert, die gegenwärtigen Defizite des Grundrechtsschutzes zu überwinden und die Mehrwertsteuer-Systemrichtlinie am primärrechtlichen Verbrauchsteuerprinzip zu messen. Auf diese Weise würde der unionsrechtliche allgemeine Gleichheitssatz die faktische Wirkung entfalten, die er bereits *de lege lata* unter Berücksichtigung seiner Stellung im Rechtsquellensystem verbürgt.

Literaturverzeichnis

Achatz, Markus/*Tumpel*, Michael: Unechte Steuerbefreiungen, Wien 2010.

Amand, Christian: Are VAT Exemptions Compatible with Primary EU Law?, IVM 2010, 409–416.

Axer, Peter: Die Familie zwischen Privatrecht, Sozialrecht und Steuerrecht, in: Steuern im Sozialstaat, DStJG 29 (2006), hrsg. von Rudolf Mellinghoff, Köln 2006, 175-201.

Bauer, Jobst-Hubertus/*Arnold*, Christina: Auf „Junk" folgt „Mangold" – Europarecht verdrängt deutsches Arbeitsrecht, NJW 2006, 6-12.

Becker, Enno: Die Reichsabgabenordnung vom 13. Dezember 1919 nebst Ausführungsverordnungen, Berlin 1922, (zit.: *Becker*, *E.*, Reichsabgabenordnung, 1. Aufl. 1922, § … Anm. …).

Becker, Stefanie: Anwendung des ermäßigten Steuersatzes auf E-Books, DStR 2014, 462-466.

Becker, Stefanie: Entgeltminderung für Pharmaunternehmen – Eine kritische Würdigung der Auswirkungen des EuGH-Urteils "Boehringer Ingelheim", NWB 2018, 618–625.

Becker, Stefanie: Keine Anwendung des ermäßigten Steuersatzes auf die Lieferung von E-Books, DStRK 2017, 126.

Beermann, Dietmar/*Gosch*, Dietmar: Abgabenordnung Finanzgerichtsordnung, Kommentar, 159. Ergänzungslieferung (April 2021), Bonn, (zit.: *Bearbeiter*, in: Beermann/Gosch, § … AO Rz. ...).

Birk, Dieter: Das Leistungsfähigkeitsprinzip als Massstab der Steuernormen: Ein Beitrag zu den Grundfragen des Verhältnisses von Steuerrecht und Verfassungsrecht, Köln 1983, zugl.: München, Univ., Habil-Schr., 1981.

Birk, Dieter: Einkommen, Einkunftsarten und Einkünfteermittlung, in: Einkünfteermittlung, DStJG 34 (2011), hrsg. von Johanna Hey, Köln 2011, 11–29.

Birk, Dieter: Ordnungsmuster im Steuerrecht – Prinzipien, Maßstäbe und Strukturen, in: Steuerzentrierte Rechtsberatung: Festschrift für Harald Schaumburg zum 65. Geburtstag, hrsg. von Wolfgang Spindler, Köln 2009, 3–20.

Birk, Dieter: Steuermoral, Steuerkultur und Rückwirkung von Steuergesetzen, in: Steuerrecht im Rechtsstaat: Festschrift für Wolfgang Spindler zum 65. Geburtstag, hrsg. von Rudolf Mellinghoff, Köln 2011, 13–28.

Birk, Dieter: Verfassungsfragen im Steuerrecht – Eine Zwischenbilanz nach den jüngsten Entscheidungen des BFH und des BVerfG, DStR 2009, 877–882.

Birkenfeld, Wolfram/*Wäger*, Christoph: Das große Umsatzsteuer-Handbuch, 91. Ergänzungslieferung (März 2021), Köln, (zit.: *Bearbeiter*, in: Birkenfeld/Wäger, USt-Handbuch, § … Rn. …).

Brandis, Peter: Bemessungsgrundlagen im Steuerrecht u im Sozialrecht – aus der Sicht des Steuerrechts, in: Steuern im Sozialstaat, DStJG 29 (2006), hrsg. von Rudolf Mellinghoff, Köln 2006, 93–174.

Breuer, Frank: Fiskus vs. Goliath – Der Kampf der Steuerbehörden gegen den Vorsteuerbetrug, UR 2018, 306–313.

Breuer, Marten: „Wasch mir den Pelz, aber mach mich nicht nass!" Das zweite Gutachten des EuGH zum EMRK-Beitritt der Europäischen Union, EuR 2015, 330–350.

Britz, Gabriele: Verfassungsrechtliche Effektuierung des Vorabentscheidungsverfahrens, NJW 2012, 1313–1317.

Brosius-Gersdorf, Frauke: Bindung der Mitgliedstaaten an die Gemeinschaftsgrundrechte, Berlin 2005.

Bucher, Stefan: Die Bindung der Mitgliedstaaten an die EU-Grundrechtecharta bei Ermessensspielräumen, insbesondere in Fällen der Richtlinienumsetzung und unter Berücksichtigung der Folgerechtsprechung zu „Åkerberg Fransson", ZEuS 2016, 203–233.

Bunjes, Johann/*Geist*, Reinhold (Begr.): Umsatzsteuergesetz, Kommentar, 19. Auflage, München 2020, (zit.: Bunjes/*Bearbeiter*, UStG § … Rn. …).

Calliess, Christian/*Ruffert*, Matthias: EUV/AEUV, Das Verfassungsrecht der Europäischen Union mit Europäischer Grundrechtecharta, Kommentar, 5. Auflage, München 2016, (zit.: *Bearbeiter*, in: Calliess/Ruffert, EUV/AEUV, Art. … Rn. …).

Calliess, Christian: Der EuGH als gesetzlicher Richter im Sinne des Grundgesetzes – Auf dem Weg zu einer kohärenten Kontrolle der unionsrechtlichen Vorlagepflicht?, NJW 2013, 1905–1910.

Calliess, Christian: Die neue Europäische Union nach dem Vertrag von Lissabon: Ein Überblick über die Reformen unter Berücksichtigung ihrer Implikationen für das deutsche Recht, Tübingen, 2014.

Cordewener, Axel: Europäische Grundfreiheiten und nationales Steuerrecht: "Konvergenz" des Gemeinschaftsrechts und "Kohärenz" der direkten Steuern in der Rechtsprechung des EuGH, Köln 2002, zugl. Bonn, Univ., Diss., 2001, (zit.: *Cordewener*, Grundfreiheiten).

Cremer, Wolfgang: Der programmierte Verfassungskonflikt: Zur Bindung der Mitgliedstaaten an die Charta der Grundrechte der Europäischen Union nach dem Konventsentwurf für eine europäische Verfassung, NVwZ 2013, 1452–1457.

Dauses, Manfred (Begr.)/*Ludwigs*, Markus (Hrsg.): Handbuch des EU-Wirtschaftsrechts, 51. Ergänzungslieferung (Oktober 2020), München, (zit: *Bearb.*, in: Dauses/Ludwigs, Handbuch des EU-Wirtschaftsrechts, (Kapitel), Rn. …).

de la Feria, Rita: The EU VAT System and the Internal Market, Amsterdam 2009, (zit.: *de la Feria*, The EU VAT System).

Dobratz, Lars: EU-Grundrechte und Umsatzsteuerrecht – Zum Diskussionsbeitrag von Werner Widmann –, UR 2014, 425–428.

Dodos, Panagiotis/*Heilmeier*, Ruth: Steuerrecht: Mehrwertsteuersatz bei digitalen Büchern, Anmerkung zu EuGH, Urt. v. 07.03.2017 – Rs. C-390/15, *Rzecznik Praw Obywatelskich (RPO)*, EuZW 2017, 435–440.

Drüen, Klaus-Dieter: Die Bruttobesteuerung von Einkommen als verfassungsrechtliches Vabanquespiel, StuW 2008, 3–14.

Drüen, Klaus-Dieter: Die Indienstnahme Privater für den Vollzug von Steuergesetzen, Tübingen 2012, zugl. aktualisierte Fassung von: Bochum, Univ., Habil.-Schr., 2005.

Drüen, Klaus-Dieter: Systembildung und Systembindung im Steuerrecht, in: Steuerrecht im Rechtsstaat, Festschrift für Wolfgang Spindler zum 65. Geburtstag, hsrg. von Rudolf Mellinghoff, Wolfgang Schön und Hermann-Ulrich Viskorf, Köln 2011, 29–50.

Drüen, Klaus-Dieter: Zur Konkurrenz gesetzlicher und richterrechtlicher Instrumente im Kampf gegen Umsatzsteuer-Karusselle, MwStR 2015, 841–855.

Dumbs, Matthias: Die Entwicklung des Grundsatzes der Verhältnismäßigkeit in der Rechtsprechung des Bundesverfassungsgerichts, Freiburg 2015, (zit.: *Dumbs*, Grundsatz der Verhältnismäßigkeit).

Dziadkowski, Dieter: Ausschluß des Vorsteuerabzugs und Vorsteueraufteilung, in: Umsatzsteuer-Kongress-Bericht 1985, hrsg. von Jürgen Costede, Köln 1985, 103–133, (zit.: *Dziadkowski*, in: Costede, Umsatzsteuer-Kongress-Bericht 1985).

Dziadkowski, Dieter: Plädoyer für die Einführung einer Einlagenentsteuerung sowie für einen quotalen Vorsteuerabzug, UR 2008, 10–15.

Dziadkowski, Dieter: Playdoyer für eine systemkonforme und realitätsnahe Einlagenentseuerung, UR 2019, 246–255.

Dziadkowski, Dieter: Vorsteuerabzug aus Sacheinlagen? – Plädoyer für eine systemkonforme Normierung einer „Einlageentsteuerung" in § 15a UStG, DStR 2002, 486–489.

Dziadkowski, Dieter: Zur Umsatzbesteuerung privater Verkäufe durch Nichtunternehmer, UR 1985, 213–215

Eckstein, Ken: Im Netz des Unionsrechts – Anmerkungen zum Fransson-Urteil des EuGH, ZIS 2013, 220–225.

Ehrke-Rabel, Tina: Umsatzsteuer als Verbrauchsteuer in der Rechtsprechung, in: Festschrift für den BFH, hrsg. von Klaus-Dieter Drüen, Johanna Hey und Rudolf Mellinghoff, Köln 2018, 1529–1549, (zit.: *Ehrke-Rabel*, in: FS für den BFH 2018).

Eichberger, Michael: Der Gleichheitssatz im Steuerrecht, in: 100 Jahre Steuerrechtsprechung in Deutschland 1918-2018, Festschrift für den BFH, hrsg. von Klaus-Dieter Drüen, Johanna Hey und Rudolf Mellinghoff, Köln 2018, 501–518, (zit.: *Eichberger*, in: FS für den BFH 2018).

Elicker, Michael: Die Unionsgrundrechte nach Lissabon: Ein starker Hebel im Finanzprozess, DStZ 2011, 162–170.

Engler, Friederike: Steuerverfassungsrecht im Mehrebenensystem – Ein Vergleich des Schutzes vor Besteuerung durch EMRK, Grundrechtecharta und die nationale Grundrechtsordnung, Baden-Baden 2014, zugl.: Bonn, Univ., Diss., 2013, (zit.: *Engler*, Steuerverfassungsrecht im Mehrebenensystem).

Englisch, Joachim: Ausnahmen und Ermäßigungen bei der Umsatzsteuer – Reformbedarf und Reformvorschläge –, UR 2011, 401–410.

Englisch, Joachim: Die Abgeltungsteuer für private Kapitalerträge – ein verfassungswidriger Sondertarif, 1. Aufl. Tübingen 2016, (zit.: *Englisch*, Abgeltungsteuer).

Englisch, Joachim: Die territoriale Zuordnung von Umsätzen, in: Umsatzsteuer im Europäischen Binnenmarkt, DStJG 32 (2009), hrsg. von Roman Seer, Köln 2009, 165–245.

Englisch, Joachim: Diskussion, in: Umsatzsteuer im Europäischen Binnenmarkt, DStJG 32 (2009), hrsg. von Roman Seer, Köln 2009, 127–129.

Englisch, Joachim: Diskussion, in: Umsatzsteuer im Europäischen Binnenmarkt, DStJG 32 (2009), hrsg. von Roman Seer, Köln 2009, 274.

Englisch, Joachim: Entwicklungslinien und Zukunftsfragen des Rechts der indirekten Steuern, in: Festschrift für den BFH, hrsg. von Klaus-Dieter Drüen, Johanna Hey und Rudolf Mellinghoff, Köln 2018, 1491–1528, (zit.: *Englisch*, in: FS für den BFH 2018).

Englisch, Joachim: Folgerichtiges Steuerrecht als Verfassungsgebot, in: Gestaltung der Steuerrechtsordnung: Festschrift für Joachim Lang zum 70. Geburtstag, hrsg. von Klaus Tipke, Roman Seer, Johanna Hey, Joachim Englisch, Köln, 2010, 167–220.

Englisch, Joachim: Gemeinschaftsgrundrechte im harmonisierten Steuerecht, in: Schön, Wolfgang/Beck Karin E. M. (Hrsg.), Zukunftsfragen des deutschen

Steuerrechts, Dordrecht 2009, 39–90, (zit.: *Englisch*, in: W. Schön/K. Beck, Zukunftsfragen).

Englisch, Joachim: Grundfreiheiten: Vergleichbarkeit, Rechtfertigung und Verhältnismäßigkeit, in: Europäisches Steuerrecht, DStJG 41 (2018), hrsg. von Michael Lang, Köln 2018, 273–357.

Englisch, Joachim: Rechtsmissbrauch im Gemeinschaftsrecht, StuW 2009, 3–22.

Englisch, Joachim: State Aid and Indirect Taxation, EC Tax Review 2013, 9–18.

Englisch, Joachim: The European Treaties' implications for direct taxes, Intertax 2005, 310–335.

Englisch, Joachim: Umsatzsteuerrechtliche Behandlung gesellschaftsrechtlicher Beteiligungen – Anmerkungen zum BMF-Schreiben vom 26.1.2007 –, UR 2007, 290–302.

Englisch, Joachim: Unionsrecht und Organschaft – Bestandsaufnahme und gesetzgeberischer Handlungsbedarf –, UR 2016, 822–840.

Englisch, Joachim: VAT and general principles of EU law, in: Traditional and Alternative Routes to European Tax Integration – primary law, secondary law, soft law, coordination, comitology and their relationship, hrsg. von Dennis Weber, Amsterdam 2010, 231–266, (zit.: *Englisch*, in: Weber, D., Traditional and Alternative Routes to European Tax Integration).

Englisch, Joachim: Vorsteuerabzug und nicht steuerbare Aktivitäten – Zuordnung von Vorleistungen –, in: Umsatzsteuer-Kongress-Bericht 2010, hrsg. von Joachim Englisch und Hans Nieskens, Köln 2011, 25–90, (zit.: *Englisch*, in: Englisch/Nieskens, Umsatzsteuer-Kongress-Bericht 2010).

Englisch, Joachim: Wettbewerbsgleichheit im grenzüberschreitenden Handel, Tübingen 2008, zugl.: Köln, Univ., Habil.-Schr., 2007, (zit.: *Englisch*, Wettbewerbsgleichheit im grenzüberschreitenden Handel).

Englisch, Joachim: Zur Bedeutung des gemeinschaftsrechtlichen Gleichheitssatzes im Recht der Gemeinschaftsbeihilfen, EuR 2009, 488–513.

Everling, Ulrich: Das Vorabentscheidungsverfahren vor dem Gerichtshof der Europäischen Gemeinschaften: Praxis und Rechtsprechung, Baden-Baden 1986, (zit.: *Everling*, Das Vorabentscheidungsverfahren).

Everling, Ulrich: Rechtsanwendungs- und Auslegungsgrundsätze des Gerichtshofs der Europäischen Gemeinschaft, in: Zölle, Verbrauchsteuern, europäisches Marktordnungsrech, DStJG 11 (1988), hrsg. von Heinrich Wilhelm Kruse, Köln 1988, 51–74.

Franzius, Claudio: Grundrechtsschutz in Europa, Zwischen Selbstbehauptungen und Selbstbeschränkungen der Rechtsordnungen und ihrer Gerichte, ZaöRV 2015, 383–412.

Frenz, Walter: Annäherung von europäischen Grundrechten und Grundfreiheiten, NVwZ 2011, 961–965.

Frenz, Walter: Handbuch Europarecht, Bd. 1: Europäische Grundfreiheiten, 2. Aufl., Berlin u. a. 2012, (zit.: *Frenz*, in: Handbuch Europarecht, Bd. I Rn. …).

Friauf, Karl Heinrich: Verfassungsrechtliche Anforderungen an die Gesetzgebung über die Steuern vom Einkommen und vom Ertrag, in: Steuerrecht und Verfassungsrecht, DStJG 12 (1989), hrsg. von Karl Heinrich Friauf, Köln 1989, 3–32.

Friedrich-Vache, Heidi/*Endres-Reich*, Daniela: Vorsteuerabzug der Funktions-/Führungsholding – Was ist der direkte und unmittelbare Zusammenhang mit der wirtschaftlichen Gesamttätigkeit?, UR 2017, 649–658.

Friedrich-Vache, Heidi: Plädoyer für die Abschaffung unechter Befreiungen im Finanzdienstleistungsbereich – Mit Ausnahme der Verwendung im Einlagengeschäft –, UR 2006, 207–217.

Friedrich-Vache, Heidi: Verbrauchsteuerkonforme Umsatzbesteuerung von Finanzdienstleistungen: Plädoyer für die Abschaffung unechter Steuerbefreiungen, Köln 2005, zugl. Erlangen, Nürnberg, Univ., Diss., 2005, (zit.: *Friedrich-Vache*, Verbrauchsteuerkonforme Umsatzbesteuerung von Finanzdienstleistungen).

Frye, Bernhard: Soll-Besteuerung gehört auf den verfassungsrechtlichen Prüfstand – Nichtannahmebeschluss des BVerfG bringt keine grundsätzliche Klärung –, UR 2013, 561–569.

Gassner, Wolfgang/*Lang*, Michael: Die mangelnde Leistungsfähigkeit des Leistungsfähigkeitsprinzips, ÖStZ 2000, 643–644.

Gehm, Matthias: Steuerliche und steuerstrafrechtliche Aspekte des Umsatzsteuerkarussells, NJW 2012, 1257–1262.

Grabenwarter, Christoph: Das EMRK-Gutachten des EuGH, EuZW 2015, 180.

Grabitz, Eberhard/*Hilf*, Meinhard/*Nettesheim*, Martin: Das Recht der Europäischen Union, Kommentar, 71. Ergänzungslieferung (August 2020), München, (zit.: *Bearbeiter*, in: Grabitz/Hilf/Nettesheim, EU, Art. …, Rn. …).

Grube, Friederike: Derzeit geltender Ausschluss des ermäßigten Steuersatzes auf Zurverfügungstellung sog. E-Books unionsrechtskonform – Rzecznik Praw Obywatelskich (RPO), Anmerkung zu EuGH, Urt. v. 07.03.2017 – Rs. C-390/15, *Rzecznik Praw Obywatelskich (RPO)*, MwStR 2017, 312–317.

Gstrein, Oskar Josef/*Zeitzmann*, Sebastian: Die „Åkerberg Fransson"-Entscheidung des EuGH – „Ne bis in idem" als Wegbereiter für einen effektiven Grundrechtsschutz in der EU?, ZEuS 2013, 239–260.

Gundel, Jörg: Der Verlust der bürgerlichen Ehrenrechte als Eingriff in die Grundrechtecharta – Neues zur Reichweite des EU-Grundrechtsschutzes gegenüber den Mitgliedstaaten und zur lex-mitior-Garantie, EuR 2016, 176–187.

Hahn, Hartmut, Deutscher und europäischer Grundrechtsschutz in grenzüberschreitenden Fällen, BB 2014, 23–30.

Hartmann, Alfred/*Metzenmacher*, Wilhelm: Umsatzsteuergesetz: UStG, Kommentar, Ergänzungslieferung 8/20 (November 2020), Berlin, (zit.: *Bearbeiter*, in: Hartmann/Metzenmacher, UStG, § … Tz. …).

Heck, Johannes/*Heffinger*, Matthias: Die Einlagenentsteuerung im Umsatzsteuerrecht – Bestandsaufnahme und Reformüberlegungen, MwStR 2017, 812–816.

Heidemann, Silke: Die Umsatzsteuerbefreiungen von Finanzdienstleistungen: zur Rechtfertigung unechter Steuerbefreiungen, Berlin 2008, zugl. Köln, Univ., Diss., 2007, (zit.: *Heidemann*, Umsatzsteuerbefreiungen für Finanzdienstleistungen).

Henze, Thomas: Grundsatz der steuerlichen Neutralität im gemeinsamen Mehrwertsteuersystem – Eine Bestandsaufnahme der Rechtsprechung des EuGH –, in: Umsatzsteuer-Kongress-Bericht 2010, hrsg. von Joachim Englisch und Hans Nieskens, Köln 2011, 7–24, (zit.: *Henze*, in: Englisch/Nieskens, Umsatzsteuer-Kongressbericht 2010).

Herrmann, Christoph: Die Reichweite der gemeinschaftsrechtlichen Vorlagepflicht in der neueren Rechtsprechung des EuGH, EuZW 2006, 231–235.

Herzog, Roman: Steuer- und Finanzpolitik im geeinten Deutschland – Die Sicht des Bundesverfassungsgerichts –, in: Präsidium des Bundes des Steuerzahler (Hrsg.), Steuer- und Finanzpolitik im geeinten Deutschland und Europa. Referate und Protokolle vom VI. Deutscher Steuerzahler-Kongress 1991, Wiesbaden 1991, 10–22, (zit.: *Herzog*, VI. Deutscher Steuerzahler-Kongress 1991).

Heuermann, Bernd: Anmerkung zu BFH, Beschl. v. 21.06.2017, V R 51/16, DStR 2017, 2054.

Heuermann, Bernd: Das Umsatzsteuerrecht, das Unionsrecht und die Vorherigkeit nationalen öffentlichen Rechts – Zugleich: Erste Versuche einer Gleichheitsprüfung nach Art. 20 GrCh –, UR 2016, 905–911.

Heuermann, Bernd: Entnahme, Betriebsaufgabe und Geschäftsveräußerung – Vorsteuerabzug und Umstrukturierungen bei Personengesellschaften, MwStR 2014, 597–600.

Heuermann, Bernd: EuGH-Vorlage zur Minderung der Bemessungsgrundlage beim Arzneimittelrabatt zugunsten privater Krankenversicherungen nach § 1 AMRabG, Anmerkung zu BFH, Beschl. v. 22.6.2016 – V R 42/15, DStR 2016, 1919–1922.

Heuermann, Bernd: Gibt es jetzt eine Einlagenentsteuerung? Konzise Überlegungen zum EuGH-Urteil *Gmina Ryjewo* und zum System der Zuordenbarkeit, MwStR 2018, 1000–1005.

Heuermann, Bernd: Mit Italmoda auf den Schultern von Larenz, DStR 2015, 1416–1420.

Heuermann, Bernd: Prinzipiengeleitete Umsetzung des Unionsrechts in das harmonisierte nationale Recht, StuW 2018, 123–135.

Heselhaus, Sebastian/*Nowak*, Carsten: Handbuch der Europäischen Grundrechte, 2. Auflage, München 2020, (zit.: *Bearbeiter*, in: Heselhaus/Nowak, Handbuch der Europäischen Grundrechte, § … Rn. ...).

Hey, Johanna: Erosion nationaler Besteuerungsprinzipien im Binnenmarkt? – zugleich zu den Rechtfertigungsgründen der „Europatauglichkeit" und „Wettbewerbsfähigkeit" des Steuersystems, StuW 2005, 317–326.

Hey, Johanna: Saldierung von Vor- und Nachteilen in der Rechtfertigung von Grundrechtseingriffen und Ungleichbehandlungen, AöR 2003, 226–254.

Hey, Johanna: Umsetzung der Rechtsprechung des Europäischen Gerichtshofs im nationalen Steuerrecht, StuW 2010, 301–320.

Hidien, Jürgen W.: Mehrwertsteuerbefreiung für andere anerkannte Einrichtungen schließt Solisten ein – „Die drei Tenöre", EWS 2003, 342–344.

Hidien, Jürgen W.: „Systembruch" oder „Systeminhärenz" im internationalen Mehrwertsteuerrecht? – Der Fall des Dirigenten (BFH v. 22.8.2019 – V R 14/17), MwStR 2020, 210–218.

Hiller, Matthias: Die Facet-Falle im deutschen Umsatzsteuerrecht – eine Farce, DStR 2015, 621–627.

Hiller, Matthias: Die Umsatzbesteuerung der privaten Nutzung, Entnahme und Veräußerung unternehmerischer Gegenstände, DStR 2005, 809–815.

Hobbes, Thomas: Leviathan, 1651.

Hoffsümmer, Philipp: Steuerbefreiungen für Inlandsumsätze (§ 4 Nrn. 8 bis 28 UStG): Eine systematische Betrachtung unter besonderer Berücksichtigung europäischer und nationaler Prüfungsmaßstäbe, Frankfurt am Main u. a. 2009, zugl. Köln, Univ., Diss., 2008, (zit.: *Hoffsümmer*, Steuerbefreiungen für Inlandsumsätze).

Horn, Wilhelm: Vorsteuerabzugsberechtigung auf der Grundlage der schuldrechtlichen Vertragsverhältnisse oder der wirtschaftlichen Zurechnung – Vermeidung systemwidriger Umsatzsteuerbelastungen, UR 1989, 237–239.

Huber, Peter Michael: Unitarisierung durch Gemeinschaftsgrundrechte – Zur Überprüfungsbedürftigkeit der ERT-Rechtsprechung –, EuR 2008, 190–200.

Hübschmann, Walter/*Hepp*, Ernst/*Spitaler*, Armin: Abgabenordnung, Finanzgerichtsordnung, 261. Ergänzungslieferung (März 2021), Köln, (zit.: *Bearbeiter*, in: HHSp., § … Rz. …).

Hughes, Peter: EU VAT aspects of longer chains of triangular transactions, IVM 2012, 230–236.

Hummel, David: Entgelt als Bemessungsgrundlage im Umsatzsteuerrecht – Dogmatische Grundlagen –, UR 2015, 213–223.

Hummel, David: Gemeinschafts- und verfassungsrechtlicher Gleichheitsgrundsatz bei Subventionen im Rahmen der Durchschnittssatzbesteuerung des § 24 UStG – Zugleich Anmerkung zur Nichtanwendung nationaler Gesetze durch BFH, Urt. v. 16.4.2008 – XI R 73/07 –, UR 2009, 73–78.

Hummel, David: Missbrauch der umsatzsteuerrechtlichen Organschaft bei Kooperationen im Gesundheitswesen?, MwStR 2013, 294–300.

Hummel, David: Umgang mit „betrugsbehafteten Umsätzen“ im Umsatzsteuerrecht – Zu den aktuellen Versuchen der Finanzverwaltung, das Umsatzsteueraufkommen nach einem Betrugsfall nicht nur zu sichern, sondern zu vervielfachen –, UR 2014, 256–264.

Huster, Stefan: Gleichheit im Mehrebenensystem: Die Gleichheitsrechte der Europäischen Union in systematischer und kompetenzrechtlicher Hinsicht, EuR 2010, 325–337.

Huster, Stefan: Rechte und Ziele: Zur Dogmatik des allgemeinen Gleichheitssatze, Berlin 1993, zugl. Heidelberg, Univ., Diss., 1993.

Hüttemann, Rainer: Diskussion, in: Umsatzsteuer im Europäischen Binnenmarkt, DStJG 32 (2009), hrsg. von Roman Seer, Köln 2009, 272–273.

Ismer, Roland/*Karch*, Alexandra: Das Referenzsystem bei der beihilferechtlichen Überprüfung nationaler Steuervergünstigungen, IStR 2014, 130–136.

Ismer, Roland/*Kaul*, Ashok/*Reiß*, Wolfram: Ermäßigter Umsatzsteuersatz als rechtspolitische Gestaltungsaufgabe – Entwicklung und Anwendung eines interdisziplinären Prüfungsschemas –, UR 2010, 837–850.

Ismer, Roland: Der Stellenwert der Umsatzsteuer in der Steuerpolitik, MwStR 2017, 687–693.

Ismer, Roland: Personenübergreifender Vorsteuerabzug? Eine Bestandsaufnahme nach den Entscheidungen Faxworld, Polski Trawertyn und Malburg, MwStR 2015, 407–413.

Jachmann, Monika: Besteuerung von Unternehmen als Gleichheitsproblem – Unterschiedliche Behandlung von Rechtsformen, Einkunftsarten, Werten und Steuersubjekten im Ertrag- und Erbschaftsteuerrecht, in: Europa– und verfassungsrechtliche Grenzen der Unternehmensbesteuerung, DStJG 23 (2000), hrsg. von Jürgen Pelka, Köln 2000, 9–65.

Jacobs, Otto. H./*Endres*, Dieter/*Spengel*, Christoph: Internationale Unternehmensbesteuerung – Deutsche Investitionen im Ausland – Ausländische Investitionen im Inland, 8. Auflage, München 2016, (zit.: *Bearbeiter*, in: Jacobs/Endres/Spengel, Internationale Unternehmensbesteuerung).

Jacobs, Thomas: Am Anfang war der Warenumsatzstempel – 90 Jahre Umsatzbesteuerung in Deutschland, DStZ 2006, 654–660.

Jarass, Hans Dieter: Charta der Grundrechte der Europäischen Union – unter Einbeziehung der vom EuGH entwickelten Grundrechte, der Grundrechtsregelungen der Verträge und der EMRK, Kommentar, 4. Auflage, München 2021, (zit.: *Jarass*, GrCh, Art. … Rn. ...).

Jarass, Hans Dieter: Die Bindung der Mitgliedstaaten an die EU-Grundrechte, NVwZ 2012, 457–461.

Jarass, Hans Dieter: Zum Verhältnis von Grundrechtecharta und sonstigem Recht, EuR 2013, 29–44.

Jesse, Lenhard: Einspruch und Klage im Steuerrecht, 4. Auflage, München 2017.

Jestaedt, Matthias/*Lepsius*, Oliver: Verhältnismäßigkeit: Zur Tragfähigkeit eines verfassungsrechtlichen Schlüsselkonzepts, Tübingen 2015, (zit.: *Bearbeiter*, in: Jestaedt/Lepsius, Verhältnismäßigkeit).

Jestaedt, Matthias: Die deutsche Staatsrechtslehre im europäisierten Rechtswissenschaftsdiskurs, JZ 2012, 1–10.

Kahl, Wolfgang/*Schwind*, Manuel: Europäische Grundrechte und Grundfreiheiten – Grundbausteine einer Interaktionslehre, EuR 2014, 170–194.

Kaiser, Daniel/*Zugmaier*, Oliver: Keine Täuschung bei Steuerhinterziehung nach § AO § 370 Abs. AO § 370 Absatz 1 Nr. 1 AO erforderlich –Anmerkung zu BGH, Beschluss vom 21. 11. 2012 - 1 StR 391/12, DStR 2013, 142–143.

Kanitz, Ralf/*Steinberg*, Philipp: Grenzenloses Gemeinschaftsrecht? Die Rechtsprechung des EuGH zu Grundfreiheiten, Unionsbürgerschaft und Grundrechten als Kompetenzproblem, EuR 2013, 1013–1036.

Kemper, Martin: Der Umsatzsteuerbetrug: Eine Bestandsaufnahme mit Blick auf den Monatsbericht des BMF vom 21.7.2014, MwStR 2014, 640–643.

Kessens, Felix Magnus: Aktuelle Enticklungen im Umsatzsteuerrecht – Friktionen zwischen EuGH, BFH und Finanzverwaltung?, MwStR 2019, 308–316.

Kingreen, Thirsten: Theorie und Dogmatik der Grundrechte im europäischen Verfassungsrecht, EuGRZ 2004, 570–576.

Kingreen, Thorsten: Grundrechtsverbund oder Grundrechtsunion? – Zur Entwicklung der subjektiv-öffentlichen Rechte im europäischen Unionsrecht –, EuR 2010, 338–363.

Kingreen, Thorsten: Ne bis in idem: Zum Gerichtswettbewerb um die Deutungshoheit über die Grundrechte – Anmerkung zur Entscheidung des EuGH vom 26.2.2013 (C-617/10) –, EuR 2013, 446–453.

Kirchhof, Ferdinand: Das Leistungsfähigkeitsprinzip nach dem Grundgesetz – Zustand und Zukunft, BB 2017, 662–667.

Kirchhof, Ferdinand: Der Weg zur verfassungsgerechten Besteuerung, StuW 2002, 185–200.

Kirchhof, Paul, Stabilität von Recht und Geldwert in der Europäischen Union, NJW 2013, 1–6.

Kirchhof, Paul: 40 Jahre Umsatzsteuergesetz – Eine Steuer im Umbruch, DStR 2008, 1–8.

Kirchhof, Paul: Allgemeiner Gleichheitssatz, in: Josef Idensee/ders., Hansbuch des Staatsrechts der Bundesrepublik Deutschland, Bd. VIII (Grundrechte: Wirtschaft, Verfahren, Gleichheit, 3. Aufl., Heidelberg 2010, S.697–838 (= § 181), (zit.: *Kirchhof, P.*, in: HStR³, Band VIII, § 181 Rn. …).

Kirchhof, Paul: Besteuerungsgewalt und Grundgesetz, Frankfurt am Main 1973.

Kirchhof, Paul: Der verfassungsrechtliche Auftrag zur Besteuerung nach der finanziellen Leistungsfähigkeit, StuW 1985, 319–329.

Kirchhof, Paul: Die freiheitsrechtliche Struktur der Steuerrechtsordnung 1 – Ein Verfassungstest für Steuerreformen, StuW 2006, 3–21.

Kirchhof, Paul: Die Gleichheit vor dem Steuergesetz – Maßstab und Missverständnisse, StuW 2017, 3–16.

Kirchhof, Paul: Die Steuerrechtsordnung als Wertordnung, StuW 1996, 3–11.

Kirchhof, Paul: Die Widerspruchsfreiheit im Steuerrecht als Verfassungspflicht, StuW 2000, 316–327.

Kirchhof, Paul: Entwicklungsmöglichkeiten der Umsatzsteuer im Rahmen von Verfassungs- und Europarecht, UR 2002, 541–548.

Kirchhof, Paul: Umsatzsteuer Gesetzbuch – Ein Vorschlag zur Reform der Umsatzsteuer und der Verkehrsteuern, Heidelberg 2008, (zit.: *Kirchhof, P.*, in: Umsatzsteuer Gesetzbuch).

Kofler, Georg: Europäischer Grundrechtsschutz im Steuerrecht, in: Europäisches Steuerrecht, DStJG 41 (2018), hrsg. von Michael Lang, Köln 2018, 125–185.

Kokott, Juliane/*Dobratz*, Lars: Der unionsrechtliche Gleichheitssatz im Europäischen Steuerrecht, in: Schön, Wolfgang/Beck Karin E. M. (Hrsg.), Grundfragen des Europäischen Steuerrechts, Berlin u.a. 2015, S. 25–40, (zit.: *Kokott/ Dobratz,* in: Schön/Heber, Grundfragen).

Kokott, Juliane/*Henze*, Thomas: Das Zusammenwirken von EuGH und nationalem Richter bei der Herstellung eines europarechtskonformen Zustands, in: Steuerrecht im Rechtsstaat, Festschrift für Wolfgang Spindler zum 65. Geburtstag, hsrg. Von Rudolf Mellinghoff, Wolfgang Schön und Hermann-Ulrich Viskorf, Köln 2011, 279–296.

Kokott, Juliane/*Sobotta*, Christoph: Die Charta der Grundrechte der Europäischen Union nach dem Inkrafttreten des Vertrags von Lissabon, EuGRZ 2010, 265–271.

Kokott, Juliane: Das Steuerrecht der Europäischen Union, 1. Auflage, München 2018, (zit.: *Kokott*, Steuerrecht der EU § … Rn. …).

Kokott, Juliane: Diskussion, in: Europäisches Steuerrecht, DStJG 41 (2018), hrsg. von Michael Lang, Köln 2018, 191–193.

Komárek, Jan: Czech Constitutional Court Playing with Matches: the Czech Constitutional Court Declares a Judgment of the Court of Justice of the EU Ultra Vires; Judgment of 31 January 2012, Pl. ÚS 5/12, Slovak Pensions XVII, EuConst 2012, 323-337.

Konz, Franz: Konz: 1000 ganz legale Steuertricks, München 2017.

Korf, Ralph: Anmerkung zu EuGH, Urt. v. 22.04.2010, Rs. C-536/08 und C-539/08, *X* und *fiscale eenheid Facet-Facet Trading*, Slg. 2010, I-3581, IStR 2010, 368–369.

Krieg, Sebastian: Minderung der umsatzsteuerlichen Bemessungsgrundlage durch Rabattzahlungen im System der privaten Krankenversicherung – Zugleich Anmerkung zum Urteil des EuGH v. 20.12.2017 – C-462/16, *Boehringer Ingelheim*, DStR 2018, 509–512.

Krieger, Richard: Unechte Umsatzsteuerbefreiungen im Unionsrecht: eine Untersuchung der Primärrechtskonformität am Beispiel der unechten Befreiung für Postdienstleistungen (Art. 132 Abs. I lit. a) MwStSystRL, (zit.: *Krieger*, Unechte Umsatzsteuerbefreiung im Unionsrecht).

Krumenacker, Thomas: Vorsteuerabzug bei gemischt genutzten Gegenständen und Dienstleistungen – Entsprechen die EuGH-Urteile Lennartz, Seeling und Charles Tijmens der Mehrwertsteuer(system)richtlinie und sind – falls diese Frage zu verneinen ist – nationale Höchstgerichte dennoch an diese Urteile gebunden? –, UR 2007, 473–491.

Krumm, Marcel: Besondere Verbrauchsteuern im Lichte des verfassungs- und unionsrechtlichen Gleichheitssatzes, ZfZ 2014, 281–289.

Kruse, Heinrich Wilhelm: Grundfragen der Liebhaberei, StuW 1980, 226–234.

Kruse, Heinrich Wilhelm: Steuerspezifische Gründe und Grenzen der Gesetzesbindung, in: Grenzen der Rechtsfortbildung durch Rechtsprechung und Verwaltungsvorschriften im Steuerrecht, DStJG 5 (1982), hrsg. von Klaus Tipke, Köln 1982, 71–83.

Kruse, Heinrich Wilhelm: Über die Gleichmäßigkeit der Besteuerung, StuW 1990, 322–330.

Küffner, Thomas/*Zugmaier*, Oliver: Anmerkung zu BFH, Urteil vom 07.07.2011, V R 42/09, DStR 2011, 1954–1955.

Kühling, Jürgen: Der Fall der Vorratsdatenspeicherungsrichtlinie und der Aufstieg des EuGH zum Grundrechtsgericht, NVwZ 2014, 681–685.

Landau, Herbert: Strafrecht in seinen europäischen Bezügen – Gemeinsamkeiten, Diskrepanzen, Entscheidungen und Impulse, NStZ 2013, 194–199.

Lang, Joachim/*Englisch*, Joachim: A European Tax Order based on ability-to-pay, in: Amatucci (Hrsg.), International Tax Law, Kluwer International, Alphen aan den Rijn 2006, 251–336 (zit.: *Lang, J./Englisch*, in: Amatucci, International Tax Law).

Lang, Joachim: Die Bemessungsgrundlage der Einkommensteuer: Rechtssystematische Grundlagen steuerlicher Leistungsfähigkeit im deutschen Einkommensteuerrecht, Köln 1988, zugl. Köln, Univ., Habil.-Schr., 1982, (zit.: *Lang, J.*, Die Bemessungsgrundlage der Einkommensteuer).

Lang, Joachim: DStJG 24 (2001), Prinzipien und Systeme der Besteuerung von Einkommen, in: Besteuerung von Einkommen, DStJG 24 (2001), hrsg. von Iris Ebling, Köln 2001, 49–133.

Lang, Joachim: Reform der Unternehmensbesteuerung auf dem Weg zum europäischen Binnenmarkt und zur deutschen Einheit, StuW 1990, 107–129.

Lang, Joachim: Steuergerechtigkeit und Globalisierung, in: Steuerzentrierte Rechtsberatung: Festschrift für Harald Schaumburg zum 65. Geburtstag, hrsg. von Wolfgang Spindler, Köln 2009, 45–64.

Lang, Joachim: Über das Ethische der Steuertheorie von Klaus Tipke, in: Die Steuerrechtsordnung in der Diskussion: Festschrift für Klaus Tipke zum 70. Geburtstag, hrsg. von Joachim Lang, Köln, 1995, 3–26.

Lang, Joachim: Vordenker der Steuergerechtigkeit, Klaus Tipke zum fünfundsiebzigsten Geburtstag, in: StuW 2001, 71–77.

Latzel, Clemens: Die Anwendungsbereiche des Unionsrechts, EuZW 2015, 658–664.

Lechner, Eduard: Unternehmerischer und unternehmensfremder Bereich, in: Umsatzsteuer in nationaler und europäischer Sicht, DStJG 13 (1990), hrsg. von Lothar Woerner, Köln 1990, 39–57.

Lehner, Moris: Begrenzung der nationalen Besteuerungsgewalt durch die Grundfreiheiten und Diskriminierungsverbote des EG-Vertrages, in: Europa- und verfassungsrechtliche Grenzen der Unternehmensbesteuerung, DStJG 23 (2000), hrsg. von Jürgen Pelka, Köln 2000, 263–284.

Lehner, Moris: Die Bedeutung der Grundrechte-Charta der Europäischen Union für das Internationale Steuerrecht der Mitgliedstaaten, IStR 2016, 265–272.

Lehner, Moris: Die Reform der Kapitaleinkommensbesteuerung im Rahmen des Verfassungs- und Europarechts, in: Einkommen aus Kapital, DStJG 30 (2007), hrsg. von Wolfgang Schön, Köln 2007, 61–82.

Lehner, Moris: Die Vorlagepflicht an den EuGH im Vorabentscheidungsverfahren, in: Steuerrecht im Rechtsstaat: Festschrift für Wolfgang Spindler zum 65. Geburtstag, hrsg. von Rudolf Mellinghoff, Köln 2011, 329–344.

Lehner, Moris: Einkommensteuerrecht und Sozialhilferecht: Bausteine zu einem Verfassungsrecht des sozialen Steuerstaates, Tübingen 1993, zugl. München, Univ., Habil-Schr., 1992 (zit.: *Lehner*, Einkommensteuerrecht und Sozialhilferecht).

Lenaerts, Koen: Die EU-Grundrechtecharta: Anwendbarkeit und Auslegung, EuR 2012, 3–17.

Lenaerts, Koen: Kooperation und Spannung im Verhältnis von EuGH und nationalen Verfassungsgerichten, EuR 2015, 3–27.

Linn, Alexander: Die Beihilfeverfahren in Sachen Amazon, Apple, Fiat und Starbucks – Eine neue Dimension der Selektivität?, IStR 2015, 114–120.

Lippert, André: Das Kohärenzerfordernis des EuGH – Eine Darstellung am Beispiel der Rechtsprechung zum deutschen Glücksspielmonopol, EuR 2012, 90-99.

Lippert, André: Der grenzüberschreitende Sachverhalt im Unionsrecht: eine Analyse anhand der Rechtsprechung des Europäischen Gerichtshofs zu den Kontrollkompetenzen, Tübingen 2013, zugl: Berlin, Univ., Diss., 2012.

Lippross, Otto-Gerd, Umsatzsteuer, Kommentar, 24. Auflage, Achim 2017, (zit.: *Lippross*, Umsatzsteuer).

Löhr, Kerstin: Das umsatzsteuerrechtliche Optionsrecht für Vermietungsumsätze: Zugleich eine Untersuchung zur Bedeutung des steuerlichen Leistungsfähigkeitsprinzips im Umsatzsteuerrecht, Berlin 2003, zugl.: Berlin, Univ., Diss., 2002, (zit: *Löhr*, Optionsrecht für Vermietungsumsätze).

Lohse, W. Christian: Neutralitätsgrundsatz im Umsatz / Mehrwertsteuerrecht – Gefestigte Erkenntnisse und neue Fragen –, UR 2004, 582–590.

Lohse, W. Christian: Sprachenvielfalt und einheitliche Rechtsanwendung in der EG – Dargestellt am Beispiel der Umsatz-/Mehrwert-Steuer –, UR 2002, 393–405.

Lohse, W. Christian: Strahlkraft der neuen Mehrwertsteuer-Durchführungsverordnung – Nachdenkenswertes zur unmittelbaren Wirkung und Terminologie im deutschen Recht, DStR 2011, 1740–1742.

Lüdicke, Jochen/*Roth*, Matthias: Zum Konkurrenzverhältnis zwischen der Anrufung des EuGH und der konkreten Normenkontrolle bei der Anfechtung von Steuerbescheiden, DStR 2014, 504–508.

Mall, Julia: Die Bindung der Mitgliedstaaten an die Unionsgrundrechte – Artikel 51 Abs. 1 S. 1 GRCh und das Protokoll Nr. 30 über die Anwendung der Charta der Grundrechte der Europäischen Union auf Polen und das Vereinigte Königreich, Frankfurt u. a. 2010, Berlin, zugl. Berlin, Univ., Diss., 2013, (zit.: *Mall*, Die Bindung der Mitgliedstaaten an die Unionsgrundrechte).

Maunz, Stefan/*Grimm*, Sebastian, Bericht aus Brüssel 1-2014, MwStR 2014, 47–49.

Maunz, Theodor/*Dürig*, Günter: Grundgesetz, Kommentar, 92. Ergänzungslieferung (August 2020), München, (zit.: *Bearbeiter*, in: Maunz/Dürig, GG, Art. … Rn. …).

Mayer, Franz C.: Europäisches Sprachenverfassungsrecht, Der Staat 44, 2005, 367–401.

Mellinghoff, Rudolf: Verfassungsbindung und weiter Gestaltungsspielraum des Gesetzgebers, in: Steuerrecht im Rechtsstaat: Festschrift für Wolfgang Spindler zum 65. Geburtstag, hrsg. von Rudolf Mellinghoff, Köln 2011, 153–170.

Merkt, Albrecht: Mehrwertsteuerbetrug des innergemeinschaftlichen Erwerbers, UR 2008, 757–774.

Merrill, Peter: VAT Treatment of the Financial Sector, Tax Analysts 2011, 163–185.

Meyer, Jürgen: Charta der Grundrechte der Europäischen Union, Kommentar, 4. Auflage, Baden-Baden 2014, (zit.: *Bearbeiter*, in: Meyer, GrCh, Art. … Rn. …).

Meyer, Jürgen: ZRP-Rechtsgespräch: Die EU ist auch eine Wertegemeinschaft – Die Grundrechtscharta soll die Integration fördern, ZRP 2000, 114–116.

Meyer, Jürgen/*Hölscheidt*, Sven: Charta der Grundrechte der Europäischen Union, 5. Auflage, Baden-Baden 2019, (zit.: *Bearbeiter*, in: Meyer/Hölscheidt, GrCh, Art. … Rn …).

Meyer-Ladewig, Jens/*Nettesheim*, Martin/*von Raumer*, Stefan: Europäische Menschenrechtskonvention, Kommentar, 4. Auflage, Baden-Baden 2017, (zit.: *Bearbeiter*, in: Meyer-Ladewig/Nettesheim/von Raumer, EMRK, Art. … Rn. …).

Michael, Lothar: Die drei Argumentationsstrukturen des Grundsatzes der Verhältnismäßigkeit – Zur Dogmatik des Über- und Untermaßverbotes und der Gleichheitssätze, JuS 2001, 148–155.

Mörsdorf, Oliver: Ungleichbehandlung als Norm: Eine dogmatische Analyse des unional determinierten Antidiskriminierungsrechts in Deutschland,

Tübingen 2018, zugl. Bonn, Univ., Habil.-Schr., 2017 (zit.: *Mörsdorf*, Ungleichbehandlung als Norm).

Mössner, Jörg Manfred: Prinzipien im Steuerrecht, in: Gestaltung der Steuerrechtsordnung: Festschrift für Joachim Lang zum 70. Geburtstag, hrsg. von Klaus Tipke, Roman Seer, Johanna Hey, Joachim Englisch, Köln, 2010, 83–100.

Mückenberger, Ulrich: Eine europäische Sozialverfassung?, EuR 2014, 369–399.

Müller, Markus: EuGH bestätigt Vereinfachungsregelung für Dreiecksgeschäfte auch bei Ansässigkeit im Abgangsstaat und formellen Mängeln, DStR 2018, 1215–1220.

Müller, Markus: EuGH Boehringer Ingelheim Pharma – Eine Einordnung, offene Fragen und mögliche Folgen, MwStR 2018, 342–348.

Müller, Markus: Zur Umsatzsteuerbefreiung für Leistungen von Fahrschulen im Bereich der Pkw- und Motorrad-Führerscheinausbildung, MwStR 2017, 18–25.

Musil, Andreas: Verfassungs- und europarechtliche Probleme des Alterseinkünftegesetzes, StuW 2005, 278–288.

Neeser, Alexander: 2 x 3 macht 4: Die EuGH-Entscheidung Boehringer Ingelheim vom 20.12.2017, UVR 2018, 114–117.

Nieskens, Hans/*Tehler*, Hermann-Josef: Die Sechste Mehrwertsteuer-Richtlinie: Überrecht, Widerrecht oder Interpretationshilfe? Chancen und Risiken für das nationale deutsche Umsatzsteuerrecht, BB 1997, 2134–2144.

Nieskens, Hans: Aktuelles zur EuGH-Rechtsprechung – Fünf Thesen zum besseren Missverständnis des EuGH –, UR 2004, 441–453.

Nieskens, Hans: Die Besteuerung unentgeltlicher Umsätze, in: Umsatzsteuer im Europäischen Binnenmarkt, DStJG 32 (2009), hrsg. von Roman Seer, Köln 2009, 279–301.

Nieskens, Hans: Praxisbaustelle grenzüberschreitende Reihengeschäfte - inwieweit können subjektive Kriterien die Zuordnung der Warenbewegung beeinflussen? - Zugleich eine Anmerkung zu EuGH, Urt. v. 21.2.2018, Kreuzmayr, UR 2018, 282, UR 2018, 261–266.

Nieskens, Hans: Wahlrechte in der Umsatzsteuer, in: Festschrift für Wolfram Reiß zum 65. Geburtstag, hrsg. von Paul Kirchhof, Hans Nieskens unter Mitarbeit von Daniel Dürrschmidt und Hans R. Weggenmann, Köln 2008, 45–66.

Nieskens, Hans: Wolfgang Seeling und kein Ende?, EU-UStB 2009, 43–47.

Nieuwenhuis, Helmut: Grundsatz der Neutralität der Umsatzsteuer in der Rechtsprechung des EuGH – Eine Bestandsaufnahme –, UR 2013, 663–672.

Oelmaier, Alexander: Anmerkung zu EuGH, Urt. v. 25.07.2018, Rs. C-140/17, *Gmina Ryjewo*, ECLI:EU:C:2018:595, MwStR 2018, 972–973.

Ohlendorf, Lutz: Grundrechte als Maßstab des Steuerrechts in der Europäischen Union, Tübingen 2015, zugl.: Heidelberg, Univ., Diss., 2013, (zit.: *Ohlendorf*, Grundrechte als Maßstab des Steuerrechts in der EU).

Oldiges, Matthias, Vorsteuerabzug und umsatzsteuerlicher Eigenverbrauch bei gemischter Verwendung von Eingangsleistungen teils für steuerbare Ausgangsumsätze, teils für nicht wirtschaftliche oder private Zwecke, Hamburg 2016, zugl. Münster, Univ., Diss., 2015, (zit.: *Oldiges*, Vorsteuerabzug und Eigenverbrauch bei gemischter Verwendung).

Oldiges, Matthias: Einlagenentsteuerung – nationales Umsatzsteuerrecht versus Richtlinienrecht?, DStR 2010, 793–795.

Oppel, Florian: Das BEPS-Projekt der OECD/G20 – Kerninhalte der Abschlussberichte und Auswirkungen auf das deutsche (internationale) Steuerrecht, SteuK 2016, 53–59.

Oppermann, Thomas/*Classen*, Claus Dieter/*Nettesheim*, Martin: Europarecht, 9. Auflage, München 2021, (zit.: *Bearbeiter*, in: Oppermann/Classen/Nettesheim, Europarecht, § … Rn. …).

Oreschnik, Bernhard: Verhältnismäßigkeit und Kontrolldichte – Eine Analyse der Rechtsprechung des EuGH zu den Grundrechten und Grundfreiheiten, Wiesbaden 2019, zugl.: Wien, Univ., Diss., 2018 (zit.: *Oreschnik*, Verhältnismäßigkeit und Kontrolldichte).

Papathanasiou, Konstantina: Die „Panama Papers" im Lichte des Besonderen Teils des StGB, JA 2017, 88–93.

Pausch, Alfons: Enno Becker – vor 40 Jahren gestorben, DStZ 1980, 412.

Payandeh, Mehrdad: Das Gebot der Folgerichtigkeit: Rationalitätsgewinn oder Irrweg der Grundrechtsdogmatik?, AöR 2011, 578–615.

Peers, Steve/*Hervey*, Tamara/*Kenner*, Jeff/*Ward*, Angela: The EU Charter of Fundamental Rights, Kommentar, 1. Auflage, Oxford/Portland 2014, (zit.: *Bearbeiter*, in: *Peers/Hervey/Kenner/Ward*, EU Charter of Fundamental Rights, Art. … Rn. ...).

Pezzer, Heinz-Jürgen: Rechtfertigung und Rechtsnatur der Körperschaftsteuer, in: Besteuerung der GmbH und ihrer Gesellschafter – Grundfragen des Körperschaftsteuerrechts, DStJG 20 (1997), hrsg. von Siegfrid Widmann, Köln 1997, 5–20.

Pinkernell, Reimar: Ein Musterfall zur internationalen Steuerminimierung durch US-Konzerne, StuW 2012, 369–374.

Popitz, Johannes: Kommentar zum Umsatzsteuergesetz in der Fassung vom 8. Mai 1926, 3. Aufl., Berlin 1928, (zit.: *Popitz*, UStG 1928).

Probst, Ulrich: Übereinstimmung zwischen Umsatzsteuergesetz und 6. EG–Richtlinie sowie richtlinienkonforme Auslegung des Umsatzsteuergesetze, in: Umsatzsteuer in nationaler und europäischer Sicht, DStJG 13 (1990), hrsg. von Lothar Woerner, Köln 1990, 137–166.

Pull, Veronika/*Streit*, Thomas: Vorsteuerabzug bei unentgeltlichen Tätigkeiten und Vorgängen, MwStR 2018, 108–115.

Pull, Veronika: Sphärentheorie im Mehrwertsteuerrecht: Dogmatik der nicht-wirtschaftlichen unternehmenseigenen Sphäre nach der VNLTO-Entscheidung des EuGH, Köln 2014, zugl. Erlangen, Nürnberg, Univ., Diss., 2013, (zit.: *Pull*, Die Sphärentheorie im Mehrwertsteuerrecht).

Rabe, Hans-Jürgen: Grundrechtsbindung der Mitgliedstaaten, NJW 2013, 1407–1408.

Rau, Günter/*Dürrwächter*, Erich: Kommentar zum Umsatzsteuergesetz, 191. Ergänzungslieferung (Januar 2021), Köln, (zit.: *Bearbeiter*, in: Rau/Dürrwächter, UStG, § … Anm. …).

Reimer, Eckehart: Die Auswirkungen der Grundfreiheiten auf das Ertragsteuerrecht der Bundesrepublik Deutschland – eine Bestandsaufnahme, in: Grundfreiheiten im Steuerrecht der EU-Staaten, hrsg. von Moris Lehner, München 2000, 39-101, (zit.: *Reimer*, in: Lehner, Grundfreiheiten im Steuerrecht der EU-Staaten).

Reimer, Eckehart: Die öffentliche Hand als Steuerpflichtiger, in: Umsatzsteuer im Europäischen Binnenmarkt, DStJG 32 (2009), hrsg. von Roman Seer, Köln 2009, 324–366.

Reiß, Wolfram/*Kraeusel*, Jörg/*Langer*, Michael: Umsatzsteuergesetz, Kommentar, 165. Ergänzungslieferung (März 2021), Bonn, (zit.: *Bearbeiter*, in: Reiß/Kraeusel/Langer, UStG, Art. … Rn. …).

Reiß, Wolfram: Der Belastungsgrund der Umsatzsteuer und seine Bedeutung für die Auslegung des Umsatzsteuergesetz, in: Umsatzsteuer in nationaler und europäischer Sicht, DStJG 13 (1990), hrsg, von Lothar Woerner, Köln 1990, 3–38.

Reiß, Wolfram: Der Verbraucher als Steuerträger der Umsatzsteuer im Europäischen Binnenmarkt, in: Die Steuerrechtsordnung in der Diskussion: Festschrift für Klaus Tipke zum 70. Geburtstag, hrsg. von Joachim Lang, Köln 1995, S. 433–455.

Reiß, Wolfram: Die harmonisierte Umsatzsteuer im nationalen Wirtschaftsverkehr – Widersprüche, Lücken und Harmonisierungsbedarf, in: Umsatzsteuer im Europäischen Binnenmarkt, DStJG 32 (2009), hrsg. von Roman Seer, Köln 2009, 9–51.

Reiß, Wolfram: Kein Renditefonds – Zur Begründungsqualität der jüngeren EuGH-Rechtsprechung zur 6. EG-Richtlinie –, UR 2003, 428–441.

Reiß, Wolfram: Neutralitätsgebot und Sofortabzug der Vorsteuer – Zum Zusammenwirken von europäischem Richtlinienrecht und nationalem Verfahrensrecht – UR 2004, 275–285.

Reiß, Wolfram: Null-Steuersatz für Finanzdienstleistungen – Zwingt der globale Wettbewerb zu einem neuen systematischen Ansatz? –, UR 2003, 209–220.

Reiß, Wolfram: Rückwirkung des Vorsteuerabzugs nach/bei Berichtigung/Ergänzung von unzureichenden Rechnungsangaben – Senatex und die Folgen, MwStR 2016, 972–989.

Reiß, Wolfram: Vorsteuerabzug, Berichtigung des Vorsteuerabzugs und Besteuerung der Entnahme und Verwendung für „unternehmensfremde Zwecke" bei „gemischter" Verwendung von Grundstücken und anderen Gegenständen, UR 2010, 797–814.

Reiß, Wolfram: Vorsteuerabzugsberechtigung bei Investitionsaufwendungen des Gesellschafters für zu besteuernde Umsätze der Gesellschaft, MwStR 2013, 500–514.

Rose, Gerd: Über die Entstehung von "Dummensteuern" und ihre Vermeidung, in: Die Steuerrechtsordnung in der Diskussion: Festschrift für Klaus Tipke zum 70. Geburtstag, hrsg. von Joachim Lang, Köln, 1995, 153–164.

Ruffert, Matthias: Die künftige Rolle des EuGH im europäischen Grundrechtsschutzsystem – Bemerkungen zum EuGH-Urteil v. 20.05.2003, *Rechnungshof/ORF u. a.*, EuGRZ 2003, 232 EuGRZ 2004, 466–471.

Ruppe, Hans Georg/*Achatz*, Markus: Umsatzsteuergesetz, Kommentar, 5. Auflage, Wien 2018, (zit.: *Ruppe/Achatz*, UStG, § … öStG Rn. …).

Ruppe, Hans Georg: „Unechte" Umsatzsteuerbefreiungen in: Die Steuerrechtsordnung in der Diskussion: Festschrift für Klaus Tipke zum 70. Geburtstag, hrsg. von Joachim Lang, Köln, 1995, 457–471.

Sachs, Michael: Grundgesetz, Kommentar, 8. Aufl., München 2018, (zit.: *Bearbeiter*, in: Sachs, Grundgesetz, GG Art. … Rz. …).

Safferling, Christoph: Der EuGH, die Grundrechtecharta und nationales Recht: Die Fälle Åkerberg Fransson und Melloni, NStZ 2014, 545–551.

Sauer, Heiko: „Solange" geht in Altersteilzeit – Der unbedingte Vorrang der Menschenwürde vor dem Unionsrecht, NJW 2016, 1134–1138.

Schaumburg, Harald/*Englisch*, Joachim (Hrsg.): Europäisches Steuerrecht, 2. Auflage, Köln 2020, (zit.: *Bearbeiter*, in: Schaumburg/Englisch, Europäisches Steuerrecht, Rz. …).

Schaumburg, Harald: Das Leistungsfähigkeitsprinzip im Verbrauch- und Verkehrsteuerrecht, in: Festschrift für Wolfram Reiß zum 65. Geburtstag, hrsg. von Paul Kirchhof, Hans Nieskens unter Mitarbeit von Daniel Dürrschmidt und Hans R. Weggenmann, Köln 2008, 25–44.

Schaumburg, Heide/*Schaumburg*, Harald: Steuerliche Leistungsfähigkeit und europäische Grundfreiheiten im Internationalen Steuerrecht, StuW 2005, 306–316.

Schöler, Hendrik: Tatentdeckung beim Ankauf von Steuer-CDs, DStR 2015, 503–507.

Schön, Wolfgang: Der freie Warenverkehr, die Steuerhoheit der Mitgliedstaaten und der Systemgedanke im europäischen Steuerrecht – Teil II: Das Verbot diskriminierender und protektionistischer Abgaben und das Problem der Belastung „exotischer" Waren –, EuR 2001, 341–362.

Schön, Wolfgang: Gemeinschaftskonforme Auslegung und Fortbildung des nationalen Steuerrechts – unter Einschluß des Vorlageverfahrens nach Art. 177 EGV, in: Steuerrecht im Europäischen Binnenmarkt – Einfluß des EG-Rechts auf die nationalen Steuerrechtsordnungen, DStJG 19 (1996), hrsg. von Moris Lehner, Köln 1996, 167– 200.

Schön, Wolfgang: Umsatzsteuer zwischen Binnenmarkt und Steuerstaat, in: Umsatzsteuer-Kongress-Bericht 2001/2002, hrsg. von Hans Nieskens, Köln 2002, 17–62, (zit.: *Schön*, in: Nieskens, Umsatzsteuer-Kongressbericht 2001/2002).

Schuska, Frederek: Die gesamtschuldnerische Haftung nach § 25d UStG, MwStR 2015, 323–329.

Schuska, Frederek: Zu den Anforderungen an das „Kennenmüssen" nach § 25d Abs. 1 UStG, Anmerkung zu BFH, Urt. v. 10.8.2017, V R 2/17, MwStR 2018, 141–144.

Schuster, Ulrike: Das Kohärenzprinzip in der Europäischen Union, Baden-Baden 2017, zugl., Heidelberg, Univ., Diss., 2016.

Seer, Roman/*Kahler*, Björn/*Rüping*, Heike/*Thulfaut* Kai: Die Rechtsprechung des EuGH auf dem Gebiet der direkten Besteuerung in den Jahren 2003 und 2004, EWS 2005, 289–309.

Seer, Roman: Abstimmungsprobleme zwischen Umsatzsteuer- und Insolvenzrecht, DStR 2016, 1289–1297.

Seer, Roman: Die besonderen Verbrauchsteuern und die Umsatzsteuer – ein unabgestimmtes Konglomerat, ZfZ 2013, 146–155.

Seer, Roman: Resümee, in: Umsatzsteuer im Europäischen Binnenmarkt, DStJG 32 (2009), hrsg. von Roman Seer, Köln 2009, 497–508.

Seer, Roman: Steuersystematik, Steuervereinfachung und Steuerchaos – Zur Wirkung von Steuervergünstigungen am Beispiel der Erbschaft- und Schenkungsteuer, Ubg 2012, 376–382.

Seer, Roman: Verfassungsrechtliche Grenzen der Gesamtbelastung von Unternehmen, in: Europa- und verfassungsrechtliche Grenzen der

Unternehmensbesteuerung, DStJG 23 (2000), hrsg. von Jürgen Pelka, Köln 2000, 87–126.

Seiler, Christian: Prinzipien der Einkünfteermittlung – Objektives Nettoprinzip, in: Einkünfteermittlung, DStJG 34 (2011), hrsg. von Johanna Hey, Köln 2011, 61–89.

Sellmann, Christian/*Augsberg*, Steffen: Entwicklungstendenzen des Vorlageverfahrens nach Art. 234 EGV, DÖV 2006, 533–541.

Skouris, Vassilios: Das Verhältnis von Grundfreiheiten und Grundrechten im europäischen Gemeinschaftsrecht, DÖV 2006, 89–97.

Söhn, Hartmut: Die Harmonisierung der Umsatzsteuern in der Europäischen Gemeinschaft – Eine steuersystematische Bestandsaufnahme, StuW 1976, 1–31.

Söhn, Hartmut: Die Umsatzsteuer als Verkehrsteuer und/oder Verbrauchsteuer, StuW 1975, 1–18.

Sölch, Otto/*Ringleb*, Karl: Umsatzsteuergesetz, Kommentar, 91. Ergänzungslieferung (März 2021), München, (zit.: *Bearbeiter*, in: Sölch/Ringleb, UStG, § … Rn. …).

Speer, Benedikt: Die Europäische Union als Wertegemeinschaft – Wert- und rechtskonformes Verhalten als konditionierendes Element der Mitgliedschaft –, DÖV 2001, 980–988.

Spindler, Wolfgang: Eröffnung und Grußworte, in: Dritter Deutscher Finanzgerichtstag 2006: Für ein europataugliches Steuerrecht - Chancen und Risiken, hrsg. von Jürgen Brandt, Stuttgart u. a. 2006, 19–20, (zit.: *Spindler*, DFGT 3 (2006)).

Spindler, Wolfgang: Werte im Steuerrecht, Stbg 2010, 49-55.

Stadie, Holger: Anmerkung zu BVerfG, Beschl. v. 20.03.2013, 1 BvR 3063/10, UR 2013, 472–474.

Stadie, Holger: Befreiungen und Ermäßigungen – Chaos, System oder Konglomerat?, in: Umsatzsteuer im Europäischen Binnenmarkt, DStJG 32 (2009), hrsg. von Roman Seer, Köln 2009, 143–164.

Stadie, Holger: Das Recht des Vorsteuerabzugs, Köln 1989.

Stadie, Holger: Das unsinnige sog. Soll-Prinzip bei der Umsatzsteuer, UR 2004, 136–142.

Stadie, Holger: Der Mitunternehmer im Umsatzsteuerrecht, UR 1986, 137–140.

Stadie, Holger: Gesellschafter für Zwecke des Vorsteuerabzugs als mittelbare Unternehmer („Mitunternehmer"), UR 2012, 337–341.

Stadie, Holger: In dubio pro fisco – BFH verneint Ist-Versteuerung für Freiberufler-GmbH – Kritische Anmerkungen zum Urteil des Bundesfinanzhofs vom 22.7.2010 – V R 4/09 – UR 2011, 45–55.

Stadie, Holger: Modifizierung der Rechtsprechung des EuGH zur Unternehmereigenschaft der Holding im Umsatzsteuerrecht?, UR 2007, 1–3.

Stadie, Holger: Probleme der Vorsteuer, in: Umsatzsteuer in nationaler und europäischer Sicht, DStJG 13 (1990), hrsg, von Lothar Woerner, Köln 1990, 179–212.

Stadie, Holger: Sog. Ist-Versteuerung für Freiberufler-GmbH?, UR 2010, 241–246.

Stadie, Holger: Soll oder Ist - das ist sehr wohl jetzt die Frage!, UR 2004, 398–401.

Stadie, Holger: Umsatzsteuergesetz, Kommentar, 3. Auflage, Köln 2015, (zit.: *Stadie*, UStG, Rz. …).

Stadie, Holger: Vorfinanzierung der Umsatzsteuer selbst dann, wenn die Gegenleistung erst in zwei Jahren fällig ist? Kritische Bemerkungen zum Vorlagebeschluss des BFH v. 21.6.2017 – V R 51/16, UR 2018, 3–10.

Stahl, Rudolf/*Demuth*, Ralf: Strafrechtliches Verwertungsverbot bei Verletzung des Steuergeheimnisses, Ein Zwischenruf im Fall Zumwinkel, DStR 2008, 600–604.

Staringer, Claus: Missbrauchsbekämpfung, Aufteilung der Besteuerungshoheit und Kohärenz in der Rechtsprechung des EuGH, in: Europäisches Steuerrecht, DStJG 41 (2018), hrsg. von Michael Lang, Köln 2018, 365–381.

Sterzinger, Christian: Zu den Anforderungen an das „Kennenmüssen“ bei schuldhaft nicht abgeführter Umsatzsteuer, UStB 2018, 7–9.

Sterzinger, Christian: Änderungen des UStG und der UStDV durch das sog. JStG 2019 und das BEG III, UR 2020, 1–24.

Stewen, Tobias: Der EuGH und die nationale Steuerhoheit – Spannungsverhältnis und Konfliktlösung, EuR 2008, 445–467.

Streinz, Rudolf/*Ohler*, Christoph/*Herrmann*, Christoph: Der Vertrag von Lissabon zur Reform der EU, 3. Auflage, München 2010, (zit.: *Bearbeiter*, in: Streinz/Ohler/Herrmann, Der Vertrag von Lissabon, § …).

Streinz, Rudolf: Europarecht, 11. Auflage, Heidelberg u. a. 2019 (zit.: *Streinz*, Europarecht, § … Rn. …).

Streinz, Rudolf: Europarecht: EuGH blockiert den Beitritt der EU zur EMRK – Entwurf des Beitrittsabkommens der EU zur EMRK unvereinbar mit „besonderen Merkmalen des Unionsrecht“, JuS 2015, 567–570.

Streinz, Rudolf: EUV/AEUV, Kommentar, 3. Auflage, München 2018, (zit.: *Bearbeiter*, in: Streinz, EUV/AEUV, Art. … Rn. …).

Streit, Thomas: Steuerschuld durch Steuerausweis: die Berichtigungsverfahren nach § 14c Abs. 1 und Abs. 2 UStG unter dem Einfluss unionsrechtlicher

Prinzipien, Hamburg 2017, zugl. Augsburg, Univ., Diss., 2017, (zit.: *Streit*, Steuerschuld durch Steuerausweis).

Swinkels, Joep: EU VAT Exemption for Insurance Transactions, IVM 2007, 262–269.

Taboada, Carlos Palao: Leistungsfähigkeitsprinzip, Gleichheitssatz und Eigentumsgarantie, in: Gestaltung der Steuerrechtsordnung: Festschrift für Joachim Lang zum 70. Geburtstag, hrsg. von Klaus Tipke, Roman Seer, Johanna Hey, Joachim Englisch, Köln, 2010, 263–280.

Tehler, Hermann-Josef: Die Umsatzsteuer als angewandte Verkehr- und/oder Verbrauchsteuer, Köln, Univ., Diss., 1986.

Teichmann, Knud Michael: Der Verlust des Vorsteuerabzugs im steuerfreien Bereich der Mehrwertsteuer (§ 15 Abs. 2 UStG), StuW 1975, 189–205.

Terra, Ben/*Kajus*, Julie: A Guide to the European VAT Directives, Amsterdam 2016.

Tettinger, Peter J./*Stern*, Klaus: Kölner Gemeinschaftskommentar zur Europäischen Grundrechte-Charta, München 2006, (zit.: *Bearbeiter*, in: Tettinger/Stern, Kommentar zur GrCh, Art. ... Rn. ...).

Thiemann, Christian: Verfassungsbeschwerde und konkrete Normenkontrolle im Lichte des Unionsrechts, JURA 2012, 902–913.

Thym, Daniel: Blaupausenfallen bei der Abgrenzung von Grundgesetz und Grundrechtecharta, DÖV 2014, 941–951.

Thym, Daniel: Das EMRK-Gutachten des EuGH, EuZW 2015, 180.

Thym, Daniel: Die Reichweite der EU-Grundrechte-Charta – Zu viel Grundrechtsschutz?, NVwZ 2013, 889–896.

Tillmanns, Jochen Lutz: Divergenz und Konvergenz von Einkommensteuer und Umsatzsteuer: Zur problematischen Verwendung ertragsteuerlicher Konzepte und Begriffe im Umsatzsteuerrecht, Frankfurt 2015, zugl. Düsseldorf, Univ., Diss., 2014, (zit.: *Tillmanns*, Divergenz und Konvergenz von Einkommensteuer und Umsatzsteuer).

Tipke, Klaus (Begr.)/*Lang*, Joachim (Fortf.): Steuerrecht, 24. Aufl. Köln 2020, (zit.: *Bearbeiter*, in: Tipke/Lang, Steuerrecht[24], § … Rz. …).

Tipke, Klaus/*Kruse*, Heinrich Wilhelm: Abgabenordnung, Finanzgerichtsordnung, Kommentar, 164. Ergänzungslieferung (Februar 2021), Köln, (zit.: *Bearbeiter*, in: Tipke/Kruse, AO/FGO, § … Rz. …).

Tipke, Klaus: Das Folgerichtigkeitsgebot im Verbrauch- und Verkehrsteuerrecht, in: Festschrift für Wolfram Reiß zum 65. Geburtstag, hrsg. von Paul Kirchhof, Hans Nieskens unter Mitarbeit von Daniel Dürrschmidt und Hans R. Weggenmann, Köln 2008, 9–24.

Tipke, Klaus: Die Steuerrechtsordnung, Band 1, Wirtschaftsorganisatorische, systematische und grundrechtlich-rechtsstaatliche Grundlagen, 1. Aufl., Köln 1993, (zit.: *Tipke*, in: StRO I[1]).

Tipke, Klaus: Die Steuerrechtsordnung, Band 1, Wirtschaftsorganisatorische, systematische und grundrechtlich-rechtsstaatliche Grundlagen, 2. Aufl., Köln 2000, (zit.: *Tipke*, in: StRO I[2]).

Tipke, Klaus: Die Steuerrechtsordnung, Band 2, Steuerrechtfertigungstheorie, Anwendung auf alle Steuerarten, sachgerechtes Steuersystem, 2. Aufl., Köln 2003, (zit.: *Tipke*, in: StRO II[2]).

Tipke, Klaus: Die Umsatzsteuer im Steuersystem, UR 1972, 2–6.

Tipke, Klaus: Europäisches Steuerverfassungsrecht – Eine rechtsvergleichende Übersicht, in: Staaten und Steuern: Festschrift für Klaus Vogel zum 70. Geburtstag, hrsg. von Paul Kirchhof, Heidelberg, 2000, 561–578.

Tipke, Klaus: Steuergerechtigkeit unter besonderer Berücksichtigung des Folgerichtigkeitsgebots, StuW 2007, 201–220.

Tipke, Klaus: Steuerrecht: Ein systematischer Grundriss, 11. Auflage, Köln 1987, (zit.: *Tipke*, in: Steuerrecht. Ein systematischer Grundriss[11]).

Tipke, Klaus: Über Umsatzsteuer-Gerechtigkeit, StuW 1992, 103–120.

Trstenjak, Verica/*Beysen*, Erwin: Das Prinzip der Verhältnismäßigkeit in der Unionsrechtsordnung, EuR 2012, 265–284.

Tumpel, Michael: Die Zukunft der Mehrwertsteuer im Binnenmarkt, in: Achatz/Tumpel, Entwicklung und Zukunft der Mehrwertsteuer, Wien 2016, 137–160, (zit.: *Tumpel*, in: Achatz/Tumpel, Entwicklung und Zukunft der Mehrwertsteuer).

Tumpel, Michael: Prinzipien, Systemschwächen und Reformbedarf bei der Umsatzbesteuerung des internationalen Güter- und Dienstleistungsverkehrs, in: Umsatzsteuer im Europäischen Binnenmarkt, DStJG 32 (2009), hrsg. von Roman Seer, Köln 2009, 52–102.

Tumpel, Michael: Unternehmensvermögen bei gemischter Nutzung nach der Mehrwertsteuersystemrichtlinie, in: Festschrift für Wolfram Reiß zum 65. Geburtstag, hrsg. von Paul Kirchhof, Hans Nieskens unter Mitarbeit von Daniel Dürrschmidt und Hans R. Weggenmann, Köln 2008, 123–136.

Uelner, Adalbert: Ergänzungs- und Sonderbilanzen, in: Probleme des Steuerbilanzrechts, DStJG 14 (1991), hrsg. von Werner Doralt, Köln 1991, 139–159.

van den Oetelaar, Marja: European VAT Handbook 2017 / 2018 – Detailed insight to VAT in 30 European countries, Den Haag 2017, (zit.: European VAT Handbook 2017 / 2018).

Vogel, Klaus: Der Verlust des Rechtsgedankens im Steuerrecht als Herausforderung an das Verfassungsrecht, in: Steuerrecht und Verfassungsrecht, DStJG 12 (1989), hrsg. von Karl Heinrich Friauf, Köln 1989, 123–144.

von Danwitz, Thomas: Der Grundsatz der Verhältnismäßigkeit im Gemeinschaftsrecht, EWS 2003, 393–402.

von Danwitz, Thomas: Gerichtlicher Rechtsschutz im europäischen Rechtsprechungsverbund, StuW 2018, 323–328.

von der Groeben, Hans/*Schwarze*, Jürgen/*Hatje*, Armin: Europäisches Unionsrecht, 7. Auflage, Baden-Baden 2015, (zit.: *Bearbeiter*, in: von der Groeben/ Schwarze/Hatje, Europäisches Unionsrecht, Art. … Rn. …).

von Streit, Georg/*Streit*, Thomas: Anmerkungen zum Rechnungserfordernis beim Vorsteuerabzug unter Berücksichtigung der jüngsten Rechtsprechung, MwStR 2019, 13–23.

von Streit, Georg/*Streit*, Thomas: Wirkung der europäischen Grundrechte im deutschen Umsatzsteuerrecht, Anmerkungen zum Beschluss des BFH v. 22.6.2016 und seinem europarechtlichen Kontext, UStB 2017, 174–182.

von Streit, Georg/*Zugmaier*, Oliver: Seelings seliges Ende – Seeling-Modell wird zum 1. 1. 2011 gestoppt, DStR 2010, 524–529.

von Streit, Georg: Recht auf Vorsteuerabzug bei einem innergemeinschaftlichen Erwerb, Anmerkung zu EuGH, Urt. v. 22.04.2010, Rs. C-536/08 und C-539/ 08, *X* und *fiscale eenheid Facet-Facet Trading*, Slg. 2010, I-3581, EU-UStB 2010, 43–44.

Wäger, Christoph: Abzugs- und Befreiungsversagung nach Unionsrecht und § 25f Abs. 1 UStG, UR 2020, 45–55.

Wäger, Christoph: Der Kampf gegen die Steuerhinterziehung – Anmerkungen zur Steuerpflicht innergemeinschaftlicher Lieferungen, bei denen der Unternehmer nicht zum Vorsteuerabzug berechtigt ist –, UR 2015, 81–99.

Wäger, Christoph: Rechtsprechungsauslese 2013, UR 2014, 81–120.

Wäger, Christoph: Soll- und Istbesteuerung vor sowie in der Unternehmerinsolvenz, UR 2013, 673–683.

Wäger, Christoph: Versagung des Vorsteuerabzugs eines Leistungsempfängers bei seiner möglichen Kenntnis von der Einbeziehung des Eingangsumsatzes in eine Mehrwertsteuerhinterziehung des Leistenden, UR 2006, 599–601.

Wäger, Christoph: Vorsteuerabzug bei gemischt genutzten Eingangsleistungen und Investitionsgütern, DB 2012, 1288–1296.

Walden, Peter: Die Umsatzsteuer als indirekte Verbrauchsteuer: Eine steuerwissenschaftliche Untersuchung zur Systemgerechtigkeit der Umsatzsteuer,

Berlin 1988, zugl. Essen, Univ., Diss., 1987, (zit.: *Walden*, Die Umsatzsteuer als indirekte Verbrauchsteuer).

Waldhoff, Christian: Die „andere Seite" des Steuerverfassungsrechts, in: Schön, Wolfgang/Beck Karin E. M. (Hrsg.), Zukunftsfragen des deutschen Steuerrechts, Dordrecht 2009, 125–160, (zit.: *Waldhoff*, in: W. Schön/K. Beck, Zukunftsfragen).

Weber, Max: Die Zusage im Umsatzsteuerrecht – Ein Ausgestaltungsvorschlag als Ergebnis einer Untersuchung im steuerverfassungsrechtlichen Mehrebenensystem, UR 2018, 752–762.

Weber-Fas, Rudolf: Freiheit durch Gewaltenteilung – Montesquieu und der moderne Verfassungsstaat, JuS 2005, 882–884.

Weber-Grellet, Heinrich: Die Ethik des Steuerrechts, DStR 2018, 1398–1402.

Weiß, Eberhard: Anmerkung zu BFH, Urt. v. 07.05.1981, V R 47/76, UR 1981, 147–151.

Weiß, Eberhard: Wert und Wertbemessung bei der Umsatzsteuer, in: Werte und Wertermittlung im Steuerrecht, DStJG 7 (1984), hrsg. von Arndt Raupach, Köln 1984, 351–376.

Weiß, Wolfgang: Grundrechtsschutz durch den EuGH: Tendenzen seit Lissabon, EuZW 2013, 287–292.

Weiß, Wolfgang: Öffentliche Unternehmen und EGV, EuR 2003, 165–190.

Wendt, Rudolf: Empfiehlt es sich, das Einkommensteuerrecht zur Beseitigung von Ungleichbehandlungen und zur Vereinfachung neu zu ordnen?, DÖV 1988, 710–723.

Wernsmann, Rainer: Die Finanzverfassung als Rahmen der Besteuerung – Verfassungsrechtliche Ableitungen aus den Steuertypen des Grundgesetzes, StuW 2018, 100–112.

Wernsmann, Rainer: Einkommensteuer und objektives Nettoprinzip, Beihefter zu DStR 34/2009, 101–106.

Wernsmann, Rainer: Zunehmende Europäisierung und Konstitutionalisierung als Herausforderungen für den Steuergesetzgeber, in: Schön, Wolfgang/Beck Karin E. M. (Hrsg.), Zukunftsfragen des deutschen Steuerrechts, Dordrecht 2009, 161–184, (zit.: *Wernsmann*, in: W. Schön/K. Beck, Zukunftsfragen).

Weymüller, Rainer: Anmerkung zu BFH, Beschl. v. 21.06.2017, V R 51/16, MwStR 2017, 888–889.

Weymüller, Reiner: Beck'scher Online-Kommentar Umsatzsteuergesetz, 28. Edition, München 2021, (zit.: *Bearbeiter*, in: Weymüller, UStG, § … Rz. …).

Widmann, Werner: 30 Jahre UmsatzsteuerForum – 20 Jahre Umsatzsteuer-Binnenmarkt – eine kritische Analyse –, UR 2013, 15–24.

Widmann, Werner: Anmerkung zu EuGH, Urt. v. 23.04.2009, Rs. C-460/07, *Puffer*, Slg. 2009, I-3251, UR 2009, 420–421.

Widmann, Werner: Anmerkung zu EuGH, Urteil vom 14.09.2006, Rs. C-228/05, *Stradasfalti Srl*, UR 2006, 709–710.

Widmann, Werner: Geltung der EU-Grundrechte-Charta bei der Sanktion mehrwertsteuerlicher Verfehlungen – Zum EuGH-Urteil vom 26.2.2013 – Rs. C-617/10 –, UR 2014, 5–8.

Widmann, Werner: Geltung der EU-Grundrechte-Charta bei der Sanktion mehrwertsteuerlicher Verfehlungen – Zum EuGH-Urteil vom 26.2.2013 – Rs. C-617/10 –, UR 2014, 5–8.

Widmann, Werner: Problemfelder der Neuregelung zur Ortsbestimmung sonstiger Leistungen, in: Umsatzsteuer-Kongress-Bericht 2010, hrsg. von Joachim Englisch und Hans Nieskens, Köln 2011, 92-108, (zit.: *Widmann*, in: Englisch/Nieskens, Umsatzsteuer-Kongressbericht 2010).

Widmann, Werner: Soll oder Ist – das ist jetzt nicht die Frage!, UR 2004, 177-180.

Widmann, Werner: Vollzugsdefizite und Vollzugslasten im Umsatzsteuerrecht, in: Umsatzsteuer im Europäischen Binnenmarkt, DStJG 32 (2009), hrsg. von Roman Seer, Köln 2009, 103-142.

Widmann, Werner: Was ist eine abzugsfähige Vorsteuer?, UR 2019, 15-17.

Widmann, Werner: Zur Restmehrwertsteuer, UR 1986, 6-8.

Wiesch, Thomas: Die umsatzsteuerliche Behandlung der öffentlichen Hand, Köln 2016, Münster, Univ., Diss., 2016 (zit.: *Wiesch*, Umsatzsteuerliche Behandlung der öffentlichen Hand).

Winter, Matthias/*Kapeller*, Nicole: Umsatzsteuerliche Behandlung der sog. Zwangsrabatte an die Krankenkassen, MwStR 2013, 109–114.

Winter, Matthias: Umsatzsteuer: Nichtsteuerbare Vermögensübertragungen bei Fortführung der unternehmerischen Tätigkeit, in: Steuerzentrierte Rechtsberatung: Festschrift für Harald Schaumburg zum 65. Geburtstag, hrsg. von Wolfgang Spindler, Köln 2009, 1213–1222, (zit.: *Winter*, *M.* in: FS Schaumburg).

Winter, Matthias: Versagung von Vorsteuerabzug, Steuerbefreiung für innergemeinschaftliche Lieferung und Mehrwertsteuererstattung bei Steuerhinterziehung im – auch staatenübergreifenden – USt-Karussell – Schoenimport „Italmoda“ Mariano Previti vof Turbu.com BV Turbu.com Mobile Phone's BV, Anmerkung zu EuGH, Urt. v. 18.12.2014, Rs. C-131/13, *Schoenimport „Italmoda“*, Rs. C-163/13, *Turbu.com BV* und Rs. C-164/13, *Turbu.com Mobile Phone's BV*, DStR 2015, 573–579.

Winter, Regine: Deutliche Worte des EuGH im Grundrechtsbereich, NZA 2013, 473–477.

Zirkl, Cornelia: Die Neutralität der Umsatzsteuer als europäisches Besteuerungsprinzip: Inhalt, Herleitung und der Umgang mit Neutralitätsverletzungen, Frankfurt am Main 2015, zugl. Passau, Univ., Diss., 2015, (zit.: *Zirkl*, Neutralität der USt).

Zitzl, Alexander: Rechtsfolgen irrtümlicher Rechtsanwendungsfehler von Mehrwertsteuerpflichtigen: Eine Untersuchung zur Rechtslage in Deutschland mit rechtsvergleichenden Aspekten zu ausgewählten EU-Mitgliedstaaten, Köln 2019, zugl. Münster, Univ., Diss., 2017, (zit. *Zitzl*, Rechtsfolgen irrtümlicher Rechtsanwendungsfehler von Mehrwertsteuerpflichtigen).

Zwanziger, Bertram: Arbeitskampf- und Tarifrecht nach den EuGH-Entscheidungen "Laval" und "Viking" – Zugleich Anmerkung zu den EuGH-Entscheidungen vom 11.12.2007 und 18.12.2007, DB 2008, 294-298.

www.ingramcontent.com/pod-product-compliance
Ingram Content Group UK Ltd.
Pitfield, Milton Keynes, MK11 3LW, UK
UKHW022106051026
15623UKWH00003B/715

9 783631 850152